Daniel März

Kinderarmut in Deutschland und die Gründe für ihre Unsichtbarkeit

Daniel März

Kinderarmut in Deutschland und die Gründe für ihre Unsichtbarkeit

Mit einem Vorwort von Julia Reuter

Der Autor
Daniel März, Jg. 1983, promovierte als Stipendiat der Friedrich-Ebert-Stiftung an der Universität zu Köln bei Prof'in Julia Reuter und Prof. Christoph Butterwegge zum Thema „Kinderarmut in Deutschland und die Gründe für ihre Unsichtbarkeit". Seine Forschungsschwerpunkte liegen im Bereich der Kinderarmuts-, Interessengruppen- sowie der Wohlfahrtsstaats- und sozialen Ungleichheitsforschung.

Diese Dissertation wurde mit dem Titel „Kinderarmut in Deutschland und die Unsichtbarkeit ihrer Verhältnisse" im August 2016 von der Humanwissenschaftlichen Fakultät der Universität zu Köln als Inauguraldissertation zur Erlangung des Doktorgrades nach der Promotionsordnung vom 10.05.2010 angenommen.
Die Disputation fand im November 2016 statt.
Das Dissertationsprojekt wurde freundlicherweise von der Friedrich-Ebert-Stiftung gefördert.

Dieses Buch ist erhältlich als:
ISBN 978-3-7799-3721-0 Print
ISBN 978-3-7799-4732-5 E-Book (PDF)

1. Auflage 2017

Herstellung: Hannelore Molitor
Satz: Christine Groh, Frankfurt
Druck und Bindung: Beltz Bad Langensalza GmbH, Bad Langensalza
Printed in Germany

Weitere Informationen zu unseren Autoren und Titeln finden Sie unter: www.beltz.de

Inhalt

Vorwort 7

Abkürzungsverzeichnis 11

1. Kinderarmut – Wohlfahrtsstaat – Interessengruppenhandeln: Unsichtbarkeit des Gewöhnlichen 13
   1.1 Thematischer Rahmen und Relevanz 15
   1.2 Fragestellung und Forschungsannahmen 28
   1.3 Begriffe – Definitionen – Einschränkungen 34
   1.4 Zu den einzelnen Abschnitten 44

2. Forschungshaltung 49
   2.1 Forschungsstil 51
   2.2 Experteninterviews 51
   2.3 Die kritische Beobachtung als Erhebungsverfahren 53
   2.4 Übersetzung der Forschungsfrage in die Erfahrungswelt des Experten 57

3. Theoretische Rahmung: Die Zentrum-Peripherie-Metapher im Lichte von Kindheit in Armut 61
   3.1 Theoretische Begriffe des Zentrum-Peripherie-Modells 64
   3.2 Das ungleichheitsbegründende Kräftefeld 68
   3.3 Kinderarmut und das ungleichheitsbegründende Kräftefeld 72
   3.4 Einschränkungen und Grenzen 75

4. Armut – Wohlfahrtsstaat – Interessengruppenhandeln: Sozialwissenschaftliche Schlaglichter 77
   4.1 Armutsforschung in Deutschland: Ein spätes Erwachen 77
   4.2 Wohlfahrtsstaatsforschung: Von linker zu rechter Kritik und zurück 85
   4.3 Interessengruppenforschung 97
   4.4 Repräsentation schwacher Interessen 108

5. Kindheits- und armutssoziologische Erklärungsmuster: Kinderarmut als soziale Lebenslage 116
5.1 Umbrüche der Kindheitsforschung: Geordnete Verhältnisse in Unordnung 117
5.2 Das Verhältnis von Kindheit und Armut 123
5.3 Besondere Charakteristika von Kinderarmut 128
5.4 Was Armut bewirkt: Kontinuitäten und Verfestigungen 130

6. Institutionssoziologische Erklärungsmuster: Kinderarmut als institutionalisierte Unsichtbarkeit 154
6.1 Theoretische Anmerkungen zur familienpolitischen Arena 154
6.2 Die Arena als Kräftefeld: Eine begriffstheoretische Annäherung 157
6.3 Familienpolitische Schlaglichter bis zur Jahrtausendwende 163

7. Wohlfahrtsstaatssoziologische Erklärungsmuster: Kinderarmut in Zeiten einer Ökonomisierung des Sozialen 176
7.1 Vom fürsorgenden zum aktivierenden und sozialinvestiven Wohlfahrtsstaat 176
7.2 Kindheit und Armut im Sozialinvestitionsstaat 213

8. Repräsentations- und verbändesoziologische Erklärungsmuster: Kinderarmut als Repräsentationskrise 252
8.1 Die Arena kindlichen Interessengruppenhandelns 252
8.2 Überlegungen zur Repräsentation kindlicher Interessen 269

9. Zusammenfassung: Die beste Zukunft ist eine gute Gegenwart 284
9.1 Kindheits- und armutssoziologische Zusammenschau 285
9.2 Institutionssoziologische Zusammenschau 286
9.3 Wohlfahrtssoziologische Zusammenschau 289
9.4 Repräsentationssoziologische Zusammenschau 293

10. Die Ratlosigkeit eines Soziologen 296

Quellen- und Literaturverzeichnis 302

Vorwort

Armut und vor allem Kinderarmut gehört zu den wachsenden Problemen unseres Landes. Der Armutsforscher Christoph Butterwegge (2016, S. 89ff.) betont, dass Kinder mittlerweile diejenige Bevölkerungsgruppe bilden, die am häufigsten und am massivsten von Armut bedroht ist. Von insgesamt 13,3 Millionen Kindern und Jugendlichen, die hierzulande leben, wachsen nach Angaben der Bundesagentur für Arbeit nicht weniger als 1,93 Millionen in landläufig als „Hartz-IV-Haushalte" oder „Hartz-IV-Familien" bezeichneten SGB-II-Bedarfsgemeinschaften auf. Rechnet man die übrigen Betroffenen (Kinder in Sozialhilfehaushalten, in Flüchtlingsfamilien und von „Illegalen", d. h. illegalisierten Migrantinnen und Migranten) hinzu und berücksichtigt die sogenannte Dunkelziffer (d. h. die Zahl jener eigentlich Anspruchsberechtigter, die aus Unwissenheit, Scham, Stolz, Scheu vor dem bürokratischen Aufwand oder anderen Gründen keinen Antrag auf Sozialhilfe bzw. Arbeitslosengeld II stellen), leben ca. 2,8 Millionen Kinder und Jugendliche auf oder unter dem Sozialhilfeniveau. Ist heute jedes vierte oder fünfte Kind auf staatliche Transferleistungen angewiesen, so bezog 1965 nur jedes 75. Kind laufende Hilfe zum Lebensunterhalt (Sozialhilfe).

Es verwundert daher nicht, dass auch die Sozialwissenschaften in Anlehnung an den Volkswirt Richard Hauser von einer „Infantilisierung der Armut" sprechen und Kinderarmut mittlerweile als eigenen Forschungszweig entdeckt und etabliert haben. Allerdings sind ihre Zugänge überwiegend empirisch-deskriptiver und sehr viel seltener gesellschaftstheoretischer Natur, was zur Folge hat, dass zwar immer neue statistische Daten und Fakten zur sozialen Misere von Familien präsentiert werden, aber kaum Ursachenforschung betrieben und erst recht kein schlüssiges Konzept zur Bekämpfung der Armutsursachen entwickelt und implementiert wurde (vgl. ebd.).

Kinderarmut wird damit zugleich sichtbar wie unsichtbar gemacht, wie es im Titel dieses Buches heißt: Sichtbar werden vor allem akute „Mangelerscheinungen" – ein Mangel an Einkommen, Gesundheit, Bildung und Fürsorge der betroffenen Kinder, die nicht selten auch medial vorgeführt werden; unsichtbar bleiben häufig die strukturellen Ursachen, der Umbau des Sozialstaates, die Zunahme prekärer Beschäftigungsverhältnisse und damit zusammenhängend der Rückbau von arbeits- und sozialrechtlichem Schutz, die Pluralisierung privater Lebensformen und Kommodifizierung von Fürsorgebeziehungen. Nicht zuletzt die Professionalisierung kindlichen Interessengruppenhandelns, aber zugleich auch Dethematisierung bestimmter Problemlagen in einer durch Lobbyismus geprägten Verbandsarbeit führen dazu, dass Kinderarmut wie März betont zum „Schneeflockenthema“ im öffentlichen Diskurs mutiert: Es kommt alle Jahre wieder, aber verschwindet (leider) bei Berührung.

Daniel März nimmt die Schieflage der wissenschaftlichen wie politischen Repräsentation von Kinderarmut zum Anlass, um sie mit Hilfe gesellschaftstheoretischer Perspektiven neu zu vermessen. Zugleich bietet er durch den Rückgriff auf Interviewdaten mit Gatekeepern und Entrepreneuren der politischen und Verbandsarbeit einen Einblick in die Entscheidungs- und Handlungsmuster kindlichen Interessengruppenhandelns im Zeitalter einer Ökonomisierung sozialinvestiver Muster. Damit stellt sich die vorliegende Arbeit mehrere Aufgaben: Einer theoretischen, der Metaanalyse der Kinderarmutsforschung mit Fokus auf unterschiedliche sozialwissenschaftliche (makro)theoretische Erklärungsmuster und Modellierungen, einer zeitdiagnostischen, der Beschreibung eines umfassenden Wandels wohlfahrtsstaatlicher, verbandlicher wie zivilgesellschaftlicher Politik in Zeiten des „Ver(wohlfahrts)marktlichung“ und schließlich einer empirischen Aufgabe, der Rekonstruktion des gegenwärtigen Kraft- und Machtfeldes um Wohlfahrt für Kinder.

Das Buch von März vermittelt ein umfassendes Bild von Kinderarmut und ihrer politischen wie wissenschaftlichen Repräsentation. Es bündelt die Diskussionen aus Armutsforschung, Wohlfahrtsstaatsforschung und Interessengruppenforschung, die lange Zeit durch einen ausgeprägten „Adultismus“ (S. 86) und eine Absenz „soziologischer Expertise“ geprägt war. Sehr spannend ist, dass März, anders als andere Armutsforscher_innen dies tun, explizit „kindheitssoziologische“ Perspektiven miteinbezieht, sogar voranstellt, weil diese häufig in wissenschaftlichen wie sozialpolitischen Diskursen sowie deren Repräsentation vollständig vernachlässigt werden. Schließlich lässt sich an Kinderarmut „ein Wandel sozialpolitischer Konstruktionen von Kindheit“ als besondere Lebensphase und Lebenslage ablesen (S. 116): Kindheit wird defamilialisiert und in andere (frühkindliche) Betreuungs- und Bildungsinstitutionen hineingelagert, sie wird damit zugleich als offizieller Schutzraum deklariert, aber auch dem staatlichen Zugriff ausgesetzt, sie wird in zeitlicher Hinsicht verlängert, aber auch entdifferenziert (S. 225). So zeigt März, dass Kinderarmut nicht nur ein Thema der Sozialberichterstattung ist, das betroffene Familien, Interessengruppen oder Politiker etwas angeht. Kinderarmut ist in unserer Gesellschaft längst zum neuralgischen Thema geworden, an dem sich neben dem gesellschaftlichen Wert von Familie und Kindern auch der Wert von solidarischen Idealen insgesamt ablesen lässt (vgl. Friedrichs, 2017). Insofern birgt die Beschäftigung mit Kinderarmut auch für Sozialwissenschaftler_innen eine (ernüchternde) Antwort auf die Frage: „In welcher Gesellschaft leben wir eigentlich?“.

Es ist, wie März betont, eine höchst ungleiche Gesellschaft, in der die Schere zwischen „arm“ und „reich“ immer weiter auseinanderklafft und „schwache“ Bevölkerungsgruppen und ihre Interessen systematisch durch die Politik eines „Sozialinvestitionsstaats“ exkludiert werden. Kinder, die in Armut aufwachsen, bilden dabei die Spitze des Eisberges; sie sind die ausgegrenzten und abgehängten Erwachsenen von morgen. Die von März diagnostizierte „Ökonomisierung sozialinvestiver Kindheitsmuster“ schwebt wie ein Damoklesschwert über der Demokratie: Wo Kinder lediglich unter der Perspektive potenziellen Humankapitals Aufmerksamkeit finden, werden Forderungen zur Bekämpfung von Kinderarmut zur politischen (Leer-)Formel, mit der sich im „Namen der Sorge um das (arme) Kind“ sozialstaatliche Ökonomisierungsprogramme besser umsetzen lassen können (S. 295). Die Krise der politischen Repräsentation von Kindheit in Armut ist daher immer auch eine Krise der Demokratie.

Die Soziologie ist hier in mehrfacher Hinsicht gefordert: Sie muss gesellschaftliche Aufklärung leisten – nicht nur über statistisches Ausmaß und Verbreitung, sondern vor allem über die Ursachen und langfristigen gesellschaftlichen Folgen von Kinderarmut. Und: Sie sollte sich nicht in gelehrter Enthaltsamkeit üben oder von politischen Absichtserklärungen beeindrucken lassen, sondern sich selbst auf die Suche nach dem gesellschaftlichen wie epistemischen Standort des professionellen Sprechens über Kinderarmut machen. Die Schwachen unserer Gesellschaft brauchen eine starke Stimme: Sich auf den Staat, die Politik, Verbände oder Medien bei der Problematisierung und Bekämpfung von Kinderarmut zu verlassen, scheint wenig hilfreich. Inwieweit hier die Wissenschaft, speziell die Soziologie in der Verantwortung steht, Beobachter, Sprachrohr, Übersetzer, vor allem aber ein Agent der Interessen von Kindern, Armen, Exkludierten zu sein, ist zumindest eine Frage, über die sich nach der Lektüre des Buches neu streiten lässt.

Köln, im Februar 2017 Prof. Dr. Julia Reuter

Abkürzungsverzeichnis

ARB	Armuts- und Reichtumsbericht
AROPE	At risk of poverty or social exclusion
ATTAC	Vereinigung zur Besteuerung von Finanztransaktionen im Interesse der Bürger
AWO-ISS	Studie zu Lebenslagen und Lebenschancen bei Kindern und Jugendlichen
BEA	Freibetrag für Betreuung, Erziehung und Ausbildung
BGB	Bürgerliches Gesetzbuch
BGH	Bundesgerichtshof
BLK	Bund-Länder-Kommission für Bildungsplanung und Forschungsförderung
BMAS	Bundesministerium für Arbeit und Soziales
BMFSFJ	Bundesministerium für Familie, Senioren, Frauen und Jugend
BSHG	Bundessozialhilfegesetz
BuT	Bildungs- und Teilhabepaket
BVerfG	Bundesverfassungsgericht
CDU	Christlich Demokratische Union Deutschlands
DESTATIS	Statistisches Bundesamt
DFG	Deutsche Forschungsgemeinschaft
DGB	Deutscher Gewerkschaftsbund
DGS	Deutsche Gesellschaft für Soziologie
DIW	Deutsches Institut für Wirtschaftsforschung
DKHW	Deutsches Kinderhilfswerk
DKSB	Deutscher Kinderschutzbund
EU	Europäische Union
EU-SILC	Europäische Gemeinschaftsstatistik über Einkommen und Lebensbedingungen
EuGH	Europäischer Gerichtshof
GG	Grundgesetz für die Bundesrepublik Deutschland
G8	Abitur nach der zwölften Jahrgangsstufe
Hartz IV	Viertes Gesetz für moderne Dienstleistungen am Arbeitsmarkt
HLU	Hilfe zum Lebensunterhalt

IAB	Institut für Arbeitsmarkt- und Berufsforschung
JArbschG	Jugendarbeitsschutzgesetz
JuSCHG	Jugendschutzgesetz
KiKo	Kinderkommission des Deutschen Bundestages
KRK	UN-Kinderrchtskonvention
LLL	Lebenslanges Lernen
NAK	Nationale Armutskonferenz
NAP	Aktionsplan für ein kindgerechtes Deutschland
NGO	Nichtregierungsorganisation
OECD	Organisation für wirtschaftliche Zusammenarbeit und Entwicklung
ÖPNV	Öffentlicher Personennahverkehr
PASS	Panel Arbeitsmarkt und soziale Sicherung
PISA	Programm zur internationalen Schülerbewertung
SGB	Sozialgesetzbuch
SOEP	Sozio-oekonomisches Panel
SPD	Sozialdemokratische Partei Deutschlands
SPES	Sozialpolitisches Entscheidungs- und Indikatorensystem
TAG	Tagesbetreuungsausbaugesetz
TTIP	Transatlantisches Freihandelsabkommen
UNICEF	Kinderhilfswerk der Vereinten Nationen
UN-KRK	UN- Kinderrechtskonvention
VGR	Volkswirtschaftliche Gesamtrechnung
WSI	Wirtschafts- und Sozialwissenschaftliches Institut

1. Kinderarmut – Wohlfahrtsstaat – Interessengruppenhandeln: Unsichtbarkeit des Gewöhnlichen

„Denn die einen sind im Dunkeln
Und die andern sind im Licht.
Und man siehet die im Lichte
Die im Dunkeln sieht man nicht."
(Bertold Brecht, Dreigroschenoper)

Kinderarmut und ihre Wahrnehmung im Wohlfahrtsstaat fristet in Deutschland das Dasein eines Schneeflockenthemas! Es verbreitet sich periodisch auf der politischen Agenda - meist in der vorweihnachtlichen Zeit - und löst sich bei Berührung sofort wieder auf.

Und dennoch scheinen Kinderinteressen eine gesellschaftliche und politische „Toppriorität" zu haben. Sie gelten als vermeintliches „Herzstück" der Politik (Kohl, 1994), als soziales Fundament unserer Gesellschaft, von dem ausgehend politische Ideen für die Zukunft entworfen werden sollen (Schröder, 2005).

Kinder sind für Politiker auf den ersten Blick ein öffentlich vermarktbares Gewinnerthema: Ob Ursula von der Leyens medienwirksame Darstellungen als Mutter von sieben Kindern oder Sigmar Gabriels öffentlich zur Schau gestellte Elternzeit als vollzeitpolitischer Teilzeitpapa in der Debatte um Kinderbetreuung und Betreuungsgeld. Oder aber Peter Tauber, einerseits ehrenamtliches Vorstandsmitglied des Deutschen Kinderhilfswerks, das sich für die Bekämpfung der auf hohem Niveau bestehenden Kinderarmut stark macht, andererseits Bundestagsabgeordneter und Generalsekretär der Unionsfraktion im Deutschen Bundestag, der Kinderarmut für „wirksam bekämpft" hält (Tauber, 2015).

Die Botschaft auf der öffentlichen Vorderbühne erscheint beim ersten Hinsehen klar: Kinder sind eine Herzensangelegenheit der Politik und Kinderarmut gilt als vermeintlicher „Skandal". Doch wie ist die politische und gesellschaftliche Realität hinter den Kulissen öffentlichkeitswirksamer „Inszenierungen" ausgestaltet? Nachdenklich zeigt sich der politische Beobachter, dass die Bekämpfung der (Kinder-)Armut von Politik und Parteien immer wieder aufs Neue als eine der dringlichsten politischen Herausforderungen identifiziert wird. So konnte eine aktuelle Studie darlegen,

„dass Armut eine zentrale Rolle für den Parteienwettbewerb spielt, weil das Thema den Parteien als ein Mittel zur Herstellung innerparteilicher Gemeinsamkeiten (...) und zur Darstellung gesellschaftspolitischer Vorstellungen dient". (Stratmann, 2015, S. 323)

Jedoch wird der Begriff der Kinderarmut im Koalitionsvertrag der Bundesregierung der 18. Legislaturperiode (2013–2017) an keiner Stelle gewürdigt:

„Im Moment haben wir im Koalitionsvertrag nicht eine Maßnahme stehen, die irgendetwas mit Kinderarmut zu tun hätte". (Interview Ulrich Schneider, 2015)

Dies widerspricht der Beobachtung, dass im Wahlkampf zur Bundestagswahl 2013 ein „Bündnis für Kinder" mehr als nur in Aussicht gestellt wurde, um den strukturellen Rücksichtslosigkeiten gegenüber Familien mit Kindern zu begegnen (Angela Merkel).

Der immer wieder aufkommende Kinderarmutsdiskurs mit seinen politischen Betroffenheitsbekundungen bleibt daher seltsam abgetrennt von der politischen Praxis. Es scheint, als stelle sich bei politischen Akteuren ein Teflon-Ich ein, an dem alle Unbilden des „Kainsmals" (Beisenherz, 2002) der Kinderarmut in unserer Gesellschaft abperlen. Kindheit in Armut kann sich zwar des Mitgefühls ihrer gesellschaftlichen Umwelt gewiss sein, jedoch nicht eines hinreichenden gesamtgesellschaftlichen Veränderungswillens.

„Kinderinteressen stehen nicht im Vordergrund politischen Handelns, weil sich auch niemand für Kinderinteressen einsetzt". (Interview Renate Schmidt, 2015)

Somit oszilliert das Thema zwischen gezielter öffentlicher Dethematisierung und politischer Indienstnahme, zwischen öffentlicher Anteilnahme und politischer Entfremdung sowie zwischen öffentlicher Solidarisierung und politischer Handlungsarmut.

Der zentrale Fokus der hier präsentierten Krisen- und Defizitdiagnose, die sich aus unterschiedlichen Forschungszweigen speist, liegt auf der Verknüpfung empirischer Bestandsaufnahme und politischer Anwendungsbezüge von Kinderarmut und Interessengruppenhandeln im Wohlfahrtsstaat aus einer makrosoziologischen Kindheitsperspektive. Die weiterhin bestehende Unübersichtlichkeit einer Krise des Wohlfahrtsstaates[1], Erosionser-

1 Exempl. Jürgen Habermas (1985) zur Krise des Wohlfahrtsstaates und der Erschöpfung utopischer Energien. Siehe ebenfalls den Essay von Olaf Groh-Samberg (2014) „Die Krise der Mittelschicht und die Erschöpfung utopischer Energien" (vgl. Kap. 4.2).

scheinungen des kindlichen Interessengruppenhandelns[2] und eine weiterhin vergleichsweise hohe Kinderarmutsquote[3] gehen in der Elitendiskussion und der politischen Öffentlichkeit gegenwärtig hier wie da mit der „Erschöpfung utopischer Energien“ einher (Groh-Samberg, 2014).

> Es wird der Metathese nachgegangen, dass in allen gesellschaftlichen Teilbereichen, in denen die Konstruktion von Kindheit in Armut stattfindet, die Bevölkerungsgruppe der (armen) Kinder einer strukturellen Unsichtbarkeit ausgesetzt ist.

Entlang der drei Schnittfelder (1) Kinderarmut, (2) Wohlfahrtsstaat und (3) Interessengruppenhandeln werden diejenigen Zugangspunkte identifiziert und dekonstruiert, die maßgeblich am Prozess sozialer Ungleichheit und eines Unsichtbarmachens von Kindheit in Armut beteiligt sind. Abgeleitet von der Metathese sind zwei zentrale Subthesen, die in der vorliegenden Krisen- und Defizitanalyse herausgearbeitet werden: Erstens die These des Wandels wohlfahrtsstaatlicher Strukturmuster, die zu einer Ökonomisierung sozialinvestiver Muster bis in die Kinderzimmer hinein führt und Auswirkungen auf Kindheit in Armut zeitigt, zweitens jene der Krise des kindlichen Interessengruppenhandelns.

1.1 Thematischer Rahmen und Relevanz

Kindheit in Armut

Armut in ihrer Mehrdimensionalität dient als ein zentrales Element der Differenzierung, Positionierung und Polarisierung in unserer sozialstrukturell tief gespaltenen Gesellschaft, die sich vor allem aufgrund struktureller Ursachen entlang der Ausgestaltung des Wohlfahrtsstaates, des Marktes (Wirtschafts-, Kapital- und Erwerbssystem) und nachgelagert der Institution der Familie (re)produziert.

Der öffentliche und wissenschaftlich geführte Kinderarmutsdiskurs zeigt die Unwirksamkeit, Ineffektivität und Kontraproduktivität familienpoliti-

---

2 Pierre Bourdieu (2001) weist im Zusammenhang auf die „Verteilung der Zugangsmöglichkeiten zum politischen Mikrokosmus“ darauf hin, ungleiche Zugangsmöglichkeiten benachteiligter Bevölkerungsgruppen und ihrer Repräsentation in das politische Feld (politische Arena) hinein werfe Fragen auf die Funktionsfähigkeiten der Demokratie auf. Vor allem „wenn man vermeiden will, daß politische Ungleichheiten als naturgegeben angesehen werden“ (ebd. S. 43).

3 George Simmel (1908) ist es vor allem zu verdanken, dass Armut als soziale Kategorie mit einem besonderen Status und die Zugehörigkeit des „Armen“ als Staatsbürger anerkannt wird.

scher Leistungen[4] – Sozialwissenschaftler sprechen diesbezüglich von nichtlinearen, asymmetrischen und subtraktiven Auswirkungen (vgl. Bonin et al., 2014). Dies führt zu einem widersprüchlichen Mix aus Regulierungen, die einerseits ein traditionelles Familienbild in Form der Alleinverdiener-Familie fördern und andererseits mit dem Anspruch versehen sind, Vereinbarkeit von Familie und Beruf zu ermöglichen (vgl. Bothfeld, 2005). Somit erscheinen die im historischen Kontext entstandenen und verfassungsrechtlich geformten Leistungen als nicht einheitliches System ohne klar erkennbare Zielsetzungen.

Auch in Zahlen spiegelt sich der Befund einer fehlgeleiteten deutschen Familien- und Sozialpolitik wider, die letztlich zu einer Verstetigung der „Infantilisierung der Armut"[5] (Hauser, 1989) beiträgt. So liegt die für das Jahr 2014 ermittelte Kinderarmutsquote im Mittel bei 19 % und somit weiterhin deutlich über dem Niveau der Gesamtbevölkerung von 15,4 % (vgl. Schneider/Stilling & Woltering, 2016).[6] Somit wachsen rund 2,7 Millionen Kinder und Jugendliche in Deutschland in Armut auf (vgl. v. z. Gathen & Liebert, 2016). Die vorangestellten Befunde sind aus diachronem Blickwinkel noch verstörender: Trotz eines starken Geburtenrückganges in Gesamtdeutschland zwischen 1965 und dem Jahr 2012 von 1,3 Millionen auf circa 650 000 Neugeborene versechszehnfachte sich der Anteil der Kinder im Sozialhilfe- bzw. im Hartz-IV-Bezug. War 1965 jedes 75. Kind betroffen, muss

---

4 Zu familienpolitischen Leistungen werden im engeren Sinne gezählt: (I) Transferzahlungen (Kindergeld, Elterngeld; (II) Steuerminderungen (Ehegattensplitting, Kinderfreibeträge, Betreuungsfreibeträge; (III) Soziale Dienste (Ehe- und Familienberatung, Kinderbetreuungseinrichtungen); (IV) Sonstige Regelungen (Ehe- und Familienrecht). Darüber hinaus existieren noch zahlreiche andere Bereiche familienpolitischer Leistungen. Bspw. innerhalb der Sozialpolitik, Arbeitsmarktpolitik, Wohnungspolitik, Bildungspolitik, Gesundheitspolitik, Kommunalpolitik, Jugendpolitik, Medienpolitik, Innenpolitik, Verkehrspolitik. Eine genauere Darstellung findet sich bspw. bei Dienel (2008).

5 Im weiteren Kontext der Arbeit wird ersichtlich, dass die Konstruktionen von Kindheit und armen Kindern auch immer ein Kampf um die Deutungshoheit von Begrifflichkeiten ist. So avancierte in der deutschen (Kinder-)Armutsdebatte der Begriff der Infantilisierung der Armut (Hauser, 1989) zum armutswissenschaftlichen Kassenschlager. Trotz alledem möchte ich an dieser Stelle auf die Etymologie des Adjektivs „infantil" eingehen. Störend an dieser Prägung ist m. E. schon die negative Konnotierung. Als Infantilisierung der Armut meint Hauser, dass das Phänomen der Armut im zunehmenden Ausmaß die Bevölkerungsgruppe der Kinder betrifft. Es bedeutet umgangssprachlich „kindlich". Kann jedoch laut Duden auch als geistig und körperlich unterentwickelt, zurückgeblieben oder auch retardiert beschrieben werden. Es ist also abwertend.

6 Den Trend dieser steigenden Kinderarmutsquoten, wenn auch etwas niedriger (18,9 % für 2012 im Vergleich zur Gesamtbevölkerung 15,2 %), belegt ferner der WSI-Report der Hans-Böckler-Stiftung (vgl. Baumann & Sell, 2014). Und auch der 4. Reichtums- und Armutsbericht (Bundesregierung, 2013, S. 111) stellt diese Diskrepanz in einer Darstellung dar, obwohl er sich auf die Statistik mit der niedrigsten Kinderarmutsquote beruft.

sich gegenwärtig jedes fünfte – unter Berücksichtigung der „verdeckten" Armut[7] sogar jedes vierte Kind in Deutschland – in einer Lebenssituation zurechtfinden, die nach europäischen Maßstäben als „arm" bezeichnet wird.[8]

Und diese Zahlen sind nicht einer großzügigen Hartz-IV-Bemessung geschuldet. Ganz im Gegenteil: Damit ein heutiger Bezieher von Sozialhilfe bzw. Hartz IV das Existenzminimum von 1965 erreicht, müssten die heutigen Leistungen um mehr als 30 % erhöht werden (vgl. Borchert, 2013, S. 61; s. a. Schneider, 2015a, S. 15).[9] In diesem Zusammenhang zeigt eine aktuelle Berechnung des Deutschen Gewerkschaftsbundes (DGB), dass seit der Einführung von Hartz IV (2005) eine erhebliche Kaufkraftlücke zwischen der Erhöhung der Regelbedarfe und der Verbraucherpreise besteht (vgl. DGB, 2015).

Dabei ermittelten die beiden Wohlfahrtsstaatsforscher Gøsta Esping-Andersen und Sebastian Sarasa (2002) in einem Modellversuch die finanziellen Kosten, die gesamtgesellschaftlich aufgebracht werden müssten, um Kinderarmut nachhaltig zu bekämpfen. Aus makroökonomischen Erwägungen wären es laut den Autoren „Peanuts" (vgl. Esping-Andersen, 2004, S. 511). Daneben belegen auch zahlreiche internationale Studien die positiven Effekte einer wohlfahrtsstaatlichen Umverteilungspolitik auf das Ausmaß von Kinderarmut (exempl. Smeeding & Vleminckx, 2001; OECD, 2001 & 2015; UNICEF, 2000).

Die vorangestellten Befunde sind jedoch nicht neu: Vielmehr verhilft der derzeitige Stand der Kinderarmuts- und Kindheitsforschung spätestens seit der These der „Infantilisierung der Armut" (Hauser, 1989) zusehends Erkenntnisse in die Ungleichheit und Armut von Kindheiten in Deutschland. Sowohl die Mehrdimensionalität von Kinderarmut auf mikro- und makrosoziologischer Ebene, als auch die Hinwendung zu einer kindzentrierten Sichtweise des Kinderarmutsdiskurses wurden in zahlreichen Studien und Analysen in den Blick genommen und verbannten einen lange Zeit vorherrschenden „Adultzentrismus" und den in der Armutsforschung vorherrschen-

7 Zur verdeckten Armut siehe Kap. 5.4.

8 Dabei wird die Diskussion um Kinderarmut in Deutschland häufig verzerrt und eindimensional geführt: nämlich nicht die Armut von Kindern beleuchtend, sondern die Armut an Kindern. Auch im europäischen Kontext zeigt sich dieser Trend. Demnach sind in der Europäischen Union 26 Millionen Kinder von Armut und sozialer Ausgrenzung bedroht – also jedes fünfte Kind. Kinder und Jugendliche sind demnach die größten Verlierer der europäischen Wirtschafts- und Finanzkrise seit 2008 (vgl. Schraad-Tischler, 2015).

9 Der Paritätische Wohlfahrtsverband hat nachgerechnet, dass die Regelbedarfe viel höher seien (94 Euro für die Regelsätze 2016), wenn die Bundesregierung eine korrekte und vollständige Berechnung der Regelsätze auf der Grundlage des von der Bundesregierung angewandten Statistikmodells anwendeten (vgl. Schneider/Stilling & Woltering, 2016; s. a. Paritätischer, 2014).

den „Kampf mit Zahlen“ (Leibfried & Voges, 1992, S. 22) zumindest aus den sozialwissenschaftlichen Denkfabriken.

In diesem Sinne wird Kinderarmut als ein Zustand betrachtet, der sich aus der Kulmination vielfältiger Benachteiligungen unterschiedlicher Lebensbereiche[10] ergibt und zu einer kritischen Masse anwachsen kann, die letztlich zu Armutserscheinungen führt (vgl. Dietz, 1997, S. 111–131). Bereits hier wird deutlich, dass neben situativen Auslöseerscheinungen vor allem auch strukturelle Überlegungen entlang der Ausgestaltung des politischen Systems als Wohlfahrtsstaat, des Marktes (Wirtschafts-, Kapital- und Erwerbssystem) und der Institution Familie ursächlich erscheinen. Innerhalb dieser Betrachtungsweise werden vor allem theoretische Fragen zu Ungleichheit und Verteilung im inter- und intragenerationellen Kontext von Arbeit, Macht und Kapital sowie „ökonomischen, räumlichen und zeitlichen Ressourcen“ (Hengst & Zeiher, 2005, S. 16) analysiert, um den gesellschaftlichen Status der Bevölkerungsgruppe der Kinder bestimmen zu können (vgl. Bayer & Hübenthal, 2012, S. 173). Gemeinsamer theoretischer und methodologischer Ausgangspunkt sind dabei unterschiedliche machtvermittelnde Positionen und Handlungskontexte von Kindern in den jeweiligen gesellschaftlichen Subsystemen (vgl. Bühler-Niederberger & Mierendorff, 2009, S. 450; s. a. Kreckel, 2004).

Das Verhältnis von Wohlfahrtsstaat und Kindheit in Armut

Mit dem fundamentalen Wandel wohlfahrtsstaatlicher Strukturmuster hat sich die Wahrnehmung und Identifizierung wohlfahrtsstaatlicher Zielgruppen verändert und verlagert. Im Mittelpunkt steht ausschließlich die Inklusion am Arbeitsmarkgeschehen. Damit unterliegt im Wohlfahrtsstaat das Verhältnis von Kindheit und Armut tektonischen Verschiebungen, die als Ökonomisierung und Vermarktlichung sozialinvestiver Kindheit sichtbar wird.

Für ein Sichtbarmachen von Kindheit in Armut nehmen der wohlfahrtsstaatliche Fokus und seine darüber hinausreichenden Ungleichheitsstrukturen einen zentralen Stellenwert ein. Denn Kinderarmut und der Wohlfahrtsstaat bilden einen inneren Zusammenhang. Bereits für Max Weber entwickelte sich der Wohlfahrtsstaat im Zusammenspiel mit einer kapitalistischen Wirtschaftsordnung zur „schicksalsvollsten Macht unseres modernen Lebens“ (Weber, 1986, S. 4). Es verwundert daher sehr, dass sich in der speziellen Soziologie von Kinderarmuts- und Kindheitsforschung das Verhält-

---

10 Bspw. Gesundheit, Ernährung, Bildung, Wohnsituation, finanzielle Ausstattung und soziale Teilhabe.

nis von Wohlfahrtsstaat, Kindheit und Kinderarmut als „Wohlfahrtsstaatsvergessenheit der Kindheitsforschung“ und umgekehrt als „Kindheitsvergessenheit der Wohlfahrtsstaatsforschung“ darstellt (Kränzl-Nagl/Mierendorff & Olk, 2003). Seit Mitte der Nullerjahre wurde nur in einer überschaubaren Anzahl von Arbeiten dieser speziellen Soziologie der Versuch einer Entschlüsselung unternommen.[11] Diese stiefmütterliche Vernachlässigung stimmt nachdenklich, da Kindheit und Kinderarmut in ihrer heutigen Ausgestaltung in einem engen Zusammenhang mit der Etablierung eines wohlfahrtsstaatlichen Regelungssystems stehen. Und das wohlfahrtsstaatliche Wohlergehen von Kindern

> „beeinflusst maßgeblich ihren Erfolg im Erwachsenenleben, (…) ihre Verdienstaussichten, ihren Gesundheitszustand, ihre soziale Integration und ihre politische und gesellschaftliche Partizipation“. (Quenzel & Hurrelmann, 2010, S. 12)

Der Wohlfahrtsstaat hat vor allem durch sozial- und bildungspolitische Maßnahmen entscheidend zu einer eigenständigen Lebensphase „Kindheit“ beigetragen (bspw. Mierendorff, 2014, S. 263).[12] Dieser Blickwinkel ist in der heutigen Forschung unumstritten. Kindheit und Armut werden maßgeblich von institutionellen und gesellschaftlichen Rahmenbedingungen sowie den darin etablierten Verteilungsstrukturen mitgeprägt (vgl. Holz, 2012, S. 567).

Dabei kann eine europäische Perspektive eingenommen werden, da in der Wohlfahrtsstaatsforschung davon ausgegangen wird, dass in beinahe allen west- und osteuropäischen Ländern wohlfahrtsstaatliche Prozesse – zwar zu unterschiedlichen Zeitpunkten – ähnlich verlaufen sind (vgl. Kaufmann, 2003). Vor allem die Jahre zwischen 1914 und 1945 sind aus historischer Perspektive für die Etablierung einer wohlfahrtsstaatlichen Kindheit von Bedeutung (vgl. Hendrick, 2014). Zahlreiche politische und ökonomische Krisen haben in diesen drei Jahrzehnten als Katalysatoren eines fundamentalen Wandels staatlicher Ordnungs- und Sicherungssysteme gedient. In dieser Gemengelage einer ersten wohlfahrtsstaatlichen Ordnungs- und Verdichtungsphase entstand ein Konstitutionsprozess einer eigenständigen Lebensphase wohlfahrtsstaatlicher Kindheit (vgl. Mierendorff, 2014, S. 257ff.).

---

11 Neben Thomas Olk (†2016), Johanna Mierendorff, Doris Bühler-Niederberger, Michael-Sebastian Honig, Helmut Wintersberger, Karl August Chassè, Margharita Zander, Ronald Lutz und Christoph Butterwegge als bislang profiliertesten Forschern im deutschsprachigem Raum gehören Jungforscher wie Maksim Hübenthal zum vielversprechenden Wissenschaftsnachwuchs. Die Auflistung hat keinerlei Anspruch auf Vollständigkeit.

12 Für England ist die Studie über die verschiedenen Stadien der englischen Wohlfahrtspolitik gegenüber Kindern von Harry Hendrick (1994) verdienstvoll. Für Deutschland liegt bis auf die Arbeit von Johanna Mierendorff (2010) m. E. keine vergleichbare Studie vor.

Diese unterliegt bis heute der Idee einer Formbarkeit des Kindes und des Kindeswohls und hat sich seit der Jahrtausendwende unter Vorzeichen sich verändernder wohlfahrtsstaatlicher Steuerungsmuster verstärkt zu einer sozialinvestiven Kindheit gewandelt, die für die Gestaltung kindlicher Seins- und Lebensbedingungen folgenreich ist (Kap. 7). Daneben stellen Veränderungsprozesse (Wandel des Wohlfahrtsstaates) gesellschaftsanalytische Paradigmen infrage, mit denen bisher Ungleichheiten gemessen, geordnet und Verteilungskonflikte erklärt und begründet werden. Aus diesem Blickwinkel zeigen sich trotz substanzieller wissenschaftlicher Fortschritte weiterhin noch einige blinde Flecken auf der Landkarte einer etablierten Kindheits- und Kinderarmutsforschung. Kinder spielen, bis auf einige überschaubare Bemühungen in den bisher vorherrschenden wissenschaftlich geführten wohlfahrtsstaatlichen Diskursen, nur eine untergeordnete und nachrangige Rolle.

Grundsätzlich kommt im Wohlfahrtsstaat die „Übernahme einer legalen und damit formalen und ausdrücklichen Verantwortung einer Gesellschaft für das Wohlergehen ihrer Mitglieder in grundlegenden Belangen" zum Ausdruck (Girvetz, 1968, S. 512; s. a. Schmidt et al., 2007, S. 16). Dabei ist „gerade der deutsche Sozialstaat (…) von Beginn an in besonderem Maße Taktgeber des Lebenslaufs" (Leibfried et al., 1995, S. 7). Dem zugrundeliegend verwundert es, dass Kinder nicht einmal als eigenständige Bevölkerungsgruppe oder als explizite Zielgruppe wohlfahrtsstaatlicher Zuwendung auftauchen, die überdies kaum eigene Anspruchsrechte auf sozialstaatliche Leistungen haben (vgl. Wintersberger, 1994).

Vor allem für die Rahmenbedingungen der Stellung armer Kinder ist der „Sozialstaat als kulturell fundierter Prozess"[13] und als Akteur mitverantwortlich. Dies zeigt sich in der Vorenthaltung der vollen Staatsbürgerrechte für die Bevölkerungsgruppe der Kinder, die Irène Thèry (1994) als „Pseudorechte" beschrieb. Die Gefahr einer „Entbürgerlichung"[14] der Bevölkerungsgruppe der Kinder hinsichtlich der Ausgestaltung und Qualität der Staatsbürgerrechte werden dabei sichtbar (Kap. 7.2.3). Die gängige Argumentationskette ist zumeist der Verweis auf den Status des Noch-nicht-Erwachsenen, der bei noch nicht voll ausgebildeten Fähigkeiten des Kindes, die zur Teilhabe am Erwachsenenleben jedoch notwendig seien, den Ausschluss zu den vollen Staatsbürgerrechten rechtfertigten (vgl. Kränzl-Nagl et al., 2003, S. 119). Diese als naturgegebene Inkompetenz des Kindes erlaube die volle staats-

13 Franz-Xaver Kaufmann in seinem Eröffnungsvortrag anlässlich der Jahrestagung 2013, „Glaube an Gerechtigkeit? Leitbilder in der Sozialpolitik" in Köln.

14 Thomas Wagner verwendet den Begriff der Entbürgerlichung. Dieser basiert „nicht unbedingt auf dem Vorenthalten bzw. Entzug von Bürgerrechten, sondern primär auf deren faktischen Entwertung infolge fehlender oder vorenthaltener Machtmittel" (Wagner, 2015, S. 80).

bürgerrechtliche Teilhabe „erst nach einer Phase der Vorbereitung in einem dafür vorgesehenen gesellschaftlichen Schonraum" (Bühler-Niederberger, 2010, S. 437). Dieser Blickwinkel stellt bereits deutlich heraus, dass auf der Suche nach den Ursachen beschriebener Tatbestände unmittelbar auch die Funktionsmechanismen des Wohlfahrtsstaates in den Blick genommen werden müssen. Denn mit der sukzessiven Zunahme der Armut immer weiterer Bevölkerungsschichten im Schatten eines politisch massiv vorangetriebenen Umbaus sozialer Sicherungssysteme ist der Wohlfahrtsstaat immer stärker ins Kreuzfeuer sozialwissenschaftlicher Kritik geraten.

Schon der einflussreiche amerikanische Soziologe James Coleman fragte 1986 nach den Auswirkungen des sich verändernden Sozialstaates, die „zu einer Gesellschaft unsozialer Vereinzelung" und somit zu einer „asymmetrischen Gesellschaft" führt (1986, S. 7). Denn je nach Blickwinkel seiner regulativen Schwerpunktsetzung sind gesellschaftliche Konflikte unvermeidbar, und verschiedenartige Macht- und Kräfteverhältnisse kommen zum Vorschein. Für Helga Zeiher (1996) wird die Bevölkerungsgruppe der Kinder in einer gesamtgesellschaftlichen Außenwahrnehmung innerhalb wohlfahrtsstaatlicher Verteilungskonflikte daher auch besonders stark benachteiligt. Und Franz-Xaver Kaufmann (1980) beschrieb schon vor über drei Jahrzehnten den gesellschaftlichen Außenseiterstatus der Bevölkerungsgruppe der Kinder.

Dennoch darf nicht unerwähnt bleiben, dass es neben dem prekären gesellschaftlichen Status auch zu einer deutlichen Verbesserung der Beteiligung der Bevölkerungsgruppe der Kinder am (prekären) Wohlstand[15] der letzten 20 Jahre gekommen ist. Die Verbesserungen resultierten allerdings aus der Wohlstandssteigerung der erwerbstätigen Erwachsenen eines rein erwerbszentriert ausgerichteten Wohlfahrtsstaates (Kap. 7), wodurch Kinder dazu verpflichtet sind, das jeweilige „materielle Schicksal ihrer Eltern zu teilen" (Kränzl-Nagl/Mierendorff & Olk, 2003, S. 13).

Der Höhepunkt scheint jedoch überschritten. Auch wenn der Beck'sche „Fahrstuhleffekt" (Beck, 1986) die Folgen dieser relativen Teilhabeverbesserung am Wohlstand von Kindern lange Zeit versinnbildlichte, blieben die relativen Ungleichheiten ein Stockwerk höher bestehen. Ein anderes Bild zeichnet hingegen Christoph Butterwegge (1999), der in kritischer Anlehnung Ulrich Becks vom „Paternoster-Effekt" spricht: Die einen fahren rauf, während die anderen runter fahren. Gewinner-Kinder stehen Verlierer-Kindern gegenüber. Oder, wie es der Bundesgerichtshof (BGH)[16] 2006 in einem Mietrechtsprozess entschieden hat und die allegorische Fahrstuhl- und Pa-

---

15 Aber auch hier stehen Gewinner-Kinder, Verlierer-Kindern gegenüber (Kap. 8.3).

16 BGH, 2006, AZ. VIII ZR 103/06

ternoster-Stilfigur vervollständigt: Alle Parteien eines Mietshauses haben für die Betriebskosten des Aufzuges aufzukommen. Auch diejenigen, die im Erdgeschoss oder Souterrain wohnen und den Aufzug niemals nutzen werden können.

Kinderarmut und Interessengruppenhandeln

Der fundamentale Wandel wohlfahrtsstaatlicher Ordnungs- und Strukturzusammenhänge hat ebenfalls Auswirkungen auf die Wahrnehmung und Beschreibung gesellschaftlicher Ungleichheiten. Vor allem übt sie Druck auf die Bevölkerungsgruppe der (armen) Kinder aus, die weiterhin verteilungs- und gesellschaftspolitisch unsichtbar bleiben, da ihre Interessen im Kampf um die Anerkennung und Durchsetzung konkurrierender Interessen herausfallen, was zu einer Krise des kindlichen Interessengruppenhandelns führt.

Das Ergebnis der bisherigen Anamnese einer nach wie vor bestehenden Aushöhlung kindlicher Interessenlagen stimmt daher nachdenklich und man wird zwangsläufig an Jean Jacques Rousseau (1977, S. 32) erinnert, für den das größte Übel bereits erreicht ist,

> „wenn man Arme verteidigen und Reiche zurückhalten muss".

Anscheinend ist Wahrnehmung und Repräsentation der Interessen armer Kinder bei Verteilungsfragen (im)materieller Lebenschancen weiterhin schwach – wie die schwierigen Verhandlungen im Vermittlungsausschuss zur Neuregelung der Hartz-IV-Sätze im Jahr 2010 exemplarisch belegen. Oder die strukturellen Rücksichtlosigkeiten gegenüber Kindern, die scheinbar in tiefsitzenden Rationalisierungsmustern unserer Wirtschafts- und Sozialordnung begründet liegen (vgl. Kaufmann, 1980, S. 771); oder aber der kontinuierliche Einflussverlust sozialer Interessengruppen im Zuge des Transformationsprozesses wohlfahrtsstaatlicher Ordnungs- und Strukturzusammenhänge[17] (vgl. v. Winter, 2000, S. 537). Sie alle können als Sympto-

---

17 Die Ausgliederung und Vorbereitung wichtiger wohlfahrtsstaatlicher Grundsatzentscheidungen und Weichenstellungen in „außerparlamentarischen, deliberativen Gremien" sog. Kommissionen und Expertengremien, bspw. im Rahmen von Reformen der Arbeitslosen- und Sozialhilfe (hier speziell die Hartz-Kommission) belegen dies exemplarisch (vgl. Siefken, 2007, speziell S. 185–195). Die Besetzung dieser Kommissionen, die nur zu einer „Quasi-Beteiligung der Verbände" führte, spiegelt dabei den arenainternen Einflussverlust sozialanwaltlicher Interessengruppen wider (Kap. 6), der wiederum auf die „Strukturmuster der Verbändebeteiligung" zurückwirkt (vgl. v. Winter, 2000, S. 538f.). Dadurch

me der Krise kinderpolitischen Interessengruppenhandelns angeführt werden. Obwohl der öffentliche Aufschrei von Seiten der Interessengruppen – zumindest für ein aufmerksames Publikum – nicht zu überhören ist, verkommt er im Vergleich zu anderen vermeintlich „starken" Interessen zu einem Hintergrundrauschen. Und so warf der Kinderarmutsforscher Ronald Lutz bei seinem Vortrag zur Eröffnung des Bundeskongresses für Kinderarmut 2015 in Hamburg mahnende Schlaglichter, als er zwar darauf hinwies, dass im lokalen Bereich eine unglaubliche Fülle von guten, erfolgreichen und auch nachvollziehbaren Projekten stattfänden, sich die Lage der Kinder dadurch jedoch nicht wirklich verbessert habe.[18] Es besteht also durchaus eine Kontinuität interessengruppenspezifischer Bemühungen im Bereich Kindheit in Armut.

Die daraus abgeleiteten Therapievorschläge der politischen Hausapotheke sind jedoch seit Jahren die Gleichen:

> „Entfesselung der Marktkräfte, Entlastungen des Kapitals und weitere Belastungen der sozial Benachteiligten". (Butterwegge, 2009, S. 64)

Liegt es an der Schwere der Symptome? Einer fehlgeleiteten Diagnose? Erscheint womöglich eine falsche Medikation ursächlich für die politische und gesellschaftliche Wahrnehmung armer Kinder und einer Krise des kindlichen Interessengruppenhandelns? Oder wird die schwierige Frage nach den eigentlichen Interessen der Kinder von Seiten kindlicher Advokaten und eines erwachsenenzentrierten Wohlfahrtsstaates womöglich falsch gestellt und beantwortet, die da lauten: Worin bestehen überhaupt die Interessen der Kinder?[19] Wie sind sie zu ermitteln? Wie kann ihnen am besten entsprochen werden, und wie ist die Repräsentation der Interessen armer Kinder zu legitimieren? Beziehen sich die Interessen von Kindern nur auf die der heute lebenden, wie es die UN-Kinderechtskonvention vorgibt, oder sollten sie

---

sind natürlich auch die „Repräsentationsbedingungen und -wahrnehmungen" sozial schwacher Bevölkerungsgruppen berührt und abgeschwächt (vgl. Linden & Thaa, 2009, S. 11). Denn durch die Exklusion des einen Interesses (oder Interessengruppe) bei gleichzeitiger Inklusion des anderen Interesses (oder Interessengruppe) in den politischen Entscheidungsfindungsprozess verteilt der Staat gleichzeitig auch die Repräsentationschancen der jeweils Betroffenen (Kap. 8).

18 Zu den kommunalen Politikansätzen gegen Kinderarmut siehe exempl. den Sammelband von Walter Hanesch (2011).

19 Gemeinhin werden die in der UN-Kinderrechtskonvention (KRK) formulierten Rechte als Interessen der Kinder gleichgesetzt. Jedoch bilden die darin formulierten Rechte natürlich nicht den kompletten Interessenhorizont ab und werden mitunter von Gesellschaft zu Gesellschaft anders interpretiert (vgl. Liebel & Masing, 2013, S. 498).

auch die Interessen zukünftiger Generationen mit einschließen (vgl. Liebel & Masing, 2013, S. 498; Liebel, 2014, S. 337).

Genau an dieser Stelle müssen auch Fragen nach der Berücksichtigung und Bereitschaft der Interessenwahrnehmung zwischen Repräsentanten (Interessengruppen, politische Akteure) und Repräsentiertem gestellt werden (hier speziell die Gruppe armer Kinder). Denn bei knapp 13,1 Mio. Kindern in Deutschland (Zensus, 2015) erscheinen kindliche Interessen auf den ersten Blick durchaus stark und einflussreich zu sein. Auch die strategischen Voraussetzungen eines politischen Umdenkens redistributiver Kinder- und Familienpolitik sollten überaus günstig sein:

Erstens machen die durchweg schlechten Kinderarmutsstatistiken damals wie heute den politischen Handlungsdruck deutlich. **Zweitens** zeigen die Urteile des Bundesverfassungsgerichtes[20] der Politik seinen Handlungsbedarf auf, wodurch **drittens** auch die politischen Handlungschancen zunehmen (sollten).

Dabei konnte eine repräsentative Umfrage des Kinderhilfswerks (DKHW) von 2014 die Unzufriedenheit der Bevölkerung mit Politik und Zivilgesellschaft einfangen, wenn es um die Frage der Bekämpfung der Kinderarmut geht. Und auch die Friedrich-Ebert-Stiftung hat in einer Studie zur „Zukunft des Wohlfahrtsstaates" deutlich machen können, dass „die deutsche Bevölkerung (…) in ihrer übergroßen Mehrheit für einen weiteren Ausbau des Wohlfahrtsstaates" plädiert (Heinrich/Jochem & Siegel, 2016)[21]. Es könnte somit **viertens** auch ein öffentlicher Handlungsdruck vorliegen (vgl. Bronke, 2011). Daneben steht jedoch der mehr als dürftige und flickenhafte sozial- und familienpolitische Output für in Armut aufwachsende Kinder.

---

20 Exemplarisch das Urteil zur gesetzlichen Mindestsicherung 2010 (BVerfG, 1 BvL 1/9), das Urteil zum Regelbedarfsermittlungsgesetz 2014 (1BvL 10/12, 1 BvL 12/12, 1BvR 1691/13) oder die Urteile zum Familienlastenausgleich BVerfGE 82,60.
Irene Gerlach stellt zusammenfassend zur Rolle des Bundesverfassungsgerichtes fest, „dass die wesentlichen Entwicklungsstufen im Familienlastenausgleich vom Bundesverfassungsgericht und nicht vom Gesetzgeber in Gang gesetzt worden sind. Dies wiederum wirft Fragen nach den Gründen für die scheinbar weitestgehend fehlende Durchsetzungsfähigkeit von Familieninteressen im politischen Prozess auf und ebenso solche nach der Legitimität von Politik, wenn wesentliche politische Regelungsnotwendigkeiten nur über den Weg der Verfassungsbeschwerde Eingang in den Gesetzgebungsprozess finden" (2009, S. 98ff.).

21 Die Studie belegt vor allem eine gewünschte Mehrausweitung von Betreuungs- und Bildungsdienstleistungen, die eine größere Priorisierung erfahren als bspw. direkte Geldleistungen. Bemerkenswert ist trotz des Wunsches der Mehrheit der Bevölkerung nach einer Ausweitung des Wohlfahrtsstaates, dass vor allem die „Intensität künftigen wohlfahrtsstaatlichen Handelns" im Bereich der Erwerbslosenunterstützung (Arbeitslosengeld und Hartz IV) als ausreichend hoch bewertet wird (vgl. Heinrich/Jochem & Siegel, 2016, S. 23ff.). Ich werde besonders in Kap. 7 näher auf diesen Aspekt, und noch an anderer Stelle auf die Studienergebnisse eingehen.

Und dennoch gibt es zahlreiche politische Akteure, die ihr politisches Lebenswerk der Interessenvertretung (armer) Kinder verschrieben haben. Was uns jedoch wieder zu den eingangs formulierten Fragen zurückkommen lässt:

> „Natürlich gab und gibt es einige Abgeordnete, die sich der Sache denn doch annehmen, aber: werden sie dafür auch innerparteilich nach vorne getragen? Werden sie in ihren Fraktionen ernst genommen? Sind die Ausschüsse, in denen sie arbeiten, deshalb besonders wichtig? Nochmals: haben sie besonders viel Rückhalt in der Öffentlichkeit (…)"? (Mayer, 2000, S. 513)

Es zeigt sich somit, dass bei der Darstellung von Kindheit in Armut ebenfalls nach der qualitativen Beschaffenheit einer Gesellschaft und ihrem politischen System entlang der Schnittpunkte Wohlfahrtsstaat, Markt (Wirtschafts-, Kapital- und Erwerbssystem) und der Institution Familie zu fragen ist, die immer auch die Frage nach der Qualität der Repräsentation spezifischer Interessengruppen, ihres Interessengruppenhandels und der Beschaffenheit von Kräfte- und Machtdisparitäten beinhaltet (vgl. Linden & Thaa, 2011; Kreckel, 2004).

Zwischen armutspolitischem Schein und Sein: Die (Re-)Produktion struktureller Unsichtbarkeit

Dieser querschnittssoziologischen Ausgangslage folgend fokussiert die vorliegende Krisen- und Defizitanalyse ebenso die Mehrdimensionalität von Kindheit in Armut, die sich vor allem aufgrund struktureller Ursachen entlang der Ausgestaltung des Wohlfahrtsstaates, des Marktes (Wirtschafts-, Kapital- und Erwerbssystem) und der Institution der Familie (re)produziert.

Einerseits lobt sich die jeweils amtierende Bundesregierung für ihre Umverteilungs- und Armutspolitik, die eine Ausweitung von Sozialtransfers nicht erforderlich erscheinen lässt (vgl. Bundesregierung, 2013). Denn „im Großen und Ganzen können wir [die Bundesregierung, Anm. D. März] stolz darauf sein, was wir bisher im Bereich der Armutsbekämpfung erreicht haben" (SPD-Bundestagsfraktion, 2015).[22] Obwohl bereits die wissenschaftlich geführte Sozialstaatskritik seit den 1980er Jahren kritisiert, dass es aus Gesichtspunkten der Verteilungsgerechtigkeit empirisch nachweisbar ist, dass das deutsche Sozialleistungssystem

---

22 Auszug aus der Pressemitteilung der SPD-Bundestagsfraktion vom 16.10.2015 bezüglich der Veröffentlichung des zweiten Schattenberichtes der Nationalen Armutskonferenz (nak) (2015).

> „keineswegs zu einer Umverteilung von ‚oben nach unten', sondern zu einem System der selektiven Begünstigung von Gruppen und sozialen Schichten geführt habe, die keineswegs zu den Ärmsten gehören". (Greven, 1984, S. 69)

Andererseits fordern vor allem zivilgesellschaftliche und wissenschaftliche Advokaten kindlicher Interessen eine grundlegende Korrektur redistributiver Maßnahmen des derzeit bestehenden staatlichen Umverteilungssystems von Sozialtransfers abhängigen Kindern und Familien (vgl. Bayer & Hübenthal, 2012, S. 173).

Dabei wirken die mantraartig wiederholten „Lobeshymnen" politischer Akteure kaum nachvollziehbar, geschweige denn überzeugend. Die Bundesregierung und das Parlament hat zwar immer wieder versucht durch die Verbesserung von Transferleistungen der Armut(sgefährdung) von Kindern zu begegnen (exempl. durch eine Erhöhung des Kindergeldes, obwohl dieses auf Hartz IV angerechnet wird, und des Kinderzuschlags). Allen Maßnahmen haftet jedoch der Makel familienpolitischer Symbolik an, da sie in ihrer derzeitigen Höhe nicht in der Lage sind bestehenden Armutserscheinungen nachhaltig positive Impulse zur Verringerung entgegen setzen zu können, wie der vierte Reichtums- und Armutsbericht der Bundesregierung selbstentlarvend belegt.

Für den Sozialrichter und Politikberater Jürgen Borchert (2013) steht demnach fest, dass sich bei Familien mit Kindern die Verteilungsfehler des derzeitigen Systems kumulieren sowie kulminieren, und für Thomas Olk (2009, S. 16) ist das bisher bestehende „zersplitterte System finanzieller Leistungen für Familien mit Kindern" ungeeignet, der Kinderarmut entgegen zu wirken. Für Claus Schäfer wiederum, Experte für Einkommens- und Vermögensverteilung im wirtschafts- und sozialwissenschaftlichen Institut der Hans-Böckler-Stiftung, existiert kaum ein Politikbereich,

> „in dem die Kluft zwischen Anspruch und Wirklichkeit so groß ausfällt wie bei der sozialstaatlichen Förderung von Kindern und Jugendlichen". (Schäfer, 2012, S. 117)

Das mag auch daran liegen, dass bisher die wenigsten familienpolitischen Maßnahmen aus der Perspektive des Kindes her konzipiert worden sind. Beinahe alle familienpolitischen Leistungen kommen nicht den Kindern, sondern viel mehr den Eltern zugute. Beispielsweise wird das Kindergeld als finanzielle Leistung der Kinder selbst noch bei Volljährigkeit den Eltern ausgezahlt (vgl. Dienel, 2008, S. 116). Es muss daher die unvermeintliche Frage gestellt werden, warum von Seiten namhafter Experten und zahlreicher Interessengruppen die Grundsicherungsleistungen für Kinder immer wieder Gegenstand kontroverser sozialpolitischer Debatten sind und als Maß der sozialen Polarisierung herangezogen werden, obwohl regierungsnahe Akteure ausreichende Bemühungen ökonomischer Redistribution staatlicher Sozialtransfers bescheinigen und seit Jahrzehnten vor einer „Hypertrophie des Sozialstaates“ warnen (Kaufmann, 2004, S. 16; Mayer, 1999, S. 268; Butterwegge, 2014, S. 128).

Vor allem die Zusammensetzung, Berechnungsgrundlage und die Höhe der Regelbedarfe für Kinder werden von Sozialverbänden und Wissenschaftlern unisono als zu niedrig befunden. Dabei haben die Auseinandersetzungen im Vermittlungsausschuss zu den Regelsätzen im SGB II und dem Teilhabepaket für Kinder gezeigt, „dass die politische Unterstützung für weitreichende Vorschläge zur Bekämpfung von Kinderarmut und ihren Folgen und die damit verbundenen Verteilungsprobleme nicht einfach zu haben ist“ (Rudolph, 2011, S. 100; s. a. Nullmeier, 2011, S. 119ff.). Vielmehr war ein „verfassungswidriger“ Widerstand der Bundesregierung bei der Umsetzung des Bundesverfassungsgerichturteils zu beobachten, um die Regelbedarfe für Kinder eben nicht nach oben hin korrigieren zu müssen (vgl. Becker, 2011; s. a. Münder, 2011).

Es scheint somit paradox:

> „Kinderfreundlichkeit im persönlichen Umgang und Rücksichtslosigkeit gesellschaftlicher Strukturen stehen nebeneinander“. (Zeiher, 1996, S. 12; s. a. Qvortrup 1995)

„Die gesunde Wut eines Soziologen“[23]

Die gesellschaftliche und politische Wahrnehmung armer Kinder wird am Ende dieser Analyse ein Bild der weitestgehenden Unsichtbarkeit zeichnen. Dabei sollte sich der Autor bezüglich eines Themas, das in der Gesellschaft mit vertrauten Deutungsmustern, etablierten Modellen, Zuweisungen und Gesellschaftskonzeptionen wahrgenommen wird, wie ein „störender“ Soziologe aufführen, der seine „Zeit in Gedanken fasst“ (Hegel),

> „um sich in die Selbstverständlichkeiten und Gewißheiten einzumischen, sie zu hinterfragen, einen prüfenden Blick darauf zu werfen und die eigene fachinterne ‚Routine‘ in Frage zu stellen. (…) Es geht also um ein ‚Mißtrauen‘ der vertrauten Ordnung gegenüber“. (Reuter, 2002, S. 229f.)

Mit dieser Grundhaltung soll die vorliegende Krisen- und Defizitdiagnose im Zeichen einer öffentlichen Soziologie ins rechte Licht rücken, was sich weitestgehend im Verborgenen (re)produziert.

23 Pierre Bourdieu (1997)

Dabei kann der Forderung des Soziologen und Journalisten Gerald Wagner nicht entsprochen werden, der den Fokus der Soziologie „auf der Benachteiligung durch die Gesellschaft" kritisiert und von ihr fordert, sie solle „auch einmal seine Stärken in der Produktion von Vorteilen herausstellen. Es könnte sich langfristig durchaus auf die Zufriedenheit der Gesellschaftsmitglieder auswirken" (Wagner, 2016). Vielmehr muss beim Thema Kindheit in Armut kritisch Position bezogen werden. Franz-Xaver Kaufmann stellte bereits in einem Gespräch mit Stephan Lessenich fest: „Nur wenn etwas kritisiert wird, in die Auseinandersetzung gerät, beginnt die Reflexion, sich zu entfalten" (Kaufmann & Lessenich, 2015, S. 131). Das gilt umso mehr für die Themenbereiche Kindheit in Armut und einer Kritik am Wohlfahrtsstaat. Denn

> „wer sich mit dem Armutsproblem beschäftigt, muss deutlich Stellung beziehen und Partei für oder gegen die Betroffenen ergreifen. Eine ‚wertfreie' oder ‚-neutrale', quasi über den gesellschaftlichen Interessengegensätzen schwebende Sozialwissenschaft gibt es sowenig wie unbeteiligte Beobachter/innen der Gesellschaftsentwicklung oder unvoreingenommene Armutsforscher/innen. Schon die Wahl des Untersuchungsobjekts erfolgt auf der Basis bestimmter Erkenntnisinteressen sowie politischer, weltanschaulicher und religiöser Grundüberzeugungen. Armutsforscher/innen sollten sich über ihre persönliche Befangenheit sowie ihre ‚Vorprägung' durch eigene Lebenserfahrungen klar sein und die inhaltlichen genauso wie die methodischen Prämissen ihrer Arbeit offenlegen". (Butterwegge, 2011, S. 10)

Analyse und Einordnung der Arbeit wird sich durch die Verknüpfung drei zentraler Forschungsdisziplinen an ein breiteres (akademisches) Publikum richten und dabei – ohne seinen wissenschaftlichen Impetus zu verlieren – in einem durchhaltenden Analysestil bewusst an den notwendigen Stellen zuspitzen. Es wird kein geradliniges Erzählen, sondern es wird Strömungen und Wendungen geben. Denn die Unsichtbarkeit ist nicht auf den ersten Blick ersichtlich. Die einzelnen Fragmente und Versatzstücke, die dazu beitragen, müssen erst zu einem Gesamtbild zusammengestellt werden. Ziel wird es sein, die Ursachen der Unsichtbarkeit armer Kinder in unserer Gesellschaft und ihre Wirkungsmechanismen zu identifizieren, Zusammenhänge zwischen den drei Schnittfeldern (Kinderarmut, Interessengruppenhandeln und Wohlfahrtsstaat) zu skizzieren und Folgewirkungen abzugrenzen.

1.2 Fragestellung und Forschungsannahmen

Die vorliegende Studie wird die Bedingungskonstellationen von Kindheit in Armut im Verteilungssystem (im)materieller Lebens- und Verwirklichungschancen (Amartya Sen) des deutschen Wohlfahrtsstaates in den Blick nehmen und um die Repräsentationsmechanismen durch Interessengruppen erweitern. Folgende Fragestellung bildet den Nukleus dieser Krisen- und Defizitanalyse: Welche makrosoziologischen (gesamtgesellschaftlichen) und mikrosoziologischen (Feinstruktur politischer und zivilgesellschaftlicher Akteure) Kräfte- und Machtkonstellationen beeinflussen die gesellschaftliche (Un-)Sichtbarkeit armer Kinder im Verteilungsystem (im)materieller Lebenschancen und seiner relevanten Institutionen[24]?

Machtkonstellationen sollen in diesem Sinne vor allem in Bezug auf funktionale Machtverhältnisse verstanden werden. Funktionale Machtverhältnisse[25] sind

> „primär moderne Ungleichheitsverhältnisse, die sich über die ‚unsichtbare Hand des Marktes' (A. Smith) [oder die unsichtbare Hand gesellschaftlicher Strukturen Anm. D. März.] vermitteln, sich ‚hinter dem Rücken' (K. Marx) der Gesellschaftsmitglieder durchsetzen und über das System der formal gesatzten Regelwerke staatlicher Bürokratien (pol. Institutionen) transportiert werden. F. M. (Funktionale Macht) meint also die über eine Stellung innerhalb eines hierarchischen Gefüges oder eines strukturellen Systemzusammenhangs vermittelte, verallgemeinerte Machtchance". (Kraemer, 1994, S. 411)

Die Frage, die es zu stellen gilt, wenn nach den ungleichen und asymmetrischen Bedingungen der Kraft- und Machtverhältnisse ausschlaggebenden Logiken gesucht wird, in denen arme Kinder im verteilungspolitischen Gefüge zum Gegenstand avancieren, muss die nach den Faktoren sein, die genau diese Bevölkerungsgruppe im armuts- und verteilungspolitischen Diskurs unsichtbar erscheinen lässt.[26] Es stellt sich die Frage *cui bono* – wer hat einen Nutzen an der (Un-)Sichtbarkeit?

---

24 Hierunter sind alle institutionellen Kontexte zu verstehen, in denen die Wahrnehmung und somit auch die Stellung armer Kinder (re)produziert werden: Politische Institutionen, Institutionen der Erziehung und Bildung, die Familie als Institution etc. Damit sind aber auch unterschiedliche gesellschaftliche Systeme gemeint. Beispielsweise das Wirtschaftssystem, das Rechtssystem, das Erziehungssystem oder das politische System etc. Diese Überlegung folgt der Sichtweise moderner Gesellschaften aus der Perspektive der Entwicklung funktionaler Differenzierungen, in der Aufgaben vormals gesamtgesellschaftlich, nun von gesellschaftlichen Teilsystemen wahrgenommen werden. Übertragen auf die Gruppe (armer) Kinder kann angenommen werden, dass die meisten Institutionen anderen Prinzipien und Logiken folgen, als denen der Kinder, nämlich primär den Verhaltensdispositionen der Eltern (vgl. Merten, 1998, S. 268).

25 Zum Machtverständnis siehe die Fußnoten 53 und 58.

26 Hierzu die Notwendigkeit des vorliegenden Forschungskontextes, den in einem frühen Beitrag Christoph Butterwegge zur Kritik an der „dynamischen Armutsforschung" beschrieb: „Die Entwicklung der Armut ist zwar vom sozialen und soziokulturellen Wandel einer Gesellschaft abhängig, unterliegt jedoch in einem gleichfalls steigenden Maße wirtschafts-, verteilungs- und sozialpolitischen Weichenstellungen. Neben gesellschaftlichen

Dabei muss auch der gesamtgesellschaftliche Kontext betrachtet werden, wodurch die vorliegende Krisen- und Defizitanalyse ebenfalls zu einer ökonomischen Kritik der Ungleichheit wird (exempl. Sell, 2015). Es wird also eine gesamtgesellschaftliche Perspektive bevorzugt, damit die Analyse nicht im luftleeren Raum schwebt. Denn ein Soziologe muss das gesamte gesellschaftliche Umfeld in seine Überlegungen miteinbeziehen.

Die Mechanismen, die dabei zur (Un-)Sichtbarkeit armer Kinder führen, nehmen ihren Anfang nicht erst innerhalb der politischen Arena. Vielmehr sind seine ungleichheitsbegründenden Kraft- und Machtdisparitäten mitten in der Gesellschaft zu suchen. In Anlehnung an Helmut Schelskys (1957) Arbeit „Die skeptische Generation“ kann auf die vorliegende Analyse das Frageverhältnis übertragen werden, was denn Kindheit in Armut für die Gesellschaft und umgekehrt, was die Gesellschaft für die Kinderarmut bedeutet. Die Forschungsfrage bewegt sich dabei innerhalb folgender Zieltrias, die den aktuellen internationalen Forschungsstand berücksichtigt und deutsche Besonderheiten mit einfließen lässt.

(1) **Armutssoziologisch** betrachtet wird das Augenmerk auf die finanziellen Ressourcen der Vielschichtigkeit der Kinderarmut gerichtet – dies der Grundannahme folgend, dass durch die Einkommensarmut der Eltern die gesamte Lebenssituation der Kinder betroffen ist (vgl. Stolz-Willig, 2006, S. 237). Denn über Kinderarmut zu sprechen heißt auch immer über die Armut von Erwachsenen oder die Armut von Familien zu sprechen. „Die Anliegen von Kindern gelten als Anliegen der Familien; Kinderpolitik wird deshalb zumeist der Familienpolitik subsumiert (…)“ (Engelbert & Kaufmann, 2003, S. 60). Die Lebenssituation armer Kinder ist jedoch nicht einfach das passive Abbild der Lebenssituation armer Eltern. Vielmehr stehen sie in einem relationalen Verhältnis zueinander.[27] Der Wohlfahrtsstaat be-

---

Machtstrukturen bestimmen auch (sozial)politische Rahmenbedingungen, die wiederum von den Kräfteverhältnissen zwischen Parteien, Verbänden und Institutionen abhängen (…)“ (1996, S. 73).

27 Zwar operiert die neue Kindheitsforschung mit dem methodologischen Konzept des Kindes als autonomen Konstrukteur seiner Lebenswelt und eigenen Wirklichkeit. In dem Bereich, worin sich diese Arbeit bewegt, nämlich jener der Stellung und des Status von Kindheit in Armut im verteilungspolitischen und gesellschaftlichen Gefüge, wird diese Sichtweise jedoch schwierig. Auch in dieser Arbeit wird die Auffassung vertreten, „daß eine allzu rasche und enge Verknüpfung von Kind und Familie den Blick auf Kinder wie Kindheit zu verstellen droht“ (Honig & Ostner, 1998, S. 257). Im Bereich dieser Arbeit ergibt diese Verknüpfung und der Verweis auf die Relationalität von Kindheit jedoch Sinn. „Als relationales Konzept ist „Kindheit“ in konzentrischer Beziehung zu den Erwachsenen, das sind zunächst die Eltern, zu denken. Mit dem Eltern-Kind-Verhältnis verändert sich auch das Verständnis von Kindheit und vice versa“ (ebd.).

trachtet das arme Kind jedoch zuvörderst in seiner Abhängigkeit zu seinen Eltern – Kinderarmut ist Familienarmut. Für Barbara König, ehemalige Geschäftsführerin des Zukunftsforums Familie, zeigt sich hier bereits ein erster Erklärungsversuch. Ihr

> „Eindruck ist, dass der Fokus auf die Förderung von Erwachsenen gelegt wird. Weil davon ausgegangen wird, dass sie durch möglichst existenzsichernde Löhne gut abgesichert sind – und dann sind es auch automatisch die Kinder. Und wiederum wir Fachleute wissen, dass das auch ein Trugschluss sein kann". (Interview Barbara König, 2015)

Eine Ursache für die Erwachsenenzentriertheit des deutschen wohlfahrtsstaatlichen Sicherungssystems sieht Ulrich Schneider darin, dass

> „sich unser System an Familien richtet. (...) Wenn ich also Armut von Kindern bekämpfen will, komme ich nicht darum herum, die Armut von Familien zu bekämpfen. Komme ich nicht darum herum, bspw. dafür zu sorgen, dass die Eltern Arbeit haben. Dass sie vernünftig bezahlt werden. Oder über einen Familienlastenausgleich so ausgestattet werden, dass sie nicht wegen ihrer Kinder in Armut landen. Das ist wahrscheinlich der Grund. Das ist traditionell so, und es gibt ja kaum praktische Anhaltspunkte, wo man ein Kind isoliert betrachten könnte. Selbst wenn ich über Bildung spreche, muss ich wissen, dass es so gut wie unmöglich ist, beim Kind die nötige Bildungsbereitschaft und Motivation zu erzeugen, wenn ich es mit einem Elternhaus zu tun habe, wo jeden Tag Frust, Resignation und Arbeitslosigkeit an der Tagesordnung sind. Selbst dann muss ich die Familie in den Blick nehmen und über arbeitsmarktpolitische und familienpädagogische Maßnahmen auch für den nötigen Background sorgen. (Interview Ulrich Schneider, 2015)

So sehr dieser Fokus auch zutreffen mag, die Gefahr hier hinter wird klar ersichtlich. Sie besteht darin, dass arme Kinder hinter ihren Eltern unsichtbar werden. Die Betrachtung armer Kinder immer aus der Sicht der Eltern ist dabei gerade in der Politik eine gängige Sichtweise. Auch wenn diese Kausalverkettung durchaus ihre Richtigkeit entfaltet, so ergeben sich auf die Wahrnehmung und den Status sowie auf die Stellung von armen Kindern bestimmte Auswirkungen negativer Natur, wie noch zu zeigen sein wird.

Dem Hinweis der Haushaltswissenschaftlerin Rosemarie von Schweitzer folgend zeigt sich,

> „Kinder sind (...) zunächst immer ‚Arme', sie selber verfügen über nichts, sie sind total angewiesen auf ihre Mütter und Väter, sie sind Hilfsbedürftige in einer existenziellen Weise. Dieses Faktum ist so wichtig, weil es in einer auf materiellen Wohlstand orientierten Leistungsgesellschaft zu leicht übersehen wird". (v. Schweitzer, 1979, S. 139)

Das eine ist ohne das andere nicht zu denken. Kinder dürfen dabei nicht hinter ihren Familien verschwinden. Dennoch wird in der deutschen Debatte über Kinderarmut das Syndrom der Armut (also das Aufeinandertreffen verschiedener Symptome) auf das Symptom der materiellen Lage verengt heruntergebrochen, von der Lage der Eltern auf die der Kinder abgeleitet und somit auf die Bedingungen von Kindheit verzichtet (vgl. Honig & Ostner, 1998, S. 255 & 258).

Die Herausforderung wird also auch darauf liegen, Kinder in ihrem Verhältnis zu ihren Familien zu bestimmen. Schweitzers Zitat weist bereits darauf hin, dass in einer marktwirtschaftlich geregelten Gesellschaft die ökonomische Lebenslage als zentral für alle anderen Lebensbereiche gelten kann (vgl. Sen, 2002). Und für Pierre Bourdieu ist ökonomisches Kapital immer die notwendige Bedingung für den Erwerb anderer Kapitalsorten.

(2) **Kindheitssoziologisch** wird der Fokus auf die ökonomisch redistributive Dimension geworfen, die eine zentrale Kategorie zur Erzeugung von Kindheit in Armut darstellt. Die Arbeit geht dabei von der Verschränkung zweier Grundrichtungen der soziologischen Kindheitsforschung aus:

> Einerseits von einer dekonstruktivistischen Kindheitstheorie, welche Kinder an der sozialen Konstruktion von Kindheit im Kontext soziokultureller gesellschaftlicher Entwicklungen beteiligt sieht (vgl. Butterwegge et al., 2004, S. 59). Sie folgt einer makrosoziologischen Perspektive und analysiert die Stellung von Kindern im Kontext des gesellschaftlichen Generationenverhältnisses im modernen Wohlfahrtsstaat. In seinem „Entwurf einer Theorie der Kindheit" stellte Michael-Sebastian Honig (1999) fest, dass „die sozialpolitische Frage nach der Verteilungsgerechtigkeit zwischen den Generationen (...) mit der Problematisierung von Armut und Existenzsicherung von Kindern erhebliche Brisanz gewonnen" hat (Honig, 1999, S. 189). Ausgangspunkt dieser Forschungsrichtung ist der kritische Blick auf die generationellen Kraft- und Machtverhältnisse, die zu einer „Institutionalisierung eines gesellschaftlichen Abhängigkeitsverhältnisses" führen und Kinder als gesellschaftliche Gruppe im „Status der Unmündigkeit" halten, woraus ihre rechtlich und ökonomisch abhängige Stellung gegenüber Erwachsenen resultiert (Butterwegge et al., 2004, S. 61).

Andererseits bedient sich die Arbeit der Sichtweisen einer sozialstrukturellen Kindheitsforschung. Sie verweist ebenfalls auf die Eigenständigkeit der Kinder als einer gesellschaftlichen Gruppe. Ihr geht es vor allem um die Analyse der ungünstigeren Sozialisationsbedingungen in sozialen, ökonomischen und kulturellen Lebensbereichen von Kindern, womit der Blick auch auf die ungerechte Verteilung von rechtlichen, sozialen und ökonomischen Ressourcen gerichtet wird. Bereits in dieser Perspektive kommt das advokatorische Interesse zum Vorschein, das ebenfalls ein Anliegen dieser Forschungsrichtung ist. Die Repräsentationsmechanismen von Kindheit in Armut werden somit bereits in dieser kindheitssoziologischen Grundausrichtung in den Blick genommen. Dies verlangt jedoch auch, „Kinder nicht ‚unhinterfragt' als Anhängsel von Erwachsenen und Familien zu sehen" (ebd., S. 61). Auf diese Weise kann es gelingen, die Bevölkerungsgruppe armer Kinder als Variable gesellschaftlicher Ungleichheitsstrukturen sichtbar zu machen (vgl. Bühler-Niederberger, 2010, S. 438).

(3) **Interessengruppensoziologisch** wiederum wird das Augenmerk auf die Bedingungskonstellationen, Regelmäßigkeiten, Strukturen und Prozesse politischer Problemverarbeitung gerichtet. An jedem dieser Punkte muss kritische Wissenschaft ansetzen, möchte sie dieses „terra incognita" kindheitssoziologischer und politikwissenschaftlicher Forschungsbemühungen in Zeiten wohlfahrtsstaatlichen und interessengruppenspezifischen Wandels ausleuchten und kartographieren.

Zielen die armuts- und kindheitssoziologischen Bedingungen strukturtheoretisch sowohl auf Produktion und Reproduktion als auch auf Funktionen, Voraussetzungen und Bedeutungen der Unsichtbarkeit armer Kinder, so weist die interessengruppen- und repräsentationssoziologische Sichtweise auf einen handlungs- und institutionstheoretischen sowie interessen- bzw. konflikttheoretischen Zugang des vorliegenden Erkenntnisinteresses hin (vgl. Mierendorff & Olk, 2010, S. 125). In diesem Dreieck sozialwissenschaftlicher Forschungsdisziplinen, bestehend aus Kinderarmuts- und Kindheitsforschung, Wohlfahrtsstaatsforschung und Interessengruppenforschung, zeigen sich ganze Konfliktkomplexe, die zu einer „Großbaustelle sozialer Ungleichheit" anwachsen.

Es wird sich zeigen - je nachdem - welche der drei Systemreferenzen in den Blick genommen wird, andere Phänomene der (Un-)Sichtbarkeit sichtbar werden. Derartige Analysen, die sich aus unterschiedlichen Wissenschaftsdisziplinen speisen und darüber hinaus zahlreiche Akteure[28] in den Blick nehmen, bergen auch immer die Gefahr einer gewissen Unübersichtlichkeit, die es mit einem durchstrukturierten Konzept zu vermeiden gilt. Denn Ziel dieser Krisen- und Defizitanalyse ist kein umfassendes Theoriemodell zur Erfassung der drei in den Fokus stehenden Forschungsdisziplinen. Vielmehr soll der Themenkomplex aus theoretischen, empirischen und zeitdiagnostischen Blickwinkeln eingefangen werden und womöglich neue Impulse einer Auseinandersetzung liefern.

---

28 Parteien, einzelne politische Akteure, Interessengruppen, wissenschaftliche Politikberatung, unterschiedliche Bevölkerungsgruppen etc.

1.3 Begriffe – Definitionen – Einschränkungen

In dieser Arbeit wird der Leser dutzende Male mit dem Begriff „Diskurs" konfrontiert. Ob Kinderarmutsdiskurs, wohlfahrtsstaatlicher Diskurs, verteilungspolitischer Diskurs oder die Deutungshoheit des Armutsdiskurses – ein großer Teil der vorliegenden Studie behandelt den Diskurs über Kinderarmut und ihre Wahrnehmung an den Schnittstellen wohlfahrtsstaatlicher und interessengruppensoziologischer Zugangspunkte.

Es würde sicherlich interessant sein, die „Macht der Worte und die Konstruktion von Wirklichkeit" (Reichwein, 2012, S. 46) in den Blick zu nehmen und danach zu fragen, **wer** oder **was** die soziale Wirklichkeit des Armutsdiskurses bestimmt – besonders vor dem Hintergrund eine vielschichtigen, komplexen bis mitunter undurchsichtigen Armutsarena innerhalb der deutschen Wissenschaftslandschaft.[29] Denn im Laufe des Forschungsprozesses wurde auch in der vorliegenden Krisen- und Defizitdiagnose ein deutliches Missverhältnis zwischen empirischen Befunden der (Kinder-)Armutsforschung und seiner gesellschaftlichen und politischen Auseinandersetzung wahrgenommen.

Dennoch muss an dieser Stelle auf die vielfältig vorhandenen Arbeiten zur Diskurstheorie und Diskursanalyse verwiesen werden (exempl. Klinkhammer, 2014; Chassè, 2015; Klein, 1995).[30] Im Bereich der Armutsforschung weist Franka Schäfer (2013) in ihrer kritischen Analyse des sozialwissenschaftlichen Armutsdiskurses jedoch darauf hin, ein „Forschungsdesiderat eines überforschten Phänomens" identifiziert zu haben. Dabei ist der Armutsdiskurs durch zahlreiche unterschiedliche Diskursfelder mit verschiedenen Diskurskonstellationen geprägt und unterliegt einem jeweils anderen gesellschaftshistorischen Kontext. Diesen Thesen und Forschungsbemühungen bejahend gegenüberstehend wird diese Arbeit jedoch wenig Neues hinzufügen können und wollen. Dabei kann nicht verhindert werden ebenfalls einen weiteren Beitrag zur Konstruktion der Armutsbeschaffenheit vorzulegen (vgl. Reichwein, 2012). Idealerweise erzeugen die hier gewonnenen Erkenntnisse sogar eine erneute Wiederbelebung des Diskurses. Denn die Studie wird ebenfalls verdeutlichen, dass sich im Zuge eines wohlfahrtsstaatlichen Wandels neue Wahrnehmungsmuster etablier(t)en (hinsichtlich Armut, Familie, Beschäftigung, Sicherheit, Leistungen des Wohlfahrtsstaa-

29 Es wird auf die ausführliche Arbeit von Michael Klundt (2008) verwiesen; s. a. Schäfer (2013, S. 23).

30 Siehe auch das Plenum 2 des 38. Kongresses der Deutschen Gesellschaft für Soziologie 2016 unter dem Namen „Öffnung und Schließung: Deutungen, Wissen, Diskurse".

tes etc.), die sich als wohlfahrtsstaatliche „Definitionen der Situation" beschreiben lassen. Dieser Deutungsprozess

> „lässt sich vielleicht manches mal, sicher aber nicht durchgehend und prinzipiell als einseitige Interessendurchsetzung und Machtausübung begreifen. Häufig erscheint sie als komplexes Geflecht von konkurrierenden, um Anerkennung streitenden Akteuren und Deutungen, die ihren Geltungsanspruch auf Formen des Wissens (...) stützen". (Soziologie, 2016, S. 48)

Allerdings wird im weiteren Verlauf der Begriff „Diskurs" auf einer etymologischen Bedeutungsebene angesiedelt. Hier meint Diskurs erst einmal „Rede", „Wortstreit" oder „Diskussion" (vgl. Neubert & Reich, 2000, S. 43). Eine Diskursanalyse im Sinne eines sozialwissenschaftlichen Theoriezusammenhangs wird diese Arbeit hingegen nicht leisten.

Die Metapher der (Un-)Sichtbarkeit

> „Armut ist eine versteckte Armut. Und diese Menschen (...) haben in aller Regel große Probleme, tatsächlich über die Runden zu kommen. Das sind nämlich nicht die Kinder, die unter Brücken leben. Das sind die Kinder, die dann bei Klassenfahrten plötzlich krank werden, weil die Eltern nicht mehr mithalten können. Das sind die Kinder, die dann bei den Weihnachtsfeiern plötzlich nicht mehr auftauchen. Die auch keine Kindergeburtstage feiern (...)". (Ulrich Schneider bei Maybrit Illner in der Sendung vom 28.05.2015)

Die Metapher der Unsichtbarkeit beschreibt kein „systemtheoretisches Begriffsinstrumentarium" (Nassehi, 2006) – vielmehr dient es dieser Arbeit als sozialwissenschaftlicher Code.

> „Ein Code ist ein Sammelbegriff für jede Form tiefenstruktureller Prägung". (Maye & Meteling, 2009, S. 126)[31]

Unsichtbarkeit spricht demnach tiefergehende Strukturmerkmale sozialer Ungleichheit an, dem sich Kindheit in Armut ausgesetzt sieht. Dabei spielt ein weiterer häufig verwendeter Begriff der Sozialwissenschaften eine Rolle, der mit dem der Unsichtbarkeit eng verknüpft ist: nämlich der Begriff „Latenz".[32] Dieser wird allgemein als „Vorhandensein einer Sache, die (noch) nicht in Erscheinung getreten ist" beschrieben (Duden). Auf das Thema

---

31 Maye und Meteling zitieren selbst von Annegret Horatschek (2000, S. 82).

32 Bspw. Jürgen Habermas formulierte These der „Latenz der Klassengegensätze" (1969, S. 86).

Kindheit in Armut übertragen, beschreibt Latenz einen „Verdrängungsmechanismus“. Dieser führt dazu, dass das Thema Kindheit in Armut von bestimmten Akteuren (beabsichtigt/unbeabsichtigt) in der Verteilungsarena (im)materieller Lebenschancen im Zustand der Latenz gehalten wird. Latenz übernimmt dabei die Funktion, Strukturen von Kräfte- und Machtkonstellationen weitestgehend unsichtbar zu halten, um dem Thema nicht die dafür notwendige Aufmerksamkeit zur Problemlösung entgegen bringen zu müssen. Man denke nur an das politisch-normative Konzept der bekämpften Armut, unter die ein Kind mit Sozialhilfebezug subsumiert wird, da seine Armut mit dem Erhalt staatlicher Leistungen als wirksam „bekämpft“ gilt. Berthold Dietz wies *pars pro toto* 1997 darauf hin, dass eine solche Definition von Armut impliziere,

> „daß es überhaupt keine Armut gibt, da Nichtunterstützte nicht als arm angesehen werden und alle diejenigen, welche arm sind, Unterstützung bekommen und damit ebenfalls nicht mehr arm seien“. (Dietz, 1997, S. 92f.)[33]

Natürlich unterliegt die politische und gesellschaftliche Wahrnehmung von Kindheit in Armut nicht der völligen Unsichtbarkeit, sondern hinterlässt ihre eigenen „Spuren“ (vgl. Ellrich, 2009, S. 7). Und diese Spuren gilt es sichtbar zu machen. Die Metapher oszilliert somit zwischen den beiden Polen Unsichtbarkeit und Sichtbarkeit. Dabei besteht keine einfache Dialektik zwischen diesen beiden Polen, sondern es muss von einem dynamischen Verhältnis ausgegangen werden (Speth, 1997, S. 471)[34]. Die These der weitestgehenden Unsichtbarkeit von Kindheit in Armut wird dabei an den Schnittpunkten des Wohlfahrtsstaates, des Marktes (Wirtschafts-, Kapital- und Erwerbssystem) sowie der politischen und advokatorischen Repräsentation kindlicher Interessen sichtbar gemacht.

Soviel allerdings vorweggenommen: Wenn hier behauptet wird, dass eine hin und wieder zu konstatierende Sichtbarkeit von Kindheit in Armut nicht aus Motiven wohlfahrtsstaatlicher und gesellschaftlicher Sorgebeziehungen gegenüber der Bevölkerungsgruppe armer Kinder erfolgt, so meint dies insbesondere:[35] Dass vor allem in Armutslagen aufwachsende Kinder in

---

33 Die damalige Bundesregierung antwortete auf eine ‚Große Anfrage‘ zum Thema „Armut in der Bundesrepublik Deutschland“ in ihrer Vorbemerkung zur Sozialhilfe: „Die Sozialhilfe bekämpft Armut, sie schafft sie nicht. Wer die ihm zustehenden Leistungen der Sozialhilfe in Anspruch nimmt, ist nicht mehr arm“ (Bundesregierung, 1995, S. 2).

34 Hier in Anlehnung an Rudolf Speth, der die Dialektik auf den Bereich der Repräsentation bezieht.

35 Im Gegensatz zum Sammelband Kindheiten in der Moderne (Baader/Eßer & Schröer, 2014), in dem „moderne Kindheit“ als „Geschichte der Sorge“ aufgearbeitet werden.

eine Welt der Abhängigkeit geworfen und festgehalten werden, weil ein Interesse (*cui bono*) an dieser gesellschaftlichen Abhängigkeitskonstruktion und den dadurch entstehenden Machtregimen besteht (vgl. Olk, 2007).

Definitionen: Wann ist ein Kind ein Kind?[36]

Für eine Analyse der Unsichtbarkeit von Kindheit in Armut ist es wichtig zu klären, wer in dieser Krisen- und Defizitanalyse des Verteilungssystems (im)materieller Lebenschancen als Kind definiert wird. Um es vorwegzunehmen: So wie die Bestimmungen von Armutsgrenzen ist auch die Definition von Kindheit ein gesellschaftliches Konstrukt und abhängig von kulturellen und geschichtlichen Entwicklungen.

> „Kindheit gibt es nicht von Natur aus. Kindheit ist eine kulturell geprägte, von Menschen geformte Auffassung von Kultur und Mensch-Sein. Sie ist eine Konstruktion". (Scholz, 1994, S. 8)

Die deutsche Rechtsordnung kennt keine einheitliche Definition von Kindheit. Vielmehr existiert eine Vielzahl an Definitionen nebeneinander, die einerseits kontextabhängig sind und andererseits zahlreiche Bedeutungen umfasst.[37] Ausgehend vom Verfassungstext, spricht das Grundgesetz in Artikel 6 von der „Pflege und Erziehung der Kinder" (GG, Art. 6 AbS. 2; s. a. Bäcker, 2010, S. 251). Damit meint das Grundgesetz alle jungen Menschen bis zum Erreichen der Volljährigkeit (vgl. Wiesner, 2003, S. 153f.). Eine Möglichkeit wäre es demnach Kindheit mit Volljährigkeit gleichzusetzen. In der Bundesrepublik Deutschland tritt diese mit Erreichen des 18. Lebensjahres ein (vgl. BGB, § 2). Wie stark die Begrifflichkeiten Kindheit und Jugend von gesellschaftlichen und sozialpolitisch geführten Diskursen allerdings abhängig sind, zeigt das Beispiel der gesetzlichen Regelung der Volljährigkeit, die bis 1975 mit 21 Jahren begann, während sie in der ehemaligen DDR bereits 1950 auf 18 Jahre herabgesetzt wurde (vgl. Reichwein, 2012, S. 41).

Werden jedoch andere Rechtsgrundlagen hinzugezogen, fällt der definitorische Wildwuchs auf, der in den deutschen Rechtsgliederungen vorherrscht. Das Jugendschutzgesetz (JuSchG) versteht Kinder beispielsweise als Personen unter 14 Jahren und Jugendliche als Personen, die das 14. Lebensjahr erreicht haben, aber noch nicht 18 sind (vgl. JuSchG, § 1 AbS. 1;

36 Der folgende Abschnitt greift in Teilen auf meine Magisterabschlussarbeit zurück (März, 2012). Die hier dargebotenen Überlegungen werden jedoch auf eine inhaltlich-substantiell anspruchsvollere Ebene gehoben.

37 Siehe hierzu genauer Wiesner (2003, S. 153–182).

Merten, 2010, S. 133). Dagegen definiert das Jugendarbeitsschutzgesetz (JArbSchG) Kinder als Personen, die noch nicht das 15. Lebensjahr erreicht haben, und Jugendliche als Rechtssubjekte, die bereits 15, aber noch nicht 18 Jahre alt sind (vgl. JArbSchG, § 2 Abs. 1 und 2). Zieht man wiederum die UN-Kinderrechtskonvention zu Rate – die von der UN-Vollversammlung 1989 verabschiedet und seit 1992 in der Bundesrepublik Deutschland in Kraft getreten und somit geltendes Recht ist[38] – dann „ist ein Kind jeder Mensch, der das achtzehnte Lebensjahr noch nicht vollendet hat" (vgl. UN-Kinderrechtskonvention, Art. 1).

Neben diesen grundsätzlichen Bestimmungen im deutschen Recht besteht auch noch eine Vielzahl an einzelnen Teilmündigkeitsregelungen. Zu nennen wären bspw. die „beschränkte Geschäftsfähigkeit" (BGB, § 106), der sogenannte „Taschengeldparagraph" (BGB, § 110), die „beschränkte Deliktsfähigkeit" (BGB, § 828), Lockerung des Verbotes der Kinderarbeit (RKEG, § 5) und die sozialrechtliche Handlungs- und Prozessfähigkeit (vgl. Wiesner, 2003, S. 171ff.).[39]

Aufgrund der bestehenden und sehr differenzierten deutschen Rechtslage über die Definition des Kindes wird auch innerhalb der Kindheits-, Armuts- und Familienforschung mit sehr unterschiedlichen Altersgrenzen und Trennlinien operiert. Im Bereich der Höhe des kindlichen Existenzminimums bestehen verschiedene gesetzliche Regelungen, die zu ganz unterschiedlichen Definitionen zum Einkommen, unterschiedlichen Altersgrenzen und Bemessungsverfahren führen (vgl. ZFF, 2015). Hinsichtlich der Berechnung der Mindestbedarfe gibt es nicht nur unterschiedliche Begriffe und Bemessungsverfahren hinsichtlich des Alters, sondern auch zwischen den Rechtsgebieten des Sozial, Steuer- und Unterhaltsrechts, wodurch sich „Inkonsistenzen" ergeben (vgl. Ott/Schürmann & Werding, 2014, S. 18f.). Illustrierend zeigen die Regebedarfsstufen zur Sozialhilfe den Verlauf der Altersgrenzen eines Kindes in vier Stufen:

- Kinder bis einschließlich fünf Jahre.
- Kinder ab sechs bis einschließlich 13 Jahre.
- Regelbedarfe für Kinder von 14 bis 17 Jahre.
- Und für Personen unter 25 Jahren im Haushalt der Eltern wohnend.

---

38 1992 stimmte Deutschland der UN-KRK nur unter Vorbehalten zu. Diese Vorbehaltserklärung wurde im Jahr 2010 zurückgenommen.

39 Beispiel: Gesetzliche Altersgrenzziehungen haben großen Einfluss auf mögliche Verbesserungen der Bevölkerungsgruppe der Kinder hinsichtlich der Auszahlung von Geldleistungen. So gab es immer wieder die Forderung kindbezogene Sozialleistungen direkt an das Kind in Form eines „Kindergehalts" auszuzahlen. Dieses steht diametral zum Grundproblem der eingeschränkten Geschäftsfähigkeit.

In anderen Studien hingegen werden alle Personen bis zum achtzehnten Lebensjahr als Kind berücksichtigt (vgl. Reichwein, 2012, S. 42). Aufgrund des zahlreichen empirischen Materials und den darin sehr unterschiedlich verwendeten Altersgrenzen kann auch die vorliegende Arbeit zu keinem zufriedenstellenden Ergebnis kommen und eine endgültige Definition von „Kindheit" und „Kindern" anbieten.[40]

Knüpfen andere Arbeiten an die Lebensphase der Kindheit an (vgl. Wiesner, 2003), so soll in der vorliegenden Studie jenseits rechtlicher Altersgrenzziehungen Kindheit in Armut als ein Syndromkomplex verstanden werden, das Kinder länger als früher im Sozialstatus „Kind" hält. Denn Kinder und Jugendliche sind umso häufiger von Armut bedroht, je älter sie sind – vor allem von 15 bis 18 Jahren (vgl. BMFSFJ, 2008). Die steigende Jugendarbeitslosigkeit, die weiterhin zunehmenden Probleme bezahlbaren Wohnraums, vor allem in urbaneren Gegenden, der staatliche Rückzug aus einer quantitativen und qualitativen Betreuungs- und Bildungsförderung sowie eine zunehmend längere Zeit, die Kinder bei ihren Familien leben, erscheinen alle als Indizien, die Kinder länger in (finanzieller) Abhängigkeit zu ihren Familien respektive des Wohlfahrtsstaates stehen lassen und der Übergang zur Erwachsenheit „immer länger, ungeordneter und unsicherer wird" (Konietzka & Tatjes, 2016, S. 204; s. a. Jacobi 2014; Rusconi, 2006). Mit zunehmender Dynamik einer Prekarisierung von Erwerbsbiografien und atypischer Beschäftigungsverhältnissen sind es vor allem die jungen Mitglieder unserer Gesellschaft, die „zur Existenz- oder Lebensstandardsicherung zunehmend wieder auf ihre Elternhaushalte" angewiesen sind (Lessenich, 2012a, S. 123), da das Verlassen des Elternhauses als zentraler Schritt des Erwachsenwerdens in die soziale und ökonomisch eigenständige Lebensführung darstellt, der immer weiter nach hinten verschoben wird (vgl. Konietzka & Tatjes, 2016).

So galt der Übergang in das Berufsleben und die damit einhergehende finanzielle Unabhängigkeit vom Elternhaus bis in die 1970er Jahre als Beleg für den Übergang und Status als Erwachsener. Jedoch haben sich nicht nur die Ausbildungszeiten verlängert. Auch der Berufsstart, mit seinen finanziell unsicheren Berufseinstiegsformen durch Praktika, Volontariate und Trainees, hat sich nach einer abgeschlossenen Ausbildung, bzw. einem schulischen oder akademischen Abschluss nach hinten verschoben. Und dies obwohl die Umstellung auf das Bachelorsystem auch darauf ausgelegt war,

40 Man betrachte einmal nur die volle Bezeichnung des Familienministeriums, das im Volltext Bundesministerium für Familie, Senioren, Frauen und Jugend (BMFSFJ) heißt. Würde man es begriffswörtlich nehmen, wären Kinder somit nicht Teil dieses ministerialen Aufgabenbereiches.

Absolventen früher für den Arbeitsmarkt bereitzustellen. Daneben haben sich auch die Lebenskonzepte vieler Jugendlicher dahingehend verändert, die Gründung einer Familie aus unterschiedlichen Ursachen, auf die an dieser Stelle nicht weiter eingegangen werden sollen, nach hinten zu verschieben (bspw. Moser, 2010, S. 26). Auch wenn der Kern heutiger Diskurse einer längeren Verweildauer von Kindern in der Familie einer anderen Akzentverschiebung unterliegen mag, so antizipierte bereits Helmut Schelsky (1957) diesen Prozess industrieller Gesellschaften eines längeren Aufenthalts in den Familien sowie eine

> „zunehmend spätere Ablösung der Jugendlichen aus dem Elternhaus und Verschiebung ihrer menschlichen und sozialen Selbstständigkeit in immer höhere Altersstufen (…)". (S. 116; zit. n. Jacobi, 2014, S. 363)

Um sich der Frage nach „wann ist ein Kind ein Kind" zu nähern, wird hier auf die in der Kindheitsforschung durchaus etablierte Überzeugung zurückgegriffen, die *pars pro toto* Jens Qvortrup (2009) beschreibt: Für ihn ist Kindheit die Generation der Minderjährigen.

Und auch für Johanna Mierendorff ist Kindheit „kulturell, sozial und politisch als Phase der Minderjährigkeit konstruiert (…)" (2010, S. 25). Zwar wird konstatiert, dass in der Kindheitsforschung eine Abgrenzung zwischen Kindesalter und Jugend besteht. Der Eintritt in die Jugendphase wird bspw. immer weiter in die der Kindheit hineinverlagert und hat sich aufgrund anatomischer, physiologischer, hormoneller und psychischer Veränderungen in den letzten einhundert Jahren sukzessive nach vorne verschoben (ebd.).[41] Für die Betrachtung der Wahrnehmung von Kindheit in Armut wird dieser Aspekt nur eine untergeordnete Bewandtnis haben. Nichtsdestotrotz werden neben diesem argumentatorischen Kniff, Kinder abseits von Altersgrenzen zu betrachten sowie in ihrer Gesamtheit einzufangen, die Charakteristika spezifischer Altersgruppen (Kindheits- und Jugendphase) innerhalb der Kinderarmutsforschung berücksichtigt. Mir ist durchaus bewusst, dass die für diese Arbeit durchaus sinnvolle Verschmelzung von Kindheit, Jugend und früher Erwachsenheit jenseits von Altersgrenzen, die in einen gemeinsamen

---

41 Darüber hinaus bestehen in den unterschiedlichen Wissenschaftsdisziplinen konträre Meinungen darüber, was ein Kind, was ein Jugendlicher ist und wie die Übergänge zu den einzelnen Lebensphasen zu bestimmen sind (vgl. Moser, 2010, S. 26). Klaus Hurrelmann spricht daher für die Mehrheit, wenn er konstatiert, dass sich ein klar zu bestimmender Zeitpunkt nicht eindeutig bestimmen lässt: „Die Grenzen sind fließend, und es ist nicht möglich, eine für alle Menschen verbindliche und fest erwartbare Reife- und Altersschwelle für das Passieren des Übergangspunktes zwischen den beiden Lebensphasen zu nennen" (Hurrelmann, 2004, S. 29; zit. n. Moser, 2010, S. 26).

theoretischen Fokus gestellt werden, aus kindheits- und jugendwissenschaftlichem Blickwinkel nicht unproblematisch erscheint. So stellt sich bspw. die Armut von Jugendlichen anders dar als die Armut von (Klein-)Kindern. Allerdings soll in dieser Krisen- und Defizitanalyse der Fokus weniger auf die Auswirkungen und Beschreibungen von Kinderarmut auf einzelne Lebensbereiche gelenkt werden. Sondern es werden Erklärungsansätze und Ursachenforschungen für die Unsichtbarkeit der Bevölkerungsgruppe der Kinder im Kräfte- und Machtgefüge sozialer Ungleichheit in den Blick genommen.

Kinderinteressenvertretung als Repräsentation

Innerhalb der deutschen Wissenschaftslandschaft herrscht hinsichtlich einer klaren begrifflichen Definition über die Interessen von Kindern Uneinigkeit. Es wird nicht von Kinderinteressen gesprochen, sondern meist vom Kindeswohl oder Wohl der Kinder. Obwohl die Rechtswissenschaften – wie auch die Soziologie – von klaren Begriffsdefinitionen leben, zeigt sich quer durch das Sozialgesetzbuch (Kinder- und Jugendhilfe, Familien- und Kindschaftsrecht) die Verwendung des unter juristischen Erwägungen „unbestimmten Rechtsbegriffs" des Kindeswohls und nicht die der Interessen des Kindes. Dies geschieht ebenfalls in der Sozialarbeit und Jugendhilfe. Auch in der deutschsprachigen Übersetzung der UN-Kinderrechtskonvention wird der Ausdruck „*best interest[s] of the child*" als Wohl des Kindes bezeichnet (vgl. Liebel, 2014, S. 338).

Natürlich birgt auch der Ausdruck des „besten Interesses des Kindes" die Gefahr, das politische und pädagogische Handeln für Kinder fehlzuinterpretieren, vor allem, da die Interpretation des besten Interesses immer auch von den gegebenen Kraft- und Machtverhältnissen einer Gesellschaft abhängt. „Aber im Unterschied zu dem – zumal historisch belasteten – Begriff des Kindeswohls bleibt in der Rede vom Interesse der Bezug zu einem handelnden Subjekt erkennbar" (ebd.). Diese Arbeit schließt sich dieser Sichtweise an und verwendet den Begriff der Kinderinteressen oder Interessen der Kinder.

Im Spannungsfeld zwischen Repräsentation und politischer Partizipation

In pluralistischen repräsentativen Demokratien – wie die der Bundesrepublik Deutschland – bestehen aus politiktheoretischem Blickwinkel Ambivalenzen im Verhältnis zwischen den Konzepten der „Repräsentation" und

„Partizipation". Eine genauere Gegenüberstellung dieses vermeintlichen Gegensatzpaares zeigt jedoch die bestehende Wechselseitigkeit beider Konzepte, die zu zwei Seiten einer Medaille verschmelzen (vgl. Kestler, 2011). Dennoch muss sich der Fokus in der vorliegenden Krisen- und Defizitdiagnose auf einer dieser beiden Formen beschränken, in diesem Fall dem Repräsentationsmodus. Konzeptionen zur Partizipation wiederum richten sich

> „auf alle Entscheidungsprozesse des Alltagslebens in Familien, Bildungs-, Betreuungs- und Erziehungseinrichtungen, Verbänden und Vereinen, aber auch parlamentarischen und vorparlamentarischen Entscheidungsgremien auf örtlicher und überörtlicher Ebene in allen Lebensbereichen im Sinne von ‚Alltagsdemokratie'". (Betz/ Olk & Rother, 2010, S. 276)

Dieser lebensweltliche kindesorientierte Ansatz legt den Schwerpunkt auf konkrete Lebensbereiche, in denen sich Gelegenheiten zur Partizipation eröffnen und sich somit auf die unmittelbare Lebenswirklichkeit der Kinder in Kindertageseinrichtungen, des Bildungssystems und der Familie auswirken. Partizipation meint die Teilhabe von jungen Menschen an den sie betreffenden Entscheidungen (vgl. BjK, 2009, S. 6). Im Unterschied dazu verweist die politische Partizipation, trotz ihres Querschnittscharakters zum vorangestellten Partizipationsbegriff, auf

> „those activities by private citizens that are more or less directly aimed at influencing the selection of governmental personnel and/or the actions they take". (Verba & Nie, 1972, S. 2)

Der Forschungszweig der Partizipationsforschung subsumiert unter der politischen Partizipation

> „jede Art von Versuchen der Einflußnahme oder Beteiligung an dem durch die staatlichen Institutionen und den Bestand der öffentlichen Aufgaben ausgewiesenen politisch/administrativen Bereich (…)". (Buse & Nelles, 1975, S. 41)

Also alle Handlungen, „die mit der Erreichung eines politischen Ziels verknüpft sind (…)" (Kaase, 1997, S. 160). Darunter können Aktivitäten mittels Wahlakt (direkte politische Unterstützung), Mitgliedschaften in politischen Subsystemen (bspw. Parteien), der Teilnahme an politischen Kampagnen (bspw. Wahlveranstaltungen), der Mitgliedschaft in Interessengruppen verstanden werden (vgl. Münch, 1976, S. 159; s. a. die anschauliche Tabelle bei Hoecker, 1995, S. 18).[42] Somit versucht der moderne Sozialstaat durch die

42 Siehe auch die sechs Formen partizipativer Aktivitäten (Niedermayer, 2005).

Trinität ziviler Schutzrechte des Einzelnen, sozialer Bürgerrechte sowie politischer Entscheidungsrechte, eine demokratische Beteiligung der Bürger grundsätzlich zu gewährleisten (vgl. Knauer & Sturzenhecker, 2005, S. 69).

Kindern stehen jedoch die meisten dargestellten Aktivitäten politischer Partizipation nicht zur Verfügung, da die Bevölkerungsgruppe der Kinder aufgrund ihres (Bürgerrechts-)Status davon ausgeschlossen ist. Sie können bis zum Erreichen der Volljährigkeit an den meisten politischen Teilhabemöglichkeiten nicht partizipieren, wodurch sich die Diskussion auf die politische Partizipation „in weiten Teilen auf zukunftsbezogenes Probehandeln und Handlungsintentionalitäten" richtet (BjK, 2009, S. 7).

Darüber hinaus werden Voraussetzungen politischer Partizipation in Zeiten sich verfestigender Kinderarmut weiter ausgehöhlt, bei gleichzeitiger Kürzung von Sozialsicherungsleistungen und Jugendhilfestrukturen. Denn nur wer materiell gesichert aufwächst, kann das volle Potential demokratischer Beteiligung auch umfassend ausschöpfen (ebd.). Dieser Erkenntnis folgend verfügt die Kindheitssoziologie über ein großes Arsenal empirischer Studien, die sich der Mitwirkung und Teilhabe von Kindern und Jugendlichen im kommunalen Raum, der offenen Kinder- und Jugendarbeit, Stadtplanung und in pädagogischen Einrichtungen, von der Schule, Kitas und Heimen widmen (exempl. Gaiser/Gille & de Rijke, 2006; Ködelpeter & Nitschke, 2008; Schneider/Stange & Roth, 2011; Burdewick, 2003; Schächter, 2011; BMFSFJ, 1999).[43]

Neben diesen kommunalpolitischen Partizipationsmöglichkeiten haben auch zahlreiche Verbände wie das Deutsche Kinderhilfswerk und der Deutsche Kinderschutzbund Partizipationsprojekte initiiert. Als Impulsgeber wird die Reformierung des Jugendwohlfahrtsgesetzes in den 1980er Jahren und die Verabschiedung der Kinderrechtskonvention angesehen. Seitdem ist die Zahl der partizipativen Kinderinteressenvertretung im kommunalen Raum stetig gestiegen und mittlerweile hat beinahe jede Stadt ein Kinderparlament und kinderpolitische Arbeitsformen (vgl. Sünker & Swiderek, 2010, S. 794). Auch die Kinder- und Jugendhilfe kann als politische Interessenvertretung betrachtet werden. In diesen Bereichen findet – wenn auch nicht als „Normalfall" – durchaus Partizipation statt; bspw. in der Spielraumplanung und Stadtplanung, der punktuellen Beteiligung an „Sozialforen" und Bürgerhaushalten, in Schülerräten, Schülerparlamenten und Klassenräten oder auch in der Beteiligung in Kindertagesstätten (vgl. Stange, 2010). Jedoch sind die Felder der Partizipationsmöglichkeiten klar abgesteckt, wodurch Betei-

43 Auch das Familienministerium hat einen Leitfaden für Qualitätsstandards für die Beteiligung von Kindern und Jugendlichen veröffentlicht (BMFSFJ, 2015).

ligungsformen in dem von Erwachsenen vordefinierten Rahmen verlaufen (vgl. Betz/Gaiser & Pluto, 2010, S. 18).

Die vorliegende Studie wird nicht den lokalen Nah- und Weitbereich kindlicher Partizipationsmöglichkeiten beleuchten. Vielmehr soll die gesamtgesellschaftliche Wahrnehmung zuvörderst im Verteilungssystem (im)materieller Lebenschancen untersucht werden. Sobald es darum geht, die Bevölkerungsgruppe materiell armer Kinder innerhalb dieses Systems zu analysieren, bildet die Kategorie der Repräsentation einen zentralen Topos des Reflektierens über die Wahrnehmung armer Kinder in gesamtgesellschaftlichen und verteilungspolitischen Kontexten. Die Repräsentation kindlicher Interessen durch das politische System und die Vertretung mittels Interessengruppen meint in dieser Arbeit in erster Linie eine stellvertretende advokatorische Interessenwahrnehmung. Gänzlich ausgeblendet wird eine Politik mit und von Kindern in Form von partieller Beteiligung (Partizipation) allerdings nicht. Sie wird in ausgewählten Abschnitten und am Ende dieser Krisen- und Defizitdiagnose nochmals ihre Würdigung erhalten. Denn wenn es um die Frage nach der Zukunft des kindlichen Interessengruppenhandelns im Wohlfahrtsstaat geht, wird zum Ende hin die Vereinigung zwischen Repräsentation und (politischer) Partizipation stattfinden. Genau an dieser Stelle wird die Forschungsfrage aus der Partizipationsperspektive wieder eingefangen, wenn es darum geht, danach zu fragen, in welcher Form die Gesellschaft seinen Kindern Beteiligungsmöglichkeiten einräumt und zubilligt (vgl. Betz/Gaiser & Pluto, 2010, S. 16).

1.4 Zu den einzelnen Abschnitten

Theoretische Rahmung

Nach einer kurzen Einführung, über die in dieser Arbeit zugrundegelegten Forschungshaltung (Kap. 2), bildet die Rekonstruktion des theoretischen Entwurfes eines ungleichheitsbegründenden Kräftefeldes von Reinhard Kreckel den Auftakt (Kap. 3). Seine Zentrum-Peripherie–Metapher sozialer Ungleichheit wird für die vorliegende Krisen- und Defizitanalyse adaptiert, um Kindheit in Armut im Verteilungssystem (im)materieller Lebenschancen einzufangen und die Unsichtbarkeit kindlicher Interessen im gesellschaftlichen und wohlfahrtsstaatlichen Macht- und Kraftgefüge sichtbar zu machen.

Grundlegend wird dabei die Beschreibung eines Spannungsfeldes (ungleichheitsbegründendes Kräftefeld) sein, das idealtypisch eine „Kräftekonzentration im Zentrum und Kräftezersplitterung an der Peripherie“ (Kreckel, 2004, S. 42) verdeutlichen wird. Demnach konzentrieren sich im Bereich des Zentrums diejenigen Kräfte und Mächte mit einer vergleichsweise großen Möglichkeit, die Deutungshoheit im Verteilungs- und Legitimierungskampf zu erlangen und somit an der (Re-)Produktion von sozialer Ungleichheit unmittelbar stark beteiligt sind. In den peripheren Lagen befinden sich wiederum diejenigen Gruppen, die kaum Machtpotential und Konfliktfähigkeit aufweisen. Werden diese Grundlagen auf Kindheit in Armut übertragen, so sollte im Verlauf der Arbeit zu zeigen sein, wie gering die Chance auf eine Veränderung des etablierten Kräftefeldes ist, da Kinder von den dafür notwendigen Machtressourcen abgeschnitten sind. Auch ihre Interessenlagen, die sich aus gruppenspezifischen Wertesystemen speisen, werden von den federführenden Akteuren mit der größten Ausstattung der Deutungshoheit im Verteilungs- und Legitimierungskampf abgewertet. Die Unsichtbarkeit von Kindheit in Armut spiegelt sich im Vergleich zu den gesellschaftlichen Kräften und Mächten des Kräftefeldes anhand ihrer Ferne zum Zentrum wider (vgl. Barlösius, 2004, S. 88).

Da die vorliegende Studie die Bedingungskonstellationen von Kindheit in Armut im Verteilungssystem (im)materieller Lebenschancen in den Blick nimmt, muss eine theoretische Annäherung ebenfalls an den Schnittfeldern der Kinderarmutsforschung, der Wohlfahrtsstaatsforschung sowie der Interessengruppen- und Repräsentationsforschung gewährleistet sein. Somit wird der theoretische Rahmen mit einer *tour d'horizon* eben jener sozialwissenschaftlichen Forschungsdisziplinen vervollständigt (Kap. 4).

Kindheits- und Armutssoziologische Deutungsmuster

Dieser Abschnitt wird sich der Kindheitsforschung und seiner Relevanz für Kindheit und Armut zuwenden, um dabei spezifische Entwicklungs- und Vergesellschaftungsprozesse moderner Kindheitsmuster nachzuzeichnen. Der kindheitssoziologische Zugang wird sich der Frage nach der Relevanz von Kindheits- und Kinderarmutsforschung nähern. Analytische Ausgangspunkte werden Handlungszusammenhänge sein, die Kindheit in Armut als soziale Lebenslage betrachten. Daneben werden empirische Befunde der Kinderarmutsforschung darstellen, wie sich Kinderarmut in einem reichen Land wie dem des deutschen Wohlfahrtsstaatssystems darstellt. Daher gilt es, in diesem Abschnitt Bedingungskonstellationen von Kindheit in Armut zu beleuchten und beides miteinander zu verknüpfen. Dies erscheint insofern wichtig, als dass sich herausstellen wird, dass Kinderarmut als ein Produkt „gesellschaftlicher Modernisierungsprozesse" gesehen werden kann, wodurch sich der vertraute Blick auf die Konstruktion von Kindheit aufzulösen droht (vgl. Honig & Ostner, 1998, S. 257).

Werden im späteren Verlauf die dargebotenen Argumentationslinien das ungleiche Verteilungssystem (im)materieller Lebenschancen von Kindheit in Armut sichtbar machen, so wird es in diesem Abschnitt noch vordergründig um Beschreibungen und Deutungen von Kinderarmut gehen. Der Unterschied zu den im Anschluss zu zeigenden Ungleichheitsmechanismen von Kindheit in Armut stellt sich im Verhältnis zwischen sozialer Ungleichheits- und Armutsforschung dar: Zwar beziehen sich beide auf das Phänomen der Armut, jedoch wird mittels des Zugangs der sozialen Ungleichheit im Bereich der Sozialstrukturanalysen Armut zu erklären versucht, während Armutstheorien diese im Kern beschreiben (vgl. Dietz, 1997, S. 58f.). Ungleichheit geht in der Analyse somit weit über die der Armut hinaus. Soziale Ungleichheitstheorien sollen demnach den dauerhaft ungleichen Zugang zu und die Verteilung von (materiellen und immateriellen) Ressourcen und Lebenschancen in einer Gesellschaft erklären und die Teilhabechancen von Menschen bestimmen. Dies erscheint für diese Arbeit überaus relevant, da die Mechanismen und Prozesse zur Aufrechterhaltung sozialer Ungleichheiten unsichtbar blieben, wenn sich ausschließlich der Erforschung von Armut zugewandt würde.

Institutionstheoretische Erklärungsmuster

An dieser Stelle wenden wir uns von der reinen Beschreibung von Kindheit in Armut ab und dringen zum vorherrschenden Thema der sozialen Ungleichheit und Verteilungsgerechtigkeit im Verteilungssystem (im)materieller Lebenschancen vor. Der institutionssoziologische Zugang bewegt sich dabei überwiegend im politikfeldanalytischen Bereich der Methode historischer Erklärungen und betrachtet Kindheit in Armut als institutionalisierte Unsichtbarkeit. Es wird davon ausgegangen, dass Akteure in den Arenen kindlichen Interessengruppenhandelns „im Rahmen institutioneller Kontexte handeln" (Lessenich, 2012a, S. 82). Warum die Darstellung der Arena deutscher Familienpolitik dabei so wichtig erscheint, zeigt sich daran, Regelmäßigkeiten, Strukturen und Prozesse politisch institutioneller Problemverarbeitung in den Blick zu nehmen. Denn um die Interessen von Kindheit in Armut in den politischen Problemverarbeitungsprozess repräsentieren zu können, bedarf es einer Identifizierung derjenigen Arena, innerhalb derer die Artikulation, Integration und Partizipation spezifischer Interessenlagen von statten geht. Die Arena der Familienpolitik, die als (kinder)politische Institution wirkt, kann als eine wichtige Arena neben anderen identifiziert werden. Dabei wird eine begriffstheoretische Annäherung stattfinden, die sich, in Anlehnung an Reinhard Kreckels Zentrum-Peripherie-Metapher und der Beschreibung des politischen Feldes von Pierre Bourdieu, als Kräftefeld der familienpolitischen Arena darstellen lässt. Die am Ende dieses Abschnitts aufgezeigten Wegmarken deutscher Familienpolitik stellen für die weiteren Erklärungsmuster wichtige Grundlagen dar, da es für das ungleichheitsbegründende Kräftefeld zentrale institutionelle Pfadabhängigkeiten und historische Kulturformen deutscher Familienpolitik der Nachkriegszeit aufzeigt.

Wohlfahrtsstaatssoziologische Erklärungsmuster

Dieser Teil der Arbeit ist zentral. Alle vorherigen Ausführungen laufen ineinander und verschmelzen in diesem Abschnitt, der Kindheit in Armut als sozialinvestive Ökonomisierung von Kindheit verortet und den Wandel wohlfahrtsstaatlicher Rahmenbedingungen hin zu aktivierenden und sozialinvestiven Strukturmustern des wohlfahrtsstaatlichen Regelungssystems und deren Umsetzung in einer „nachhaltigen Familienpolitik“ nachzeichnen wird.

Unter Zuhilfenahme eines Fallbeispiels, wird eine zielgruppenspezifische nachhaltige Familienpolitik synthetisiert und analytisch durchdrungen. Dabei wird die wohlfahrtsstaatliche Hinwendung bestimmter Zielgruppen herausgearbeitet und es kann die derzeit vorherrschende gesellschaftliche und politische Wahrnehmung gegenüber Familien bestimmt werden, die in Kontinuität und Diskontinuität zur Wahrnehmung von armutsgefährdeten Bevölkerungsgruppen zu sehen sind und eng mit den institutionshistorischen sowie kindheits- und armutssoziologischen Erklärungsmustern der vorangegangen Kapitel korrespondieren.

Darüber hinaus wird der Versuch unternommen, das Verhältnis von Kindheit in Armut im Wohlfahrtsstaat sowie die damit einhergehenden Veränderungen der Strukturmuster sozialinvestiver Kindheit darzustellen und anschließend nach der Qualität des Bürgerrechtsstatus von (armen) Kindern innerhalb dieses neuen wohlfahrtsstaatlichen Arrangements zu fragen. Dabei ist die Ausgestaltung von Kindheit (in Armut) im Sozialinvestitionsstaat Erosionsprozessen ausgesetzt – so die These – die in einer Neubestimmung des Verhältnisses der Pole innerhalb des Kräftedreiecks sichtbar wird. Anhand sich verändernder Strukturmuster sozialinvestiver Kindheit werden sich Tendenzen einer zunehmenden De-Familialisierung, einer verstärkten Inobhutnahme von Kindern in wohlfahrtsstaatliche Institutionen hinein (Scholarisierung und Pädagogisierung) und belastbare Indizien einer (Re-)Kommodifizierung von Kindheit zeigen lassen, die vor allem für armutsgefährdete Kinder negative Auswirkungen hat.

Repräsentations- und verbändesoziologische Erklärungsmuster

Der aufmerksame Rezipient wird sich die Frage nach dem Zeitpunkt dieses Kapitels stellen. Es wird ihm allerdings bescheinigt, dass erst mit den vorherigen Erklärungsmustern die Grundlagen und das Rüstzeug für die an dieser Stelle dargebotenen Überlegungen zur Krise des kindlichen Interessengruppenhandelns geschaffen werden, und der argumentatorische Kreis der Metapher der Unsichtbarkeit von Kindheit in Armut vervollständigt wird. Erst mit den vorher identifizierten Wegmarken einer Ökonomisierung sozialinvestiver Kindheit und den damit verbundenen Auswirkungen auf Kindheit in Armut wird eine weitere Beobachtung sichtbar, die hier abschließend in den Blick genommen wird und sich im ungleichheitsbegründenden Kräftefeld als periphere Kraft der Repräsentation durch Interessengruppen darstellt. Denn der wohlfahrtsstaatliche Wandel hat ebenfalls Auswirkungen auf die Repräsentation und das Interessengruppenhandeln von Kindheit in Armut. Zwar ist die immer wieder getätigte Aussage unzutreffend, „die Kinder hätten keine Lobby, keine Anwälte. Sie haben Anwälte und eine Lobby – aber auch diese haben ihre Interessen und Anliegen, von denen her Kinder definiert werden" (Bühler-Niederberger, 2003, S. 206).

Daher wird in diesem Abschnitt Kindheit in Armut als Repräsentationskrise betrachtet. Wobei die Krisenhaftigkeit mit einer bemerkenswerten Pluralisierung der Organisationslandschaft und Professionalisierung des sozialen Interessengruppenhandelns einhergeht. Ein zu konstatierender Professionalisierungsprozess schwacher Interessen ist dabei durchaus bemerkenswert. Stellt sich im Kontext der bisherigen Ergebnisse einer weitestgehenden Unsichtbarkeit von Kinderarmut und kindlicher Interessen doch die Frage nach den zentralen Zusammenhängen zu beobachtender Professionalisierungstendenzen sozialverbandlicher Interessengruppen und den sehr voraussetzungsvoll erscheinenden Implikationen einer Repräsentation von Kindheit in Armut. Darüber hinaus wurde sich bei der Reihenfolge der einzelnen Abschnitte spiegelbildlich an der Zentrum-Peripherie-Metapher orientiert. Stellten die bisherigen Überlegungen analog zum ungleichheitsbegründenden Kräftefeld diejenigen Faktoren im Kräftedreieck des Zentrums dar, die sich für Kindheit in Armut im Verteilungssystem (im)materieller Lebenschancen identifizieren lassen, so dringen wir in diesem Abschnitt stärker an die Peripherie des Kräftedreiecks vor. Dabei wird die Geschichte der Krise des kindlichen Interessengruppenhandelns eine Analyse seiner Grenzen und Herausforderungen.

2. Forschungshaltung

Diese Arbeit ist ein Beitrag zur Politischen Soziologie[44] sowie der Armuts- und sozialen Ungleichheitsforschung. Der Erkenntnisgewinn der Politischen Soziologie speist sich u. a. aus unterschiedlichen Disziplinen und Zugängen. Die Stärke liegt in seinen interdisziplinären Wesenszügen begründet. Darüber hinaus erfreut sich in den Sozialwissenschaften der Zugang zum jeweiligen Forschungsinteresse mittels unterschiedlicher Methoden und Zugängen (Methodenmix) stetig größer werdender Beliebtheit. So werden integrierte qualitative und quantitative Untersuchungen in der Politikfeldanalyse und Politischen Soziologie nicht nur in anwendungsorientierten und beratungsintensiven Bereichen durchgeführt, sondern auch in Teildisziplinen, die sich der Rekonstruktion politischer und gesellschaftlicher Prozesse verschrieben haben (vgl. Kaiser, 2014; Gläser & Laudel, 2004; Bogner/Littig & Menz, 2005 & 2014).

Methodologisch gibt es zahlreiche Herausforderungen zu beachten, da in jüngster Zeit einige Entwicklungstrends des begrenzten analytischen Zugangs der Politischen Soziologie zu beobachten sind: Einen ersten Trend beschreibt der in Anlehnung an Beate Kohler-Koch (1998) geprägte Begriff der „*Entgrenzung von Politik*". Dieser beschreibt die fortschreitende Auflösung einer sozialen und politischen Kongruenz innerhalb nationalstaatlicher Räume.

> „[M]ehr als fünfzig Jahre Umgestaltung der Innenpolitik durch Europäische Integration; bald vierzig Jahre ‚offene', im Weltmarkt eingebettete ‚Staatlichkeit'; demnächst ein Vierteljahrhundert Wiedervereinigung unter sozialstaatlichen Vorzeichen". (Masuch et al., 2014, V)

---

44 Nach Trutz von Trotha ist Politische Soziologie in Anlehnung an der Sektion ‚Politische Soziologie' der Deutschen Gesellschaft für Soziologie (DGS) „Herrschaftssoziologie der Politik. Sie ist eine empirische Wissenschaft von der Institutionalisierung und Deinstitutionalisierung von Macht und Herrschaft, von der Transformation von Macht in Herrschaft, vom Umbau spezifischer Herrschaftsformen und vom Schwinden und dem Verlust politischer Herrschaft. Sie ist die empirische Analyse von den Akteuren, Konflikten, Kämpfen, Einrichtungen und Prozessen, in denen um politische Herrschaft gerungen, politische Herrschaft gewonnen und verloren wird" (v. Trotha, 2010, S. 507). Thomas von Winter und Volker Mittendorf (2008, S. 7) beschreiben die Politische Soziologie als sozialwissenschaftliche Teildisziplin der Soziologie und Politikwissenschaft, welche „das wechselseitige Bedingungsverhältnis von Gesellschaft und Politik" untersucht.

Politisches sowie interessengruppenspezifisches Handeln – und mit ihnen auch die Ursachen und Auswirkungen sozialer Ungleichheit – können immer weniger ausschließlich im Schutzraum nationalstaatlicher Grenzen koordiniert und demnach nicht mehr nur im nationalstaatlichen Rahmen begriffen werden (bspw. Europäische Union) (exempl. Sebaldt & Straßner, 2007, S. 123–144; Beck, 2008, S. 16–25; s. a. die Beiträge in Oberreuter, 2013). Wie bedeutend dieser Trend in der Zukunft sein wird, ist derzeit noch nicht abschließend zu bewerten. Stephan Leibfried stellte bereits 1994 fest, dass der nationale Wohlfahrtsstaat seine souveräne Selbstbestimmung sukzessive aufgegeben habe und Richtung Europäische Union verlagere (s. a. Hanesch, 2010).[45]

Einen zweiten Trend beschreibt die zunehmende „*Komplexität von Politik*“: Die Komplexität von Politik steigt in dem Maße, wie ein Ausgleich zwischen immer heterogeneren und ausdifferenzierteren Interessenlagen stattfinden muss und technisches Detailwissen zur Entwicklung von Problemlösungsstrategien sukzessive zunimmt. Die Konsequenzen für den Forschenden können gravierend sein, besteht doch die Gefahr, dass vorhandene Methoden und Instrumente kaum ausreichend erscheinen, um gesellschaftliche und politische Kraft- und Machtkonstellationen analysieren zu können (vgl. Kaiser, 2014, S. 23–27). Um die geschilderten Herausforderungen einzugrenzen, wurden die gewonnenen Daten im Laufe des Forschungsprozesses anhand der theoretischen Blaupause und methodischen Vorgehens kontinuierlich reflektiert. Diese intersubjektive Nachvollziehbarkeit ist ein Gütekriterium wissenschaftlichen Arbeitens.

45 So kam es bspw., dass die EU-Kommission Deutschland dazu verpflichtete, eine Hartz-IV-Prüfung für Arbeitslose EU-Zuwanderer vorzunehmen und Sozialleistungen zu gewähren. Derzeit sieht die Rechtslage durch den höchstrichterlichen Entscheid des Europäischen Gerichtshofs (EuGH) vom September 2015 vor, dass EU-Zuwanderern Sozialleistungen verweigert werden dürfen (EuGH, 2015). Auch der im Februar 2016 ausgehandelte „Sonderstatus“ Großbritanniens in der EU belegt diesen Trend. Hier standen vor allem Fragen von Sonderregelungen der Gewährung von Sozialleistungen von EU-Zuwanderern im Mittelpunkt. Ein zentraler Streitpunkt war die Frage, Kindergeldzahlungen vom Aufenthaltsland abhängig zu machen: Also Eltern weniger Kindergeld zu zahlen, wenn sie außerhalb von Großbritannien leben. Dabei ging es gerade einmal um circa 100 Millionen Euro. Peanuts im Vergleich zu anderen Haushaltspunkten. Die Einigung sah vor, dass alle Länder das Kindergeld zukünftig an die Bedingungen des jeweiligen Landes anpassen können, in dem das Kind lebt.

2.1 Forschungsstil

Damit fundierte Aussagen zum Untersuchungsgegenstand getroffen werden können, beruht die Untersuchung primär auf der Erhebung und Analyse von Materialien unterschiedlichster Herkunft sowie der Identifizierung von Bedeutungsmustern in der wissenschaftlichen, gesellschaftlichen und politischen Berichterstattung: Zu nennen wären Satzungen, Studien, Geschäftsberichte, Parteiprogramme, statistische Veröffentlichungen, Dokumentationssammlungen, Verbandspublikationen, Zeitungen, Sitzungsprotokolle, Diskussionspapiere, Broschüren, Internetpräsenzen und Stellungnahmen. Komplettiert wird dies durch eine Analyse bereits vorhandener Ausarbeitungen von sozial- und wirtschaftshistorischen, pädagogischen, soziologischen und politikwissenschaftlichen Untersuchungen, die zur Aufhellung einzelner Aspekte des Untersuchungsgegenstandes hilfreich erschienen. Dazu gehören Monographien und Studien zum Themengebiet der Kinderarmut, des Interessengruppenhandelns und der Kindheits- und Wohlfahrtsstaatsforschung sowie anderer wissenschaftlicher Disziplinen. Aus dieser Gesamtschau ließen sich wertvolle Einblicke und Schlussfolgerungen für die zugrundeliegende Krisen- und Defizitanalyse gewinnen.

Darüber hinaus werden mittels historischer Erklärungen und Pfadabhängigkeiten kausale Faktoren des Forschungsinteresses herausgearbeitet, um die Genese der Forschungsfrage sowie die Einbettung der gesellschaftlichen und politischen Kontexte nachzuvollziehen. Diese Abschnitte bewegen sich im politikfeldanalytischen Bereich der Methode historischer Erklärungen, einer von sechs Hauptrichtungen der Politikfeldanalyse, welcher größtenteils durch Primär- und Sekundärliteratursichtungen geleistet wird.

2.2 Experteninterviews

Das Studium der Literatur ist jedoch nur die eine Seite der Medaille. Gespräche mit und Beobachtungen von relevanten Akteuren ist die andere. Sie werden dem Bild „Farbe und Konturen“ verleihen (Schöllgen, 2015). Erst unter Zuhilfenahme von Interviews und Gesprächen wird sichtbar, dass Ungleichheitssemantiken selbst Produkte des Ungleichheitsprozesses sein können (vgl. Barlösius, 2004, S. 83). Um die Unsichtbarkeit armer Kinder in der Gesellschaft und im verteilungspolitischen Gefüge zu identifizieren, bietet sich somit ergänzend ein qualitativer Zugang mittels Experteninterviews an.

> „Qualitative Experteninterviews können definiert werden als ein systematisches und theoriegeleitetes Verfahren der Datenerhebung in Form der Befragung von Personen, die über exklusives Wissen über politische Verhandlungs- und Entscheidungs-

prozesse oder über Strategien, Instrumente und die Wirkungsweise von Politik verfügen". (Kaiser, 2014, S. 6)

Dabei bewegen sich die Interviews zwischen deskriptivem und kausalem Erkenntnisinteresse. Ersteres fragt nach den „Charakteristika sozialer Phänomene", letzteres nach den Ursachen, Veränderungen und Entwicklungen des zugrundeliegenden Problems. Einerseits werden unter Verwendung von Expertenbefragungen Informationen über Bedingungen und Eigenschaften gesellschaftlicher und politischer Kraft- und Machtkonstellationen von Kindheit in Armut und ihren nachgelagerten Auswirkungen auf andere mögliche Phänomene generiert. Andererseits wird die „Rekonstruktion der kausalen Mechanismen" verteilungspolitischer Diskurse in Interaktion mit seiner Umwelt (aller einwirkenden Teilsysteme) herausgearbeitet (vgl. Kaiser, 2014, S. 4). Daher ist es notwendig entscheidungsnahe und -berechtigte Stakeholder (Experten) zu identifizieren, die einen möglichen Einfluss auf den Agenda Setting Prozess der familienpolitischen Arena ausüb(t)en. Als Kriterien zur Identifikation positionsmarkierender Experten (in Unterscheidung zum Laien) wurden zwei zentrale Kategorien herangezogen: „Position" und „Status" der Person sowie sein mögliches „Funktionswissen". Ersteres ist gegeben, wenn die Person im politischen Problemlösungsprozess eine zentrale Position innehat(te) (bspw. *political entrepreneure*). Letzteres, wenn die Person über relevantes Spezialwissen verfügt(e). Der Vorteil qualitativer Erhebungsmethoden liegt jetzt hierin begründet, wichtige Akteure nicht nur identifizieren, sondern auch nachvollziehen zu können, wie sich eine „Policy Community" zusammensetzt (vgl. Bandelow/Kundolf & Lindloff, 2014). Tabelle 1 zeigt die realisierten Interviewteilnahmen.

Tabelle 1: Übersicht Experteninterviews

	Interviewpartner	Position	Interviewort	Datum
1	Dr. Ulrich Schneider	Hauptgeschäftsführer Paritätischer Wohlfahrtsverband	Hamburg	23.06.2015
2	Renate Schmidt	Bundesministerin für Familie, Senioren, Frauen und Jugend a. D.	Nürnberg	16.06.2015
3	Heinz Hilgers	Präsident des Deutschen Kinderschutzbundes	Hamburg	01.07.2015
4	Barbara König	Ehemalige Geschäftsführerin des Zukunftsforum Familie (ZFF)	Berlin	09.06.2015
5	Christian Woltering & Marion von zur Gathen	Christian Woltering ist Referent für fachpolitische Grundsatzfragen; Marion von zur Gathen ist Abteilungsleiterin/Kindertagesbetreuung, Familienpolitik, Frauenpolitik; beide Paritätischer Gesamtverband	Berlin	09.06.2015
6	Joachim Speicher	Geschäftsführender Vorstand des Paritätischen Wohlfahrtsverbandes Hamburg und ehemaliger Sprecher der Nationalen Armutskonferenz	Hamburg	05.06.2015

2.3 Die kritische Beobachtung als Erhebungsverfahren

Das Konvolut an Daten und Materialien wird für die Darstellung der Unsichtbarkeit von Kindheit in Armut durch die kritische Beobachtung als Erhebungsverfahren komplettiert. Dieses ist

> „ein Verfahren, das auf die zielorientierte Erfassung sinnlich wahrnehmbarer Tatbestände gerichtet ist, wobei der Beobachter (…) seine Beobachtung zu systematisieren und die einzelnen Beobachtungsakte zu kontrollieren hat". (Grümer, 1974, S. 26)

Während der mehrjährigen Entstehung der Arbeit wurden diverse Tagungen, Konferenzen, Mitgliederversammlungen und öffentliche Veranstaltungen in Deutschland besucht. Dabei konnten zahlreiche persönliche Begegnungen und Gespräche mit zivilgesellschaftlichen und sozialanwaltlichen Akteuren der armutspolitischen Arena realisiert werden (vgl. Tab. 2).

Tabelle 2: Übersicht Veranstaltungen

	Veranstaltung	Veranstaltungsort	Datum
1	Kinderschutztage des Deutschen Kinderschutzbundes (DKSB)	Köln	16.05–18.05.2014
2	Kinderschutztage des Deutschen Kinderschutzbundes (DKSB)	Berlin	14.05–17.05.2015
3	Wertedialog des Paritätischen Wohlfahrtverbandes	Hamburg	23.06.2015
4	Fachtagung des Zukunftsforums Familie „Wieviel brauchen Kinder? Gleiches Existenzminimum für alle!" im Verlagshaus „Der Tagesspiegel"	Berlin	07.09.2015
5	Bundeskongress gegen Kinderarmut; Veranstalter/Deutsches Kinderhilfswerk	Hamburg	12.11–13.11.2015
6	Fachveranstaltung des Deutschen Vereins für öffentliche und private Fürsorge e.V. zum Thema „Wohlergehen und Teilhabe – notwendige Schritte zur Weiterentwicklung des Systems monetärer Leistungen für Familien und Kinder"	Berlin	10.12.2015
7	Kinderschutztage des Deutschen Kinderschutzbundes (DKSB)	Aachen	20.05–22.05.2016
8	Armutskongress – zweitägiger Fachkongress zur Armutsentwicklung und Armutspolitik	Berlin	07.07–08.07.2016

Auf dieser Bühne wurde das Thema in zahlreichen Hintergrundgesprächen beleuchtet. Denn „im Zeitalter von Telefon und Computer" (Köhler, 2014) wird das Handeln und die Entscheidungsfindung von Akteuren häufig unzureichend dokumentiert, wodurch sich die schriftliche Quellensuche für einige Teilaspekte der Arbeit nicht ganz einfach gestaltete, die für eine Rekonstruktion von Handlungsgründen und Absichten der Akteure jedoch maßgeblich erschienen. Der Grundgedanke war eine größtmögliche Nähe zum Untersuchungsgegenstand herzustellen und „die Innenperspektive der

Alltagssituation“ (Mayring, 2002, S. 81) im Allgemeinen sowie Verhaltens-, Handlungs- und Interaktionsformen im Besonderen zu erschließen, wodurch sich die „situations- und fallangemessene Realisierung“ (Lüders, 1995, S. 319) der Forschungsfrage approximativ umsetzen ließ. Dabei kommt dem methodischen Zugang der Beobachtung, wie auch der Experteninterviews allenfalls eine ergänzende Funktion zu (vgl. Bohnsack, 1991, S. 130f.). Für die Vorstrukturierung wurde ein sehr niedriger Grad gewählt. Quasi eine wenig strukturierte Beobachtung, die mit verschiedenen Arten und Graden der Teilnahme gekennzeichnet war (vgl. Lamnek, 2010, S. 499). Damit war natürlich nicht der uneinlösbare Anspruch verbunden, „alles“ beobachten zu wollen. Jedoch konnten bspw. Hintergrundgespräche oder die Beobachtung von Podiumsdiskussionen zwischen verschiedenen sozialverbandlichen Interessengruppen wertvolle Rückschlüsse liefern. Diese zum Teil sehr offen geführten Gespräche hatten das Ziel, „hinter die Satz-Stanzen“ (Hildebrandt, 2016, S. 3) zu gelangen, die mitunter in Experteninterviews immer wieder auftauchen. In Rückkopplung zu den Interviews und dem Literaturstudium konnten somit Eindrücke und Interpretationen im natürlichen Umfeld der Akteure hinterfragt werden, wodurch sich ein schlüssigeres Bild hinsichtlich der Kraft- und Machtkonstellationen ergab, die für die Unsichtbarkeit armer Kinder in Politik und Gesellschaft in Frage kommen. Abbildung 1 zeigt eine klare methodische Hierarchisierung (Ordnungsrelation) der in dieser Arbeit zum Einsatz kommenden Zugänge. Diese können beschrieben werden als Literaturstudium ist größer gleich (≥) Experteninterviews ist größer gleich (≥) kritische Beobachtung.

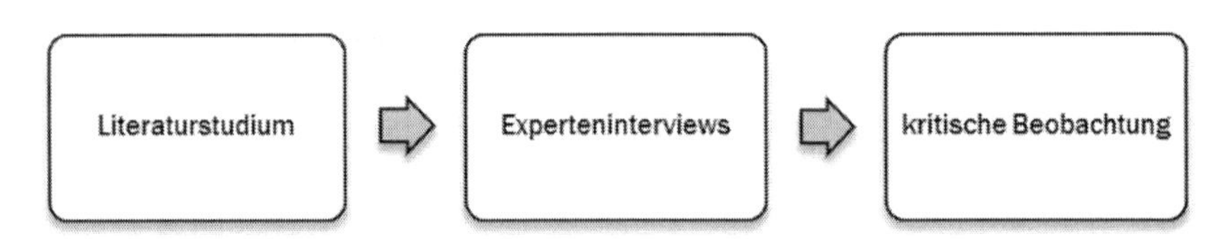

Abbildung 1: Ordnungsrelation des methodischen Zugangs

Beobachter-Feld-Beziehungen: Feldzugänge brauchen Zeit[46]

Eine große Herausforderung lag in der teilweise vorherrschenden Exklusivität der beteiligten Akteure, da Aushandlungsprozesse jedweder Form häufig im Arkanbereich stattfinden und einen informellen Charakter aufweisen (Strategieentwicklung, Absprachen etc.). Darüber hinaus sollten Interviewpartner der familienpolitischen Arena gewonnen werden, die durchaus als Vertreter von Eliten[47] charakterisiert werden können. In diesem Falle gestaltet sich der Feldzugang noch voraussetzungsreicher, da

> „neben ausgeprägten Zeitrestriktionen auch gruppentypische Bedeutungsschemata (…) einen Feldzugang erschwer(t)en". (Brandl & Klinger, 2006, S. 44)

Insgesamt erwies sich der Eintritt zum untersuchten Feld als mannigfaltig. Zahlreiche Akteure zeigten sich interessiert und baten ihre Unterstützung an. Bei anderen erwies sich die Information als „Türöffner", das Forschungsvorhaben werde durch die Friedrich-Ebert-Stiftung gefördert. Bei wieder anderen war es die pure Hartnäckigkeit, potentiell wichtige Gesprächspartner nicht nur offiziell anzufragen und auf Veranstaltungen persönlich anzusprechen. Hilfreich war auch das vorherige Kennenlernen potentiell einflussreicher Personen einer Interessengruppe, die sich dann als „Gatekeeper" (Garfinkel, 1967) für schwer zugängliche Interviewpartner erwiesen.[48]

---

46 Methodische Hilfestellungen und Orientierungshilfen, „die über anekdotische Schilderungen" (Brandl & Klinger, 2006, S. 61) hinausgehen, sind für Jungforscher in der empirischen Literatur nach wie vor mangelhaft. Es hat den Anschein als müsse sich der Nachwuchsforscher mittels „trial and error", allein auf sich gestellt, seine eigenen Erfahrungen sammeln. Die wenigen detaillierten Ausnahmen bilden der lesenswerte Aufsatz zweier Jungforscher zum Thema „Probleme eines Feldzugangs zu Eliten" (Brandl & Klinger, 2006) sowie Hertz und Imberl (1995) und Lau und Wolff (1983).

47 Zum Elitenbegriff: In der Soziologie und Politikwissenschaft bestehen aufgrund zahlreicher unterschiedlicher Zuordnungen des Begriffs einige Unschärfen der Definitionsbestimmung (exempl. Münkler, 2000). Führende Akteure von Sozialverbänden werden in dieser Arbeit als Repräsentanten gesellschaftlicher Eliten verstanden. Umgekehrt heißt dies nicht, dass sich Eliten nur auf solcherlei Akteure beschränken (vgl. Brandl & Klinger, 2006, S. 46).

48 Hinsichtlich des Feldzuganges beschreiben im „Handbuch Methoden der empirischen Sozialforschung" die beiden Autoren Aglaja Przyborski und Monika Wohlrab-Sahr (2014, S. 131) folgendes: „Einen tragfähigen Feldzugang erarbeitet man sich durch persönliches Engagement und durch Interesse an den Untersuchten, und das kostet Zeit. Sobald Engagement und Interesse sichtbar werden, öffnen sich in der Regel auch die Türen. Eine unbekannte Person lediglich einmal anzusprechen, sich ihre Telefonnummer zu notieren und später zu versuchen, per Telefon einen Interviewtermin zu vereinbaren, führt oft zu Enttäuschungen. Regelmäßige Präsenz an einem Ort, an dem sich die poten-

Wiederum andere waren zwar auskunftsbereit, begegneten dem Forscher jedoch mit Distanz, teils mit Skepsis. Die hier gemachten Erfahrungen scheinen jedoch nicht untypisch für jenes Forschungsfeld zu sein. In einer an Verbänden und Gewerkschaften durchgeführten Studie zum Wandel in der Seniorenpolitik ergab sich ein ähnliches Bild. Die von den Autoren beschriebenen Erfahrungen bilden trotz unterschiedlicher Erlebnisse in der Feinwahrnehmung des jeweiligen Untersuchungsgegenstandes auch die Quintessenz der in dieser Arbeit gemachten Eindrücke ab:

> „Die Zugangsprobleme zu den Untersuchungsobjekten wurden zu Beginn unterschätzt. Die Sozialverbände haben hinsichtlich ihrer Binnenorganisation bislang ein Leben weitgehend abseits der wissenschaftlichen Öffentlichkeit geführt. Diese Distanz hat bis in die Gegenwart hinein Folgen: Wenngleich sich alle (…) [untersuchten] Sozialverbände medial als moderne und kampagnenfähige Verbände inszenieren, zeigte sich im Umgang mit der Wissenschaft auf der Bundesebene zunächst eine erhebliche Skepsis und Intransparenz". (Schroeder/Munimus & Rüdt, 2010, S. 34)

Von daher war die Kombination von Experteninterviews und kritischer Beobachtung der Arena sehr hilfreich. Denn die Beobachtung wird vor allem dort eingesetzt, wo es „um das Eindringen in ansonsten nur schwer zugängliche Forschungsfelder geht, oder wo für die Sozialforschung Neuland betreten wird" (Lamnek, 2010, S. 499). Mit sensiblen Informationen wurde dabei immer vertraulich und im Sinne der *„Chatam House Rules"* verfahren, die der Anonymität von Gesprächspartnern dient.

> „When a meeting, or part thereof, is held under the Chatham House Rule, participants are free to use the information received, but neither the identity nor the affiliation of the speaker(s), nor that of any other participant, may be revealed". (Chatam House, 2015)

Denn als Jungforscher im Besitz der richtigen Währung zu sein, die Spielregeln zu befolgen und somit kreditwürdig zu erscheinen, gestaltete sich für den Zugang zur sozial- und familienpolitischen Arena als zentrales Kriterium oder vielmehr als Goldstandard der Beobachter-Feld-Beziehung. Unter den Verbandsfunktionären und Sozialanwälten, den verantwortlichen Personen des Lobbyings sind bestimmte Spielregeln und ein „informeller Verhaltenskodex" wirksam, ohne deren Einhaltung es ein Außenstehender sehr schwer hat, seiner Forschung nachgehen zu können. Genauso wie es etliche Praxisführer für angehende „(Sozial-)Lobbyisten" immer wieder hervorhe-

---

tiellen Untersuchungspersonen immer wieder aufhalten (…), dokumentiert das eigene Interesse und führt eher zur Bereitschaft, sich auf ein Interview einzulassen".

ben, die dem Novizen die Spielregeln des Geschäfts schon früh vermitteln sollen (vgl. Sebaldt, 2007, S. 116), muss es zum „Knigge" des Forschenden gehören, nicht nur Vertrauen zu gewinnen und Glaubwürdigkeit auszustrahlen. Ebenso wichtig erscheint es, Überzeugungskraft zu entwickeln sowie sein Gegenüber auf Augenhöhe wahrzunehmen und nicht als Bittsteller aufzutreten (vgl. Broichhausen, 1982, S. 18–27; s. a. Köppl, 2000; Merkle, 2003).

Einige Gesprächspartner informellen Austauschs gestatteten es mir, ihre Informationen mit in die Arbeit einfließen zu lassen, baten jedoch darum, nicht namentlich erwähnt zu werden (unter zwei und unter drei Gesprächkodex). Mit anderen konnten Experteninterviews realisiert werden. Dabei führten engere Kontakte zwischen Beobachter und Feld zu mehr und qualitativ besseren Daten. Dies erscheint auch nachvollziehbar, da der Beobachter vor allem die Beziehungen nutzt, die er im Feld eingeht (vgl. Lautmann, 2011, S. 65). Ebenfalls wurde die eher am Rande stehende Methode der inneren Quellenkritik herangezogen, um Aussagen von Akteuren richtig einzuordnen und Erkenntniswert sowie Aussagekraft bezüglich der Fragestellung zu extrahieren. Aus diesem Kompendium vielfältiger Informationen und Wissenselementen entsteht eine detaillierte Analyse über die gesellschaftliche und politische Wahrnehmung von Kindheit in Armut.

2.4 Übersetzung der Forschungsfrage in die Erfahrungswelt des Experten

Die gewählten Erhebungsformen sollen die Beschreibung der Wahrnehmung von Kindheit in Armut ermöglichen, um Rückschlüsse auf die Ursachen der gesellschaftlichen und politischen Kraft- und Machtungleichheiten zuzulassen, die auf die Bevölkerungsgruppe armer Kinder einwirken und zu einer möglichen Unsichtbarkeit führen. Dafür muss die Forschungsfrage in einen Interviewleitfaden übersetzt werden. Diese Übersetzung beschreibt die sog. Operationalisierung des Untersuchungsgegenstandes und soll den „kulturellen Kontext" (Gläser & Laudel, 2006, S. 110) des Interviewten darstellen, um die gewünschten Daten erheben zu können und kann als einer der anspruchsvolleren Arbeitsschritte im Vorfeld der qualitativen Erhebung angesehen werden. Endprodukt dieser Übersetzungsarbeit der Forschungsfrage in die „Erfahrungswelt des Experten" ist der Interviewleitfaden (Tab. 3). Mit ihm strukturiert und steuert der Forscher die Interviewsituation (vgl. Kaiser, 2014, S. 5).

Die Operationalisierung verlief wesentlich in zwei Phasen, die wiederum in drei Schritte unterteilt wurde. In der **ersten Phase** konkretisiert die „konzeptionelle Operationalisierung" das Forschungsproblem. Dafür müssen diejenigen Dimensionen identifiziert werden, die das Phänomen beobachtbar erscheinen lassen, um anschließend geeignete Fragen entwickeln zu können. Ausgehend von der Forschungsfrage und mit Hilfe des Literaturstudiums wurden Analysedimensionen abgeleitet, um daraus mögliche Fragekomplexe zu entwickeln. In der **zweiten Phase** der sog. „instrumentellen Operationalisierung" stellt sich die Frage, welche Interviewfragen am geeignetsten sind (vgl. Kaiser, 2014, S. 55ff.). Die Interviewfragen wurden dabei in drei Dimensionen von Wissen[49] unterteilt: Beim **Betriebswissen** (1) ist der Grad der Exklusivität am höchsten. Der Experte war direkt an der Problemlösung, der Entscheidungsfindung oder der Entwicklung gesellschaftlicher und politischer Lösungsstrategien beteiligt. Das **Kontextwissen** (2) kann grundsätzlich auch mit anderen methodischen Mitteln erhoben werden. Sichtbar wird dieses Wissen bspw. in offiziellen Dokumenten, Positionspapieren zivilgesellschaftlicher und wissenschaftlicher Akteure sowie in politischen Programmpapieren. Dennoch ist es für die vorliegende Untersuchung hilfreich die Experteninterviews mit Fragen nach **Kontextwissen** anzureichern, da gerade die Verbindung der unterschiedlichen Dimensionen von Wissen wichtige Hinweise auf die Forschungsfrage liefern können. Die letzte Dimension stellt das sog. **Deutungswissen** (3) dar. Es umfasst alle subjektiven Deutungsmuster, Interpretationen und Sichtweisen und ist letztlich das exklusive Wissen des Interviewten. Deutungswissen ist insofern relevant, als dass die individuellen Dispositive des Experten in die beiden anderen Dimensionen mit einfließen (vgl. Kaiser, 2014, S. 41ff.). Der Interviewleitfaden orientiert sich dabei an sechs entwickelte Analysedimensionen, ohne dabei die subjektiven Deutungsmuster und Relevanzsysteme des Experten allzu stark einzuschränken. Anhand bestimmter Schwerpunkte wurden Fragen zur Wahrnehmung armer Kinder im gesellschaftlichen und verteilungspolitischen Gefüge, zur Problemwahrnehmung im politischen und öffentlichen Entscheidungsprozess, der strukturellen Rücksichtslosigkeit gegenüber Kindern, des sozialpolitischen (Um-)Verteilungssystems und zentralen Konfliktsituationen wichtiger Akteure gestellt (vgl. Bandelow/Kundolf & Lindloff, 2014, S. 51). In diesem Kontext wurden die generierten Daten, bestehend aus subjektiven Deutungsmustern und Sinnzusammenhängen von politischen Entscheidungsprozessen keinesfalls als alleinstehende „Wahrheit" des politischen Aushandlungsprozesses ausgelegt. Vielmehr lassen sich erst mit der Auseinandersetzung und Reflexion des gewonnenen Materials und in Rück-

49 Diese Differenzierung findet sich in ähnlicher Weise in der Literatur als Unterscheidung zwischen entweder „Betriebswissen" und „Kontextwissen" (Meuser & Nagel, 2009) oder zwischen „technischem Wissen", „Prozesswissen" und „Deutungswissen" (Bogner/Littig & Menz, 2005 & 2014) wieder. Wenngleich diese Differenzierungen unterschiedliche Betrachtungsweisen auf Expertenwissen haben, zielen sie beide doch letztlich auf eine Art der Gewichtung von Wissensbeständen, die im Experteninterview erhoben werden.

kopplung mit der Analyse von Primär- und Sekundärliteratur intersubjektive Zusammenhänge der Forschungsfrage herauslesen (vgl. Bandelow/Kundolf & Lindloff, 2014, S. 52). Die Ergebnisse dienen der Studie als zusätzliche Interpretations- und Argumentationsgrundlage.

Tabelle 3: Darstellung Operationalisierungsprozess (eigene Darstellung)

Analysedimensionen	Fragekomplexe & Definitionen	Interviewfragen
Wohlfahrtstaatliches Regulierungssystem	• Inklusion (Arbeitsmarkt) und Reproduktion • Anstelle einer Gleichheitsvorstellung (materielle „Gleichheit" durch sozialpol. Umverteilung) tritt „Chancengleichheit". • Freiheit wird nicht als ‚Freiheit von materieller Not', sondern als Handlungsautonomie und Freiheit zur Risikoübernahme auf unsicheren Märkten. • Ziel der Nachhaltigkeit familienpolitischer Maßnahmen	• Was sind Ihrer Meinung nach die Hauptursachen für die schwache Wahrnehmung und Unsichtbarkeit der Interessen armer Kinder bei Verteilungsfragen? • Wie erklären Sie sich, dass das der deutsche Sozialstaat nach wie vor eine ausgeprägte „Erwachsenenzentriertheit" aufweist? • Wie erklären sie sich die Kluft zwischen den Bemühungen gegen Kinderarmut und einer ungenügenden Berücksichtigung kindlicher Interessen bei verteilungspolitischen Fragen?
Strukturwandel wohlfahrtstaatliches System	• Wandel zum aktivierenden & sozialinvestiven Wohlfahrtsstaat ➢ Investitionen in menschliches Kapital statt direkter Sozialtransfers ➢ Re-Kommodifizierung (Ökonomisierung des Sozialen) sozialer Sicherungssysteme ➢ Integration von Familie und Wirtschaftspolitik ➢ Geldleistungen vs. Sachleistungen	• Wie schätzen Sie den Umstand ein, dass kinder- und familienpolitische Maßnahmen einem empirischen Nachweis des wirtschaftlichen Nutzens („nachhaltige Familienpolitik ist Wachstumspolitik") standhalten müssen. Und welche Auswirkungen hat dies für die Interessenvertretung armer Kinder bei Verteilungsfragen?
Sozialpolitisches (Um-) Verteilungssystem	• Redistributive Gerechtigkeit vs. Chancengerechtigkeit • Komplexitätsanstieg und Ausdifferenzierung der familienpolitischen Arena • Berücksichtigung arbeitsmarkt- und beschäftigungspolitischer, familien- und bildungspolitischer, gesundheits- und sozialpolitischer sowie stadtentwicklungs- und wohnungsbaupolitischer Ziele • Es geht immer um die Verteilung knapper Güter (sowohl intergenerationell als auch intragenerationell)	• Inwieweit sehen Sie durch den Wandel des Sozialstaates eine Veränderung der Macht- und Einflussarithmetik innerhalb der Verbändelandschaft und gegenüber der Politik? • Wo sehen Sie die zentralen Ursachen – von politischer Seite –, dass es bisher zu keiner fundamentalen Anpassung und Vereinfachung des bestehenden Familienleistungssystems gekommen ist? Wie lautet dazu Ihre Diagnose und was ist Ihr Therapievorschlag?

Wandel des Systems organisierter Interessen	• Ausdifferenzierung der Verbändelandschaft • Vervielfältigung pol. Beteiligungsansprüche	• Welchen Stellenwert haben Expertisen von Sozialverbänden? Und wie fließen diese in den ministerialen Willensbildungsprozess mit ein? • Welche (sozialverbandlichen) Interessengruppen dringen aufgrund ihrer gesamtgesellschaftlichen Relevanz Ihrer Erfahrung nach stärker durch?
Konflikthaftigkeit des familienpol. Systems	• Zielkonflikte, familienpolitische ‚Ideologien', Konfliktantagonismus dt. Familienpolitik (zersplittertes System politischer Kompetenzen) • Familienpol. Maßnahmen folgen primär anderen Motiven: steuerpolitischen (Ehegattensplitting und Kinderfreibeträge), sozialpolitischen (Kindergeld) und arbeitsmarktpolitischen (Schaffung von Arbeitsplätzen) Motiven	• Wie bewerten Sie den Dschungel unterschiedlichster familienpolitischer Interessen von politischer und zivilgesellschaftlicher Seite für die Wahrnehmung der Interessen der Kinder?
System struktureller Rücksichtslosigkeit	• Systemrationalität vs. Sachrationalität, oder auch Verteilungsgerechtigkeit vs. Generationengerechtigkeit. Es ist ein Widerspruch zwischen sachlich nötigen Reformen und politisch möglichen Reformen festzustellen. • Wirtschafts- u. Sozialordnung ist gegenüber Familien rücksichtslos. Familienförderung muss sich stets gegen einen strukturellen Druck der Familienbenachteiligung behaupten.	• Wie erklären Sie sich die Kluft zwischen den Bemühungen gegen Kinderarmut und einer ungenügenden Berücksichtigung kindlicher Interessen bei verteilungspolitischen Fragen (vgl. 1. Analysedimension)?

3. Theoretische Rahmung: Die Zentrum-Peripherie-Metapher im Lichte von Kindheit in Armut

Für den Soziologen Reinhard Kreckel ist das Phänomen sozialer Ungleichheit das sozialwissenschaftliche „Anathema“ (Müller & Schmid, 2003).

> „Ein Soziologe, der erkennen möchte, ‚was insgeheim das Getriebe zusammenhält‘ (Adorno, 1965, S. 511), welche sozialen Kräfte und Prozesse also den jeweiligen Status quo stützen und welche auf Veränderung drängen, der wird gut daran tun, seinen theoretischen Hebel an einem Angelpunkt anzusetzen, wo die sozialen Kräfte aufeinander treffen und die Interessen der Menschen sich überschneiden“. (Kreckel, 1992, S. 21)

Bereits in einer seiner früheren Arbeiten hat Kreckel (1983, S. 3) darauf hingewiesen, dass es die soziologische Theorie sozialer Ungleichheit nicht gibt, nie gegeben hat und wohl auch nie geben wird. Zu groß und zahlreich ist die Vielfalt unterschiedlicher Zugänge, Blickwinkel und Gegensätzlichkeiten etablierter Großtheorien. Dennoch besteht ein gemeinsamer „Hintergrundkonsens“, der allen Theoretikern gemein ist – ob Rousseau (1755) und Tocqueville (1835) als klassische Vorläufer, Marx (1848) und Weber (1921) für den Beginn soziologischer Ungleichheitstheorien der sich industrialisierenden Moderne oder spätere Autoren wie Dahrendorf (1965 & 1967), Rawls (1971), Bourdieu (1984) und Beck (1986): Sie alle beschäftigen sich als Ausgangspunkt ihrer Überlegungen mit Aspekten vertikaler Ungleichheit[50]. Diesen Blickwinkel möchte Kreckel erweitern:

Erstens sieht er seine Theorie sozialer Ungleichheit als Teil einer globalen Gesellschaftstheorie.[51] **Zweitens** ist Ungleichheit seinem Verständnis

---

50 Für das vertikale Paradigma charakteristisch ist „die Vorstellung einer hierarchisch strukturierten (…) Gesellschaft, mit privilegierten Gruppen an der Spitze und unterprivilegierten Gruppen am unteren Ende der Hierarchie. Soziale Ungleichheit wird aus dieser Perspektive als (…) sich beständig reproduzierende, und als durchgängig strukturierte (…) Ungleichheit beschrieben und begriffen (Noll & Habich, 1990, S. 153).

51 Siehe auch Ulrich Beck (2008, S. 16–25) zur „Kritik des ‚methodologischen Nationalismus‘: Soziale Ungleichheit kann nicht mehr im nationalstaatlichen Rahmen begriffen werden“.

nach eine Folge von Macht- und Kräftedisparitäten[52], woraus er eine „Politische Soziologie sozialer Ungleichheit“ (Kreckel, 2004 – erstmals 1992) entwickelt, wie der gleichnamige Titel seines theoretischen Hauptwerkes verrät. Zwar sind nach einer Hochphase traditionelle Sozialstrukturanalysen in den Hintergrund getreten, die soziale Ungleichheiten als Machtverschiebungen und Herrschaftsverhältnisse analysieren. Vermeintlich „zeitgemäßere“ Analysekonzepte sozialer Lagen, Milieu- und Lebensstilkonzepte avancierten in dieser Phase zum Hauptgegenstand. Gegenwärtige Sozialstrukturanalysen sind wieder verstärkt im Stile klassischer Macht- und Herrschaftsanalysen angelegt: So fragt Peter Imbusch (2012, S. 399) nach der „Machtversessenheit zur Machtvergessenheit“ und stellt fest,

> „dass nicht nur Klassen- und Schichtungstheoretiker Macht und Herrschaft sehr unterschiedlich in ihre Untersuchungen eingebaut haben, sondern diese Phänomene auch in neueren Sozialstrukturanalysen durchaus reflektiert werden“.

Übertragen auf die vorliegende Macht- und Defizitanalyse, hängt es von den konkreten Macht- und Kräfteverhältnissen in einer Gesellschaft ab, was denn als Interessen von Kindheit in Armut bestimmt werden (vgl. Liebel, 2014, S. 338).

Und **drittens** ist das „vertikale Paradigma“ im Zuge des sozialstrukturellen Wandels und zunehmender Aufspaltungen des Ungleichheitsphänomens in der Gesellschaft als alleiniges theoretisches und empirisches Analyseinstrument unbrauchbar geworden (vgl. Noll & Habich, 1990, S. 153). Kreckel steht daher in einer Tradition der zu Beginn der 1980er Jahre geführten kritischen Diskussion vertikaler Abstufungen (vgl. Burzan, 2010, S. 528).

Ihm erscheint es problematisch, soziale Ungleichheit immer und überall überwiegend „mit Hilfe vertikaler Polaritäten“ zu begreifen. Dabei unterstellt die vertikale Hypothese einer „eindeutig und einheitlich auf einen Punkt hin“ geordneten Hierarchisierung aller Ungleichheitsformen (Barlösius, 2004,

---

52 An dieser Stelle zeigt sich die „Emanzipation der Macht“ im Weber'schen Sinne. Er definiert Macht als Chance, „innerhalb einer sozialen Beziehung den eigenen Willen auch gegen Widerstreben durchzusetzen, gleichviel worauf diese Chance beruht“ (vgl. Weber, 1972, S. 28). Wer Macht einsetzten kann, der kann „ggf. sogar die Willensentscheidungen anderer (…) im eigenen Interesse (…) beeinflussen. Im Grenzfall entscheidet der Mächtige für den Schwachen“ (Kompakt-Lexikon, 2013, S. 261). Damit ist die Politische Soziologie geboren. Denn der Begriff der Macht wird an dieser Stelle „soziologisch amorph“. Er ist nicht mehr nur auf das Verhältnis zwischen Gesellschaft und Staat fixiert, sondern emanzipiert sich und „wird eine Seite jeder sozialen Beziehung“ (v. Trotha, 2010, S. 494). „Alle denkbaren Qualitäten eines Menschen und alle denkbaren Konstellationen können jemanden in die Lage versetzen, seinen Willen in einer gegebenen Situation durchzusetzen“ (Weber, 1984, S. 89; zit. n. v. Trotha, 2010, S. 494).

S. 86). Dieser Blickwinkel von der Darstellung vertikaler und horizontaler Ungleichheitsausprägungen auf einer einzigen Achse ist jedoch nicht überzeugend. Vielmehr „existieren auf den unterschiedlichen gesellschaftlichen Ebenen interdependente Zentren, die sich teilweise überlappen und durchdringen" (ebd.). Kreckel bezieht sich in dieser Feststellung auf die vielbeachtete Studie „*Vertical Classification*" des amerikanischen Soziologen Barry Schwartz (1981), der jedoch anders als Kreckel schlussfolgert, soziale Ungleichheit sei ausschließlich mittels vertikaler Klassifikationssysteme angemessen zu erfassen (vgl. Kreckel, 2004, S. 39; s. a. Müller & Schmid, 2003, S. 231ff.; Hradil, 2005, S. 355).

In einem sind sich beide Autoren jedoch einig: Vertikale Polaritäten wie „Höher" und „Tiefer" – also hierarchische Klassifikationen – sind nur schwer zu umgehen, da es im Laufe des Zivilisationsprozesses zu einer „Zwanghaftigkeit" vertikaler Sprachverständigung gekommen ist, die sich in der fortgeschrittenen kapitalistischen Gesellschaft institutionalisierte und zum „bewußt inszenierten gesellschaftlichen Organisationsprinzip" emporstieg (Kreckel, 2004, S. 40). So sind auch die Unterscheidung und Hierarchisierung zwischen Kindern und Erwachsenen oder Kindheit und Erwachsensein gesellschaftlich verankert.[53]

An dieser Stelle wird Kreckels ideologiekritisches Denken deutlich, wenn er der These Nachdruck verleiht, „daß eine Soziologie, die sich ausschließlich im begrifflichen Rahmen der realen Abstraktionen bewegt, nur die halbe Wahrheit sagt". Denn in jeder hierarchischen Klassifikation entstünden „strukturelle Barrieren und Brüche" (ebd., S. 105)[54] – quasi Sollbruchstellen vertikaler Polaritäten. Nicht alle Ungleichheitsphänomene lassen sich in das Korsett vertikaler Klassifikation „pressen", haben aber hinsichtlich eines gesamtgesellschaftlich vorherrschenden „vertikalen Paradigmas"[55] kaum Chance auf Wahrnehmung (bspw. das Geschlechter- und Generationenverhältnis).

„Es scheint so, dass jene Benachteiligungen, für die keine graduell-quantitative Ungleichheitssemantik ausgebildet wurde und die üblicherweise mittels einer kategorial-exklusiven Begrifflichkeit versprachlicht werden, davon

53 Offe hat neue Impulse aufgegriffen, vor allem aus der amerikanischen Soziologie und für die deutsche Soziologie fruchtbar gemacht, bspw. das Konzept der „horizontalen Disparitäten".

54 Theodor Geiger bspw. forderte für eine Theorie sozialer Ungleichheit die Heranziehung subjektiver Faktoren (vgl. Burzan, 2011).

55 Hier sei nochmals auf die Studie von Barry Schwartz verwiesen: „Indem wir zusammenbringen und trennen, verherrlichen und herabwürdigen, bestätigen und verleugnen, zeigen uns vertikale Kategorien die Bedeutung der Dinge an. Sie bieten eine kognitive Landkarte an, die uns mitteilt, wer wir sind und wo wir sein sollen. Klassifikation stiftet Grenzen und Ordnung" (Müller & Schmid, 2003, S. 233).

besonders betroffen sind" (Barlösius, 2004, S. 84). Um nun „alte und neue, nationale und internationale, vertikale und nicht-vertikale Ungleichheiten" (Kreckel, 2004, S. 41) in eine gemeinsame Relation setzen zu können und Verbindungen herzustellen, wird „ein gemeinsames begriffliches und damit theoretisches Dach" (ebd.) von Nöten sein, welches die unterschiedlichen Ungleichheitsphänomene, Klassifikationsakte und Darstellungsmuster ineinander zu integrieren vermag (vgl. Barlösius, 2004, S. 85).

Kreckel ist somit Vertreter einer neueren Theorie sozialer Ungleichheit, indem er davon ausgeht, dass nicht nur vertikale Ungleichheitsausprägungen ausschlaggebend sind, sondern „neue, nicht-vertikale Ungleichheiten zunehmend strukturprägendes Gewicht" erlangen (ebd., S. 18).[56] Als Alternative zum gängigen vertikalen und horizontalen Klassifikationsmodell führt Kreckel ein neues Ungleichheitskonzept ein, das auf ein ungleichheitsbegründendes Kräftefeld übertragen werden kann.

3.1 Theoretische Begriffe des Zentrum-Peripherie-Modells

Kreckels Vorschlag sieht im Kern eine „neue, verallgemeinerungs- und differenzierungsfähigere Metapher" (Kreckel, 2004, S. 41) vor, welche sich mit den Begriffen „Zentrum" und „Peripherie" beschreiben lässt. Zwar ist diese Dualität zwischen beiden Begriffen ähnlich wie die vertikale Polarität „im Alltagsdenken verankert". Anders als die klassischen Schichtungs- und Klassenkonzepte ist sie jedoch keiner vertikalen Hierarchisierung verhaftet („Oben" und „Unten"), sondern geht von einem asymmetrisch strukturierten Kräftefeld aus, wodurch „die Ungleichheitsthematik (...) näher an die Politische Soziologie" heranrückt – Kreckels ausdrückliches Anliegen (ebd., S. 42). Natürlich liegt damit auch der Zentrum-Peripherie- und Unsichtbar-Sichtbar-Metapher eine „Bipolarität" zugrunde, die sich nicht auflösen lässt. Mit Hilfe der Metapher ergeben sich für die darzustellenden Ungleichheiten jedoch vor allem „realitätsnahe Denkmöglichkeiten", Kreckels immer wieder bekräftigter Anspruch. Denn „Disparitäten lassen sich nun in Form von

---

56 Für Kreckel sind die neuen Ungleichheiten jedoch keine grundsätzlich neuen Erscheinungen. „Das Neue an ihnen ist, daß sie erst in jüngster Zeit als gesellschaftlich und politisch relevante Probleme allgemein wirksam und bewußt geworden sind" (Kreckel, 2004, S. 18). Dies gilt vor allem für „die Benachteiligungen von Minderheiten und sozialen Randgruppen; aber auch die Diskrepanzen zwischen Erwerbstätigen und Nichterwerbstätigen, die Ungleichverteilung der Wohlfahrtsteilhabe und des Zuganges zu öffentlichen Gütern (...)" (ebd.).

konzentrischen Kreisen zwischen „Zentrum" und „Peripherie" denken, die zusätzlich in Sektoren parzelliert sein können" (ebd.).

Aus dieser Überlegung heraus identifiziert er Ungleichheit als asymmetrisches Kraft- und Machtverhältnis[57] und versucht beide Aspekte sozialer Ungleichheit in den Mittelpunkt seiner Theorie zu rücken. In seiner aktuellsten Auflage (2004) stellt Kreckel zahlreiche Bezüge verschiedener sozialwissenschaftlicher Teilbereiche her, die mit der Zentrum-Peripherie-Vorstellung analysiert werden. Ein Vorteil liegt laut Kreckel in der Beschreibung eines Spannungsfeldes (ungleichheitsbegründendes Kräftefeld), das idealtypisch eine „Kräftekonzentration im Zentrum und Kräftezersplitterung an der Peripherie" (ebd.) verdeutlicht. Demnach konzentrieren sich im Bereich des „Zentrums" diejenigen Kräfte und Mächte mit einer vergleichsweise großen Möglichkeit die Deutungshoheit im Verteilungs- und Legitimierungskampf zu erlangen und somit an der (Re-)Produktion von sozialer Ungleichheit unmittelbar stark beteiligt sind. In den peripheren Lagen befinden sich wiederum diejenigen Gruppen, die kaum Machtpotential und Konfliktfähigkeit aufweisen.

> „Dabei halten die Mächte des Zentrums gewissermaßen die „innere Linie" im Verteilungskampf, während die horizontale Kommunikation und damit die Kräftebündelung zunehmend schwieriger wird, je weiter draußen am Rande die strukturell benachteiligten Kräfte gelagert sind". (ebd., S. 42)

Die somit eingeführte Konfliktfähigkeit von Gruppen ist für Kreckel zentrale „theoretische Orientierungshypothese" und entscheidende Ressource einer Bevölkerungsgruppe, um deren örtlichen Bezugspunkt innerhalb des Kräftefeldes – also des Verhältnisses von „Zentrum" und „Peripherie" – zu gestalten oder zu verändern (vgl. Barlösius, 2004, S. 86f.). Das Maß an Konfliktfähigkeit einer Gruppe speist sich einerseits aus einem gemeinsam geteilten Wertesystem und andererseits aus der Möglichkeit, Interessenlagen

---

57 In Anlehnung an einen Beitrag von Werner J. Patzelt (2013) soll an dieser Stelle in gebührender Kürze das hier dargelegte Machtverständnis skizziert werden, da es bei Kreckel m. E. schwammig bleibt. Patzelt folgend sollen drei (Patzelt identifiziert vier) Erscheinungsweisen der Macht verstanden werden:
1. Die Unterscheidungen von „Durchsetzungsmacht", „Vetomacht" und „Deutungsmacht". Sind die beiden erst genannten selbsterklärend, so soll Deutungsmacht die Macht sein, die dem gesellschaftlichen Diskurs unterliegt – bspw. im Diskurs um die Frage, was und wer als arm gelte (vgl. Kap. 8.1.2).
2. Jede Macht trifft auf eine Gegenmacht. Macht ist also immer auch „mit Transaktionskosten, Risiken und unerwünschten Nebenwirkungen" verbunden.
3. Macht folgt der eigentümlichen Eigenschaft, „nicht wirklich ausgeübt werden zu müssen, um dennoch (…) wirksam zu sein" (Patzelt, 2013, S. 35f.).

in zentralen Institutionen zu objektivieren (vgl. Kreckel, 2004, S. 48). Dieser zweite Aspekt kann zu den strukturellen Faktoren gezählt werden und meint „die Zugehörigkeit zu Organisationen mit Entscheidungskompetenz in ungleichheitsrelevanten Bereichen" (Barlösius, 2004, S. 87f.) – bspw. Parteien, Interessengruppen oder öffentlichkeitswirksame Einrichtungen (Kap. 8).

Hier wird eine starke Orientierung an Offes (1972) formulierter Disparitätenthese erkennbar. Für ihn bemisst sich die Durchsetzungsfähigkeit von Interessen an deren Artikulationsfähigkeit und politischer Compliance[58] durch Institutionen und Akteuren. In Anlehnung an Offes Kernsatz zeigt sich seine Übertragung auf Kreckels Argumentationsfaden.

> „Das pluralistische System von organisierten Interessen sperrt alle Bedürfnisartikulationen aus dem politischen Willensbildungsprozeß aus, die allgemein und nicht an Statusgruppen gebunden sind; die konfliktunfähig, weil ohne funktionelle Bedeutung für den Verwertungsprozeß von Kapital und Arbeitskraft sind (…)". (Offe, 1972, S. 148)

Werden diese Grundlagen auf besonders stark benachteiligte Bevölkerungsgruppen übertragen, so sollte sich zeigen lassen, wie gering deren Chancen auf Veränderung des etablierten Kräftefeldes sind, da sie von den kräftefeldverändernden Machtressourcen abgeschnitten sind und ihre Interessenlagen, die sich aus den gruppenspezifischen Wertesystemen speisen, von den federführenden Akteuren mit der größten Ausstattung der Deutungshoheit im Verteilungs- und Legitimierungskampf abgewertet werden. Ihre im Vergleich zu den gesellschaftlichen Kräften und Mächten, die sich innerhalb und um das Zentrum konzentrieren, vorhandene Machtlosigkeit spiegelt sich im Kräftefeld anhand ihrer Ferne zum Zentrum wider (vgl. Barlösius, 2004, S. 88). Am Rande des Zentrums zeigt sich einerseits die „strukturelle Privilegierung" (Offe, 1972, S. 159) derjenigen Interessen(gruppen), welche aufgrund ihrer Kräftekonzentration für die Funktion und (Re-) Produktion des Kräftefeldes unentbehrlich geworden sind. Andererseits bleiben diejenigen Interessen(gruppen) weitestgehend unsichtbar, „die keine systemrelevanten Risiken provozieren können und deshalb einen weniger gewichtigen Anspruch auf politische Interventionen erheben können" (ebd.).

Mittels dieser Grundlagen sei es laut Kreckel möglich, vertikale und horizontale Ungleichheitsformen zusammen zu beobachten und zu analysieren.

---

58 Sabine Eckardts Definition zur Politiker-Compliance wird hier gefolgt. Diese „ist das Verhalten des Politikers zu Gunsten der Interessengruppe. Dies beinhaltet die Berücksichtigung ihrer Anliegen und Informationen im politischen Entscheidungsprozess" (Eckardt, 2011, S. 22) und erinnert stark an den Begriff der politischen Responsivität, die in dieser Arbeit ebenfalls verwendet wird.

Er steht dabei in einer Tradition mit Max Weber, der ebenfalls eine institutionelle Perspektive bevorzugte, um die strukturellen Aspekte von Ungleichheit auszuleuchten, da sie für kapitalistisch fortgeschrittene Gesellschaften westlicher Prägung dominant erscheinen.[59] Daher ist es auch ungenügend, sich dem Phänomen der Ungleichheit einseitig strukturanalytisch zu nähern und nur die Ungleichverteilung und Asymmetrie von Gütern und sozialen Beziehungen analysieren zu wollen (vgl. Barlösius, 2004, S. 80–85). Vielmehr muss nach den „gesellschaftlichen Kräften (…), die die konkreten Ungleichheitsverhältnisse aufrechterhalten oder auch verändern", gefragt werden (Kreckel, 1992, S. 14). Das führt Kreckel zu seiner gesellschaftstheoretischen Ausgangsfrage, die sich auf das zugrunde liegende Forschungsinteresse dieser Studie übertragen lässt:

> „Welche gesellschaftlichen Institutionen und Prozesse sind es, die in hochindustrialisierten Gesellschaften die Aufrechterhaltung eines Obermaßes an sozialer Ungleichheit ermöglichen, obwohl die Reduzierung dieses Obermaßes im Interesse der durch die Ungleichheitsverhältnisse benachteiligten Bevölkerungsmehrheit liegt und prinzipiell auch möglich sein müßte"? (Kreckel, 1992, S. 24)

Kreckel plädiert für eine konflikttheoretische Perspektive makrosozialer Strukturzusammenhänge, in der der ungleichheitssoziologischen Kategorie der Macht einen zentralen Stellenwert zugewiesen wird. Gesamtgesellschaftliche Aushandlungsprozesse finden dabei innerhalb eines „umkämpften Feldes" statt. Der Rückgriff auf diese von Pierre Bourdieu (1984; erstmals 1979) geprägte Metapher „erlaubt es auch scheinbar ruhende gesellschaftliche Zustände auf die in ihnen wirkenden Kräfte und Gegenkräfte zu analysieren" (Kreckel, 1998, S. 33). Kreckel versteht seine Soziologie der sozialen Ungleichheit somit als Politische Soziologie, mit dem Ziel, „die hinter den ungleichen Verteilungs- und Beziehungsstrukturen stehenden kollektiven Akteure und ihre (häufig konfligierenden) Interessen aufzusuchen" (Kreckel, 1992, S. 304). Mit dem strukturtheoretischen Instrumentarium des Zentrum-Peripherie-Modells allein können jedoch nur „ungleichheitsrelevante soziale Makro-Milieus" identifiziert werden. Um nun den strukturtheoretischen- um den eines handlungstheoretischen Blickwinkels zu schärfen, bedarf es des ungleichheitsbegründenden Kräftefeldes.

---

59 In einem Abschnitt greift Kreckel die Kontroverse zwischen Marx und Weber auf. Denn Weber wendet sich anders als Marx gegen den „ökonomischen Determinismus" seines Klassenkonzeptes. Wichtig für Kreckel ist hierbei, „daß die Unterscheidung von verschiedenen Dimensionen sozialer Ungleichheit nur dann soziologisch fruchtbar sein kann, wenn diese nicht unverbunden nebeneinander stehenbleiben, sondern in ein genau angebbares theoretisches Verhältnis zueinander gebracht werden" (Kreckel, 2004, S. 55).

3.2 Das ungleichheitsbegründende Kräftefeld

Mit diesen Vorüberlegungen möchte Kreckel „direkt zur empirischen Realität der kollektiven Akteure durchstoßen, die die abstrakten (Klassen-)Verhältnisse mit konkretem Leben füllen" (Kreckel, 2004, S. 152). Die Verwendung des Begriffs „Klassenverhältnis" kann dabei durchaus irritierend sein. Dieser geht auf den Klassenbegriff zurück, der in der aktuelleren sozialen Ungleichheitsforschung kaum mehr als adäquates Abbild moderner Gesellschaften verwendet wird. Kapitalistische Gesellschaften stellen in ihrer heutigen Abbildung keine Klassengesellschaften mehr dar, „weil die Integration der Bevölkerung in ‚reale soziale Klassen' kaum mehr lebensweltlich anschlussfähig" erscheint (Barlösius, 2004, S. 102; s. a. Geißler, 2006, S. 95).

Allerdings nehmen neuere Veröffentlichungen den Begriff der „Klasse" wieder auf, da dieser die deutsche Sozialstruktur mit ihrer immer stärker ausgeprägten „außergewöhnlich starken Undurchlässigkeit und Trägheit" sowie einer wachsenden Ungleichverteilung im System (im)materieller Lebenschancen und ihrer relevanten Institutionen pointiert beschreibt. So fragt Olaf Groh-Samberg (2014a) *pars pro toto,* ob Deutschland auf dem Weg zurück zur Klassengesellschaft sei. Und Wolfgang Merkel stellt die Frage nach der „Rückkehr der Verteilungsfrage" in einer „interessenzerklüfteten Klassengesellschaft" (Merkel, 2016, S. 18).[60]

Auch Kreckel (2004, S. 141) zeichnet nach, wie die Mitglieder einer Gesellschaft „einen individuellen Status im System der distributiven und relationalen Ungleichheit innehaben", ohne jedoch einer soziokulturellen Klasse anzugehören. Spätestens seit dem Wandel von der Industrie- zur Dienstleistungsgesellschaft fordert er „Abschied vom Proletariat" und der proletarischen Mehrheit zu nehmen, wodurch der „Klassenrealismus – wenn überhaupt – nur noch in einer sehr gemäßigten empirischen Form anzuerkennen" ist (Kreckel, 2004, S. 142). Freilich kommt hier dem Wohlfahrtsstaat die Aufgabe zu, die durch diesen Prozess entstandenen sozialen Ungleichheiten

---

60 Für Peter von Oertzen (2014) hat zwar die Gründung der Arbeitsgruppe der Sektion „Soziale Ungleichheit und Sozialstrukturanalyse" der Deutschen Gesellschaft für Soziologie im Jahre 1991 auch dazu geführt, dass die Frage nach den Klassenstrukturen in der Gesellschaft und ihre Bedeutung für das „kollektive Handeln" wieder an Aktualität gewonnen hat. Dennoch spricht auch er für die gängige Sichtweise seiner Zunft, wenn er Folgendes bemerkt: „Freilich bedeutet diese Feststellung keine einfache Rückkehr zu Marx und schon gar nicht zu den Vorstellungen eines traditionellen Marxismus, der sich überdies nicht einmal mehr auf der Höhe der Marxschen Theorie befindet. Darüber, dass aus der Existenz ‚abstrakter' Klassen nicht umstandslos auf das Wirken ‚konkreter' sozialer Klassen als kollektiver Akteure geschlossen werden kann, herrscht in der Sozialwissenschaft heute Übereinstimmung – bis weit in die Reihen der erklärten ‚Marxisten' hinein" (Oertzen, 2014, S. 64).

abzumildern. Doch die Lösungsansätze des Staates als Antwort auf die Krise zeitigen wiederum neue Krisen, wie Claus Offe darstellt, wenn er davon spricht, dass „die Maschinerie des Klassenkompromisses (…) selbst Objekt von Klassenkonflikten geworden“ ist (Offe, 1984, S. 325). Kreckel möchte also im Verständnis eines „gemäßigten Klassenrealismus“ am Klassenbegriff festhalten, da seines Erachtens nach „noch immer eine an gesellschaftskritische Traditionen anknüpfende soziologische Ungleichheitsforschung vonnöten ist“ (Kreckel, 1998, S. 31).[61]

Entwickelte kapitalistische Gesellschaften versteht Kreckel also weiterhin als Klassengesellschaften, da ihre Ungleichheitsstrukturen nach wie vor von dem durch Klassen bestimmten Verhältnis zwischen Arbeit und Kapital gebildet werden. Dieses möchte er jedoch nicht ungeachtet einer Würdigung der kritisch klassentheoretischen Debatte durchführen, wodurch sein diesbezüglicher Abschnitt mit der Überschrift „Klassenverhältnis ohne Klassen“[62] erst einmal für Verwirrung sorgt. Wichtig ist Kreckel, dass sein Verständnis von Klassenverhältnis ein Strukturmerkmal darstellt und nicht als handlungstheoretischer Begriff verstanden werden darf, von dem aus reale Klassen hergeleitet werden können. Die Unterscheidung „zwischen abstrakten Klassenverhältnissen als strukturtheoretischem Konzept und sozialer Klassenbildung als lebensweltlichem Phänomen“ (Kreckel, 1998, S. 34) erscheint wichtig, da letzteres nur aus der Perspektive der kollektiven Akteure handlungstheoretisch rekonstruiert werden könne (vgl. Barlösius, 2004, S. 102). Auf letzterer Ebene ist zentral, dass Klassenhandeln nicht möglich ist. „Klassen als organisierte handlungsfähige Verbände gibt es nirgendwo“ (Kreckel, 2004, S. 143). Natürlich können Parteien, Verbände, Organisationen, Advokaten zu Repräsentanten einer Klasse avancieren. Doch

> „die Klassenzugehörigkeit von Individuen bestimmt sich aus ihrer ökonomischen Lage und ihren sozialen Einbindungen, nicht aus ihrer organisierten Teilnahme am

---

61 Andere prominente Sozialwissenschaftler stehen nach wie vor in der gleichen Tradition: Beispielsweise Berthold Vogel (2009, Kap. III) über den Wohlfahrtsstaat und Klassenbildung. Oder Ditmar Brock (1994) über die „Rückkehr der Klassengesellschaft? – Die neuen sozialen Gräben in einer materiellen Kultur“. Ebenfalls auch Rainer Lepsius (1990, S. 117–152) in seinem gleichnamigen Beitrag „Soziale Ungleichheit und Klassenstrukturen in der Bundesrepublik Deutschland“. Gerade Lepsius schließt sich wie Kreckel eng an Max Webers Verständnis der Politischen Soziologie als Herrschaftssoziologie an und nimmt in seinen Arbeiten politische Institutionen makrosoziologisch in den Blick, indem er mit den klassischen Analyserastern der Politischen Soziologie operiert – nämlich „Interessen, Ideen und Institutionen“ (Lepsius, 1990a).

62 In seinen früheren Auflagen sprach er noch von Klassengesellschaften ohne Klassen (vgl. Kreckel, 1994). Seine Gedanken führt er auch in seiner theoriestrategischen Intervention mit dem Titel „Klassentheorie am Ende der Klassengesellschaft“ aus (vgl. Kreckel, 1998).

Klassenkampf (oder der Vertretung von Interessen) oder an sonstigen Verbandsaktivitäten". (ebd. S. 144)

Dieser Aspekt ist vor allem später im Bereich des advokatorischen Interessengruppenhandelns noch wichtig und ausführlicher beschrieben (Kap. 4.4 & 8). Aufbauend auf der Zentrum-Peripherie-Metapher versucht Kreckel nun, sein ungleichheitsbegründendes Kräftefeld mit der Frage nach den zentralen makrosozialen Kräften einzuleiten, die prägend für die Struktur der distributiven und relationalen Ungleichheiten erscheint (vgl. Kreckel, 2004, S. 152). Mit dieser Ausgangsfrage kann es auch keine allgemein gültige Theorie der sozialen Ungleichheit geben, denn es muss davon ausgegangen werden, dass die empirisch zu erfassenden Macht- und Kräfteverhältnisse bezogen auf verschiedene Bevölkerungsgruppen erhebliche Unterschiede zu Tage fördern.[63] Kräfte- und Machtverhältnisse könnten allenfalls „empirisch identifiziert und typologisch beschrieben werden" (ebd.).

Ein allgemeines Modell, welches sich auf alle Gesellschaften projizieren ließe, gibt es also nicht, wodurch für den Einzelfall eine historisch-empirische Konkretisierung erforderlich wird (vgl. Barlösius, 2004, S. 103). Kreckel wählt dafür die alte Bundesrepublik und ihre Entwicklung der ersten 40 Jahre als idealtypischen Ausgangspunkt, wodurch er eine idealtypische Grundkonstellation des ungleichheitsbegründenden Kräftefeldes entwickelt. Bezogen auf andere Untersuchungsobjekte stellt er jedoch fest, dass sein „strukturtheoretisches Modell bewußt offengehalten" werde und „nur empirisch und von Fall zu Fall beantwortet werden" könne (Kreckel, 2004, S. 156). Entscheidend ist, dass sich das unveränderbare abstrakte Kräftedreieck im Zentrum seines Kräftefeldes stets zwischen den Repräsentanten Kapital, Arbeit und Staat abbildet.

Für Kreckels Kräftefeld wird seine Ausgangsthese zentral: Denn für ihn ist „das Erwerbsleben der zentrale Ort, wo die Ungleichheitsverteilung von Lebenschancen verankert ist" – und dies ist für alle Bevölkerungsgruppen der Fall. Kreckel macht deutlich, dass dies für Erwerbstätige, wie auch für Erwerbslose, aber auch für künftige Erwerbstätige und „Empfänger privaten Unterhalts", wie Hausfrauen und Kinder, zutrifft. Erwerbstätige sind unmittelbar von der „meritokratischen Triade" Bildung, Beruf und Einkommen abhängig. Auch für Erwerbslose, wie auch für künftige Erwerbstätige „ist entweder die eigene frühere Erwerbstätigkeit (bei Arbeitslosen und Rent-

63 Für Kreckel ist es wichtig auf die Unterschiede der zu bestimmenden Kräfteverhältnisse in unterschiedlichen westlichen Staatsgesellschaften hinzuweisen. Dies ergibt sich allein schon durch sein Ziel, eine globale und soziale Ungleichheitstheorie zu entwerfen.

nern) oder die zu erwartende künftige Erwerbstätigkeit (…) der Rechtfertigungsgrund für Einkommen und sozialen Status" (Kreckel, 2004, S. 153).

Und auch für Kinder gilt, dass ihre (im)materiellen Lebenschancen von der für ihren Lebensunterhalt verantwortlichen Personen abhängig ist. Dabei ist der Blickwinkel des Erwerbslebens als zentraler Ort von Ungleichheitssemantiken auch aus wohlfahrtsstaatsvergleichender Perspektive aufschlussreich. Gilt doch gerade das deutsche Wohlfahrtsstaatsregime als besonders erwerbszentriert (Kap. 7).

Ausschlaggebend für die Ungleichheitsverteilung von Lebenschancen ist allerdings der Staat. Er ist Garant dafür, dass der Arbeitsmarkt als Hauptschauplatz stets den „Fluchtpunkt politischer Intervention" bildet und „die Lebensführungs- und Produktivitätsnormen der Erwerbsarbeit als Richtschnur gesellschaftlicher Erwartungen" dienen (Lessenich, 2009, S. 286). Dieses reale Kräftedreieck im innersten Kreis bildet das Zentrum des Kräftefeldes (Abb. 2). Die peripheren Kräfte – bestehend aus Verbänden, neuen sozialen Bewegungen und der sozialstrukturierten Bevölkerung – ordnet Kreckel um dieses konfligierende innere Zentrum herum an.

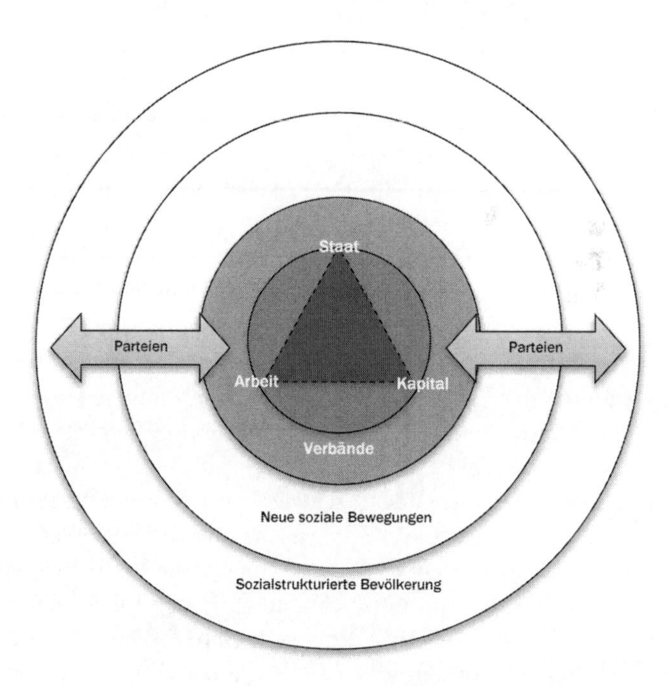

Abbildung 2: Das ungleichheitsbegründende Kräftefeld (nach Kreckel, 2004, S. 164)

Da es sich um ein idealtypisches Modell handelt, weist Kreckel immer wieder darauf hin, dass die Kräftekonstellationen in der Realität keineswegs so gleichmäßig konzentrisch angeordnet seien. Vielmehr muss in der sozialen

Wirklichkeit von „Dellen und Auswölbungen“ (Barlösius, 2004, S. 106) ausgegangen werden, wodurch das Kräftefeld nicht als statisches, sondern sehr dynamisches Gebilde verstanden werden müsse.

3.3 Kinderarmut und das ungleichheitsbegründende Kräftefeld

Die Zentrum-Peripherie-Metapher soll in dieser Arbeit herangezogen werden, da die drei von Kreckel identifizierten zentralen Ungleichheitskomplexe auf die vorliegenden Untersuchungsgegenstände in modifiziertem Rahmen übertragbar sind und eine Überwindung der Schwierigkeit des Ineinandergreifens der drei zugrunde liegenden Forschungsfelder Kindheit in Armut, Interessengruppenhandeln und Wohlfahrtsstaat mithilfe der Zentrum-Peripherie-Metapher in ein „homologes Verhältnis“ gelingt (Barlösius, 1998 & 2004).

Erstens kann die Sozialstruktur der Bevölkerungsgruppe (armer) Kinder strukturanalytisch beschrieben und die Unsichtbarkeit von Kindheit in Armut im Verteilungssystem (im)materieller Lebenschancen empirisch ausgeleuchtet werden. **Zweitens** wird die „staatliche Verfasstheit“ des sich verändernden Wohlfahrtsstaates hinsichtlich der Ungleichheitsverteilung von Lebenschancen erfasst. Und **drittens** kann die advokatorische Repräsentation (Interessenvertretung) armer Kinder in den Blick genommen werden. Für Kreckel ist in diesem Bereich die Konfliktfähigkeit einer Gruppe zentral. Eva Barlösius (1998 & 2004) beschreibt diese in Anlehnung an Pierre Bourdieu auch als „Benennungsmacht“: Also die Fähigkeit einer Gruppe, „Responsivität“ und „Compliance“ innerhalb des politischen Systems hinsichtlich ungleicher Lebensverhältnisse zu erzeugen. Dabei sind die Vorbedingungen für eine Repräsentation (armer) Kinder voraussetzungsvoll und ebenso ungleich verteilt wie andere sozial strukturierte Bereiche. Hier wird die Arbeit an anderer Stelle herausarbeiten, dass für die Bevölkerungsgruppe der (armen) Kinder nochmals andere (schwierigere) Voraussetzungen gelten.

So fruchtbar Kreckels strukturtheoretisches Modell auch sein mag, so muss es für den hier angebotenen Untersuchungsgegenstand angepasst werden, um Kindheit in Armut im ungleichheitsbegründenden Kräftefeld sichtbar zu machen. Diese Weiterentwicklung geht einher mit der leichten Revision der drei im Zentrum befindlichen Kräfte, auch wenn gerade dieser Bereich des Kräftefeldes für Kreckel nicht veränderbar ist, trotz seines bewusst offenen gehaltenen Modells. Für Kindheit in Armut wird an dieser Stelle der blinde Fleck von Kreckels Modell ersichtlich.

Nicht Staat, Arbeit und Kapital erachte ich für die Analyse von Kindheit in Armut als zentral. Sondern (Wohlfahrts-)Staat, Markt (bestehend aus

Wirtschafts-, Kapital- und Erwerbssystem) und die Versorgungsinstitution der Familie und ihr erweitertes soziales Umfeld avancieren als notwendiges Kräftedreieck von Kindheit in Armut, da die Institution der Familie „als gesellschaftliches Funktionssystem und als sinnstiftende Form sozialer Interaktionen nicht außer Betracht bleiben" darf (Kaufmann, 1994, S. 370).[64]

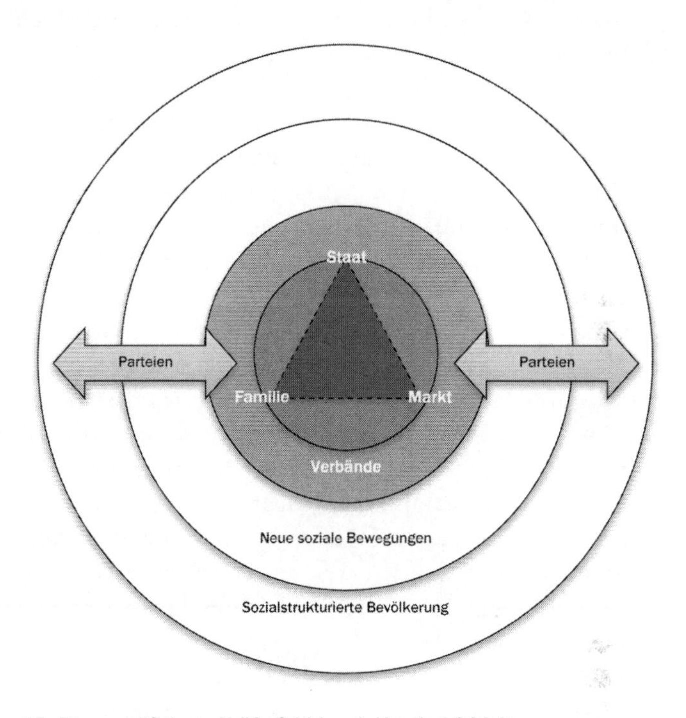

Abbildung 3: Das modifizierte Kräftefeld (nach Kreckel 2004)

Das modifizierte Kräftefeld (Abb. 3) verdeutlicht diese Sichtweise, nach der sich soziale Ungleichheit im Kontext dieser drei Handlungssphären voll-

64 Für Magdalena Joos (2003) wiederum resultiert der Bezugsrahmen der Wohlfahrt für Kinder aus einem Wohlfahrtsviereck. Neben dem Staat, Markt und Familie identifiziert sie noch den Dritten Sektor (Nonprofit-Bereich wie Bildungs- und Forschungswesen, Gesundheitswesen, soziale Dienste, Kinder- und Jugendhilfe) als vierten Bezugsrahmen. Allerdings kommen diese auch in Kreckels Modell vor. Sie erhalten jedoch keinen so zentralen Platz innerhalb seines Kräftedreiecks, sondern platzieren sich um das Kräftedreieck als konzentrischer Kreis herum. Die in Abb. 2 und 3 weiß gehaltene Hervorhebung zeigt dennoch, dass dieser Bereich als wichtiger erachtet wird als die in den peripehereren Lagen bestehenden Sturkturen. In Kreckels Kräftefeld geht es auch nicht um die Wohlfahrt, sondern um die Identifizierung zentraler Ungleichheitskomplexe. Darüber hinaus ist dieser Aspekt an anderer Stelle zentral. Denn in dieser Arbeit wird es auch um die Frage nach der Krise des kindlichen Interessengruppenhandelns gehen (Kap. 8).

zieht und leitet sich von den drei Eckpunkten des sog. „Wohlfahrtsdreiecks" ab, bestehend aus Staat, der Institution Familie und Markt (Wirtschafts-, Kapital- und Erwerbssystem) (vgl. Evers, 1990; Evers & Olk, 1996; s. a. Qvortrup, 2003).

Auch Karl August Chassè (2014, S. 410) stellt in einem Handbuchbeitrag die Verbindung von Kindheit in Armut „mit der Dynamik des Wandels der Relationen von Arbeit und Erziehung im Verhältnis von Familie, Staat und Markt" heraus. Alle drei Handlungssphären sind interdependent und produzieren Spannungsfelder entlang ungleicher Kindheiten, die wiederum auf Familie, Staat und Markt (Wirtschafts-, Kapital- und Erwerbssystem) zurückwirken. Allerdings hat der Wohlfahrtsstaat und mit ihm die Sozialpolitik, die Institution der Familie in Theorie und Praxis „weitgehend vergessen", weshalb sie „weder in den politischen noch in den ökonomischen Wohlfahrtsdiskursen" auftauchen (Kaufmann, 1994, S. 370).

So zeigen sich spätestens in Kapitel 7 die wohlfahrtsstaatlichen Zielsetzungen des Sozialinvestitionsstaates. Hier wird sich u. a. eine De-Familialisierung darstellen lassen. Diese meint nichts anderes, als dass es dem Sozialinvestitionsstaat (**Staat**) gar nicht mehr so sehr um die **Familie** selbst geht, sondern darum, dass den Arbeitsmarkt betreffende, wirtschaftliche und demographische Ziele (**Markt**) im unmittelbaren Interesse des Wohlfahrtsstaates stehen. Dieser Strategie der sozialinvestiven Entfamilisierung geht es vor allem darum, Kinder möglichst früh aus der Familie heraus zu lösen. Bereits hier wird die Verknüpfung der drei Repräsentanten im Kräftezentrum angedeutet.

Vor allem für die Zusammenführung der drei Forschungsrichtungen bestehend aus Kindheit in Armut, des Interessengruppenhandelns und der Wohlfahrtsstaatsforschung ist diese Modifizierung entscheidend. Denn der Familie muss im sich verändernden sozialinvestiven Wohlfahrtsstaat ein Hauptaugenmerk zukommen, da die Wohlfahrtproduktion der Familie für das (arme) Kind sukzessive entzogen und auf die Instanz des Staates und des Marktes übertragen wird, wodurch sich wiederum das ungleichheitsbegründende Kräftefeld anders darstellen wird.[65]

Für Christoph Butterwegge (vgl. 2014a & 2015a) ist der wohlfahrtsstaatliche Wandel die Kopie einer US-Amerikanisierung des Sozialstaates, der sich auf den Arbeitsmarkt, die Sozialstruktur und auf die Repräsentation ver-

65 Für diese Sichtweise gibt es in der (inter)nationalen Literatur zahlreiche Indizien (exempl. Honig & Ostner, 1998; Kohl, 1993; Lessenich 1994 & 1995; Offe, 1993; Kaufmann, 1997). Für den internationalen Kontext pars pro toto Esping-Andersen (1999). Für ihn ist vor allem das Verhältnis zwischen Staat, Markt und Familie als Versorgungsinstitutionen relevant, um davon ausgehend unterschiedliche Wohlfahrtsregime unterscheiden zu können.

meintlich schwacher Bevölkerungsgruppen auswirkt – also genau auf den zu beleuchtenden Bereich dieser Studie. Auch Lutz Leisering und Wolfgang Voges sprechen bereits in einem früher erschienenen Beitrag (1992) von der wohlfahrtsstaatlichen (Re-)Produktion ihrer eigenen Klientel. Denn der Wohlfahrtsstaat produziere nicht nur Wohlfahrt, sondern zeitige vor allem „destruktive Auswirkungen" auf alle anderen Lebensbereiche wie der Erwerbstätigkeit, soziale Netzwerke und vor allem der Familie. Auch in dieser Schlussfolgerung spiegelt sich das abstrakte Kräftedreieck wider, bestehend aus den Repräsentanten Staat, Markt (Wirtschafts-, Kapital- und Erwerbssystem) und der Versorgungsinstitution Familie.

Als Ausgangspunkt ließe sich daher formulieren, dass sowohl die Bevölkerungsgruppe der Kinder als auch die wohlfahrtsstaatliche Regulierung von Familien im modernen Sozialinvestitionsstaat[66] immer wichtiger werden. Einerseits, da Kinder das höchste Potenzial einer auf Reproduktion und Inklusion basierenden Wertschöpfung repräsentieren und Investitionen in das kindliche Humankapital[67] den höchstmöglichen Gewinn in der Zukunft versprechen (vgl. Olk, 2007; Bayer & Hübenthal, 2012). Andererseits, da die wohlfahrtsstaatliche Regulierung bestimmter Elterngruppen ausschlaggebend für die Beschränkungen ökonomischer Umverteilung zu sein scheint (Kap. 7.1.2). Aus dieser Überlegung ergibt sich hinsichtlich der Kinder auch ein Umbau von Kindheit innerhalb des Kräftedreiecks. In diesem Verhältnis stellen sich unterschiedliche Fragen, die Michael-Sebastian Honig und Ilona Ostner (1998, S. 259) wie folgt formulieren:

> „Wie soll welchen Kindern in welchen Familien wie viel unter welchen Bedingungen wie lange, in welcher Form vom Steuerzahler gegeben werden? Was sollen Eltern, richtiger: Mütter und Väter, für ‚ihre' Kinder erbringen? Was kann man berechtigterweise von Kindern erwarten"?

3.4 Einschränkungen und Grenzen

Eva Barlösius stellt in ihrem Buch „Kämpfe um soziale Ungleichheit" (2004) die Einzigartigkeit der Zentrum-Peripherie-Metapher heraus. Für sie gibt es bis auf Ulrich Becks „Individualisierungsthese" in der deutschen Soziologie der letzten 30 Jahren

> „nur wenige ambitionierte Entwürfe, die Ungleichheitssoziologie auf ein neues, den modernen Entwicklungen angepasstes Fundament zu stellen". (Barlösius, 2004, S. 112)

66 Zur genauen Beweisführung des Wandels zum Sozialinvestitionsstaat siehe Kap. 7.
67 Gemeint ist das durch Bildung erworbene Leistungspotenzial eines Menschen.

Dies liegt vor allem am gegenwärtigen Trend vornehmlich sozialstruktureller Analysen der Lebensstil-, Lebenslagen- oder Milieuforschung. „Den Sprung zu den gesellschaftlichen, politischen und ökonomischen Institutionen, welche die sozialstrukturellen Veränderungen erzwangen und ermöglichen, versuchten sie selten" (ebd.). Dennoch erscheinen folgende Einschränkungen und Grenzen für die vorliegende Studie beachtenswert:

Für Kreckels Überlegungen nimmt das Erwerbsleben als zentraler Schauplatz für die Produktion und Reproduktion von Ungleichheitsverteilungen der Lebenschancen eine entscheidende Rolle ein (vgl. Kreckel, 2004, S. 153). Die sich daraus ergebenden Konsequenzen für sein ungleichheitsbegründendes Kräftefeld sind somit festgelegt, denn er konzipiert das Zentrum seines Kräftefeldes bestehend aus dem korporatistischen Dreieck von Arbeit, Staat und Kapital. So widerspruchslos diesem Gedankengang zuerst gefolgt werden kann, so offen sind jedoch einige Aspekte für die Übertragung der Zentrum-Peripherie-Metapher auf bestimmte Bevölkerungsgruppen – wie die der (armen) Kinder.

Auch Eva Barlösius hat trotz ihrer Würdigung für Kreckels Entwurf auf die Grenzen seines Theorems sozialer Ungleichheit hingewiesen: Hinsichtlich des Erwerbsleben hebt sie hervor, dass dieses keineswegs der alleinige und auch nicht für alle Bevölkerungsgruppen wesentliche Ort für die Herausbildung und Verfestigung von Ungleichheitskomplexen sein kann, wie dies jedoch Kreckel für sein Kräftefeld unterstellt. Bei Kindern sind die Kräfteverhältnisse womöglich anders strukturiert und verteilt und andere ungleichheitskonstituierende Institutionen beteiligt. Es kann sich im Verlauf der Studie also zeigen, dass sich die zentralen Ungleichheitskomplexe, von denen die Bevölkerungsgruppe armer Kinder betroffen sind, im Zentrum des Kräftefeldes nur sehr schwer einfangen lassen. Möglicherweise, da ungleichheitsrelevante Benachteiligungen weniger aus den bestehenden Machtasymmetrien des im Zentrum befindlichen Kräftefeldes resultieren, als vielmehr aus den Strukturkonflikten anderer Teilsysteme (vgl. Barlösius, 2004, S. 106–114). Um dieser Gefahr zu begegnen, avancieren in dieser Studie vielmehr die drei Kräfte Staat, Markt (Wirtschafts-, Kapital- und Erwerbssystem) und der Institution Familie zum zentralen Dreieck des ungleichheitsbegründenden Kräftefeldes. Die weiteren Abschnitte dieser Arbeit werden zeigen, wie kreativ Kreckels Modell übertragen auf das Macht- und Kräfteverhältnis von Kindheit in Armut eingesetzt werden kann, um ihre Unsichtbarkeit im gesellschaftlichen und politischen Macht- und Kraftgefüge sichtbar zu machen.

4. Armut – Wohlfahrtsstaat – Interessengruppenhandeln: Sozialwissenschaftliche Schlaglichter

4.1 Armutsforschung in Deutschland: Ein spätes Erwachen[68]

Die wissenschaftliche Beschäftigung mit dem Thema Armut folgt keinem einheitlich fortlaufenden Muster intensiver Auseinandersetzung[69], sondern ist geprägt von konjunkturellen Hochphasen der Thematisierung, „zyklischen Schwankungen“ (Leibfried & Voges, 1992) und Phasen der wissenschaftlichen Tabuisierung, die allesamt sehr eng mit der politischen Sozialgeschichte der Bundesrepublik verwoben sind (vgl. Butterwegge, 2004, S. 12).

Um sich der Armutsforschung zu nähern, soll eingangs in gebotener Kürze der Blick auf das Verhältnis zwischen sozialer Ungleichheits- und Armutsforschung gelenkt werden. Berthold Dietz (1997) bietet in seinem Werk „Soziologie der Armut“ eine ausführliche Unterscheidung an: Zwar beziehen sich beide auf das Phänomen der Armut, jedoch „versuchen Theorien sozialer Ungleichheit bestenfalls Armut zu erklären, während explizite Armutstheorien sie beschreiben“ (Dietz, 1997, S. 58f.). Weiter so Dietz sind „Armutstheorien (...) sozialwissenschaftliche Rückstände einer langen Tradition von Sozialstrukturanalysen“ (ebd., S. 59); wobei soziale Ungleichheit als „Teilperspektive der Sozialstrukturanalyse“ betrachtet wird (vgl. Burzan, 2010, S. 526). Soziale Ungleichheitstheorien versuchen den dauerhaft ungleichen Zugang zu und die Verteilung von (materiellen und immateriellen) Ressourcen in einer Gesellschaft zu erklären und die Teilhabechancen von Menschen zu bestimmen. Dies erscheint insofern relevant, als die Mechanismen und Prozesse zur Aufrechterhaltung sozialer Ungleichheiten unsichtbar blieben, wenn man sich in der vorliegenden Krisen- und Defizitanalyse ausschließlich der Beschreibung von Armut zuwenden würde.

---

68 Die Kapitel 4.1, 4.3 und 4.4 greifen in Teilen auf meine Magisterabschlussarbeit zurück (März, 2012). Die hier dargebotenen Überlegungen werden jedoch auf eine inhaltlich-substantiell anspruchsvollere Ebene gehoben.

69 Es wird der Zeitraum seit Gründung der Bundesrepublik Deutschland betrachtet.

Allerdings muss an dieser Stelle auch auf die bereits im Theorieteil herausgearbeitete Kritik der vertikalen Polarität in den meisten Theorien sozialer Ungleichheit eingegangen werden. Denn hier zeigt sich auch der entscheidende Mehrwert der Armutsforschung. In der Perspektive vertikaler Polaritäten sozialer Ungleichheit spielt Armut meist eine untergeordnete Rolle. Auch bei Kreckel kommt der vertiefenden Armutsdiskussion selbst in der aktuellsten und erweiterten Auflage seines Buches (2004) nur ein geringer Stellenwert zu, obwohl er das Problem der einseitigen Darstellung sozialer Ungleichheit ausschließlich auf einer Achse (vertikale) überzeugend herausgearbeitet hat. „Insgesamt wird die Ungleichheitsdebatte dadurch verengt. Sie verliert ihren eindeutigen gesellschaftstheoretischen und -politischen Bezugsrahmen". Allerdings ist es der Armutsforschung bisher nicht gelungen,

> „zentrale Kategorien, die eine Benachteiligung ausdrücken können, wie Einkommen, Beruf, Bildung, Macht, Status, Prestige, Gesundheit und Wohnen, mit gesellschaftlichen Stratifizierungsebenen (Klassen und Schichten) in Verbindung zu bringen". (Butterwegge et al., 2004, S. 31)

Die Bestimmung des Verhältnisses zwischen sozialer Ungleichheits- und Armutsforschung ist, obwohl nach heutigem sozialwissenschaftlichen Kenntnisstand *state of the art,* überaus wichtig. Waren andere Nationen – allen voran Großbritannien und die USA – hinsichtlich ihrer begrifflichen Operationalisierung und Theorieentwicklung fortgeschrittener und widmeten sich konzeptionell stärker den sozialen Verhältnissen ihrer Untersuchungsgegenstände, so hat sich für die Entwicklungspfade bundesrepublikanischer Armutsforschung lange Zeit die Randständigkeit dieses Forschungsgebiets gezeigt.

Anfänglich sah sich die noch junge Bundesrepublik mit dem gesellschaftlichen Aspekt massenhafter Armut und wirtschaftlicher Not konfrontiert. Armut wurde zu dieser Zeit als ein gesamtgesellschaftliches Problem betrachtet. Es bestand „ein Kollektivbegriff von Armut, der sich nicht auf spezifische Gruppen und Individuen bezog, wie es für alle späteren Armutsbegriffe (...) charakteristisch war" (Leisering, 1993, S. 491). Durch den raschen Wiederaufbau des Landes und die sich schnell erholende Wirtschaft, die zu einer beispielslosen Wohlstandssteigerung der Bevölkerung und Vollbeschäftigung[70] führte und als „goldenes Zeitalter" in Erinnerung

70 Vollbeschäftigung zählt zu den wichtigsten wirtschaftspolitischen Zielen der Bundesrepublik und ist für Arbeitsmarktforscher streng genommen bei einer zweiprozentigen Arbeitslosenquote erreicht. Mittlerweile ist der Begriff jedoch verwässert, und er wird in der politischen Diskussion immer wieder für den Deutschen Beschäftigungsstatus-quo verwendet.

blieb, verschwand das Thema innerhalb weniger Jahre aus dem öffentlichen Diskurs und wurde zunehmend individualisierter wahrgenommen. Von Armut betroffene „Randgruppen" wurden selbst für ihre Notlage verantwortlich gemacht (vgl. Stang, 2008, S. 581). Die Sozialwissenschaften waren bis zu diesem Zeitpunkt nur sehr schwer für das Thema Armut zu begeistern. Allenfalls wurden Deprivationserscheinungen untersucht, wie die in den Nachkriegsjahren um sich greifende Wohnungsnot und Obdachlosigkeit (vgl. Neumann, 1999, S. 19). Womöglich könnte es an der vorherrschenden Überzeugung in Wissenschaft und Politik der westlichen Industrienationen gelegen haben,

> „daß das anhaltende Wirtschaftswachstum Armut ausgelöscht habe oder daß mit ihrer Beseitigung in absehbarer Zukunft zu rechnen sei". (Lidy, 1974, S. 170; zit. n. Hauser & Neumann, 1992, S. 239)

Ab nun stehen nicht mehr die Lebenslagen der (Industrie-)Arbeiter im Fokus der Öffentlichkeit, sondern die Situation der Mittelschichten. In der Soziologie spiegelt sich dieser sozialstrukturelle Perspektivwechsel in den Arbeiten von Helmut Schelsky (nivellierte Mittelstandsgesellschaft, 1953) und Ralf Dahrendorf (Dahrendorfsche Haus, 1965) wider. Die gemeinsame Annahme nach mehr sozialer Mobilität, die in der Forderung nach einem Minimum an Sozialleistungen mündete und ihren Höhepunkt mit der Dahrendorfschen These vom „Überflüssigwerden der Sozialdemokratie" erreichte, sind allesamt Ausdruck einer Nivellierung sozialer Unterschiede (vgl. Stratmann, 2015, S. 45).

Konnten in den 1950er Jahren die USA und Großbritannien bereits auf eine vergleichsweise lange Tradition der Sozialberichterstattung und Erforschung von Lebenslagen zurückblicken, befand sich sein deutsches Pendant allenfalls in seinen Anfängen. Zwar gab es zu Beginn der fünfziger Jahre erste zaghafte Versuche der Ermittlung von Sozialindikatoren, die allenfalls auf statistischen Erhebungen basierten, unsystematisch ermittelt und wenig aussagekräftig waren (vgl. Reichwein, 2012, S. 28; Dietz, 1997, S. 132ff.).[71]

Kritische soziologische Analysen sind in diesem Zeitraum nicht vorhanden, mit Ausnahme der von Joachim Matthes im Jahr 1964 veröffentlichten Arbeit einer kritischen Analyse der neuen Sozialhilfegesetzgebung. Erst die Studentenbewegung und eine mit ihr einsetzende gesellschaftliche Politisie-

71 Anders als die deutsche Armutsforschung hat sich vor allem in den USA und England eine armutswissenschaftliche Forschungstradition herausgebildet, die unterstützt von anderen sozialwissenschaftlichen Disziplinen (bspw. Geschichtswissenschaft) zu einer nachhaltigeren Diskussion führten und zahlreiche Forschungsinitiativen initiierten (vgl. Leibfried & Voges, 1992, S. 9).

rung der 1960er Jahre führte in der Öffentlichkeit zu einer Sensibilisierung gegenüber Personen aus benachteiligten Lebenslagen, die über die Grenzen der Bundesrepublik hinaus ging und insbesondere mit der Armut in der Dritten Welt globale Züge annahm. Inspiriert durch die Studentenbewegung sind in zahlreichen Reportagen die Lebenslagen von sozial benachteiligten Randgruppen dargestellt worden, was zur Sensibilisierung einer Teilöffentlichkeit für soziale Problemlagen führte – insbesondere gegenüber Inhaftierten, psychisch Erkrankten, Gastarbeitern, Heimatlosen und behinderten Menschen (vgl. Leibfried & Leisering, 1995, S. 217).

Neben dem öffentlichen und publizistischen Armutsdiskurs wurde auch ein Teil des politischen Establishments zunehmend aufmerksamer auf das Thema Armut. Die im Herbst 1969 aus der Regierungsverantwortung abgewählte Christlich Demokratische Union (CDU) stellte 1974 unter Federführung von Heiner Geißler die „Neue Soziale Frage", die durch den ersten großen Konjunktureinbruch 1974/1975 und die gleichzeitig steigenden Arbeitslosenzahlen an Brisanz erfuhr. In seiner gesellschaftstheoretischen Studie, die „ausgeprägte parteipolitische Züge" (Neumann, 1999, s. a. Krämer, 2005, S. 48) trägt, rückte Heiner Geißler die zunehmende Verarmung von Kindern und Frauen sowie die Altersarmut in den Mittelpunkt seiner Überlegungen. Ähnlich wie die Interessengruppenforschung um Claus Offe (insb. 1972 und 1984), deren Arbeiten ebenfalls in diese Zeit fallen, bescheinigte die „Neue Soziale Frage", dass die Interessen von Nicht-Erwerbstätigen im politischen Verteilungskampf nicht nur schlechter zu organisieren seien, sondern dass erwerbstätig organisierte Interessen politische Entscheidungen in ihrem Sinne vergleichsweise häufiger durchzusetzen vermögen (vgl. Schölkopf, 2000, S. 115). Neben inhaltlichen und statistischen Fehlern wurde die Studie von einigen Autoren auch als „politisches Manöver" kritisiert. Ihr bleibt dennoch zu Gute zu halten, dass sie ein breites wissenschaftliches Echo auszulösen vermochte (vgl. Krämer, 2000, S. 15).

Und wie positionierte sich die sozialwissenschaftliche Armutsforschung in den ersten Nachkriegsjahrzehnten? Leider kann man sich rückblickend des Eindrucks nicht erwehren, dass die deutsche Armutsforschung zeitlich hinter der politischen und öffentlichen Armutsdiskussion her hinkte. Eine vertiefende Beschäftigung mit theoretischen und empirischen Aspekten von Armut sowie der Auseinandersetzung verschiedener Armutsdefinitionen unter Berücksichtigung des angelsächsischen Forschungsstandes, fand erstmals Mitte der 1970er Jahre statt. Initiator war die Kommission der Europäischen Gemeinschaften, die 1974 ein Programm zur Bekämpfung der Armut in Auftrag gab. Im Rahmen dieses Programmes wurde für die Bundesrepublik Deutschland von einer Frankfurter Arbeitsgruppe ein Bericht über „Armut, Niedrigeinkommen und Unterversorgung" in Auftrag gegeben (vgl. Hauser/Cremer-Schäfer & Nouvertné, 1981). An der Universität Frankfurt entstand ebenfalls ein Großprojekt zur regelmäßigen und repräsentativen Beobachtung der Wohlfahrtsmessung. Das von der Deutschen Forschungsgemeinschaft (DFG) unter dem Titel „SPES- Sozialpolitisches Entscheidungs- und Indikatorensystem" geförderte Großprojekt wurde anschließend vom Sozio-oekonomischen Panel (SOEP) abgelöst (vgl. Butterwegge, 2004, S. 12f.; s. a. Reichwein, 2012, S. 28).

Eine stärkere Formation der Armutsforschung entwickelte sich Anfang der 1980er Jahre in Form der „Lebenslagenforschung". Bis dahin operierten noch weite Teile der bundesrepublikanischen Forschungseinrichtungen mit dem Begriff der „Randgruppe", obwohl in den anglofonen Armutsdebatten diese „längst als systemimmanent entlarvt und konzeptionell als Lebenslage differenziert wurde" (Dietz, 1997, S. 59). Im Zuge stark steigender Erwerbslosenzahlen und einer sich langsam abzeichnenden Aushöhlung sozialer Sicherungssysteme avancierten empirische Studien, die das Verhältnis von Erwerbslosigkeit und Armut in den Mittelpunkt des wissenschaftlichen Interesses rückten, zum herausragenden Thema der achtziger Jahre (vgl. Neumann, 1999, S. 15f.) Die sich bereits in den fünfziger Jahren herauskristallisierende Individualisierung sozialer Ungleichheiten wurde 1986 durch die These einer „umfassenden Entkollektivierung sozialer Risiken (...) vor dem Hintergrund sich immer weiter ausdifferenzierender Lebensstil- und Arbeitsmarktstrukturen" (Dietz, 1997, S. 77) mit einem neu aufpolierten Image unter dem Begriff der „Risikogesellschaft" von Ulrich Beck geprägt und setzte einen intensiven öffentlichen Diskurs in Gang.

Mit der Wiedervereinigung wurde die Berichterstattung über Armut dynamischer und produktiver.[72] Insbesondere Richard Hauser, der 1989 mit seiner These der „Infantilisierung der Armut" für öffentliche Aufmerksamkeit sorgte, hatte großen Anteil daran, dass sich Anfang der neunziger Jahre die öffentliche und wissenschaftliche Diskussion über Armut auf die jüngsten Mitglieder unserer Gesellschaft verschob und ihnen mehr wissenschaftliche Aufmerksamkeit zuteil wurde (vgl. Beisenherz, 2000, S. 78). Daneben entstanden zahlreiche wissenschaftliche Ansätze und Forschungszentren: Zu den wichtigsten zählten der Sonderforschungsbereich der Universität Bremen, der unter der Leitung von Stephan Leibfried und Lutz Leisering die „dynamische Armutsforschung" vorantrieb. Die Bremer Forschungsgruppe untersuchte in einer Langzeitstudie „Sozialhilfekarrieren", um sie zu typolo-

72 Anmerkung zur Armutsforschung in der DDR: Vor dem Hintergrund der sozialistischen Ideologie gab es in der DDR offiziell keine Armut. Erhebungen über Armut und Lebensverhältnisse wurden zwar durchgeführt, aber nicht veröffentlicht. Armut wurde in der DDR verleugnet und Betroffene als Kriminelle und systemfeindliches Gesindel diffamiert (exempl. Krämer, 2000, S. 16; Stang, 2008, S. 580f.; Lorke, 2013; s. a. Olk & Rentzsch, 1994).

gisieren und Aussagen über deren horizontale (bspw. Alter und Geschlecht), vertikale (bspw. Bildung und Einkommen) und vor allem zeitliche Eigenschaften in Bezug auf Armutslagen formulieren zu können (vgl. Dietz, 1997, S. 157f.). Trotz des anfänglichen Hypes um die „dynamische Armutsforschung" setzte eine akademische „Normalisierung" ein. Vor allem das als sehr eng empfundene sozialpolitische Armutsverständnis von Sozialhilfekarrieren wurde kritisch hinterfragt, da es trotz multidimensionaler und zeitlicher Typologisierung einer dichotomen Logik zwischen „Armut und Nichtarmut" folgt (vgl. Groh-Samberg, 2009, S. 106). Darüber hinaus birgt die einseitige Betrachtung von Sozialhilfekarrieren die Gefahr einer Banalisierung und Verharmlosung von Langzeitarmut (vgl. Busch-Geertsema & Ruhstrat, 1992). Am pointiertesten zeigt Christoph Butterwegge (1996) in seinem Aufsatz „Zerrbild der Armut" der dynamischen Armutsforschung ihre Grenzen auf, wenn er schlussfolgert, dass ihr Verdienst sicherlich ist,

> „das Phänomen der Armut auf Zeit untersucht zu haben, auch wenn die Gefahr besteht, daß Armut auf ein bloßes Zeitproblem reduziert wird. Gesellschaftliche Ungleichheit, soziale Ungerechtigkeit und Machtstrukturen verflüchtigen sich (…)" somit. „Arm zu sein erscheint als leicht veränderlicher Aggregatzustand, als flüchtiges Attribut von Ausnahmesituationen, wie etwa mißlungene Übergänge im Lebenslauf". (ebd., S. 71)

Weitere Hochburgen der Armutsforschung entstanden an den Universitäten Bielefeld, Köln und Frankfurt. Mit dem Lebenslagenkonzept etablierte sich Ende der achtziger Jahre ein Ansatz, welcher zum Ziel hatte – im Gegensatz zu den bis dahin gängigen Konzepten, die das Einkommen als einzigen verlässlichen Maßstab für die Beschreibung von Armut heranzogen – bestimmte Lebensbereiche wie Gesundheit, Bildung, Wohnverhältnisse, soziale Teilhabe zu berücksichtigen. Dieser Ansatz bestimmt bis in die Gegenwart hinein das verbreitete Verständnis des Untersuchungsgegenstandes; ob der angelsächsische Begriff der „underclass" oder die der Prekarisierten, Ausgeschlossenen und Exkludierten (vgl. Bude & Willisch, 2006). Alle Begriffe haben miteinander gemein, dass sie auf teils neu entstandene soziale Phänomene Bezug nehmen und neben der materiellen Armut auch auf die soziale Position und somit auf die armutsfördernden Belastungen in anderen Bereichen des alltäglichen Lebens verweisen (vgl. Huster/Boeckh & Mogge-Grotjahn, 2008, S. 13).

Neben den sich etablierenden Forschungsrichtungen veröffentlichten in den Neunzigern vor allem die großen deutschen Wohlfahrtsverbände zahlreiche wissenschaftlich intendierte Armutsstudien. Der erste Armutsbericht des Paritätischen Wohlfahrtsverbandes von 1989, in Kooperation mit dem Deutschen Gewerkschaftsbund und der Hans-Böckler-Stiftung, sorgte für ein breites öffentliches Medienecho und kann als Meilenstein der deutschen Armutsforschung angesehen werden (vgl. Butterwegge, 2011, S. 59). Auch die mediale Resonanz gegenüber den Sozialverbänden stieg. Mit dem ersten Armutsbericht fand der Paritätische Wohlfahrtsverband trotz seines langen Bestehens das erste Mal Erwähnung in der Tagesschau. Ziel der Studie war es, eine stärkere Sensibilisierung und höhere gesellschaftliche Akzeptanz sozialer Problemlagen zu erreichen und die Bundesregierung zum politischen Handeln zu bewegen.

Waren es die Sozialwissenschaften, die in den ersten zwei Nachkriegsjahrzehnten ein intensives und vertiefendes Interesse an der Armutsforschung vermissen ließen, ist es seit den achtziger Jahren das politische System, zuvörderst die Parteien, die das Armutsphänomen als Randphänomen betrachteten und dieser Thematik einen „geringen Stellenwert" zuschrieben. Simon Stratmann (2015, S. 109–147) beschreibt diese Phase des Parteiensystems gegenüber Armutsthemen als „Identitätsfindung und Neuordnung".[73] Zwar führte der nun rege betriebene publizistische und wissenschaftliche Armutsdiskurs ebenfalls zu einer politischen Diskussion, die in den 1990er „von einer zunehmenden armutspolitischen Konkurrenzorientierung bzw. Polarisierung sowie Lagerbildung" (ebd., S. 175) beherrscht wurde, die zu einer „Großen Anfrage" im Bundestag zur Armutsentwicklung in der Bundesrepublik führte und von der damaligen Bundesregierung stellvertretend durch das Gesundheitsministerium beantwortet wurde. Dennoch fiel die Stellungnahme sehr unbefriedigend aus, da die damalige Regierung in ihrem Bericht den Sozialhilfebezug als nicht heranziehungswürdigen Indikator für Armut auswies. Die Regierung argumentierte, dass Armut durch Sozialhilfe bekämpft werde und somit nicht mehr von Armut gesprochen werden könne (Bundesregierung, 1995, S. 2). Faktisch existiert(e) für die Bundesregierung keine Armut in der Bundesrepublik. Graham Room und Bernd Henningsen beschrieben die politische Verleumdung von Armut bereits 1990 treffend mit den Worten:

> „Wer Armut diagnostiziert und beseitigt wissen will, der betreibt das Geschäft der parlamentarischen (oder außerparlamentarischen) Opposition; wer Armut leugnet oder relativiert, der arbeitet der Regierung zu". (Room & Henningsen, 1999, S. 14)[74]

---

73 Für den Soziologen Bernhard Schäfers wurden die Anliegen der sozialen Randgruppen und sozial Benachteiligten erst durch die GRÜNEN mit Begriffen wie „Zweidrittelgesellschaft" (obwohl dieses von dem SPD-Politiker Peter Glotz etabliert wurde) „Politik der Ausgrenzung" und „Politik der Armut" vertreten (vgl. Schäfers, 1992, S. 117).

74 Beispielsweise protestierte die damalige sozial-liberale Koalition hinsichtlich der von Heiner Geißler veröffentlichten Studie zur „Neuen sozialen Frage". Im ersten Armuts-

In der Gesamtschau führte dies dazu, dass Deutschland im Vergleich zu anderen Nationen jahrzehntelang ohne eine adäquate Erfassung statistischer Daten zum Thema Armut sowie eine politisch initiierte nationale Armutsberichterstattung allenfalls auf dem Stand eines Entwicklungslandes einzustufen war. Noch heute haben wir laut Christian Woltering bei der Bevölkerungsgruppe der Kinder

> „das große Problem, dass die statistische Datenlage dermaßen dünn ist in der EVS [die laut Regelbedarf-Berechnungsgesetz für die Bestimmung der Regelbedarfe herangezogen wird; Anm. D. März], dass das wirklich haarscharf an der Grenze dessen ist, was man noch als verfassungsgemäß bezeichnen kann". (Interview Marion von zur Gathen & Christian Woltering, 2015)

Was jedoch bis Ende der neunziger Jahre undenkbar schien, ermöglichte die Bundesregierung mit dem unter dem Titel „Lebenslagen in Deutschland" erschienenen ersten Armuts- und Reichtumsbericht (ARB) (2001). Seitdem sind in den Jahren 2005, 2008, 2013 und 2017 noch vier weitere Armutsberichte veröffentlicht worden.

Kritisch zu erwähnen ist an dieser Stelle das augenscheinliche Manko der Vorgehensweise der Armuts- und Reichtumsberichte. Werden auf anderen Gebieten der Sozialberichterstattung unabhängige Kommissionen mit deren Durchführung eingerichtet und beauftragt, führt die Bundesregierung den Armuts- und Reichtumsbericht selbstständig durch – vorbereitet durch das Bundesministerium für Arbeit und Soziales. Anfänglich noch mit Motiven der „Zeitknappheit und Effektivität" begründet, um die rechtzeitige Fertigstellung des ersten Berichtes 2001 gewährleisten zu können, hat sich seitdem und der zwischenzeitlichen Veröffentlichung weiterer vier Berichte nichts an dieser Vorgehensweise geändert, was Anlass zur Sorge bereitet, da die selbständige Erstellung des Armutsberichtes von Seiten der Regierung nicht mit der nötigen Objektivität der Berichterstattung einhergeht (vgl. Reichwein, 2012, S. 29). Dies zeigt sich bspw. an dem spätestens Mitte 2015 öffentlich geführten Diskurs um die Frage, „wer als arm zu gelten habe" (Kap. 8.1.2).

---

und Reichtumsbericht (ARB) 2001 unter der Federführung des Arbeitsministers Walter Riester hieß es, „Sozialhilfe ist Hilfe zur Selbsthilfe. Sie sichert als letztes Auffangnetz, das vor Armut und sozialer Ausgrenzung schützt, das soziokulturelle Existenzminimum" (Bundesregierung, 2001, S. 15). „Häufig wird in der öffentlichen Diskussion Sozialhilfebezug fälschlicherweise mit Armut gleichgesetzt. Insbesondere bei steigenden Empfängerzahlen wird von einer zunehmenden Armut gesprochen" (ebd., S. 66). Hier zeigt sich ganz klar der Begriff der „bekämpften Armut".

Insgesamt zeigt sich kein kontinuierlicher Verlauf der Beschäftigung mit dem Thema „Armut" in der Soziologie. Einerseits mag dies auf das Paradigma soziologischer Theorieentwicklung und unterschiedliche Armutsbegrifflichkeiten zurückzuführen sein, andererseits aber auch auf das „Leugnen" der Existenz eines massiven Armutsproblems von Seiten der etablierten Politik (vgl. Schäfers, 1992, S. 105). So wertvoll und produktiv die Bemühungen der Armutsforschung in den letzten Jahrzehnten erscheinen – besonders auch im Bereich der Evaluation und Beratung im sozialpolitischen Bereich – so zeigt sich für deren Verwertung in der Politik, dass es

> „keinerlei Anzeichen dafür [gibt], dass Bund, Länder und Kommunen Evaluationsergebnisse für eine evidenzbasierte Politik nutzen". (Baethge-Kinsky/Bartelheimer & Wagner, 2010)

4.2 Wohlfahrtsstaatsforschung: Von linker zu rechter Kritik und zurück

Die Wohlfahrtsstaatsforschung gehört zu den intensiv untersuchten Forschungsbereichen der Sozialwissenschaften und ist ein fachübergreifendes interdisziplinäres Forschungsfeld. Für den Sozialstaatsforscher Ingo Bode ist die Chiffre „Wohlfahrtsstaat" geprägt von einer

> „Vielzahl von Regeln und Prinzipien, zugleich verweist sie auf eine zerklüftete Landschaft von Instanzen, Einrichtungen und Akteuren, so dass jeder Versuch schwer fällt, hier den Überblick zu behalten". (Bode, 2013, S. 9)

Dieser Eindruck mag zutreffen: Vergegenwärtigt man sich, dass Wohlfahrtsstaatlichkeit die unterschiedlichsten Lebensbereiche und nahezu alle gesellschaftlichen Nischen zu durchdringen vermag, kann es kaum verwundern, dass sich, neben der Soziologie und Politikwissenschaft, die Wirtschafts-, die Rechts- und die Geschichtswissenschaft ebenfalls mit dem Themenbereich Wohlfahrtsstaat auseinandersetzen (vgl. Schmid, 2014, S. 427). Aber auch die Forschungsbereiche speziellerer Soziologien, wie die der Familien- und Kindheitssoziologie sowie der Sozialisations-, der Lebenslauf- und Ungleichheitsforschung, betrachten wohlfahrtsstaatliche Problemperspektiven und übertragen sie auf ihren jeweils genuinen Forschungsschwerpunkt (vgl. Konietzka/Böhm & Tatjes, 2014, S. 37f.).

Aus einer wohlfahrtsstaatlichen Betrachtungsweise zeigt sich jedoch, dass das Verhältnis von Wohlfahrtsstaat, Kindheit und Armut auf die treffende Formel der „Wohlfahrtsstaatsvergessenheit der Kindheitsforschung" und umgekehrt auf die „Kindheitsvergessenheit der Wohlfahrtsstaatsforschung" gebracht werden kann (Kränzl-Nagl/Mierendorff & Olk, 2003). In diesem Kontext wird sichtbar, dass trotz substanzieller wissenschaftlicher Fortschritte die Landkarte der Kinderarmuts- und Kindheitsforschung noch einige blinde Flecken aufweist. Kinder spielen bis auf Ausnahmen in den bisher vorherrschenden wissenschaftlich geführten wohlfahrtsstaatlichen Diskursen kaum eine Rolle und wohlfahrtsstaatliche Sicherungssysteme weisen in der Wohlfahrtsstaatsforschung einen ausgeprägten „Adultismus" auf. Kinder treten nicht einmal als eigenständige Bevölkerungsgruppe oder als explizite Zielgruppe wohlfahrtsstaatlicher Zuwendung in Erscheinung. Eine Folge sind zahlreiche nebeneinander stehende Theorie- und Methodenschulen, die unterschiedliche Untersuchungsobjekte identifizieren, verschiedenartige Herangehensweisen aufweisen und abhängig vom Untersuchungsgegenstand und Untersuchungsdesign zu „divergierenden Befunden" führen (vgl. Schmidt et al., 2007, S. 16 & 25f.).

Zu den einflussreichsten Strömungen der Wohlfahrtsstaatsforschung gehören die **Vertreter der sozialökonomischen Schule**, bei denen u. a. Karl Marx (1970), Adolph Wagner (1893) und Harold Wilensky (1975) als wichtigste Wortführer gelten. Staatstätigkeit wird als Reaktion auf gesellschaftliche und wirtschaftliche Entwicklungen begriffen. Gesellschaftliche Modernisierungsprozesse führen demnach zu neuen Problemlagen, die wiederum den Staat zu Gegen- und Anpassungsmaßnahmen bewegen (vgl. Schmidt & Ostheim, 2007, S. 22).

Die **Lehre organisierter Interessen** kann als weiterer Theoriestrang betrachtet werden. Anders als die sozioökonomischen Theoretiker sehen die Vertreter der machtvollen Beeinflussung organisierter gesellschaftlicher Gruppen nicht den gesellschaftlichen Entwicklungsstand als zentral an, sondern beobachten einen wichtigen Zusammenhang von Wohlfahrtsstaatlichkeit und der Machtverteilung zwischen unterschiedlichen gesellschaftlich organisierten Interessen, wodurch das Entstehen unterschiedlicher Wohlfahrtsstaatstypen erklärt werden kann.

Daneben stehen in der **Parteiendifferenztheorie** Fragen nach der Zusammensetzung und Verteilung von Macht im Mittelpunkt des Interesses. Allerdings wird hier vorrangig die Wohlfahrtsstaatstätigkeit im Hinblick auf die Machtverteilung auf parlamentarischer Ebene von Exekutive und Legislative analysiert.

Die **politisch-institutionelle Theorie** wiederum knüpft an die des Parteiendifferenztheorems und untersucht vor allem die Faktoren und Determinanten des Entscheidungs- und Willensbildungsprozesses. George Tsebelis (1995) ist mit seinem Vetospieler-Theorem ein in der Gegenwart prominenter Vertreter dieses theoretischen Zugangs.

Ein weiterer Forschungszweig ist die der **Politik-Erblast-These**: Wohlfahrtsstaatstätigkeit wird vor allem anhand historisch etablierter Pfadabhängigkeiten erklärt, die für die gegenwärtige Sozialpolitik Folgewirkungen zeitigt (vgl. Schmidt & Ostheim, 2007, S. 22ff.).[75] Die meisten dieser einflussreichen Theoriestränge stammen aus Zeiten eines stetig expandierenden Wohlfahrtsstaates. Inwieweit diese Theorien in der Lage sind, Wohlfahrtsstaatstätigkeit ebenfalls in Zeiten wohlfahrtsstaatlichen Rückbaus zu erklären, zeigt Nico Siegel (2002) in seiner beachtenswerten Dissertationsschrift „Baustelle Sozialpolitik".

„Linke" und „rechte" Wohlfahrtsstaatskritik

Doch trotz intensiver Forschungsbemühungen scheint eine soziologische wohlfahrtsstaatskritische Haltung des Faches erst Mitte der 1970er Jahre langsam zum Tragen zu kommen – also mit dem Aufkommen zunehmender wohlfahrtsstaatlicher Krisenerscheinungen. Kann es womöglich von der Überzeugung her rühren, dass die Nachkriegszeit als „goldenes Zeitalter" des Wohlfahrtsstaates angesehen wird, befeuert durch das mantrahaft aufrechterhaltene Versprechen „Wohlstand für alle" (Ludwig Erhard) zu garantieren? Ähnlich wie in der bundesrepublikanischen Armutsforschung scheint nämlich das wissenschaftliche Interesse beider Forschungsstränge und seiner Verschränkung vor den siebziger Jahren allenfalls sporadisch und vereinzelt erkennbar.

Noch interessanter erscheint der von Johanna Mierendorff (2010) identifizierte Zusammenhang zwischen dem zeitlichen Auftreten der Krise des Wohlfahrtsstaates und einer „Erosion der Kindheit". Sie schließt daraus eine parallele Bezugnahme beider Forschungsrichtungen, die darauf hindeutet,

> „dass der Wohlfahrtsstaat in die gleichen sozialen und gesellschaftlichen Wandlungsprozesse involviert ist wie Kindheit. (…) Die Krisensemantiken beider Forschungsbereiche haben ihren Ursprung in der gleichen historischen Zeit und aus einer ähnlich gelagerten Wahrnehmung gesellschaftlicher Wandlungsprozesse". (ebd., S. 35)

Hinsichtlich einer kritischen Haltung des Fachs erneuerte Lutz Leisering (2001, S. 113) in einem Beitrag zum Kölner Soziologiekongress im Jahr 2000 nochmals die Frage nach dem grundsätzlichen Vorhandensein soziologischer Wohlfahrtsstaatskritik:

---

75 Diese Auswahl an Theorien hat keinen Anspruch auf Vollständigkeit. Eine weitere wichtige Theorieschule wäre bspw. noch die „Internationale Hypothese", die im Kontext nationalstaatlicher Wohlfahrtspolitik vor allem inter- und transnationale Variablen untersucht (vgl. Schmidt & Ostheim, 2007, S. 24f.).

„Bilden Wohlfahrtsstaat und Soziologie nicht seit jeher eine traute Allianz, vereint in dem Bestreben, die Wohlfahrt der Menschen durch Einsicht in bedrückende soziale Zusammenhänge und Möglichkeiten ihrer Veränderung zu fördern (...)".

Bereits 1959 sah sich der Sozialwissenschaftler Hans Achinger auf dem Berliner Soziologentag aufgerufen, seiner Zunft die kritische Analyse des Wohlfahrtsstaates anzuraten – mit damals noch bescheidenem Erfolg (vgl. Achinger, 1959, S. 114; zit. n. Leisering, 2001). Und das, obwohl nicht nur die Phase seit Beginn der siebziger Jahre kontrovers besprochen wird. Bereits die Entstehung und Herausbildung von Wohlfahrtsstaaten wird in der Forschung als Antwort auf die Krisen des industriellen Zeitalters und seiner wohlfahrtsstaatlichen Legitimation diskutiert – wobei die Wohlfahrtsstaatsforschung diesbezüglich unterschiedliche Erklärungsansätze präsentiert.

Im Zentrum wohlfahrtsstaatlicher Diskurse stehen sich zwei Fraktionen antipodisch gegenüber: Eine „rechte" Lesart sieht im Wohlfahrtsstaat den Hauptverantwortlichen für ein zu großes Anspruchsdenken seiner Klientel. Im Gegensatz dazu versteht eine „linke" Kritik den Wohlfahrtsstaat als „Reparaturbetrieb des Kapitalismus", der aktiv in die Umverteilung eingreifen und seine Mitglieder absichern müsse, wobei auch die „linke Kritik" den Wohlfahrtsstaat als „Bürokratiemonster" betrachtet (vgl. Lippl, 2003, S. 61 & 63).[76]

Nach Achingers Hinweis mussten jedoch noch knapp eineinhalb Jahrzehnte vergehen, bis mit der ersten Ölkrise 1973 zahlreiche namhafte Kritiker eine zu starke wohlfahrtsstaatliche Ausdifferenzierung aller Bereiche staatlichen Lebens konstatierten, die letztlich zu einer Zerstörung sozialer

---

76 Siehe auch den lesenswerten Beitrag von Claus Offe über die drei Lesarten der Sozialstaatskrise. Offe führt hier die Dammbruchmetapher ein, die illustrieren soll, wie die Sozialstaatskrise „durch ideele und materielle Interessen gesteuert" wird: „Angenommen, der Damm eines Stausees ist gebrochen. Das kann (a) auf ungewöhnliche Bodenverschiebungen oder seismische Störungen zurückgeführt werden, (b) auf eine fehlerhafte Konstruktion oder Ausführung des Bauwerks oder (c) auf Verschiebungen der bodenmechanischen Verhältnisse, die durch das Gewicht der gestauten Wassermassen selbst verursacht worden sind. Welche dieser Deutungen bevorzugt wird, das ist nicht unabhängig von den Strukturen der Weltdeutung und den Interessenperspektiven, denen die Beobachter und betroffenen des Ereignisses anhängen. Wer selbst unwiederbringliche Verluste erlitten hat oder auch wer Haftungsfragen unter allen Umständen ausschließen möchte, dem ist mit Deutung (a) am besten gedient. (...) Dagegen werden Techniker, Baufirmen und Versicherungsexperten vermutlich eine Präferenz für Deutung (b) entwickeln, während Ökologen und andere Systemdenker am ehesten der Deutung (c) zuneigen. (...) So abwegig diese Illustration des Zusammenhanges von Diagnose und interessierter Pragmatik erscheinen mag, so genau sind, (...) die Entsprechungen der drei Deutungsmuster zu jenen, welche die Diskussion über den ‚Umbau des Sozialstaats' bestimmen" (Offe, 1995, S. 31f.).

Netzwerke, einem bürokratischen Kontrollwahn und zu „betreuten und beplanten Menschen" führe (Schelsky, 1976; s. a. Illich, 1973; Baier, 1977, S. 141).

Sozialstaatskritische Stimmen jener Zeit bestanden im Kern aus der „Auffassung des Wohlfahrtsstaates als Überdehnung der Zuständigkeit der Politik und Eingriff in die Autonomie anderer Bereiche" (Kuchler, 2006, S. 5). Diese mache sich als zerstörerische Kraft bemerkbar, welche soziale Werte und Beziehungsstrukturen aushöhle, und deren soziale Flurschäden bis in die Gegenwart hinein spürbar seien. Vor allem ein Befund erschien diesen Kritikern interessant: Warum richtet sich der Blick bei Fragen nach der Verteilung des Wohlstandes moderner Gesellschaften zuvörderst auf die verteilungspolitischen Instrumente des Wohlfahrtsstaates und weniger auf die Verteilungsregeln des Marktes? Dabei liefen deren sozialstaatliche Fundamentalkritiken auf folgende Beobachtung hinaus:

> „Anstatt die Konflikte der Marktgesellschaft wirksam zu harmonisieren, verschärft er diese und hindert die Kräfte des sozialen Friedens und Fortschritts (nämlich die Kräfte des Marktes) daran, angemessen und nutzbringend zu funktionieren". (Offe, 1984, S. 325)

Anstatt zur Aktivierung und Selbstverantwortlichkeit erzogen, werden Gesellschaftsmitglieder durch eine Umverteilung des Wohlstandes entmündigt. Liberale Ökonomen wie Friedrich August von Hayek – Vordenker des Neoliberalismus – oder Robert Nozicks Publikation „Anarchie, Staat und Utopia" als Antwort auf John Rawls „Theorie der Gerechtigkeit" sowie konservative Soziologen des deutschsprachigen Raums wie Helmut Schelsky oder Horst Baier stehen in der Tradition, als Folgen dieser Überdehnung und Entmündigung „Verantwortungslosigkeit, Abhängigkeit, Ausbeutung, Opportunismus, Hedonismus, Rechtsverdrehung, Mißtrauen und Intoleranz" zu erkennen (Leisering, 2000; zit. n. Horn, 1998, S. 19). Der Kern dieser „Herrschaftstheorie" des Sozialstaates speist sich aus der Überzeugung, sozialpolitische Umverteilung schwäche das Leistungspotential der Wirtschaft, erhöhe die Arbeitslosigkeit und somit die Notwendigkeit des Eingreifens des Sozialstaates durch immer weitere Umverteilungsmaßnahmen (vgl. Deutschmann, 1997, S. 160).

Psychologische Untersuchungen jener Zeit sahen in der Ausdehnung des Wohlfahrtsstaates wiederum das Entstehen hedonistischer Lebensführung und sich verändernder Lebensstile (ebd.; zit. n. Janowitz, 1976).

> „Am Ende stehe dann der ‚soziale Versorgungsstaat' mit der vollständigen Verdrängung der alten bürgerlichen Herrschaftseliten durch die neuen ‚Versorgungseliten' (…) und der Verwandlung der Bevölkerung in eine entmündigte Sozialklientel". (Deutschmann, 1997, S. 160; er beruft sich auf Baier, 1977)

So hat Niklas Luhmann, als ein prominenter systemtheoretischer Wortführer jener Wohlfahrtsstaatskritik (obwohl es Luhmann eher um Steuerungsprobleme ging), den Sozialstaat als „bösen Onkel" kritisch beäugt und in seinen frühen wie auch späteren Analysen vom übermächtigen Versorgungsstaat gesprochen (vgl. Luhmann, 1981 & 2000). Nach Luhmanns „Überlastungstheorem" weist das politische Teilsystem eine tendenzielle „Inklusionsbewegung" auf. Die Einbeziehung immer zahlreicherer Bevölkerungsgruppen und ihrer Interessen führt ihm zufolge zu einer Überlastung und Überforderung wohlfahrtsstaatlicher Leistungsfähigkeiten. Für Luhmann war es unstrittig, dass je mehr politische und gesellschaftliche Teilsysteme der Wohlfahrtsstaat übernimmt, desto größer wird auch seine Abhängigkeit von einem stetig währenden Funktionieren der gesellschaftlichen und ökonomischen Teilsysteme, wodurch sich wiederum soziale und ökonomische Kontrollmechanismen erhöhen (ebd.). Er „thematisiert wohlfahrtsstaatliche Politik als ein selbstreferenzielles System der Kommunikation von Bedarfen, die – angesichts einer unendlichen Menge politisierbarer sozialer Benachteiligungen – niemals endgültig befriedigt werden können" (Borchert & Lessenich, 2004, S. 568).

> „Gleichzeitig nimmt die Fähigkeit zur Gesellschaftssteuerung aber ab, weil der fortschreitende Differenzierungsprozeß zu einer wachsenden Zahl autonomer Subsysteme führt, die eigenständigen Interessen und Rationalitätskriterien folgen". (Alber, 1989, S. 315)

Allerdings blendet Luhmann in seiner Analyse das interdependente Zusammenspiel anderer Teilsysteme (bspw. Ökonomie) schlichtweg aus (vgl. Kaufmann, 2002, S. 81f.; s. a. Lessenich, 2009a, S. 157).

Es muss nämlich daran erinnert werden, dass die Triebkraft der Ausdehnung des Sozialstaates keineswegs im politischen System zu finden ist. Wenn schon von einer entmündigten Sozialklientel ausgegangen wird, dann ging dieser Prozess weniger vom Sozialstaat aus, als vielmehr von einer dynamischen Landnahme des Wirtschaftssystems in alle gesellschaftliche Bereiche hinein (vgl. Dörre, 2009)[77]. Vielmehr war ein expandierender Sozialstaat auf diese Landnahme die konsequente Antwort (vgl. Deutschmann, 1997, S. 160f.).

---

77 Klaus Dörre geht in seinem Landnahmekonzept von einer neuen kapitalistischen Formation aus, die seit den 1970er Jahren im Begriff ist zu entstehen und von Dörre als Finanzmarktkapitalismus beschrieben wird. Dabei bezieht er sich auf die Überlegungen zur Landnahme, wie sie von Rosa Luxemburg und Hannah Arendt entwickelt wurden. Von daher kann auch die Expansion des Sozialstaats vor den 1970er Jahren durchaus im Kontext der Landnahme gelesen werden.

Neben Luhmann verstand auch Bourdieu den Wohlfahrtsstaat im Kontext gesellschaftlicher Differenzierungsprozesse. Das war es dann aber auch schon mit den analytischen Gemeinsamkeiten dieser beiden soziologischen Schwergewichte (vgl. Kuchler, 2006, S. 11). Denn Luhmanns Schlussfolgerungen sind in einer Zeit sukzessiv zunehmender statt abnehmender Wohlfahrtsstaatlichkeit gezogen, obwohl er auch in seinen späteren Analysen nicht von seiner Einschätzung abwich.

Bourdieus analytischer Ausgangspunkt ist jedoch die Globalisierung der 1990er Jahre, die unter dem Eindruck des Neoliberalismus und seiner Tendenz zum Abbau des Wohlfahrtsstaates ins Zentrum seiner Wohlfahrtsstaatskritik rückt. Für ihn ist der Wohlfahrtsstaat letztlich nicht der „böse Onkel". Er spricht auch nicht von einer „Hypertrophie des Sozialstaates" (Butterwegge, 2014, S. 128) oder „Universalzuständigkeit des Staates" (Luhmann, 1981, S. 144). Vielmehr muss dem Rückbau des Sozialstaates in Zeiten des entfesselten globalisierten Kapitalismus entgegengewirkt werden. Der Wohlfahrtsstaat als Fels in der Brandung gegenüber einer ausufernden neoliberalen, immer globaler werdenden Wirtschaftsethik (vgl. Kuchler, 2006, S. 8).[78] Trotzdem wird auch von dieser Seite der Sozialstaat kritisch beäugt. Denn die institutionelle Struktur des Sozialstaates habe

> „kaum etwas dazu beigetragen, die Einkommensverteilung zwischen den beiden Hauptklassen von Kapital und Arbeit zu verändern. Die riesige Umverteilungsmaschinerie arbeitet nicht in vertikaler, sondern in horizontaler Richtung (...)". (Offe, 1984, S. 331)

Auch in John Rawls epochalem Werk der politischen Philosophie „Theorie der Gerechtigkeit" (erstmals 1971, dt. Fassung 1979) wird ein wohlfahrtsstaatlicher und umverteilender Sozialstaat gerechtfertigt. Anders als frühere Interpretationen, die Rawls normativer Gerechtigkeitstheorie keinerlei „Sozialstaatsbegründung" zusprechen (vgl. Kersting, 2000, S. 31; Kersting, 2004, S. 94), versuchen aktuellere Beiträge nicht nur eine bloße wohlfahrtsstaatliche Konzeption zu erkennen, sondern eine mit Rawls Gerechtigkeitstheorie zu vereinbarende ethische Legitimation herauszulesen (vgl. Knoll, 2012). Innerhalb dieser habe der Sozialstaat nicht nur zentral grundlegende Freiheiten zu garantieren, sondern sollte seinen Verteilungsfokus immer auf die schwächsten Gruppen einer Gesellschaft lenken (vgl. Fratzscher, 2016, S. 75).

---

78 Die hier dargebotenen Beispiele und Lesarten kritischer Wohlfahrtsstaatsforschung können keinen Anspruch auf Vollständigkeit haben, sondern zeigen exemplarisch wichtige Wegmarken und Deutungsmöglichkeiten dieser Forschungstradition. Zur intensiveren Beschäftigung siehe bspw. Schmidt et al. (2007).

Ein neuerer prominenter Ansatz zur Erklärung wohlfahrtsstaatlicher Krisenphänomene ist bspw. die der „Deaktivierungsthese" von Wolfgang Streeck (1998). Für ihn sind es vor allem fehlgesteuerte Anreizstrukturen von Seiten des Wohlfahrtsstaates, „die rational kalkulierende Marktsubjekte zu ökonomisch wie sozialmoralisch dysfunktionalen Verhalten ermuntert" (Borchert & Lessenich, 2004, S. 568).

Das „Erschöpfungstheorem" von Franz-Xaver Kaufmann (1997) verortet die Logik der Krisenverursachung ebenfalls auf der systemischen Ebene. Es sind ihm nach vor allem der fundamentale demographische Wandel, sich verändernde sozioökonomische und sozialmoralische Bedingungen, die den „Wohlfahrtsstaat nachhaltig schwächen und das tradierte wohlfahrtsstaatliche Institutionengefüge buchstäblich ‚alt aussehen' lassen" (Borchert & Lessenich, 2004a, S. 87).

Allen Sichtweisen ist jedoch die Überzeugung gemein, dass der Wohlfahrtsstaat nicht nur Wohlfahrt produziert, sondern destruktive Auswirkungen auf die gesellschaftlichen Teilsysteme ausübt (vgl. Leisering & Voges, 1992, S. 446). Er tritt also nicht nur als Problemlöser, sondern auch als Problemverursacher in Erscheinung. Hierunter werden Phänomene der Langzeitarbeitslosigkeit, sozialer Exklusionserscheinungen, einseitige Lastenverteilung der Familienarbeit sowie eine zunehmende soziale Desintegration verstanden (vgl. Schmidt, 2007, S. 415).

Der Wohlfahrtsstaat: Eine Begriffsbestimmung

Eine begriffliche Annäherung an den Begriff des Wohlfahrtsstaates erscheint ebenfalls angebracht, um das für diese Arbeit maßgebliche Verständnis darzulegen. Grundsätzlich werden zwei Definitionen des Wohlfahrtsstaatsbegriffs unterschieden: Für die einen stellt der Staat bestimmte Leistungen zur Sicherung der individuellen Lebensführung bereit (exempl. Barr, 2004). Für die anderen, und für diese Arbeit erhellender, ist jedoch der Blickwinkel auf den Wohlfahrtsstaat als einen Modus kapitalistisch organisierter Gesellschaften. Er ist ein Ausdruck demokratisch industrieller Vergesellschaftung, innerhalb derer der Staat ein Interesse an der Übernahme der Wohlfahrtsverantwortung gegenüber seinen Bürgern bekundet.

> „Sie beruht auf dem Grundprinzip staatlich gewährleisteter Partizipationschancen für jedermann an allen für gesellschaftspolitisch relevant erachteten Funktionsbereichen". (Kaufmann, 1989, S. 94)

Dabei schließt letztere Begriffsbestimmung Leistungen zur Sicherung der individuellen Lebensführung aus der ersten Definition mit ein und erweitert sie um Eingriffe in den Markt, die nicht nur die Umverteilung und Finanzierung sozialer Leistungen meint (vgl. Lohmann, 2007, S. 22). Wohlfahrtsstaatliche Praktiken sind somit darauf ausgerichtet,

> „materielle Verelendung zu verhindern, (...) soziale Ungleichheit der Lebensführungschancen zu lindern oder ihre Folgen einzudämmen. Wohlfahrtsstaatliche Politik erfolgt durch Eingriffe in die Einkommensverteilung, (...) aber auch durch Dienstleistungen in der Gesundheitsversorgung, dem Wohnungswesen und der Arbeitsmarktpolitik (...)". (Schmidt et al., 2007, S. 16)

Zahlreiche andere Forscher teilen die Sichtweise Michael Opielkas auf den Wohlfahrtsstaat als „eine gesellschaftlich organisierte Sorge für Menschen in Risikolagen" (2007, S. 58). Und Frank Nullmeier hebt „(...) die Beseitigung und Vermeidung von Armut und Not und ein Ausgleich der Wechselfälle des Lebens" (2000a, S. 137) als das Movement des Wohlfahrtsstaates hervor, wodurch der Wohlfahrtsstaat als „abhängige Variable" in Erscheinung tritt (vgl. Lessenich, 2008, S. 24). Folglich wird Wohlfahrtsstaatlichkeit

> „als etwas Abgeleitetes, Mittelbares, Kompensatorisches, Nachrangiges, Hinzutretendes, Ausgleichendes, Verknüpfendes, Vermittelndes oder auf Folgeprobleme Reagierendes" begriffen. (Nullmeier, 2000a, S. 12)[79]

Eine „institutionensensible" Arbeitsgrundlage bietet Christoph Butterwegge an, der gleichzeitig den wohlfahrtsstaatsvergleichenden „Deutschen Sonderweg" berücksichtigt und dem auch diese Arbeit folgt: Für ihn ist

> „Wohlfahrtsstaatlichkeit (...) ein in Verfassungen, Gesetzen und Verordnungen kodifizierter Vergesellschaftungsmodus, der eine Parteinahme für sozial Schwächere voraussetzt, Eingriffe in das Wirtschaftsleben bedingt und neben Schutz- auch Gestaltungsaufgaben umfasst". (Butterwegge, 2001, S. 15)[80]

---

79 Nullmeier kritisiert diese Sichtweise in seinem Buch „Politische Theorie des Sozialstaates" eigentlich. Daher versucht er auch, eine normativ begründete politische Theorie des Sozialstaates zu entwickeln.

80 Jens Qvortrups Arbeitsgrundlage liest sich sehr ähnlich: Der Wohlfahrtsstaat „wird idealtypisch als neutraler Mäzen gesehen, der gerecht und in der besten Absicht handelt, Leistungen für die Bevölkerung fair zu verteilen; unser Idealbild ist das einer Instanz, die über den Einzelinteressen großer wie kleiner Gruppen steht und danach trachtet, die negativen Folgen, die die kapitalistische Marktwirtschaft durch Ausschluß von Teilhabe an den in der Gesellschaft verfügbaren Ressourcen verursacht, zumindest teilweise verhindern oder wieder gutzumachen. In diesem Sinne wird der Staat als Parteigänger der ärmeren und problembeladenen Gruppen in der Gesellschaft betrachtet" (2003, S. 95).

Aus einer strukturfunktionalistischen und kulturtheoretischen Lesart muss der Leistungskatalog um die Funktion des Erhalts des Humanvermögens[81] ergänzt werden. Dem Humanvermögen kommt dabei eine entscheidende Rolle des gestaltenden Wohlfahrtsstaates zu, da er für den Erhalt aller relevanten Teilsysteme einer Gesellschaft unabdingbar erscheint. Aus dieser Perspektive gerät vor allem die Bevölkerungsgruppe der Kinder ins Blickfeld. Es ist die Lebensphase der Kindheit, die in modernen Gesellschaften als Teil einer „generationalen Ordnung“ angesehen wird und als Teil der Sozialstruktur sowie seiner grundsätzlichen Bedeutung für die Reproduktion und den Erhalt des Arbeits-, Human- und Vitalkapitals vom Wohlfahrtsstaat garantierte institutionelle „Schutzräume“ verwiesen bekommt (vgl. Mierendorff, 2014).

Sozialstaat versus Wohlfahrtsstaat

Für den deutschsprachigen Raum ist über die Herausforderungen des Sozialstaates die Gegenüberstellung der Begrifflichkeiten „Sozialstaat“ und „Wohlfahrtsstaat“ von Franz-Xaver Kaufmann (1989 & 1997) eine verdienstvolle Diskussionsgrundlage. Er stellt fest, dass es sich beim Begriff des Sozialstaats um eine spezifisch deutsche Terminologie wohlfahrtsstaatlicher Praktiken handelt. Unter Sozialpolitik versteht Kaufmann (1989, S. 94) die

> „Summe punktueller Eingriffe des Staates in die gesellschaftlichen Verhältnisse, und zwar regelmäßig aufgrund der Diagnose konkreter sozialer Probleme einerseits und einer darüber hinaus weisenden Diagnose gesellschaftspolitischer Grundprobleme andererseits“.

Der Sozialstaat verweist dementsprechend auf ein „institutionelles Ensemble“, das sich für diese Eingriffe zuständig zeichnet und sie ermöglicht. Kaufmann bezieht sich eingangs auf die enzyklopädische Definition des Wohlfahrtsstaates von Harry Girvetz, für den

> „der Wohlfahrtsstaat (…) der institutionelle Ausdruck der Übernahme einer legalen und damit formalen und ausdrücklichen Verantwortung einer Gesellschaft für das Wohlergehen ihrer Mitglieder in grundlegenden Belangen“. (Girvetz, 1968, S. 512; Übers. von Kaufmann, 1997, S. 21)

81 Siehe vor allem die Arbeiten von Kaufmann (bspw. 1994). Diese Blickwinkelerweiterung steht darüber hinaus mit den Zielen einer nachhaltigen Familienpolitik im Einklang.

darstellt und im bundesdeutschen Kontext in der Sozialstaatsklausel des Artikels 20 des Grundgesetzes seinen Ausdruck erfährt. Durch die Etablierung des Begriffs im öffentlichen Diskurs hat sich dieser dann wohl auch festgeschrieben (vgl. Zohlnhöfer, 1990).

Von Sozialstaat ist meist dann die Rede, wenn speziell auf die deutsche wohlfahrtsstaatliche Perspektive rekurriert wird, wobei die Bezeichnung Wohlfahrtsstaat auf den Vergleich unterschiedlicher Wohlfahrtsregime abzielt (Esping-Andersen, 1990; vgl. Schulte, 1997, S. 733). Daneben weist der Wohlfahrtsstaatsbegriff über den des Sozialstaates hinaus, er bezieht sich nicht nur auf eine Ansammlung staatlicher Institutionen und Praktiken, sondern – umfassender – auf einen spezifischen Modus „politisch veranstalteter Vergesellschaftung" (Kaufmann, 1989, S. 94). Daher hat sich seit den 1980er Jahren in der sozialwissenschaftlichen Literatur der Begriff des „Wohlfahrtsstaates" durchgesetzt.

In Abgrenzung zum deutschen Modell der sozialen Marktwirtschaft einerseits und dem skandinavischen Modell des Versorgerstaates andererseits fand der Begriff des Wohlfahrtsstaates in der deutschen Diskussion zumeist jedoch einen polemischen Unterton. Gleichwohl „handelt es sich hier um verschiedene nationale Varianten des gleichen Typus gesamtgesellschaftlicher Entwicklung" (Kaufmann, 1997, S. 21). „Wohlfahrtsstaat meint hier nicht nur das ‚skandinavische Modell' des ‚Versorgungsstaates', sondern eine (...) Konfiguration, die den deutschen Fall einschließt" (Kaufmann, 2003, S. 16; zit. n. Mierendorff, 2010, S. 36).

Um die grundsätzlichen Eigenschaften eines Wohlfahrtsstaates darzustellen, spricht Kaufmann von unterschiedlichen Merkmalen wohlfahrtsstaatlicher Arrangements, die sich trotz anders geprägter historischer Pfadabhängigkeiten und institutionellen Ausprägungen „zu einem besonderen Typus der neuzeitlichen Gesellschaftsentwicklung verdichten" (ebd. S. 27). Wohlfahrtsstaaten können dabei unterschiedliche Ausprägungen und Eigenschaften aufweisen, jedoch nur im Kontext folgender drei Sphären wohlfahrtsstaatlicher Arrangements (vgl. Lohmann, 2007, S. 22).

Zum einen die **Produktionssphäre**, in der grundsätzlich Privateigentum und unternehmerische Entscheidungsfreiheit gewahrt bleiben, jedoch die Kluft zwischen Arbeit und Kapital von wohlfahrtsstaatlicher Seite austariert wird, da sie als Machtgefälle zwischen Arbeitgebern und Arbeitnehmern beschrieben werden kann. Zum zweiten in der **Verteilungssphäre**, innerhalb der die durch marktwirtschaftliche Prinzipien gesteuerte primäre Einkommensverteilung, die sich aus dem Produktionsprozess ergibt, auf die Entlohnung der Produktionsfaktoren verweist und mittels wohlfahrtsstaatlicher Einflussnahme auf der sekundären Einkommensverteilungsebene in Form von staatlichen Transferzahlungen korrigiert wird. Und zum dritten die **Reproduktionssphäre**, die zum Erhalt des Humanvermögens private

Haushalte durch wohlfahrtsstaatliche Leistungen im Bildungs-, Gesundheits- und Sozialbereich unterstützt (vgl. Kaufmann, 2004, S. 27f.).

Der Nutzen wohlfahrtsstaatlicher Arrangements für eine Gesellschaft liegt laut Kaufmann nun im Zusammenspiel ökonomischer, politischer, kultureller und sozialer Vorteile begründet. Entscheidend ist das reziproke Zusammenspiel, das nicht nur zu Synergieeffekten führt, sondern sich auch wechselseitig verstärkt und stabilisiert. Ihre Wirkungen sind multifunktional und ihr Vorteil besteht darin, „daß sie negative Folgen der heute unter dem Stichwort Modernisierung zusammengefaßten Prozesse kompensieren, ohne die damit verbundenen strukturellen Differenzierungen in Frage zu stellen" (ebd., S. 47).

Für eine Betrachtung von Kindheit in Armut im verteilungspolitischen Gefüge erscheinen dabei alle drei Sphären zentral, da sie als Bevölkerungsgruppe durch direkte staatliche Eingriffe unter wohlfahrtsstaatlicher Perspektive berücksichtigt werden können. Alle drei Sphären haben dabei Auswirkungen auf das ungleichheitsbegründende Kräftedreieck.

Diese ausschließlich positive Sichtweise wohlfahrtsstaatlicher Wirkungsweisen, um Voraussetzungen und Gemeinsamkeiten wohlfahrtsstaatlicher Regime und Arrangements zu verdeutlichen, ergänzt Kaufmann mit negativen gesamtgesellschaftlichen Prozessen, die er unter das zentrale Moment der strukturellen „Verselbstständigung gesellschaftlicher Teilbereiche" erfasst, wodurch es zu einem Freisetzen gesamtgesellschaftlicher Eigendynamiken kommt. Zwei Seiten einer Medaille sind für ihn nun zentral und zeitigen das Negative dieses Verselbständigungsprozesses: Einerseits gewinnen „die gesellschaftlichen Teilsysteme (…) eine spezifische Leistungsfähigkeit, aber auch eine spezifische Rücksichtslosigkeit gegenüber ihrer Umwelt (…)" (ebd., S. 47f.).

Daran anknüpfend wird die Arbeit andererseits noch genauer herausarbeiten, dass sich der moderne Wohlfahrtsstaat durch einen ausgeprägten Adultismus wohlfahrtsstaatlicher Sicherungssysteme auszeichnet. Dies wird als Ursache und Erklärung dafür herangezogen, dass sich die Wohlfahrtsstaatsforschung zum überwiegenden Teil auf die Gruppe der Arbeitnehmer konzentriert[82] und Akteursgruppen, die nicht am Erwerbsarbeitsmarkt teilnehmen (können) ausgeblendet werden (vgl. ebd.), wozu auch letztlich die Bevölkerungsgruppe der Kinder gehört.

82 Eine der wenigen Ausnahmen bildet die komparative Studie von Henning Lohmann (2007) über die Armut von Erwerbstätigen in europäischen Wohlfahrtsstaaten.

4.3 Interessengruppenforschung[83]

Ulrich von Alemann beschrieb bereits in den 1980er Jahren die lange Tradition dieses Forschungsfeldes, dessen Wurzeln bereits in der Mitte des 19. Jahrhunderts zu finden sind und das sich aus einer vergleichsweise ausgeprägten interdisziplinären Grundausrichtung speist (vgl. ebd., 1985). Neben der Vielfältigkeit unterschiedlichster Fragestellungen und der Etablierung zahlreich miteinander konkurrierender Theorien haben sich neben Soziologen und Politikwissenschaftlern vor allem auch Juristen und Wirtschaftswissenschaftler mit diesem Gegenstand auseinandergesetzt (vgl. Sebaldt, 2006, S. 9). Seitdem haben sich unzählige empirische Studien angesammelt. Und obwohl bisher eine umfangreiche Auseinandersetzung zur Entwicklung der Verbändeforschung ausgeblieben ist, weist Martin Sebaldt auf „eine Unmenge an wissenschaftlicher Literatur" hin (vgl. Sebaldt, 1997, S. 16).[84]

Jedoch soll die hier dargebotene lange und durch zahlreiches Datenmaterial beschriebene Tradition des Gegenstandbereichs der Verbändeforschung nicht darüber hinweg täuschen, dass sich innerhalb der Sozialwissenschaften der Gesamtkomplex der Interessengruppen- und Verbändeforschung im Vergleich zur Parteien-, Wahl- und Parlamentsforschung nach wie vor als akademisches Nischenfeld darstellt (vgl. Beyers/Eising & Maloney, 2008, S. 1103). Sie scheint nicht über den einen theoretischen Ansatzpunkt zu verfügen. Ob Neue Politische Ökonomie, Theorien des (Neo-)Pluralismus sowie (Neo-)Korporatismus oder auch des Postmaterialismus und der moderneren Tauschgütertheorie[85], sie alle „greifen immer nur Teilaspekte heraus" (v. Alemann, 1985, S. 20). So verwundert es nicht, dass kein gemeinsamer Forschungsstand besteht, der sämtliche Aspekte des Untersuchungsgegenstandes eingliedert. Es stellt sich somit deutlich eine zerklüftete Tektonik heterogener, unübersichtlicher und vielfältig ausdifferenzierter Forschungsströmungen innerhalb der Interessengruppenforschung dar (vgl. Reutter, 2012, S. 129). So vielversprechend hoch auf den ersten Blick der quantitative Output an Verbändestudien auch sein mag, so schlecht ausgeleuchtet erscheinen einige Teildisziplinen dieser traditionsreichen Forschungsdisziplin.

---

83 Die Arbeit spricht von Interessengruppenforschung. Dies schließt für die vorliegende Arbeit auch die Disziplin der Verbändeforschung mit ein.

84 „Auf den internationalen Kontext hochgerechnet ist daher mit einer fünfstelligen Zahl an Studien zu rechnen" (Sebaldt, 2006, S. 10).

85 Zur Tauschgütertheorie: Michalowitz (2004 & 2007); Sebaldt (1997); v. Winter (2004); Coleman (1991).

Systematischer Aufriss: Interesse und Organisation

Die Kategorie des Interesses wird in der alltagssprachlichen Verwendung inflationär gebraucht und gehört zu den am häufigsten verwendeten Begriffen der Sozialwissenschaften. Wie auch in seinem alltagssprachlichen Gebrauch birgt der Begriff in seiner wissenschaftlichen Verwendung jedoch Gefahren, die eigentliche Bedeutung auszudünnen und zu überdecken. Dies mag vor allem an der Vielzahl der Bedeutungsinhalte und nicht zuletzt an der langen und zum Teil mehrdeutigen Begriffsgeschichte liegen (vgl. v. Winter, 1997, S. 29; Sebaldt & Straßner, 2004, S. 17; Willems, 2007, S. 19).

Trotz seiner sozialwissenschaftlichen Popularität nimmt das „Interesse" im Bereich sozialwissenschaftlicher Grundbegriffe einen nachgelagerten Rang ein. Begriffe der Macht, Herrschaft, Ungleichheit und Konflikt scheinen weitaus mehr Beachtung zu finden, was sicherlich auch mit konjunkturellen Hochphasen des jeweiligen Forschungsgebiets zusammenhängen mag. Werden jedoch Studien und Analysen zu politischen und gesellschaftlichen Prozessen betrachtet, so wird der Begriff des Interesses zu einem „Analyseinstrument", demzufolge das „Interesse (...) in den Sozialwissenschaften heute mehr ein Arbeitsbegriff als ein Grundbegriff" darstellt (v. Alemann & Forndran, 1983, S. 8). Drei Aspekte scheinen für die „Faszination des Interessenbegriffs" von Bedeutung zu sein:

Erstens der individuelle Aspekt des Interesses: „(Grund-)Bedürfnisse und (An-)Triebe" des Individuums stehen im Blickpunkt. **Zweitens** der materielle Aspekt des Interesses: Er beschreibt die „ökonomische Grundstruktur einer Gesellschaft". Und **drittens** der gesellschaftliche Aspekt von Interessen: Hier verlaufen individuelle, kollektive, materielle und immaterielle Beweggründe eines Interesses ineinander (vgl. ebd., S. 117).

Trotz zahlreicher Versuche ist der Interessenbegriff jedoch nur sehr vage (aus)definiert, wobei er „als Synonym für sämtliche auf Gesellschaft und Politik gerichteten Wünsche oder Präferenzen verwendet" wird (v. Winter & Willems, 2007, S. 19). Dabei ist Interesse „als handlungsrelevante Disposition einer Gruppe bzw. Organisation zur Wahrung oder Erlangung eines für erstrebenswert erachteten Gutes oder Zustandes" zu verstehen (Rucht, 1993, S. 257). In Anlehnung an Balog (1989), Hirschman (1989) und Holmes (1990) hat Ulrich Willems das Interesse aus einer gesellschaftlich-klassenanalytischen sowie individualistisch-ökonomischen Perspektive treffend als Intention beschrieben,

> „die eigene Position in einer sozialen Struktur zu verbessern oder Verschlechterungen abzuwehren; Interesse ist damit durch die Momente Egoismus und Rationalität gekennzeichnet". (Willems, 1998, S. 21; s. a. v. Winter, 1992, S. 404ff.)

Innerhalb der Politischen Theorie erfährt der Arbeitsbegriff des Interesses einen etwas anders gearteten Definitionskonnex, ohne jedoch die Semantik des Interessenbegriffs der vorangegangenen Definition essentiell einzubüßen. Demnach definiert die Politische Soziologie das Sujet der Politik als soziales Handeln,

> „das sich auf Machterwerb und Machtgebrauch richtet, um bestimmte Interessen und Ziele von einzelnen Gruppen in geschichtlich-gesellschaftlichen Situationen im öffentlichen Bereich gegen den Willen und die Zielsetzung anderer Personen und Gruppen im Kampfe oder mit Hilfe von Vereinbarungen durchzusetzen". (Stammer & Weingart, 1972, S. 21; zit. n. v. Alemann, 1983, S. 117)

Ein auf Max Weber bezogenes Verständnis des Begriffsinhalts von „Macht"[86] ist bei dieser Definition kaum von der Hand zu weisen. Grundlegend für alle Interessen ist der Umstand, dass sich nahezu alle Individuen je nach gesellschaftlichen Status und gewisser Merkmale (bspw. demografische, geschlechtliche, bildungsspezifische, ökonomische, kulturelle) ähnliche oder identische Interessen teilen. Da nicht jedes Individuum sein Interesse allein durchsetzen kann, wird der Zusammenschluss als Versuch verstanden gemeinsame Interessen zu realisieren. An diesem Punkt fangen Organisationen an sich zu bilden (vgl. Sebaldt & Straßner, 2004, S. 18f.).

Für die Soziologie übernimmt die soziale Beziehung der Organisation wesentlich notwendige Aufgaben, die für das Zusammenleben und das Funktionieren einer arbeitsteiligen und komplexen Gesellschaft unabdingbar sind. Organisationen können beschrieben werden als

> „Zusammenschlüsse von mehreren Personen oder von Personengruppen, die der Durchsetzung bestimmter Interessen dienen. Dabei handelt es sich in der Regel um solche Interessen, die den verschiedenen Personen gemeinsam sind, die aber jeder einzelne nicht allein mit hinreichender Aussicht auf Erfolg verfolgen kann". (Büschges, 1981, S. 22)

Für viele Interessengruppenforscher wurde die Kategorie der Organisation vor allem durch den Soziologen Herbert Spencer wissenschaftlich eingeführt. Er stellte sie in einen gesellschaftlichen Kontext zwischen einer „Bedingung" und einem „Ergebnis" (vgl. Sebaldt & Straßner, 2004, S. 16). Für Spencer[87] wurde eine Gruppierung so lange vor der Auflösung bewahrt, wie

86 Zur Weberschen Machtdefinition siehe Fußnote 52.

87 Es muss allerdings kritisch erwähnt sein, dass Spencer die Gesellschaft in enger Anlehnung an Comte und in Analogie zu einem biologischen Organismus sah. Die Betrachtung der Gesellschaft und des Staates als einen Organismus verfehlt jedoch die Beschaffenheit eines Individuums als ein soziales Wesen und das der Gesellschaft und des Staates

„die Bedürfnisse, jedes einzelnen Gliedes durch Vereinigung seiner Anstrengungen mit denen der anderen besser befriedigt werden, als es dies allein zu erzielen vermochte. Das Zusammenwirken ist also eine Erscheinung, welche ohne Gesellschaft nicht existieren kann und für welche zugleich die Gesellschaft existiert". (König, 1971, S. 235; zit. n. Sebaldt & Straßner, 2004, S. 16f.; s. a. Gumplowicz, 2002, S. 400)

Aktuellere organisationssoziologische Begriffsbestimmungen betrachten die Organisation nicht nur in ihrem gesellschaftlichen Zusammenhang, sondern sehen ebenfalls das Innenleben und die Funktionslogik. „Organisation ist die Ordnung von arbeitsteilig und zielgerichtet miteinander arbeitenden Personen und Gruppen. Organisation umfasst insofern nicht nur Verbände und Vereinigungen, sondern alle Institutionen, Gruppen und sozialen Gebilde, die bewusst auf ein Ziel hinarbeiten, dabei geplant arbeitsteilig gegliedert sind und ihre Aktivität auf Dauer eingerichtet haben" (König, 1971, S. 548; zit. n. Sebaldt & Straßner, 2004, S. 17).

Organisierte Interessen und Interessengruppenhandeln

An dieser Stelle werden für die Politische Soziologie und die Verbändeforschung organisierte Interessen von Bedeutung (vgl. Sebaldt & Straßner, 2004, S. 19). Die Entstehung organisierter Interessen steht in einem engen Zusammenhang mit der Einführung eines allgemeinen Wahlrechts, der Bildung organisierter Vereinigungen und der Etablierung eines Rechts-, Sozial- und Wohlfahrtsstaates (vgl. Willems, 1998, S. 35) und ist somit im Kontext der Etablierung einer „spezifisch staatlichen Form der politischen Gesellschaft" (Greven, 1990, S. 226) zu begreifen. Gesellschaftliche Differenzierungsprozesse der kapitalistisch-bürgerlichen Gesellschaft führten zu einer zunehmenden Vervielfältigung von gesellschaftlichen Interessen und Akteuren, infolgedessen entstand der straff arbeitsteilige und bürokratisch geführte Verband an Stelle loser Zusammenschlüsse (vgl. Willems, 1998, S. 102f.). Die Interessenvertretung rückt nun in den Mittelpunkt der Betrachtung, und Interessengruppen sowie Verbände werden als „organisierte Interessen" begriffen (vgl. Zimmer & Speth, 2009, S. 270).

---

bestehend aus sozialen Prozessen (vgl. Fuchs-Heinritz et al., 1994, S. 481). Darüber hinaus kannte Spencer den Unterschied von Gesellschaft und Staat nicht. Für ihn war die Gesellschaft der Staat und der Staat die Gesellschaft. Ludwig Gumplowicz macht daher deutlich, dass der biologische Blickwinkel der Gesellschaft und des Staates als soziale Organisation ihn blind gemacht hat, da, „der Staat ein Komplex ist mehrerer Gesellschaften und daß er nur auf diese Weise entsteht, daß eine ‚Gesellschaft' eine andere unterjocht und ihr das ‚regelnde Agens' als Herrschaft mit Gewalt aufdrängt" (Gumplowicz, 2002, S. 402).

Auch für die Parteienlandschaft lässt sich eine zu der des Verbandes parallel verlaufende Entwicklung beschreiben. Waren es anfangs die Honoratioren- oder Kaderparteien, die einem Wahlverein ähnlich, sich aus dem wohlhabenden Groß- und Bildungsbürgertum rekrutierten, lose organisiert waren und sich meist zum Zweck des Wahlaktes zusammenfanden, um potentielle Kandidaten zu nominieren, so entstand gegen Ende des 19. Jahrhunderts die Massenpartei. Der heutige dominierende Organisationstyp wird als „professionelle Wählerpartei“[88] beschrieben (vgl. Decker, 2011; Jun, 2013). Die Mitgliederstruktur hat sich dabei ebenfalls im Zuge gesellschaftlicher Prozesse verändert. Repräsentierten die Honoratioren- und Massenpartei noch bestimmte Klassen und Stände, so steht gerade in der Neuzeit mit der Auflösung tradierter Konfliktlinien (bspw. Staat vs. Kirche; Arbeit vs. Kapital) die Etablierung des Typus der Volkspartei (*catch-all-party*) im Vordergrund.[89]

In engem Zusammenhang mit dem zunehmenden Politisierungsprozess der Gesellschaft steht die „exponentielle“ Ausweitung und Ausdifferenzierung von Interessen. Der Verband betritt die Bühne des Geschehens. Er wird „als effektives Mittel, Interessen politisch geltend zu machen, immer unerläßlicher“ (Willems, 1998, S. 103). Der Verband ist somit als Vollendung sich zusammenschließender Interessen in einer Organisation zu verstehen.[90] Eine der klassischsten und handhabbarsten Definitionen eines Verbandes stammt von Max Weber:

---

88 Unterschiedliche Autoren haben andere Namensgebungen etabliert, die sich jedoch nur hinsichtlich bestimmter Forschungsschwerpunkte durchsetzen konnten: „Partei der Berufspolitiker“ (Beyme 2001), „Medienkommunikationspartei“ (Jun, 2013), „Kartellpartei“ (Katz & Mair, 1995).

89 Mit dem Typus der Volkspartei eng verbunden ist der Name des deutschen Staats- und Verfassungsrechtlers Otto Kirchheimer. In seinem 1965 erschienenen Beitrag „Der Wandel des westeuropäischen Parteiensystems“ entwickelt Kirchheimer einen neuen Parteitypus, der die damaligen gesellschaftlichen Bedingungen mit einbezieht und in einen schlüssigen Kontext zum damaligen Parteiensystem setzt (vgl. Hofmann, 2004, S. 56). Insbesondere den rasanten ökonomischen und gesellschaftlichen Wandel in Gestalt einer perpetuierenden, ökonomischen Prosperität, die „eine Politik der materiellen Interessenbefriedigung“ (Decker, 2005, S. 112) und den Ausbau sozialer Sicherheiten ermöglichte, sah Kirchheimer als Grundlage zur Entstehung des Typus der Volkspartei an, welcher aus der Massenpartei hervorging (Kirchheimer, 1965, S. 27f.). Konstituierendes Merkmal einer Volkspartei ist das „Stimmenmaximierungsprinzip“. Im Gegensatz zur Massenintegrationspartei, die auf die Veränderung des politischen und gesellschaftlichen Systems hinarbeitete (vgl. Bauer, 2007, S. 2), ist das vorherrschende Ziel der Volkspartei die Maximierung von Wählerstimmen, um „am Wahltag die größtmögliche Zahl von Wählern für sich zu gewinnen“ (Kirchheimer, 1965, S. 34).

90 Zu den Begriffen Interessengruppe und Verband: Der Begriff der Interessengruppe stammt eher aus dem angelsächsischen Raum und definiert Interessengruppen als „Organisationen, die im Kontext der fortschreitenden Industrialisierung der modernen Ge-

„Verband soll eine nach außen regulierend beschränkte oder geschlossene soziale Beziehung dann heißen, wenn die Innehaltung ihrer Ordnung garantiert wird durch das eigens auf deren Durchführung eingestellte Verhalten bestimmter Menschen: eines Leiters und, eventuell, eines Verwaltungsstabes, der gegebenenfalls normalerweise zugleich Vertretungsgewalt hat". (Weber, 1972, § 12)

Als maßgeblich für eine Interessengruppe werden die gemeinsam geteilten „Einstellungen und Zielsetzungen" aller Gruppenmitglieder innerhalb der Organisation verstanden. Dabei ist wichtig zu betonen, dass sich Interessengruppen klar von Parteien sowie jeglichen anderen staatlichen Institutionen abgrenzen (Sebaldt & Straßner, 2004, S. 22; s. a. Raschke, 1978, S. 22ff.). Auf diese sogenannte intermediäre Position von Verbänden[91] verweist ebenfalls Max Weber, und beschreibt Interessengruppen als

„diejenigen Gebilde, welche man konventionell als ‚gesellschaftliche' bezeichnet, d. h. alles das, was zwischen den politisch organisierten Gewalten – Staat, Gemeinden und offizielle Kirche – auf der einen Seite und der naturgewachsenen Gemeinschaft der Familie auf der anderen Seite in der Mitte liegt". (Weber, 1924, S. 441f.)

Interessengruppen können somit als „Bindeglied" zwischen dem politischen System und Interessengruppenhandeln betrachtet werden (vgl. Rucht, 1991). Der Unterschied zwischen Interessengruppen und Parteien ist ebenfalls im Grundgesetz verankert. Parteien wirken an der politischen Willensbildung

---

sellschaft entstanden, zum einen Interessen gegenüber anderen Gruppen mit abweichenden oder entgegengesetzten Interessen (...), zum anderen die Interessen ihrer Mitglieder durch Mitwirkung in und Einwirkung auf Regierung, Parlament, Parteien und Öffentlichkeit im politischen Willensbildungs- und Entscheidungsprozess zur Geltung bringen" (Massing, 1996, S. 289).
Der Begriff Verband ist ein in der deutschsprachigen Literatur verwendeter Begriff und bezieht sich im Sinne Max Webers vornehmlich auf die organisatorischen Eigenschaften dieser Kategorie (vgl. Naßmacher, 2002, S. 79). In dieser Arbeit sollen beide Begriffe synonym behandelt werden. Es wird jedoch der Begriff der Interessengruppe bevorzugt.

91 Dazu auch Dieter Rucht in seinem Beitrag zu Parteien, Verbände und Bewegungen als Systeme politischer Interessenvermittlung (vgl. Rucht, 1993). Jedoch verweist Thomas von Winter in einem Beitrag auf die neuerdings zunehmend in Frage gestellte intermediäre Rolle der Verbände und begründet dies vor allem mit einem gesellschaftlichen Wandel der Interessenverbände, der vor allem auf drei Ebenen stattfindet: Erstens existiert eine überbordende Macht einzelner Interessengruppen und Interessengruppensparten. Zweitens stellt sich durch eine Ausdifferenzierung von Lebens- und Interessenlagen die Frage nach einer zunehmenden Erweiterung und Zersplitterung der Verbändelandschaft. Und drittens werden mit zunehmender Ausdifferenzierung und Individualisierung traditionelle Lebensformen und Erfahrungen durch „zusammenhangslose Ungleichheits- und Abhängigkeitserfahrungen ersetzt", die auf die Zielgruppenstrategie von Interessengruppen Druck ausüben (v. Winter, 1995, S. 146f.)

und am demokratischen Aufbau des Volkes mit (vgl. Grundgesetz Artikel 21). Sie übernehmen durch Personalrekrutierung politische Verantwortung. Interessengruppen wiederum fehlt diese „verbriefte Funktion". Vielmehr sind sie freiwillige Zusammenschlüsse sozialer Einheiten, die sich einerseits arbeitsteilig organisieren und Führungsstrukturen herausbilden, und sich andererseits aufgrund einer gemeinsamen Zielsetzung organisieren, um die Bedürfnisse ihrer Mitglieder in das politische System hineinzutragen (vgl. Sebald & Straßner, 2004, S. 22). Eine Interessengruppe lässt sich demnach als eine „in sich differenzierte Organisation" beschreiben, deren Tätigkeitsbereiche meist vertikal über mehrere Ebenen verlaufen (lokal, regional, Landes-, Bundes- und EU-Ebene), was den föderalen Charakter vieler Interessengruppen betont und teilweise auf die historische Herausbildung föderaler Strukturen und die Pfadabhängigkeiten des politischen Systems der Bundesrepublik zurückzuführen ist. Der Verbundcharakter ist somit charakteristisch für Interessengruppen (vgl. Zimmer & Speth, 2009, S. 268).

Gesellschaftliche Funktionen von Interessengruppen

Den Interessengruppen wird keine einzelne Generalfunktion für das politische System zugeschrieben, wie sie beispielsweise in der Beteiligung an Wahlen von Parteien zu finden ist (vgl. Reutter, 2012, S. 15). Vielmehr variieren die Funktionszuschreibungen mit der zugrundeliegenden theoretischen Perspektive. Und stets orientiert sich dabei die Beurteilung von Position und Status der Interessenverbände an den Aufgaben des politischen Systems (vgl. v. Winter & Willems, 2007, S. 249). Interessengruppen erfüllen den wichtigen Aspekt der Volkssouveränität, daher liegt ihre Funktion insbesondere in der Repräsentation der gesellschaftlichen Vielfalt begründet (vgl. Straßner, 2006, S. 11). In diesem Zusammenhang stellt sich die Frage nach den interessengruppenspezifischen Mechanismen und Funktionen einer demokratiestützenden Rolle durch Interessengruppen. Dabei lassen sich in Anlehnung an Jürgen Weber (1976 & 1981) vier wesentliche Funktionszuschreibungen unterscheiden, die für sich genommen nach heutigem Forschungsstand weitestgehend kontroversfrei diskutiert werden (vgl. v. Winter & Willems, 2007, S. 26).[92] Zu nennen sind die Funktionen der Aggregation, Selektion, Artikulation und Integration politischer Interessen. Die Funktionsliste kann noch um zwei weitere Funktionen (Partizipation und Legiti-

---

92 Zur intensiveren Auseinandersetzung mit den Funktionsdefinitionen ist an dieser Stelle auf folgene Autoren verwiesen: Weber, 1976 & 1981; Sebaldt & Straßner 2004; v. Alemann 1989.

mation) erweitert werden. Bei allen Funktionen wird die dominante Rolle der Kommunikation ersichtlich. Verbände wirken wie „kommunizierende Röhren“, die sich zwischen dem politischen föderalen Handlungssystem und seiner Akteure auf der einen Seite und den von den staatlichen Entscheidungen betroffenen Bevölkerungsgruppen auf der anderen Seite bewegen und kommunizieren (vgl. Sebaldt & Straßner, 2004, S. 69).

Grundlagen des Lobbyismus, Lobbying und Interessengruppenhandelns[93]

Im Mittelpunkt des Interessengruppenhandelns steht nun die Durchsetzung und Einflussnahme in das politische System hinein. Dabei hat die Interessengruppenforschung vor allem zwei Formen der Beeinflussung diskutiert: In den 1950er Jahren wurde unter dem Begriff der *„pressure group“* die gezielte öffentliche druckvolle Einflussnahme auf das politisch-administrative System beschrieben. Dieser Ansatz war jedoch vergleichsweise negativ konnotiert, so dass die These einer „Herrschaft der Verbände“ (Eschenburg, 1955) für lange Zeit zum Hauptgegenstand der Verbändeforschung avancierte. Der Begriff des *„lobbyi*ng“ weist zwar in eine ähnliche Richtung, ist jedoch bereits eingegrenzt und nimmt vor allem Bezug auf die politischen Institutionen (Parteien, Parlamente und Regierungen), die durch gezieltes *„lobbying*“ von Interessengruppen beeinflusst werden sollen (vgl. Hackenbroch, 2001, S. 5). Die jüngere Forschung favorisiert jedoch die Anwendung beider Begriffe für die Darstellung von Einflussmöglichkeiten und Einflusstechniken, da „die reale Beeinflussung von Politik weitaus vielschichtiger und komplexer ist, als es in kurz gefassten Schlagwörtern verdeutlicht werden kann“ (Sebaldt & Straßner, 2004, S. 20).

Als klassisches Lobbying von Interessengruppen wird in der Politikwissenschaft die professionelle Interessenvertretung gegenüber spezifischen Adressaten des jeweiligen politischen Systems begriffen. Gemeinhin wird darunter ein „elementares Gestaltungsmittel“ demokratischer Gesellschaften verstanden. Rinus Van Schendelen (2002, S. 203f.) definiert Lobbying als „unorthodox actions of interest groups intended to bring desired outcomes

93 Die Seiten 104–108 des vorliegenden Abschnitts „Grundlagen des Lobbyismus, Lobbying und Interessengruppenhandelns“ sind in weiten Teilen in dem gemeinsam mit Johannes Pütz publizierten Aufsatz „'Vom Lobbyismus zum Public Affairs Management‘ – Professionalisierungstendenzen in der Arena politischer Interessenvertretung“ erschienen (vgl. März & Pütz, 2015, S. 28–39). An den notwendigen Stellen wurde er für das in dieser Arbeit verfolgte Erkenntnisinteresse angepasst und konkretisiert.

from government“ und versteht darunter in der internationalen Forschung ein Verfahren der Public Affairs (pars pro toto Schendelen, 2012).

Lobbying lässt sich heutzutage empirisch überprüfbar in nahezu allen politischen Systemen als elementarer Bestandteil prozessualer Strukturen (vgl. Woll, 2004, S. 57f.) der politischen Entscheidungsfindung ausmachen. Lobbying ist somit integrale Säule zivilgesellschaftlicher Kultur und wird als „elementares Gestaltungsmittel“ (Köppl, 2001) demokratischer Gesellschaften begriffen.

Wird die Einflussnahme von Interessengruppen im nationalstaatlichen Kontext betrachtet, so ist diese meist negativ konnotiert: „Lobbyisten werden als lichtscheue Gnome charakterisiert, die abseits der öffentlichen Bühne eifrig Klinken putzen und ihren Einfluss primär durch die politische Hintertür zur Geltung bringen“ (Sebaldt, 2002, S. 81). Kritisch angemerkt sei in diesem Zusammenhang, dass solcherlei Karikaturen vernachlässigen, dass Interessenvertreter zudem eine wichtige Bedeutung bei der Formulierung und Umsetzung politischer Prozesse einnehmen und politische Repräsentanten ebenso den Kontakt zu Interessenvertretern pflegen et vice versa (vgl. Wehrmann, 2007, S. 39).

Dass der Begriff des Lobbyismus innerhalb der bundesrepublikanischen Interessengruppenforschung lange Zeit keine Verwendung fand, liegt vor allem daran, dass aufgrund der pejorativen öffentlichen Wahrnehmung gegenüber dem Lobbying und seiner gemeinwohlabträglichen Illustration – wie z. B. Darstellungen des Lobbyismus als „Fünfte Gewalt“ (Leif & Speth, 2006) oder „Politik gegen Bares“ (Niejahr, 2001) – die politische Soziologie den Begriff ‚*lobbying*' vermieden hat. Dies impliziert jedoch nicht, dass die politische Interessenvertretung nicht erforscht wurde (vgl. Kleinfeld/Willems & Zimmer, 2007, S. 12). Trotz der langen Tradition der politikwissenschaftlichen und organisationssoziologischen Verbändeforschungsdisziplin, hat sich erst die jüngere sozialwissenschaftliche Generation mit dem Gesamtkomplex des Lobbyings auseinandergesetzt – zu Zeiten der Bonner Republik befassten sich nur wenige Autoren mit diesem Thema.

Durch den Wandel in der Interessenvertretung[94], den Umzug der Regierung und des Parlaments von Bonn nach Berlin, haben sich die vielfältigen Einflussbeziehungen zwischen den Interessengruppen und dem politischen Entscheidungssystem ausdifferenziert. Als Ergebnis ist eine „Interessenvertretung im neuen Stil“ (Sebaldt & Straßner, 2004, S. 268) mit neuen Strukturen, Bedingungen und Akteurskonstellationen entstanden, die sich jedoch

94 Siehe exemplarisch v. Winter (2003 & 2004) „Vom Korporatimus zum Lobbyismus“; v. Winter & Willems (2009) „Zum Wandel der Interessenvermittlung in Politikfeldern“ und März & Pütz (2015) „Vom Lobbyismus zum Public Affairs Managment“.

mit einem der bekannten Theorieansätze allein nicht erklären lässt.[95] Die Diagnose einer zunehmenden Akteursvielfalt hat bisweilen auch zu einer erschwerten Selektion und Integration kindlicher Interessen geführt. Mit der sukzessiven Erweiterung des Sozialstaates ging darüber hinaus nicht nur eine Ausdifferenzierung von Interessenorganisationen (*advocacy explosion*) einher – insbesondere im Bereich der schwachen Interessen –, sondern vor allem die Ausdifferenzierung politischer Regelungssysteme, Institutionen und selbstverwalteter Körperschaften (vgl. v. Winter, 2000, S. 524; Sebaldt, 2006, S. 13).

Auch die fortschreitende Europäisierung und Globalisierung führte gemeinhin zu einem Komplexitätsanstieg im Mehrebenensystem der Europäischen Union. Korporatistische Strukturen lösten sich im Zuge der politischen Entideologisierung auf, was für viele Großverbände den Wegfall ihrer institutionalisierten Zugangswege in das politische System hinein bedeutete und Autoren dazu veranlasste, vom Paradigmenwechsel des Korporatismus hin zum Lobbyismus zu sprechen (v. Winter, 2003 & 2004). Hinzu kommen eine Kommerzialisierung und Ökonomisierung der Massenmedien mit sich veränderten Kommunikationsanforderungen an die Interessengruppen (vgl. Raupp, 2010, S. 81). Die Verbändestudie 2012 belegt diesen Trend und zeigt auf, dass die gezielte Ansprache von Teilöffentlichkeiten durch politische Kommunikation, wissenschaftliche Analysen, Methoden der politischen Public Relations als Öffentlichkeitsarbeit (Stakeholderlogik) sowie Monitoring, Analyse und Beeinflussung von Entscheidungsprozessen (Einflusslogik) zunehmend an Relevanz gewinnt (vgl. Propach & Fuderholz, 2012).

Die geschilderten Herausforderungen lassen sich von Seiten der Interessengruppen strategisch durch intensive Bemühungen im Bereich der „Spezialisierung, Ausdifferenzierung und Professionalisierung" (v. Winter & Willems, 2007, S. 42) erreichen. Durch die Erweiterung des Untersuchungsgegenstandes unter dem Label des Public Affairs Management (van Schendelen, 2002) wurden weitere Disziplinen wie die der Kommunikationswissenschaften mit in die Verbändeforschung integriert (vgl. Kleinfeld/Willems & Zimmer, 2007, S. 21). Und trotz des breiten Spektrums an unterschiedlichen Theorien zum Interessengruppenhandeln gelingt es bisher keiner dieser Großtheorien, den Paradigmenwechsel „vom Korporatismus zum Lobbyismus" sowie die Etablierung „kommerziellen Lobbyings" (v. Winter, 2004) und Public Affairs zu erklären. Im Mittelpunkt gegenwärtiger Forschungsbemühungen steht vor allem, dass dem strategischen Management von Entscheidungsprozessen (Professionalisierungsthese; Kap. 8) eine wachsende

95 Siehe bereits die Kritik bei v. Alemann, 1985, S. 3–21.

und entscheidende Bedeutung zukommt (vgl. Kleinfeld/Willems & Zimmer, 2007, S. 20f.). Dominik Meier sieht diesen Trend ebenfalls bestätigt:

> „The special structures of political processes in Berlin, the Europeanisation of politics and a growing digitalisation have brought new challenges for the present German public affairs sector, characterised as it is by heterogeneity of players. Despite the efforts of national and European public affairs associations, it remains difficult to develop and promote a common professional perception in Germany." (Meier, 2014, S. 29)

Dabei hat nicht nur der Regierungsumzug von Bonn nach Berlin zu veränderten strukturellen Rahmenbedingungen in der Art der Interessenvertretung geführt, und *„for the development of public affairs (...) there is a fundamental challenge in the lack of understanding of its nature and role; and this is often associated with questions of definition, particularly the definitions of the terms ‚public affairs' and ‚lobbying'"* (vgl. McGrath, 2008; zit. n. Köppl & Millar, 2014, S. 10). Grundlegend für diese Umdeutung (Framing) ist der Umstand, dass neben dem Lobbyismus im eigentlichen Sinne, der „Themensetzung und der Rahmung von Problemen und Lösungswegen eine [wachsende und] entscheidende Rolle zukommt" (Kleinfeld/Willems & Zimmer, 2007, S. 20f.).

Die sich schnell fortschreitenden Blickwinkelwechsel in der neueren Verbände- und Lobbyismusforschung sind ein Grund, dass immer noch Lücken bei der empirischen Erfassung des Phänomens der Interessenvertretung – vor allem auf dem Gebiet der schwachen Interessen – festzustellen sind, und sich die Frage nach den handlungsbasierten Faktoren von Adressaten, Einflussmöglichkeiten, Strategien, Methoden und Zugangswegen vermeintlich einfachen Antworten verschließt. So verwundert es nicht, dass trotz steigenden Forschungsinteresses in den vorangegangenen 15 Jahren, das Forschungsfeld recht überschaubar bleibt. Dieses Defizit liegt mitunter auch an

> „several conceptual, methodological and disciplinary barriers militate against the accumulation of knowledge". (Beyers, Eising & Maloney, 2008, S. 1103)

Irina Michalowitz schlussfolgert daher zutreffend, dass „Politiknetzwerkanalyse, Pluralismus und Korporatismus mittlerweile kaum noch als alleinige theoretische Untersuchungsmodelle zur Erforschung von Interessenvermittlung[96]" (Michalowitz, 2007) herangezogen werden können, da sich

---

96 Rinus van Schendelen kritisiert zu Recht, dass die Begriffe „Interessenvertretung" und „Interessenvermittlung" in der deutschen Lobbyismus-Community faktisch das Beein-

die Interessenschwerpunkte der Forschung hin zu handlungstheoretischen Fragen verschoben haben. Tauschtheoretische Ansätze, spieltheoretische Analysen und der neueren Institutionsökonomik zuzuordnende Ansätze seien deshalb in den neueren Forschungsansätzen eher verbreitet.

4.4 Repräsentation schwacher Interessen

Sobald es darum geht, die Bevölkerungsgruppe armer Kinder im Verteilungssystem (im)materieller Lebenschancen zu analysieren, bildet die Kategorie der Repräsentation einen zentralen Topos. Mit ihr können in der Forschung gegenwärtig Szenarien gezeichnet werden, die auf eine Krise des (kindlichen) Interessengruppenhandelns schwacher Interessen hinweisen (Kap. 8).

Bei einigen Autoren ist die Rede von einer Entkoppelung und Schieflage von Parteien und Milieus (vgl. Jun, 2011; Vester, 2009) sowie von Vermarktlichungs- und Konsensualisierungsprozessen des Sozialsektors (vgl. Bode, 2009). Andere sprechen von einem Rückgang zivilgesellschaftlichen Engagements von Randgruppen (vgl. Lehnhart, 2011 & 2012; Klatt & Walter 2011). Und wieder andere beobachten die empirisch untermauerte Abnahme politischer Partizipation und Erosion in abgehängten sozialen Milieus (vgl. Linden, 2007 & 2009; Linden & Thaa, 2009 & 2011; Stratmann, 2015, S. 26ff.).[97]

So ausgeleuchtet das Themenfeld zur Repräsentation auch sein mag, das sich aus verschiedenen Fachbereichen der Politischen Theorie und Ideengeschichte, der Staatstheorie und Verfassungsforschung speist, so wenig aufschlussreich erscheinen einige Teildisziplinen der traditionsreichen Forschungsdisziplin des Interessengruppenhandelns im Bereich der Repräsentation schwacher Interessen. Obwohl es in den letzten zwei Jahrzehnten auf dem Feld der politischen Repräsentation zu einer „partizipatorischen Neubewertung" (Thaa, 2008, S. 619 & 637; s. a. Linden, 2014, S. 339) kam, zeigt sich in aktuelleren Überlegungen zur Repräsentation schwacher Interessen

---

flussen verschleiern, so als ob es nicht um die eigenen Interessen ginge. Public Affairs ist die international akzeptierte Form des Interessengruppenhandelns. Folglich steht das zielgerichtete Beeinflussen immer im Zentrum. Schendelen bewertet diesen Umstand zutreffend als Verschleierung. Interessenvertretung ist jedoch nichts anderes als zielgerichtetes Beeinflussen (März & Pütz, 2014, S. 65).

97 Besonders hervorgetan hat sich das Teilprojekt C7 „Formen und Funktionsweisen politischer Repräsentation von Fremden und Armen in der Bundesrepublik Deutschland" innerhalb des Sonderforschungsbereiches 600 der DFG „Fremdheit und Armut" von 2005 bis 2012 an der Universität Trier.

ihre „untergeordnete Stellung“. Bemängelt wird vor allem die Abhängigkeit der Repräsentation von der Stärke bzw. Schwäche eines Interesses. Die Repräsentation und Vertretung ist demnach vor allem von „Eliten“[98] abhängig. Gerade bei schwach repräsentierten Bevölkerungsgruppen sind die Grundvoraussetzungen einer Repräsentation ihrer Interessen nur defizitär ausgebildet (vgl. Linden, 2014, S. 340f.).

Das soll jedoch nicht darüber hinwegtäuschen, dass sich trotz aller Kritik der Fokus auch auf den Bereich der schwachen Interessen hin verlagerte. Eine stärkere Formation entwickelte sich Anfang der 1980er Jahre unter dem Begriff der „Zweidrittelgesellschaft“. Dieser politische Kampfbegriff warnte vor einer zunehmenden Ausdifferenzierung der Gesellschaft und beförderte im Zusammenhang mit dem Phänomen der „Neuen Armut“ und „Neuen Unterschicht“ eine intensiv geführte Debatte (vgl. Natter & Riedlsperger, 1988). In ihr sind Zweidrittel der Gesellschaft in den wirtschaftlichen und sozialen Lebenslagen gut integriert, wobei das andere Drittel ausgeschlossen ist (vgl. Schubert & Klein, 2011).

Was in den siebziger und achtziger Jahren unter dem Schlagwort „Zweidrittelgesellschaft“ kontrovers diskutiert wurde, erscheint für den heutigen Forschungsstand relevanter denn je: Auch wenn sich die These der „Zweidrittelgesellschaft“ damals nicht bestätigen ließ, so zeigen sich doch in den darin zum Ausdruck gebrachten Krisentendenzen für die heutige Forschungslandschaft ein klares Bewusstsein und eine deutliche Hinwendung zu randständigen Gruppen (vgl. Linden & Thaa, 2009, S. 9).

Mit der Zunahme klar identifizierbarer Risikogruppen, die sich mit immer prekäreren Lebenssituationen arrangieren müssen und für die das lange Zeit geltende politische Versprechen „Wohlstand für alle“ (Ludwig Erhard) nicht erreichbar erscheint, steigt auch der Druck auf die Repräsentationsmechanismen der Gesellschaft. Die Lockerung klar umrissener sozialer Gruppen und Milieus, fundamentale Reformen der sozialen Sicherungssysteme und eine „Vermarktlichung der Sozialpolitik“, die zu einer grundlegenden Veränderung sozialpolitischer Interessenorganisationen führt(e), können rückblickend als „kritische Masse“[99], als Kristallisationspunkt betrachtet werden, an dem die Sozialwissenschaften verstärkt das „ideologisch verminte Gelände“ (Butterwegge, 2011)[100] der einerseits akademisch geführten Debatte und der andererseits durch (sozial)politische Aspekte berührte wissen-

98 An anderer Stelle wird die advokatorische Interessenvertretung eingeführt. Auch in diesem Bereich der Interessenvertretung stellt sich die Frage nach dem elitären Anstrich (Kap. 8).

99 Zur Theorie der kritischen Masse siehe von Winter (1997, S. 549).

100 Butterwegge bezieht sich allerdings auf die Armutsforschung.

schaftliche Gegenstand des Phänomens schwacher Interessen und dessen Formen und Funktionsweisen politischer Repräsentation von Fremden und Armen betrat (vgl. Linden & Thaa, 2009, S. 9–17).

Schwache Interessen und Forschungslage

Wurde der Begriff der schwachen Interessen einst vor allem mit „armen“ Bevölkerungsgruppen assoziiert, zeigen die Ergebnisse der Lebenslagenforschung eindrucksvoll, dass Armut durch eine Vielzahl an Dimensionen sozialer Ungleichheit geprägt ist. Armut lässt sich nicht nur anhand materieller Variablen erfassen. Bevölkerungsgruppen, die vielfach unter dem Eindruck einer schwachen Interessensarithmetik stehen, sind im materiellen Sinne nicht als „arm“ zu klassifizieren – bspw. Patienten und Konsumenten. Somit wird unter dem Begriff der schwachen Interessen nicht nur die Lage der sozialen Ungleichheit subsumiert, sondern vor allem auch „Aspekte struktureller Benachteiligung in gesellschaftlichen Regulierungs- und Verteilungsprozessen beleuchtet“ (Clement et al., 2010, S. 7).

Nach wie vor gilt jedoch, dass die Repräsentation schwacher Interessen trotz ihres zentralen Charakters und ihrer zentralen Bedeutung für eine Gesellschaft quantitativ wie qualitativ am Rande der Disziplin steht, während Fragestellungen im Bereich der starken Interessen dominieren. Zwar haben sich Forschungsbemühungen verstärkt der Analyse von Randgruppen und schwachen Interessen verschrieben, jedoch nur solchen Bevölkerungsgruppen wie bspw. Arbeitslosen, Behinderten, Mietern, Patienten, Kriegsopfern und Alten. Somit konstatiert der Interessengruppenforscher Thomas von Winter, dass der empirische Forschungsstand

> „in der Breite wie in der Tiefe noch unzureichend abgedeckt ist, was natürlich nicht den Autoren, sondern der Disziplin insgesamt anzulasten ist, (…) weil die Gründe für Erfolg und Scheitern des kollektiven Handelns dieser Gruppen entweder gar nicht hinterfragt oder nur wenig überzeugend entwickelt werden“. (v. Winter, 2000, S. 39)

Weitaus kritischer als der empirische Wissensstand ist die theoretische Auseinandersetzung mit dem Themenkomplex der schwachen Interessen zu beurteilen. Demnach gelten im Bereich der politischen Repräsentation bis in die Gegenwart hinein die von Mancur Olson (1992 (erstmals 1965)) beschriebene Kollektivgutproblematik sowie das von Claus Offe (1972) entwickelte Analyseraster der Organisations- und Konfliktfähigkeit von Interessen als *conditio sine qua non* bundesrepublikanischer Forschungsbemühungen.[101]

Olson stellte seinerzeit die lange vorherrschende Pluralismustheorie in Frage, die von einer grundsätzlichen Repräsentation und eines grundsätzlichen Mobilisierungswillens aller Interessen in einer Gesellschaft ausgeht (vgl. Sebald, 2004, S. 2). Seine an die Organisationssoziologie anschlussfähige Studie zur „Logik des kollektiven Handelns" bezieht sich auf ökonomische Statusgruppen und zeigt, wie sich in großen Gruppen zusammengeschlossene Personen als rational handelnde Individuen verhalten, die jedoch auf alle Gruppenzusammenschlüsse in Form des kollektiven Handelns übertragen werden können (vgl. Reutter & Rütters, 2007, S. 124).

Im deutschsprachigen Raum war es wiederum Claus Offe[102], der den geistigen Vater der modernen deutschen Politikwissenschaften – Ernst Fraenkel – herausforderte, indem er seine neopluralistischen Überzeugungen zur Organisations- und Konfliktfähigkeit von gesellschaftlichen Interessen anzweifelte und von einer signifikant geringeren Repräsentationschance nichtökonomischer Interessen ausging (vgl. Sebald, 2004, S. 2f.).

So gehaltvoll die Theoriebeiträge von Olson und Offe auch sein mögen, so grundsätzlich fixiert scheint die Interessengruppenforschung seit diesen Veröffentlichungen Bezug darauf zu nehmen (vgl. Willems & v. Winter, 2000, S. 13f.). Während Befürworter unter Berücksichtigung des Olsonschen und Offeschen Paradigmas die gesellschaftliche und politische Randständigkeit bestimmter Interessen nachzuweisen glauben, sehen Kritiker die theoretische Verwendbarkeit in empirischen Arbeiten als grundsätzlich widerlegt an. Jedoch kann nach heutigem Forschungsstand angenommen werden, das „beide Positionen [Befürworter und Kritiker] (…) den differenzierten Organisations- und Mobilisierungsverhältnissen im Bereich der schwachen Interessen […] nicht gerecht" werden (Willems & v. Winter, 2000, S. 13). Diese theoretischen Grauzonen, so die Autoren weiter, können nur beseitigt werden,

101 Trotz neuerer Theorieansätze im Zusammenhang mit der sich in den 1980er Jahren rasch etablierenden Bewegungsforschung, die im Zuge der advocacy explosion, neuere Theorieansätze hervorbrachte, wie bspw. den Ressourcenmobilisierungsansatz (vgl. Mc Carthy & Zald, 1977) oder die der politischen Opportunitätsstrukturen (vgl. Tarrow, 1991; s. a. Schaffhauser, 1997).

102 Neben Claus Offe kann auch Widmaer (1976) genannt werden. Die These des Ungleichgewichtes von Interessen im politischen Prozess und der damit einhergehenden Stärke bzw. Schwäche eines Interesses haben bereits schon Ferber (1967) und Neundörfer (1969) vertreten (vgl. Schölkopf, 2000, S. 114).

„wenn die Fixierung auf die Theoriebeiträge von Olson und Offe gelöst sind. Dies setzt jedoch voraus, daß man sich ihres spezifischen Erklärungsbeitrages im Kontext der neuen Theorieentwicklung noch einmal grundlegend vergewissert". (ebd. S. 14)

Der Begriff schwacher Interessen

Als „schwach" werden diejenigen Interessen bestimmt, die über eine unzureichende Ausstattung an Ressourcen verfügen und aufgrund struktureller Ungleichheiten politisch schwer zu organisieren sind (vgl. Clement et al., 2010, S. 7). In Abgrenzung zum allgemeinen Interessenbegriff hat in den siebziger Jahren die aufkommende Randgruppenforschung als Teildisziplin der Interessengruppenforschung eine definitorische Interpretation schwacher Interessen vorzunehmen versucht. Weisen politische und private Interessen die Kriterien der (I) **Einsicht,** (II) **Motivation** und Inanspruchnahme bestimmter (III) **Mittel** zur Realisierung und Durchsetzung eines Interesses auf, so haben schwache Interessen nachweisbare Defizite auf allen drei genannten Kriterien, die übertragen auf ihre Artikulations-, Organisations-, Mobilisierungs-, Durchsetzung- und Konfliktfähigkeit[103] zu deutlichen Asymmetrien beiträgt.

„Je weniger bewußt das Interesse, je schwächer die Motivation es zu realisieren und je geringer die geistigen und materiellen Ressourcen (…), desto schwächer ist dieses Interesse". (Willems & v. Winter, 2000, S. 14)

Frank Nullmeiers definitorischer Entwurf steht in einer Linie mit der von Thomas von Winter und Ulrich Willems: Im Unterschied zu starken Interessen sind für ihn schwache Interessen „nicht durch den Status von Konsumenten-, Produzenten- oder Erwerbsinteressen im ökonomischen System definiert" (Nullmeier, 2000, S. 94). Eine Verknüpfung schwacher Interessen und einem gängigen Armutsverständnis geht dabei mit der Nullmeier'schen Trennung in erwerbs- versus nichterwerbsbezogene, konsum- versus nichtkonsumbezogene Interessen einher:

103 Hier sei auf Kreckels zentrale „theoretische Orientierungshypothese" der Konfliktfähigkeit eines Interesses verwiesen, die als örtlicher Bezugspunkt innerhalb des Kräftefeldes dient, also das Verhältnis von Zentrum und Peripherie betreffend. Mit den Forschungsergebnissen der Interessengruppenforschung auseinandergesetzt, zeigt sich jedoch bereits an dieser Stelle, dass neben der Konfliktfähigkeit noch weitere Kapitalsorten der Interessendurchsetzung ausschlaggebend sind.

> „Die in der Armutsforschung als benachteiligt markierten Personengruppen sind damit in der Regel identisch mit den Trägern schwacher sozialer Interessen". (Zimmermann & Boeckh, 2012, S. 682)

Nach dieser gängigen Einteilung erscheinen im Vergleich zu den erwerbsbezogenen Interessen alle nichterwerbsbezogenen Interessen *a priori* als schwach. Dies folgt aus der Überlegung einer strukturellen Begünstigung erwerbsbezogener Interessen, woraus abgeleitet alle nichterwerbsbezogenen Interessen als strukturell schwach zu definieren sind.[104] Dies kann natürlich nicht vollends überzeugen, da je nach Eigenschaft eines Interesses von unterschiedlichen Interessenarten ausgegangen werden muss, die wiederum von den Eigenschaften einer spezifischen Gruppe abhängig sind. Es kann jedoch davon ausgegangen werden, dass nichterwerbsbezogene Interessen weitaus schwieriger zu vertreten sind und größere Defizite im Vergleich zu erwerbsbezogenen Interessen aufweisen. Auch Heiner Geißler erkennt in seiner Studie „Die Neue Soziale Frage", dass

> „die Unfähigkeit vieler Menschen, sich gegen Benachteiligungen zu wehren, (...) oft damit zusammen[hängt], dass sie über kein wirtschaftlich wirksames Leistungsverweigerungs- und damit über kein Droh- und Störpotential verfügen, mit dessen Hilfe sie die Berücksichtigung ihrer Interessen erzwingen könnten". (Geißler, 1976, S. 16)

Eine Unterscheidung in **exogene** und **endogene** Gruppen verdeutlicht hierbei die Abhängigkeit einer Gruppe von ihren gruppenspezifischen Eigenschaften: Erstere sind von soziodemografischen Merkmalen abhängig, wobei sich letztere durch die gemeinsame Überzeugungskraft einem Interesse gegenüber beschreiben lassen. Übertragen auf den Themenkomplex schwacher Interessen zeigt sich, dass exogene Gruppen auf keinen Erwerbssta-

104 So noch eine frühe Auffassung von Frank Nullmeier (vgl. 2000, S. 93–113; hier S. 94), der die definitorische Unterscheidung zwischen erwerbsbezogenen und nichterwerbsbezogenen Interessen mittlerweile jedoch revidiert hat (vgl. Clement et al., 2010, S. 15.). Dieser Auffassung, die der Perspektive eines starken bundesrepublikanischen Korporatismus geschuldet ist, wurde vielfach widersprochen. So verlören bspw. die Arbeitgeberverbände im Verteilungskampf zunehmend an Macht und Einfluss. Dies führt zu einer Ausdifferenzierung von gänzlich neuen Akteuren in der politischen Arena. Für Ingo Bode (2000, S. 309) darf daher, der „schlichte(.) Gegensatz von starken und schwachen Interessen nicht stehen bleiben". Vielmehr muss die Repräsentation schwacher Interessen als komplexer Vorgang verstanden werden, „bei dem schwache Interessen vielfach erst durch ein Ineinandergreifen militanter Selbstvertretung und advokatorischer Unterstützung zum öffentlichen Thema und im politischen System verhandelbar werden", so Bode im Fazit (ebd., S. 310).

tus[105] zurückzuführen sind und demnach durch ihren sozialen Status (als Randgruppe) einerseits und hinsichtlich demographischer Merkmale bestimmter Bevölkerungsgruppen (Kinder und Frauen etc.) andererseits zu unterscheiden sind.

Benachteiligte Gruppen weisen diesbezüglich ein zweifaches Benachteiligungsproblem auf: Für sie bestehen enorme Defizite im Verteilungssystem (im)materieller Lebenschancen und Ressourcen. Ihnen fehlt nicht nur die finanzielle Ausstattung, um sich zu organisieren, sondern auch motivationale Ressourcen, da ihnen eine gemeinsame Gruppenidentität und ein übereinstimmendes Interessenbewusstsein nicht bekannt sind (vgl. Willems & v. Winter, 2000, S. 15; s. a. Dunleavy, 1988).

So kam eine Studie der Friedrich-Ebert-Stiftung unter Leitung von Karin Lenhart (2010) zum zivilgesellschaftlichen Engagement erwerbsloser Personen zu dem Ergebnis, dass sich die Gruppe von Erwerbslosen mangels materieller Sicherheiten und aus sozialpsychologischen Gründen (motivationale Ressourcen) nur selten engagiert, da ihnen die Selbstregulationsfähigkeiten fehlten, die durch ein schwerwiegendes Ereignis wie dem Verlust des Arbeitsplatzes und womöglich langer Arbeitslosigkeit verbunden sind. Zu ähnlichen Schlussfolgerungen kam auch eine Studie von Leiv Eirik Voigtländer (2015) zum Thema Armut und Engagement nach der Einführung der sozial- und arbeitsmarktpolitischen Reformen (Agenda 2010) unter der damaligen rot-grünen Bundesregierung (1998–2005).

> „Wer in dieser Gesellschaft von Erwerbsarbeit nicht leben kann, kein Eigentum hat und deshalb auf die Unterstützung der Gemeinschaft existenziell angewiesen ist, dem wird Anerkennung entzogen, er verliert Handlungsoptionen, sein Wirkungsradius wird enger. (…) Die Konzentration auf das persönlich Notwendige, die in solcher Situation geboten ist, ist eine schlechte Voraussetzung für kollektives Handeln in Freiheit". (Voigtländer, 2015, S. 291f.)

Und selbst die Bundesregierung stellte in ihrem 2. Armuts- und Reichtumsbericht fest, dass

> „die Chancen exogener Gruppen, politische Entscheidungsprozesse mit[zu]gestalten und sich am kulturellen und gesellschaftlichen Leben beteiligen zu können, (…) mit Einkommens- und Vermögenslagen ebenso wie mit Bildung und dem Umfang verfügbarer Zeit im Zusammenhang [stehen]". (Bundesregierung, 2005, S. 138)

---

105 So haben sozial randständige Interessenszusammenschlüsse jedoch mit den Organisationen erwerbsbezogener Interessen die Steigerung ihrer materiellen Wohlfahrt als Ziel gemein. Damit unterscheiden sie sich bspw. von advokatorischen Interessengruppen.

Dabei ist das kollektive Interessenbewusstsein einer Gruppe von besonderer Bedeutung und hängt vom Maß an sozialer Diskriminierung, strukturellen Rücksichtslosigkeiten, dem sozialrechtlichen Status sowie der gesellschaftlichen Wahrnehmung ab (vgl. v. Winter, 2000a, S. 56) Ganz im Gegensatz zu endogenen Gruppen, die auf einen großen Pool materieller und immaterieller Ressourcen zurückgreifen können, um ein kollektives Interessenziel zu erreichen.

Wie schwach oder wie stark schwache Interessen nun sein mögen, darüber herrscht Uneinigkeit. Jedoch zeigt sich empirisch, dass nicht alle als schwach geltenden Interessen auch *per se* schwach sind. Beispielsweise steht die Organisationsfähigkeit der Rentner und Pensionäre der der erwerbstätigen Interessen in nichts nach, und ihr politischer Einfluss wirkt immens groß.[106] Weitaus stärker benachteiligte Bevölkerungsgruppen scheinen nur in mancher Hinsicht schwach zu sein, da eine ungünstige soziale Ausgangssituation noch kein Hindernis für ihre politische Repräsentation mittels Vereinigung in einer Interessenorganisation sein muss (vgl. v. Winter, 1997, S. 562). So konnten von Winter und Willems zeigen, dass Organisationszusammenschlüsse gerade auf dem Feld der schwachen Interessen in den letzten Jahren verstärkt zugenommen haben (vgl. Willems & v. Winter, 2000; v. Winter 2000; Willems 2000). „Schwache soziale Interessen bringen also keine wie auch immer geartete Minderwertigkeit zum Ausdruck, sondern beziehen sich allein auf die Begrenzung diesen Interessen im gesellschaftlichen und politischen Diskurs Gehör zu verschaffen“ (Zimmermann & Boeckh, 2012, S. 682).[107]

---

106 Diese Einschätzung steht erst einmal ungeachtet der Tatsache, dass die Altersarmut, die Armutsform mit den höchsten Zuwächsen ist. Auf die Implikationen dieses Befundes im Kontext „Altersarmut und Organisationfähigkeit“ soll an dieser Stelle jedoch nicht weiter eingegangen werden.

107 Beispielsweise hat Tilman Mayer (2000) darauf hingewiesen aufgrund der semantischen Minimalisierung und Peripherisierung lieber von organisationsschwachen Interessen zu sprechen. Letztlich sind schwache Interessen – wie die der (armen) Kinder – jedoch mehr als nur organisationsschwach (vgl. Kap. 8).

5. Kindheits- und armutssoziologische Erklärungsmuster: Kinderarmut als soziale Lebenslage[108]

Ein überwiegender Teil dieser Krisen- und Defizitdiagnose behandelt die Armut in Kindheit im Kontext wissenschaftlicher und (sozial)politischer Diskurse sowie deren Repräsentation innerhalb des politischen Systems. Es geht darüber hinaus aber auch um einen Wandel sozialpolitischer Konstruktionen[109] von Kindheit innerhalb eines sich wandelnden Wohlfahrtsstaates. In diesem Transformationsprozess wird Kindheit (in Armut) vermehrt in den für sie vorgesehenen und geschaffenen Institutionen verlagert (vgl. Honig & Ostner, 1998). Dementsprechend muss an dieser Stelle auch auf den kindheitssoziologischen Forschungsstand eingegangen werden, um kindliche Entwicklungs- und Vergesellschaftungsprozesse nachzeichnen zu können. Dies erscheint insofern wichtig, als sich herausstellen wird, dass Kindheit in Armut als ein „Aspekt gesellschaftlicher Modernisierungsprozesse" gesehen werden muss, wodurch sich der vertraute Blick auf das Phänomen auflöst und nach einer sozialwissenschaftlichen Neudefinition verlangt.

Daher gilt es, im folgenden Abschnitt Bedingungskonstellationen von Kindheit und Armut zu beleuchten und beides miteinander zu verknüpfen. In Kombination mit den im Anschluss zu untersuchenden wohlfahrtsstaatlichen Erklärungsmustern wird bereits hier sichtbar, welche Mitverantwortung dem Wohlfahrtsstaat und mit ihm seine Institutionen für die Konstruktion von Kindheit in Armut zukommen.

---

108 Inhaltliche Aspekte des Kapitels 5 (speziell in Kap. 5.2, 5.3 und 5.4) greifen in Teilen auf meine Magisterabschlussarbeit zurück (März, 2012). Die hier dargebotenen Überlegungen werden jedoch auf eine inhaltlich-substanziell anspruchsvollere Ebene gehoben.

109 Michael-Sebastian Honig weist darauf hin, dass die Konstruktion von Kindheitsvorstellungen nicht nur im Sinne einer „Begriffs- oder Theoriekonstruktion" verstanden werden darf. Auch wenn er darauf „nur" in einer Fußnote hinweist, so ist es doch (auch für Honig) wesentlich zu betonen, dass sich hinter der konstruktivistischen Perspektive unterschiedliche Konzeptionen verbergen können. So kann sie eine „kultur- bzw. ideengeschichtliche" Bedeutung haben. Sie hat jedoch auch ideologiekritische Ansatzpunkte. Die Entwicklungspsychologie versteht Konstrukt wiederum als „Code" innerhalb eines bedeutungskonstitutiven Kontextes usw. (Honig, 1999, S. 183).

5.1 Umbrüche der Kindheitsforschung: Geordnete Verhältnisse in Unordnung

Im Gegensatz zur Kinderarmutsforschung, die sich bis in die 1990er Jahre hinein als vernachlässigte Restgröße armutswissenschaftlicher Forschungsbemühungen darstellte, hat sich eine eigenständig reflektierende Kindheitsforschung[110] spätestens Mitte der 1970er Jahre etabliert. Dennoch ist die deutsche Kindheitsforschung noch eine in den Sozialwissenschaften vergleichsweise junge Disziplin. Das bedeutet jedoch keinesfalls, dass es vor einer neueren sozialwissenschaftlich orientierten Kindheitsforschung kein wissenschaftliches Interesse an Kindheit und Jugend gab. Frühere wissenschaftliche Auseinandersetzungen lassen sich bis in das 18. Jahrhundert zurückdatieren und nahmen spätestens mit einer ersten Beschreibung von einer eigenständigen Lebensphase der Kindheit mit Jean Jacques Rousseaus autobiografischem Werk „Emilie" seine Anfänge (vgl. Hungerland & Luber, 2008).

Lange Zeit wurden Kinder allenfalls als ein „impliziter Bestandteil" des Forschungsgegenstandes „Kindheit" und „Kind" verstanden (vgl. Wittmann/Rauschenbach & Leu, 2011, S. 10). Galten sie für die Forschung originär als weitgehend abhängige Objekte ihrer Umwelt, so wird Kindheit gegenwärtig als eigenständiger Lebensabschnitt betrachtet, der sich durch eigene Rechte und eigene Pflichten auszeichnet. Um das Syndrom von Kindheit in Armut erfassen zu können, reicht es mitnichten aus, nur den rein definitorischen Charakter von Kindheit bestimmen zu wollen. Vielmehr müssen Kinder als eine eigene „soziale Gruppe" verstanden werden, innerhalb deren das Kind als selbstständiges und individuelles Subjekt betrachtet wird. Diese Sichtweise spiegelt – zwar immer wieder kritisiert, differenziert und erweitert besprochen – den bestehenden *state of the art* internationaler und deutscher Kindheitsforschung wider (vgl. Honig, 2009). Bis zu ihrer wissenschaftlichen Etablierung mussten allerdings einige Hürden genommen werden.

Genauso wie die Armutsforschung war auch die Kindheitsforschung in den ersten bundesrepublikanischen Nachkriegsjahrzehnten ein „brachliegendes" Wissenschaftsfeld und konnte im Vergleich zu ihren anglofonen

110 Wissenschaftlich wird zwischen Kinder- und Kindheitsforschung unterschieden (siehe bspw. Alanen, 1997; Andresen & Diehm, 2006). Als Kinderforscher bezeichneten sich vor allem der zu Beginn des 20. Jahrhunderts etablierte Forschungsbereich der Psychologen, Mediziner, (Heil-)Pädagogen. Zentrales Anliegen war die Beobachtung und Beschreibung von kindlichen Entwicklungsverläufen, um den pädagogischen Umgang zu verbessern. Der Begriff der Kindheitsforschung wiederum etablierte sich erst in der zweiten Hälfte des 20. Jahrhunderts und untersucht bis in die Gegenwart hinein die sich verändernden Entwicklungen der Lebensphase Kindheit (vgl. Andresen & Hurrelmann, 2010).

und skandinavischen Forschungsnachbarn auf keine eigene Tradition zurückblicken (vgl. Zander, 2010, S. 7). Neben einer in den 1950er und 1960er Jahren einsetzenden „moralische(n) Intellektualisierung des Kindes, die im Kind lediglich das werdende Vernunftwesen sah, welches zur Einsicht erzogen wird" (Schindler, 1994, S. 20f.), beschäftigte sich vor allem der Bereich der Entwicklungspsychologie mit dem Thema Kindheit.

Auf sozialverbandlicher Ebene wurden ebenfalls erste Bemühungen deutlich, den jeweils aktuellen Stand bundesrepublikanischer Kindheitsforschung in ein praxistaugliches Konzept zu übertragen. Dabei verschrieb sich bspw. der Deutsche Kinderschutzbund (DKSB) in den ersten zwei Jahrzehnten seit seiner Gründung im Jahr 1953 einer nach heutigen Maßstäben noch ausgeprägt „reaktionären" Programmatik, indem er vor allem den Schutz der Kinder vor „Triebverbrechern" und „Kinderschändern" sowie anderen Gefahren durch besondere Strafverfolgung, Sicherungsverwahrung, Einweisung in Arbeitslager oder auf abgelegene Inseln forderte. Seit den 1970er Jahren hat der Deutsche Kinderschutzbund, unterstützt durch neuere wissenschaftliche Entwicklungen auf dem Gebiet der medizinischen und sozialwissenschaftlichen Forschung, für seine eigene programmatische Orientierung neue Anstöße erhalten, die eine Loslösung von triebdepressiven und gegenaggressiven Konzepten zur Folgen hatte und mit der Deutschen Charta des Kindes (1975) sowie der Hamburger Erklärung (1977) eine programmatische Neuausrichtung erfuhr und von einer „moralischen Intellektualisierung" des Kindes abrückte (vgl. Kreft, 2008, S. 518). Ab den 1980er Jahren stand unter dem damaligen Präsidenten Walter Bärsch (1981–1991) der Schutz von Kindern gegen Gewalt im Sinne „Hilfe statt Strafe" im Vordergrund. Dieser Ansatz rückte von einem damals noch üblichen eher reaktiven, hin zu einem aktiven Kinderschutz ab und wandelte sich von einem auf Disziplinierung und Kontrolle geprägten Verständnis der Kinder- und Jugendhilfepolitik jener Zeit hin zu beratenden Konzepten und Hilfeleistungen (vgl. Bärsch, 1983; KSA, 2015, S. 7)

Hieraus lässt sich deutlich ein erster Wandel der Kindheitsforschung ablesen, der in die (Zivil-)Gesellschaft hineingetragen wurde, ebenfalls Einzug in Verbände und Soziale Arbeit fand und sich aus einer sukzessiv ablehnenden Haltung gegenüber einer moralischen Intellektualisierung der Bevölkerungsgruppe der Kinder speiste. Diese blendete Kindheit als im „Hier und Jetzt Seiende" (*beings*) aus und begriff Kindheit nur aus der Sichtweise des Werdenden (*becomings*), also ausschließlich aus dem Blickwinkel des späteren Erwachsenen (vgl. Hurrelmann, 1983).[111]

---

111 Diese noch in den 1960er Jahren vorherrschende Sichtweise kritisierte bereits 1921 der polnische Pädagoge Janusz Korczak (1997, S. 25). In seinem Buch „Der Frühling und das

Hier zeigt sich deutlich eine Verschränkung zwischen Armuts- und Kindheitsforschung. Auch im Bereich der Armutsforschung wurde das Syndrom der Kinderarmut anfänglich aus der Sicht des Erwachsenen analysiert. In den 1950er und 1960er Jahren wurde der wissenschaftliche Diskurs vor allem im Kontext des Kindes als „Mangelware" (Beisenherz, 2002, S. 25) geführt, also aus Überlegungen einer zu geringen Geburtenrate. Kinder wurden in dieser Zeit als Armuts(ver)ursache(r) identifiziert. Sie waren Schuld an der finanziellen Situation der Familie und ihres sozialen Abstiegs (vgl. Reichwein, 2012, S. 59). Ein Umstand, der auch heutzutage immer wieder Zündstoff wissenschaftlicher und politischer Auseinandersetzungen bietet und in der Debatte um Kinderarmut vom eigentlichen Blick wesentlicher struktureller Ungleichheitsursachen ablenkt, jedoch mit dem Konzept einer nachhaltigen Familienpolitik im heutigen Sozialinvestitionsstaat und einer Armutspolitik eng verknüpft ist (exempl. Fuchs, 2014; Ahrens, 2012; Rürup & Gruescu, 2003; Leipert, 2003).

Mit Beginn der 1970er Jahre hat die Soziologie vor allem den Lebensabschnitt Jugend als Forschungsfeld für sich entdeckt. Hierzu wurden bspw. die Fachbereiche der Kindheits- und Jugendforschung voneinander losgelöst, die bis in die Nachkriegszeit als gemeinsames Forschungsfeld begriffen wurden (vgl. Mierendorff & Olk, 2003, S. 127). Das könnte vor allem daran gelegen haben, dass die Bevölkerungsgruppe der Jugendlichen besonders stark von den Auswirkungen des zweiten Weltkrieges und den damit einhergehenden gesellschaftlichen Werte- und Moralveränderungen betroffen waren (vgl. Hungerland & Luber, 2008, S. 11). Die Jugendsoziologie stellte vor allem gesellschaftliche und politische Zusammenhänge in den Mittelpunkt ihrer Analysen. Derartiges vermochte die Kindheitsforschung aufgrund ihrer Randständigkeit im Wissenschaftsbetrieb bis in die späten siebziger Jahre nicht zu leisten. Dennoch stellt sich dieses Jahrzehnt als eine „Epochenschwelle" der Gesellschaft und der Sozialwissenschaften dar (vgl. Hengst, 2013, S. 21). Manuel Castells (2003, S. 386) beschreibt diesbezüglich ein „Zusammenfallen von (…) voneinander unabhängigen Prozessen", die zu einer Neustrukturierung der Produktions- und Klassenverhältnisse sowie zu sich verändernden Machtbeziehungen im Wohlfahrtsstaat führten und scheinbar zu einem wichtigen Impulsgeber für die Wissenschaft avancierten (vgl. ebd., S. 386–402).

In diese Transformation hinein fiel Mitte der siebziger Jahre die bedeutsame Arbeit von Philippe Ariès (1976) „Geschichte der Kindheit". Obwohl erst zehn Jahre später vollends populär (vgl. Lüscher, 1981, S. 92), dient sie

Kind" wies er bereits darauf hin, Kinder würden nicht erst zu Menschen, sondern sie seien bereits welche.

bis in die Gegenwart zahlreichen Forschungsdisziplinen als Blaupause kindheitssoziologischer Studien (exempl. Klett, 2012).

Ariès These eines sukzessiven Ausschlusses der Bevölkerungsgruppe der Kinder aus der Welt der Erwachsenen, die durch die Entdeckung der Kindheit zu Beginn der Neuzeit zur Isolation von der Erwachsenengesellschaft führte, stellte er in einen engen Zusammenhang mit dem Zivilisationsprozess und traf damit den Nerv der Zeit damaliger Forschungsbemühungen. Für Ariès stellt die Ausgliederung der Bevölkerungsgruppe der Kinder von der Erwachsenenwelt in für sie speziell geschaffene Institutionen und ihre gleichzeitige emotionale Höherbewertung einen Prozess der gesellschaftlichen Neuordnung dar. Dieser führte im Zeitverlauf zu weitaus effizienteren Kontrollmöglichkeiten gegenüber dem Kind (vgl. Bühler-Niederberger, 2005, S. 12). In einer foucaultschen Lesart seines relationalen Machtverständnisses wurde, angeführt durch den Staat und seinen nachgelagerten Institutionen, sukzessive Wissen über die Bevölkerungsgruppe der Kinder angesammelt, um sie mit der „Macht der milden Mittel" zu kontrollieren und zu disziplinieren. Foucault bezeichnet dies auch als Disziplinarmacht.[112]

Seit Ariès gehört es zu den kindheitssoziologischen Grundrechenarten, dass Kindheit und Familie keinen anthropologischen Konstanten folgen. Etwas mehr als 200 Jahre nach Jean-Jacques Rousseaus Erziehungsschriften (1762), die Mitte der 1970er Jahre hinsichtlich antiautoritärer Erziehungsbilder zu einer „bemerkenswerten Renaissance rousseauistischer Gedanken" (Kob, 1976, S. 39; zit. n. Hengst, 2013, S. 22) führte, begann nun eine regelrechte Aufbruchstimmung der deutschen Kindheitsforschung. Obwohl sich eine erste veritable neuere sozialwissenschaftlich orientierte Kindheitsforschung erst in den 1980er Jahren durchsetzen konnte, zeigt sich sehr deutlich, dass die deutsche Kindheitsforschung am Schnittpunkt der Soziologie und Erziehungswissenschaften die internationale Debatte der Kinder- und Kindheitswissenschaften aus den anglofonen und skandinavischen Hochburgen aufgenommen, rezipiert und international beachtet hat. Zahlreiche Überblickswerke belegen dies eindrucksvoll (exempl. Alanen, 1994 & 1997; Hengst, 2002; Hengst & Zeiher 2005a; Wintersberger et al., 2007).

Auf der Welle dieser Aufbruchstimmung fand in den 1980er Jahren ein erster „programmatischer Paradigmenwechsel" statt. Mit ihrem Werk „*Constructing and Reconstructing Childhood*" legten die britischen Wissenschaftler Allison James und Alan Prout (1990) den Grundstein für die heutige theoretische Konturierung sozialwissenschaftlicher Kindheitsforschung. Diese kann auch als „mikrosoziologisch-ethnographische und lebensweltorien-

112 Nach Foucault entsteht Macht in der Moderne und im Laufe des Zivilisationsprozesses durch Wissen das sich durchsetzt, und nicht mehr durch staatliche Autoritäten.

tierte“ Forschungsschule beschrieben werden (vgl. Butterwegge et al., 2004, S. 60).

In der Bundesrepublik jener Zeit war es wiederum Klaus Hurrelmann (1983 & 1986), der mit seinen eindrucksvollen kindheits- und sozialisationstheoretischen Beiträgen über das Konstrukt „Kindheit“ für viel Aufmerksamkeit sorgte. Allen dreien Autoren ist das Verständnis des Kindes als „produktiv realitätsverarbeitendes Subjekt“ gleich, das für eine bis heute gültige Antwort auf die Frage nach den Voraussetzungen und für die Freiheit der persönlichen und autonomen Entwicklung eines Individuum in der Gesellschaft gilt.

Für den deutschsprachigen Raum dürfen zur damaligen Zeit die verdienstvollen kindzentrierten Arbeiten des Schweizer Soziologen Kurt Lüscher nicht unerwähnt bleiben. Bereits 1979 veröffentlichte er mit seinem Sammelband „Sozialpolitik für das Kind“ eine vielbeachtete Publikation (vgl. Lüscher, 1979; erstmals 1977). Allesamt betrachten Kinder als soziale Akteure, die ihre eigene Lebenssituation nicht nur passiv realitätsverarbeitend, sondern als aktiv teilnehmende Akteure mit produzieren. Demnach gilt: Kinder

> „are seen and must be seen as active in the construction of their own lives, the lives of those around them and of the societies in which they live. Children are not just the passive subjects of social structures and processes“. (James & Prout, 1990, S. 8)[113]

Kinder wurden von nun an in der Kindheitswissenschaft als rechtlich, ökonomisch und politisch selbstständige Bevölkerungsgruppe verstanden. Dabei lag der Fokus eher noch auf einer theoretischen Konzeptionalisierung und weniger auf einer in die Realität umgesetzten Forschungspraxis (vgl. Butterwegge, 2004, S. 62f.; s. a. Eckermann & Heinzel, 2015, S. 25f.).

Zur Frage, wie das Kind seine Handlungsfähigkeit (*agency*) entfalten könne, gaben James, Prout und Hurrelmann anfänglich jedoch noch keine wissenschaftlich befriedigende Antwort. Dieser blinde Fleck beschäftigt bis in die Gegenwart hinein die kindheitssoziologische Profession, die in neueren Arbeiten das Konzept des Kindes als Akteur kritisch hinterfragt, da Kin-

---

113 Auf mikrosoziologischer Ebene untersuchten bereits Martha und Hans Heinrich Muchow den Lebensraum des Großstadtkindes der 1930er Jahre. In ihrem Werk "Der Lebensraum des Großstadtkindes" stellten sie damals schon ein Subjektverständnis nach heutigem state of the art vor, indem sie zu zeigen versuchten, „wie das Kind seine Umgebung `Großstadt` zu seiner Welt umschafft und wie sich alsdann die vom Kinde gelebte Welt Großstadt darstellt“ (Muchow & Muchow, 1935 (1998)). Wurden die wissenschaftlichen Arbeiten dieser Forscher durch die Wirren der nationalsozialistischen Diktatur und den Nachkriegsjahren erst in den 1970er Jahren wieder entdeckt, so gelten sie heute als Pionierleistung der Kindheitsforschung (vgl. Behnken & Honig, 2012).

der mit diesem am Subjekt orientierten Ansatz grundsätzlich als wirkmächtig vorgestellt werden. Problematisiert wird, dass dieses Akteurskonzept eine *agency* des Kindes „naturalistisch voraussetzt" (Hungerland & Kelle, 2014, S. 229). Was zur Folge hat, dass Kindheitsforschung in der Empirie genau das vorfindet, was sie ohnehin voraussetzt: nämlich dass Kinder, genau wie auch Erwachsene, von eigenständigen Handlungsressourcen und -fähigkeiten (*agency*) Gebrauch machen.

Durch das Konzept der Kinder als Akteure wurde in der Wissenschaft zwar der *Adultzentrismus* überwunden. Zugleich ist dadurch aber keine Differenz mehr zwischen Kindern und Erwachsenen beobachtbar. Neuere relationale Perspektiven versuchen daher die soziale Handlungsfähigkeit von Kindern nicht „substanzialistisch vorauszusetzen", sondern in ihrer „sozialen Bedingtheit" (ebd.) zu analysieren. Somit wird *agency* von Kindern nicht als Voraussetzung, sondern als Ergebnis sozialer Beziehungen angesehen (vgl. Eßer, 2014).

Ein Blick in die Kristallkugel

Die Antwort auf die Frage nach der Zukunft deutscher Kindheitsforschung ist eine spürbar selbstbewusste. Der Bereich „Soziologie der Kindheit", eine Sektion der Deutschen Gesellschaft für Soziologie, feierte 2015 sein 20-jähriges Jubiläum. Diverse Fachzeitschriften wie „Diskurs Kindheits- und Jugendforschung" oder die „Zeitschrift für Soziologie der Erziehung und Sozialisation" beleben den deutschsprachigen und internationalen Diskurs zur Kindheitsforschung. Für Michael-Sebastian Honig ist

> „die Frage nach der Zukunft der Kindheitsforschung (…) vor allem eine Frage nach der Tragfähigkeit ihres Zugangs, ihrer Problemstellung". (Honig, 2009, S. 10)

Von daher ist seit der Jahrtausendwende und der Beobachtung einer sozialinvestiven Kindheit, die durch eine nachhaltige Familienpolitik auch der nichtfamilialen Kinderbetreuung und „frühen Bildung" geradezu einen Boom bescherte, der Trend einer wissenschaftlichen Aufwertung auszumachen (vgl. Honig, 2015).

Und dennoch erscheinen Kinder in den Sozialwissenschaften eher am Rande wahrgenommen zu werden. Sie sind zwar nicht unsichtbar. Aber klar erkennbar sind sie auch nicht. Allenfalls eine schemenhaft wahrzunehmende Bevölkerungsgruppe. Heinz Hengsts (2013) Überlegungen folgend lassen sich negative Schlaglichter werfen, wenn er von einer tiefen Kluft zwischen Kindheitssoziologie und erwachsenenbezogener (Mainstream-)Sozialforschung spricht.

Dieser Tatsache ins Gesicht zu schauen fällt sicher schwer. Und doch muss dieser Feststellung im klandestinen Kämmerlein auch von den wortgewaltigeren Autoren dieses Forschungszweiges insgeheim zugestimmt werden. Denn trotz zahlreicher Forschungsanstrengungen der letzten 25 Jahre gegen den Kampf einer sich etablierten „Kindheitsvergessenheit der Sozialtheorien“ und „sozialtheoretische[n] Abstinenz der Kindheitsforschung“ zeigt sich in der Gesamtschau, dass die kindheitssoziologischen Versuche, diese

> „als gleichberechtigt bzw. unverzichtbar in den Sozialwissenschaften zu etablieren, (...) mit ihren Bemühungen bisher nicht sonderlich erfolgreich gewesen [sind]. Die soziologische Kindheitsforschung hat zwar sehr deutliche Spuren in anderen Disziplinen hinterlassen, die sich mit Kindern und Kindheit befassen. Aber in der Soziologie der „Großen“, der Erwachsenen, hat sie nicht wirklich Fuß gefasst“ (ebd., S. 15).

Immerhin bleibt festzuhalten, dass erst die Etablierung einer bundesdeutschen Kindheits- und Armutsforschung eine dezidierte Hinwendung zur Aufschlüsselung der Kinderarmut als eigenständigen Forschungszweig vorantrieb und immer wieder als wichtiger Impulsgeber und Definitor für den öffentlichen und politischen Diskurs in Erscheinung tritt.

5.2 Das Verhältnis von Kindheit und Armut

Mit dem Beginn der „neuen“ Kindheitsforschung zeigten sich Impulse und Synergieeffekte für die Kinderarmutsforschung. Insofern, als dass die in den 1980er Jahren im Vordergrund stehende Frage, inwiefern Kinder ursächlich für die Armut ihrer Familien verantwortlich sind, von einer kindzentrierten Sichtweise abgelöst wurde. Die Armutsbetroffenheit der Kinder rückte wissenschaftlich in den Mittelpunkt des Interesses (vgl. BJK, 2009a, S. 7).

Auf politischer Ebene wurden zwar ab 1968 von der Bundesregierung (anfänglich) in ungleichmäßigen Abständen Familienberichte erstellt, die sich jedoch nur ungenügend mit den ökonomischen Verhältnissen der Familie beschäftigten und speziell Kinderarmut unberücksichtigt ließen. Sozialberichterstattende Überblicke fehlten bis dahin, und in den wenigen Arbeiten wurde Kinderarmut allenfalls im Zusammenhang mit Familienarmut verstanden, bei dem der Fokus auf die Lage der Eltern gerichtet war und Kinder armer Familien weiterhin als Armutsursache betrachtet wurden (vgl. Reichwein, 2012, S. 30).

Mit der kindzentrierten Sichtweise wiederum knüpfte die neuere sozialwissenschaftliche Kindheitsforschung nicht an den kindlichen Entwicklungsprozessen, sondern vielmehr an ihrer Vergesellschaftung an (vgl. Honig & Ostner, 1998, S. 256). Von nun an wird Kindheit als ein institutionalisiertes Konstrukt betrachtet. Aus diesem Blickwinkel kommt Kinderarmut als „Aspekt gesellschaftlicher Modernisierungsprozesse“ zum Vorschein und es zeigt sich eine Verknüpfung zwischen Kinderarmut und Wohlfahrtsstaat.

> „Vor diesem Hintergrund erscheint ‚Armut' nicht lediglich als Sozialisationsfaktor, der die Entwicklung von Kindern beeinflußt bzw. gefährdet; ‚Armut' ist vielmehr ein Code für die soziale Konstruktion von Kindheit und die sozialpolitischen Strategien, welche die Lebensverhältnisse von Kindern mit Hilfe der klassischen Medien, Recht, Macht, Geld oder Wissen (Expertise) hervorbringen; Gefährdungsdiskurse werden als Elemente spezifischer Kindheitskonstruktionen erkennbar“. (Honig & Ostner, 1998, S. 257)

Dabei ist die Konstruktion gegenwärtiger Kindheit durch einen langjährigen Schonraum zu einer Norm für alle geworden. Aber sie ist „voraussetzungsreich“, wie Doris Bühler-Niederberger (2009) feststellt. Denn so wie die Vorstellungen von Kindheit (in Armut) einem steten Wandel unterliegen, so variieren auch die zugrunde gelegten „Rechenregeln“ zur Bestimmung des kindlichen Wertes bezüglich der jeweiligen Kindheitsvorstellung einer Gesellschaft. Heutzutage haben wir es mit einer „emotionalen Höchstbewertung“ und „fürsorglichen Belagerung“ des Kindes zu tun. Vor allem arme Eltern und Familien stehen im Verdacht, dieser emotionalen Höchstbewertung des Kindes nicht gerecht zu werden, da in einer auf materiellem Wohlstand basierenden Leistungsgesellschaft vor allem ausreichend finanzielle Ressourcen vorhanden sein müssen, um dieser Kindheitsvorstellung gerecht werden zu können (vgl. Bühler-Niederberger, 2003, S. 189).

> „[So] erfordert sie [die Kindheit, Anm. D. März.] doch neben dem finanziellen Einsatz der Eltern auch deren Bildung, kommunikative Fähigkeiten, kulturelle Güter etc., und so ist sie für ‚kleine Leute' eine problematische ‚Erfindung'. Seit (...) diese Norm für alle gelten solle, werden die Bevölkerungsgruppen daran gemessen, wie sehr sie diesen Anforderungen gerecht werden“. (Bühler-Niederberger, 2009, S. 4)

Bei der Erfassung von Kinderarmut hat vor allem die „Subjektperspektive“ einige Probleme zu Tage gefördert. Somit zeichnet sich Kinderarmut im Vergleich zu Erwachsenen- oder Altersarmut durch andersartige Charakteristika und Besonderheiten ihrer jeweiligen Armutslagen aus, die bei der Erfassung des Phänomens berücksichtigt werden müssen. Erst mit dem Anstieg der Armutsbetroffenheit der Bevölkerungsgruppe der Kinder und eindeutiger Ergebnisse zahlreicher Studien, die seitdem eindrucksvoll die von Richard Hauser bereits 1989 vertretene These der „Infantilisierung der Armut“ bestätigen konnten, entwickelte sich ein speziell auf Kinder ausgerichteter Armutsforschungszweig.

Angeführt durch die Evidenz der Studienergebnisse, erfuhr die Armutsforschung eine Schwerpunktverschiebung hin zur stärkeren Fokussierung der Bevölkerungsgruppe der Kinder. Schnell sahen sich die Wissenschaftsgebiete der Soziologie, Psychologie, Pädagogik und Sozialen Arbeit mit einem Aspekt von Armut konfrontiert, welcher nicht nur unzureichend wissenschaftlich untersucht war, sondern bei dem der einschlägige Fokus, nämlich Kinderarmut aus der Perspektive der Eltern und der einseitigen Berücksichtigung monetärer Indikatoren zu untersuchen, auf das Phänomen der Kinderarmut nicht mehr oder nur unzureichend übertragbar waren.

Dies konnte bis dahin auch nicht verwundern, hat doch die Armutsforschung im Allgemeinen und die politische Sozialberichterstattung im Besonderen bis in die 1990er Jahre hinein jegliche Motivation der Untersuchung von Kindheit in Armut vermissen lassen. Neue Forschungskonzepte entwickelten sich, Kinderarmut in ihrer Mehrdimensionalität zu erfassen und neben einer kindzentrierten Sichtweise (Subjektperspektive) ebenfalls das Lebenslagenkonzept - ein noch in den Anfängen befindlich theoretisch verstandenes Forschungsdesiderat - als angemessenen Forschungszugang zu etablieren, um das Phänomen der Kinderarmut mit seinen vielen verschiedenen Facetten und Analyseebenen darstellen zu können (vgl. Joos, 2005, S. 127; Chassé, 2005, S. 41). Aufgrund dieses fundamentalen Umdenkens innerhalb der Kinderarmutsforschung erscheint es nicht verwunderlich, dass seit den 1990er Jahren vermehrt Forschungsarbeiten entstanden sind, die die Lebenswelt von Kindern zu erfassen versuchen.

Neben intensiven wissenschaftlichen Bemühungen wurden auch zaghafte Bemühungen des politischen Systems erkennbar. Im Jahre 1988 „würdigte“ der Deutsche Bundestag die Interessen der Kinder „symbolisch“ mit einer eigens eingerichteten Kommission (Kinderkommission), die sich speziell mit kinderpolitischen Themen zu beschäftigen hat.[114] Darüber hinaus trat 1992

114 Das jetzige Modell der Kinderkommission (KiKo) geht auf eine direkte Initiative des Deutschen Kinderschutzbundes zurück. Für diesen hatte sich die Auffassung durchgesetzt, dass es einen politischen Ansprechpartner (ursprünglich wurde ein Kinderbeauftragter gefordert) geben müsse. Eine vom Kinderschutzbund 1986 an den Deutschen Bundestag gerichtete Petition führte in Verbindung mit einer intensiven Öffentlichkeitsarbeit und Gesprächen mit Politikern zum Kompromiss des heutigen Modells der Kinderkommission (vgl. Wilken, 1990, S. 109). Vor allem mit dem damaligen Bundestagspräsidenten Phillip Jenninger (CDU) und den Bundestagsabgeordneten Kurt Vogelsang (SPD), der bereits 1983 die Politik darauf aufmerksam machte, dass die öffentliche Auseinandersetzung über Kinderfragen nicht von den Verbänden allein geleistet werden könne und aufgrund dessen einen überfraktionellen Kinderbeauftragten im Parlament forderte, wurden intensive Gespräche geführt, und beide unterstützten das Anliegen des Deutschen Kinderschutzbundes (vgl. Vogelsang, 1983, S. 4). Seitdem ist in regelmäßigen Abständen die Einsetzung eines unabhängigen und nicht weisungsgebundenen Bundes-

die bereits 1988 von Deutschland ratifizierte UN-Kinderrechtskonvention in Kraft und erste Bundesländer nahmen zum Jahrtausendwechsel die Kinderrechte in ihre Landesverfassungen auf (bspw. Rheinland-Pfalz 2000). Der Bevölkerungsgruppe der Kinder wurden in der allgemeinen Armutsberichterstattung von nun an eigene ausführliche Abschnitte gewidmet (bspw. Familienberichte), und der seit 1965 in einer jeden Legislaturperiode erstellte Jugendbericht wurde 1998 in den Kinder- und Jugendbericht umbenannt, um nun auch explizit die Lebenswirklichkeit von Kindern und nicht nur die von Jugendlichen zu erfassen (vgl. Reichwein, 2012, S. 30 & 44).

Um die Jahrtausendwende herum gab es in der Kinderarmutsforschung zahlreiche Wissenschaftler, die sich der Erforschung des Phänomens der Kinderarmut annahmen und sich vor allem hinsichtlich der Verbesserung und Verfeinerung des empirischen Handwerkszeugs des Lebenslagenkonzeptes einen Namen gemacht haben. Dieser soziologische Forschungsansatz beschränkt sich nicht auf die rein materielle Lebenslage. Zu nennen sind vor allem Klaus Hurrelmann und Sabine Andresen (Shell-Jugendstudien und World-Vision Kinderstudien). Gerda Holz und Andreas Pohlmann (AWO-ISS Projekt). Die 1997 vom Bundesverband der Arbeiterwohlfahrt ins Leben gerufene bisher einzige AWO-ISS-Langzeitstudie „Lebenslagen und Zukunftschancen von (armen) Kindern" gilt in der Kinderarmutsforschung als wegweisend: Zu nennen sind Christoph Butterwegges zahlreiche Publikationen. Er untersucht Kinderarmut u. a. im Kontext der Auswirkungen der Globalisierung, der „Teufelsmühlen des Marktes" (Karl Polanyi), und der Erosion des Normalarbeitsverhältnisses. Ebenso die Arbeiten von Karl August Chassé, Margherita Zander und Gerhard Beisenherz, die zahlreiche und viel rezensierte Publikationen auf dem Gebiet der Kinderarmutsforschung vorweisen können. Darüber hinaus gibt es noch viele weitere Forscher, die sich der Aufschlüsselung des Phänomens der Kinderarmut verschrieben haben.

---

kinderbeauftragten im Gespräch, der wohlgemerkt in einigen Bundesländern bereits besteht. Er soll Gesetze auf ihre besondere Würdigung und Vereinbarkeit mit der Bevölkerungsgruppe der Kinder überprüfen. Auch der letzte Petitionsausschuss zur Einsetzung eines Kinderbeauftragten vom 15.06.2015 kam zu keiner Einigung zwischen den Fraktionen im Bundestag und der Ausgang war ernüchternd. Die jetzige Ausgstaltung der Kinderkommission hat faktisch keinen parlamentarischen Einfluss. Die Kommission kann sich allenfalls im Bereich der Öffentlichkeitsarbeit für die Belange der Kinder stark machen, ist bis jetzt aber auch darin nicht wirklich in Erscheinung getreten, so dass die KiKo ein perfektes Beispiel dafür ist, wie die Würdigung kindlicher Interessen in ihrer parlamentarischen Abbildung reinen Symbolcharakter haben (vgl. Sünker & Swiderek, 2010, S. 707).

Neben zahlreichen wissenschaftlichen Studien und Publikationen wurden auch die Medien auf das Thema aufmerksam. Nachrichtensendungen und Magazine lieferten regelmäßige Beiträge wie „Urlaub für arme Kinder", „Armutsrisiko Kind", „Aktionen gegen Armut" und „Armes Deutschland". Talkshows nahmen Kinderarmut thematisch auf und auch das Reality-TV entdeckte das Phänomen für sich. In den Sendungen wurden arme Familien, die am Existenzminimum leben, durch deren Alltag begleitet. Sendungen wie „Hartz IV-Kinder", „Arm oder reich? Kinder in Deutschland" oder „Straßenkinder und ihre Hunde" widmeten sich dem Thema der Armut und versprachen hohe Einschaltquoten (vgl. Hörnicke, 2010, S. 9f.), wobei kritisch angemerkt werden muss, dass in den Sendungen meist gesellschaftliche Stereotype von Armutsvorstellungen bedient werden, die auf Kosten einer wertschätzenden Darstellung der Lebenssituation der Betroffenen geht.

Für die „neue" Kindheits- und Kinderarmutsforschung lassen sich vor allem drei Schritte der Etablierung festhalten, die für den Anfang der 1990er Jahre vollzogenen Paradigmenwechsel verantwortlich waren und für den derzeitigen Forschungsstand weiterhin relevant sind. Auf der **politisch-gesetzgeberischen Ebene** ist vor allem die Verabschiedung der UN-Kinderrechtskonvention zu nennen. Auf der **sozialwissenschaftlichen Ebene** der Kindheitsforschung ist besonders die Hinwendung zu einer kindzentrierten Sichtweise (Subjektperspektive) hervorzuheben. Nicht zu vergessen ist die **Ebene der Sozialberichterstattung**, welche bspw. mit dem Bericht zur „Lage der Kinder" maßgeblich zu einer differenzierten und sensibilisierten Wahrnehmung geführt hat (vgl. Zander, 2007, S. 46). Über diesen langen Zeitraum zeichnete sich somit ein Prozess ab, der geprägt war von einer anfänglich weitestgehenden Vernachlässigung und Ausblendung kindlicher Lebenslagen, und einem zeitlich erst spät einsetzenden Interesse, einer an der Lebenswirklichkeit des Kindes ausgerichteten Armutsforschung, die mit der Zunahme empirischer (Lebenslagen-)Studien einher ging (vgl. Holz, 2012, S. 567).

Mit der Jahrtausendwende lässt sich abschließend ein weiterer Trend beobachten, denn Kindheit und Kinderarmut stehen in ihrer heutigen Ausgestaltung in einem engen Zusammenhang mit der Etablierung eines wohlfahrstaatlichen Regelungssystems. Dieses hat vor allem durch sozial- und bildungspolitische Maßnahmen entscheidend zu einer eigenständigen Lebensphase Kindheit beigetragen (vgl. Mierendorff, 2014, S. 263). Kindheit und Armut werden maßgeblich von institutionellen und gesellschaftlichen Rahmenbedingungen sowie den darin etablierten Verteilungsstrukturen mitgeprägt (vgl. Holz, 2012, S. 567).

Dabei kann durchaus eine europäische Perspektive eingenommen werden. In der Wohlfahrtsstaatsforschung wird davon ausgegangen, dass in beinahe allen west- und osteuropäischen Ländern wohlfahrtsstaatliche Prozesse, zwar zu unterschiedlichen Zeitpunkten, ähnlich verlaufen sind (vgl. Kaufmann, 2003) und sich in Nord- und Kontinentaleuropa ähnliche Kindheitsstrukturen herausgeprägt haben (vgl. Qvortrup, 1996). Vor allem die Jahre zwischen 1914 und 1945 sind für die Etablierung einer wohlfahrtsstaatlichen Kindheit von Bedeutung (vgl. Hendrick, 2014). In diesen drei Jahrzehnten, als erster wichtiger Ordnungs- und Verdichtungsphase, haben sich wohlfahrtsstaatliche Normalitätsmuster herausgebildet, die für die Gestaltung kindlicher Seins- und Lebensbedingungen folgenreich waren. Zahlreiche politische und ökonomische Krisen haben in diesen drei Jahrzehnten als Katalysatoren eines fundamentalen Wandels staatlicher Ordnungs- und Sicherungssysteme gedient. In dieser Gemengelage entstand ein Konstitutionsprozess einer eigenständigen Lebensphase moderner Kindheit, die der Idee der Formbarkeit des Kindes unterliegt und bis in die Gegenwart hinein Auswirkungen auf die Konstruktion von Kindheit in Armut hat (vgl. Mierendorff, 2014, S. 257ff.).

5.3 Besondere Charakteristika von Kinderarmut

Es herrscht Einigkeit darüber, dass Kindheit als ein eigener Lebensabschnitt angesehen werden kann, innerhalb dessen sich das Kind in einem ständigen Entwicklungsprozess befindet und sich und seine Umgebung anders wahrnimmt, als es andere Altersgruppen tun. Bezogen auf Armut lässt sich feststellen, dass Kinder diese bereits sehr früh wahrnehmen und sehr konkrete Vorstellungen von Armut haben (vgl. Gintzel, 2008, S. 30). Somit weist ihre Armut eigene Besonderheiten auf, welche sich zum einen von anderen Altersgruppen stark unterscheiden (können) und sich zum anderen nicht nur auf die Einkommenssituation beziehen, sondern alle Lebensbereiche auf vielfältigste Weise beeinträchtigen können (vgl. Reichwein, 2012, S. 45). Einigkeit besteht in der Kinderarmutsforschung auch darüber, dass die möglichst genaue Erfassung von in benachteiligten Lebenslagen lebenden Kindern durch eine eindimensionale Konzeptionalisierung – wie z. B. bei der Betrachtung der Einkommensarmut – für das Entschlüsseln und Aufdecken von Kinderarmut in ihrer gesamten Komplexität zu kurz gegriffen und wenig aussagekräftig ist (vgl. Chassé, 2010, S. 84). Darüber hinaus können familiäre Bindungsstrukturen der von Armut betroffenen Familien aufgrund von finanziellen, zeitlichen, physischen und vor allem psychischen Belastungen schwächer ausgebildet sein und haben vergleichsweise negativere Auswirkungen für deren Kinder zur Folge, als in Familien mit „positiven" familiären Bindungsstrukturen.

Darüber hinaus muss eine materielle Mangellage nicht zwingend zu Beeinträchtigungen des Kindes führen, da die meisten Eltern bemüht sind, vor allem ihre eigenen materiellen Bedürfnisse zu vernachlässigen und bei finanziellen Engpässen zuerst bei sich Einsparungen vornehmen und das Familieneinkommen so einteilen, dass die Kinder materielle Einschränkungen möglichst als letzte zu spüren bekommen (vgl. Chassé/Zander & Rasch, S. 238ff.). Von daher wird als Erstes zumeist an sozialen und kulturellen Bedürfnissen gespart, so dass insbesondere die kulturelle und soziale Teilhabe der Kinder beeinträchtigt ist. Tagesausflüge, Klassenfahrten, Musikunterricht, Geburtstagsfeiern oder einfach nur der Besuch eines Sportvereins werden zu nicht bezahlbaren Luxusgütern und zum gleichzeitigen Einstellungsmerkmal, das über Teilhabe oder Ausschluss des Kindes am gesellschaftlichen Leben entscheiden kann (vgl. Reichwein, 2012, S. 45; v. z. Gathen & Liebel, 2016).

Neben der gesellschaftlichen Teilhabe weisen auch die Lebensbereiche Bildung und Gesundheit negative Zusammenhänge zwischen dem Sozialstatus der Eltern und dem Bildungserfolg respektive Gesundheitsverhalten der Kinder auf. Eine Vielzahl an empirischen Studien dokumentiert die negativen Auswirkungen von Armutslagen auf das gesundheitliche und allgemeine Wohlbefinden von Kindern. Somit weisen Kinder aus sozial benachteiligten Familien ein höheres Risiko für Adipositas, Seh- und Sprachstörungen, kinderpsychiatrische Beeinträchtigungen sowie physische und intellektuelle Entwicklungsrückstände auf (exempl. Stolz-Willig, 2006, S. 238).

Im Bereich Bildung schneiden Kinder aus vergleichsweise armen Familien ebenfalls schlechter ab. So formuliert z. B. die World-Vision-Kinderstudie von 2007:

> Die „soziale Herkunft bestimmt über den Bildungsverlauf und weist auf die extrem geringe Zahl von Kindern der Unterschicht in den Gymnasien und die ebenso extrem hohe Zuordnung von Unterschichtkindern in Förderschulen hin“. (Hurrelmann & Andresen, 2007, S. 4)

Kommt es in den unterschiedlichen Lebensbereichen der Kinder zu einer Kumulation an Beeinträchtigungen, wird in der Wissenschaft auch von „multipler Deprivation“ gesprochen. Für Kinder ist diese Lebenssituation besonders schwerwiegend, da sie sich unter ungünstigen Vorzeichen ein ganzes Leben lang fortsetzen kann. Für Chassé ist daher auch der Unterschied von in Armut lebenden Erwachsenen und Kindern vor allem

> „durch die Auswirkungen auf die Lebenschancen und Lebensperspektiven, auf die Persönlichkeitsentwicklung und die verminderten Unterstützungs- und Förderungsmöglichkeiten durch die Familie und das Umfeld mit allen Konsequenzen für die spätere Positionierung in der Gesellschaft“ geprägt. (Chassé, 2010, S. 88)

Ohne die zentralen Befunde der Kinderarmutsforschung vorwegnehmen zu wollen, die für diese Krisen- und Defizitanalyse wichtig erscheinen, sollte der Abschnitt aufzeigen, dass bei der Betrachtung von in Armutslagen lebenden Kindern die Berücksichtigung der dem Phänomen der Kinderarmut inhärenten Wesensmerkmale von zentraler Bedeutung sind, ohne die ein möglichst realitätsnahes Abbild der Lebenswirklichkeit von Kindern nicht möglich wäre. Würde diese Arbeit nicht – im Sinne der „neueren" Kindheitsforschung und ihres wohl wichtigsten Erklärungsansatzes, dem Lebenslagenkonzept – von einer kindzentrierten Sichtweise ausgehen und die besonderen Charakteristika von Kinderarmut zu Grunde legen, gäbe es Schwierigkeiten, die im anschließenden Kapitel beschriebenen und aktuell bestehenden zentralen Armutsbefunde abbilden zu können.

5.4 Was Armut bewirkt: Kontinuitäten und Verfestigungen

Die Vorstellung, Kinderarmut sei noch ein recht junges Armutsphänomen, ist ein Irrlicht. Vielmehr sind Kinder seit Bestehen der Bundesrepublik überdurchschnittlich stark von Armut betroffen. Zwar fällt für die ersten Jahrzehnte eine methodisch saubere Bestimmung der Kinderarmutszahlen vergleichsweise schwer. Zu intransparent und methodisch mangelhaft erhoben erscheinen damalige Datensätze (vgl. Reichwein, 2012, S. 369). Dennoch entstanden auch Untersuchungen, die nicht nur Indizien für eine vergleichsweise hohe Kinderarmut lieferten, sondern dezidiert nachweisen konnten, dass damals wie heute die gleichen Haushalte überdurchschnittlich von Armut betroffen sind. Es sind vor allem Kinder alleinerziehender Eltern (vor allem Frauen), kinderreiche Familien und Kinder aus Familien mit Sozialhilfe- und Sozialleistungsbezug.

Mittlerweile besteht ein umfassenderer Blick auf Kindheit in Armut: Es wird davon ausgegangen, dass Armut große Auswirkungen auf die Sozialisation und Entwicklungschancen von Kindern hat. Hierbei besteht ein eindeutiger Zusammenhang zwischen materieller Armut und der Lebenslage. Um es jedoch vorweg zu nehmen: Daraus einen monokausalen und fatalistischen Zusammenhang ableiten zu wollen, der das Kind oder die Familie als passives „Opfer" seiner bzw. ihrer jeweiligen Unterversorgungslage wahrnimmt, würde zu kurz greifen und ist schlicht falsch. Betroffene Familien und ihre Kinder müssen immer auch als „aktiv Handelnde" begriffen werden. So können Studien zur Resilienzforschung[115] deutlich machen, dass in-

---

115 Im Mittelpunkt der Resilienzforschung steht die Erforschung psychologischer und psychosozialer Widerstandskräfte von Kindern. Dabei umfasst Resilienz „eine positive, gesunde Entwicklung trotz hohem Risikostatus, die beständige Kompetenz unter extremen

dividuelle und familiäre Bewältigungsstrategien viele arme Familien befähigen, ihre Lebenssituation weitestgehend sozial und emotional zu kontrollieren, wodurch ein Entlastungsgefühl der eigenen Lebenssituation entstehen kann (vgl. Richter, 2000; Chassè/Zander & Rasch, 2010; Chassè, 2010; Klocke, 2008; Zander, 2010).

Und auch unter den Kindern selbst beschreibt die aktuelle Sinus-Studie die Einstellungen benachteiligter 14- bis 17-Jähriger als durchaus prekäre Lebensauffassungen, die sich jedoch um Orientierung und Teilhabe bemühen und eine „Durchbeißermentalität" entwickelt haben (vgl. Calmbach et al., 2016).

Sind dagegen die finanziellen Möglichkeiten erschöpft, ist ein positiv protektives Aufwachsen des Kindes innerhalb der „Bedrängniszone"[116] und der „Zone der Verwundbarkeit" (Castel) nahezu ausgeschlossen (vgl. Giering, 2007; Andrä, 2000; Lutz, 2005; Beisenherz, 2002).

Trotz des derzeit in den unterschiedlichsten Wissenschaftsdisziplinen (Armutsforschung, Pädagogik, Soziale Arbeit, Psychologie, Neurowissenschaft, Kriegstraumaforschung etc.) vorherrschenden Resilienz-Hypes sei jedoch einschränkend angemerkt, dass Resilienz nicht gegen jedes gesellschaftliche Problem hilft. Kinderarmut und die Krise des kindlichen Interessengruppenhandelns von Seiten politischer und zivilgesellschaftlicher Akteure haben zuvörderst immer politische, gesellschaftliche und ökonomische Ursachen, die sich wiederum negativ auf die Versorgungsinstitution der Familie auswirken.[117]

Stressbedingungen sowie die positive bzw. schnelle Erholung von traumatischen Erlebnissen" (Holz, 2006, S. 10).

116 Die Wissenschaftlerin Helga Schmucker beschreibt den Begriff der „Bedrängniszone" bereits im ersten Jahrzehnt des Bestehens der Bundesrepublik als monetären Armutsgefährdungsbereich, der einen bestimmten verfügbaren Jahresbetrag nicht übersteigt. Dabei beschreibt die „Bedrängniszone" die Nähe des soziokulturellen Existenzminimums, heutzutage besser als Armutsrisikogrenze bekannt (vgl. Schmucker, 1955; Schmucker et al., 1961).

117 Als erstes wird an sozialen und kulturellen Bedürfnissen gespart, so dass insbesondere die kulturelle und soziale Teilhabe der Kinder beeinträchtigt wird. Dem Bereich der sozialen Teilhabe von armen Kindern wird in der Lebenslagenforschung gemeinhin zu wenig Aufmerksamkeit zuteil. Dabei hat die Dimension der sozialen und kulturellen Teilhabe für die Bewertung der Lebenssituation und der Entwicklungsmöglichkeiten von armen Kindern einen zentralen Stellenwert (vgl. Zander, 2007, 63; Gintzel, 2008, S. 52). Vor allem das Vorhandensein innerfamiliärer und außerfamiliärer Sozialisationsbereiche ist hier erwähnenswert. Wie in allen anderen bisher dargestellten Lebensbereichen armer Familien hat das verfügbare Einkommen auch im Bereich der sozialen Teilhabe einen entscheidenden Einfluss auf deren Ausgestaltung (vgl. Chassé/Zander & Rasch, 2010, S. 125). Tagesausflüge, Klassenfahrten, Musikunterricht oder einfach nur der Besuch eines Sportvereins werden zu nicht bezahlbaren Luxusgütern und zum gleichzeitigen Ein-

> „Es wäre fatal die Handlungsebenen zu verwechseln und soziale Schieflagen mit dem Hinweis auf individuelle Resilienz zu beantworten“. (Schnabel, 2015, S. 38)

Dabei besteht die Gefahr, Armut und soziale Ungleichheit nicht mehr als gesellschaftliche Herausforderungen anzusehen, sondern als Privatsache zu verklären, in der Betroffene noch stärker als bisher für ihre Situation verantwortlich gemacht werden. Es muss sich eben auch aus einer kindzentrierten Perspektive in ein armes Kind hineinversetzt und auf das folgende Beispiel bezogen gefragt werden, was es in einem Kind auslöst, wenn es von Kita-Mahlzeiten ausgeschlossen wird, weil seine Eltern die Gebühren für das Mittagessen nicht zahlen können, so wie in der Samtgemeinde Hollenstedt in Hamburg, Buchholz und Tostedt für die jeweiligen KITA-Verordnungen verabschiedet:

> „Da muss man mal über die Kollateralschäden sprechen, die solch ein Verhalten bei einem so armen Kind auslösen. Von der Demütigung bis zu dem Gerechtigkeitsempfinden, bis hin zu dem unglaublichen Loyalitätskonflikt, der zu den eigenen Eltern erzeugt wird“. (Interview Heinz Hilgers, 2015)

Kritische Forschung muss sich dieser Gefahr bewusst sein und sie wissenschaftlich berücksichtigen, sonst geraten strukturelle Ursachen von Armutslagen aus dem Blickfeld und „zementieren“ soziale Ungleichheit da, wo sie sich ursprünglich für deren Beseitigung einsetzt (vgl. Schnabel, 2015).

Derzeit leben in Deutschland 13,1 Millionen Kinder, die jünger sind als 18 Jahre (vgl. Zensus, 2015, S. 18). Dabei zeigt sich, dass die neuen Befunde der Kinderarmutsforschung die alten geblieben sind und sich entgegen anders lautender politischer und medialer Interpretationen an dem Ausmaß von Kinderarmut nichts zum Besseren gewendet hat – ganz im Gegenteil. Im Wesentlichen lassen sich zwei verschiedene Betrachtungsweisen zur Erfassung von Kinderarmut heranziehen. Einerseits können Armutszahlen nach der Definition der relativen Einkommensarmut betrachtet und andererseits das politisch-normative Armutskonzept im Sinne des Sozialgeldbezuges verwendet werden (vgl. König, 2010, S. 64).

---

stellungsmerkmal, das über Teilhabe oder Ausschluss des Kindes am gesellschaftlichen Leben entscheiden kann (vgl. Reichwein, 2012, S. 45).

Relative Einkommensarmut

Das Konzept der relativen Einkommensarmut definiert Armut als prozentuale Differenz des Haushaltsnettoeinkommens zum durchschnittlichen äquivalenzgewichteten Nettoeinkommen aller erfassten Haushalte in der Bundesrepublik Deutschland. Als arm(-utsgefährdet) gilt demnach eine Person, deren Einkommen unter eine bestimmte Armuts(-risiko-)grenze fällt – diese Schwelle liegt bei 60 % des durchschnittlichen Haushaltseinkommens.[118] Tabelle 4 verdeutlicht anhand verschiedener Datenquellen die bestehenden statistischen Unterschiede zur Höhe des Armutsrisikos.

Dem letzten Armutsdossier des Familienministeriums über Armutsrisiken von Kindern und Jugendlichen in Deutschland folgend, das sich auf Daten des Sozioökonomischen Panels (SOEP) bezieht, verfügen 2,4 Millionen Kinder und Jugendliche über ein Einkommen, das unterhalb des Nettoäquivalenzeinkommens liegt. Dabei lag die Armutsrisikoquote der unter Sechsjährigen bei 14,4 %, die 6- bis unter 15-Jährigen im Jahre 2006 bei 16,4 % und die der 15- bis 18-Jährigen bei 23,9 % – im Mittel somit bei 17,3 % (vgl. BMFSFJ, 2008, S. 13)[119].

Dagegen stellen Richard Hauser und Irene Becker in ihrer ebenfalls auf SOEP basierenden Hintergrundanalyse zur Einkommens- und Vermögensverteilung fest, die im Auftrag der Bundesregierung die Ergebnisse des 3. Armuts- und Reichtumsberichtes evaluieren sollte, dass insbesondere Kinder im Alter bis 16 Jahren mit rund 26 % das höchste Armutsrisiko aller Alterskohorten aufweisen und mehr als jedes vierte Kind bis 16 Jahren unterhalb der Armutsrisikoschwelle von 60 % des Nettoäquivalenzeinkommens lebt (vgl. Hauser & Becker, 2007, IV).

---

118 Leider kann in dieser Arbeit nicht auf die genauen Berechnungs- und Erhebungsverfahren für die Bestimmung der relativen Einkommensarmut eingegangen werden – auch nicht auf die zahlreichen kritischen Stimmen. Denn jedes statistische Erhebungsverfahren birgt Vor- und Nachteile. Um das Ausmaß von Armut in einer Gesellschaft darstellen zu können, müssen Daten über die Einkommensstruktur der Bevölkerung erhoben werden. In der Bundesrepublik Deutschland finden unterschiedliche Datenquellen Verwendung. Von der Auswahl der Datenquelle hängt letztlich auch das Ausmaß der Armut ab. An dieser Stelle sollen einige weiterführende Literaturhinweise angeboten werden. Zur Kritik auf die Frage der Aussagekraft des Nettoäquivalenzeinkommens durch die Berechnung des arithmetischen Mittels oder Medians siehe Martens (2010); Groh-Samberg (2009) und Lutz (2010). Zur Kritik am Mikrozensus (kleine Volkszählung), eine der wichtigsten und ältesten repräsentativen Erhebungen über die wirtschaftliche und soziale Lage, siehe bspw. Butterwegge (2004) und Reichwein (2012).

119 Sicherlich kann das letzte Armutsdossier des Familienministeriums als „veraltet" angesehen werden und es gibt zahlreiche aktuelle Armutsdaten, auf die im weiteren Verlauf eingegangen wird. Allerdings verdeutlicht dieser lange Zeitraum seit dem letzten Armutsdossier des Familienministeriums auch deren armutspolitischer Vernachlässigung.

Tabelle 4: Armutsrisikoquoten verschiedener Datenquellen (eigene Darstellung)

Datenbasis	Armutsrisikoquote Gesamtbevölkerung (in Prozent)	Armutsrisikoquote bei Kindern bis 18 Jahren (in Prozent)
EU-SILC (2010) EU-SILC (2013)	15,8 16,1	15,6 14,7
SOEP (2006)	13,9	14,4* 16,4* 23,9*
Hintergrundanalyse SOEP (2006)	18,3	26,0*
Mikrozensus (2014)	15, 4	19,0
PASS (Daten 2012)	15,5	18,9
AROPE-Indikator (2014)	20,6	19,6

* Die 14,4 % beziehen sich auf die Gruppe der unter 6-Jährigen
* Die 16,4 % beziehen sich auf 6 bis unter 15-Jährige
* Die 23,9 % beziehen sich auf 5 bis 18-Jährige
* Die 26,0 % beziehen sich auf Kinder bis 16 Jahre

Die Gemeinschaftsstatistik über Einkommen und Lebensbedingungen (EU-SILC) wiederum, die im vierten Armuts- und Reichtumsbericht der Bundesregierung verwendet wird, erfasst aufgrund ihres Designs deutlich niedrigere Kinderarmutszahlen. Hiernach ist die Armutsgefährdung der unter 18-Jährigen auf 15,6 % im Jahr 2010 und auf 14,7 % für 2013 gesunken (vgl. Bundesregierung, 2013).

Hauser und Becker weisen jedoch darauf hin, dass diese Untererfassung von Kinderarmut auf eine vergleichsweise schlechte Ermittlung der realen Bevölkerungsstruktur zurückzuführen sei, was zu Problemen der Datenqualität führe. Dabei seien bestimmte Bevölkerungsgruppen unterrepräsentiert, die eigentlich überdurchschnittlich von Armut betroffen sind (vgl. Hauser, 2008, S. 427ff.).[120]

Der Paritätische Wohlfahrtsverband hat auf Grundlage des Mikrozensus (2014) aktuellere Kinderarmutszahlen ermittelt (vgl. Schneider/Stilling & Woltering, 2016, S. 8). Laut den Mikrozensusdaten lag die Armutsquote der Minderjährigen bei 19 % und ist im Vergleich zu 2005 leicht gesunken. Wird

120 Den hohen Armutsrisikoquoten bei Hauser und Becker muss gegenübergestellt werden, dass einige andere Autoren, die sich ebenfalls der Daten des SOEP bedienen, weitaus geringere Armutsraten ermitteln. So z. B. das Statistische Bundesamt, welches für 2006 eine Armutsquote bei Kindern unter 18 Jahren von 16,5 % ermittelte (60 %-Grenze; Median) (vgl. Goebel/Habich & Krause, 2008, 169). Der UNICEF-Bericht zur Lage der Kinder in Deutschland berechnete für das Jahr 2004 eine Armutsquote von 13,3 % (50 %-Grenze; Median) (vgl. Bertram, 2008, S. 155), wohingegen die OECD für dasselbe Erhebungsjahr von 16 % ausgeht (vgl. OECD, 2008, S. 154).

dieser marginale Rückgang der Armutsentwicklung jedoch der Wirtschaftsentwicklung gegenübergestellt, so lässt sich laut Armutsbericht (2016) eine „sinnvolle Korrelation“ kaum noch nachvollziehen.

> „Die Entwicklung der Armut scheint von der wirtschaftlichen Entwicklung und der Entwicklung des gesamtgesellschaftlichen Reichtums mehr oder weniger abgekoppelt, ein Indiz dafür, dass es sich bei der Einkommensarmut in Deutschland weniger um ein wirtschaftliches als ganz offensichtlich um ein politisches Problem handelt (...)“. (Schneider/Stilling & Woltering, 2016, S. 14)

Etwas geringere Armutsgefährdungsquoten errechnete das Wirtschafts- und Sozialwissenschaftliche Institut (WSI) der Hans-Böckler-Stiftung. Sie verwenden das Panel „Arbeitsmarkt und soziale Sicherung“ (PASS), eine jährlich stattfindende Haushaltsbefragung, die im Auftrag des Instituts für Arbeitsmarkt- und Berufsforschung (IAB) erhoben wird. Einen zentralen Vorteil sehen die Autoren darin, dass sie mit den PASS-Daten nicht nur indirekt das Einkommen erfassen, sondern auch Informationen über den vorhandenen Mangel abfragen, da der Datensatz eine Reihe von Gütern wie Wohnung, Nahrung und Kleidung mit einbezieht (vgl. Baumann & Seils, 2014, S. 6ff.).

Ein weiterer mittlerweile zentraler Sozialindikator bildet der sog. AROPE-Indikator, „der heute als die zentrale statistische Kennziffer für die Messung von Armutsgefährdung oder sozialer Ausgrenzung gilt“ (Kott & Kuchler, 2016), und im Rahmen der europäischen Zukunftsstrategie „Europa 2020“ eingeführt wurde. Im Unterschied zu den bisherigen (der PASS Indikator ausgeschlossen), bildet der AROPE-Indikator nicht nur die Armutsgefährdung, sondern auch den Bereich der Bewertung der eigenen materiellen Entbehrung sowie die Berücksichtigung der Erwerbsintensität des Haushalts ab. Demnach gelten all diejenigen Personengruppen als armutsgefährdet und von sozialer Ausgrenzung bedroht, die unter einen der folgenden drei Bedingungen fallen (Armutsgefährdung, massive materielle Entbehrungen oder eine besonders geringe Erwerbsbeteiligung innerhalb des Haushalts) (vgl. ebd.).

Mit Blick auf die dargestellten Datenquellen wird die Brisanz des Armutsrisikos von Kindern und Jugendlichen deutlich hervorgehoben. Je nach verwendeter Datenbasis hat diese Bevölkerungsgruppe im Vergleich zur Gesamtbevölkerung ein bis zu 10 % höheres Armutsrisiko.[121] Grundsätzlich

---

121 Grundsätzlich sind die verschiedenen Kinderarmutsdaten unterschiedlichen Erhebungsdesigns geschuldet und führen zur derzeit bestehenden Pluralität statistischer Armutsquoten. Entweder wird die ausländische Bevölkerung nur ungenügend erfasst (vgl. Hübenthal, 2009, S. 12), oder es ist der Trend zur ganzen oder teilweisen Teilnahmeverweigerung zu beobachten (vgl. Martens, 2011, S. 221). Dennoch haben unter anderem die Autoren des deutschen Lebenslagenberichtes darauf hingewiesen, dass die Daten des

sind die verschiedenen Kinderarmutsquoten auf unterschiedliche Erhebungsdesigns zurückzuführen, die zur derzeitigen Pluralität statistischer Aussagen über Armut im Allgemeinen und Kinderarmut im Besonderen führen. Entweder werden Flüchtlinge, Wohnungslose und ausländische Personenkreise nur ungenügend erfasst, oder es ist der Trend zu beobachten, dass beispielsweise bei der Erhebung der Daten zum SOEP immer mehr Teilnehmer ihre Mitarbeit ganz oder teilweise verweigern (vgl. Martens, 2011, S. 221).

Neben einer allgemeinen Darstellung von Kinderarmutsquoten ist vor allem eine differenzierte regionale Betrachtung ratsam, da hier insbesondere spezifische west- und ostdeutsche Besonderheiten und Disparitäten zu Tage treten. Somit weist die Kinderarmutsquote der neuen Bundesländer laut Mikrozensus mit Stand 2012 und einer Armutsgefährdung von 26,9 % in Berlin und 29,2 % in Sachsen-Anhalt – gegenüber 13,2 % in Baden-Württemberg und 11,7 % in Bayern – nicht nur in der prozentualen Bandbreite ein höheres Armutsrisiko auf, sondern liegt auch deutlich über dem Armutsrisiko der alten Bundesländer – bis auf Bremen mit 33,7 %. Insgesamt haben sich die Armutsgefährdungsquoten zwischen alten und neuen Bundesländern etwas angenähert (vgl. Baumann & Seils, 2014). Diese Ergebnisse einer hinsichtlich der Armutsgefährdung zerklüfteten Republik konnte auch der „Bericht zur regionalen Armutsentwicklung in Deutschland" bestätigen, der darüber hinaus einen „flächendeckenden" Trend der Zunahme anmahnte (vgl. Armutsbericht, 2014).

Im Zusammenhang mit den Kinderarmutsquoten ist auch die Höhe und Verfestigung von Kinderarmut bezogen auf den Familientyp evident (Tab. 5). Im Gegensatz zu kinderlosen Paaren sind insbesondere Familienhaushalte mit Kindern überdurchschnittlich von Einkommensarmut bedroht. Vor allem Kinder von Alleinerziehenden sind in besonderem Maße von Einkommensarmut betroffen.[122] Die gleichzeitige Betreuung und Unterhaltssicherung durch Erwerbsarbeit, die durch eine Person geleistet werden muss, ist charakteristisch für diese Familienform.

SOEP für die Ermittlung der Armutsquoten in Deutschland am ehesten eine realistische Darstellung des Phänomens der Kinderarmut in Deutschland abbilden (vgl. Hauser & Becker, 2007, S. 309).

122 Die älteren Armutsquoten aus den Jahren 1998 und 2003, gegenüber 2013, wurden bewusst für einen längeren Zeitraum ausgewählt, um die Brisanz im Längsschnitt und im Kontext des wohlfahrtsstaatlichen Wandels hervorzuheben (vgl. Kap. 7).

Tabelle 5: Armutsquoten ausgewählter Haushaltstypen in Prozent (neue OECD-Skala; 60%-Grenze)

	EVS		SOEP		Mikrozensus
	1998	2003	1998	2003	2013[123]
Neue OECD-Skala					
Alleinerziehende	35,4	35,3	40,7	48,3	41,9
Elternpaar mit Kind(-ern)	10,8	11,6	13,1	13,9	n. a.
...mit 1 Kind	11,6	14,1	12,0	13,6	9,6
...mit 2 Kindern	9,3	8,6	12,0	10,1	10,6
...mit 3 Kindern	13,2	13,9	18,5	24,4	24,6[124]
Armutsquote gesamt	12,1	13,5	12,9	15,4	15,4

Erweiterte Zusammenstellung nach Becker & Hauser (2004, S. 143); Armutsbericht (2016).

Vor allem alleinerziehende Frauen sind übermäßig von Armut betroffen (über 90 % Mütter) und haben ein doppelt so hohes Risiko, in die Bedrängniszone des soziokulturellen Existenzminimums abzudriften (48,3 %) als Elternpaare mit drei Kindern (24,4 %). Damals wie heute sind es vor allem die Alleinerziehenden, die von Armut bedroht sind. Dabei ist das Armutsrisiko im Zeitraum zwischen 2005 und 2014 von 39,3 % auf 41,9 % sogar noch gestiegen. Besorgniserregend ist vor allem die Erkenntnis, dass die Armutszahlen Alleinerziehender steigen, obwohl ihr Anteil an den Erwerbstätigen seit Jahren zunimmt (vgl. Asmus & Pabst, 2016, S. 27). Ferner lässt sich ablesen, dass neben dem hohen Armutsrisiko von Alleinerziehenden vor allem Elternpaare mit mehr als zwei Kindern überdurchschnittlich stark gefährdet sind.

Was Tabelle 5 jedoch nicht widerzuspiegeln vermag ist die fast ausnahmslos prekäre Einkommenssituation junger Familien. Alleinerziehende Mütter unter 35 Jahren oder Mütter mit Kindern unter drei Jahren sind von dieser Situation in besonderem Maße betroffen. Ihre Einkommenssituation wird sich oftmals auch in späteren Lebensphasen der Kinderbetreuung kaum ändern. Somit ist es nicht verwunderlich, dass das prinzipiell mit wachsender Kinderzahl steigende Haushaltseinkommen nicht mit den zunehmenden Bedarfen einer Familie schritthalten kann (vgl. Meier-Gräwe, 2008, S. 63).

Wie die vorangegangenen Ausführungen deutlich machten, ist der Wissensstand der amtlichen deutschen Statistik in Bezug auf valide Aussagen

---

123 2013: Ergebnisse des Mikrozensus mit Hochrechnungsrahmen auf Grundlage des Zensus 2011 (vgl. Schneider/Stilling & Woltering, 2016, S. 24)

124 Bei drei oder mehr Kindern.

über das Ausmaß relativer Einkommensarmut von einer ausgeprägten Pluralität und einem bezeichnenden Wildwuchs gekennzeichnet, der je nachdem einen „erheblichen Spielraum für vollkommen unterschiedliche politische Inszenierungen“ offen lässt (Hübenthal, 2009, S. 12).

Politisch-normativer Ansatz

Eine weitere Betrachtungsweise von Kinderarmut im Sinne des Ressourcenansatzes bietet der politisch-normative Ansatz des Sozialhilfebezuges. Er ist ein besonders häufig herangezogener Indikator der Armutsentwicklung. Dabei legen die bundesdeutschen Sozialbehörden eine Armutsdefinition zugrunde, die sich an den Regelungen der Bundessozialhilfegesetzgebung (BSHG) orientiert. Nach dieser Abgrenzung gilt derjenige als arm, der „unter die jeweils vom Gesetzgeber (…) fixierte Sozialhilfegrenze rutscht“ (Dietz, 1997, S. 93). Der Sozialhilfebezug stellt somit in der Armutsforschung im Sinne eines einkommensabhängigen Existenzminimums eine monetäre Armutsgrenze dar, die vom Gesetzgeber durch das BSHG bestimmt wird.[125]

Die These der „Infantilisierung von Armut“ (Hauser, 1989) spiegelt sich ebenfalls in den Sozialhilfestatistiken wider. Wurde in den ersten Nachkriegsjahrzehnten vor dem Hintergrund des Wirtschaftswunders die Bevölkerungsgruppe der Empfänger von Sozialhilfe allenfalls als Notlage sozialer Randgruppen thematisiert, stieg deren Zahl seit Mitte der 1970er Jahre kontinuierlich an. Mit Inkrafttreten des SBG II (Hartz IV) im Jahr 2005 waren 1,736 Millionen Kinder (14,9 %) unter 15 Jahren auf diese Leistungen angewiesen. Zwar ist im Vergleich zum Jahr 2014 mit 1,640 Millionen Kinder (15,5 %) absolut ein leichter Rückgang zu verzeichnen, der jedoch im Zu-

---

125 In der Armutsforschung und politischen Sozialberichterstattung wird häufig zwischen „bekämpfter“ und „verdeckter“ Armut unterschieden: Bekämpfte Armut umfasst alle Menschen, die kurzfristig oder dauerhaft sozialstaatliche Zuwendungen erhalten, ohne die Inanspruchnahme dieser Leistungen „arm“ wären und deren Armut laut Gesetzgeber mit dem Erhalt der staatlichen Leistungen als wirksam „bekämpft“ gilt. Wie schon an anderer Stelle erwähnt, kann eine solche weit verbreitete Definition und Argumentation keinesfalls überzeugen. Vor allem deshalb schon nicht, da die Entwicklung der Sozialhilfeleistungen im Vergleich zur allgemeinen Einkommensentwicklung seit ihrer Einführung circa 10 % niedriger ausfällt (vgl. Reichwein, 2012, S. 33).
Hingegen stellt die „verdeckte“ Armut von jeher ein Problem der Datenerfassung dar. Damit sind Personen gemeint, die Anspruch auf staatliche Unterstützung haben, jedoch aus Unwissenheit, Scham, Stolz, oder weil sie keine oder falsche Informationen besitzen, keinen Antrag auf Unterstützung stellen (vgl. Butterwegge, 2011, S. 39). In Armut zu leben oder nur mit der ständigen Gefahr und Angst, in Armut abzurutschen, erzeugt so ein „leises Gefühl von Schuld und Schande, dessen unerkanntes Gewicht menschliche Beziehungen verändert". (Petonnet 1982, S. 148; zit. n. Wacquant, 2004, S. 162)

sammenhang mit der demographischen Entwicklung steht (vgl. Armutsbericht, 2014).

Dabei treten erhebliche regionale und lokale Disparitäten auf: Die Spanne des Sozialhilfebezuges bei Kindern unter 15 Jahren reicht auf Länderebene von 37,6 % in Berlin bis 8,5 % in Bayern. Es ist auch auf Länderebene auffallend, dass ostdeutsche Bundesländer und Großstädte diese Statistik anführen. Werden wiederum die Sozialhilfestatistiken der Städte betrachtet, fallen ebenfalls enorme Unterschiede auf. Somit lebten in Görlitz im Jahr 2007 44,1 % aller Kinder unter 15 Jahren in SGB-II-Bedarfsgemeinschaften (Hartz-IV-Haushalte), wobei es in München circa 7,3 % waren (vgl. Butterwegge, 2011, S. 91f.; Chassé, 2010, S. 84f.). Dieser Trend ist seitdem auch nicht aufgehalten oder hat sich umgekehrt. In 17 der 402 Kreise und kreisfreien Städte liegt die Hartz-IV-Betroffenheit der Kinder bei über 30 %. Wird die Hartz-IV-Grenze aller Kreise und kreisfreien Städte ab 20 % gezogen, so sind es 81 Städte und Kreise (vgl. Armutsbericht, 2016, S. 23).

Von den 1,640 Mio. in SGB-II-Bedarfsgemeinschaften lebenden Kinder unter 15 Jahren berücksichtigte die amtliche Statistik der Sozialhilfegesetzgebung jedoch nicht die sogenannte Dunkelziffer (verdeckte Armut[126]), was zu unüberhörbarer Kritik seitens der Wissenschaft und Sozialverbände führt, welche die Heranziehung der Sozialhilfestatistiken als Indikator für die Abbildung der Armut in Deutschland als verbesserungswürdig anmahnen.

Walter Hanesch hat im Rahmen einer Armutsuntersuchung die Höhe der Dunkelziffer für die alten Bundesländer betrachtet und kommt zu dem Ergebnis, dass jeder zweite bis dritte anspruchsberechtigte Leistungsempfänger in Deutschland bereits auf eine Antragsstellung verzichtet (vgl. Hanesch, 2000, S. 277f.). Zum gleichen Ergebnis kommt eine Simulationsstudie über die Höhe der Dunkelziffer potentiell leistungsberechtigter Kinder für das Jahr 2004 (vgl. Hauser & Becker, 2007, S. 36f.). Unabhängig voneinander kamen beide Untersuchungen zu dem Ergebnis, dass unter Berücksichtigung der Dunkelziffer schätzungsweise 2,8 Mio. Kinder (jedes 5. Kind) in Deutschland auf oder unter dem Sozialhilfeniveau leben, das nach der

126 Simulationsrechnungen von Irene Becker und Richard Hauser zeigen, dass noch bis zu einer Million Kinder hinzukommen, die in „verdeckter“ Armut aufwachsen (vgl. Becker, 2007, S. 36f.) Verdeckte Armut stellt von jeher ein Problem der Sozialhilfe als verlässlichem „Gradmesser“ der Armut dar – ebenso bei der Berechnung des soziokulturellen Existenzminimums. Denn zur Berechnung werden die untersten 15 Prozent der Einkommensskala der EVS (Einkommens und Verbraucherstichprobe) herangezogen, wobei auch hier Haushalte enthalten sind, die unter die verdeckte Armut fallen. Wie hoch dieser Anteil bei der Berechnung des Soziokulturellen Existenzminimums ist, darüber existieren keine validen Zahlen. Allerdings gehen Simulationsrechnungen zur EVS 1998 von bis zu 45 Prozent verdeckter Armut aus (vgl. Becker, 2007; Becker & Hauser, 2005).

Bundessozialhilfegesetzgebung (BSHG, § 1 AbS. 2) die Führung eines Lebens in Würde ermöglichen soll. Der „Paritätische“ geht mittlerweile sogar von 3,2 Millionen Kindern aus:

> „Kinder sind und bleiben in Deutschland ein Armutsrisiko. Die Kinderarmut in Deutschland stellt sich statistisch zunehmend als eine Armut von Alleinerziehenden, kinderreicher und/oder arbeitsloser bzw. langzeitarbeitsloser Eltern dar, und zwar, ohne dass man in den letzten zehn Jahren von irgendeiner signifikanten Verbesserung der Situation sprechen könnte“. (Armutsbericht, 2014, S. 18)

Das Kinder als Armutsrisiko gelten ist hingegen keine neue Entwicklung. Sie wird jedoch erst mit Einführung der Sozialberichterstattung und zahlreicher Studien sichtbarer. Seit Bestehen der Bunderepublik ist die Bevölkerungsgruppe der Kinder mit dem höchsten Armutsrisiko anzusehen. Eva Reichwein hat in ihrer umfassenden Publikation „Kinderarmut in der Bundesrepublik Deutschland“ (2012) herausarbeiten können, dass Kinder seit Gründung der Bunderepublik ein vielfach höheres Armutsrisiko aufweisen, dieser Tatbestand allerdings meist unsichtbar in Politik und Gesellschaft blieb. Bis auf wenige Ausnahmen: Bereits 1961 hat Helga Schmucker, die „sich nach dem zweiten Weltkrieg durch vielseitige Studien zur empirischen Haushalts- und Verbrauchsforschung und ein großes Engagement in der familienorientieren Politikberatung auszeichnete“ (v. Schweitzer, 1981, S. 7), einen signifikanten Zusammenhang zwischen der Verteilung von Kinderarmut in Bezug verschiedener Haushaltsgrößen belegen können. Sie identifizierte circa 17 % bedürftiger Kinder, die wohlgemerkt ausgeprägte Versorgungsmängel aufwiesen; also keine relative Armut, die schon damals weitaus größer gewesen sein müsste (vgl. Schmucker, 1959; Schmucker et al. 1961). Damals wie heute sind es in erster Linie Kinder, die in übergroßem Maße von Armut gefährdet sind.

Trotz aller empirischen und methodischen Schwierigkeiten der Armutserfassung herrscht heutzutage Einigkeit darüber, dass Armut bei Kindern eigene Besonderheiten aufweist, welche sich zum einen von anderen Altersgruppen stark unterscheiden (können) und sich zum anderen nicht nur auf die Einkommenssituation bezieht, jedoch ausgehend von ihr alle Lebensbereiche eines Kindes auf vielfältigste Weise beeinträchtigen kann (vgl. Reichwein, 2012, S. 45). Kinder bilden bereits in sehr frühen Jahren einen relativen Armutsbegriff, indem sie beispielsweise die „Menge und Aktualität“ von Spielzeug, Ferienreisen und der Einrichtung ihres Kinderzimmers mit Gleichaltrigen vergleichen und ordnen (vgl. MASGF, 2004, S. 10). Gerade in einer Gesellschaft, die großen Wert auf Luxusgüter, Statussymbole und Markenbewusstsein legt, wird ein Kind, das keine teure Kleidung und nicht die neuesten elektronischen Errungenschaften besitzt, von Gleichaltrigen häufig isoliert und ausgegrenzt (vgl. Lange/Lauterbach & Becker, 2003, S. 159).

> „Diese moderne Form der Ausgrenzung (...) [ist] die wohl schlimmste Konsequenz von Armut und Unterversorgung im Kindesalter". (Butterwegge/Klundt & Zeng, 2005, S. 149)

Gerda Holz (2006) konnte in einer Kindergartenstudie ebenfalls feststellen, dass arme Kinder weniger kontaktfreudig sind, dem Gruppengeschehen teilnahmsloser gegenüber stehen und viel seltener ihre Wünsche artikulieren, als Kinder aus finanziell privilegierteren Familien. Dabei wurden arme Kinder verhältnismäßig häufig von nicht-armen Kindern gemieden, wodurch sich erste Ausgrenzungsmechanismen manifestierten. Somit verwundert es nicht, dass arme Kinder weniger freundschaftliche Kontakte zu Gleichaltrigen pflegen und selten oder nie Freunde mit nach Hause bringen (vgl. Holz & Skoluda, 2003, S. 142). Auch bei Eltern können „Scham" vor den eigenen Lebensverhältnissen dazu führen, dass sie den Kontakt ihres Kindes mit anderen Kindern einschränken, damit die prekäre familiäre Situation nicht nach außen dringt (vgl. Chassé/Zander & Rasch, 2010, S. 175ff.).

Darüber hinaus sind die familiären Bindungsstrukturen der von Armut betroffenen Familien aufgrund von finanziellen, zeitlichen, physischen und vor allem psychischen Belastungen schwächer ausgebildet und haben vergleichsweise negativere Auswirkungen für deren Kinder zur Folge als in Familien mit „positiven" familiären Bindungsstrukturen. Jedoch muss eine materielle Mangellage nicht zwingend zu Beeinträchtigungen des Kindes führen, da die meisten Eltern bemüht sind, vor allem ihre eigenen materiellen Bedürfnisse zu vernachlässigen. Bei finanziellen Engpässen versuchen sie zuerst bei sich Einsparungen vorzunehmen und das Familieneinkommen so zu verteilen, dass die Kinder die Einkommensarmut möglichst als letzte zu spüren bekommen (vgl. Chassé, 2010, S. 91ff.).

Zwar konnte der skizzenhafte Überblick über die Möglichkeiten der Erfassung von Armut nach dem Ressourcenansatz Aufschluss darüber geben, wie man sich dem Phänomen der Kinderarmut „quantitativ" annähern kann, „sein Wesen muss die Sozialwissenschaft aber durch qualitative Analysen erschließen" (Butterwegge, 2011, S. 13). Materielle Armut beeinflusst die gesamte Lebenssituation (Gesundheit, soziale und kulturelle Teilhabe etc.). Neben dem Ressourcenansatz ist es vor allem dem Lebenslagenkonzept zu verdanken in diese Lebensbereiche vorzudringen und Armutslagen zu erfassen. Einkommensarmut stellt lediglich einen Orientierungsrahmen dar, der die Mehrdimensionalität von Kinderarmut nicht genügend widerzuspiegeln vermag und somit die Berücksichtigung des Lebenslagenkonzeptes im Sinne einer kindzentrierten Sichtweise erforderlich macht.

Für den Fortgang der Argumentation soll vor allem der Bereich der Bildungsungleichheit genauer betrachtet werden. Denn Kindheit in Armut meint vor allem auch die Diskrepanz zwischen dem mantrahaft aufrechterhaltenen Versprechen, wonach der gesellschaftliche Aufstieg für arme und bildungsferne Schichten grenzenlos sei, und dem Gefühl permanent an Grenzen zu stoßen.

Die „Mythologisierung" der Bildung im Kinderarmutsdiskurs[127]

Mit Blick auf soziale Unterschiede von Kindern kommt dem Bereich der Bildung heutzutage ein noch höherer Stellenwert zu als noch vor wenigen Jahren. Da Kinder das Bildungssystem im Vergleich zur Generation ihrer Eltern länger nutzen und sich somit auch der Zeitpunkt des Eintritts in die Berufstätigkeit nach hinten verschoben hat, bedarf der Lebensbereich der Bildung für die Aufdeckung und Beschreibung von Kinderarmut eines besonderen Interesses.

Für Ronald Lutz (2015) ist Bildung ein zentrales Element der sozialen Statusfestschreibung einer Person in einer ökonomisch und sozial gespaltenen Gesellschaft wie die der Bundesrepublik Deutschland. Denn das Bildungssystem verteilt Chancen – oder eben auch nicht. Und deren verteilte Bildungstitel spiegeln nach wie vor unsere Klassengesellschaft wider. Bildung erfüllt im Leben von Kindern und Jugendlichen zahlreiche Funktionen. Neben dem Erwerb und der Entfaltung eigener Fähigkeiten bestimmt Bildung

> „die Wahrnehmung physischer und sozialer Realitäten und entscheidet über Lebensbewältigungsstrategien, soziale Einbindung und gesellschaftliche Teilhabe". (Gintzel, 2008, S. 46)

So besteht auch ein Zusammenhang vom Bildungsgrad und politischem Interesse, der Wahlbeteiligung, dem Vertrauen in politische Institutionen und zivilgesellschaftlichen Aktivitäten (exempl. Bacher/Hirtenlehner & Kupfer, 2010, S. 477). Diese Funktionen kann Bildung jedoch nur herausbilden, wenn

---

127 In Anlehnung an andere Armutslagen schlugen Jutta Allmendinger und Stephan Leibfried den Begriff der Bildungsarmut vor. Dieser Begriff hat sich mittlerweile in Politik, Wissenschaft und Öffentlichkeit durchgesetzt (vgl. Bacher/Hirtenlehner & Kupfer, 2010), obwohl er immer wieder von einigen Autoren abgelehnt wurde (vgl. Lepenies, 2003). Denn es besteht die Gefahr, Armutsursachen ausschließlich auf kultureller Ebene zu verorten und politische Lösungsstrategien auszublenden, da die Bekämpfung der Bildungsarmut als alleiniges Allheilmittel des Armutsproblems erachtet wird (vgl. Butterwegge, 2010a, S. 540).

sie allen Kindern umfänglich zugänglich ist und von benachteiligten Gruppen,

> „denen es an ökonomischen Ressourcen und politischem Einfluss mangelt, systematisch in diesem Sinne genutzt wird". (Butterwegge, 2010a, S. 537)

Im Zuge des aufkommenden Interesses über Armutslagen von Kindern in den 1990er Jahren rückte das Thema Bildung verstärkt in den Fokus des politischen und wissenschaftlichen Interesses. Bereits der fünfte Familienbericht wies auf eine offenkundige „Bedeutung der sozialen Herkunft für den Schulabschluß der Kinder" in Deutschland hin (BMFSFJ, 1994, S. 223). Dümpelte das Thema die darauffolgenden Jahre mehr oder weniger vor sich hin, so attestierte die erste PISA-Studie (2000) dem Deutschen Bildungssystem ein im internationalen Vergleich „erschreckendes Bild".[128] PISA konnte nicht nur einen klaren Zusammenhang zwischen Bildungskompetenzen und sozialer Herkunft bei den Schülern feststellen, sondern ebenfalls belegen, wie sich dieser auf den Alltag der Kinder auswirkt (vgl. Leven & Schneekloth, 2010, S. 161). So war in keinem von PISA untersuchten Land die Lesekompetenz[129] so stark abhängig von der sozialen Herkunft des Kindes, wie auch die Bundesregierung konstatieren muss(te) (vgl. Bundesregierung, 2005, S. 86; s. a. Bildungsbericht, 2014, S. 87ff.). Der PISA-Studie ist es somit auch mit zu verdanken, dass der zweite Armuts- und Reichtumsbericht dezidiert über die „schlechten Perspektiven" von Kindern aus armen Familien Auskunft erteilte und darüber befand, dass bei dieser „Risikopopulation" von „potenziell verfestigter Bildungsarmut" (vgl. Bundesregierung, 2005, S. 86) gesprochen werden kann. Und auch die deutsche Medienlandschaft kam zu der ernüchternden Erkenntnis,

---

128 Wurde das späte Erwachen der deutschen Armutsforschung bereits beschrieben (vgl. Kap. 3.2.1), so zeigt sich auch im Bereich der Evaluation des nationalen Bildungssystems, dass andere Länder wie bspw. Großbritannien durch die Entwicklung und Einführung von Tests bereits in den 1980er Jahren eine Diskussion im Bildungsbereich anhand dezidierter Forschungsdaten initiieren konnte (vgl. Bacher/Hirtenlehner & Kupfer, 2010, S. 475).

129 Unterstützung erfährt die These der PISA-Untersuchung und des aktuellen Bundesbildungsberichtes durch eine Studie: In dieser konnten Sebastian Suggate und zwei Neuseeländer Kolleginnen belegen, dass Waldorfschüler, obwohl sie durchschnittlich zwei Jahre später mit dem Lesen anfangen, ab einem bestimmten Alter sogar vergleichsweise bessere Lesekompetenzen aufwiesen. Da die Kontrollgruppe aus Schülern von herkömmlichen staatlichen Schulen bestand, ist eine Vermutung der Studie, dass die Privilegierung der Waldorfschüler durch das sich vor allem aus dem Bildungsbürgertum und der gehobenen Mittelklasse rekrutierende Elternhaus unmittelbare Auswirkungen auf die Lesekompetenz hat und diese positiv beeinflusst (vgl. Suggate/Schaughency & Reese, 2012).

> „dass gesellschaftlicher Aufstieg durch Bildung und die viel beschworene Chancengleichheit (...) hier zu Lande offenkundig nicht stattfinden". (Spiegel, 2001, S. 61)

Zahlreiche weitere Studien bestätigen seitdem die PISA-Befunde (exempl. IGLU und DESI-Studie). Einen tieferen Einblick in die „Armut und Zukunftschancen von Kindern" bietet bspw. die unter dem gleichen Titel erschienene AWO-ISS Langzeitstudie. Unter der Leitung von Gerda Holz wurden von 2009 bis 2012 vor allem Kinder untersucht, die sich im Übergang der Grundschule zur Sekundarstufe I befanden. Dabei konnte die Studie die Ergebnisse von PISA bestätigen. In Armutslagen lebende Kinder haben demnach schon in der Grundschulzeit schlechtere Noten, sind häufiger von Klassenwiederholungen betroffen, werden vom Übergang zur Grundschule vermehrt zurückgestellt und erhalten vergleichsweise seltener eine Gymnasialempfehlung (vgl. Holz & Puhlmann, 2005, S. 5; Giering, 2007, S. 77f.). Dabei ist vor allem die Benachteiligung armer Kinder beim Übergang von der Primar- zur Sekundarstufe I besorgniserregend. Dieser Übergang leitet nämlich das Ende eines schulischen Abschnitts ein, der über gesellschaftlichen Erfolg/Misserfolg mitentscheidet und

> „bildet eine Schnittstelle, an der individuelle, biografische Verläufe und soziale Strukturen – Verzweigungen gesellschaftlich vorgeformter Entwicklungsbahnen – zusammentreffen und in besonderer Weise die langfristige Platzierung der Menschen in der Gesellschaft präformieren". (Lange/Lauterbach & Becker, 2003, S. 160)

So konnte eine in Hamburg durchgeführte Studie aufzeigen, dass Kinder aus sozioökonomisch deprivierten Familien eine signifikant geringere Chance auf eine Empfehlung für eine höher qualifizierte Schulstufe haben als Kinder aus vergleichsweise sozioökonomisch privilegierteren Familien. Dabei bekamen Kinder, deren Väter das Abitur erworben hatten, bereits mit einer um ein Drittel schlechteren Leistung eine Gymnasialempfehlung als ein Kind, dessen Vater keinen Schulabschluss vorweisen konnte. Auch bei der Versetzungsentscheidung lassen sich ähnliche Automatismen der (Re-)Produktion von Bildungsungleichheit beobachten (vgl. Hartmann, 2005, S. 45; Leven & Schneekloth, 2010, S. 162).

Die gleichen empirischen Ergebnisse konnten in einer unter Leitung des Mainzer Soziologen Stefan Hradil in Wiesbaden durchgeführten Studie bestätigt werden (vgl. Hradil/Schulze & Unger, 2008). Nicht nur die Lehrkräfte und Sozialpädagogen scheinen Kindern aus benachteiligten Familien die Anforderungen höher qualifizierter Schulstufen vergleichsweise weniger zuzutrauen. Auch die Eltern betroffener Kinder entscheiden sich häufig zugunsten eines niedrigeren Bildungsabschlusses und gegen eine längere und damit auch teurere Bildungslaufbahn ihres Kindes (vgl. Lange/Lauterbach

& Becker, 2003, S. 161). Es stellt sich daher die Frage, warum neben den Fachkräften auch Eltern von armen Kindern mit guten schulischen Leistungen andere Entscheidungen hinsichtlich des Bildungsweges ihrer Schützlinge treffen als vergleichsweise privilegierte Eltern. Vor allem sind es finanzielle Erwägungen, die für die Entscheidung der Eltern von zentraler Bedeutung zu sein scheinen, da die Ausgaben für Bildung mit steigendem Alter zunehmen und bei der Finanzierung des Studiums – trotz staatlicher Leistungen wie der des Bafögs – ihren finanziellen Höhepunkt erreichen (vgl. Bäcker, 2010, S. 284). Insbesondere für finanziell schlechter gestellte Familien sind bereits die jährlichen „direkten Bildungsausgaben" ein gewaltiger Haushaltsposten, der sich in ständig steigenden Kosten für Schulmaterial etc. bemerkbar macht und die Familien vor „ernsthafte Beschaffungsprobleme" stellt. Viele Kinder, die von Armut bedroht und betroffen sind, starten in ihre Bildungslaufbahn bereits mit einem schlecht gefüllten oder auch mit gar keinem Schulranzen. Darüber hinaus wird in der Literatur auch immer häufiger das „Mobben" und „Hänseln" von armen Kindern angeführt, die die „falsche" Schulausstattung besitzen, „falsche" Kleidung tragen und bei Schulausflügen häufiger fehlen (vgl. Beisenherz, 2002, S. 81).

Daneben können auch defätistische Erwartungen der Eltern über ihre eigene Zukunft sowie die ihrer Kinder eine Rolle spielen, die sich in fehlender Unterstützung und mangelnder Beaufsichtigung des Bildungsweges des Kindes ausdrücken können (vgl. Lange & Lauterbach, 1998, S. 106ff.). Die „Bildungsnähe" und der damit ebenfalls zusammenhängende soziale und sozioökonomische Status der Eltern scheinen für die Entscheidung mitentscheidend zu sein, welchen Bildungsweg das Kind einschlagen wird. Anhand der Gegenüberstellung der elterlichen Bildungsabschlüsse zeigt sich das Ausmaß tief verwurzelter Ungleichheitsmechanismen im deutschen Bildungssystem.

Tabelle 6: Bildungsabschluss der Eltern und Wahrscheinlichkeit des Kindes, ein Gymnasium zu besuchen (nach Lutz, 2010, S. 75)

Bildungsabschluss der Eltern	Wahrscheinlichkeit, ein Gymnasium zu besuchen
Hauptschule	20,4 %
Realschule	49,4 %
Gymnasium	76,1 %

Kinder von Eltern mit Abitur haben demnach eine dreimal so hohe Chance, ebenfalls das Abitur erfolgreich abzuschließen, wie Kinder aus den unteren Bildungslagen, von denen es nicht einmal ein Viertel schafft, das Gymnasium zu besuchen. Auch die aktuellen Daten des Statistischen Jahrbuchs 2015 „So mobil ist Deutschland" belegen diese Zahlen. Demnach hatten im Jahr 2014 rund 44 % der Gymnasiums-Kinder einen Elternteil mit akademischem Abschluss. Dieter Sarreither (Präsident des Statistischen Bundesamtes) zog hinsichtlich der Bildungsmobilität in Deutschland folgendes Fazit:

> „Die Bildungswege vieler Kinder sind durch den beruflichen Bildungsabschluss ihrer Eltern vorgezeichnet". (Destatis, 2015)

Was die Darstellung nicht widerspiegelt ist jedoch die Tatsache, dass Kinder aus Familien der unteren sozialen Lage vorwiegend die Haupt- und Realschule besuchen und Kinder aus erschöpften und armen Familien in einer großen Mehrzahl gerade einmal einen Hauptschulabschluss erreichen.

Ronald Lutz, der den Begriff „erschöpfte Familie" einst zusammen mit Ute Meier-Gräwe prägte, beobachtet in diesem Zusammenhang den Trend der Entstehung sogenannter Hartz-IV-Schulen, die die Kinder am Ende ihrer Hauptschulzeit auf eine Hartz-IV-Laufbahn vorbereitet. Dabei sieht das Curriculum vor den Kindern beizubringen,

> „wie groß und wie teuer eine Wohnung nach Hartz IV sein darf, wie viel Geld zum Einkauf bleibt, wo es Freizeitangebote gibt, die nichts kosten". (Lutz, 2010, S. 79; s. a. 2012, S. 34)

Ein weiterer Indikator, der die „Bildungsnähe" einer Familie gut bestimmen kann und sich in der empirischen Bildungsforschung etabliert hat, ist die Anzahl der in einer Familie vorhandenen Bücher (vgl. Bos/Stubbe & Buddeberg, 2010, S. 66). Bereits die erste PISA-Studie hat den Zusammenhang der Lesekompetenz und der Bildungsnähe eines Kindes mit Bezug auf seine Eltern nachweisen können. Demnach verfügen circa zwei Drittel der bildungsnahen und nicht in benachteiligten Lebenslagen lebenden Familien über mindestens einhundert Bücher, wobei der Anteil der armutsgefährdeten Familien, die über weniger als 26 Bücher verfügen, in etwa 3,5 mal höher ist (26,1 %) als der von bildungsnahen Familien (7,5 %) (vgl. ebd.). Ähnliche Ergebnisse ermittelte auch die World-Vision-Kinderstudie, nach der in der Oberschicht 81 % der Familien über drei oder mehr Bücherregale verfügen, wohingegen es in der Unterschicht nur 1 % sind (vgl. Hurrelmann & Andresen, 2010, S. 75f.).

Für die Kinder aus benachteiligten Familien sind die hier beschriebenen Befunde Umstand alltäglicher Realität. Sie leiden nicht nur unter ihren familiären Verhältnissen, sondern stoßen auch bei den Lehrern häufig auf Unverständnis. Dabei zeigen Studien immer wieder, dass Lehrkräfte die materielle Unterversorgung der Kinder in der Regel nicht als solche wahrnehmen, da ihnen womöglich „aufgrund ihrer eigenen Mittelschichtorientierung" die Erfahrungen fehlen (vgl. Klundt & Zeng, 2002, S. 48). Somit werden Einstellungs-, Verhaltens- und Handlungsweisen der Kinder schnell als „abweichendes Verhalten“ gedeutet (vgl. Becher, 2008, S. 46f.). Die Sozialpsychologie bezeichnet diese kognitive Verzerrung und Wahrnehmung von Seiten des Schulkörpers als Halo-Effekt (Wahrnehmungsfehler). Und Joachim Schroeder pointierte diesen Tatbestand 2004 in einer sehr harschen, jedoch treffenden Aussage:

> „In dieser Perspektive wird Versagen (...) als individuelle Schwäche und kognitive Minderbegabung sowie als Folge einer defizitären Sozialisation erklärt“. (Schroeder, 2004, S. 10)

Die „soziale Herkunft bestimmt [somit] über den Bildungsverlauf und weist auf die extrem geringe Zahl von Kindern der Unterschicht in den Gymnasien und die ebenso extrem hohe Zuordnung von Unterschichtkindern in Förderschulen hin“ (Hurrelmann & Andresen, 2007, S. 4). Diese sich reproduzierenden Faktoren ungleicher Chancen im Bildungssystem sind dabei die gleichen, wie sie auch schon in der Bildungsdebatte der 1970er Jahre angeführt wurden und letztlich auch zur westdeutschen Bildungsreform führten. Schon damals wurde der Zusammenhang zwischen sozialer Herkunft und Schulerfolg nachgewiesen und kritisiert (vgl. Butterwegge/Klundt & Zeng, 2005, S. 146).

Ralf Dahrendorf veranlasste dies seinerzeit Bildung nicht nur als Bürgerrecht und soziales Grundrecht zu verstehen, sondern jedem Kind den Anspruch zuzusichern, seine individuellen Stärken und „Entwicklungspotenziale“ bestmöglich gefördert zu wissen (Dahrendorf, 1965). Neben einer gering gestiegenen Bildungsmobilität ist der Erfolg heutzutage allenfalls marginal, den die Bildungsreform hinsichtlich bestehender Bildungsungleichheiten erzielen konnte. Zwar wurden im Zuge der Reform die Anstrengungen im Bereich Bildung spürbar verstärkt, was jedoch nichts daran änderte, dass Bildung weiterhin eindeutig ungleich verteilt blieb/bleibt. Somit erreichen heutzutage vielleicht wesentlich mehr Kinder das Abitur und nehmen ein Studium auf. Dabei hat sich an der Verteilung der sozialen Lagen jedoch kaum etwas geändert. Nach wie vor sind es Kinder aus vergleichsweise bildungsnahen und finanziell privilegierteren Familien, denen das deutsche Bildungssystem in seiner vollen Gänze zur Verfügung steht (vgl. Lutz, 2010, S. 7f.; BMBF, 2012, S. 29–47 und 67–101).

Dies prägt auch die Ausgestaltung von Kindheit der unteren Schichten, denn das immer wieder beschworene „Anschlussversprechen“ ist für bestimmte Bevölkerungsgruppen bescheiden ausgefallen. Doris Bühler-Niederbergers Zitat zur großen Bildungsreform der 1970er Jahre liest sich indes gar nicht so unaktuell. Sie führt diese Entwicklung darauf zurück,

> „dass das Bildungssystem unterschiedliche Schulen für unterschiedliche Bevölkerungsgruppen vorsah und dass selbst auf der Ebene anspruchsvollerer Bildung, falls diese erreicht wurde, differenzierte Schultypen die Kinder ‚kleiner Leute' von den Bildungsbastionen des gehobenen Bürgertums, dem Abitur und den Universitäten, fernhielten (…)". (2009, S. 4)

Heutzutage sind die sich reproduzierenden Ungleichbehandlungen des Bildungssystems in seiner Sichtbarkeit höchstens subtiler und diffiziler ausgestaltet. So wird von Seiten einer sozialinvestiven Bildungspolitik und auch der Medien immer wieder ein Lobgesang auf die Bildung angestimmt. Investitionen in Bildung würden sich immer lohnen, so heißt das übereinstimmende Credo. In der gegenwärtigen Ausgestaltung muss man jedoch fragen, für wen und zu welchem Zweck?

„Für die eigenen [Kinder] der Königsweg und für die anderen der Trampelpfad"[130]

Offenkundig ist, dass alle vorliegenden wissenschaftlichen Erkenntnisse auf den signifikanten Einfluss der Schichtzugehörigkeit und der Bildungskarriere von Kindern hinweisen. Bereits im Grundschulalter werden Kinder nach unten durchgereicht. Gerade ihnen fehlt das Selbstvertrauen und die Bestärkung des familiären und institutionellen Umfeldes, eine vitale Bildungsaspiration zu entwickeln. Die dadurch entstehende Bildungsarmut wird im Zweifel über Generationen hinweg weitervererbt und vergrößert das Armutsrisiko auch im weiteren Verlauf des Lebens (vgl. Gintzel, 2008, S. 52).

Besondere Sorge sollte die (subjektive) kindzentrierte Sichtweise über die (Bildungs-)Zukunft der Kinder bereiten. Denn es ist umso erschreckender, dass die Mechanismen der Reproduktion und Verfestigung sozialer Ungleichheit in der Wahrnehmung von benachteiligten Kindern angekommen sind und eine Mehrzahl von ihnen ihre eigene Lage und Perspektive als düster und bisweilen hoffnungslos beschreibt (vgl. Hurrelmann & Andresen, 2007, S. 203ff.; Shell Jugendstudie, 2010 & 2015). Bei den mittelschichtorientierten Lehrkräften, dem privilegierten Bildungsbürgertum, aber auch von den Betroffenen selbst wird die soziale Selektivität des Bildungssystems, die sich aus einer hierarchischen Gliederung der Sekundarstufe und der Privilegierung des Gymnasiums speist, gar nicht in Frage

130 Das Zitat stammt ursprünglich von Gerhard Schröder. Er beschrieb damit die Familien- und Bildungspolitik der 1990er Jahre unter Helmut Kohl (vgl. Schröder, 2002).

gestellt oder gar mit allen Mitteln erhalten. Der abgelehnte Hamburger Volksentscheid, auf die Verlängerung der Grundschulzeit von vier auf sechs Jahre, die zum Ziel hatte auch Schüler aus einkommens- und bildungsfernen Familien mehr Bildungschancen zukommen zu lassen, machte deutlich, dass gerade in den wohlsituierten Stadtteilen gegen ein längeres gemeinsames Lernen mit aller Entschiedenheit vorgegangen wurde. In der Fernsehsendung Panorama brachte ein befragter Hamburger die Stimmungslage der Elite in der Hansestadt auf den Punkt:[131]

> „Ich meine, man muss nicht die sozial Bevorteilten benachteiligen, um die sozial Schwächeren zu bevorteilen. Das muss, meine ich, nicht sein." (Panorama, 2010)

Das Abstimmungsverhalten in den einkommensschwächeren Stadtteilen hingegen war vergleichsweise niedriger und bestätigt die Ergebnisse des Wählerverhaltens bei politischen Wahlen. Armut, Bildung und der Wohlfahrtsstaat stehen dabei in einem eindeutigen Wechselverhältnis zueinander (vgl. Butterwegge, 2010a, S. 540).

Jedoch ist Bildungsarmut nicht die (alleinige) Ursache zunehmender Kinderarmut. Wer dem Gegenteil Glauben schenkt ist bereits auf den falschen Zug möglicher politischer Lösungsansätze aufgesprungen. Sozial benachteiligte Familien und ihre Kinder gehören daher zu den größten Bildungsverlierern. Ihre materielle Armut basiert selten auf zu niedrigen oder fehlenden Bildungsabschlüssen.

> Diese „sind höchstens Auslöser und Verstärker, aber nicht Verursacher materieller Not". (ebd., S. 541)

Der Wohlfahrtsstaat ist dabei zentral, wenn es um die Frage nach dem Zusammenhang von Armut und Bildung geht. Gerade in Zeiten seines Wandels hin zu einem Sozialinvestitionsstaat und dem Trend zu einer Ökonomisierung der Bildung unter gleichzeitigem Privatisierungsdrang der Bildungspolitik steht sie vornehmlich denjenigen umgänglich zur Verfügung, die auch die notwendigen materiellen Mittel aufbringen können. Innerhalb die-

131 So haben bspw. 47 Chefärzte und andere Spitzenmediziner aus Hamburg in einem an ihre Patienten gerichteten bildungspopulistischen Brief zu bedenken gegeben, dass ein positives Votum für ein gemeinsames längeres Lernen bedeute, dass sich „qualifizierte Kollegen bei Berufsangeboten aus mehreren Bundesländern meist gegen Hamburg entscheiden". So wurde die Frage nach einem gemeinsamen längeren Lernen mit dem Thema Gesundheit gekoppelt und in soweit „geframet" (ungedeutet), dass in den Patienten eine diffuse Angst und der Eindruck geweckt werden sollte, die Schulreform gefährde die eigene Gesundheit (vgl. Drieschner, 2010). Auch die Eliten-Initiative „wir wollen lernen" engagierte sich gegen ein gemeinsames Lernen.

ser sozialinvestiven Konzeption kommt der Bildung ein Hauptaugenmerk zu. Sie wird quasi als Patentrezept präsentiert, um Armut zu vermeiden und Arbeitslosigkeit vorzubeugen. Dabei wird der „aktivierende“ Druck des Wohlfahrtsstaates immer weiter auf die jüngsten Mitglieder unserer Gesellschaft durchgereicht.

Die damit verbundene „Bildungsoffensive“ beinhaltet eine „Strategie für Lebenslanges Lernen in der Bundesrepublik Deutschland“, die eine europäische bildungspolitische Strategie im Sinne des Long-Life-Learnings darstellt (vgl. Òhidy, 2009).[132] Dabei kommt dem Konzept des Lebenslangen Lernens (LLL) eine zentrale Stellung zu. In einer von der Bund-Länder-Kommission (BLK) herausgegebenen Studie heißt es:

> „Lebenslanges Lernen ist weitgehend vom Einzelnen selbst verantwortetes Lernen, d. h. Lernen, bei dem der Lernende durch ein vielfältiges Netzwerk von Lernangeboten und Lernmöglichkeiten steuert“. (BLK, 2004, S. 12)

Gleichzeitig wird die Verantwortung des Versagens möglichst hoher Bildungsabschlüsse auf den Einzelnen abgeschoben. Der „Zwang zur ökonomischen Selbstverwertung“ im Bildungssystem steigt parallel zum Konkurrenzdruck eines jungen Menschen auf dem Arbeitsmarkt um eine bessere (Aus-)Bildung. Es wird ein „Blame-the-Victim-Spiel“ mit den Betroffenen gespielt. Das heißt, die Opfer dieses Prozesses werden zu Tätern umdefiniert (vgl. Dingeldey, 2006, S. 8). Innerhalb des Bildungsdiskurses – aber auch in der Debatte um die Frage, wer als arm zu gelten habe – findet somit eine Opfer-Täter-Rochade statt. Die Argumentationsführung jedoch einseitig darauf zu beschränken, die Bildungsdiskussion immer aus dem Blickwinkel des Bildungswettbewerbes zu führen und mehr Bildung grundsätzlich mit mehr Ungleichheit zu verknüpfen, erscheint als Irrlicht (vgl. Allmendinger, 2015).

Bereits Ralf Dahrendorf hat in seiner Schrift „Bildung ist Bürgerrecht“ zu bedenken gegeben, dass

---

132 Diese Strategie des Lebenslagen Lernens (LLL) ist jedoch nicht auf die Bundesrepublik Deutschland beschränkt, sondern eine von insgesamt sechs Schlüsselbotschaften der Europäischen Union, die im „Memorandum über Lebenslanges Lernen“ (2000) festgehalten wurde. Entscheidendes Instrument hierbei ist das Lebenslange Lernen: „Lebenslanges Lernen ist nicht mehr bloß ein Aspekt von Bildung und Berufsbildung, vielmehr muss es zum Grundprinzip werden, an dem sich Angebot und Nachfrage in sämtlichen Lernkontexten ausrichten. Im kommenden Jahrzehnt müssen wir diese Vision verwirklichen. Alle in Europa lebenden Menschen – ohne Ausnahme – sollten gleiche Chancen haben, um sich an die Anforderungen des sozialen und wirtschaftlichen Wandels anzupassen und aktiv an der Gestaltung von Europas Zukunft mitzuwirken“ (EU, 2000, S. 3).

„Bildungspolitik (...) weit mehr [sei] als eine Magd der Wirtschaftspolitik". (Dahrendorf, 1965)

Die starke „Spreizung der Einkommen" und die Deregulierung des Arbeitsmarktes sind eben nicht Ausgeburten der Bildungspolitik, sondern einer fehlgeleiteten Arbeitsmarkt- und Sozialpolitik – in deren Schatten allerdings die Bildungspolitik steht. Das gebetsmühlenartige und lösungsstrategisch einseitige Mantra der Politik, „Bildung für alle" (Angela Merkel, 2008) mache die Menschen armutsfest, lässt somit auch

> „andere effektivere Problemlösungsstrategien (wie Umverteilung, existenzsichernde Löhne oder der Ausbau von Beschäftigung zur Vermeidung von Arbeitslosigkeit) für soziale und ökonomische Probleme aus dem Blick geraten". (Solga, 2012, S. 481; zit. n. Allmendinger, 2015, S. 76)

So hob Barbara König, auf diesen Sachverhalt angesprochen, sehr deutlich den makrosoziologischen Blick hervor:

> Natürlich brauchen wir eine Bildungsoffensive. Wir brauchen mehr und mehr gute Bildung. Vor allem brauchen wir mehr Qualität, besonders in der frühkindlichen Bildung. Alles richtig: Aber das löst die soziale Frage von Arbeit und Kapital, bzw. zwischen verschiedenen Einkommensschichten nicht. Man kann das mit guter Bildung allein nicht lösen und wird es nie lösen können, dass Einkommen und Vermögen immer eine grundständige Rolle spielen werden. (Interview Barbara König, 2015)

Wer hingegen suggeriert, Bildung ist die „Wunderwaffe" (Butterwegge, 2008) gegen (Kinder-)Armut, der gießt Wasser auf die Mühlen derjenigen, die das gesellschaftliche Problem der Kinderarmut ideologisch mit dem nicht eingelösten Versprechen des Aufstiegs durch Bildung befeuern. Oder wie es Lane Kenworthy (2012, S. 122) für den internationalen Diskurs beschrieb: „*Education is not a panacea*". Der schwarze Peter kann jedoch an den Einzelnen – nämlich das arme Kind – weitergereicht werden. Wird nun so getan,

> „als führten ausschließlich oder hauptsächlich mangelnde Bildungsanstrengungen zu materieller Armut, fällt ausgerechnet den Betroffenen im Sinne eines individuellen Versagens (der Eltern) die Verantwortung dafür zu, während ihre gesellschaftlich bedingten Handlungsrestriktionen und die politischen Strukturzusammenhänge aus dem Blick geraten". (Butterwegge, 2010a, S. 542)

Können Eltern ihre Kinder aus materiell gefestigten und höher gebildeten Familien bereits früh mit Fremdsprachen in Berührung bringen, in private Kindergärten schicken, eine etwaige Internatsausbildung und ein Auslandsjahr ins Auge fassen oder einfach nur die sich heutzutage etablierende Nachhilfe[133] finanzieren, deren Kosten über die Kinderfreibeträge (BEA-Freibetrag bestehend aus Betreuung, Erziehung und Ausbildung) steuerlich absetzbar sind, wobei sie automatisch vom Finanzamt geprüft werden (Günstigerprüfung), müssen in Sozialhilfe-Familien lebende Kinder im Bereich der Bildung (Stand 2016) mit 0,32 Euro für ein Kind ab 14 Jahren im Monat (0,11 % des gesamten monatlichen Hilfesatzes) die von der Bundesregierung ins Leben gerufene „Strategie für Lebenslanges Lernen in der Bundesrepublik Deutschland" erfolgreich umsetzen, „um sich an die Anforderungen des sozialen und wirtschaftlichen Wandels anzupassen und aktiv an der Gestaltung von Europas Zukunft mitzuwirken" (EU, 2000, S. 3; s. a. 10. Existenzminimumbericht, 2013).[134]

Ohne ausreichende finanzielle Mittel ist dies für in Armut lebende Kinder unmöglich. Eine bisherige „Bildungsoffensive", die „Bildung für alle" verspricht, hat ihren Namen bisher nicht ansatzweise verdient.

> „Geld ist weiß Gott nicht alles, aber ohne Geld sind die meisten kulturellen und Bildungsambitionen nicht viel Wert". (Butterwegge, 2008, S. 9)

Kulturelles Kapital – somit auch Bildung – ist transferiertes ökonomisches Kapital. Bildung stellt für in Armut aufwachsende Kinder daher eine doppelte Aufholjagd dar. „Die Verbesserung der Teilhabechancen an Bildung ist somit ein notwendiges, aber nicht hinreichendes Element einer sozialin-

133 Gerade im Bereich der Nachhilfe zeigt sich ein besorgniserregender Trend, der zu einer weiteren Vertiefung der Bildungsungleichheit führt: Nachhilfe gehört laut einer Studie von 2016 für knapp 1,2 Millionen Schüler zum schulischen Alltag – und das bereits in der Primarstufe, wenn es am Ende der Grundschulzeit um den optimalen Übergang geht. Dabei wird Nachhilfe nicht mehr „nur" bei schlechten schulischen Leistungen in Anspruch genommen, um diese auszugleichen, sondern um die Leistungen grundsätzlich zu verbessern. Der Druck um die besten Noten steigt, und er wird von denjenigen gewonnen, deren Eltern sich dieses kostspielige Angebot leisten können (vgl. Klemm & Hollenbach-Biele, 2016). Zwar können auch Kinder aus Sozialhilfefamilien bezahlte Nachhilfe („Lernförderung") erhalten, jedoch nur und so lange, wie das Klassenziel der Versetzung gefährdet ist, wie das Hessische Landessozialgericht 2016 urteilte (Az.: L 9 AS 192/14). Die Chancenungerechtigkeit durch privat finanzierte Unterstützungssysteme nimmt somit deutlich zu.

134 Zwar wurde von Regierungsseite mit dem Bildungs- und Teilhabepaket (BuT) der Versuch unternommen, bestehende Ungleichheiten und Ungleichbehandlungen einzudämmen. Den Praxistest hat dieses Paket jedoch nicht bestanden, da bspw. das Schulbasispaket die tatsächlich zu leistenden Anschaffungen nicht decken kann. Daneben ist ein gewaltiger bürokratischer „Moloch" entstanden, da die Leistungen beantragt werden müssen. Auch hier zeigt sich die stigmatisierende Einstellung der Bundesregierung des zweiten Kabinetts unter Angela Merkel gegenüber armen Familien, die sich weigerte, die finanziellen Mittel direkt an die Familien auszuzahlen, aus Angst es würde den Kindern nicht zugute kommen.

vestiven Strategie“, um (Bildungs-)Armut bekämpfen zu wollen (Busemeyer, 2014, S. 647f.).

Ein weiterer Privatisierungsaspekt tritt zu Tage, wenn diejenigen Stiftungen in den Blick genommen werden, die sich der Bevölkerungsgruppe armer Kinder angenommen haben und sie mit finanzieller und ideeller Förderung unterstützen. Auch hier zeigt sich in der täglichen Arbeit eine gesetzliche Grauzone, kommt es doch immer wieder vor, dass Kindern, die als Stipendiaten ein monatliches Stipendiumseinkommen beziehen, die Höhe dieser Leistung den Eltern von ihren Sozialleistungen abgezogen wird. So positiv die Entwicklung von Schülerstipendien für (bildungs)arme Kinder auch sein mag, denn sie zeigt auch das zivilgesellschaftliche philantropische Engagement (sehr) wohlhabender Bürger, denen der rechts- und sozialphilosophische Grundsatz der Sozialpflichtigkeit des Eigentums wichtig ist, so negativ erscheint es, wenn private Stiftungen die Entwicklungen einer fehlgeleiteten Bildungs- und Armutspolitik übernehmen (müssen).

Bildungsarmut führt somit zu einer „Verfestigung der Armut“, da die Chancen eines Menschen auf dem Arbeitsmarkt unmittelbar an bildungsspezifische Kompetenzen gebunden sind. Es zeigt sich auch hier, dass ausgehend von der materiellen Armut einer Familie zwangsläufig alle anderen Lebensbereiche der Bildung, des Wohnens, der Gesundheit und sozialen Teilhabe abhängen.

Mit der Beschreibung und Darstellung von Kindheit in Armut aus einer armutssoziologischen Perspektive löse ich mich nun von einem rein armutswissenschaftlichen Zugang und einer ausschließlichen Beschreibung von Kinderarmut und dringe stärker zum Zugang der sozialen Ungleichheit im Verteilungssystem (im)materieller Lebenschancen vor.

6. Institutionssoziologische Erklärungsmuster: Kinderarmut als institutionalisierte Unsichtbarkeit

6.1 Theoretische Anmerkungen zur familienpolitischen Arena

Die Darstellung der Arena deutscher Familienpolitik rückt jetzt in den Mittelpunkt, da mit ihr eine wichtige Bedingungsperspektive der Repräsentation von Kindheit in Armut skizziert werden kann: Nämlich Strukturen und Prozesse institutioneller Pfadabhängigkeiten und die damit einhergehende politische Problemverarbeitung in den Blick zu nehmen. Es wird möglich sein, die politischen und zivilgesellschaftlichen Herausforderungen zu verdeutlichen, denen sich die Repräsentation von Kindheit in Armut ausgesetzt sieht.

Um die Interessen von Kindheit in Armut im politischen Problemverarbeitungsprozess repräsentieren zu können, bedarf es einer Identifizierung derjenigen Arena/Arenen, innerhalb deren die Repräsentation, Artikulation, Integration und Partizipation spezifischer kindlicher Interessenlagen gewährleistet werden kann. Die Arena deutscher Familienpolitik kann als eine solche identifiziert werden (vgl. Hübenthal, 2009, S. 33).

Innerhalb dieser Arena wird sich darstellen lassen, dass im Sinne distributiver, redistributiver und regulativer Politik als (Grund-)Typen der soziologischen Politikfeldforschung ganz spezifische Ergebnisse aus den Inhalten politischer Prozesse entstehen und

> „bestimmte Reaktionen und Erwartungen [auslösen], die dann die politische Auseinandersetzung, den politischen Entscheidungsprozeß (aber auch den Durchführungsprozeß) prägen". (Windhoff-Hèritier, 1987, S. 48)

Eine theoretische Einbettung der familienpolitischen Arena muss dabei dem Anspruch empirischer Bestandsaufnahme und politischer Anwendbarkeit standhalten. Angesichts der unübersichtlichen und komplexen Steuerung familienpolitischer Entscheidungsprozesse müssen einzelne Aspekte und Perspektiven in den Fokus rücken. Neben persönlichen wissenschaftstheoretischen und forschungspragmatischen Präferenzen sind dies vor allem auch

Besonderheiten des Untersuchungsgegenstandes und institutioneller Rahmenbedingungen. Im Falle armutspolitischer Analysen müssen vor allem eine ausdifferenzierte, fragmentierte und pluralistische Akteursstruktur, die besondere Bedeutung individueller Stakeholder und vor allem Zeitumstände berücksichtigt werden. So kann angenommen werden, dass Interessengruppen mehr Ressourcen in die Beziehungspflege und Beeinflussung von Ministerialbeamten investieren, da sie meist über einen längeren Zeitraum in ihrem Zuständigkeitsbereich arbeiten als die auf Zeit gewählten und legitimierten Parlamentarier, deren begrenzter Einfluss eher „einzelfallbezogen" gesucht wird (vgl. Patzelt, 2014, S. 31). Hinsichtlich der Unsichtbarkeit von armen Kindern im wohlfahrtsstaatlichen Verteilungsgefüge könnte sich die Frage stellen, ob eine stärkere Beziehungspflege in den Ministerialbereich erfolgsversprechend sein kann, wenn die Forderung nach einer stärkeren Umverteilung für arme Kinder überhaupt nur partiell auf dem Radar politischen Agenda-Settings auftaucht.

Der Rückgriff auf organisationssoziologische Überlegungen verspricht an dieser Stelle für Klarheit: Die familienpolitische Arena kann als kontingente (zufällige) und ambiguitive (mehrdeutige und wechselseitige) Problemlösungs- und Aushandlungsarena charakterisiert werden. Dies hat den Vorteil, dass das politische System und mit ihm seine Repräsentanten als an einem gemeinsamen Gemeinwohl handelnde Akteure „entmystifiziert" und familienpolitische Prozesse als konflikthafte und zeitlich ausgedehnte Gebilde beschrieben werden (vgl. Rüb, 2009, S. 349f.).

Es werden somit die wechselseitigen Beziehungen der Handelnden als zirkulierende Delegations- und Austauschprozesse zwischen verschiedenen Akteuren interpretiert. Darin bewegen sich die Akteure innerhalb eines Interaktionsmodus „überraschender Rückkopplungseffekte" (Korte, 2012) sowie eines Spannungsfeldes, das zwischen „Problemlösung" und Verhandlung (Bargaining) oszilliert (vgl. v. Winter & v. Blumenthal, 2014, S. 9; s. a. März & Pütz, 2014).

Jedes familienpolitische Thema durchläuft dabei idealtypisch drei Ströme[135], wie auch der ehemalige Spitzenbeamte Malte Ristau (2014) in einem

---

135 Die hier beschriebene Vorstellung des politischen Systems findet ihren Ursprung in dem von John Kingdon (1984 & 2011) entworfenen Multiple Stream Ansatz (MSA). Ursprünglich ist der MSA im Rahmen teilstandardisierter Interviews im Bereich der US-amerikanischen Verkehrs- und Gesundheitspolitik entwickelt und validiert worden, obwohl die Grundannahmen ursprünglich in Beobachtungen hochschulpolitischer Entscheidungen einflossen und es sich somit um eine organisationssoziologische Betrachtungsweise handelt, die parallele Prozesse von Organisationen annimmt. Übertragen auf die familienpolitische Arena zeigt sich die politische Arena als eine mit grundsätzlich sehr hohem Konfliktpotenzial.

praxisorientierten Wissenschaftsbeitrag für die familienpolitische Arena hervorhob (vgl. Abb. 4):

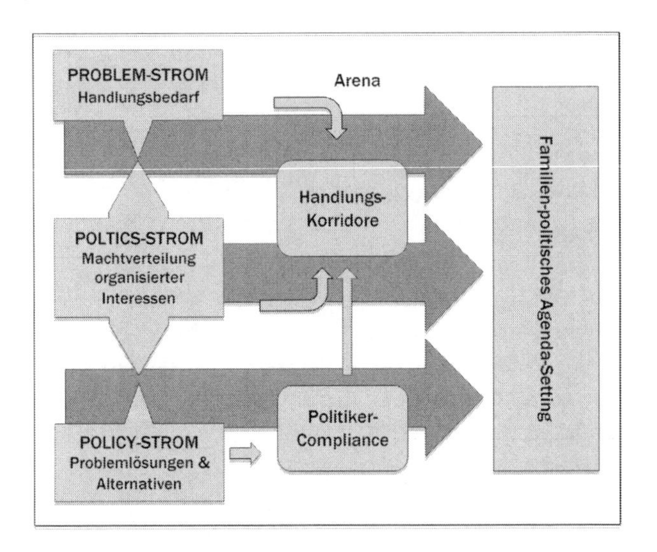

Abbildung 4: Familienpolitische Arena (nach Ristau, 2014)

Erstens der Problemstrom: Zum Problem wird ein Thema, wenn von Bürgern und/oder politischen sowie zivilgesellschaftlichen Stakeholdern Handlungsbedarf gegeben scheint (vgl. Bandelow/Kundolf & Lindloff, 2014).

Zweitens der Politics Strom, der durch auftretende Interessenkonflikte und ideologische Gegensätze geprägt ist (vgl. Schneider & Janning 2006, S. 27). Vor allem sich verändernde Machtkonstellationen haben Auswirkungen auf die erfolgreiche Platzierung eines Themas, um es auf die familienpolitische Agenda zu schaffen. Im Mittelpunkt stehen vor allem die Machtverteilung organisierter Interessen und somit Macht- und Einflussressourcen von Interessengruppenhandeln (vgl. Rüb, 2009, S. 356; Kreckel, 2004). Zu berücksichtigende Faktoren können die Zusammensetzung der Regierung oder Ministerien sein, die sich schlagartig verändernde öffentliche Wahrnehmung oder auch die Stärke, Geschlossenheit und das „Powerplay" politischer und zivilgesellschaftlicher Interessen(-Gruppen), die aufgrund der unübersichtlichen und exponentiell steigenden komplexen Steuerung politischer Entscheidungsprozesse entstehen.

Und drittens die für das identifizierte Problem entwickelten Problemlösungen. Dieser sog. Optionsstrom (Policy Strom) setzt bereits Lösungen und Konzepte (bspw. Kindergrundsicherung, einkommensabhängiges Kindergeld) voraus, die dann in bestimmten Netzwerken (Expertenausschüsse, Kommissionen etc.) vertreten werden. Aufgrund der Vielzahl an divergierenden Interessen und der Weiterentwicklung von Lösungen durch das Wissenschaftssystem schaffen es nur wenige Lösungen in die Netzwerke des Optionsstromes. Für Interessenvertreter ist es entscheidend, um Zustimmung zu werben und politische Akteure für das eigene Interesse zu sensibilisieren, so dass sie selbst für das jeweilige Interesse eintreten – also Politiker-Compliance (Responsivität) erzeugen.

6.2 Die Arena als Kräftefeld: Eine begriffstheoretische Annäherung

Für den niederländischen Politikwissenschaftler und Politikberater Rinus van Schendelen muss die Arena im Verlauf der Interessendurchsetzung durchlaufen werden, ganz gleich, ob es sich um politische, zivilgesellschaftliche oder sonstige Akteure handelt. Dabei ist die Arena als nicht-physischer Ort zu verstehen, der eine virtuelle Versammlung von Stakeholdern mit ihren spezifischen Interessen zu einem „bestimmten Zeitpunkt" (Schendelen, 2012, S. 183) des Politikzyklus umfasst (März & Pütz, 2015, S. 32)[136]. Die Arena „besteht im Kern aus der virtuellen Vernetzung aller relevanten Stakeholder, deren jeweilige Interessen und Erwartungen am Thema zu einem gegebenen Zeitpunkt und den daraus ableitbaren Risiken" (Köppl, 2005, S. 14). Sie bezeichnet das soziopolitische Umfeld einer Interessengruppe, mit dem es vernetzt und von deren Prozessen sie direkt abhängig ist (vgl. Köppl, 2005; März & Pütz, 2015, S. 32).

Die Techniken zur Beeinflussung einer Arena sind zahlreich und können von der Verführung (*Seduction*), Umformulierung (*Re-Framing*), Überzeugung (*Persuasion*) und Argumentation bis zur Befürwortung (*Advocacy*), Verhandlung, Autorität, Zwang (Macht) und Einkapselung reichen (vgl. Schendelen, 2012, S. 31ff.).[137]

Ein Blick auf die praxistheoretische Soziologie spiegelt die Vorstellungen und Implikationen des Arenabegriffs in vielen Teilen der Feld- und Raum-

136 Der erste Absatz dieses Kapitels wurde an den beiden kenntlich gemachten Stellen bereits in dem gemeinsam mit Johannes Pütz publizierten Aufsatz ‚Vom Lobbyismus zum Public Affairs Management' – Professionalisierungstendenzen in der Arena politischer Interessenvertretung" veröffentlicht (vgl. März & Pütz, 2015, S. 28–39).

137 Jede Technik hat ihre Vor- und Nachteile. „Nur dilettantische Spieler laufen einfach los und schauen, was passiert. Die rationaleren sammeln zunächst eine Menge Informationen, studieren diese, um mehr Einsicht zu erhalten und, wenn sie sich dazu entschließen, das Spiel zu spielen, dann tun sie dies mit Umsicht" (Schendelen, 2012, S. 33f; im Original Schendelen, 2010, S. 47.). In Anlehnung an Bourdieus begrifflichen Kanon kann hier auch von Professionellen und Laien gesprochen werden, obwohl Bourdieu die Begriffe zur Erklärung eines anderen Phänomens verwendet und Professionelle innerhalb eines Feldes stehen und Laien außerhalb.

theorie Pierre Bourdieus wider. Obwohl Bourdieu von einem politischen Feld ausgeht, dieses jedoch nicht noch in weitere Sub-Felder unterteilt, sind seine Überlegungen an die der Vorstellung spezifischer Arenen im politischen Raum anschlussfähig, in denen die Anliegen armer Kinder ausgehandelt werden oder aber auch unsichtbar bleiben. Dabei ist die Verknüpfung mit der Bourdieu'schen Praxistheorie insofern interessant, als sie für die Erforschung sozialer Ungleichheit und Reproduktion von Macht-, Herrschafts- und Ungleichheitsstrukturen eine in den Sozialwissenschaften hohe Bedeutung einnimmt, indem sie nämlich die Gesellschaft als „mehrdimensionales Kräftefeld" (Vester, 2004) versteht.

„Politik ist ein Kampfsport"[138]

In seiner Ausarbeitung „Die politische Repräsentation" (erstmals 1991) definiert Bourdieu das politische Feld[139]

> „als Kräftefeld wie als Kampffeld, dessen Kämpfe darauf abzielen, das Kräfteverhältnis zu verändern, das zu einem bestimmten Zeitpunkt die Struktur dieses Felds ausmacht". (Bourdieu, 1991, S. 3; dt. Übers. zit. n. Fritsch, 2001, S. 13)

Die Bezugnahme auf ein Feld „heißt, dieses (...) als einen Mikrokosmos zu konzipieren, als eine kleine relativ autonome soziale Welt innerhalb der großen sozialen Welt. (...) Ein Feld [oder auch eine Arena, Anm. D. März] ist ein autonomer Mikrokosmos innerhalb des sozialen Makrokosmos" (Bourdieu, 2001, S. 41). Innerhalb dieses Kosmos folgt das politische Feld seiner eigenen Logik. Es agiert autonom und ist vergleichbar mit einem Spielfeld, das nach eigenen Spielregeln verläuft und einer permanenten Dynamik unterliegt. Denn das Feld (Arena)[140]

> „ist nicht ein Gebilde in einem statischen Gleichgewicht, sondern ein Ort dynamischer Prozesse". (Jurt, 1995, S. 84)

---

138 Das Zitat stammt von Helmut Schmidt.

139 Bourdieu bezieht sich in seiner Entwicklung eines politischen Feldes (es bestehen für ihn noch zahlreiche andere Felder; bspw. das Feld der Sozialwissenschaften oder das journalistische Feld) auf die Arbeiten von Max Weber, indem er eine Nähe zu seinem Sphärenbegriff unterstellt. Weber selbst spricht von politischen, religiösen, ökonomischen Sphären etc. (vgl. Weber, 1920, S. 536–573).

140 Im Weiteren wird nur noch von Arena gesprochen. Damit ist aber auch der Begriff des Feldes inbegriffen.

Von einer politischen Arena auszugehen zeigt, dass das Handeln der sich in einer Arena befindlichen Akteure u. a. nach deren Beziehung, Verhältnis und Inanspruchnahme von Kapitalsorten zu den anderen Akteuren der Arena bestimmt wird (vgl. Bourdieu, 2001, S. 46). Da die sozial- und familienpolitische Arena durch divergierende Interessen, Werte und vor allem familienpolitische Mentalitäten, aber auch parteiinternen Verpflichtungen und Loyalitäten geprägt ist, erscheint die Bezugnahme zu Bourdieus Feldbegriff außerordentlich wichtig zu sein, da sie deutlich macht, dass die Arena nicht nur nach ausschließlich rationalen Methoden und Strategien bespielt werden kann, wie es oftmals in der Public-Affairs-Forschung den Anschein macht. Stakeholder handeln vielmehr nach der entsprechenden Logik der jeweiligen Arena und deren arenaspezifischen Konkurrenzbeziehungen (vgl. Klages, 2006, S. 32).

> „In einem Feld [einer Arena] (…) wird das Verhalten der Akteure durch ihre Position in der Struktur des Kräfteverhältnisses bestimmt, das für dieses Feld zu dem betreffenden Zeitpunkt charakteristisch ist". (Bourdieu, 2001, S. 49)

Ob ein Akteur einer Arena angehört, ob er darin existiert und/oder präsent ist, zeigt sich daran, ob er in der Lage ist, den Zustand der Arena zu verändern. Innerhalb der Struktur einer Arena ist daher auch von Ungleichgewichten und Ungleichheiten auszugehen, die geprägt sind durch

> „ungleiche Waffen, ungleiches Kapital und ungleiche symbolische Macht". (ebd., S. 51)

Es handelt sich also um Ungleichheiten hinsichtlich des Zugangs, Sachzwängen, Zeitumständen. Die jeweilige Arena ist somit als hierarchisch strukturierte Arena mit Ungleichheitsbeziehungen zu denken, Beziehungen werden durch wechselnde Kräfteverhältnisse bestimmt und Positionen innerhalb der Arena sind umkämpft (vgl. Klages, 2006, S. 31).

Bourdieu geht aufgrund der eigenen Logik einer Arena (bei ihm Feld) davon aus, dass den Äußerungen und Handlungen von Akteuren ein spezifisches Interesse zugrunde liegt, das sich nicht automatisch auf die Interessen der zu vertretenden Klientele (Wähler, zu vertretende Interessengruppen, Verbandsmitglieder) zurückführen lässt (vgl. ebd., S. 47; s. a. die Argumentation in Kap. 8.1).

> „Dieses Feld tendiert aufgrund der ihm eigenen Einsätze zu immer größerer Geschlossenheit, so daß es, wenn man die Stellungnahmen der Akteure (…) verstehen will, nicht genügt, sie auf externe Determinanten (…) zu beziehen, vielmehr gilt es,

> ihre Position im politischen Spiel, genauer: ihre Distanz oder Nähe zum autonomsten oder heteronomsten Pol des politischen Feldes zu berücksichtigen". (Fritsch, 2001, S. 19)[141]

Dabei werden zwischen den Interaktionen der beteiligten Stakeholder (Politiker, Parteien, Sozialverbände, Medien[142] etc.) Querverbindungen hergestellt. Somit entwickelt sich eine komplexe Arena, die aus unzähligen Schnittpunkten und Interaktionen verschiedenster Akteure besteht und sich als Geschehen auf einer (nicht)öffentlichen Bühne darstellt (vgl. Bühler-Niederberger, 2003, S. 191). Obwohl Bourdieu von Kampffeldern spricht, sei hier kritisch angemerkt, dass der Begriff der Arena besser geeignet scheint, da

> „nicht alle Praxis in Kräftefeldern ausschließlich als ein Kampf um soziale Vorteile verstanden werden kann. (…) Kampffelder erscheinen dann als Praxisfelder, weil sie nicht ausschließlich eine Praxis der Über- und Unterordnung von sozialen Akteuren generieren (…)". (Hillebrandt, 2009, S. 389)

Darüber hinaus ist die Betrachtung einer Arena mit asymmetrischen Macht- und Kräfteverhältnissen anschlussfähig zur Zentrum-Peripherie-Metapher und zum ungleichheitsbegründenden Kräftefeld (Kap. 3). Ein Vorteil dieser Beschreibung einer Arena als Spannungsfeld (Kräftefeld), das idealtypisch eine „Kräftekonzentration im Zentrum und Kräftezersplitterung an der Peripherie" (ebd.) verdeutlicht, liegt in der Übertragung der Zentrum-Peripherie-Metapher auf die des Arena-Begriffs. Denn wie im ungleichheitsbegründenden Kräftefeld konzentrieren sich auch in einer Arena im Bereich des Zentrums diejenigen Kräfte und Mächte, die in besonders großem Maße die Deutungshoheit im Verteilungs- und Legitimierungskampf innehaben und somit an der (Re-)Produktion von sozialer Ungleichheit unmittelbar stark beteiligt sind. In den peripheren Lagen wiederum befinden sich diejenigen Gruppen, die kaum Machtpotential und Konfliktfähigkeit aufweisen. Diese Macht- und Einflussansammlung im Zentrum ist allerdings nicht notwen-

---

141 Für das landläufige Verständnis einer Arena und der damit einhergehenden Arena-Analyse als wichtigster Strategiefaktor ist dieser Aspekt sehr wichtig. Denn es kann in ihr nicht nur um eine Identifikation der Faktoren nach ausschließlich rationalen Gesichtspunkten gehen, die zu einer optimalen Strategie führen (siehe die Arena-Analyse Schendelen, 2012, 2013, 2014; März & Pütz 2014; Köppl, 2005).

142 Für Bourdieu ist „eine der wichtigsten Veränderungen der Politik in den letzten zwanzig Jahren (…) darauf zurückzuführen, daß Akteure, die sich als Zuschauer des politischen Feldes betrachten oder als solche betrachtet werden konnten, zu Akteuren im eigentlichen Sinn geworden sind. Ich spreche von den Journalisten, insbesondere den Fernsehjournalisten, und von den Meinungsforschern. Wenn wir heute das politische Feld beschreiben müßten, müßten wir diese Kategorien von Akteuren mit einbeziehen, aus dem einfachen Grund, daß sie Auswirkungen auf dieses Feld haben" (ebd., 2001, S. 49f.).

dig festgeschrieben und unveränderbar, so dass die jeweilige Arena von den Akteuren bespielt wird, um deren Position zu verändern. Denn

> „Arenen sind selten in sich geschlossene Gebilde, sondern dynamische, komplexe und sich stetig verändernde Entscheidungsprozesse". (März & Pütz, 2015, S. 33)

Unter diesen theoretischen Vorzeichen zeigt sich, dass Familienpolitik eine stark ausdifferenzierte politische Arena darstellt, welche eine Vielzahl von Stakeholdern berücksichtigen muss. Sie kann daher auch als eine „übergreifende Verbandsarena" (v. Winter, 2000, S. 528) beschrieben werden, da ein ganz zentraler Aspekt deutlich wird: Nämlich, dass mit dem Anspruch der Repräsentation kindlicher Interessenlagen von Seiten der Interessenvertreter in das politische System hinein eine politikfeldspezifische mehrdimensionale Orientierung für die Durchsetzbarkeit von Interessen induziert zu sein scheint, die bei der Beschreibung des Untersuchungsgegenstandes eine Vielzahl an unterschiedlichen Akteuren bestimmt, die als veränderbare „soziale Systeme" sichtbar werden und vom Politikfeld, der Regierungszusammensetzung und den Zeitumständen abhängig ist (vgl. v. Winter, 2007, S. 233).

Deutsche Familienpolitik beruht seit der Gründung des Familienministeriums im Jahr 1953 auf einem zersplitterten System politischer Kompetenzen und „Politikverflechtungen" (Fritz W. Scharpf), wobei die meisten familienpolitischen Maßnahmen primär in den Zuständigkeitsbereich anderer Ressorts fallen.

Ob auf Bundes-, Landes- oder kommunaler Ebene – Familienpolitik wird als vertikale Querschnittsaufgabe im politischen Mehrebenensystem des bundesrepublikanischen Föderalismus verstanden (vgl. Kaufmann, 2008, S. 89; s. a. Wunderlich, 2014, S. 13; Hanesch, 2013). Drei Zahlen belegen diese Querschnittsaufgabe eindrucksvoll: Nach einer breiten Definition familien- und ehebezogener Leistungen stellt der Staat für Familien circa 200 Milliarden Euro zur Verfügung, die sich auf 156 Maßnahmen verteilen (BMFSFJ, 2014). Der Etat des Familienministeriums umfasst dabei den „Bruchteil" von 6,6 Milliarden Euro und verdeutlicht die Querschnittsaufgabe der Familienpolitik und seinen finanzpolitisch extrem engen Spielraum (vgl. Bujard, 2014a).

Divergierende Interessen, Werte, familienpolitische Mentalitäten und Ideologien, aber auch parteiinterne Verpflichtungen und Loyalitäten müssen beachtet werden, um möglichst große politische Handlungskorridore gegenüber dem zu beeinflussenden Interesse bespielen zu können. Kindbezogene Politiken sind hochgradig fragmentiert und Anliegen der Bevölkerungsgruppe der Kinder über zahlreiche Ressorts und Verwaltungsebenen verteilt: Finanzministerium, Familienministerium, Bildungsministerium, Gesundheitsministerium, Justiz- und Arbeitsministerium gehören wohl zu den wichtigsten Ressorts, in denen kindliche Anliegen zumindest auf Bundesebene unmittelbar ausgehandelt werden (vgl. Wilk & Wintersberger, 1996, S. 32; s. a. v. Winter, 1992, S. 401; siehe bereits Windhoff-Hèritier, 1987).

Darüber hinaus muss Familienpolitik nicht nur arbeitsmarkt- und beschäftigungspolitische, familien- und bildungspolitische, gesundheits- und sozialpolitische, sondern auch stadtentwicklungs- und wohnungsbaupolitische Ziele berücksichtigen. Denn familienpolitische Maßnahmen folgen primär anderen Motiven:

> „Das Ehegattensplitting und die Kinderfreibeträge aus steuerpolitischen; das Kindergeld aus sozialpolitischen, die Schaffung haushaltsnaher Arbeitsplätze aus arbeitsmarktpolitischen; die „Vätermonate" aus geschlechterpolitischen Motiven; und die Bildungspolitik wird völlig zu Unrecht der Familienförderung zugeordnet". (Kaufmann, 2008, S. 104)

Grundsätzlich sind redistributive Politikarenen, wie das der Sozial- und Familienpolitik (vgl. v. Winter, 2000, S. 524), nicht nur durch vielfältige Konflikte zu charakterisierende Sub-Arenen, sondern haben auch einen vergleichsweise hohen Wirkungsgrad, da wichtige strukturelle Entscheidungen nicht nur den Bereich der Familienpolitik betreffen, die letztlich zu einem „Konfliktantagonismus" führen.[143] Aus dieser Konfliktintensität entsteht eine spezifische Arena, für die neben der Problemverarbeitung auch die Konflikthaftigkeit des Politikfeldes zur Durchsetzung oder Verhinderung von Interessengruppenhandeln ausschlaggebend ist (vgl. Schneider & Janning 2006, S. 23 & 68).

In der Praxis deutscher Familienpolitik sind solche Zielkonflikte in besonderem Maße angelegt: Einige Stakeholder betonen ökonomische Ziele (bspw. Terminierung von Schulferien nach tourismuspolitischen Erwägungen durch die Kultusministerkonferenz). Andere sind an der besonderen Berücksichtigung redistributiver Maßnahmen interessiert (bspw. Bündnis

143 Hier erscheint exemplarich das Bündnis der Kindergrundsicherung erwähnenswert, das in Politik und Zivilgesellschaft nicht nur Befürworter hat. Die Umsetzung einer Kindergrundsicherung würde nämlich zahlreiche andere Politikbereiche als nur die Familienpolitik berühren. So befürwortend das Anliegen des Bündnisses auch sein mag, so scheint es in der Realpolitik an Grenzen mit anderen Leistungssystemen zu stoßen. Eine Studie zur Kindergrundsicherung von Irene Gerlach und Henning Heddendorp belegt diese Einschätzung. Sie zeigen deutlich, welche Auswirkungen eine Kindergrundsicherung auf zahlreiche andere Rechtbereiche hätte. Es würde „einen tiefgreifenden Systemwechsel der familienbezogenen Leistungen bedeuten, mit welchem zahlreiche politische und rechtliche Voraussetzungen und Konsequenzen verbunden sind" (Gerlach & Heddendorp, 2016, S. 46; s. a. Interview Marion v. z. Gathen & Woltering, 2015).

Kindergrundsicherung oder das neuere Bündnis „Wir wollen eine Gesellschaft, der jedes Kind gleich viel wert ist"), wieder andere an dem vergleichsweise stärkeren Ausbau ideeller staatlicher Leistungen nach dem Motto „Bildung für alle" (Ausbau der Betreuungs- und Bildungsinfrastruktur).

Für das Thema Kindheit in Armut erscheint der Konfliktantagonismus dieser Arena zwischen sozialen und ökonomischen Interessen eine hohe Relevanz zu haben, wie im späteren Verlauf noch dargestellt wird, wodurch die Interessen von Kindheit in Armut im Vergleich zu anderen Interessen in eine subalterne Rolle zu fallen drohen. Christian Woltering hebt im Expertengespräch den hier herausgestellten Konfliktantagonismus deutlich hervor:

> „Man [muss] gleichzeitig ein ganzes Bündel an Maßnahmen angehen, das dafür sorgt, dass die gesamte Familie aus der Armut herauskommt. Anders wird es niemals gelingen ein einzelnes Kind innerhalb eines Familienverbundes aus der Armut herauszuholen. Und das ist natürlich die Hürde, über die gesprungen werden muss. Denn wir reden ja nicht nur über Leistungen für Kinder. Wenn man die Familie aus der Armut herausholen will, dann reden wir über die Integration in den Arbeitsmarkt. Dann reden wir über Sozialversicherungen. Dann reden wir über Bildung. Dann haben wir ein Maßnahmenbündel, das plötzlich so riesig wird, dass man die Situation nicht mehr mit einfachen singulären Reformvorschlägen substantiell verändern könnte. (Interview Marion von zur Gathen & Christian Woltering, 2015)

6.3 Familienpolitische Schlaglichter bis zur Jahrtausendwende

Aus dem Blickwinkel des heutigen politischen Beobachters erscheint Familienpolitik seit Gründung des Bundesministeriums für Familie lange Zeit als ein Ressort „weicher Themen", das allenfalls als Nischenfeld wahrgenommen wurde/wird. Das lag vor allem an der Besetzung meist politisch einflussloser oder dem regionalen Proporz geschuldeter Ressortleiter*innen. Sie alle schienen entweder überfordert, waren ohne Rückhalt aus den eigenen Reihen, sind nie richtig im Amt angekommen und hatten einen entsprechend begrenzten Wirkungskreis. Dennoch haben einige Minister*innen der Familienpolitik zu einigem Gewicht verholfen. Zu den bekanntesten zählen sicherlich Heiner Geißler und seit der Jahrtausendwende Renate Schmidt und Ursula von der Leyen. Allesamt konnten dem Familienministerium zu „Ansehen" verhelfen, was sicherlich auch mit einer (vorübergehenden) Sensibilisierung für familienpolitische Themen zu tun hatte (vgl. Kaufmann, 2008, S. 87).

Grundsätzlich zeigt sich heute, dass Familienpolitik (zumindest phasenweise und themenbezogen) stärker in den politischen Fokus gerückt ist. Und obwohl die Institution der Familie laut öffentlicher Debatte in einer

Dauerkrise steckt, ist sie gleichzeitig auch eine „unverwüstliche Lebensform“ (Allert, 1998). Daher wird die „Bedeutung der Familienpolitik als Indikator für die Unverwüstlichkeit einer Lebensform in der Krise“ gesehen (Burkart, 2010, S. 123). Andere Autoren versehen die Aufmerksamkeitskurve deutscher Familienpolitik mit der Überschrift „vom Gedöns zum Top Act und retour“ (Ristau, 2014). Diese Autoren sprechen der deutschen Familienpolitik nach einer Phase erhöhter Aufmerksamkeit und Einflussnahme wieder einen zunehmenden Bedeutungsverlust zu.

Heute haben wir Spitzenpolitiker, die Elternzeit nehmen, ihre Kinder von der Kita abholen und all dies öffentlichkeitswirksam bei Twitter darstellen. Die Botschaft dahinter ist klar: Familie ist eine Herzensangelegenheit der Politik.[144] Doch selbst wenn dem so ist, so wurde Familienpolitik nicht immer als solche wahrgenommen. Wahrnehmbar ist jedoch die immense Abhängigkeit deutscher Familienpolitik von wirtschaftlichen und gesellschaftlichen Vorgaben (vgl. Butterwegge, 2014, S. 144; s. a. Kaufmann, 2008, S. 93). Dabei zeigen sich immer wieder Phasen, die von Kontinuität und wiederum von einschneidenden Zäsuren geprägt sind (vgl. Gerlach & Hornstein, 2007, S. 804). Wie in allen gesellschaftlichen Teilbereichen schlagen sich auch in der Familienpolitik die soziale Wirklichkeit und familienpolitische Traditionslinien in bestimmten Konzepten und Begrifflichkeiten nieder, die immer im Kontext gesellschaftlicher, politischer und ökonomischer Strukturen sowie geführter Diskurse eingebettet sind (vgl. Lessenich, 2003, S. 11). Politische Vorstellungen der sozialen Wirklichkeit sind genauso wie ideologische und gesellschaftliche Theorien immer auch Kinder ihrer Zeit (vgl. Rüb, 2009) und haben somit keinen Absolutheitsanspruch. Insofern existiert im internationalen Vergleich auch keine einheitliche Definition von Familienpolitik.

Familienpolitik in den ersten Nachkriegsjahren bis 1949

Eine aktive Gestaltung der Familienpolitik in der Nachkriegszeit – im Sinne eines integrierten familienpolitischen Konzeptes und Einwirkens von staatlicher Seite – ist bis zur Gründung der Bundesrepublik Deutschland im Jahre 1949 nicht zu beobachten. Lag dies zum einen an einer rassenideologisch motivierten deutschen Familienpolitik zu Zeiten des Nationalsozialismus mit seiner rassenhygienischen Bevölkerungspolitik, so zeigt sich zum

144 Würde man sich jedoch die Mühe machen, zu vergleichen, wie oft Spitzenpolitiker bei welchen Verbänden auftreten und dabei die familienpolitischen Verbände suchen, wäre schnell klar, wie unwichtig diese sind.

anderen eine wesentlich stärkere Priorisierung sozialpolitischer Politikfelder[145], in denen familienpolitische Themen *en passant* mitgestaltet wurden (vgl. Münch, 2001, S. 646; s. a. Albers, 1981, S. 42). Der bis in die Gegenwart hineinreichende Querschnittscharakter deutscher Familienpolitik in Bezug auf zahlreiche andere Politikfelder der Arbeitsmarkt-, Frauen-, Sozial- und Bevölkerungspolitik erfährt womöglich hier seinen Ausgangspunkt.[146] Aus den Erfahrungen des Nationalsozialismus wurde für die Siegermächte in den Besatzungszonen das Thema Familienpolitik ein Reizthema.

Familienpolitik war negativ konnotiert. Schnell geriet man in den Verdacht, nach „qualitativen“ Merkmalen familienpolitische Ideologisierung betreiben zu wollen und rassehygienische Beweggründe in den Vordergrund zu stellen.

Eine umfassende Familienpolitik, die für eine „planmäßige Beeinflussung demographischer Tatbestände wie Größe, Altersaufbau, regionale Verteilung und Wachstumsintensität der Bevölkerung“ stand (Kaufmann, 1983; zit. nach Münch, 2001, S. 652), war bis in die 1950er Jahre hinein nicht festzustellen. Beispielsweise wurde die Kinderbeihilfe in den Besatzungszonen abgeschafft, aus der das spätere Kindergeld hervorging und das sich in ähnlicher Form in beinahe allen europäischen Ländern widerfand. Die Zurückhaltung politischer Parteien in den westlichen Zonen finanzielle Hilfen für Kinder und Familien auszubauen kann dabei einerseits als eine Wirkung aus der Abschaffung und dem Verbot finanzieller Leistungen von Seiten der Besatzungsmächte gelesen werden (vgl. Münch, 2001, S. 654f.; Münch, 2005, S. 615). Andererseits galt die Familie als produktive und sinnstiftende Einheit der Gesellschaft. Nach dieser Überzeugung waren die Familien immer noch am besten in der Lage, ihre materielle und immaterielle Versorgung sicherzustellen. Ein zu frühes staatliches Eingreifen stand in diametraler Überzeugung zum bundesrepublikanischen Subsidiaritätsprinzip (vgl. Reichwein, 2012, S. 50).

---

145 Bspw. im Bereich der Sozialversicherung und der rechtlichen sowie politischen Neugestaltung des Arbeitslebens (vgl. Münch, 2001, S. 646).

146 Beachtenswert ist ebenfalls die föderale Struktur des politischen Systems der Bundesrepublik, in dem gerade soziale Dienste in den Kompetenzbereich der Bundesländer fallen.

Die Phase der vorsichtigen Konsolidierung und des Familienlastenausgleichs[147]

Mit der Gründung eines Familienministeriums im Jahre 1953, das sowohl bei der Opposition als auch in der Öffentlichkeit auf lautstarke Kritik stieß, wurde der Pfad des geringen Stellenwertes der Familienpolitik während der Zeit der Besatzungszonen zumindest von institutioneller Seite verlassen und familienpolitische Themen wurde eine größere Aufmerksamkeit zuteil. Daneben sprach das Grundgesetz der Familie einen besonderen Schutz von Seiten des Staates zu.

Das vorherrschende Leitbild bundesrepublikanischer Familienpolitik in jener Zeit war weithin eines mit konservativer Prägung. Im Zentrum dieser Familienpolitik stand das traditionelle Leitbild des Mannes als alleiniger Ernährer und Versorger der Familie (vgl. Münch, 2005, S. 599ff.). Einer Frauen- bzw. Müttererwerbstätigkeit standen Politik und Gesellschaft mehr als skeptisch gegenüber. Sie wurde als Gefahr für die Stabilität der Familie und somit der Gesellschaft angesehen (vgl. Gerlach, 2009a, S. 9). Dies zeigt sich auch in der verbrieften Befugnis des Mannes, die ihm bis zum Jahr 1958 das alleinige Bestimmungsrecht[148] über Frau und Kind zusprach. Verheiratete Frauen wurden erst nach 1969 als voll geschäftsfähige Rechtsträger von Seiten des Gesetzgebers anerkannt.

---

147 An zahlreichen Stellen in dieser Arbeit wird die Sichtweise des Kindes aus der Perspektive des Erwachsenen eingegangen und kritisiert. In dieser Perspektive werden Kinder immer wieder als Kostenfaktor identifiziert. Dieser elternzentrierte Blickwinkel besteht auch im verteilungspolitischen Gefüge, als ein Subsystem des gesellschaftlichen Gesamtsystems. Von daher soll bereits an dieser Stelle bedacht sein, dass alle politischen Diskurse zu einer Familienförderung gerade der 1950er und 1960er Jahre, aber auch später motivierter familienpolitischer Auseinandersetzungen, sich mit den (Opportunitäts-)Kosten von Kindern für eine familienpolitische Ausgestaltung von Leistungen beschäftigten; das heutige Elterngeld übrigens auch (vgl. Kap. 7.1.2).
In der damaligen Zeit drehte sich der Diskurs speziell um die Ausgestaltung eines Familienlastenausgleichs. Hier ging es in wissenschaftlichen und politisch motivierten Untersuchungen (bis auf wenige Veröffentlichungen, die auch das Phänomen der finanziellen Aspekte der Kinderarmut aus der Perspektive des Kindes betrachteten) vor allem um technische Details eines Familienlastenausgleichs. Dieser sehr spezielle finanzpolitische Blickwinkel kann als ein Grund angeführt werden, warum nur die Kosten für Kinder (Kinder als Kostenfaktor aus der Perspektive des Erwachsenen) und nicht auch die (wirtschaftliche) Lage und Lebenswelten von Kindern berücksichtigt wurden, wie es seit der Etablierung von wissenschaftlichen Studien (Shell-Jugenstudie & Kiggs-Studie) sowie politischen Berichten (bspw. Kinder- und Jugendbericht) gängige Praxis ist (vgl. Reichwein, 2012, S. 60).

148 Zur Vertiefung siehe Dieter Schwab (1997): Gleichberechtigung im 20. Jahrhundert, S. 790–811, hier speziell S. 805–811.

Familienpolitik jener Zeit war keine Arena, innerhalb derer sich der Staat als ordnungspolitische Instanz allzu stark hervortat. Und auch für die zu diesem Zeitpunkt noch sehr einflussreiche Kirche hatte sich der Staat aus den Schlafzimmern der Menschen fernzuhalten. Im Mittelpunkt der 1950er Jahre stand vor allem die Ausgestaltung monetärer Leistungen für kinderreiche Familien in Form einer Kindergeldgesetzgebung, um die generative Aufgabe der Familien sowie ihre Erziehungsfunktion politisch zu würdigen und zu stärken. Am Ende dieser Bemühungen konnte die Einführung eines nach der Kinderzahl ausgezahlten Kindergeldes ab dem dritten Kind[149] als erster Schritt zu einem allgemeinen Kindergeld gesehen werden. Dieser war damals allerdings höchst umstritten. Schon die Einrichtung eines Familienministeriums wurde teils für „absurd" befunden: Ein Kindergeld würde jeglichen „Arbeitsanreiz (...) zerstören" (Neumeister, 1953). Hintergrund einer Kindergeldeinführung nach Kinderzahl war, dem damals schon signifikanten Zusammenhang von Armut in Abhängigkeit der Kinderzahl eine familienpolitische Antwort gegenüber zu stellen (vgl. Münch, 2005, S. 599f.). Franz-Xaver Kaufmann stellt diesbezüglich in einer Zusammenschau zum Kindergeld fest:

> „Einzig das Kindergeld konnte als genuine familienpolitische Maßnahme gelten, doch seit der (...) Integration des Kindergeldes in den steuerlichen Familienlastenausgleich ist auch diese Zuständigkeit ans Finanzministerium gefallen". (2008, S. 89)

An dieser Stelle zeigt sich wieder die schon sehr frühe Weichenstellung einer vergleichsweise hohen Einfluss- und Kompetenzverschiebung des Familienministeriums in andere Politikfelder hinein, die zu einer großen Abhängigkeit von wirtschaftlichen und finanzpolitischen Vorgaben führte. Eine einseitige familienpolitische Beschränkung mit dem Ziel eines moderaten Ausgleiches der „negative[n] Begleiterscheinungen von Industrialisierung und Modernisierung" (Münch, 2007, S. 579) hat gleichzeitig auch den Stellenwert und Status deutscher Familienpolitik über politische Dekaden hinaus festgeschrieben und trägt bis in die Gegenwart hinein zu einer vergleichsweise schwächeren Macht- und Verhandlungsposition bei.

Die politische wie öffentliche Wahrnehmung des neugegründeten Familienministeriums als politische und institutionelle „Randnotiz" bekam auch der erste und äußerst engagierte Familienminister Franz-Josef Wuermeling[150] zu spüren, der unermüdlich für die Einführung eines Familienlasten-

---

149 Ab 1961 auch für das zweite Kind und schließlich seit 1964 vom allgemeinen Kindergeld abgelöst.

150 Es ist überliefert, dass Konrad Adenauer das Amt des ersten Familienministers eigentlich dem CSU-Bundestagsabgeordneten Franz Josef Strauß anbot. Dieser lehnte jedoch mit

ausgleichs in Politik und Öffentlichkeit warb und im öffentlichen Kreuzfeuer stand. So wurde Wuermeling als „Kindergeldmonomane" und „lustige Figur" diskreditiert, der regelmäßig für „erheiternde Glossen" herhalten musste. Das lag sicher am Status des Familienressorts und einer tief verwurzelten Skepsis gegenüber staatlichen Eingriffen in die Familie, jedoch auch an der polarisierenden Person des Familienministers selbst. Der Bevölkerungswissenschaftler Hans Harmsen fragte daher auf einer Tagung der „Gesellschaft für Sozialen Fortschritt":

> „Woran liegt es eigentlich, daß, wenn die Frage ‚Familie und Kinder' diskutiert wird, die Dinge sofort ins Lächerliche gezogen werden und die Tatsache eines Familienministeriums geradezu bei jeder parteipolitischen Diskussion einen billigen Heiterkeitserfolgt [sic!] sichert?" (zit. n. Reichwein, 2012, S. 121f.)[151]

Gleichzeitig wurde mit den politischen Bestrebungen, kinderreichen Familien finanzielle Unterstützung zukommen zu lassen, auch der Grundstein für eine vergleichsweise komplizierte Konstruktion familienpolitischer Leistungen gelegt, die später in den Familienlastenausgleich überging und eine weitere Abnahme des politischen Einflusses für das Familienministerium zur Folge hatte. Somit bewertete der Soziologe Gerhard Mackenroth (1952, S. 58) den Familienlastenausgleich als

> „die sozialpolitische Großaufgabe des 20. Jahrhunderts".

In dieser Phase versuchten vor allem SPD und FDP gegen die Ausgestaltung einer familienpolitischen Policy zu opponieren. Ein „allgemeines Anliegen wie Familie" bestand für sie noch nicht (vgl. Gerlach, 2009, S. 91). Jedoch erwuchs in der Bundesregierung die Einsicht nach der Dringlichkeit einer „Neuordnung der sozialen Leistungen" (Achinger/Höffner & Muthesius, 1955). Konrad Adenauer kündigte daher nach den Bundestagswahlen 1953 eine umfassende Reform der sozialen Sicherungssysteme an.

In diese Zeit fällt ebenfalls eine kontrovers geführte Debatte über die Ausgestaltung eines Generationenvertrages[152], der letztlich zum Scheitern eines

---

Verweis auf seine damalige Ehelosigkeit ab. Vordergründig ging es ihm wohl eher darum, nicht zum „Hans Wurst" der Karikaturisten zu werden. Er sah in der Rolle als möglicher Familienminister seine politischen Ambitionen auf Bundesebene in Gefahr. Ein Schicksal, welches dem ersten Familienminister Wuermeling dann tatsächlich ereilte.

151 Eva Reichwein zitiert ebenfalls nicht aus der Originalquelle, sondern nach Rehling, Luise: Familie und Jugend – Sicherheit für morgen, In: CDU (Hrsg.): 7. Bundesparteitag. Hamburg 11.–15.5.1957, Hamburg 1957, S. 188–211, hier S. 188f.

152 Die gegenwärtig geführte Debatte um den Generationenvertrag ist nicht nur auf eine materielle Umverteilung eingeengt, „sondern meint die Gesamtheit der Einkommensver-

intergenerationellen Lastenausgleichs führte. Eine von Kanzler Adenauer initiierte Expertenkommission befürwortete ein vom Wirtschaftstheoretiker Wilfried Schreiber entwickeltes Konzept eines „Solidar-Vertrags", der auch als sog. „Schreiber-Plan"[153] zur Sozialreform bekannt ist und nicht nur eine Rentenversicherung, sondern auch die Einführung einer Familienförderung in Form einer Kinderrente vorsah. Zahlreiche Interessengruppen unterschiedlicher Couleur befürworteten hier die Transformierung in einen sog. „Drei-Generationen-Vertrag" (vgl. Külp, 1981, S. 132). Einmal zwischen aktiver Generation und Alten sowie zwischen aktiver Generation und Kindern. Somit sollten nicht nur die Altenlasten vergemeinschaftet, sondern auch eine „Sozialisierung der Kinderkosten" erreicht werden. Alle „nicht produktiven Generationen" (Ruheständler und Kinder) sollten eine von der erwerbstätigen Bevölkerung finanzierte Rente erhalten. Es sollte somit ein auf alle Generationen verteilter Generationenvertrag entstehen (vgl. Borchert, 2013, S. 40ff., Reichwein, 2012, S. 55ff.; Külp, 1981, S. 131f.).

Dieser zweite Generationenvertrag wurde jedoch nie umgesetzt. Aufgrund der Komplexität des Unterfangens und eines zunehmenden öffentlichen Handlungsdrucks entschloss sich die damalige Bundesregierung erst einmal die für sie zentralen Passagen der Expertenkommission umzusetzen. Als Generationenvertrag getarnt wurde ein System der „Transferausbeutung der Familien"[154] installiert, wie es der Rechtswissenschaftler Dieter Suhr im Zusammenhang mit der Wiedervereinigungsdebatte 1990 beschrieb. Und trotz der abschließenden Bewertung der damals durchgeführten Rentenreform als „das bedeutendste sozialpolitische Reformwerk der Sozialen Marktwirtschaft" (Hardach, 2006, S. 258; zit. n. Reichwein, 2013, S. 56), fand auch hier bereits eine Weichenstellung statt, deren Auswirkungen für die Unsichtbarkeit von Kindern und Familien bis in die Gegenwart wahrzunehmen sind. So zielte neben der Reform der sozialen Sicherungssysteme

---

teilung zwischen den Generationen. Der Generationenvertrag ist kein Vertrag im rechtlichen Verständnis. Er ist ein Arrangement von vielfältigen Beziehungen zwischen den Generationen, von Rechten und Pflichten, von Erwartungen und Leistungen, von Verträgen und Vereinbarungen mit unterschiedlicher Verbindlichkeit" (Hardach, 2006, S. 6).

153 Hier genauer Schreibers Bezugnahme auf das Mackenroth-Theorem in seiner Bewertung „Existenzsicherung in der industriellen Gesellschaft" (vgl. Schreiber, 1955).

154 Zur These der Transferausbeutung der Familien bestehen unterschiedliche Ansichten und Bewertungen. An dieser Stelle wurde nach Jürgen Borchert zitiert (2013, S. 42f.). Die Debatte um einen Drei-Generationenvertrag, der aktuell immer noch diskutiert wird, ist m. E. in einen falschen und gefährlichen Diskurs eingebettet. Denn die Argumentation der Befürworter spielt unterschiedliche Generationen oder Bevölkerungsgruppen untereinander mit dem Verweis auf einen drohenden „Krieg (…) zwischen den Generationen" gegeneinander aus (siehe hierzu exempl. den Sammelband Butterwegge & Klundt, 2003; hier insbes. Ebert, 2003, S. 99–111).

(1957) ebenfalls die Reform des Bundessozialhilfegesetzes (BSHG) von 1961 darauf ab,

> „die Hilfe zum Lebensunterhalt (HLU) angesichts einer immer besseren Sozialversicherung sozialpolitisch überflüssig zu machen, und Sozialhilfe vornehmlich als Hilfe in besonderen Lebenslagen (HbL), also jenseits materieller Armut im Immateriellen, fortzusetzen". (Leibfried & Voges, 1992, S. 17)

Mit fortschreitendem „Wirtschaftswunder" wuchs auch der Arbeitskräftemangel. Die politische Idee – heutzutage zentraler Ansatz einer „nachhaltigen Familienpolitik" –, in den Ausbau der Kinderbetreuungsinfrastruktur zu investieren, um Müttern eine Chance auf Teilerwerbstätigkeit zu ermöglichen, wurde damals auch aufgrund des vorherrschenden traditionellen Ernährermodells des Mannes verworfen – denn „Mutterberuf ist Hauptberuf" (Würmeling 1961; zit. n. Beck-Gernsheim, 2014, S. 575) – und führte u. a. zur massiven Anwerbung von Gastarbeitern (vgl. Gerlach, 2009, S. 92).

Für die Vereins- und Verbandsstruktur jener Zeit können die 1950er als „eine Phase der Neuorientierung und Neu- oder Wiedergründung" beschrieben werden.[155] Vor allem die konfessionellen Verbände (bspw. katholische Familienbund) unterhielten hervorragende Kontakte in das Familienministerium, was auch an dem Umstand gelegen haben mag, dass der damalige Familienminister ein strenggläubiger Katholik war (vgl. Gerlach, 2009, S. 91).

Insgesamt zeigt sich für diese erste Phase des Familienministeriums, dass es vornehmlich die wirtschaftliche Lage der Familie war, die sich in zahlreichen wissenschaftlichen Untersuchungen der Frage nach den Kosten der Kinder widmete. Der Begriff der Kinderarmut fiel allenfalls im Zusammenhang mit einer zu niedrigen Geburtenrate, die seit Mitte der 1960er Jahre nur noch knapp über der Sterbequote lag. Kinder waren unsichtbar, und Wissenschaft, Verbände und Politik betrachteten die Familie als Ausgangspunkt ihrer Überlegungen. Die Armut von Kindern verschwand darin vollends. Weder die sich in ihren zarten Anfängen befindliche Kindheitsforschung betrachtete zu diesem Zeitpunkt Kinder als eigenständige Personen (Subjektperspektive), noch bestanden eine Sozialberichterstattung sowie statistisch-methodische Möglichkeiten, dezidierte Rückschlüsse auf die Armut von Kindern zu ziehen. Angetrieben durch hohe wirtschaftliche Wachs-

155 In dieser Phase gründeten sich zahlreiche (inter)nationale Verbände im sozialen Bereich, bspw. die Arbeiterwohlfahrt, der Deutsche Verein für öffentliche und private Fürsorge, der Paritätische Wohlfahrtsverband, der Deutsche Familienverband, der Bund der Kinderreichen, der Familienbund der Deutschen Katholiken, die Evangelische Aktionsgemeinschaft für Familienfragen und der Deutsche Kinderschutzbund (vgl. Reichwein, 2012, S. 118f.)

tumsraten und das Versprechen „Wohlstand für alle“ (Ludwig Erhard, 1957), erlag man womöglich der Schlussfolgerung, die „unsichtbare Hand des Marktes“, als Grundlage des Ordoliberalismus mit seinem erheblichen Einfluss auf das Konzept der Sozialen Marktwirtschaft, würde etwaige Armutstendenzen austarieren und abmildern. Wenn es überhaupt so etwas wie Armut gebe, dann würde der von neoliberalen Denkern immer wieder gepriesene, bis heute jedoch empirisch nicht nachweisbare „*trickle-down-effect*“ die von Armut Betroffenen an diesem Wohlstand schon teilhaben lassen. Leider verschärfte das Dogma der „unsichtbaren Hand des Marktes“, welches spätestens seit 1973 im Zeichen des Neoliberalismus sukzessive zur vorherrschenden Lehrmeinung in Wissenschaft und Politik aufstieg, gleichzeitig auch die Unsichtbarkeit der Armut im Allgemeinen und die Unsichtbarkeit von Kindheit in Armut im Besonderen.

Zwischen Aufbruch und Diskontinuität: Die 1970er und 1980er Jahre

Mit der Regierungsübernahme der sozialliberalen Koalition 1969 erfolgte eine klare Abkehr von einem konservativen familienpolitischen Leitbild, das die Familie in ihrer klassischen Zusammensetzung protegierte. Getragen durch gesellschaftliche Einflüsse und den Wertewandel der 1968er-Bewegung fand eine allmähliche Öffnung familienpolitischer Themen statt. Tradierte Familienmuster sollten somit aufgebrochen werden.[156] Wie stark die familienpolitischen Ideologien zwischen den gesellschaftlichen Zielkonflikten (*cleavages*) eines christlichen Familienbildes einerseits versus einer flexibleren Sicht auf die Familienrealitäten („rationalere Familienpolitik“) andererseits verliefen, belegt eine Aussage von Franz Josef Strauß[157], der durch die sozialliberale Familienpolitik eine „Auflösung der Familie“ vorherzusehen glaubte (vgl. Münch, 2008, S. 641). Nichtsdestotrotz konstatierten auch führende Unionspolitiker wie der damalige Bundesfamilienminister Bruno Heck (1962 bis 1968; CDU), dass im Zuge eines gesellschaftlichen Wertewandels und der Erosion tradierter Konfliktlinien sowie eines Siegeszuges postmaterieller Werte

156 Trotz der Fortschritte wurde weiterhin an einem modifizierten Familienleitbild einer männlichen Ernährerfamilie festgehalten.

157 Franz Josef Strauß war ein deutscher Politiker und von 1961 bis 1988 Vorsitzender der CSU. Er galt als einflussreicher Politiker der damaligen Bundesrepublik.

> „nicht Ziel der Familienpolitik der Unionsparteien sein könne, das Bild der christlichen Familienpolitik von Staats wegen zu konservieren". (zit. n. Münch, 2006, S. 640)[158]

Hier zeigte sich ein enormer Wertewandel. Durch die sukzessive Entwurzelung einzelner gesellschaftlicher Milieus in Form von Säkularisierung, Individualisierung der Lebenswelten, Tertiarisierung der Arbeitswelt, höherem Bildungsstand der Wählerschaft und den bis in die 1970er Jahre stattfindenden Ausbau des Wohlfahrtsstaates haben sich die vormals klaren Konturen christlicher Milieus allmählich verflüchtigt (vgl. Decker, 2005, S. 109).

Doch wie hat sich die gesellschaftliche Entwertung christlicher Familientraditionen bemerkbar gemacht?[159] Der Zerfall christdemokratischer Milieus stand in einem engen Zusammenhang mit der gesellschaftlichen Säkularisierung. Übernahm die Religion nach 1945 noch eine trost- und kraftspendende sowie sinnstiftende Funktion, die auf politischer Ebene durch die Christdemokraten aufgefangen werden konnte, machte sich mit Ende der 1960er Jahre eine Identitätskrise bemerkbar. Bis dahin verband der gemeinsame Glaube unterschiedliche religiöse Schichten verschiedener Generationen und die Quelle der Loyalität stellte die Autorität der Kirche sicher (vgl. Walter, 2006). Mit dem Auftreten religiöser Gleichgültigkeitstendenzen in der Gesellschaft und der Herausbildung hedonistischer und materialistischer Milieus waren auch ein Rückgang und eine Sinnkrise christlicher Familienpolitik insbesondere bei protestantischen Wählern verbunden (vgl. Becker, 2000, S. 133). Die „geschmeidige Elastizität" früherer Tage, deren Bestehen durch die enge Verbindung mit den katholischen Milieus sichergestellt wurde, ist dadurch brüchig geworden (vgl. Walter, 2006).

Zwei wesentliche Zielmarken sind für diese Phase des Aufbruchs deutscher Familienpolitik zu identifizieren: Sichtbar wurde die neue „rationalere Familienpolitik" erstens vor allem im Bereich des Familienrechts. Im Zentrum stand eine stärkere Berücksichtigung der Interessen von Frauen und Kindern. Eine Stärkung der Rechte sollte vor allem durch die Reform des Ehe- und Scheidungsrechts sowie des Abtreibungsrechts, ein Adoptionsgesetz, eine besseren Vereinbarkeit von Beruf und Familie und durch die Einführung des Mutterschaftsurlaubes für berufstätige Frauen gelingen (vgl. Gerlach, 2009a; Münch, 2006, S. 666f.).

Ein zweiter Schwerpunkt lag in den Bemühungen um eine gerechtere Verteilung familienpolitischer Leistungen unabhängig vom Einkommen der

---

158 Wenn man einige Debatten der Gegenwart innerhalb der CDU/CSU verfolgt – bspw. zum Elterngeld, Betreuungsgeld und Unterhaltsrecht – erscheint das Zitat von Bruno Heck zur damaligen Zeit moderner als viele der heutigen Kommentare.

159 Siehe ebenfalls das interessante Kapitel zur Rolle der Kirchen bei Reichwein (2012, S. 128–145).

Eltern. Im Mittelpunkt stand der Familienlastenausgleich, der vor allem die Lebenslagen der Bevölkerungsgruppe der Kinder auszugleichen versuchte, indem er der bisher verankerten „einkommens- und schichtabhängigen steuerlichen Familienförderung" eine klare Absage erteilte (vgl. Münch, 2006, S. 636). Hier vollzog die sozialliberal geführte Regierung einen fundamentalen Politikwechsel, als im Zuge der Kindergeldreform von 1975 bereits ab dem ersten Kind ein Kindergeld gewährt und der steuerliche Kinderfreibetrag gänzlich abgeschafft wurde. Somit entstand unabhängig von der Zahl der Kinder in einer Familie ein einheitliches und allgemeines System von Kindergeld und steuerlichen Vergünstigungen.[160] Diese Initiative wurde unter großen Widerständen von Seiten zahlreicher Ressorts und angeführt durch das Bundesfinanzministerium letztlich durch das parlamentarische Gesetzgebungsverfahren gelotst und rechtlich implementiert. Für Ursula Münch (2006, S. 667) zeigt sich aber auch hier sehr deutlich,

> „dass die Kluft zwischen der Wünschbarkeit und der Machbarkeit staatlichen Handelns (…) besonders groß war. Im Konflikt mit den Finanzpolitikern (…) einerseits und den Vetopositionen der (…) Länderregierungen andererseits offenbarten sich die Durchsetzungsprobleme einer so genannten [familienpolitischen] Querschnittspolitik mehr denn je".[161]

Allerdings kehrte die christlich-liberale Regierung unter Bundeskanzler Helmut Kohl ab 1982 zum alten Modell des dualen Familienlastenausgleichs zurück. Der Kinderfreibetrag wurde wieder eingeführt und sukzessive, allerdings diskretionär ausgebaut (vgl. Gerlach & Hornstein, 2007, S. 804; Gerlach, 2009b). Dieser Rollback wird von Christoph Butterwegge (2014, S. 6) als Beginn einer

> „Rekultivierung der Familienpolitik als Kernstück konservativer Sozialstaatlichkeit"

gewertet. Im Mittelpunkt der neuen Bundesregierung aus Union und FDP stand mittels der Wiedereinführung des Kinderfreibetrages das kindliche soziokulturelle Existenzminimum einkommensteuerfrei zu halten und mit dem Kindergeld einkommensschwache Familien zu entlasten (vgl. Münch,

---

160 Trotz der Abschaffung des Kinderfreibetrages bestanden einige steuerliche Entlastungen weiter fort (vgl. Münch, 2008, S. 659).

161 Der Einfluss des Familienministeriums verringerte sich unter der Kanzlerschaft Helmut Schmidts noch weiter, da nach der Ölpreiskrise im Jahre 1973, die eine Rezession nach sich zog, vor allem finanz- und wirtschaftspolitische Probleme im Vordergrund standen. Um die politische Unsichtbarkeit und Machtlosigkeit des Familienministeriums wenigstens symbolisch entgegen zu wirken wurde der Kompetenzbereich bspw. um den Zivildienst oder den „Arbeitsstab Frauenpolitik" erweitert (vgl. Münch, 2008, S. 643).

2005, S. 533). Somit wurde der Schwerpunkt schwarz-gelber Familienförderung wieder auf steuerpolitische Regulationsmechanismen der Ehe als Basis der Familie gelegt. Dadurch profitier(t)en vor allem Besserverdienende, da der Kinderfreibetrag bei voller Ausschöpfung höher lag – und bis heute immer noch liegt – als Kindergeld und Kinderzuschlag und durch die Steuerprogression die Freibeträge umso höher sind, je größer das Einkommen ist. Heinz Hilgers bewertet das Leistungssystem in Deutschland daher als ein „umgekehrtes", das auf dem Kopf steht (vgl. Interview Heinz Hilgers, 2015). Insbesondere finanziell wohlhabendere Familien erzielen über die Kinderfreibeträge höhere Transferleistungen respektive steuerliche Einsparungen, wohingegen Hartz-IV-Empfängern Transferleistungen wie das Kindergeld vom Regelsatz abgezogen wird – und sie letztlich kein Kindergeld erhalten. Deutschland ist diesbezüglich das einzige OECD-Land, das sich so verhält.

Dagmar Hilpert (2012) stellt daher in ihrer Studie „Wohlfahrtsstaat der Mittelschichten?" die berechtigte Frage nach dem Zusammenhang von höheren Einkommen und höheren staatlichen Leistungen. Sie spricht daher auch von einem mittelschichtorientierten Familienlastenausgleich. Somit fand/findet eine Umverteilung von unten nach oben statt:

> „Denn ein horizontal ausgerichteter Familienlastenausgleich hat zum Ergebnis, daß bestehende Einkommens- und Chancenungleichheiten nachhaltig verschärft werden". (Flieshardt & Steffen, 1986, S. 19; zit. n. Butterwegge, 2014, S. 145)

An dieser Stelle zeigt sich bereits, dass der im Grundgesetz verankerte „besondere Schutz von Ehe und Familie" (Art. 6 Abs. 1 GG) bis in die Gegenwart hinein zur Legitimation einer steuerlichen und rechtlichen Privilegierung der Ehe führt – mit all ihren negativen Auswirkungen (vgl. Rülling & Kassner, 2007, S. 19). Diese familienpolitische Phase schwarz-gelber Familienpolitik in den 1980er Jahren kann im Bereich des Familienlastenausgleichs als „Diskontinuität" zusammengefasst werden, in anderen Bereichen jedoch als „Neubestimmung" und „Neuorientierung".

Mit der Übernahme des Familienministeriums durch Heiner Geißler, seinerzeit einer der prominentesten und einflussreichsten Politiker der Bundesrepublik sowie Autor der Studie „Neue Soziale Frage", wuchs auch das öffentliche Interesse an familienpolitischen Themen. Obzwar seine Studie in der Wissenschaft aufgrund methodisch angeführter Mängel kaum beachtet wurde, war sie doch ein wichtiger Impulsgeber in der Öffentlichkeit. Das Thema der Neuen Armut wurde öffentlich salonfähig. Eva Reichweins (2012, S. 371) Bewertung fällt indes negativer aus: Für sie wurde die Debatte um die neue Armut zum politischen Spielball. Die Studie wurde missbraucht und

„je nach Gusto beziehungsweise eigener Positionierung in Regierung oder Opposition – für die eigene und gegen die Politik der anderen [verwendet] (...), oder aber deren Bestehen kategorisch geleugnet und auf methodische Mängel verwiesen (...)".

Insgesamt hat sich die Familienpolitik der 1980er Jahre auf einen konservativen Kammerton eingestimmt. Hat die CDU/CSU zu Oppositionszeiten der siebziger Jahre die Familienpolitik der sozial-liberalen Koalition immer wieder scharf kritisiert, so enttäuschte sie kurz nach Regierungsübernahme im Jahr 1982 die Hoffnungen zahlreicher Familienverbände durch Kürzungen im Familienbereich. Der programmatische Stellenwert war vor allem durch ein „familialistisches" Leitbild geprägt, in dessen Mittelpunkt die Wahlfreiheit zwischen Kindererziehung und Erwerbsarbeit stand und als alte „Geißlersche" Familienpolitik[162] beschrieben wird (vgl. Fuchs, 2014, S. 52). Aber auch demografische Entwicklungen im Sinne einer Bevölkerungspolitik standen wieder verstärkt im Fokus familienpolitischen Gestaltens.

Als ein großer Einschnitt dieser Phase kann die Wiedervereinigung gewertet werden, da mit ihr hinsichtlich eines unterschiedlichen Abtreibungsrechts und anders gewichteter familienunterstützender Leistungen zwei verschiedenartige familienpolitische Leitbilder aufeinandertrafen, die miteinander harmonisiert werden mussten (vgl. Münch, 2012, S. 234). Vergegenwärtigt man sich, dass sich die Bundesrepublik stets von der ebenfalls starken Rolle des Staates innerhalb der Familienpolitik der DDR abzugrenzen versuchte, waren Konfrontationen hinsichtlich der beiden großteils konträren familienpolitischen Leitbilder absehbar.

Aber auch in dieser Phase zwischen „Aufbruch" und „Diskontinuität" ergibt sich ein klares Bild: Denn entgegen einer öffentlichen und politischen Aufwertung der Familienpolitik beschrieb der Wirtschafts- und Sozialwissenschaftler Willi Albers (1981, S. 61) den Stellenwert deutscher Familienpolitik in einer Festschrift mit den heute noch aktuellen Worten, dass

„der trotz steigender öffentlicher Hilfe desolate Zustand der Familienpolitik in der Bundesrepublik Deutschland (...) nicht zuletzt darauf zurückzuführen [ist], daß die Familienpolitik lange Zeit ein Randgebiet der Politik gewesen ist, auf dem wenig Lorbeeren zu gewinnen waren. Wer sich profilieren wollte, hat sich deshalb andere Politikbereiche ausgesucht, wie z. B. die Wirtschaftspolitik, die Verteidigung (...). So wurde die Familienpolitik in den Parteien – von Ausnahmen abgesehen – nur von ihrer zweiten und dritten Garnitur an Politikern vertreten. Das wirkt bis heute nach (...)".

---

162 Überreste dieser auf Wahlfreiheit begründeten Familienpolitik zeigen sich bspw. am Betreuungsgeld.

7. Wohlfahrtsstaatssoziologische Erklärungsmuster: Kinderarmut in Zeiten einer Ökonomisierung des Sozialen

7.1 Vom fürsorgenden zum aktivierenden und sozialinvestiven Wohlfahrtsstaat

Welche Rolle spielt dabei nun der Wohlfahrtsstaat? Das Spannende an den hier präsentierten Erklärungsmustern ist gerade, dass die Forderung nach einer signifikanten Ausweitung und Überarbeitung des bisherigen wohlfahrtsstaatlichen Umverteilungssystems keine Erfindung des als eher schwach einzuschätzenden deutschen Kinderarmutsdiskurses ist (vgl. Bayer & Hübentahl, 2012). Vielmehr geht sie ursprünglich auf den renommierten dänischen Wohlfahrtsstaatsforscher Gøsta Esping-Andersen und seine *„child-centered social investment strategy"* (2002) zurück, die vor dem Hintergrund sich verändernder ökonomischer und sozialer Rahmenbedingungen des alten hin zu einem aktivierenden und sozialinvestiven Wohlfahrtsstaat entwickelt wurde (vgl. Giddens, 1998; dt. Veröffentl., 1999). Deren sozialinvestive Steuerungselemente können spätestens seit der Jahrtausendwende als politisches Supremat und ideologische Blaupause deutscher Bildungs- und Familienpolitik angesehen werden.

Diese zu einer neuen „Wohlfahrtsarchitektur" (Olk, 2007) ausgerichtete sozialstaatliche „Konstruktion von Sozialpolitik im Wandel" (Schulz-Nieswandt & Sesselmeier, 2009), der Idee eines „Europäischen Sozialmodells" (Koob, 2007) verpflichtet, lässt sich unterschiedlich ausgestaltet in beinahe allen westlichen Industrienationen beobachten. In einigen früher (u. a. Großbritannien, skandinavische Länder), in anderen etwas später (bspw. Deutschland). Alle diese Staaten sehen sich, so die einhellige Meinung, mit sehr ähnlichen wohlfahrtsstaatlichen Herausforderungen und sozialen Risiken konfrontiert, die tektonische Verschiebungen wohlfahrtsstaatlicher Rahmenbedingungen zur Folge hatte.[163]

Und obwohl Stephan Lessenich (2012, S. 41) hinsichtlich Bedeutung und Tragweite dieser neuen „Wohlfahrtsarchitektur" zu einiger Zurückhaltung und kritischer Distanz aufrief – denn wirkliche „paradigmatische Politikwechsel" und „irreversible Strukturverschiebungen" seien gesellschaftshistorisch selten –, konstatiert auch er einen unübersehbaren Wandel des bundesrepublikanischen wohlfahrtsstaatlichen Gebildes (vgl. Ostner, 2008, S. 49).[164]

Lange Zeit bestand in der vergleichenden Wohlfahrtsstaatsforschung Konsens darüber, dass sich die sog. „konservativen Wohlfahrtsstaaten" spätestens seit Mitte der 1970er Jahre strukturell in einer „*welfare without work trap*" befanden (Esping-Andersen, 1990, S. 21ff.). Konservative Wohlfahrtsstaaten werden als äußerst resistent gegenüber strukturellen wohlfahrtsstaatlichen Änderungsprozessen eingeordnet (*frozen welfare state*) (vgl. Eichhorst/Grienberg-Zingerle & Konle-Seidl, 2010, S. 66). Deutschland galt dabei als Verkörperung eines

> „überkommenen, offensichtlich krisenhaften und gleichwohl veränderungsresistenten, somit also nicht nur gesellschaftspolitisch, sondern auch reformpolitisch" (Lessenich, 2012, S. 42)

konservativen Wohlfahrtsstaates.[165] Der Beginn des einsetzenden Prozesses eines „faktischen Struktur- und Steuerungsproblems" kann demnach auch

---

163 Bspw. steigende Arbeitslosenzahlen, niedrige Geburtenraten, wachsende Staatsverschuldung und tiefgreifende Veränderungen der Lebensstile, Familienformen und Leitbilder (vgl. Esping-Andersen, 1999 & 2002; s. a. Marten & Scheuregger, 2007, S. 9).

164 Peter Hall (1993, S. 275–296), hat eine der bekanntesten Kategorisierungen eines politischen Paradigmenwechsels angeboten: Hall unterscheidet zwischen Veränderungen erster, zweiter und dritter Ordnung. Die erste Ordnung beschreibt Veränderungen der Settings eingesetzter Instrumente, bspw. wenn zur Berechnung der Armutsquote und der Armutsdefinition andere methodische Grundlagen verwendet werden. Jedoch bleiben hier die Ziele und Instrumente unverändert. Bei Veränderungen der zweiten Ordnung verändern sich auch die Instrumente. Die übergeordnete Zielsetzung des Wohlfahrtsstaates bleibt hingegen gleich. Beim Wandel dritter Ordnung besteht ein radikaler Politikwandel (vgl. Bleses & Seeleib-Kaiser, 1999, S. 118f.). „Die Umsetzung eines Paradigmenwechsels beinhaltet damit eine auf dem Ideenwandel aufbauende komplexe und umfassende Reformulierung politischer Ziele und Programme sowie die Umgestaltung von Institutionen. Dabei ist auch eine Veränderung damit verbundener Outcomes zu erwarten" (Dingeldey, 2011, S. 19). Der folgende Abschnitt wird darlegen, dass die Neuausrichtung der deutschen Wohlfahrtsarchitektur als Paradigmenwechsel dritter Ordnung bezeichnet werden kann.

165 Ob das derzeitige Sozialstaatsmodell noch als konservatives bezeichnet werden kann oder sich doch stärker in die Richtung des liberal-angelsächsischen Regimetyps entwickelt hat, darin bestehen unterschiedliche Einschätzungen (hierzu exempl. Hanesch, 2012).

an der landläufigen Überzeugung eines „Scheiterns" keynesianischer Wirtschaftspolitik und infolge des Ölpreisschocks von 1973 gesehen werden und setzte somit viel früher ein als viele Kommentatoren lange Zeit überzeugt waren. Seitdem verändert sich das wohlfahrtsstaatliche Steuerungsverständnis – vor allem der familienpolitische Steuerungs- und Leistungskatalog – in inkrementalistischen Schritten (vgl. Mätzke & Ostner, 2010) und hat mit der Abkehr eines ehemals fürsorgenden Wohlfahrtsstaates um die Jahrtausendwende nochmal einen „rapiden Politikwechsel" (Rüb, 2014)[166] erfahren. Mit der aktivierenden und sozialinvestiven Umgestaltung des Wohlfahrtsstaates hat dieser Prozess seinen bisherigen Höhepunkt erreicht – mit teils erheblichen verteilungspolitischen Verwerfungen (vgl. Dingeldey, 2006, S. 3f.; S. a. Olk, 2008, S. 294). Und auch einige Vertreter der (Kinder-)Armutsforschung sahen schon vergleichsweise früh die Gefahren eines wohlfahrtsstaatlichen Wandels mitsamt seinen Problemen und Risiken für die Frage nach der Bekämpfung der Armut am sich verändernden sozialstaatlichen Horizont heraufziehen (pars pro toto Butterwegge, 1999 & 2000).

Es muss allerdings abgegrenzt werden: In der Wirtschafts- und Arbeitsmarktpolitik hat sich unter den Mottos des „Förderns und Forderns" und „Sozial ist was Arbeit schafft" ein aktivierender Sozialstaat herausgeschält, in dessen Mittelpunkt die Liberalisierung des Arbeitsmarktes und der damit verbundene Ausbau eines breiten Niedriglohnsektors, befristeter Beschäftigungen und Kurzarbeit stehen (prekäre Beschäftigungsverhältnisse) – der starke Ähnlichkeiten mit dem von Anthony Giddens (1999) präferierten idealtypischen *„rights and responsibilities"*-Modell des „Dritten Weges" aufweist (vgl. Clasen & Clegg, 2004, S. 102). Die sozialstaatliche Entwicklung, die nicht mehr mit den gesellschaftlichen Lebensbedingungen Schritt halten konnte, reagierte auf gesellschaftliche Trends, wie den einer Erosion des Normalarbeitsverhältnisses, die sich zunehmend durch Brüche in den Erwerbs- und Einkommensverläufen bemerkbar machte (vgl. Esping-Andersen, 1999

166 Für den Mainstream der deutschen Politikwissenschaft ist die Vorstellung „rapider Politikwechsel" laut Friedbert W. Rüb überaus provokant. Darunter werden „schnelle, tiefgreifende Kursänderungen der Politik" verstanden (Schmidt, 2014, S. 239). Das auf Konsens und Ausgleich bedachte politische System der Bundesrepublik und die als vergleichsweise stark ausgeprägten „checks and balance" institutioneller Gewaltenteilung wurden bislang als Beleg eines eher „mittleren Weg" bundesrepublikanischen Regierens mit seinen immer wieder diskutierten „Reformstaus" und „Reformblockaden" angesehen. Rapide Politikwechsel seien aufgrund dessen höchst unwahrscheinlich. Und doch finden sie immer wieder statt, wie die Beispiele der Energiewende, die Agenda 2010, der Wandel in der Einwanderungspolitik oder eben der erstaunliche Paradigmenwechsel in der Familienpolitik veranschaulichen (vgl. Rüb, 2014, S. 9). Dieser Politikwechsel ist jedoch ohne den erstaunlichen Steuerungswandels einer gesamtwohlfahrtsstaatlichen Ausrichtung m. E. nicht hinreichend zu erklären.

& 2004; s. a. Fehmel, 2007) und in die drei großen Herausforderungen der zunehmenden ökonomischen Globalisierung, sozialen Modernisierung und Deindustrialisierung eingebettet ist (vgl. Ferrera, 2008).

Die Konzeption eines „aktivierenden" sozialstaatlichen Steuerungsmodells wurde in Deutschland unter dem Slogan „Neue Mitte" von der SPD erfolgreich in den deutschen Bundestagswahlkampf 1998 eingeführt und vom damaligen Kampa-Leiter Matthias Machnig und späteren Kanzleramtsminister Bodo Hombach mit den dafür notwendigen politischen Botschaften unterfüttert (vgl. Schröder-Blair-Papier, 1999)[167]. Ein Jahr zuvor war Tony Blair (2004) in Großbritannien mit einer ähnlich programmatischen Ausrichtung der *„childcare (...) [as] the new frontier of the welfare"* erfolgreich. Die Ansprüche der „Neuen Mitte" wurden durch eine Kombination sozialdemokratischer und wirtschaftsliberaler Elemente verwirklicht, um „neue Balancen von Eigenverantwortung und sozialer Sicherheit, von Individualismus und Gemeinwohl, von Modernisierung und Gerechtigkeit" umzusetzen (Machnig, 2002).

Oder wie es der damalige Bundeskanzler Gerhard Schröder formulierte:

> „Eine Wirtschafts- und Sozialpolitik, die Selbständigkeit und Risikobereitschaft fördert und zugleich Sicherheit wie die gerechte Verteilung der Chancen garantiert". (Schröder, 2004, S. 12)

Geistiger Vater dieser normativen wohlfahrtsstaatlichen Neuausrichtung ist der britische Soziologe Anthony Giddens, der „Jenseits von Links und Rechts" (1997) einen europäisch-sozialdemokratischen „Dritten Weg" einzuschlagen verfolgte, indem er sozialdemokratische und neoliberale Denkmuster miteinander vereinte und in Anlehnung an konservative Sozialstaatskritiker, wie den amerikanischen Politikwissenschaftler Lawrence Mead, den Vorrang der Erwerbsarbeit in den Mittelpunkt einer an staatsbürgerlichen Pflichten orientierten Sozialpolitik stellte (vgl. Brettschneider, 2007, S. 122). Dabei repräsentierte die Figur des „Dritten Weges"

> „a more politically acceptable language than traditional social democratic ‚tax and spend'". (Lister, 2004, S. 147)

167 Im Kern des Papiers geht es darum, dass sich beide „ausdrücklich von dem [distanzieren], was sie als traditionelles sozialdemokratischen [sic!] Selbstverständnis bezeichnen. Soziale Gerechtigkeit sei oftmals so verstanden worden, als müsse sie im Endeffekt zu Gleichheit führen. Als Folge davon habe man Eigeninitiative und Verantwortung vernachlässigt" (Giddens, 2001, S. 14).

Zentraler Kern des „Dritten Weges“ ist die Reformierung wohlfahrtsstaatlicher Strukturen (vgl. Giddens, 2001, S. 115). Diesem Programm, das in einen supranationalen Diskurs eines Neuen Sozialen Europas (siehe Lissabon-Strategie 2000 und Europa 2020)[168] eingebettet war/ist und von zahlreichen sozialdemokratischen Parteien Westeuropas unterschiedlich akzentuiert adaptiert wurde, entsprang – und das muss ebenfalls erwähnt werden – eine um die Jahrtausendwende europaweite Blütezeit der Sozialdemokratie. Elf der 15 Regierungschefs der Europäischen Union wurden Ende der 1990er von Sozialdemokraten gestellt (vgl. Walter, 2010, S. 43).

Mit dem Leitbild des aktivierenden Sozialstaates ist das des sozialinvestiven Wohlfahrtsmodells eng verknüpft. Während das aktivierende Element vor allem auf die Arbeitsmarktpolitik und die sozialen Sicherungssysteme einwirkte, gewann das sozialinvestive im Bereich der Bildungs- und Familienpolitik an Einfluss und ist zeitlich versetzt auf der bundesrepublikanischen Bühne erschienen (vgl. Olk, 2007, S. 47). Dieses sozialinvestive Steuerungsmodell erinnert vordergründig an die kindzentrierte Investitionspolitik (*„child-centered social investment strategy“*) des dänischen Wohlfahrtsstaatforschers Gøsta Esping-Andersen. Dieser geht davon aus, dass es sich kein Staat leisten könne, dass bestimmte Bevölkerungsgruppen an den Anforderungen einer globalisierten Wissenswelt scheiterten. Dabei sind die aktivierenden ohne die sozialinvestiven Strukturveränderungen nicht zu denken: Beide miteinander verbunden bilden erst das Amalgam des neuausgerichteten Wohlfahrtsstaates.

Mit Gerhard Schröders Wiederwahl zum Bundeskanzler im Jahre 2002 sollte nun die sozialinvestive Idee als wohlfahrtsstaatliches Agens Einzug in die Bildungs- und Familienpolitik finden und unter dem Motto „Familie bringt Gewinn“ und einem „ökonomischen Charme der Familie“ vorangetrieben werden. Familienpolitik ist von nun an „eine strategische Aufgabe ersten Ranges“ (Schröder, 2005). Das vormals klassische deutsche Sozialstaatsmodell hatte sein familienpolitisches Wirken „vor allem als Instrument der Umverteilung und sozialen Absicherung begriffen“, um „Nachteile und Risiken für Bürger“ auszugleichen (Evers & Heinze, 2008, S. 9). Aus der Gleichheit der materiellen Lebensverhältnisse, die durch Einkommensumverteilung erreicht werden sollte, wurde nun die Gleichheit der sozialen Teilhabemöglichkeiten auf dem Arbeitsmarkt und in der Bildung (vgl. Dingeldey, 2006,

168 Beide Strategien geben vor „die Union zum wettbewerbfähigsten und dynamischsten wissensbasierten Wirtschaftsraum in der Welt zu machen“ (Lissabon-Strategie, 2000; s. a. Europa 2020, 2010). Es wird bereits hier ersichtlich, dass die Strategie ausnahmslos anhand ökonomischer Gesichtspunkte definiert wird.

S. 8).[169] Im Mittelpunkt dieses „versorgenden Wohlfahrtsstaates" stand noch die Freiheit von materieller Not und Erwerbszwang. Dieses als Dekommodifizierung zu bezeichnende sozialpolitische Leitbild versuchte die

> „Menschen durch die Zuteilung von Rechtsansprüchen auf Sozialeinkommen von dem unbedingten Zwang zum Verkauf ihrer Arbeitskraft in bestimmten Situationen (z. B. von Krankheit, Berufsunfall, Alter etc.)" zu befreien. (Olk, 2008, S. 294)

Für den sozialinvestiv-aktivierenden Wohlfahrtsstaat wiederum ist eine Rekommodifizierung zentral. Aus marktfernen Sozialstaatsbürgern, deren soziale Risikolagen kompensatorisch durch den Rechtsanspruch auf materielle Leistungen erreicht wurden, werden nun mittels aktivierender und sozialinvestiver Steuerungskonzepte „(pro)aktive Marktsubjekte" geformt. Oberstes Ziel dieser Neuausrichtung ist die Investition in das Humankapital der Bürger und das Sozialkapital der Gesellschaft:

> „Auf diese Weise sollen die Zielgruppen der derart ausgerichteten Sozialpolitik in die Lage versetzt werden, mit den Risiken und Unwägbarkeiten des Lebens in einer globalisierten Wissensgesellschaft aktiv und selbst gesteuert umzugehen, soziale Risikolagen zu überwinden und drohende Ausgrenzungsprozesse zu vermeiden". (Olk, 2007, S. 44)

Die Erwerbstätigkeit der Mutter gilt dabei als ein wesentliches wohlfahrtsstaatliches Ziel. Diese Adressatenverschiebung erfolgte jedoch weniger aus geschlechteregalitären Motiven, sondern war eingebettet in eine europaweite Ökonomisierungswelle des sozialen Sektors und der Ausschöpfung des weiblichen Humankapitals – insbesondere für den expandierenden Teilzeit- und Niedriglohnsektor, der in keinem anderen europäischen Land so massiv ausgebaut wurde wie in Deutschland und als Synonym für den Untergang der sozialen Marktwirtschaft angesehen werden kann (vgl. Lessenich, 2012a, S. 121f.).[170] Ilona Ostner bemerkte hierzu kritisch, dass die Forde-

---

169 Bereits an diesem Punkt der Aufkündigung des Bestrebens einer Gleichheit der materiellen Lebensverhältnisse hat sich der Deutsche Weg deutlich von dem idealtypisch von Anthony Giddens und Gøsta Esping-Andersen beschriebenen Weg unterschieden. Denn beide Autoren stellen – wenn auch unterschiedlich akzentuiert – fest, dass die Antwort auf die Frage „ob man von den Reichen nehmen sollte und den Armen geben sollte" – also die Frage nach Besteuerung und Umverteilung – ein eindeutiges Ja ist (vgl. Giddens, 2001, S. 107). „Diese Politik nimmt beides wichtig, Gleichheit und Pluralismus, und legt dabei besonderen Wert auf einen dynamisch verstandenen Egalitarismus. Sie konzentriert sich vornehmlich auf Chancengleichheit, betont aber, daß Chancengleichheit ohne ökonomische Umverteilung nicht zu erreichen ist" (ebd., S. 134).

170 Die Identifizierung von Frauen als sozialinvestive Zielgruppe (vor allem die der Akademikerinnen) ist aus der Perspektive einer normativen und feministischen Theoriebildung

rungen des Feminismus der letzten 20 Jahre nach gleichen Erwerbschancen von der Politik instrumentalisiert worden sei:

> „Er setzte auf die Individualisierung der Existenzsicherung von Frauen und verwies auf Armutsrisiken von Fauen und ihren Kindern. Von da war es nur ein kleiner Schritt zur Folgerung, die Armut der Familie sei eine Folge ihres nicht ausgeschöpften Erwerbspotenzials und daher zunächst durch die Aktivierung der nicht erwerbsfähigen Ehefrau und Mutter zu bekämpfen". (Ostner, 2006, S. 195)[171]

Die wohlfahrtsstaatliche „Landnahme" (Klaus Dörre) der Familie steht dabei im Zentrum sozialinvestiver Bemühungen. Im Kern sieht der Sozialinvestitionsstaat die Ausrichtung aller Sozialausgaben auf ökonomische Gewinnerwartungen und wirtschaftlichen Nutzen vor, ohne jedoch eine signifikante Ausweitung finanzieller Leistungen für in Armut lebende Familien und ihre Kindern zu optieren. Seine neue zentrale Botschaft lautet: „Nachhaltige Familienpolitik ist Wachstumspolitik" (Renate Schmidt, 2004). Er praktiziert somit eine marktzentrierte Familienpolitik, die von dessen spezifischen Logiken und Imperativen kolonialisiert werden. Und auch die ehemalige Familienministerin Manuela Schwesing beschreibt den für diese Landnahme notwendigen Ausbau frühkindlicher Betreuungsmöglichkeiten und Bildungsinstitutionen (*social care*) als

> „knallharte Wirtschaftsinvestitionen. Um den Wirtschaftsstandort Deutschland zu sichern, braucht es nicht nur Straßen und Brücken, sondern auch Kinderbetreuung und gute Bildung. Familienpolitik ist auch Wirtschaftspolitik". (Schwesing, 2015)[172]

---

der „Befreiung des (...) weiblichen Arbeitsvermögens von Familienlasten" grundsätzlich erst einmal wünschenswert (Lessenich, 2012a, S. 120).

171 Damals wie heute sind es vor allem die Alleinerziehenden (davon 90 % Mütter), die von Armut bedroht sind. Dabei ist das Armutsrisiko im Zeitraum zwischen 2005 und 2014 von 39,3 % auf 41,9 % sogar noch gestiegen. Besorgniserregend ist vor allem die Erkenntnis, dass die Armutszahlen Alleinerziehender steigen, obwohl ihr Anteil an den Erwerbstätigen seit Jahren zunimmt (vgl. Asmus & Pabst, 2016, S. 27).

172 Die Verknüpfung von Familien- und Wirtschaftspolitik in Form neu geschaffener öffentlichkeitswirksamer Narrative wird in Kapitel 7.1.1 genauer erläutert. Es zeigt sich an der hier beschriebenen Bestimmtheit des Sozialinvestitionsstaates, dass die in Kapitel 4.2 herausgearbeiteten wohlfahrtsstaatlichen normativen Definitonen von Kaufmann, Butterwegge und Nullmeier hier nicht mehr vollumfänglich anwendbar erscheinen, da einige wohlfahrtsstaatliche Bezugsrahmen außer Kraft gesetzt werden.

7.1.1 Sozialinvestitionsstaat und Nachhaltige Familienpolitik[173]

Mit der sozialinvestiven Strategie wurde der über Jahrzehnte verinnerlichte dreispurige familienpolitische Pfad verlassen, „der Staat muss möglichst allen Familien immer gleichermaßen mehr Geld geben“ (vgl. Ristau, 2005, S. 17). Der damit verbundene familienpolitische Gegenentwurf zeigt sich deutlich in der zweiten Legislaturperiode der rot-grünen Bundesregierung (2002–2005). Im Fokus steht bis heute das Konzept einer „nachhaltigen Familienpolitik“ (vgl. Ahrens, 2012). Dabei kann das Ziel der Nachhaltigkeit als normative Referenz verstanden werden.[174] Der Begriff der Nachhaltigkeit in der Familienpolitik steht in engem Zusammenhang mit der Neuausrichtung des Wohlfahrtsstaates seit der Jahrtausendwende und ist zentral bei der Formulierung übergreifender Zielsetzungen.[175] Ausgehend von erwerbsaktivieren-

---

173 Einen Erklärungsansatz für die Gründe des rapiden Wandels in der Familienpolitik siehe bspw. Agnes Blome (2014). Sie argumentiert aus dem Blickwinkel eines akteurszentrierten Ansatzes. Für sie ist der Wandel an den sich verändernden Präferenzen der Wählerschaft und einem zunehmenden Parteienwettbewerb zwischen den beiden Großparteien zentral. So sehr dies aus einem akteursbezogenen Ansatz zutreffen mag, so liest sich der sozialinvestive Wandel der Familienpolitik als eine Konsequenz aus dem sich verändernden Verhalten und Präferenzen der Wählerschaft. Der sozialpolitische Wandel ist jedoch ohne Berücksichtigung einer Neuausrichtung des gesamten wohlfahrtsstaatlichen Gefüges als Sturkturproblem nicht abschließend zu erklären (s. a. Hinrichs, 2010, S. 68ff.).

174 Nachhaltigkeit meint „die Ermöglichung generationsübergreifender Lebenspläne in den Familien bei gleichzeitiger Sicherung begrenzter Ressourcen“ (Ristau, 2005, S. 18).
Spätestens seit der Jahrtausendwende ist das Konzept der Nachhaltigkeit ein politischer und wissenschaftlicher Dauerbrenner. Beinahe alles muss den kritischen Augen der Nachhaltigkeit standhalten. Aber was meint Nachhaltigkeit als gesellschaftliches Leitbild? Auf der Potsdamer Konferenz der Gesellschaft Chancengleichheit im Jahr 1999 beschrieb der Soziologe und Zukunftsforscher Rolf Kreibich das Leitbild der Nachhaltigkeit als „das plausibelste Zukunftskonzept, weil es auf die großen Herausforderungen der Gegenwart und Zukunft zukunftsfähige und realistische Antworten gibt, auch im Hinblick auf umsetzbare Strategien und Maßnahmen. Es ist realistisch und machbar, weil es viele Gewinner und nur wenige Verlierer hat und auf einen hohen gesellschaftlichen Konsens aufbauen kann“ (zit. n. Lohner/Paul & Presting, 2013, S. 25). Und für die Bund-Länder-Kommission (BLK) (1998) zielt „das Leitbild einer nachhaltigen Entwicklung (…) darauf, die Lebensbedingungen aller heute und in naher Zukunft lebenden Menschen zu sichern und zu verbessern, ohne die natürlichen Lebensgrundlagen zu gefährden“ (BLK, 1998, S. 22; zit. n. Lohner/Paul & Presting, 2013, S. 26). Dabei ist der familienpolitische Nachhaltigkeitsdiskurs in Deutschland vorwiegend ökonomisch geprägt (vgl. Ahrens, 2012, S. 248) und bleibt „in some parts (…) more or less nebulous“ (Ahrens, 2010, S. 204). Zur Vertiefung des Themas der Nachhaltigkeit deutscher Familienpolitik siehe Regina Ahrens, „Sustainability in German Family Policy an Politics“ (2010) und „Nachhaltigkeit in der deutschen Familienpolitik: Grundlagen - Analysen - Konzeptualisierung“ (2012).

175 Wie relevant das Ziel der Nachhaltigkeit als wohlfahrtsstaatlich normative Referenz erscheint, zeigt schon die Überlegung, ob Nachhaltigkeit im Grundgesetz aufgenommen

den und geburtenfördernden Zielsetzungen wird unter diesem Konzept laut dem 7. Familienbericht vor allem der Ausgleich zwischen (sozio)ökonomischen, sozialen und ggf. auch anderen Zielen verstanden (vgl. BMFSFJ, 2006). Im Bereich der Familienpolitik sind nachhaltige Konzepte eng mit den Handlungskorridoren und strategischen Fähigkeiten der politischen und zivilgesellschaftlichen Stakeholder verknüpft (vgl. Kap. 6.1, Abb. 4). Aus dieser Perspektive zeigt sich ebenfalls die Beschaffenheit „starker" und „schwacher" Interessen in der Familienpolitik, da der politische Leitbegriff der Nachhaltigkeit unterschiedliche Strategien legitimiert.

Nach Jahrzehnten der „Verkapselung" familienpolitischer Themen war es Gerhard Schröder, der 2002 als erster Bundeskanzler eine familienpolitische Regierungserklärung hielt (vgl. Ristau, 2014). Dieser Neuausrichtung gingen in der SPD-Parteizentrale im Willy-Brandt-Haus eingehende Wähleranalysen voraus, die einen signifikanten Stellenwert familienpolitischer Themen innerhalb der Wählerschaft auszumachen glaubten (vgl. Kampa, 2002). Im Kontext dieses familienpolitischen „*system change*" stand ein Jahre zuvor initiierter supranationaler Diskurs (auch „*mommy wars*" genannt) über die Vereinbarkeit von Familie und Beruf, den durch PISA entstandenen Bildungsschock und den Wandel in der Arbeitswelt (Erosion des Ernährermodells) sowie eine intensiv geführte Debatte über die demografische Entwicklung (vgl. OECD, 1999 & 2001; Fuchs, 2014, S. 46). Im Zentrum dieser Debatte stand die Frage, ob sich Europa „auf dem Weg zu einem Europäischen Familien(-politik-)leitbild" befinden soll (vgl. Schulz-Nieswandt, 2005; s. a. Lessenich, 2012, S. 121).

Daneben wurde auch das Thema der Kinderarmut immer häufiger in der Öffentlichkeit thematisiert. Flankiert durch einen Paradigmenwechsel der neuen Kindheits- und Armutsforschung (Kap. 5.1), führten das Inkrafttreten der UN-Kinderrechtskonvention (UN-KRK) in Deutschland 1992 und deren vermeintliche Umsetzung durch den Nationalen Aktionsplan für ein kindgerechtes Deutschland (NAP) (2005–2010) sowie die Entwicklung einer umfassenden Sozialberichterstattung zu einer sensibleren, wenn auch nicht nachhaltigeren Sichtbarkeit der Bevölkerungsgruppe der (armen) Kinder. Diese Stellenwertverschiebung jedoch allein einer höheren familienpolitischen Resonanz seitens der Wählerschaft zuzuschreiben, greife zu kurz. Vielmehr galt es von politischer Seite den gesamten Wohlfahrtsstaat neu auszurichten; der Bereich der Bildungs- und Familienpolitik wurde dabei als zentraler Baustein einer sozialinvestiven Steuerungsstrategie betrachtet.

werden soll. Siehe die öffentliche Sitzung des Parlamentarischen Beirates für nachhaltige Entwicklung des Deutschen Bundestages vom 08.06.2016.

Das Ziel ist eine Familienpolitik in Übereinstimmung mit wirtschaftspolitischen Inhalten. Durch eine geschickte Verknüpfung von Familien- und Wirtschaftspolitik, die ihr Seelenheil in Monetarismus, Angebotsökonomie und Fiskalkonservatismus sucht(e), soll eine positive Wirtschaftsdynamik auch in die Familienpolitik hineindringen, um die unteren Schichten am Wohlstand mit teilhaben zu lassen (vgl. Merkel, 2015, S. 17).

Bereits der renommierte Familienwissenschaftler und Politikberater Max Wingen kam in den frühen Jahren der bundesrepublikanischen Familienpolitik und den damaligen Schwierigkeiten der Einführung eines allgemeinen Kindergeldes zu den Einsichten, dass sich familienpolitische Forderungen nur durchsetzen ließen, wenn sie wirtschaftspolitische Synergieeffekte erzeugten und nicht im Gegensatz zu den Grundprinzipien des Wirtschaftswachstums und Leistungsprinzips stünden (vgl. Rölli-Alkemper, 2000, S. 20). Aus heutiger Sicht ist Wingens frühe Einsicht überraschend, wurde eine Trennung zwischen Familien- und Wirtschaftspolitik bis zur Etablierung einer „nachhaltigen Familienpolitik" in den akademischen und politischen Fachzirkeln doch als alternativlos angesehen (vgl. Evers & Heinze, 2008, S. 9). Vielleicht kann es daran gelegen haben, dass das Ressort der Familienpolitik seit Gründung meist unter dem Radar politischer und öffentlicher Aufmerksamkeit blieb. Mit der Jahrtausendwende wurde der „ökonomische Charme der Familie" (Ristau, 2005) somit nicht erst neu erfunden, sondern allenfalls wieder entdeckt. Er steht in einem engen Zusammenhang mit der wohlfahrtsstaatstheoretisch begründeten sozialinvestiven Strategie, nach der jedes Kind – und somit jeder potenziell zukünftige Erwachsene – einen gesamtgesellschaftlichen Wert repräsentiert (vgl. Esping-Andersen, 2005 & 2009).

Also ein alter Wein in neuen Schläuchen? Malte Ristau, ehemaliger Spitzenbeamter im Familienministerium, beschreibt den ökonomischen Charme und eine Verknüpfung von familienpolitischen und wirtschaftlichen Interessen wie folgt:[176]

> „Beide Ministerinnen [Renate Schmidt und Ursula von der Leyen, Anm. D. März] fanden über die ‚guten Menschen' hinaus immer dann Aufmerksamkeit, wenn sie über betriebliche Rendite, Wachstum oder Geburtenrate sprachen". (Ristau, 2014)

176 So zeigt sich auch in der Gesamtevaluation ehe- und familienbezogener Leistungen (2014), die gemeinsam vom Finanz- und Familienministerium im Jahre 2008 initiiert wurde, dass der Leistungskatalog aus insgesamt 156 Leistungen besteht, die zum Teil überhaupt nichts mit Familien und Kindern zu tun haben. Dennoch werden Leistungen, wie bspw. die Witwenrente, unter familienpolitischen Gesichtspunkten evaluiert und womöglich öffentlichkeitswirksam symbolisiert, „es gäbe bereits genügend sozialstaatliche Leistungen für Familien" (v. z. Gathen & Woltering, 2015, S. 3).

Der Bedeutungszuwachs des Familienministeriums steht somit zentral in einem engen Verhältnis mit der Entwicklung neuer Narrative und einer Umetikettierung (Re-*Framing*) familienpolitischer Interessen in wirtschaftspolitische Anliegen. Nachhaltige Familienpolitik steht jetzt im Zeichen einer aktiveren Bevölkerungspolitik, wie es der Politikberater und ehemalige Wirtschaftsweise Bert Rürup im Auftrag des Familienministeriums formulierte (vgl. Rürup & Gruescu, 2003)[177]. Für die Wohlfahrtsstaatsforscherin Ilona Ostner hat sich mit dem Einzug einer „nachhaltigen Familienpolitik" auch der Blick auf die Leistungen der Familie verändert.

> „Eltern (Mütter wie Väter) sind nun aufgefordert, vor allem erwerbstätig zu sein (…); sie sollen auch die Kinder im Interesse einer sozialinvestiven Gesellschaftspolitik in professionellere Hände geben. Sozialpolitik für Kinder hat sich in Beschäftigungspolitik für die Eltern verwandelt sowie in eine Politik, die das kindliche Humankapital fördert. Haushalt und Familie sollen markt- und beschäftigungsfreundlicher werden". (Ostner, 2008, S. 57)

Mit professionelleren Händen sind staatliche Institutionen gemeint. Denn für den Sozialstaat hat die Familie hinsichtlich ihrer Leistungen versagt, die sie für die Gesellschaft erbringen soll. Aufgrund dieses familiären Lebensweltversagens sollen nun verstärkt kindliche „Sozialisationsprozesse an staatliche Sozialisationsagenturen" übertragen werden (vgl. Ostner, 2008, S. 52). Für Ursula Münch gelten in dieser Lesart

> „Familien (…) als Ressource sowohl für den Arbeitsmarkt als auch für die Wissensgesellschaft. Schlecht ausgebildete und wenig integrierte Familien und deren Kinder gelten als Kostenfaktor für die gesamte Gesellschaft". (Münch, 2012, S. 246)

Für einen „echten" familienpolitischen Wandel benötigte das Familienministerium jedoch eine breite Bündnispartnerschaft aus Wissenschaft und Zivilgesellschaft. Denn ohne diese wäre der familienpolitische Wandel aufgrund des herausgearbeiteten arenaspezifischen Konfliktantagonismus deutscher Bildungs- und Familienpolitik womöglich gescheitert. Um diesem Rechnung zu tragen, wurde eine Vielzahl an Studien zum Nachweis des ökonomischen Nutzens dieser neuen familienpolitischen Grundausrichtung in Auftrag gegeben und eine „Allianz für die Familie" initiiert (exempl. Rürup

---

177 Renate Schmidt formulierte es auf einer SPD-Parteitagsrede in Bochum am 19.11.2003 wie folgt: „Deutschland braucht mehr Kinder, wenn wir unseren Wohlstand erhalten wollen. Liebe Genossen, liebe Genossinnen, das ist keine platte Bevölkerungspolitik unseligen Angedenkens, sondern Politik, die ermöglicht, dass Lebenswünsche und Lebensträume von jungen Menschen endlich wirklich werden" (Schmidt, 2003).

& Gruesco, 2003; Bertram/Rösler & Ehlert, 2005; Bomsdorf, 2005). Für die Formulierung und Umsetzung einer nachhaltigen Familienpolitik konnten in der „generalstabsmäßig geplanten politischen Kampagne" (Leitner, 2008, S. 79) zahlreiche zivilgesellschaftliche Stakeholder wie Gewerkschaften, Wohlfahrtsverbände, Industrie- und Handelskammern mobilisiert werden. Im Gegensatz zur Durchsetzung von Hartz IV, das Unsicherheiten, Spannungen und Akzeptanzprobleme auslöste, schaffte es das Leitbild einer nachhaltigen Familienpolitik, ein „gesellschaftlich akzeptiertes normatives Leitbild" zwischen Zivilgesellschaft und Sozialpartnern zu kommunizieren, um eine möglichst große „sozialpolitische Kongruenz" zu erzeugen (vgl. Eichhorst/Sesselmeier & Yollu-Tok, 2009, S. 40).

Denn wohlfahrtsstaatliche Interventionen müssen immer auch „ideell legitimiert" sein, um gesellschaftliche Akzeptanz zu erlangen (vgl. Lessenich, 2012a, S. 124). Und auch die mediale Berichterstattung war durchweg positiv: Familienpolitik avancierte zum Gewinnerthema (vgl. Olk, 2010, S. 295; Ristau, 2014; Henninger & v. Wahl, 2010, S. 372).

Gerade dieser in der breiten Gesellschaft vollzogene Schulterschluss mit den unterschiedlichsten Stakeholdern, die sich sonst hinsichtlich ihrer Interessenlagen diametral gegenüber stehen, ist unter Berücksichtigung der skizzierten familienpolitischen Traditionslinien bemerkenswert, zeitigt bis in die Gegenwart aber auch die Krisentendenzen des kindlichen Interessengruppenhandelns (Kap. 8).

Folgende Eckpfeiler können somit für das sozialinvestive Konzept nachhaltiger Familienpolitik beschrieben werden:

- Es gilt als zukunftsfähige Antwort gegenwärtiger Herausforderungen.
- Entgrenzung der Familienpolitik als Öffnung zur Wirtschaftspolitik. Verknüpfung von Familien- und Wirtschaftspolitik („Nachhaltige Familienpolitik ist Wachstumspolitik").
- **Ziele** sind eine bessere Vereinbarkeit von Familie und Beruf, Steigerung der Geburtenrate, Steigerung des Bildungsniveaus und der Erziehungskompetenzen, höheres ökonomisches Wachstum („ökonomischer Charme der Familie").
- **Zielgruppen:** Förderung der Erwerbstätigkeit gut ausgebildeter Frauen und Mütter und nachrangig auch der Väter; ausgerichtet auf Eltern der Mittelschicht.
- Umverteilung von Chancen zur Inklusion in den Arbeitsmarkt und nicht mehr die Sicherung materieller Gleichheit werden gefördert.
- Weniger Geldleistungen und mehr soziale Investitionen (Sachleistungen, Ausbau der Betreuungs- und Bildungsinfrastruktur) stehen im Mittelpunkt.

- Die Bevölkerungsgruppe der Kinder gilt erst einmal als zentral, da die Investition in ihr Humankapital den größtmöglichen Nutzen verspricht.
- In diesem Sinne ist die sog. Defamilialisierung zentral. Der Staat und der Markt nehmen den Eltern ihre Kinder ab, um sie in dafür geschaffenen Institutionen sozialinvestiv zu erziehen und somit die Opportunitätskosten für Kinder zu senken.
- Im Vergleich zu England, das eine starke Orientierung an Kindern aus benachteiligten Familien auszeichnete, ist die Orientierung an armen Kindern in Deutschland allenfalls als nachrangig zu bewerten.

7.1.2 Das Elterngeld als paradigmatisches Beispiel

Die damalige Ressortleiterin Renate Schmidt sollte diesen familienpolitischen Paradigmenwechsel einer nachhaltigen Familienpolitik spätestens in der zweiten Amtszeit Gerhard Schröders umsetzen und realisieren. Eine der wichtigsten politischen Zielsetzungen sollte die Einführung eines einkommensabhängigen Elterngeldes[178] darstellen. Wichtigster Architekt hinter den Kulissen war Leiter der Abteilung „Familienpolitik" Malte Ristau in Schmidts Ministerium. Das Konzept des Elterngeldes, eine originär sozialdemokratische Idee, konnte aufgrund der vorgezogenen Bundestagswahl von 2005 von Schmidt nur noch vorbereitet, jedoch nicht mehr umgesetzt werden.[179] Mit dem aus dieser Wahl resultierenden Regierungswechsel reklamierte anschließend Bundeskanzlerin Angela Merkel das Familienressort mit Erfolg

178 Ab Januar 2007 ist das Elterngeld an die Stelle des bis dahin gewährten Erziehungsgeldes getreten. Anspruch auf Elterngeld hat, wer nach der Geburt eines Kindes seine Arbeitszeit reduziert oder ganz aussetzt. Grundsätzlich ist das Elterngeld eine zeitlich befristete und vom Nettoeinkommen abhängige monetäre Leistung (siehe ausführlicher BMFSFJ, 2015a).

179 Über die einzelnen Gründe, warum es bis 2005 noch zu keiner Durchsetzung kam, siehe der institutionalistische Erklärungsansatz von Annette Henninger und Angelika von Wahl. Sie versuchen unter Zuhilfenahme des Vetospielertheorems von George Tsebelis den späteren fundamentalen Wandel familienpolitischer Vorstellungen gerade in der CDU/CSU zu erklären (Henninger & v. Wahl, 2010). Dabei arbeiten die Autoren heraus, dass für diesen Wandel vor allem günstige politische Mehrheiten, gewandelte Interessenkoalitionen und der persönliche Einsatz von Ursula von der Leyen als „politicial leadership" auschlaggebend waren. So sehr diese Einschätzung auch zutreffen mag, blendet sie m. E. aus, dass der Wohlfahrtsstaat in Gänze einem Wandel unterlag und ein gesamtpolitisches Projekt war, das – wenn auch in unterschiedlicher Geschwindigkeit in den einzelnen Politikbereichen – letztlich so von allen Parteien im Bundestag, sobald sie in der Regierungsverantwortung waren, übernommen und umgesetzt wurde (bis auf die Partei die LINKE) – nicht nur in der Familienpolitik, sondern auch in der Sozial- und Arbeitsmarktpolitik.

für ihre Partei. Strategisch weitblickend registrierte Merkel sehr genau den in der Gesellschaft gestiegenen Stellenwert der Familie in politischen Wahlen.

Im vorausgegangenen Bundestagswahlkampf warb die SPD mit dem Elterngeld-Projekt. Innerhalb der CDU/CSU gab es auch einige Befürworter, vor allem Frauenpolitikerinnen, wohingegen das Gros der Partei die Abkehr von einer christdemokratischen Familienpolitik (noch) ablehnte (vgl. Bujard, 2014). Wie schwer sich die Union mit dem familienpolitischen Wandel tat, machte noch einige Jahre (2002) zuvor der damalige stellvertretende Vorsitzende der CDU/CSU Bundestagsfraktion Friedrich Merz als Antwort auf die Regierungserklärung von Bundeskanzler Gerhard Schröder deutlich. Merz stellte die familienpolitische Grundüberzeugung seiner Partei dar, wenn er davon sprach, dass die Union es nicht befürworten könne,

> „dass das frühere Leitbild der Familie, in der in der Regel die Mutter auf eine Erwerbstätigkeit außer Haus verzichtet, nun ausschließlich durch das neue Leitbild einer Familie ersetzt wird, in der grundsätzlich beide Elternteile ganztägig außer Haus berufstätig sind und Kinder vom ersten Lebensjahr an in Krippen, Horten, Ganztagskindergärten und Ganztagsschulen groß werden. (Merz, 2002; zit. n. Blome, 2014, S. 169)

Dabei verwundert diese anfänglich ablehnende Haltung der CDU gegenüber einer nachhaltigen Familienpolitik, die in Erwachsenen die „Arbeitsbürger der Gegenwart“ und Kinder ausnahmslos als „Arbeitsbürger der Zukunft“ betrachten (vgl. Olk, 2007). Denn es waren vor allem große Teile der CDU/CSU, die in familienpolitischen Diskursen mit „quasi-ökonomischen“ Argumentationen operierten, die Kinder aus dem Blickwinkel des „nützlichen Kindes“ betrachteten und deren Nutzen als „Humankapital“ hervorhoben (vgl. Bühler-Niederberger, 2003).

Warum die SPD ihr vormaliges Herzressort (Familienministerium) bereitwillig an ihren neuen großen Koalitionspartner abgab, darüber kann an dieser Stelle nur spekuliert werden. Es erscheint nachvollziehbar, dass der Verzicht auf dieses Ressort mit der Bedingung verbunden war, das Konzept einer nachhaltigen Familienpolitik auch unter der späteren christdemokratischen Familienministerin Ursula von der Leyen weiterzuführen und durchzusetzen. Folgende Punkte sprechen dafür:

Erstens wurde Renate Schmidt als Verhandlungsführerin der SPD für die Koalitionsgespräche der Arbeitsgruppe Familie eingesetzt und bewarb das Elterngeldprojekt.

Zweitens blieb der sozialdemokratische Spitzenbeamte Malte Ristau weiterhin Abteilungsleiter für Familienpolitik im Familienministerium. Dieser war vor allem der Fraktionsführung der CDU/CSU ein Dorn im Auge, sahen doch viele in ihm die Verkörperung einer Sozialdemokratisierung christdemokratischer Familienpolitik (vgl. Der Spiegel, 2007, S. 37).

Und **drittens** setzte Ursula von der Leyen (ebenfalls Verhandlungsführerin für die Arbeitsgruppe Familie ihrer Partei) das Elterngeld gegen die fundamentalen Vorbehalte in ihrer eigenen Partei durch.

Warum gerade das Elterngeld so eindrücklich als paradigmatisches Beispiel für den sozialinvestiven Umbau einer nachhaltigen Familienpolitik steht, zeigt deren Auswirkungen, gerade für einkommensschwächere und arme Familien.[180] Das Elterngeld fällt unter das Konzept einer Lebenslaufpolitik und ist somit an dem Einkommen zum Zeitpunkt der Geburt orientiert. Ursprünglich waren mit ihm vier Wirkungsweisen verbunden: Eine sozialpolitische (wurde sukzessive beschnitten), eine bevölkerungspolitische, eine gleichstellungspolitische und eine arbeitsmarktpolitische.

Das vom Elterngeld abgelöste Erziehungsgeld (1986–2006) würdigte immerhin noch die Erziehungsleistung unabhängig davon, ob der Elternteil erwerbstätig war oder nicht. Das Elterngeld wiederum ist abhängig von der Erwerbstätigkeit der Eltern. Nicht das Kind steht im Mittelpunkt der wohlfahrtsstaatlichen Überlegung des Elterngeldes, vielmehr ist es der Marktwert der Eltern als Arbeitskraft. Somit scheint auch beim Elterngeld dem Wohlfahrtsstaat nicht jedes Kind gleich viel wert zu sein.[181] Vor allem

> „die verletzliche Zeit des Kindes – die vulnerable Zeit des ersten Lebensjahres – gilt schließlich für alle Kinder. Ich kann nicht so tun, als ob das nur für bestimmte Eltern gilt, und diesen Unterstützung zukommen lasse und den anderen nicht, nur weil sie schon Sozialleistungen erhalten“. (Interview Marion von zur Gathen & Christian Woltering, 2015)

---

180 Ob das Elterngeld als familienpolitischer Paradigmenwechsel angesehen werden kann, darüber gehen die wissenschaftlichen Einschätzungen auseinander. So ist für einige Autoren mit der Einführung des Elterngeldes eben kein wirklicher Paradigmenwechsel verbunden (exempl. Mayer & Rösler, 2013, S. 173–192); allerdings unterscheiden sich hier die ausschlaggebenden Analyseindikatoren, die zur argumentatorisch anderen Einschätzung der Autoren führt.

181 Kritischen Einwänden dieser Schlussfolgerung, die das Betreuungsgeld als Gegenbeispiel anführen, sei erwidert, dass die Einführung des Betreuungsgeldes 2012 eine unmissverständlich durchgesetzte Forderung der CSU in der damaligen schwarz-gelben Regierung war und zum politischen „Kuhhandel“ genutzt wurde. Trotz massiver Gegenwehr von CDU und FDP einigten sich die Parteien auf die Einführung des Betreuungsgeldes, im Gegenzug wurde die Abschaffung der Praxisgebühr beschlossen (ebenfalls ein ehemaliges Prestigeprojekt der CSU). Im Jahr 2015 wurde das Betreuungsgeld vom BVerfG kassiert, da es wegen fehlender Gesetzgebungskompetenzen des Bundes gegen das Grundgesetz verstoß. Das Betreuungsgeld stellte somit einen kurzen Bruch sozialinvestiver Familienpolitik dar, die vor allem von CSU-Seite als „roll-back“ in eine ehemalige Geißlersche Familienpolitik beschrieben werden kann, in deren Mittelpunkt die männliche Ernährerfamilie und die Wahlfreiheit zwischen Kindererziehung und Erwerbsarbeit standen.

Einkommensstarke Eltern bekommen ein höheres Elterngeld zugesprochen als einkommensschwache Eltern. Dies mag aus gerechtigkeitstheoretischem Blickwinkel einer geforderten „*child-centered social investment strategy*" verwundern: Stellte doch bereits Esping-Andersen eine „stark zunehmende Polarisation zwischen einkommens- und arbeitsarmen Familien auf der einen Seite und ressourcenstarke Familien auf der anderen Seite fest", wodurch eine Sozialpolitik für erstere Klientel notwendig erscheint (Esping-Andersen, 2002, S. 27; Übersetzung D. März.). Aus der vergleichenden wohlfahrtsstaatstheoretischen Perspektive wiederum ist dieser Befund nicht verwunderlich: Orientieren sich doch konservative Wohlfahrtsstaatsregime wie das der Bundesrepublik Deutschland hinsichtlich der Aufwendung von Sozialleistungen stärker am Erwerbsarbeitsverhältnis, wodurch arbeitsmarktferne Bevölkerungsgruppen übermäßig stark benachteiligt werden (vgl. Kränzl-Nagl/Mierendorff & Olk, 2003, S. 15; s. a. Lynch, 2006, S. 55ff.). Daraus folgt dann eben auch, dass seit 2011 Sozialleistungen, die das Einkommen aus Erwerbstätigkeit ersetzen, auf das Elterngeld angerechnet werden. Nach der ehemaligen Familienministerin Kristina Schröder ist eine Anrechnung auch systemkonform. Ihr sei zwar „vollkommen bewusst" gewesen, das dies

> „ein Schritt [sei,] der wehtut. Und das ist auch ein drastischer Schritt. Trotzdem muss man sagen, die Logik von Hartz IV ist, dass über Hartz IV der Bedarf von Eltern und Kindern abgedeckt wird". (Schröder, 2010)

Daher sei es auch vertretbar, „analog zur Regelung beim Kindergeld, zukünftig kein Elterngeld für die Bezieher von Arbeitslosengeld II vorzusehen" (Bunderegierung, 2010). Die Leistungsansprüche armer Menschen sind somit *de facto* sogar niedriger einzustufen als zuvor (vlg. Olk, 2010, S. 296; s. a. Butterwegge, 2014, S. 293ff.).

> „Damit folgt das Elterngeld nicht den bisherigen familienpolitischen Prinzipien wie Bedürftigkeit, Lastenausgleich oder Universalität". (Bujard, 2014, S. 5)

Das Elterngeld ist dabei eng mit dem zunächst einmal begrüßenswerten Ausbau der (frühkindlichen) Kinderbetreuung verknüpft. Das Gesetz zum qualitätsorientierten und bedarfsgerechten Ausbau der Tagesbetreuung (TAG) von 2005 und das Inkrafttreten des Kinderfördergesetzes von 2009 verdeutlichen dies. Alle drei Maßnahmen – Elterngeld, TAG und Kinderfördergesetz – zielen auf das sog. „*adult worker model*" (Lewis, 2004) ab und sind wirtschaftspolitisch motiviert. An dieses Modell sind „geschlechtsneutrale Erwartungen an alle Erwerbsfähigen" gebunden, an Frauen und Männer gleichermaßen, um „dem Arbeitsmarkt so weit und so kontinuierlich wie möglich zur Verfügung zu stehen" (Ostner, 2014, S. 603).

Damit verbunden ist die Identifikation einer ganz neuen Zielgruppe: Es sind gerade die Bedürfnisse der erwerbstätigen Mütter und Väter (Zwei-Verdiener-Haushalte, gut ausgebildeter Familien und ihre Vereinbarkeit von Familie und Beruf sowie der Betreuung ihrer Kinder), die in den Mittelpunkt familienpolitischer Zielgruppen gerückt sind, obwohl ursprünglich Teile des sozialinvestiven Umbaus mit dem Verweis auf das Armutsrisiko insbesondere von alleinerziehenden Frauen und Kindern begründet wurden (vgl. Olk, 2010, S. 295; s. a. Bayer & Hübenthal, 2012).

Die Erweiterung des Elterngeldes zum Elterngeld Plus ab Januar 2015, das Eltern weitreichendere „Wahlmöglichkeiten" verschaffen und eine schnelle berufliche Wiedereingliederung ermöglichen soll, belegt den konsequenten Weg dieses familienpolitischen Paradigmenwechsels bis in die Gegenwart hinein.

> „For many observers these changes towards ‚sustainable family policy' represent a milestone in German family policy and ‚a clear sign of changing rationales', ‚a decisive departure from West Germany's historical male breadwinner model', and a remarkable move towards dual earning. They also imply a greater reliance on services in Germany's hitherto cash-transfer heavy welfare state". (Mätzke & Ostner, 2010, S. 121)

Die Idee, die sich dahinter verbirgt, ist nicht mehr die einer „familienfreundlichen Arbeitswelt", sondern die der „beschäftigungsfreundlichen Familie" (Ostner, 2008, S. 60), in der die „arbeitende Familie" die „Keimzelle der Erwerbsgesellschaft" bildet und strategisch auf die produktiven Kräfte von Frauen und Kinder abzielt (Lessenich, 2012a, S. 119ff.). So sieht auch Ulrich Schneider, dass mit der Einführung des Elterngeldes

> „tatsächlich eine Kategorisierung von arm, reich, wohlhabend und superwohlhabend stattfindet (...). Da wurde erstmalig das gesamte System tatsächlich von den Füßen auf den Kopf gestellt, indem das Elterngeld plötzlich dem Äquivalenzprinzip folgte. Sprich, derjenige, der als Berufstätiger schon am meisten hatte, sollte dann auch später beim Elterngeld am meisten bekommen. Das war genau die Umklärung des bisherigen Erziehungsgeldes, das wir hatten, wo nämlich tatsächlich der, der besonders gut betucht war, überhaupt nichts mehr, und die, die am wenigsten hatten, auch am meisten bekamen. Wir sind also hier vom Prinzip der Bedarfsorientierung der Fürsorge umgestiegen auf ein reines leistungsorientiertes Äquivalenzprinzip, um die Mittelschicht und besser Verdienende zu hofieren". (Interview Ulrich Schneider, 2015)

Inklusion und Reproduktion als zentrale Dimensionen des sozialinvestiv-aktivierenden Wohlfahrtsstaates

Wie bereits herausgearbeitet, gelten als harte Nachhaltigkeitsindikatoren Geburtenrate, Vereinbarkeit, Armutsrisiko, Bildungsniveau und Erziehungskompetenz. Dementsprechend muss jede kinder- und familienpolitische Maßnahme einer empirischen „Benchmark" des wirtschaftlichen Nutzens und Innovationsfähigkeit standhalten können (vgl. Olk 2007, S. 47), wie eine Expertise des Familienministeriums (vgl. BMFSFJ, 2008a) für den volkswirtschaftlichen Nutzen des Ausbaus der Kinderbetreuung zeigt.

Im Mittelpunkt des „ökonomischen Charmes der Familie" steht die Ausrichtung von Sozialausgaben auf ökonomische Gewinnerwartungen und wirtschaftlichen Nutzen. In diesem Sinne wird der Staat nicht mehr als redistributiver Umverteilungsgarant verstanden, der horizontale und vertikale Ungleichheiten auszugleichen anstrebt.[182] Vielmehr fungiert er nun als Unternehmer und Versicherer, der für sein sozialstaatliches Wirken Managementkonzepte aus der Wirtschaft übernimmt und auf seine eigene Steuerungs- und Strukturrationalität überträgt (vgl. Olk, 2007, S. 45). Bereits hier hob Marion von zur Gathen kritisch hervor, dass eine „Nachweisführung" ökonomischer Gewinnerwartungen und wirtschaftlichen Nutzen familienpolitischer Maßnahmen

> „immer schwach ist. Eine Nachweisführung ist immer mit Annahmen behaftet, die sie gar nicht empirisch knallhart nachweisen können. Sie können nicht sagen, ob das Kindergeld dazu führt, dass ein Kind in seiner Kindheit mehr materiellen Wohlstand erlebt oder nicht. Das hängt von so vielen Faktoren ab, die sie berücksichtigen müssen, dass es gar keinen Sinn macht. Wie unsinnig eine solche Nachweisführung ist, zeigt doch auch der Evaluationsbericht zu den familienbezogenen Leistungen. Beispielsweise wurde das Kindergeld bewertet. Es wurde beurteilt, inwieweit das Kindergeld dazu beiträgt, Frauen am Arbeitsmarkt und im Berufsleben partizipieren zu lassen. Dem Kindergeld wurde dabei attestiert, dass es diesbezüglich überhaupt gar keine Wirkung entfaltet. Vielmehr sei das Kindergeld negativ zu beurteilen, da es Frauen eher vom Erwerbsmarkt fern halte. Allerdings ist das überhaupt nicht die Aufgabe des Kindergeldes. Dieses Beispiel zeigt, dass wir versuchen familienpolitische Leistungen, egal welchen grundsätzlichen Ansatz sie haben, auf ein wirtschaftliches

---

182 „Die Vorstellung der horizontalen Gerechtigkeit basiert auf der Annahme, dass Familien mit Kindern ökonomisch in ihrer Leistungsfähigkeit gegenüber denjenigen, die keine Fürsorge für Kinder übernehmen, eingeschränkt sind, was durch steuerliche Transferleistungen auszugleichen ist. Die Idee der vertikalen Gerechtigkeit begründet sich in der Annahme, dass die unterschiedliche ökonomische Leistungsfähigkeit von Eltern nicht dazu führen darf, dass Kinder aus Elternhäusern mit geringerer ökonomischer Leistungsfähigkeit gegenüber jenen, deren Eltern über eine höhere ökonomische Leistungsfähigkeit verfügen, benachteiligt werden" (Bertram, 2006, S. 214).

Interesse herunter zu brechen". (Interview Marion von zur Gathen & Christian Woltering, 2015).

Es ließe sich daher formulieren, dass sowohl die Bevölkerungsgruppe der Kinder als auch die wohlfahrtsstaatliche Regulierung und Disziplinierung bestimmter Elterngruppen und ihrer Kinder im modernen Sozialinvestitionsstaat immer wichtiger werden. Einerseits, da Kinder das höchste Potenzial einer auf Reproduktion und Inklusion basierenden Wertschöpfung repräsentieren und Investitionen in das kindliche Humankapital den höchstmöglichen Gewinn in der Zukunft versprechen. Andererseits belegt das Beispiel des Elterngeldes, dass die wohlfahrtsstaatliche Regulierung bestimmter Elterngruppen ausschlaggebend für die Beschränkungen ökonomischer Umverteilung zu sein scheint. Diese von Seiten des politischen Systems identifizierten Elterngruppen des neuausgerichteten Wohlfahrtsstaates spiegeln laut Ilona Ostner (2002, S. 251)

> „die Einstellungen von Eliten und die partikularen Interessen einflussreicher sozialer Gruppen wider (...); dass dieser Interessenpartikularismus nicht nur Gefahr läuft, viele Kinder und Eltern aus dem Auge zu verlieren, sondern mit dieser Ignoranz auch deren Wohlfahrt auf Spiel setzen".

Die These sozialinvestiver Zielgruppen haben Michael Bayer und Maksim Hübenthal (2012) in einem Beitrag zur Schwierigkeit der Ausweitung ökonomischer Umverteilung am Beispiel des Bündnisses der Kindergrundsicherung entwickelt und in ein Vierfeldschema der derzeit gesellschaftlichen und politischen Wahrnehmung gegenüber Familien eingeordnet (Abb. 5).

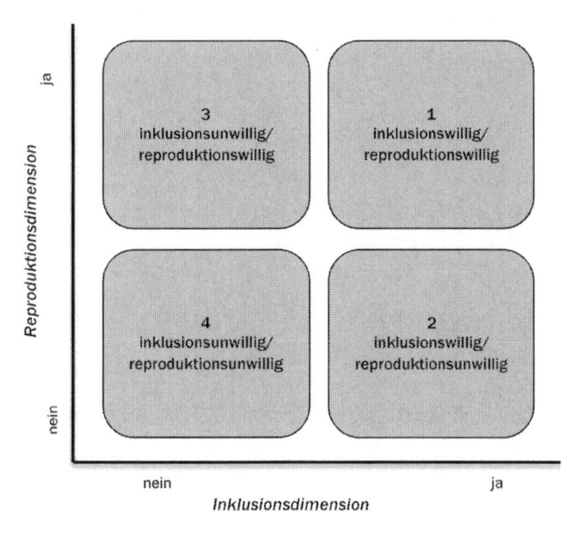

Abbildung 5: Vierfeldschema von Elterngruppen (nach Bayer & Hübenthal, 2012)

Für ihre Forschungsheuristik wohlfahrtsstaatlichen Handelns verwenden die beiden Autoren die zwei zentralen Dimensionen „Inklusion“ und „Reproduktion“ und übertragen diese in ein klassisches Vierfeldschema. Inklusion als Analyseinstrument heranzuziehen, erscheint dabei als besonders ertragreich und originell, da dieses zusammen mit dem der Exklusion zu einem der gegenwärtig zentralen Analyseparadigmen der Sozialwissenschaften gezählt werden kann und „zu einer festen Größe der kritischen Selbstbeschreibung zeitgenössischer Gesellschaften geworden“ ist (Thaa & Linden, 2014, S. 317).[183] Daneben avancierte der Begriff der Inklusion innerhalb des normativen Begründungsdiskurses des sozialinvestiv-aktivierenden Wohlfahrtsstaates zum gängigen und sich stetig perpetuierenden sozialwissenschaftlichen Narrativ und wurde als Gegenpart zum immer stärker werdenden Phänomen der Exklusion salonfähig gemacht (vgl. Lessenich, 2012a, S. 126). **Inklusion** bedeutet in diesem Kontext die Teilhabe am Erwerbsarbeitsmarkt und zielt auf eine „differentielle Behandlung von Arbeitswilligen und Arbeitsscheuen“ (Rosner, 1990, S. 301f.; zit. n. Mirbach, 1995, S. 185). **Reproduktion** wiederum meint die Fertilitätsentscheidung bestimmter Bevölkerungsgruppen. Für den wohlfahrtsstaatlichen Kinderarmutsdiskurs sind vor allem diejenigen Elterngruppen von Interesse, die der größtmöglichen Aufmerksamkeit im gesellschaftlichen und politischen Diskurs unterliegen und sich besonders stark unterscheiden. Hinsichtlich der Kernidee des Sozialinvestitionsstaates, einerseits Reproduktion und andererseits Inklusion herstellen zu wollen, scheinen vor allem die Gruppen der Inklusionswilligen respektive Reproduktionsunwilligen (**Feld 2**) sowie die der Inklusionsunwilligen, aber Reproduktionswilligen (**Feld 3**) von großem Interesse zu sein:

Erstere (Feld 2) können als der Mittelschicht[184] angehörige kinderlose junge Akademikerpaare oder Ausgebildete mit hohem Bildungsabschluss

183 Ähnlich geht bereits David Rueda in seinem Aufsatz „Insider-Outsider Politics in Industrialized Democracies“ (2005) vor, in dem er an den Analysedimensionen Insider (Erwerbstätige) und Outsider (Nichterwerbstätige) zeigt, dass die Gruppe der Insider bereits seit den 1970er Jahren von der wohlfahrtsstaatlichen Politik stärker bevorzugt wird als die der Outsider. Dies deckt sich ebenfalls mit der Ansicht, der Wohlfahrtsstaat habe sich seit dem ersten Ölpreisschock 1973 in inkrementalistischen Schritten dem heutigen sozialinvestiven-aktivierenden Wohlfahrtsstaatsmodell genähert.

184 Innerhalb wohlfahrtsstaatlicher Diskurse stellt die Bezugnahme der „Mittelschicht“ einen beliebten analytischen Zugangspunkt dar. Für die weitere Diskussion muss an dieser Stelle ebenfalls konstatiert werden, dass die klassische Mitte der Gesellschaft ebenfalls von wohlfahrtsstaatlicher Seite gefährdet wird und der Diskurs über die Mittelschicht durch Abstiegsängste und „Statuspanik in der gesellschaftlichen Mitte“ markiert wird (exempl. Bude, 2011 & 2014). Auch hier besteht nicht nur das eine Deutungsmuster (siehe bspw. Haus, 2015). Die in diesem Kapitel herauszuarbeitende Argumentationslinie eines einseitig ausgeprägten familienpolitischen Fokus auf die Inklusion der sozialbürgerlichen Mitte

angesehen werden, die eine überdurchschnittlich hohe Inklusionswilligkeit in den ersten Arbeitsmarkt offenbaren (vgl. Dorbritz & Diabatè, 2015[185]).[186] Dies spiegelt sich auch in der Überzeugungsarbeit politischer Akteure wider. Für Gerhard Schröder, als damaliger Regierungschef mit politischer Richtlinienkompetenz ausgestattet, musste „eine moderne, gerechte Gesellschaft dafür sorgen, dass gut ausgebildete Frauen und Männer Kinder haben und Karriere machen können". Die „Gerechtigkeit zwischen den Geschlechtern", so Schröder weiter, sei nicht nur ein Gebot, „sondern es ist auch von herausragender Bedeutung für unsere wirtschaftliche Bedeutung" (Schröder, 2004, S. 11).

Trotz dieser politischen Absicht wird der Zielgruppenfokus klar ersichtlich: Denn es zeigt sich bereits an dieser Stelle der nachgelagerte Fokus auf die Bevölkerungsgruppe der Kinder, die – falls überhaupt – erst in den Blick gerät, wenn es um Fragen der Kinderarmut im Sinne zu weniger Kinder und der Öffnung der Familie für den Wertschöpfungsprozess geht, indem Frauen durch die Vereinbarkeit von Familie und Beruf stärkeren Kommodifizierungsanreizen ausgesetzt werden. Die Identifizierung von Frauen als familienpolitische Zielgruppe (vor allem die der Akademikerinnen) wurde weitestgehend als feministische Errungenschaft gewertet. Dabei ist aus der Perspektive einer normativen Theoriebildung „die Befreiung des (…) weiblichen Arbeitsvermögens von Familienlasten" folgerichtig und wünschenswert (Lessenich, 2012a, S. 120). Hinter diesem Paradigmenwechsel „dürfte allerdings weniger die plötzliche Einsicht in die normative Höherwertigkeit geschlechteregalitären Denkens stehen als vielmehr ein funktionaler Bezug zu den im vergangenen Jahrzehnt europaweit (und nicht zuletzt EU-getrieben) sich durchsetzenden Ökonomisierungspolitiken" (ebd., S. 121). Somit hat zwar die Zahl der erwerbstätigen Frauen zugenommen, „aber verursacht durch Teilzeitbeschäftigung und Minijobs, abgenommen hat dagegen ihre Vollzeitbeschäftigung" (Schmidt, 2013, S. 21; s. a. Wanger, 2015).

Letztere (Feld 3) hingegen haben nur eine sehr geringe Kompatibilität zu den bestehenden gesellschaftlichen und politischen Vorstellungen des So-

---

ist für den Aspekt Kindheit in Armut im Spannungsfeld Wohlfahrtsstaat jedoch ein klar ersichtliches Deutungsmuster.

185 So bestätigt die Leitbildstudie „Familienleitbilder in Deutschland" das Vierfeldschema insofern, als gerade auch für gut Gebildete festzustellen ist, „dass sie häufiger kinderlos bleiben, als sie sich das wünschen. Am Ende des gebärfähigen Alters sind die Hochqualifizierten daher häufiger kinderlos als die Niedrigqualifizierten" (Diabatè et al., 2015, S. 129).

186 Nach Berechnungen des Mikrozensus 1998 scheint der Bildungsabschluss ein zentraler Faktor für die individuelle Entscheidung zu sein, ohne Kinder zu leben. Personen, die das akademische Ausbildungssystem durchlaufen haben, weisen mit circa 27 % eine vergleichsweise hohe Quote der Kinderlosigkeit auf (vgl. Bertram/Rösler & Ehlert, 2005, S. 8).

zialinvestitionsstaates. Hierunter können vor allem prekarisierte, ausgeschlossene und abgehängte Familien gezählt werden, deren Erwerbsbiografien aufgrund ihres niedrigen Bildungsgrades mitunter durch lange Phasen der Erwerbslosigkeit geprägt sind und die eine vergleichsweise hohe Reproduktionsrate aufweisen (vgl. Bayer & Hübentahl 2012; Diabatè et al., 2015; Heitmeyer, 2015). Nachhaltige Familienpolitik nimmt vor allem gut ausgebildete, junge und mittelschichtorientierte Eltern als **Zielgruppe** in den Fokus sozialinvestiven Handelns, wohingegen schlecht ausgebildete, prekarisierte und arme Eltern und damit auch ihre armen Kinder als **Problemgruppe** anstatt als Zielgruppe wahrgenommen werden. Aus dem „Vorrang des Erwerbsbürgers" avanciert im Umkehrschluss der Nicht-Erwerbsbürger zum Verlierer des Sozialinvestitionsstaates (vgl. Ostner, 2008, S. 60).

Diese Zielgruppen sind ebenfalls auf das Konzept des Elterngeldes übertragbar, das als Paradebeispiel für die Bevorzugung bestimmter Elterngruppen herangezogen werden kann. Im Mittelpunkt dieser sozialinvestiven Politik stehen Anreize, vor allem für mehr Kinder in der Mitte der Gesellschaft zu sorgen. Es wurden neben dem Elterngeld und Elterngeld Plus noch zahlreiche weitere familienpolitische *policies* verändert, die bis in die Gegenwart hinein auf die sog. Mitte der Gesellschaft abzielen (vgl. Merkel, 2016, S. 16). So betonte Ulrich Schneider im mit ihm geführten Expertengespräch:

> „Wir haben im Moment in der großen Koalition – sowohl bei CDU als auch bei SPD – eine ganz deutliche Ausrichtung der politischen ‚Wohltaten' auf die sog. Mitte der Gesellschaft und alles was darüber ist. Das betrifft etwa den vorgezogenen Ruhestand nach 40 Versicherungsjahren mit 63. Das betrifft auch die Mütterrente. Das betrifft auch insbesondere das, was im Bereich Familienpaket gelaufen ist. Darüber täuschen auch nicht die 20 Euro beim Kinderzuschlag hinweg. Klassisches Beispiel ist der steuerliche Freibetrag und dessen Erhöhung für Alleinerziehende. Es wurde ein ungeheurer Kampf darum zwischen Frau Schwesig und Herrn Schäuble geführt. Dann wurde das Ganze von Seiten der SPD als wahnsinniger Erfolg verkauft, etwas für eine benachteiligte Gruppe getan zu haben. Was in der Kommunikation unterschlagen wird, ist, dass bei diesem steuerlichen Freibetrag hauptsächlich diejenigen profitieren, die sehr gut verdienen. Und was auch unterschlagen wird, dass 40 % der Alleinerziehenden von Hartz IV leben und von diesem steuerlichen Freibetrag überhaupt nichts haben. Das ist glaube ich der Grund: Wir haben eine neue Ausrichtung in dieser Koalition – und zwar bei beiden Koalitionspartnern – auf die sog. Mitte. Dort werden die Wahlkämpfe jetzt schon für 2017 vorbereitet. Und dort positioniert man sich und hat offensichtlich strategisch das Interesse an sog. randständigen Bevölkerungsgruppen verloren". (Interview Ulrich Schneider, 2015)

So wurde der „Paradigmenwechsel beim Elterngeld" (Angela Merkel, 2006) vor allem mit einer 40-prozentigen Kinderlosigkeit bei gut Ausgebildeten und Akademikerinnen begründet, die wohldosiert unter dem Schlagwort der „Generationengerechtigkeit" mit „moralökonomischer Raffinesse" (Lessenich, 2012a, S. 126) als argumentatives „Täuschungsmanöver" in die öffentliche und wissenschaftliche Debatte eingespeist wurde; obschon im Bereich der Bevölkerungsforschung allenfalls Schätzwerte über die Kinderzahl von Akademikerinnen erhoben werden können. In politischen Satirebeiträgen wurde das Elterngeld dann auch als „Akademikerinnenwurfquote" verrissen.

Und obwohl alle großen Forschungsinstitute diese Zahl dementierten, hielten sich die 40 % hartnäckig und schwebten wie ein „Damoklesschwert" über der Debatte. Denn „mit der Bevölkerungsstatistik wird Politik gemacht" (Butterwegge, 2006, S. 54; s. a. Bujard, 2016, S. 644). Dabei ist das Problem einer politischen Indienstnahme der viel zu hoch angesetzten Statistiken der Kinderlosigkeit von Akademikerinnen und gut Ausgebildeten von Seiten der Bevölkerungswissenschaftler hausgemacht. Gehören Teile dieser Profession laut Christoph Butterwegge zu jenen,

> „die den demographischen Wandel seit vielen Jahren dramatisieren und argumentieren, es handle sich dabei um ein kaum lösbares Problem, dem höchstens mittels einer (bevölkerungs)politischen Kehrtwende beizukommen sei". (Butterwegge, 2006, S. 55)

So sehen andere Forscher des Fachdiskurses wiederum die Kinderlosigkeit von Akademikern als überbewertet (exempl. Hufnagel, 2008). Ihnen zufolge deuten die Daten vielmehr darauf hin, dass sich die Geburtenrate von Akademikerinnen im Vergleich zu Nicht-Akademikerinnen seit den 2000ern deutlich stabilisieren. Auch die vom Statistischen Bundesamt (Destatis) (2012) veröffentlichten Geburtentrends und Familiensituationen in Deutschland belegen, dass vielmehr von einer mittleren Quote von circa 30 % auszugehen ist. Allerdings bestünden Destatis nach durchaus Differenzen zwischen Akademikern und Nicht-Akademikern. Wobei der Unterschied in den neuen Bundesländern zwischen beiden Bildungsgruppen relativ gering ist. Was Destatis auch belegen konnte, ist, dass die Quote der kinderlosen Akademikerinnen seit einiger Zeit viel stärker zurückgeht als die der Nicht-Akademikerinnen. Somit kommen die Autoren zu dem Schluss, dass die Kinderlosenquote auch bei den westdeutschen Akademikerinnen voraussichtlich sinken, wobei sie bei den übrigen Frauen- und Bildungsgruppen weiter zunehmen wird (vgl. Destatis, 2012, S. 34ff.).

Einmal im Diskurs, war der Mythos der Kinderlosigkeit von Akademikern jedoch nicht mehr zu relativieren. Dahinter stand ein politisches Projekt, ebendiese Zielgruppe der Inklusionswilligen respektive Reproduktionsunwilligen (Feld 2) in besonderem Maße sozialinvestiv zu fördern. So betonte Angela Merkel noch Monate nach den Dementis führender Forschungsinstitute in einer Rede auf dem Arbeitgebertag 2006, dass

> „wir (…) mit dem Elterngeld einen Paradigmenwechsel in der Sozialpolitik vollzogen [haben]. (…) Bis jetzt ist Unterstützung von Familien eigentlich immer eine Unterstützung der bedürftigen Familien gewesen. (…) Ich glaube, es wird auch genau an dem Punkt (…) ansetzen – zählen können wird man das nie –, wo wir heute das Problem haben, dass nämlich 40 % der Akademikerinnen, im Übrigen auch der Akademiker, keine Kinder haben. Auch das ist ein Zustand, den sich ein Land, das sich als hoch entwickelt bezeichnen will, nicht leisten kann". (Merkel, 2006)

Werden die Daten der Bevölkerungsforschung für den Zeitraum zwischen 2005 und 2009 isoliert betrachtet, ist vor allem der enorme Geburtenanstieg der Akademikerinnen im Unterschied zu den Nicht-Akademikerinnen bemerkenswert. Ob dieser Effekt auf das Elterngeld zurückzuführen ist, wie die Regierung verlautbaren ließ, ist jedoch zweifelhaft (siehe selbst von Regierungsseite vgl. BMFSFJ, 2012). Demografische Effekte erfolgen vielmehr zeitverzögert und u. a. im Zusammenspiel mehrerer und unterschiedlicher wohlfahrtsstaatlicher Maßnahmen. Darüber hinaus kann der kurzfristig gemessene Geburtenanstieg auch als bevölkerungswissenschaftliches Phänomen der „*Recuperation*" interpretiert werden. Dieser Prozess beschreibt das Aufschieben eines Kinderwunsches, der dann ab 30-plus gegebenenfalls nachgeholt wird. Da die 1980er Geburtenjahrgänge besonders stark waren, wäre dies eine mögliche Teilerklärung, da sie während des Untersuchungszeitraumes genau das entsprechende Alter erreichten (vgl. Bujard, 2011, 2012 & 2012a).

Auch wenn aufgrund der Bildungsexpansion der 1970er Jahre die Zahl der Akademiker stark gestiegen ist und sich womöglich daraus abgeleitet der sozialinvestive Fokus auf diese Bevölkerungsgruppe der angeblich Inklusionswilligeren respektive Reproduktionsunwilligeren verschoben hat, so kann nicht nachvollziehbar sein, dass andere Bevölkerungs- und Bildungsgruppen völlig unbeachtet und unsichtbar bleiben. Das Elterngeld trägt aber vor allem der Gruppe der Akademiker und der Hochqualifizierten Rechnung (vgl. Bujard, 2012, S. 4). Dies belegen auch aktuellere Mikroanalysen, die darauf hindeuten, dass sich die Einführung des Elterngeldes vor allem positiv auf die *Recuperation* – also nachholende Geburten – von Akademikerinnen auswirkt(e) (vgl. Bujard & Passet, 2013).

Die große Gefahr einer einseitig projizierten Debatte auf demografische Kennzahlen, mit denen öffentlichkeitswirksam Ängste geschürt werden, besteht dabei vor allem im Verlust einer „emanzipatorischen Grundorientierung" von Familienpolitik (vgl. Butterwege, 2014, S. 180). Vor allem dann, wenn im Mittelpunkt nachhaltiger Familienpolitik die Ausrichtung familienpolitischer Entwürfe auf ökonomische Gewinnerwartungen und wirtschaftlichen Nutzen umgedeutet werden. Die Selektivität dieses Ansatzes, Familienpolitik „vordergründig" als Wachstumspolitik zu verstehen, schadet der Unterstützung von Familien eher, als sie ihr hilft (vgl. Leitner, 2008).

Tabelle 7: Übersicht Ziele und Leitbilder des Sozialinvestitionsstaates (nach Ostner, 2008, S. 60; Rüling, 2009; Dingeldey, 2005, S. 299ff.; 2006, S. 8)

	Alter fürsorgender Wohlfahrtsstaat	Transformation zum Sozialinvestitionsstaat
Diagnose	• Familialisierung (männl. Ein-Ernährer-Modell) • Monetäre Leistungen trotz Belastungen	• Mangelhafte Vereinbarkeit von Familie und Beruf • Humankapitalarmut • Familienversagen
Ziele	• Freiheit von materieller Not • Familialisierung der Kindheit • Vollbeschäftigung (für Ernährer) • Stärkere Bemühungen der Gleichheit materieller Lebensverhältnisse	• Steigerung der Geburtenrate • Vereinbarkeit von Familie und Beruf • Mobilisierung und Aktivierung des Erwerbs- und Selbsthilfepotentials der Familie • Bürgerpflicht zur Arbeit • Defamilialisierung • Institutionalisierung der Kindheit
Zielgruppen	• Insg. symmetrisches Verhältnis angestrebt • Sozialbürger als Zielgruppe • Universale Teilhabe an sozialen Sicherungssystemen	• Asymmetrien der Zielgruppen • Mittelschichtorientierung • Akademiker • Hochqualifizierte (vor allem Frauen)
Maßnahmen	• Dreispuriger familienpol. Pfad: • „Staat (1) vergibt an möglichst allen Familien (2) gleichermaßen mehr Geld (3)“.	• Ausbau der Betreuungs- und Bildungsinfrastruktur • Förderung der Erwerbstätigkeit der Eltern; Bspw. Elterngeld • Nachrangige Orientierung der Kinder
Ökon. Begründung	• Kaum ökonomische Verknüpfung familienpolitischer Leistungen	• „ökonomischer Charme der Familie“ • ökonomisches Wachstum • Steigerung der Geburtenrate • Sicherung des Humankapitals

7.1.3 Der Sozialinvestitionsstaat in der Kritik

Die Bevorzugung bestimmter Bevölkerungsgruppen hatte womöglich nachhaltige Auswirkungen auf die sozialinvestive Regulierung und Bekämpfung von Kinderarmut und kann ursächlich zu der bestehenden Schieflage wohlfahrtsstaatlicher Maßnahmen beigetragen haben.

Dabei wird die Gruppe der in den Arbeitsmarkt angeblich inklusionsunwilligen im Vergleich zu jener der inklusionswilligen Eltern aufgrund ihrer Ferne zu den Anforderungen des Sozialstaates als Antipode wahrgenommen, die sich der sozialinvestiven Idee verschließen. Für den sozialinvestiv-aktivierenden Wohlfahrtsstaat gilt: „Sozial ist, was Arbeit schafft“ und meint damit

> „nichts anderes als Integration in Beschäftigung. Inklusion (...) will immer nur das eine: Partizipation am Arbeitsmarktgeschehen. Ganz gleich, welche Personengruppe dem Mobilisierungsdrang der Aktivierungspolitik [und sozialinvestiven Regulierung Anm. D. März] anheimfällt, ob Vorschulkinder oder Studierende, Arbeitslose oder

> Altersrentner: Stets bildet das Beschäftigungssystem den Fluchtpunkt politischer Intervention, dienen die Lebensführungs- und Produktivitätsnormen der Erwerbsarbeit als Richtschnur gesellschaftlicher Erwartungen". (Lessenich, 2009, S. 286)

Zentrales Ziel ist somit die Inklusion der sozialbürgerlichen Mitte ins Arbeitsmarktgeschehen. Die sozialbürgerliche Mitte kann dabei als Oberzielgruppe des Sozialinvestitionsstaates verstanden werden.[187] Im wohlfahrtsstaatlichen Fokus steht nicht mehr die Arbeiter-, sondern vielmehr die Mittelklasse. „*Middle income, middle Britain*" (Seyd, 1998; zit. n. Walter, 2010, S. 44) war diesbezüglich ein für den wohlfahrtsstaatlichen Umbau in Großbritannien treffender Slogan, der auf die deutsche Debatte übertragbar ist, wenn die Politik auch weiterhin „ausschließlich" für eine Politik der Mitte der Gesellschaft wirbt, wie Sigmar Gabriel bei seiner Rede auf dem SPD-Parteitag 2015 und in einem Beitrag über Deutschlands Zukunft (2016) unter Beweis stellte und bei seiner Eröffnungsrede auf der Wertekonferenz „Gerechtigkeit" im Mai 2016 noch einmal unterstrich, als er darauf verwies, dass er überzeugt sei, „Gerechtigkeit ist der Schlüssel" im „Kampf um die demokratische Mitte" (Gabriel, 2016a) und somit die „solidarische Mitte" (Parteikonvent, 2016).[188]

Eine bevölkerungsorientierte Familienpolitik zeitigt diesen in die Mitte gerichteten Umbau, der von Journalisten fleißig befeuert wird, wie Joachim Bessings (2006) Einlass „Klasse statt Masse" andeutet:

> „Gefördert werden muß nicht die Masse an Kindern, sondern das Bewußtsein jener Klasse, deren Nachwuchs wir dringend benötigen. Nicht die ohnehin bereits am

---

187 Siehe bspw. „Zeit wird – gerade für Familien – vielfach zu einem knapperen Faktor als Geld. Die heute erwerbsaktive Arbeitnehmermitte hat das Gefühl, die Generation zu sein, auf der alles abgeladen wird. Mittlerweile ist es die Norm, dass beide Elternteile arbeiten – und sich zugleich beide um die Betreuung ihrer Kinder kümmern. Nebenbei müssen sich mehr und mehr Familien in unserer älter werdenden Gesellschaft um pflegebedürftige Angehörige kümmern. Wir Sozialdemokraten stehen vor der Aufgabe, diese neuen Arbeitsanforderungen und Lebenswelten politisch so zu gestalten, dass die Transformation der Wirtschaft gelingt und dabei das Wohlergehen der Menschen und ihre Lebenswünsche im Mittelpunkt stehen. Diese Herausforderung ist ohne Frage eine Generationenaufgabe" (vgl. Gabriel & Nahles, 2015).

188 Für die Sozialdemokratie muss es darum gehen, die Mitte der Gesellschaft nicht kampflos aufzugeben (…). Vielmehr muss es darum gehen, die Wurzeln der Sozialdemokratie in der Mitte wieder zu festigen, die Alltagsinteressen der Menschen in den Blick zu nehmen und ihrer Verunsicherung nicht mit Abschätzung, sondern mit Zuwendung (…) zu begegnen" (Gabriel, 2016, S. 65).

staatlichen Tropf hängen, sollen die Kinderlein kommen lassen. (…) Wir brauchen ein reproduktives Bürgertum".[189]

Für Franz Walter (2010, S. 129) wurden alle „moralischen Kategorien" durch „ökonomische Leitvorstellungen" ausgetauscht, wie die Aussagen des ehemaligen Finanzministers und Bundeskanzlerkandidaten Peer Steinbrück (2006) unterstreichen:

> „Es kann nicht das alleinige Ziel des Staates sein, jeden einzelnen gegen alle Unwägbarkeiten des Marktes zu schützen. Das erste Ziel muß mehr denn je werden, den einzelnen zur Teilnahme auf den Märkten zu befähigen". (zit. n. Linden & Thaa, 2011, S. 13f.)

Daraus abgeleitet ergibt sich die einfache Formel: Investitionen in menschliches Kapital statt direkter Sozialtransfers (vgl. Giddens, 1999, S. 137). Eine Abkehr „von klassischen Vorstellungen der Verteilungsgerechtigkeit" hin zum Ideal der „Beteiligungs- bzw. Teilhabegerechtigkeit" (Lessenich, 2012a, S. 126; siehe bereits Butterwegge, 2008a, S. 160).

Auch die immer wieder aufflammende Debatte „wer als arm gelte", passt dabei ins Bild der allumfassenden Erwerbszentriertheit des aktivierenden und sozialinvestiven Wohlfahrtsstaates. Thomas Mirbach bereits 1995 pointierte Feststellung liest sich derweil hochaktuell: Denn der ausnahmslose Erwerbsfokus des Wohlfahrtsstaates werde

> „durch eine außerordentlich geschickte Verzahnung von materiellen (Leistungskürzungen, Erhöhung von Anspruchsvoraussetzungen) und semantischen Diskriminierungen (sogenannte Mißbrauchsdebatte, Zweifel an der Arbeitsbereitschaft) der mangels Erwerbseinkommens Transferabhängigen aufrechterhalten". (Mirbach, 1995, S. 185)

Im Mittelpunkt soll die Verbesserung der Erwerbstätigkeit von Müttern (und Vätern) stehen, um sich verändernde „Geschlechterrollenregime und eine fortbestehende Familienorientierung der Menschen in Einklang" (Huinink, 2002, S. 71) zu bringen und nachgelagert die Armut von Familien mit Kindern zu vermindern (vgl. Gruescu & Rürup, 2005, S. 3). Dadurch tritt der Ansatz eines Ausbaus finanzieller Leistungen für arme Menschen in den Hintergrund.

---

189 Aus soziologischer Perspektive gilt das Bürgertum als „umfassende Bezeichnung für alle sozialen Klassen, die sich zur Mittelschicht rechnen" (Rammstedt, 1994, S. 112). Zur genaueren Identifizierung der gesellschaftlichen Mitte siehe auch Berthold Vogel (2009, S. 21–46).

Für die Auswahl von Zielgruppen hat dieser wohlfahrtsstaatliche Paradigmenwechsel nachhaltige Konsequenzen. Denn der Strukturwandel hat auf die Sozialstruktur der Gesellschaft unterschiedliche Auswirkungen. Geht es im „Gravitationszentrum“ (Emanuel Todd) – nämlich der sozialen Mitte der Gesellschaft – um die Ängste einer zunehmenden „Prekarität des Wohlstands“[190] (Atzmüller, 2015), so zeigt sich der Wandel und die Vulnerabilität (Castell, 2000) in den abgehängten gesellschaftlichen Souterrains als Verfestigung der (Kinder-)Armut.

Für Paul Nolte (2004) zeigt sich hier ein Spannungsfeld zwischen „Dichotomie“ und „Hierarchie“. Die wohlfahrtsstaatliche Neuausrichtung zielt einerseits auf eine „dichotomische Ungleichheit“ der Zugehörigkeit ab, die mittels der „Inklusion des Einen“ die „prinzipielle Exklusion des Anderen“ begünstigt, und andererseits auf eine hierarchische Ungleichheit, die in einer „Ungleichheit der sozialökonomischen Positionen (und der daraus resultierenden soziokulturellen Chancen) von Individuen bzw. Familien im Schichtungs- und Klassensystem einer Gesellschaft“ sichtbar wird (Nolte, 2004, S. 309).

> „Insofern zeigt sich, dass in der Diskussion um neue Konzepte von Wohlfahrtsstaatlichkeit keineswegs nur verfahrenstechnische Fragen politischer Steuerung und Durchsetzbarkeit organisierter Interessen zur Verhandlung stehen“. (Vogel, 2008, S. 293)

Vielmehr ist der wohlfahrtsstaatliche Wandel die „Kopie“ einer schleichenden US-Amerikanisierung des Sozialstaates, die sich auf den Arbeitsmarkt, die Sozialstruktur und auf die Repräsentation vermeintlich schwacher Bevölkerungsgruppen auswirke und die Antwort auf eine neoliberale Kritik am ehemals fürsorgenden Wohlfahrtsstaatsmodell darstelle (vgl. Butterwegge, 2014a & 2015a).

> „[Und] zugleich (…) zwingt der Siegeszug der Marktkräfte den Sozialstaat zu einem intelligenten Minimalismus, zum effizienten Einsatz sinkender Mittel“. (Honig & Ostner, 1998, S. 259)

In Anlehnung an die internationale historisch-soziologische Forschung wird die Ökonomisierung des Sozialstaates aus einer machtressourcentheoreti-

190 In der empirischen Sozialforschung zeigt sich sehr deutlich „eine von Gegenwartsbesorgnis und Zukunftsängste zerfurchte deutschen Mittelklasse“ (Vogel, 2008a). Der Kabarettist Volker Pispers fragte dabei bissig, aber pointiert: „Was unterscheidet den Mittelstand vom Hartz 4 Empfänger? [Antwort] 15 Monate“ (Anm. D. März: Die Bezugsdauer von Arbeitslosengeld I ist abhängig von der Länge des Beschäftigungsverhältnisses und kann kürzer oder länger ausfallen).

schen Perspektive jedoch auch „als strategische Antwort sozialdemokratischer Parteien auf die politisch-kulturelle Hegemonie des Marktliberalismus (…)" verstanden (vgl. Lessenich, 2012, S. 118). Für die politischen Repräsentationsbedingungen schwacher Interessen hat dies nachhaltige Folgen:

> „Zu konstatieren ist die schleichende Umdeutung des Verantwortlichkeitsprinzips zu einer rein gesamtökonomisch und weniger gruppenspezifisch wahrzunehmenden Funktion politischer Stellvertretung". (Linden & Thaa, 2009, S. 11)

Folgt man diesem Blick der sozialen Ungleichheitsforschung, so zeigt sich in der Retrospektive, dass der grenzenlose Ausbau einer Erwerbsgesellschaft, die eine Steigerung der Erwerbsquoten von Frauen, Älteren und Niedrigqualifizierten im Sinn hat(te), mit einer noch stärkeren Liberalisierung und Privatisierung (sozialer Risiken) mehr schlecht als recht erkauft wurde. Oliver Nachtwey (2016) spricht von „einer prekären Vollerwerbsgesellschaft" – Beschäftigung um jeden Preis. Die Folge ist für viele eine Lebenssituation „des Abstiegs, der Prekarität und Polarisierung" (ebd.) und gleichzeitig für einige wenige die des Aufstiegs und Reichtums (Paternoster-Effekt). Das Gros sozialwissenschaftlicher Beobachter vertritt daher die Auffassung, dass die politischen Akteure bei der Umsetzung des Wohlfahrtswandels – und nicht nur die beiden etablierten Großparteien[191] – einer wirtschaftsliberalen Philosophie folg[t]en, da die Idee des sozialinvestiv-aktivierenden Wohlfahrtsstaates eine Reaktion einer neoliberalen Wohlfahrtsstaatskritik sei (pars pro toto Olk, 2007, S. 44), und

> „ebenfalls vom Primat der Märkte, dem Segen des Wettbewerbs, den Vorzügen privater Verantwortlichkeiten, der Modernisierungsleistung hochflexibler Finanzbewegungen aus[gingen] – und von der Alternativlosigkeit all dieser Phänomene in der Globalisierungsgesellschaft". (Walter, 2010, S. 479)

Alle Maßnahmen erhöhten in Folge die Armutsgefährdung in der Gesellschaft und somit auch die soziale Ungleichheit. Das primäre Ziel der Inklusion am Arbeitsmarktgeschehen mitsamt seinen politischen Maßnahmen hatte eben auch eine Erosion des Normalarbeitsverhältnisses zur Folge. Noch nie waren so viele Menschen mit Arbeit auf Sozialleistungen angewie-

---

191 Linden & Thaa (2009, S. 11) beschreiben am Beispiel der Auslagerung politischer Entscheidungen – und somit auch politischer Repräsentation – in deliberative Gremien hinein, wie die Transformierung des Wohlfahrtsstaates nicht nur von der Regierung, sondern auch der Opposition ausnahmslos positiv begleitet wurde. Für Joachim Speicher ist es daher auch interessant, dass sich „der Mainstream der politischen Entscheidungen zwischen 1998 und 2015 kaum unterscheidet. Denn so ziemlich alle etablierten Parteien waren während dieser Zeit in der Regierung beteiligt" (Interview Joachim Speicher, 2015).

sen. Werner Rügemer (2011) spricht in diesem Zusammenhang von einer Inklusion des prekären Sektors. Der Wohlfahrtsstaat „organisiert, reguliert und diszipliniert (...) einen expandierenden Niedriglohnsektor, in den auch möglichst weitgehend die Arbeitslosen integriert sind". Sie zusammen bilden eine mobile „Reservearmee" (ebd., S. 104). Der französische Soziologe und Bourdieu-Schüler Loïc Wacquant (2009) spricht für den internationalen Kontext von „Wohlfahrtsstaatsreformen als Armendisziplin", andere von Armut trotz Erwerbstätigkeit (Butterwegge, 2001).

Wie sehr soziale Ungleichheit und Armut Gesellschaften dabei schadet, rechnen Kate Pickett und Richard G. Wilkinson[192] (2010) sowie Thomas Piketty (2015) vor. Wo soziale Ungleichheit groß ist, nehmen nicht nur Armutskrankheiten und psychosoziale Folgen von Armut zu, sondern es steigen auch die sozialen und ökonomischen Kosten der gesamten Gesellschaft. Für den Staat und die Gesellschaft eine quasi „lose-lose-situation" (no-win-situation). Gleiches beschreibt auch eine Studie der OECD (2015). Dabei zeigt sich, dass vor allem die Länder am gesündesten und glücklichsten sind, wo die Differenz zwischen „arm" und „reich" am geringsten ist. Soziale Ungleichheit erschwert demnach auch das erklärte Ziel sozialinvestiv-aktivierender Wohlfahrtssteuerung – nämlich das Ziel nachhaltigen (ökonomischen) Wachstums. In die gleiche Richtung argumentiert auch Marcel Fratzscher (2016), für den die bestehende soziale Ungleichheit in Deutschland so lange zu Wachstums- und Wohlstandsverlusten führen werde, wie sich die „Ungleichheit auf jetzigem Niveau" fortsetze.

> „Diese Ungleichheit erhöht die Armut. Sie lässt die soziale und politische Teilhabe im Land schwinden und auch die Vorsorge der Menschen. Sie verschlechtert die Gesundheit und dämpft die Lebenszufriedenheit, verstärkt die Abhängigkeit vieler Bürger vom Staat und liefert Zündstoff für zunehmende soziale Konflikte". (Fratzscher, 2016, S. 14)

Und da Familienpolitik im Sozialinvestitionsstaat ebenfalls nach Nachhaltigkeitsindikatoren bemessen wird, schadet Ungleichheit auch der „erfolgreichen" Umsetzung einer nachhaltigen Familienpolitik, da seine Strategie Ungleichheit auf vielen verschiedenen Ebenen und Lebenslagen verstärkt und folglich nicht nachhaltig sein kann. Somit entlarvt sich eine nachhaltige Familienpolitik, die sich ursprünglich die Armutsverringerung als zentrales Ziel auf die Fahnen schrieb.

---

192 Siehe auch Richard G. Wilkinson „Kranke Gesellschaften. Soziales Gleichgewicht und Gesundheit" (2001).

Mehr noch: Ungleichheit wirkt sich auch unmittelbar auf das demokratische System aus. Denn da, wo Ungleichheit in besonderem Maße vorhanden ist, da sind starke Milieudifferenzen hinsichtlich des politischen Interesses und politischer Beteiligung auszumachen (vgl. Merkel, 2015; Jun, 2011; Linden & Thaa, 2009; Vester, 2009). Für Wolfgang Merkel, der soziale Ungleichheit als „Krankheit der Demokratie" auffasst, hat der „Ausstieg des unteren Drittels aus der Partizipation" ernsthafte Folgen „für Fragen der Repräsentation".[193] „Für Parteien als rationale Stimmenmaximierer sind diese schwer zu mobilisierenden Schichten keine leichte Wählerbeute". Aus diesem Blickwinkel eines rationalen Stimmenmaximierers

> „ist es nur rational, die Interessen oder Präferenzen der unteren Schichten weniger zu repräsentieren (und mithin weitgehend zu ignorieren) als jene der (mittleren) Schichten, die letztlich über Sieg oder Niederlage, Macht oder Ohnmacht der politischen Parteien entscheiden". (Merkel, 2016, S. 16)

Und obwohl der sozialinvestiv-aktivierende Wohlfahrtsstaat samt seiner damit verbundenen nachhaltigen Familien- und Bildungspolitik mit der Losung angetreten ist, Geburtenrate, Vereinbarkeit, Armutsrisiko, Bildungsniveau und Erziehungskompetenz zu steigern, zu mindern und/oder zu verbessern, so scheint es doch, als (re)produziere sich der Sozialstaat seine eigene bedürftige Klientel *par excellence*.

Mit den genannten originären Zielen angetreten, zeigt sich in der zeitlichen Zusammenschau der knapp letzten 20 Jahre sehr deutlich, dass der sozialinvestiv-aktivierende Wohlfahrtsstaat soziale Exklusionsdynamiken schwacher Bevölkerungsgruppen eher verschärft, verstärkt und befördert, als

---

193 „Die besondere Demokratieproblematik liegt dabei in der sozialen Selektion. Das untere Drittel der Gesellschaft steigt aus der politischen Beteiligung aus. Die mittleren und oberen Schichten bleiben oder suchen sich neue Organisationsformen. (…) Wir bewegen uns auf eine ‚Zwei-Drittel-Demokratie' zu, in der die unteren Schichten unterrepräsentiert und die Mittel- und Oberschichten überrepräsentiert sind" (Merkel, 2015, S. 17).
Es muss jedoch auch erwähnt werden, dass dem Symptom der Wahlenthaltung ein möglicherweise falsches kausales Erklärungsmuster vorausgeht. Empirische Untersuchungen zeigen nämlich heute recht deutlich, dass Wahlenthaltung kein Ausdruck von Verdrossenheit oder Desinteresse sein muss. Vielmehr ist es das Ergebnis eines bewussten Abwägungsprozesses. Wahlenthaltung ist demnach individueller Ausdruck dafür, mit dem personellen und programmatischen Angebot der Parteien nicht zufrieden zu sein (vgl. Lösche, 1995, S. 157). Der postmoderne Mensch fühlt sich in einer Zeit, in der Lebensläufe individueller gestaltet werden, nicht mehr einer Partei dauerhaft verpflichtet. Politische Engagements sind heutzutage zweckgebundener und themenbezogener. Der Leitspruch „Von der Wiege bis zur Bahre" ist dabei als ein sozialdemokratischer Anachronismus längst vergangener, vermeintlich besserer Tage zu verstehen. Großparteien und Verbände haben hier derzeit noch ein klares Defizit zu verzeichnen (vgl. Knaut, 2011, S. 23).

sie abzumildern (vgl. Lessenich, 2012a, S. 128). Mit einer Sozialpolitik, die eine Politik der Umverteilung von unten nach oben fortsetzt, werden zentrale Krisenursachen weiter verschärft. Der Wohlfahrtsstaat produziert eben nicht nur Wohlfahrt, sondern zeitigt vor allem „destruktive Auswirkungen" auf alle anderen Lebensbereiche der Erwerbstätigkeit, sozialen Netzwerke und vor allem auf die der Familie und seiner jüngsten Mitglieder – der Kinder (vgl. Leisering & Voges, 1992, S. 446).

Das liegt zuvörderst an einer nachhaltigen Familienpolitik, die ihr Kerngeschäft im Wandel des Wohlfahrtsstaates als Wachstumspolitik umgedeutet hat („Nachhaltige Familienpolitik ist Wachstumspolitik") (Renate Schmidt, 2004). Familienpolitik erscheint als marktzentrierte Familienpolitik, die von marktspezifischen Logiken und Imperativen eingenommen und kolonialisiert wurde. Die Sorge um eine schrumpfende Bevölkerung mit all ihren „negativen" Folgen für Wirtschaft und Wachstum sind größer als die Sorge um das Wohlergehen der Bevölkerungsgruppe (armer) Kinder im Hier und Jetzt. Durch das vorrangige Ziel, alle Sozialausgaben auf ökonomische Gewinnerwartungen und wirtschaftlichen Nutzen hin auszurichten, gerät die Familienpolitik gegenüber der Wirtschaftspolitik in eine subalterne Rolle. Bildungsferne und in anderer Hinsicht „versagende" Familien verursachen der Gesellschaft nur Kosten – so zumindest die politische und gesellschaftliche Wahrnehmung.

Im Schatten des sozialinvestiv-aktivierenden Vormarsches hat sich daneben noch ein weiter Prozess verselbstständigt: Nämlich der einer zunehmenden Defamilialisierung. Galt für den ehemaligen Wohlfahrtsstaat die Familie noch als vertrauenswürdiger Stabilitätsanker, so scheint aufgrund familialer Pluralisierungstendenzen und einer zunehmenden Ausdifferenzierung familialer Leitbilder

> „das Bild der Familie, Familie als eine funktionsfähige Haushaltsgemeinschaft von Kindern mit ihren leiblichen Eltern, als ein verlässliches, einigermaßen dauerhaftes Interaktionsgefüge, rückgebunden an stabile soziale Milieus (…) brüchig geworden" zu sein. (BMFSFJ, 2002, S. 57)

Wird die Gesamtevaluation familienpolitischer Leistungen mit ihren zahllosen, teils nebeneinander stehenden Förderungsinstrumenten betrachtet, so scheint es, als versuche der Staat die Vielfalt familiärer Lebensverhältnisse mit seinen unzähligen Leistungen nachzubilden, um den Trend der Ausdifferenzierung familialer Leitbilder zu begegnen[194] (vgl. BMFSFJ, 2014). Und

194 Siehe allein die familienpolitischen Maßnahmen im Bereich der Steuergesetzgebung (bspw. Familienlastenausgleich mit dem Kindergeld und Kinderfreibetrag), familienpolitische Maßnahmen in der Sozialversicherung, monetäre Transfers des Bundes, der Länder und

obwohl sich die Leistungen hinsichtlich ihrer qualitativen Ausgestaltung an bestimmten Zielgruppen orientiert (bspw. Elterngeld), zeigt sich auch, dass der Sozialstaat die Variationsbreite familiarer Lebensverhältnisse irgendwie einzufangen versucht. Trotz des rapiden Wandels in der Familienpolitik unter sozialinvestiven Vorzeichen, fließen die alten refamilialisierenden Logiken in die der neuen defamilialisierenden Steuerungsinstrumente nach wie vor mit ein, werden reproduziert und um immer komplexere monetäre Steuerungsinstrumente ergänzt (vgl. Fuchs, 2014, S. 46; BMFSFJ, 2014). Daraus entwickelt sich ein widersprüchlicher Mix aus Regulierungen und Leistungen, der ein traditionelles Familienbild fördert und solche, welche für Vereinbarkeit von Familie und Beruf eintreten (vgl. Bothfeld, 2005). Und dies führt in *grosso modo* eben auch zu den bestehenden – teils miteinander im Widerspruch stehenden – Leitbildern, Fragmentierungen und Inkonsistenzen deutscher Familienpolitik (vgl. Ostner, 2002, S. 260).

> „Je mehr die Gesellschaft sich derart von ‚der' Familie wegbewegt, hin zu einer Pluralität von Familien, desto mehr stellt sich die Frage: Welches dieser unterschiedlichen Modelle soll der Staat fördern, schützen, gegebenenfalls auch finanziell unterstützen"? (Beck-Gernsheim, 2014, S. 566)

Es wäre daher Zeit, darüber nachzudenken, wie man das Kind als stabile Komponente in den Mittelpunkt stellt. Jens Qvortrup stellte schon 1993 die berechtigte Frage:

> „Was würde passieren, wenn Kinder offiziell zum Kernpunkt einer (...) Politik gemacht würden, mit dem Hauptziel, die Lebensbedingungen dieser jungen Generation zu verbessern"? (1993, S. 19)

Und zwar im ‚Hier und Jetzt' und nicht erst im Hinblick auf ihren zukünftigen Wert als Humankapital. Denn die Bedürfnisse von Eltern und Kindern sind unterschiedlich (vgl. Kaufmann, 2008, S. 104). Solange jedoch der deutsche wohlfahrtsstaatliche öffentliche, wissenschaftliche und politische Diskurs von demographischen und ökonomischen „Krisenerscheinungen" geprägt ist, innerhalb deren Familienpolitik als Bevölkerungspolitik getarnt wird (vgl. Qvortrup, 1993, S. 17), wird sich an der Unsichtbarkeit von Kindheit in Armut nichts ändern (vgl. Butterwegge, 2006), da sich die Wahrnehmung

---

der Gemeinden mit familienpolitischem Bezug, Realtransfers der Gebietskörperschaften (vgl. Rosenschon, 2006).

> „stärker an den ‚kollektiven' Bedürfnissen des Wohlfahrtsstaates denn an den ‚individuellen' Bedürfnissen der Leistungsempfänger orientiert". (Lahusen & Stark, 2003, S. 354; zit. n. Brettschneider, 2007)

Die aus dieser Diagnose abgeleiteten wohlfahrtsstaatlichen Schlussfolgerungen eines Bedeutungsverlustes der Familie, die der wohlfahrtsstaatlichen Verantwortung bedarf, führen zu der mit der nachhaltigen Familienpolitik eng verbunden Defamilialisierung. Diese

> „politische Strategie zielt, allgemein und abstrakt ausgedrückt, darauf ab, die ‚Wohlfahrtsproduktion' von der Familie hin zum Staat und/oder zum Markt zu verlagern. Indem sie auf diese Weise das Verhältnis des Individuums zu Familie, Staat und Gesellschaft verändert, betrifft sie zentrale Bezugsgrößen des ‚Lebenshaushalts' (...) und ist dementsprechend weltanschaulich kontrovers". (Fuchs, 2014, S. 46)

Defamilialisierung meint also nichts geringeres, als dass der Staat und der Markt den Eltern ihre Kinder abnehmen. Einerseits, um sie in dafür geschaffenen Institutionen sozialinvestiv zu erziehen, andererseits, um die Opportunitätskosten für Kinder zu senken, vor allem die der Mittelschicht angehörigen kinderlosen Akademikerpaare oder gut Ausgebildeten mit hohem Bildungsabschluss (vgl. Ostner, 2002, S. 254).

Kinderarmut wird durch die Bevorzugung der einen Elterngruppe (Inklusionswillige/Reproduktionsunwillige) sowie die gleichzeitige Bevormundung und Disziplinierung anderer Bevölkerungsgruppen (Inklusionsunwillige/Reproduktionswillige) als „multiples Familienversagen" aufgefasst und individualisiert. Dabei macht es sich das politische System samt seiner entscheidungsnahen Akteure leicht mit Diagnose und Ursachenforschung.

Es gilt: Bei der Vielzahl bereitgestellter Leistungen, stellt sich dennoch gegebene Armut mit ihren vielfältigen Gesichtern als Versagen des Einzelnen und der Familie dar. Die Armut von Familien resultiert direkt aus dem nicht ausgeschöpften Erwerbpotential ihrer Mitglieder (vgl. Ostner, 2006, S. 195; s. a. Lessenich, 2012, S. 122). Daraus ergibt sich die Notwendigkeit einer wohlfahrtsstaatlichen Disziplinierung, die Familie und ihre jüngsten Mitglieder für den Sozialstaat zu öffnen und in die sozialinvestive Obhut einer nachhaltigen Familienpolitik zu übergeben. Und obwohl keine der drei Handlungsebenen des ungleichheitsbegründenden Kräftefeldes (Staat, Markt und Familie) die Bevölkerungsgruppe der Kinder „für sich monopolisieren" könne (Kaufmann, 1994, S. 371), so scheint der Sozialinvestitionsstaat genau dieses Unterfangen voranzutreiben.

Kindheit in Armut wird für den Wohlfahrtsstaat an dieser Stelle – einer sozialinvestiven Inobhutnahme – wieder sichtbar. Die Metapher der Unsichtbarkeit oszilliert an diesem Zugangspunkt zum Thema Kinderarmut zwischen den beiden Polen Unsichtbarkeit und Sichtbarkeit. Mit Sichtbarkeit ist jedoch nicht die Identifizierung armer Kinder als sozialinvestive Sorgebeziehung von Seiten des Wohlfahrtsstaates gemeint. Zwar wird die Bevölkerungsgruppe der Kinder als eine zentrale Zielgruppe ausgemacht, allerdings zeigt sich die Sorgestruktur des Sozialinvestitionsstaates gegenüber (armen) Kindern eher vor dem Hintergrund des Rückzugs des Wohlfahrtsstaates und einer Zurücknahme der Verantwortung und Sorge in die private Verantwortlichkeit hinein (vgl. Baader/Eßer & Schröer, 2014, S. 13f.).

Präziser: Die Öffnung der Familie und ihrer jüngsten Mitglieder für den solzialinvestiv-aktivierenden Wohlfahrtsstaat ist gleichzeitig mit einer reflexiven Verantwortlichkeitsübertragung von Armut zurück auf die soziale Keimzelle der Familie verbunden. Armut in all ihren Facetten (vor allem jener der Bildungsarmut) wird zum Versagen des Einzelnen – vor allem für den finanziellen Erziehungsaspekt. Mit der Transformation sozialstaatlicher Strukturen entstanden somit hinsichtlich des ungleichheitsbegründenden Kräftefeldes neue „Konfigurationen zwischen Staat, Markt und Familie“ (ebd., S. 14).

Jedoch werden auch dort, wo (arme) Kinder in die sozialinvestive Obhut wohlfahrtsstaatlicher Institutionen überführt werden, Regulierungsmaßnahmen und Kontrollmechanismen von Seiten des Sozialstaates angestrebt. Denn das „bedürftige Kind“ ist immer auch ein „gefährdetes und gefährliches Kind“ (vgl. Bühler-Niederberger, 2003; Bühler-Niederberger/Mierendorff & Lange, 2010). Das arme Kind erscheint somit auch als ein potentiell gefährlicher Erwachsener (da später auch einer statistisch höheren Armutsgefährdung ausgesetzt). Durch diese Argumentationslinie werden die betroffenen Familien nicht nur stigmatisiert, sondern auch entmündigt. Eltern werden abgewertet und das arme Kind pathologisiert.[195]

---

195 Vor diesem Hintergrund zeigt sich für Marion von zur Gathen ein klar ersichtlicher Mechanismus, „warum es für Politiker einfacher ist, sich mit der Frage, was man gegen Kinderarmut tun könnte, sofort solidarisch zu zeigen, während die konkrete Umsetzungsbereitschaft sehr schwach ist. Es hängt damit zusammen, dass wir ein altes Thema gerade in diesem Bereich finden: nämlich die Differenzierung zwischen würdigen und unwürdigen Armen. Kinderarmut ist immer gleich Familienarmut. Und dann wird differenziert, was müssten eigentlich Eltern tun, damit Kinder aus der Armut kommen? Tun sie nicht genügend? Vor ein paar Jahren hatten wir eine interessante Diskussion, um die Anhebung des Kindergeldes um 10 Euro. Dabei hatten wir in dieser Republik eine wahnsinnige Diskussion, wofür Eltern das Geld eigentlich ausgeben. Dass gerade die Eltern, die nicht besonders gebildet sind, oder schon lange im Hartz-IV-Bereich leben und davon existieren müssen, dieses Geld eben nicht für ihre Kinder ausgeben, sondern in Flachbildschirme und Alkoholika umsetzen. Diese Wahrnehmung ist das Grundproblem: Dass es nicht gelingt, einen gesellschaftlichen Konsens darüber herzustellen, dass man von dieser Sichtweise würdiger und unwürdiger Arme wegkommt. Dass man selber etwas gegen seine Armut tut, und nur wer selber etwas tut, der kommt aus seiner Armut heraus. Was ja unzweifelhaft eine Lüge ist, wenn man sich anschaut, wie viele Menschen dauerhaft auf Hartz-IV-Leistungen angewiesen sind und wie viele Familien über Generationen im Leis-

Innerhalb dieses Familienverständnisses und einer kulturellen (Erwerbstätigkeit der Mutter als Norm) und strukturellen Defamilialisierung (sozialinvestive Inobhutnahme) wird die Versorgungsinstitution Familie zwar weiterhin als unverzichtbarer Faktor für die Herstellung der sozialen Sicherheit für die Familie durch Erwerbsarbeit verstanden (vgl. Fuchs, 2014, S. 146). Die Inklusion in den Arbeitsmarkt steht dabei aber wieder im Zentrum des sozialinvestiven Familienverständnisses, um der Armut von Familien vorzubeugen. Da in diesem Verständnis die erwerbstätige Mutter zur Norm avanciert (Zwei-Verdiener-Modell), sollen Kinder in die Hände sozialinvestiver Institutionen übergeben werden.

Ilona Ostner (2007) fragte daher in einem Beitrag, ob der Wohlfahrtsstaat zum Familienersatz werde. Die Familie als ein Repräsentant im ungleichheitsbegründenden Kräftedreieck bewegt sich dabei zwischen den beiden anderen Repräsentanten Staat und Markt (Wirtschafts-, Kapital- und Erwerbssystem). Jede für sich weist Eigenlogiken und Ergänzungsbedürftigkeiten auf und steht zu dem jeweils anderen System in einem interdependenten Austauschverhältnis.

Von einem einseitigen Versagen der Familie auszugehen, ist daher ein Irrtum. Sicherlich bestehen aus dem Blickwinkel des Staates und Marktes Tendenzen eines „Familienversagens" – das Wort „Versagen" beschreibt dabei einen Funktionsverlust. Vor allem armen Familien wird der Stempel aufgedrückt, den sozialinvestiven Leitforderungen und an sie gestellten Erwartungen des Wohlfahrtsstaates in Form ihrer Reproduktions-, Sozialisations-, Platzierungs-, Freizeit- und materieller Sicherungsfunktion nicht nachzukommen und zu entsprechen (vgl. Nave-Herz, 2013, S. 77–102). Daraus erwächst der Schluss, jene Familien verweigerten sich der sozialinvestiven Idee und würden ihr zuwiderhandeln.

Die andere Seite der Medaille liest sich indes anders: Mit zunehmenden Armutstendenzen „versagen" (im Sinne von Verzicht) sich auch viele Eltern jeglichen Standard des alltäglichen Lebens. Sie verbieten und verzichten Monat für Monat auf ihre eigenen Bedürfnisse (exempl. Kamensky, 2000; Zander, 2010). Ihren Kindern versuchen sie die Armut mit ihren vielfältigen Gesichtern nicht spüren zu lassen und mit dem „Versagen" ihrer eigenen Bedürfnisse die Armut ihrer Kinder aufzufangen und zu kompensieren.

Im Zuge einer immer restriktiver werdenden Armutspolitik wird die finanzielle und ideelle Manövriermasse dieser Familien bis in die Mitte der Gesellschaft jedoch immer kleiner und die Folgen und Nebenwirkungen der

---

tungssystem bleiben. Ich glaube, das ist der Grundtenor. Und deshalb ist es auch so leicht, die Verantwortung wieder abzuschieben: von der politischen Ebene auf die persönliche Ebene (Interview Marion von zur Gathen & Christian Woltering, 2015).

Armut gleichzeitig immer größer. Dabei vernachlässigt die politische Debatte ebenfalls, dass die gesellschaftlichen, wohlfahrtsstaatlichen und institutionellen Rahmenbedingungen die Funktionserwartungen von Familien enorm erschweren und eine materielle Absicherung einkommensschwacher und armer Familien unmöglich erscheinen lassen (vgl. Cornelissen, 2006, S. 158). Daraus jedoch zu schließen, arme Familien und somit auch ihre Kinder im verteilungspolitischen Gedränge untergehen zu lassen, ist falsch. Vielmehr entlarvt es eine ziellose Familienpolitik. Denn aus der daraus resultierenden ökonomischen Benachteiligung erwächst für die Familie ebenfalls eine soziale Benachteiligung (vgl. Kaufmann, 1980, S. 771). Flankiert vom wohlfahrtsstaatlichen Umbau, der „Privilegierte" Bevölkerungsgruppen weiter und stärker „fördert" und „Prekarisierte" Bevölkerungsgruppen immer mehr „fordert", erwächst ein wohlfahrtsstaatliches Steuerungsverständnis, aus dem heraus der Staat und der Markt (Wirtschafts-, Markt- und Erwerbssystem) ins Visier der Kritik geraten müssen.

Denn der Gebrauch desselben Wortes „Versagen" zeitigt zwei unterschiedliche Bedeutungsinhalte. In dieser Lesart steht der Begriff „Versagen" nämlich gehoben für jemanden, der etwas nicht zur Verfügung stellen und sich nicht zu etwas bereitfinden will. Der sozialinvestiv-aktivierende Wohlfahrtsstaat zeigt dieses bewusst herbeigeführte „Versagen" von Seiten des Staates und Marktes, ohne im öffentlichen Diskurs als solches wahrgenommen zu werden. Denn es gab und gibt immer auch das Wohlfahrtsstaats- und Marktversagen. Das eine „Versagen" kann ohne das andere nicht gedeutet werden (vgl. Ostner, 2008, S. 52ff.).

Aus der gegenseitigen Abhängigkeit und Aufeinander-Bezogenheit des Kräftedreiecks von Familie, Staat und Markt (Wirtschafts-, Markt- und Erwerbssystem) muss eben auch und zuvörderst die Bereitschaft beider Letztgenannten erwachsen, ihr „Versagen" gegenüber den armen Bevölkerungsgruppen nicht nur zu „erkennen" sondern auch „anzuerkennen"[196]. Erst daraus erfolgt ein Sichtbar-Werden von Kindheit in Armut (vgl. Kap. 9.5).

---

196 Die Unsichtbarkeit, unter der Kindheit in Armut leidet, ist in Anlehnung an Axel Honneth das Resultat einer Deformation der politischen Wahrnehmungsfähigkeit, an die wiederum aber die Anerkennung gebunden ist (vgl. Honneth, 2003, hier speziell S. 27; s. a. Honneth, 2012; Fraser & Honneth, 2003).

7.2 Kindheit und Armut im Sozialinvestitionsstaat

7.2.1 Das Verhältnis von Kindheit, Armut und Wohlfahrtsstaat

Die im vorangegangen Kapitel skizzierten wohlfahrtsstaatlichen und familienpolitischen Diagnosen sind für das Erkenntnisinteresse dieser Krisen- und Defizitanalyse und den Untersuchungsgegenstand Kindheit in Armut von allergrößter Bedeutung, da es

- **erstens** zentral um die soziale Positionierung und gesellschaftliche Wahrnehmung von Kindheit in Armut im sich verändernden Wohlfahrtsstaat gehen muss,
- **zweitens** das Konzept des Sozialinvestitionsstaates (armen) Kindern eine neue Rolle hinsichtlich Rechten und Verantwortlichkeiten zuweist und
- **drittens** dieser wohlfahrtsstaatliche Wandel Auswirkungen auf die Repräsentation und das Interessengruppenhandeln von Interessen armer Kinder zeitigt.

Darüber hinaus haben die beschriebenen Transformationsprozesse wohlfahrtsstaatlicher Ordnungs- und Strukturzusammenhänge Auswirkungen auf die Wahrnehmung und Beschreibung gesellschaftlicher Ungleichheiten. Vor allem üben sie Druck auf die Bevölkerungsgruppe der (armen) Kinder aus, die weiterhin verteilungs- und gesellschaftspolitisch unsichtbar bleiben, da ihre Interessen im Kampf um die Anerkennung und Durchsetzung etablierter Interessen und wohlfahrtsstaatlicher Ziele herausfallen (vgl. Mierendorff & Olk, 2003).

Etablierte Muster und Vergleichskategorien werden unbrauchbar. Institutionalisierte Prinzipien und Standards der Vergleichbarkeit geraten aus dem Lot, wie die Debatte um die methodische Frage zeigt, „wer als arm" zu gelten habe, und zu einer Rückkehr der Individualisierung der Schuldfrage von Armut und Erwerbslosigkeit führt (vgl. Brettschneider, 2007; HIS, 2014). Gruppenspezifische Forderungen im verteilungspolitischen Gefüge verlieren an Wirkung und an Legitimität - neue Verteilungslogiken etablieren sich.

Um sich nun der Bevölkerungsgruppe der (armen) Kinder im wohlfahrtsstaatlichen Gefüge noch stärker zuzuwenden, bedarf es einführend einiger Bemerkungen, die uns wieder den sozialwissenschaftlichen Teilbereich der Kindheitsforschung streifen lassen (Kap. 5). Die Ausgestaltung moderner Kindheit stellt sich nämlich unweigerlich als ein Ergebnis wohlfahrtsstaatlicher Politik und sozialstaatlicher Regelungen dar. Es waren vor allem wohlfahrtsstaatliche Bestrebungen, die an der Entwicklung moderner Kindheit in ihrer heutigen Prägung entscheidend mitgewirkt haben.

Der Wohlfahrtsstaat stellt durch seine Regulationsmechanismen ein wesentliches Element der Festschreibung unserer tief gespaltenen Gesellschaft dar und prägt maßgeblich den gesellschaftlichen Stellenwert und die (im)materiellen Lebenschancen von Kindern, wodurch die Suche nach der im sozialpolitischen Verteilungsgefüge verankerten wohlfahrtsstaatlichen Blindheit und Unsichtbarkeit gegenüber Kindheit in Armut in einem geschichtlichen Rekurs wohlfahrtsstaatlicher Pfadabhängigkeiten sowie sozialstaatlicher Sanktionsmechanismen seinen Anfang nimmt.

Man muss sich vergegenwärtigen, dass es vor allem sozial- und bildungspolitische Maßnahmen waren und sind, die zu einer eigenständigen Lebensphase Kindheit führ(t)en. Zu den Bedeutendsten (vor allem für Kinder aus benachteiligten Schichten) sind die Durchsetzung des Verbots der Kinderarbeit im Jahre 1904, die Einführung der Schulpflicht 1919 (erst in den 1960er Jahren für ausländische Kinder) und die Arbeitsschutzgesetze zu zählen (vgl. Kränzl-Nagl/Mierendorff & Olk, 2003, S. 17).[197]

Für Johanna Mierendorff (2010 & 2014) kann die Phase wohlfahrtsstaatlichen Aufstieges auch als eine erste Ordnungs- und Verdichtungsphase moderner Kindheit in ihrer heutigen Ausgestaltung beschrieben werden. Für sie charakterisiert sich „moderne Kindheit“ anhand von vier Dimensionen (Abb. 6) – ich werde darauf zurückkommen –, die „sich in einem langen Prozess der sozioökonomischen Transformationen“ herausgeschält und durchgesetzt haben. Diese Dimensionen bestimmen „die kulturellen und politischen Diskurse über Kinder und Kindheit ebenso sehr (...) wie die Entwicklung der Institutionen, die die kindbezogenen Aufgaben der Gesellschaft realisieren“ (Mierendorff, 2010, S. 22).

---

197 Ich beschränke mich bei der Auswahl der Sanktionen lediglich auf jene, die für die Studie unmittelbare Relevanz im verteilungspolitischen Kräftefeld haben. Daneben gab und gibt es zahlreiche andere Regulierungsbereiche, wodurch Kindheit auch als die am stärksten regulierte Lebensphase bezeichnet wird (vgl. Mierendorff, 2014, S. 268; Mierendorff bezieht sich auf Bernhard Nauck, 1993).

Abbildung 6: Vier Dimensionen wohlfahrtsstaatlicher moderner Kindheit
(nach Mierendorff 2007 & 2014)

Somit zeigt sich in der Gesamtschau der letzten 100 Jahre, dass sich das „Jahrhundert des Kindes“ (Ellen Key) vordergründig als Erfolgsgeschichte erzählen lässt:

> Denn „es gibt wenige Bereiche, in denen sich das 20. Jahrhundert so sehr als eine Epoche der Humanisierung begreift wie in seinen Leistungen für Kinder (…)“. (Honig/Leu & Nissen, 1996, S. 9)

Diese Erfolgsgeschichte hat neben allen damit **verbundenen positiven Wegmarken** für die Lebenslagen von Kindern vor allem aber auch den Bürger(rechts)status der Bevölkerungsgruppe der Kinder im Verteilungssystem (im)materieller Lebenschancen nachdrücklich festgeschrieben (vgl. Marshall, 1992; Kränzl-Nagl/Mierendorff & Olk, 2003; Olk, 2007), und es

> „entstanden für Kinder spezifische Lebensräume, die sich von denen der Erwachsenen erheblich unterschieden, und damit eine gesonderte Sphäre des Lebens für Kinder“. (Chassè, 2014, S. 409)

Vor allem die Separierung vom Erwerbsarbeitsmarkt sorgte für einen doppelten Bedeutungsverlust der Bevölkerungsgruppe der Kinder. Kann er einerseits als wichtiges Kapitel in der Erfolgsgeschichte der Humanisierung der Kindheit gelesen werden, so bedeutet er andererseits auch Ausschluss. „Was Kinder tun, erscheint nicht als gesellschaftlich nützliche Arbeit“ (Zeiher,

1996, S. 14). Wohlfahrtsstaatliche Anstrengungen, Kinder aus ökonomischen Zusammenhängen auszugliedern, richteten sich vor allem gegen die Unterschichten, denn sie waren es, deren Kinder zum Familieneinkommen beitragen mussten (Bühler-Niederberger, 1996 & 2005). Somit wurden sie aus gesellschaftlicher Sicht als ein Glied der ökonomischen Wertschöpfungskette abgetrennt – außer von dem Bereich des Konsums.

Für den Markt (Wirtschafts-, Markt- und Erwerbssystem), als weiterer Pol des Kräftedreiecks, wurden sie wiederum unproduktiv und eine dem Arbeitsmarkt entzogene Bevölkerungsgruppe, die sich letztlich in den privaten Binnenraum der Familienhaushalte (Verhäuslichung) abgedrängt sah (vgl. Chassè, 2014, S. 409).[198] Erst die soziale Bedeutung der Erwerbstätigkeit der Kinder gab diesen Anfang des 20. Jahrhunderts ihre soziale Bedeutung, wie Harry Hendrick (1994 & 2003) am Beispiel besitzloser lohnabhängiger Familien in Großbritannien darlegt. Erst daraus ließ sich der Status des Kindes als beinahe vollwertiges Mitglied der Familie und somit auch dessen Platz in der Gesellschaft ableiten, der nicht ausschließlich von der Herkunftsfamilie bestimmt wurde (vgl. Ostner, 2002, S. 250f.).

Mittels derart geschaffener „Schutzräume" wurden Kinder in der Entstehungsphase des Wohlfahrtsstaates eben auch zu einer Bevölkerungsgruppe „marktpassiver Kinder", wie es der katholische Sozialethiker Wilhelm Dreier (1965, S. 54f.) beschrieb. Dadurch büßten sie den ökonomischen Wert für ihre Eltern und die Gesellschaft ein. Durch das Verbot der Kinderarbeit trugen Kinder nun nicht mehr zum Familieneinkommen bei.

Sie waren somit nicht mehr Nutzen-, sondern Kostenfaktor[199], wie das nachfolgende Zitat verdeutlicht:

---

198 Diese argumentative Sichtweise beschreibt die wirtschaftliche Wertschöpfung der volkswirtschaftlichen Gesamtrechnung. Dem Autor ist bewusst, dass Kinder ihre Lebenswelt als eigenständige Akteure wertproduzierend bearbeiten. Sei es ihre Tätigkeit in der Familie, Hausaufgaben etc. Dennoch wird diese Produktivität nicht sichtbar und verbleibt im abgeschotteten Binnenraum der Familie sowie Institutionen der Kindheit (KITA/Schule etc.).

199 Immer wieder wird kritisiert, dass Privathaushalte nicht produzieren, sondern nur konsumieren könnten. Die Erziehung gilt somit als Privatsache und die mit der Erziehung verbundenen Ausgaben als Konsum. Bis heute wird die lohnabhängige Arbeit zum volkswirtschaftlichen Einkommen gezählt, die „stille" Arbeit der Erziehung und Qualifikation von Kindern hingegen wird wertmäßig gleich null gesetzt, weil das Produkt der Erziehung nicht tauschbar sei (vgl. Kaufmann, 2008, S. 94f.). Das hat jedoch eine lange Tradition: Bereits der deutsche Nationalökonom Friedrich List stellte im 19. Jahrhundert (damals als Kritik des Schulwesens verfasst) kritisch fest: „Wer Schweine erzieht, ist ein produktives, wer Menschen erzieht, ein unproduktives Mitglied der Gesellschaft". Die volkswirtschaftliche Gesamtrechnung (VGR) verrechnet nur die ökonomischen Vorgänge einer Volkswirtschaft und schließt aus Gründen der methodischen Praktikabilität und internationaler Konventionen alle Formen nicht bezahlter Arbeit aus. In einigen Bereichen wie dem

> „Kinder ‚kosten' nun, sie tragen nicht mehr zur Familienproduktionsgemeinschaft bei; Kinder werden somit zu einem ‚Luxus', den man sich leistet oder nicht. (...) Kinder bleiben, anders ausgedrückt, volkswirtschaftlich und in der Folge der Generationen gesehen auch ökonomisch ein unabdingbarer Wert. Für den Familien-Haushalt sind sie aber nur noch eine finanzielle ‚Belastung'". (Sozialer Fortschritt, 1964, S. 240; zit. n. Reichwein, 2012, S. 60)

Dieser Wert- und Statusverlust der Bevölkerungsgruppe der Kinder insgesamt wurde noch mit der Einführung und Etablierung des Rentensicherungssystems verstärkt. Damit verloren Kinder ihre Bedeutung für die Altersvorsorge ihrer Eltern. In der heutigen Diskussion ob der Frage nach der Erfüllung eines Kinderwunsches ist in diesem Zusammenhang häufig von dem unsäglichen Begriff der „Opportunitätskosten" die Rede. Diese betreffen natürlich nicht nur finanzielle Aspekte. Dennoch stehen in öffentlichen Debatten zumeist die finanziellen Erwägungen an oberster Stelle.

Wohlfahrtsstaatliche Regulierungsmaßnahmen „von Hilfe, Kontrolle, Schutz und Strafe" (Mierendorff, 2010, S. 235), die zu einer eigenständigen Lebensphase Kindheit führten, schufen somit auch die Basis gesellschaftlicher Ungleichheitsstrukturen hinsichtlich der Wahrnehmung des Kindes, die im Zeitverlauf zu einer Unsichtbarkeit armer Kinder im verteilungspolitischen Gefüge und im Bereich organisierter Interessen führte. Die wohlfahrtsstaatliche Kindheit und somit das wohlfahrtsstaatliche Kind sind eben auch „ein unnützes, untüchtiges, verwöhntes Kind" (Bühler-Niederberger, 1996, S. 107).

Das Entfernen des Kindes vom „finanziellen Nexus" (Zelizer, 2005), das einherging mit einer moralischen Überhöhung des Kindes, kann bis in die Gegenwart nachgezeichnet werden und zeigt das ganze Paradoxon moderner Kindheit auf. Kinderfreundlichkeit in der „Binnenwahrnehmung" und eine in den politischen und ökonomischen Institutionen verankerte Unsichtbarkeit in der „Außenwahrnehmung" stehen nebeneinander (vgl. Zeiher,

---

außerwirtschaftlichen Gleichgewicht und der Inflationsrate erscheint die Nichtbeachtung unbezahlter Arbeit in der VGR für sinnvoll (vgl. Schäfer, 2004, S. 961). Jedoch weniger im Bereich der Sozialpolitik, wo die Daten der VGR ebenfalls als Datengrundlage herangezogen werden. Dabei besteht seit den 1980er Jahren eine politische und wissenschaftliche Auseinandersetzung über die Erfassung der im Haushalt nach wie vor vorrangig von Frauen erbrachten Dienstleistungen. Beispielsweise werden die Kinderbetreuung, die Pflege und Betreuung von Kranken und Behinderten, die tägliche Verpflegung, das Einkaufen, die handwerklichen Tätigkeiten, aber auch die Ausübung von Ehrenämtern nicht als wertschöpfende Vorgänge ins Inlandsprodukt einbezogen. Genauso wenig die erbrachte Wertschöpfung und Produktivität von Kindern zuhause wie in der Schule etc. Sie bleiben somit in der Wirtschaftsberichterstattung unsichtbar (vgl. Schäfer, 2004, S. 960; zur Diskussion nachhaltiger Indikatoren der Sozialberichterstattung siehe Bartelheimer & Kädtler, 2012).

1996). Denn neben der wohlfahrtsstaatlichen Steuerung, Regulierung und Disziplinierung von Kindheit war gleichzeitig eine „Sakralisierung" des Kindes zu beobachten (Lasch, 1981; Zelizer, 1985). Die ökonomische Wertlosigkeit der Bevölkerungsgruppe der Kinder traf auf eine emotionale Höchstbewertung: Kinder wurden zum Allerheiligsten erkoren, vor dem Nutzen- und Kostenerwägungen keinerlei Relevanz haben durften (vgl. Bühler-Niederberger, 2003, S. 189). Kinder wurden gesellschaftlich sakrosankt und bekamen einen ikonischen Status zugesprochen (vgl. Lister, 2004, S. 175). Somit gehen „gesellschaftliche Marginalisierung auf der einen Seite und moralische Überhöhung auf der anderen Seite (...) miteinander einher" und „sind zwei Seiten eines Geschehens" (Bühler-Niederberger, 2005, S. 9ff.).

7.2.2 Ökonomisierung sozialinvestiver Kindheitsmuster

In den vorangegangenen Kapiteln wurde zum einen der Transformationsprozess des Wohlfahrtsstaates hinsichtlich seiner sozialinvestiven und aktivierenden Komponente herausgearbeitet sowie sein reziprokes Verhältnis gegenüber einer nachhaltigen Familienpolitik begründet. Zum anderen wurde am Beispiel des Elterngeldes eine familienpolitische zielgruppenspezifische Heuristik eingeführt und dargelegt, wie die Identifizierung wohlfahrtsstaatlicher Zielgruppen einkommensschwache, arme und erschöpfte Familien und somit auch ihre Kinder weitestgehend ausblendet. In diesem Kontext wurden erste Hinweise auf das Verhältnis von Wohlfahrtsstaat, Kindheit und Armut formuliert. Im folgenden Abschnitt soll dieser Annäherungsversuch weiterverfolgt und die Bedeutung moderner Kindheit im Sozialinvestitionsstaat an den Schnittfeldern Staat, Familie und Markt (Wirtschafts-, Kapital- und Erwerbssystem) beleuchtet werden.

Neue soziale Risiken im alten fürsorgenden Wohlfahrtsstaat

Wie an anderer Stelle bereits erläutert, markiert die Umgestaltung, den die Republik mit dem Wandel des Wohlfahrtsstaates erfahren hat, womöglich die tiefgreifendste wohlfahrtsstaatliche Veränderung ihrer jüngeren Geschichte und wurde spätestens mit der Konstituierung einer rot-grünen Regierungsbildung auf Bundesebene angestoßen (Kap. 7.1). Sozialinvestiver Plan ist bis in die Gegenwart hinein ein wohlfahrtsstaatlicher Perspektivwechsel auf die Familie und ihre jüngsten Mitglieder, der in einen europäischen Diskurs über die Zukunft der Familie eingebettet war, in deren Mittelpunkt die gewandelten Leistungsanforderungen gegenüber der Familie standen und im Kontext neuer sozialer Risiken im alten (fürsorgenden) Wohlfahrtsstaat zu lesen sind (vgl. Esping-Andersen, 1999, 2002, 2009; s. a. Giddens, 1999, S. 27–64).

Stand im deutschen Diskurs die Förderung der Erwerbstätigkeit der Frauen (speziell der Mütter) und des traditionellen Ein-Ernährermodells sowie eine „umfassende", ausschließlich **quantitative** Betreuungs- und Bildungsstrategie (Quantität des Humanvermögens) der gesamten „Bildungskette" von der frühkindlichen Betreuung bis zur Spitzenuniversität im Zentrum – die jedoch nur mangelhaft umgesetzt wurde –, so vernachlässigte der politische Diskurs eine doppelte „kinderbezogene Sozialinvestitionsstrategie"[200] und ging gar zu Lasten einer **qualitativ** ausgerichteten Betreuungs- und Bildungsinitiative (Qualität des Humanvermögens) (vgl. Joos, 2003; s. a. Hübenthal & Ifland, 2011).

Anders als bspw. in Großbritannien: Kinder wurden hier zur Toppriorität erklärt, und die „soziale Investmentstrategie" wurde stärker an den klassischen Handlungsempfehlungen der führenden Theoretiker und Politikberater zum sozialinvestiven und aktivierenden Wohlfahrtsstaat Gøsta Esping-Andersen (2002) und Anthony Giddens (1999) angelehnt, wodurch sich vor allem eine vergleichsweise stärkere Hinwendung zur Gruppe armer Kinder sowie zu sozial Benachteiligten andeutete (vgl. Esping-Andersen, 2004; Hendrick, 2003, S. 16 & 2014, S. 469; Rüling, 2009).[201]

---

200 Die doppelte sozialinvestive Strategie sah laut Esping-Andersen massive Investitionen in die quantitative und qualtivative Betreuungs- und Bildungsinfrastruktur sowie eine Erhöhung und Ausweitung von Sozialtransfers für benachteiligte Bevölkerungsgruppen vor.

201 Mag es vielleicht daran gelegen haben, dass Großbritannien Mitte der 1990er Jahre eine Kinderarmutsquote von 26 % aufwies und als europäisches Kinderarmutsland galt? Wie dem auch sei: Laut der „OECD Family Database" konnte Großbritannien seine Kinderarmutsquote nicht nur an die der Gesamtbevölkerung angleichen (in Deutschland besteht diesbezüglich nach wie vor eine große Kluft), sondern in der Längsschnittbetrachtung bis 2010 den größten Rückgang aller OECD-Länder verzeichnen. Allerdings ist die Kinderarmutsquote in Folge der Finanzkrise und einer Spar- und Steuerpolitik zu Lasten der Mittelschicht und ärmerer Bevölkerungsschichten seit 2010 wieder dramatisch angestiegen und hat zum sog. „Child Poverty Act" geführt, mit der Zielvorgabe die Kinderarmut bis 2020 zu beenden.

Ein Vergleich zwischen diesen beiden Wohlfahrtsstaaten – obwohl grundlegender Bestandteil der Sozialwissenschaften (vgl. Borchert & Lessenich, 2012) – gestaltet sich m. E. deshalb schwer, da das staatliche Wohlfahrtssystem zwar unter ähnlichen Herausforderungen, jedoch hinsichtlich seines wohlfahrtsstaatlichen Regimes und anders gelagerter Machtverhältnissen anders ausgestaltet ist als das der Bundesrepublik. Dennoch galt Großbritannien als Musterland einer konsequenten sozialinvestiven Doppelstrategie bestehend aus dem quantitativen und qualitativen Ausbau kindlicher Betreuungs- und Bildungseinrichtung sowie einer signifikanten Erhöhung finanzieller Leistungen bedürftiger Bevölkerungsgruppen (anders als Deutschland), die in den ersten Jahren große Erfolge zeigte und wodurch sich eine vergleichende Anmerkung an dieser Stelle anbietet.

Dennoch wurden die Ausarbeitungen vorgenannter Autoren hinsichtlich des wohlfahrtsstaatlichen Umbaus auch in den deutschen Diskurs aufgenommen und von den politischen Akteuren sowie der aus Wissenschaft und Zivilgesellschaft gewonnenen Bündnispartnerschaft auf die deutschen Besonderheiten und seine interessenspezifischen Aushandlungsprozesse im Zeichen des „ökonomischen Charmes der Familie“ sowie einer „Ökonomisierung des Sozialen“ angepasst.

Dabei erscheint es hilfreich die deutschen Implikationen der „Neuen Mitte“ und die „soziale Investitionsstrategie“ im Kontext neuer sozialer Risiken zu verstehen und auf die Bevölkerungsgruppe der (armen) Kinder zu übertragen, die Werner Weidenfeld und Jürgen Turek (2002) noch hoffnungsvoll unter den Stichpunkten „größere Risiken – weniger Sicherheit – neue Chancen“ zusammenfassten.

Die Identifizierung neuer sozialer Risiken liegen Esping-Andersen zu Folge *„in a growing disjuncture between existing institutional arrangements and emerging risk profiles (…)“* (1999, S. 146) und beförderten zweifelsohne einen Prozess neuer exogener Risiken in einer zunehmend globalisierten Wissensgesellschaft und sich verändernden Ökonomie, die sich in allen europäischen Wohlfahrtsstaaten manifestierte und eigene endogene Krisenszenarien in den jeweiligen Wohlfahrtsstaaten zu Tage förderte.

Liberalisierte Märkte erforderten immer höhere Flexibilität und der technologische Wandel anspruchsvollere Fähigkeiten, um die Innovationsfähigkeit einer Wirtschaft aufrecht zu erhalten. Für Jugendliche und Frauen ist es zunehmend schwieriger geworden, sich in den Arbeitsmarkt zu integrieren. Ältere Bevölkerungsgruppen sehen sich mit den Risiken der Arbeitslosigkeit und Frühverrentung konfrontiert. Mangelhafter Zugang zu Wissen, schlechte oder mangelnde Bildungsabschlüsse verursachen Bildungsarmut und führen zu schlechten persönlichen (im)materiellen Lebenschancen.

Darüber hinaus zeitigen diese Risiken Gefahren für die Familie und soziale Netzwerke, die als sinnstiftende Institutionen sozialer Interaktionen zunehmend instabiler und vulnerabel werden und sich in Form verletzlicher Familienformen (Zunahme alleinerziehender Eltern, Patchwork-Familien etc.) ausdrücken. Diese Entwicklungen führen allesamt zu einer Risikoverschärfung familialer Armutslagen und Kinderarmut. Wohlfahrtsstaatliche Gesellschaften sehen sich demnach einer Vielzahl an Unsicherheiten und neuen sozialen Risiken ausgesetzt (vgl. Esping-Andersen, 1999, S. 146 & 2004, S. 502f.). In diesem Kontext soll der Wohlfahrtsstaat seine Klientel weniger vor materieller Armut bewahren, als vielmehr den ungleich verteilten Zugang zu Bildung und Wissen (Bildungsarmut) ausgleichen (vgl. Olk & Hübenthal, 2011, S. 157).

Innerhalb dieses Wandels nehmen die Anforderungen an ein „gutes“ Leben bzw. eine „gute“ Kindheit so stark zu wie niemals zuvor in der noch jüngeren Wohlfahrtsstaatshistorie. Die Bevölkerungsgruppe der Kinder ist von diesem Wandel in besonders hohem Maße betroffen. So ist es vor allem die Lebensphase der Kindheit, die für ein „gutes" Leben den Grundstein legt und über die Lebenschancen eines Kindes mitentscheidet. Wichtigste Bezugspunkte für dessen umfassende Ausbildung sieht Esping-Andersen „*in the inter-play between parental and societal investments in children`s development*" (2002, S. 26). Aus diesen Krisendiagnosen leitet er den zentralen Fokus auf die Bevölkerungsgruppe der Kinder ab, die aus humankapitaltheoretischen Beweggründen eine „*conditio sine qua non*" darstellen (vgl. Esping-Andersen, 2002, S. 28f.; Hendrick, 2014, S. 471f.).

- **Erstens** hängen die Lebenschancen eines Menschen immer stärker vom umfassenden Erwerb kultureller, sozialer und kognitiver Kapitalsorten ab.
- **Zweitens** ist der Fokus für ein zukunftsfähiges, nachhaltiges, leistungs- und wettbewerbsfähiges Wirtschaftssystem auf die Bevölkerungsgruppe der Kinder als zukünftige Erwerbstätige zu richten.
- Und **drittens** müssten Kinder aus benachteiligten Lebenslagen besonders gefördert und geschützt werden.

Soviel zu der klassischen Sichtweise einer sozialinvestiven kindzentrierten Strategie, die originär die Bedürfnisse „nach sozialer Absicherung mit den funktionalen Erfordernissen einer globalisierten Dienstleistungs- und Wissensökonomie zu versöhnen" glaubt(e) (Busemeyer, 2014, S. 631).

Es muss den Schlussfolgerungen von Esping-Andersen und Giddens nicht einmal gefolgt werden, um dennoch zu erkennen, wie zentral beide Autoren für die europäische Reformdebatte um den Wohlfahrtsstaat waren/sind. Die Antwort auf die Gefahr dieser neuen Risiken wurde in Deutschland durch das politische Konzept der „Neuen Mitte" gegeben. Dabei ging es um die sorgsame Etablierung sozialpolitischer Narrative, die im Kern

> „neue Balancen von Eigenverantwortung und sozialer Sicherheit, von Individualismus und Gemeinwohl, von Modernisierung und Gerechtigkeit" (Machnig, 2002)

vorsahen und bis in die Gegenwart zu den jüngsten Mitgliedern unserer Gesellschaft durchgereicht werden. Übertragen auf die Bevölkerungsgruppe der Kinder, drehte sich der deutsche politisch instrumentalisierte Diskurs thematisch um den durch PISA entstandenen Bildungsschock, die Vereinbarkeit von Familie und Beruf, den Wandel in der Arbeitswelt (Erosion des Ernährermodells) und einer intensiv geführten Debatte über die demografische Entwicklung des Landes.

Vor allem mit den schlechten Ergebnissen der PISA-Studien wurden Kinder politisch instrumentalisiert. So lassen sich viele politische Stellungnahmen und Beiträge dahingehend lesen, dass sie aus bildungs- und armutspolitisch gefährdeten Kindern der Gegenwart eben auch die den Wirtschaftsstandort Deutschland gefährdenden Erwachsenen der Zukunft machen; verantwortlich für potenzielle „Innovations- und Produktivitätsdefizite" – ergo ein Standortproblem „Made in Germany `21" (vgl. exempl. der gleichnamige Beitrag von Machnig, 2004).

Es zeigt sich bereits an dieser Stelle der eher nachgelagerte Fokus auf die Bevölkerungsgruppe der Kinder, die, wenn überhaupt, erst in den Blick gerät, wenn es um Fragen der Kinderarmut im Sinne zu weniger Kinder und der Öffnung der Familie für den Wertschöpfungsprozess „mit der Zielperspektive einer Stärkung der Innovationskultur" (Machnig, 2004, S. 39) geht. Nämlich, indem Frauen durch die Vereinbarkeit von Familie und Beruf stärkere Kommodifizierungsanreize zuteil werden, was aus geschlechteregalitären Überlegungen heraus richtig und nachvollziehbar wäre. Gleichwohl handelt der Wohlfahrtsstaat hier weniger aus normativen Beweggründen heraus, als er vielmehr kommodifizierende „Ökonomisierungspolitiken" durchzusetzen trachtet (Lessenich, 2012a, S. 121).

Die Perspektive der Chancengerechtigkeit und Geschlechtergleichheit geht dabei vollends verloren, denn Kinder wurden ebenfalls Teil der Öffnung der Familie für den Wertschöpfungsprozess. Dem Sozialinvestitionsstaat ging es hier vornehmlich um die Sichtbarkeit der Bevölkerungsgruppe der Kinder als Erwerbsbürger der Zukunft, also nicht um den „Wert" von Kindheit im Hier und Jetzt. Der deutsche Wohlfahrtsstaat und mit ihm die politischen Entscheidungsträger identifizierten somit folgende sozialinvestive Performanzkriterien:

- Bevölkerungsgruppe der Kinder gilt vordergründig als zentral, da die Investition in ihr „Humankapital" den größtmöglichen Nutzen in der Zukunft verspricht.
- Steigerung der Geburtenrate, Steigerung des Bildungsniveaus und der Erziehungskompetenzen, höheres ökonomisches Wachstum („ökonomischer Charme der Familie").
- Weniger Geldleistungen und mehr soziale Investitionen (Sachleistungen, Ausbau der Betreuungs- und Bildungsinfrastruktur).
- In diesem Sinne ist die sog. „Defamilialisierung" zentral. Der Staat und der Markt nehmen den Eltern ihre Kinder ab, um sie in dafür geschaffenen Institutionen sozialinvestiv zu erziehen und somit die Opportunitätskosten für Kinder zu senken.

Humankapital versus Humanvermögen

Für die Bevölkerungsgruppe der Kinder ist die Diagnose neuer sozialer Risiken in einer zunehmend globalisierten Wissensgesellschaft und vor dem Hintergrund der daraus abgeleiteten Zielsetzungen von zentraler Bedeutung. Sie erscheinen als soziale Gruppe zunächst immer wichtiger. Dabei wird vordergründig auf die Verpflichtungen der UN-Kinderrechtskonvention (UN-KRK) verwiesen – welche Kindern im Artikel 26 ein Recht auf soziale Sicherheit zuspricht – und im Kontext der europäischen bildungspolitischen Strategie auf das *Life-Long-Learning* argumentiert, obwohl es faktisch darum geht, „Kinder stärker als potentielles ‚Humankapital' für die wirtschaftliche Entwicklung und sog. Standortsicherung zu nutzen" (Bühler-Niederberger/Mierendorff & Lange, 2010).

Kinder stellen dabei das höchste Potenzial der Reproduktion in das „Humankapital" einer Gesellschaft dar und sind somit zentraler Bezugspunkt einer „kindzentrierten sozialen Investitionsstrategie". Denn Investitionen in das kindliche Humankapital versprächen die höchstmögliche Rendite und seien „als Königsweg zur Vorbereitung auf eine Zukunft in einer globalisierten Welt und wissensbasierten Ökonomie verstanden" (vgl. Olk, 2007, S. 45). Sozialinvestive Kindheit meint somit auch eine wissensbasierte optimierte marktkonforme Kindheit. Diese Schwerpunktverlegung deutscher Familienpolitik wurde bereits Mitte der 1990er Jahre angestoßen. Der fünfte Familienbericht leitete den ökonomischen Charme der Familie bereits 1994 ein, indem die Familie „für die Bildung des Humanvermögens (...) die unverzichtbare Basis für eine effiziente Wirtschaft" sei (BMFSFJ, 1994, S. 274).

Dabei ging es in der deutschen Debatte hinsichtlich des „Humankapitals" vordergründig um die Steigerung der Geburtenrate, also um die quantitative Reproduktion der Gesellschaft (Fertilität). Aus einer strukturfunktionalistischen und kulturtheoretischen Lesart muss die Rolle des Kindes jedoch auch um die der Funktion des qualitativen Erhalts des „Humanvermögens" ergänzt werden (vgl. Kaufmann, 1994, 1995; s. a. Engelbert & Kaufmann, 2003). Erst durch die qualitative Reproduktion der Gesellschaft (Sozialisation, Erziehung, Bildung, Erlernen demokratischer Kompetenzen wie Partizipation etc.) tragen Familien, Staat und Markt schließlich auch zum Erhalt des „Humanvermögens" bei (vgl. Wunderlich, 2014, S. 49).

Dem „Humanvermögen" kommt somit eine entscheidende Rolle des gestaltenden Wohlfahrtsstaates zu, da er für den Erhalt aller relevanten Teilsysteme einer Gesellschaft unabdingbar ist (vgl. Mierendorff, 2007, S. 264). Denn die Stärken und Talente des Nachwuchses sind abhängig von der „Funktion des hochgradig kontingenten Zusammenwirkens verschiedener Funktionssysteme wie Familie, Bildung" oder wohlfahrtsstaatlicher (im)materieller Leistungen (Kaufmann, 1994, S. 371). Dabei vereint der Begriff des Humanvermögens die qualitative wie auch die quantitative Dimension der Wohlfahrtsproduktion. Eine solche Sichtweise

> „läßt sich sowohl auf der Ebene individueller als auch kollektiver Wohlfahrt auslegen, und eben dieser Doppelcharakter sichert die sozialpolitische Relevanz des Konzepts". (Engelbert & Kaufmann, 2003, S. 86)

Wurde die quantitative Dimension des Humanvermögens als ein grundlegendes Ziel nachhaltiger Familienpolitik ausgewiesen, so kann hier bereits eine erste Kritik angebracht werden, da das Ziel des Humanvermögens – also auch die Qualität hinsichtlich des qualitativen Ausbaus der Betreuungs- und Bildungsinfrastruktur – in der deutschen Debatte vernachlässigt wird. Doch nicht nur dies erscheint für die Wahrnehmung der Kinder zentral. Werden mit der Verschmelzung qualitativer und quantitativer Gesichtspunkte des Humanvermögenbegriffs zwar wichtige Aspekte der Wohlfahrtsproduktion erreicht, so werden ihm aus einer kindzentrierten Sichtweise wiederum seine Grenzen aufgezeigt. Denn auch aus dieser Perspektive gelten Kinder als Investitionsgüter. Die Investition in eine „gute" sozialinvestive Kindheit wird „ausschließlich instrumentell über den zukünftigen Wert dieser Kinder für die Gesellschaft legitimiert" (Kränzl-Nagl/Mierendorff & Olk, 2003, S. 28).[202]

Diesen Aspekt beurteilt Ulrich Schneider besonders kritisch. Sein folgendes Zitat betrifft jedoch nicht nur die Bevölkerungsgruppe der armen Kinder, sondern auch die der Frauen. Es untermauert die in den letzten Abschnitten der Krisen- und Defizitanalyse entwickelte Argumentationslinie. Für Schneider ist es Fakt, dass Kinder

> „spätestens seit Renate Schmidt als Humankapital betrachtet – und auch so behandelt – [werden]. Die ganzen Argumentationsschienen für familienpolitische Leistungen laufen darauf hinaus, Humankapital pflegen oder erzeugen zu wollen. Und entsprechend zeichnen sich ja auch die Maßnahmen ab. Die Maßnahmen laufen interessanterweise darauf hinaus, nicht nur das Kind als solches in der Familienpolitik zu betrachten, sondern auch die Frauen. Die Mutter, indem der Schwenk dahin geht, jede Frau sollte das Recht haben – was ja unbestritten ist –, ihr eigenes Geld im Produktionsprozess zu verdienen. Das ist das Eine. Sie belassen es aber nicht nur dabei, ihnen die Möglichkeit einzuräumen, indem man Kinderkrippen und Kinderhorte ausbaute etc. Sondern man hat ihnen, ähnlich wie in der gesamten Agendagesetzgebung oder bei Hartz IV, Vergünstigungen schlicht gestrichen, um ihnen ‚Beine' zu

202 Und dies liest sich auch in den Kommentaren und Vorstellungen führender politischer Akteure, wenn der ehemalige Bundeskanzler Schröder bspw. feststellte, dass sich Deutschland im Klaren sein müsse, „dass Innovation (...) nötig ist, wenn wir eine gute Zukunft für uns und unsere Kinder schaffen wollen" (Schröder, 2004, S. 12).

machen. Man hat das Betreuungsgeld gestrichen, das Elterngeld hat man gestrichen. Man hat einen interessanten Aspekt, der in diesem Zusammenhang so gut wie noch nie angeschaut wurde – unter Rot-Grün –, das Unterhaltsrecht für Geschiedene erheblich verändert. Dass man nämlich erklärte, wieso die Frau nicht wieder für sich sorgen soll, wenn sie geschieden ist – und man ist da brutal rein gegangen. Sprich: Es wurde mit Zuckerbrot und Peitsche dafür gesorgt, dass auch alle dem Produktionsprozess zur Verfügung stehen. (…) Und das andere ist, dass für mich relativ fest steht, dass, wenn man sich erst einmal auf die Argumentationsschiene des Humankapitals begibt, dass man dann langfristig immer verloren hat. Denn unter Humankapitalgesichtspunkten unterscheidet man immer zwischen Nutz und Unnutz. Zwischen Nützlich und Unnützlich und entsprechend auch zwischen vielversprechenden und nichtvielversprechenden Kindern, was ein ungeheuer gefährlicher, ethisch bedenklicher Weg ist." (Interview Ulrich Schneider, 2015)

Sozialinvestive (Ungleichheits-)Strukturmuster von Kindheit

Auch in anderer Hinsicht wird der Bevölkerungsgruppe der Kinder ein gewisser Stellenwert zuteil. Denn das Konzept des Sozialinvestitionsstaates weist Kindern eine neue Rolle hinsichtlich Rechten und Verantwortlichkeiten innerhalb des neuen Wohlfahrtsstaates zu. Allerdings wäre der Eindruck falsch, dass Kinder nicht schon vor dem Wandel des Wohlfahrtsstaates mit ähnlichen Rollenerwartungen konfrontiert wurden (vgl. Hendrick, 2014, S. 456).

Um die neue Rolle nachzuvollziehen, ist es hilfreich, die bereits dargestellten vier mierendorffschen Dimensionen moderner Kindheitsmuster im Wohlfahrtsstaat denen sozialinvestiver Strukturmuster gegenüberzustellen (Tab. 8). Bereits hier wird die durch wohlfahrtsstaatliche Regulierungsmaßnahmen beeinflusste Veränderung von Kindheit deutlich, die sich ab den 1990er Jahren als vergleichsweise starke Institutionalisierungs- und Verdichtungsphase 2.0 darstellt.

Dabei dienen alle Dimensionen einer „strukturellen Disziplinierung" von Kindheit, die in einem ständigen gesellschaftlichen Aushandlungsprozess zwischen divergierenden Interessen und unterschiedlichen Kräfte- und Machtkonstellationen oszillieren. Im Kontext einer sozialen Investitionsstrategie unterliegen besonders die drei ersten Dimensionen einem Wandlungsprozess.

Tabelle 8: Strukturmuster wohlfahrtsstaatlicher und sozialinvestiver Kindheit (nach Mierendorff 2010 & 2014)

<table>
<tr><th></th><th>Wohlfahrtsstaatliche Kindheitsmuster*</th><th>Sozialinvestive Strukturmuster</th></tr>
<tr><td rowspan="4">Strukturelle Disziplinierung von Kindheit</td><td>• Familialisierung
o Erziehung findet im privaten Binnenraum der Familie statt (Verhäuslichung)</td><td>• Defamilialisierung
o Resultiert aus einem Vertrauensverlust gegenüber der Institution Familie
o Folge: sozialinvestive Institutionenkindheit</td></tr>
<tr><td>• Scholarisierung und Pädagogisierung
o „Fortschreitende Scholarisierung war immer zugleich fortschreitende Pädagogisierung“</td><td>• Scholarisierung und Pädagogisierung
o sozialinvestive Inobhutnahme der Kindheit
o Ausbau frühkindlicher Betreuungs- und allg. Bildungsinstitutionen</td></tr>
<tr><td>• Dekommodifizierung
o „Freisetzung existenzsichernder Erwerbsarbeit“ (Mierendorff, 2014, S. 279)</td><td>• Tendenzen einer Re-Kommodifizierung
o Trend der verlängerten Kindheit als Schutzraum
o Jedoch frühes Erlernen kommodifizierender Erziehungs- und Bildungsinhalte für die zukünftige Rolle als Erwerbsarbeiter.</td></tr>
<tr><td>• Institutionalisierte Altershierarchie
o Setzung von Altersgrenzen (Volljährigkeit etc.)
o „Kindheit wird (...) zu einer über das Alter bestimmte Lebensphase“</td><td>• Ausdifferenzierung
o Hierarchischen Verhältnis zwischen Kindern und Erwachsenen
o „Homogenisierungsprozess“ - Angleichung struktureller Bedingungen von Kindheit</td></tr>
</table>

* Die Beschreibung bis circa Ende des 20. Jh. beinhaltet lediglich einen groben Überblick wichtiger Etappen moderner Kindheit. In den einzelnen Dimensionen können zahlreiche weitere Kindheitsmuster charakterisiert werden, die sich im ständigen Veränderungsfluss befinden, und je nachdem als (de)familialisierte Kindheit, reflexive Kindheit oder die gegenwärtig mit den globalen Migrationsprozessen in Verbindung stehende transnationale Kindheit bezeichnet werden (vgl. Baader/Eßer & Schröer, 2014; Mau, 2014, S. 651ff.).

Defamilialisierung[203]

Bereits an anderer Stelle wurde auf den Aspekt der Defamilialisierung eingegangen (Kap. 7.1.3), deren Argumentationsfaden hier noch einmal aus dem Blickwinkel von Kindheit in Armut aufgenommen wird. Die Familie erfährt im Sozialinvestitionsstaat einen massiven Bedeutungs- und Vertrauensverlust. Resultat ist die Überführung der Familie in die wohlfahrtsstaatliche „In-

203 In der Literatur bestehen diesbezüglich unterschiedliche Meinungen. Die genderorientierte Sichtweise geht von einer Defamilialisierung aus (vgl. Ostner, 2002 & 2003). Die von Mierendorff vertretene These beschreibt eine Refamilialisierung, da die Verantwortlichkeit des Unterhalts der Erziehung des Kindes verstärkt auf die Familie abgewälzt wird (Mierdendorff & Olk, 2003). Beide Argumentationen sind schlüssig und werden hier präsentiert. Die These der Defamilialisierung ist in der Gesamtschau einer sozialinvestiven Strategie m. E. jedoch plausibler.

obhutnahme". Da es dem Sozialinvestitionsstaat in erster Linie um eine ökonomische Landnahme der Institution der Familie und die Rekrutierung aller ihrer Mitglieder für den Wertschöpfungsprozess geht, gerät die Rolle der Familie als sinnstiftendes und soziales Element in den Hintergrund. Allerdings nicht für den finanziellen Erziehungsaspekt, der nach wie vor nicht gesamtgesellschaftlich getragen wird und dessen Hauptlast weiterhin der Institution der Familie zukommt (vgl. Zeiher, 1996, S. 14).

So zeigte sich auch in den Gesprächen, „dass in der Gesellschaft diejenigen Kosten, die mit dem Aufwachsen von Kindern verbunden sind, privatisiert werden, aber der Nutzen, der sich aus dem „Humankapital" ergibt, solidarisiert wird. Und das ist total in Schieflage geraten" (Interview Marion von zur Gathen & Christian Woltering, 2015). Der Familie bleibt somit auch weiterhin die primäre Verantwortlichkeit für ihre Kinder. Allerdings übernimmt der Sozialinvestitionsstaat in erheblichem Maße Verantwortlichkeiten sozialinvestiver Erziehung, die vormals der Familie oblagen (vgl. Mierendorff & Olk, 2003).

Franz Xaver-Kaufmann beschrieb bereits in seinem frühen Beitrag „Kinder als Außenseiter der Gesellschaft", dass die Institution der Familie die einzige Institution in modernen und differenzierten Gesellschaften sei,

> „die sich für ihre Selbsterhaltung und die Erfüllung ihrer Funktionen nicht des Prinzips formaler Organisation und der mit ihr verbundenen Möglichkeiten des Größenwachstums und der Arbeitsteilung bedient". (Kaufmann, 1980, S. 768)

Es wird nämlich außer Acht gelassen, dass die Funktionen, die die moderne Familie in Bezug auf ihre Kinder nimmt, „nicht nach dem Muster formaler Organisation rationalisierbar" (ebd. S. 769) erscheinen. Zwar wird die Familie nach wie vor als nicht zu ersetzender Faktor für die Herstellung sozialer Sicherheit durch Erwerbsarbeit verstanden. Allerdings ist die Institution der Familie Beanspruchungen ausgesetzt, die es ihr immer schwerer machen soziale Ressourcen zur Übernahme familialer Leistungen zu bilden, wodurch die Aushöhlung der Familie als funktionsfähige soziale Einheit von Seiten des Wohlfahrtsstaates vorangetrieben wird. Die Inklusion in den Arbeitsmarkt steht dabei im Zentrum des sozialinvestiven Familienverständnisses, um der Armut von Familien vorzubeugen. Kinder sollen somit in die Obhut sozialinvestiver Institutionen übergeben werden und der Wohlfahrtsstaat wird zum Familienersatz (vgl. Ostner, 2007).

Innerhalb dieser sozialinvestiven Inobhutnahme wird die Bevölkerungsgruppe der (armen) Kinder jedoch wieder unsichtbar, da „die Perspektive der Kinder nicht zur Geltung kommt, obgleich deren Interessen vital tangiert sind" (Honig, 2002, S. 230), wie zahlreiche Studien zur Bildungsungleichheit und zu mangelnden Partizipationsmöglichkeiten aufzeigen. Denn aus der seit langer Zeit bestehenden Forderung nach einer „Familienpolitik als Sozialpolitik für das Kind“ (Lüscher, 1977; Kaufmann & Lüscher, 1979) sowie der nach einer eigenständigen „Kinderpolitik“ (Lüscher, 2003), die das Kind in den Mittelpunkt stellt, hat sich in der Praxis eine arbeitsmarkt- und beschäftigungszentrierte Familienpolitik (bestimmter) Elterngruppen herausgebildet.

Werden diese Schlussfolgerungen auf die im Theorieteil dargestellte Zentrum-Peripherie-Metapher übertragen, so zeigt sich durch den Trend einer Defamilialisierung, dass das innere Zentrum zwischen Staat, Markt und Familie massive Kräfteverschiebungen zugunsten der beiden Erstgenannten aufweist, und empfindliche Einflussverluste letztgenannter. Interessant wird es noch an späterer Stelle zu fragen sein, ob die peripheren Kräfte wie bspw. Interessengruppen ein einflussreiches Gegengewicht darstellen, die sich unmittelbar um das konfligierende innere Zentrum zwischen Staat, Markt und Familie drehen (Kap. 8).

Scholarisierung und Pädagogisierung: „Bildung für alle“

Das ureigene Interesse des Wohlfahrtsstaates sind optimale Bedingungen einer auf quantitative und qualitative Reproduktion des Humanvermögens angelegten wohlfahrtsstaatlichen Steuerungspolitik sicherzustellen. Im Zusammenhang mit der bereits beschriebenen humankapital- und vermögenstheoretischen Sichtweise des Sozialinvestitionsstaates, verstärkt in den zukünftigen Wert von Kindern zu investieren, wird der sozialpolitischen Komponente der Betreuungs- und Bildungspolitik ein zentraler Stellenwert zuteil. Daraus ergeben sich für den Staat allerdings einige Probleme: Kindheit steht zwar im unmittelbaren Fokus wohlfahrtsstaatlicher Einflussnahme, kann jedoch als soziales und normatives Konstrukt nicht unmittelbar vom wohlfahrtsstaatlichen Steuerungsmodus erfasst werden. Denn die

> „Pflege und Erziehung der Kinder sind das natürliche Recht der Eltern und die zuvörderst ihnen obliegende Pflicht. Über ihre Betätigung wacht die staatliche Gemeinschaft“ (Grundgesetz Artikel 6, Absatz 2).[204]

Um eine Einflussnahme dennoch zu gewährleisten, setzen wohlfahrtsstaatliche Regulierungsstrategien bei familialen und außerfamilialen Institutionen frühkindlicher Bildungs- und Erziehungseinrichtungen an (vgl. Mierendorff, 2014, S. 265).

---

204 Die Tendenz zur Familialisierung wird bereits in der Weimarer Verfassung (Artikel 119) deutlich. Der Inhalt des Artikels ist beinahe identisch im Wortlaut mit Artikel 6, Absatz 2 des Grundgesetzes.

Im Sozialinvestitionsstaat ist der Trend einer Defamilialisierung eng mit der sozialinvestiven Inobhutnahme der Kindheit durch den intensiven quantitativen Ausbau frühkindlicher Betreuungsinstitutionen und der Bildungsinfrastruktur verbunden (vgl. BMFSFJ, 2002). Denn Defamilialisierung kann ohne die Etablierung einer sozialinvestiven Institutionenkindheit nicht gedacht werden. Diese Etablierung bezieht sich allerdings nicht auf den Blickwinkel des Kindes, sondern dient der Inklusion ins Arbeitsmarktgeschehen, einer marktzentrierten Familienpolitik innerhalb eines neuen „sozialstaatlichen Ökonomismus" (Lessenich, 2012a, S. 124), die sich „die Inklusion der Sozialbürger in Märkte" (Olk, 2007, S. 45) als zentrales Ziel gesetzt hat.

Die Hoffnung hat sich bisher nicht bewahrheitet, dass in einer zunehmenden Wissensgesellschaft der Erwerb von Wissen und Bildung, deren Nutzen sich für eine Gesellschaft erst vollumfänglich in der Zukunft amortisiere, ebenso als produktiver Dienst der Kinder an der Gesellschaft in der Gegenwart anzusehen sei.

Somit ist vor allem Kindheit in Armut vollends aus der Wahrnehmung bildungspolitischen Handelns verschwunden. Zwar wurden sie in sozialinvestive frühkindliche Betreuungs- und Bildungsinstitutionen[205] überführt, da ihren „inklusionsunwilligen" Eltern die Erziehung nach sozialinvestiver Vorstellung nicht zugetraut wird (vgl. Busemeyer, 2014, S. 648).[206] Das Angebot frühkindlicher Kindertageseinrichtungen für alle betrifft jedoch nicht unbedingt die Leistungen, die diese Familien benötigen, wodurch nach wie vor benachteiligte Bevölkerungsgruppen weitestgehend ausgeschlossen bleiben (vgl. Europäische Kommission, 2015; v. z. Gathen & Liebert, 2016, S. 37).

Auch noch Jahre nach Angela Merkels Rede zum 60-jährigen Bestehen der sozialen Marktwirtschaft steckt Deutschland in einem massiven quantitativen und qualitativen Betreuungs- und Bildungsinvestitionsstau. Obwohl sich Bund und Länder auf dem Bildungsgipfel von 2008 darauf einigten, die öffentlichen Bildungs- und Forschungsausgaben bis 2015 auf 10 % des jährlichen Bruttoinlandsprodukts zu heben, stagniert der Anteil bei circa 5,1 %

---

205 Bspw. das Ganztagsschulprogramm „Zukunft Bildung und Betreuung – 2003 – 2007". Der Ausbau frühkindlicher Bildung und Betreuung, das Gesetz zum qualitätsorientierten und bedarfsgerechten Ausbau der Tagesbetreuung (TAG) von 2005 und das Inkrafttreten des Kinderfördergesetzes von 2009.

206 Hier zeigt sich jedoch sehr deutlich, dass Kinder aus armen Familien im Vergleich zu Kindern aus finanziell weniger benachteiligten Elternhäusern seltener Betreuungsangebote nutzen (vgl. Groos & Jehles, 2015). „Dies führt zu dem Vorwurf, dass die Neuausrichtung auf soziale Investitionen auf Kosten klassischer Sozialtransfers geschehe und damit tendenziell die Interessen der Mittel- und Oberschichten bevorzuge, da diese ein stärkeres Interesse am Ausbau von sozialen Dienstleistungen wie Kindererziehung haben" (Busemeyer, 2014, S. 648f.).

(2012) (OECD, 2014)[207]. So stellt sich die sozialinvestive Formel von „Investitionen in menschliches Kapital statt direkter Sozialtransfers“ als gescheitert dar, die mit einer Abkehr „von klassischen Vorstellungen der Verteilungsgerechtigkeit“ hin zum Ideal der „Beteiligungs- bzw. Teilhabegerechtigkeit“ (Lessenich, 2012a, S. 126) verbunden ist. Das sozialinvestive Leitmotiv „Wohlstand für alle heißt heute Bildung für alle“ (Angela Merkel, 2008) wird trotz seines anscheinenden zentralen Stellenwertes für die politische „Armutsbekämpfung“ immer weiter entkernt.

(De-)Kommodifizierung

Die Strukturmuster von Kindheit (in Armut) unterlagen im Sozialinvestitionsstaat massiven Transformationen. Gleichwohl bleiben die Grundstrukturen moderner Kindheit erhalten, wodurch die sozialinvestive und aktivierende Disziplinierung und Regulierung von Kindheit in Abgrenzung zu den wohlfahrtsstaatlichen Dimensionen moderner Kindheit insgesamt als „Nacheinander und Nebeneinander“ gesehen werden müssen (vgl. Mierendorff, 2010, S. 262; s. a. Joos, 2003).

Dennoch erfolgt das sozialpolitische Interesse an Kindern nicht vorrangig aus dem Motiv der Sorge um das gefährdete arme Kind. Vielmehr geht es dem Sozialinvestitionsstaat um die zu erwartende Rendite ihrer potenziellen „Bildungsfähigkeit“ und späteren „Erwerbstätigkeit“. Kinder werden innerhalb dieser sozialen Investitionsstrategie möglichst früh in dafür geschaffene Institutionen überführt. Familien- und Bildungspolitik ist knallharte Wirtschaftspolitik – so heißt die Losung nachhaltiger Familienpolitik in sozialinvestiven Zeiten. Kinder gelten

> „als Investitionsgüter, um den gesellschaftlichen Nutzen einer produktiven Nutzung ihrer Potenziale, genauer gesagt um den sozialen Gebrauchswert, der in der Realisierung des wirtschaftlichen Tauschwerts ihrer Humanressourcen“ liegt, auszuschöpfen. (Lessenich, 2012a, S. 125)

Im Vordergrund des Sozialinvestitionsstaates steht somit nicht die Frage nach dem, „was Kinder brauchen“, sondern vielmehr „wie Kinder sein sollten, die eine Gesellschaft braucht“. In dieser Lesart wird ein „sozial-utilitaristisches Ordnungsdispositiv“ deutlich, das seinen Ausgangspunkt gesellschaftlicher Integration und Inklusion in einem leistungsmotivierten und inklusionswilligen Nachwuchs hat, wodurch sich die Sozial- und Bildungspolitik der Lo-

---

207 Die Daten beruhen auf den Bildungsbericht der OECD „Bildung auf einen Blick“ (2014). Der OECD-Durchschnitt lag dabei bei 6,1 %.

gik des Marktes unterordnet (vgl. Bühler-Niederberger, 2003, S. 185; Busemeyer, 2014, S. 648).

Vordergründig wird der Eindruck erweckt, im Interesse der Kinder zu handeln. Hintergründig wird sichtbar, dass dies primär dem Zweck dient, Kindheit und Erwachsenheit den sich neu etablierenden Erfordernissen und Risiken des Marktes und des Wirtschaftslebens anzupassen (vgl. Mierendorff & Olk, 2003, S. 421). In diesem sozialinvestiven Umbauprozess wird das Kind zu einer Ware, in der Kindheit *„into bright little units of production and consumption*" (Lister, 2004, S. 173) umgewandelt wird.

Der Schutzraum moderner Kindheit, der vor allem mit der Dekommodifizierung der Bevölkerungsgruppe der Kinder entscheidend durchgesetzt worden ist, wird im Sozialinvestitionsstaat so bereits im frühkindlichen Alter mit einem sozialinvestiven Curriculum einer *citizenship education* ausgehöhlt (vgl. Kommission Sozialpädagogik, 2011), die zur Übernahme rekommodifizierender Inhalte befähigen soll und „als Instrument der Optimierung auf den Arbeitsmarkt" (Nida-Rümelin) eingesetzt wird (vgl. Qvortrup, 1996, S. 67; s. a. BJK, 2001).

Es sollen Schlüsselqualifikationen vermittelt werden, die Kinder auf ihre zukünftige Rolle als Erwerbsarbeitsbürger vorbereiten.[208] „Schulen müssen das Lösen von Problemen trainieren und darauf vorbereiten, in einer nicht plan- und vorhersehbaren Zukunft zurechtzukommen" (Machnig, 2004, S. 39). Kinder sind dabei gefordert,

> „von den [ungleich] bereitgestellten Chancen und Gelegenheiten klug Gebrauch zu machen und sich optimal auf ihre künftige Rolle als produktive Arbeitsbürger vorzubereiten". (Olk, 2007, S. 52)

Natürlich geht es nicht nur um das Erlernen von Schlüsselqualifikationen der Kinder als zukünftige Erwerbsbürger. Es „wäre absurd zu behaupten, nachhaltige Familienpolitik würde alles nach dem Ziel ausrichten das Bruttosozialprodukt zu erhöhen. Da geht es natürlich auch um Persönlichkeitsbildung" (Interview Marion von zur Gathen & Christian Woltering, 2015). Für den Philosophen Christoph Türcke (2016) steht dies jedoch im Zeichen des Wandels hin zu einer „neoliberalen Bildungsideologie". „Mobiles Coaching

---

208 So bereiten die Schulformen mit niedrigem Bildungsabschluss ihre Absolventen auf die Rolle als „Nicht-Erwerbsbürger" der Zukunft vor. Ronald Lutz bspw. beobachtet in diesem Zusammenhang den Trend von der Entstehung sogenannter Hartz-IV-Schulen, die die Kinder am Ende ihrer Schulzeit auf eine Hartz-IV-Laufbahn vorbereitet. Dabei sieht das Curriculum vor, den Kindern beizubringen, „wie groß und wie teuer eine Wohnung nach Hartz IV sein darf, wie viel Geld zum Einkauf bleibt, wo es Freizeitangebote gibt, die nichts kosten" (Lutz, 2010, S. 79; s. a. 2012, S. 34).

und flexibles Kompetenzdesign" werden immer wichtiger. Schon jetzt sind belastbare Hinweise auszumachen, dass wirtschaftsnahe Verbände und Stiftungen immer stärker Interessenvertretung in vielen Kultusministerien betreiben, um auf die in der Schule vermittelten Lehrinhalte einzuwirken. Im Mittelpunkt steht der „mündige Wirtschaftsbürger" von morgen (vgl. Krüger, 2016).

Es zeigt sich ein klarer Trend: Dekommodifizierung trifft im Sozialinvestitionsstaat an dieser Stelle auf eine Rekommodifizierung. Die fördernden und fordernden Maßnahmen des aktivierenden und sozialinvestiven Wohlfahrtsstaates beginnen somit nicht nur beim gegenwärtigen Erwerbsbürger (Frauen und Männer). Nein, sie werden nach unten durchgereicht und finden ihren Anfang bereits in den Kinder-, Klassen- und Studierzimmern.

Und dies ist mehr als nur eine sozialpolitische Akzentverschiebung. Es markiert eine politische Zäsur der wohlfahrtsstaatlichen Regulierung und Disziplinierung von Kindheitsmustern. Das Ziel ist ein nach sozialinvestiven Vorstellungen frühestmöglich zu erziehender, „in die Gesellschaft integrierter, produktions- und reproduktionswilliger Erwachsener" (Andresen & Hurrelmann, 2010, S. 55). Der Sozialinvestitionsstaat stellt dabei die Betreuungs- und Bildungsinfrastruktur zur Verfügung und überstellt Kindheit – vor allem die aus benachteiligten Lebenslagen – einer sozialinvestiven Obhut in die dafür vorgesehenen Institutionen, damit die in die Zukunft gerichtete Inklusion gegenwärtiger Kinder nicht gefährdet ist (vgl. Olk, 2007, S. 52).

> „Es geht letztlich nicht darum, die Lebenslage und das Wohlbefinden von Kindern bei der Ausgestaltung von wohlfahrtsstaatlichen Leistungen stärker zu berücksichtigen, sondern in erster Linie darum, in Kinder als den Angehörigen der nachwachsenden Generation vermehrt zu investieren, um die Zukunft einer künftigen Erwachsenengesellschaft zu sichern". (Kränzl-Nagl/Mierendorff & Olk, 2003, S. 26)

Die mit der sozialinvestiven Strategie verbundene Hoffnung auf eine verstärkte wohlfahrtsstaatliche Hinwendung zur Bevölkerungsgruppe der (armen) Kinder, die deren Abhängigkeit und Unsichtbarkeit aufzulösen vermag und sie „als aktive Mitglieder der Gesellschaft im `Hier und Jetzt`" sichtbar macht, wodurch sich verstärkt Strukturen der Partizipation und emanzipatorischer Erziehungs- und Bildungsprozesse im institutionellen Arrangement der frühkindlichen Betreuung und dem Bildungssystem insgesamt herausbilden, scheint sich nicht zu erfüllen.

Im Gegensatz zu Maksim Hübenthal und Anna Maria Ifland (2011), die zarte Fortschritte und Vitalisierungen in diesem Bereich erkennen mögen, zeigt sich vielmehr, dass weiterhin großer Handlungsbedarf besteht (exempl. Betz/Gaiser & Pluto, 2010; Hafeneger, 2005). Selbst der 14. Kinder- und Jugendbericht stellte fest, dass die Gefahr darin bestehe, dass „Partizipation und Selbstbestimmung oder Freiheit und Autonomie angesichts der ungleichen Machtverhältnisse von den Erwachsenen gewährt werden" (BMFSFJ, 2013, S. 110). Und für den Bereich der politischen Partizipation gilt lediglich, dass sich kindliches Mitwirken „in weiten Teilen auf zukunftsbezogenes Probehandeln (...)" (BjK, 2009, S. 7) beschränkt.

Für Kinder aus Armutslagen ist dieser Punkt besonders brisant, besteht doch ein kausaler Zusammenhang zwischen dem Ausmaß sozialer (Bildungs-) Ungleichheit und dem Partizipationsverhalten. Materielle Sicherheit stellt dabei eine Grundvoraussetzung dar. Vor allem aber ist die sozialinvestive Strategie gegenüber der Bevölkerungsgruppe der Kinder ausnahmslos zukunftsgerichtet, so „dass die produktiven Beiträge der Kinder in der Gegenwart, also ihr ökonomisch und gesellschaftlich relevantes Handeln und Wirken [und auch ihre Teilhabemöglichkeiten] als Kinder – keinerlei Anerkennung erfahren" (Olk, 2007, S. 52).

Der ausnahmslos in die Zukunft gerichtete Fokus von Kindheit – wie auch schon Esping-Andersen seine *„child-centered social investment strategy"* (2002) fälschlicherweise aus der Perspektive eines zukunftsfähigen, nachhaltigen, leistungs- und wettbewerbsfähigen Wirtschaftssystems betrachtet und den Blickwinkel der Kinder dementsprechend vernachlässigt – lässt nur wenig Spielraum für das Kind als aktives, partizipierendes Subjekt im Hier und Jetzt (vgl. Lister, 2004, S. 173).

Eine sozialinvestive Strategie, die ausnahmslos in die Zukunft gerichtet ist, muss daher aus einem gerechtigkeitstheoretischen Blickwinkel von Kindheit in Armut scheitern (vgl. Olk, 2009a, S. 151). Der damit einhergehende Trend einer zunehmenden „Ökonomisierung des Sozialen" und die der Familie sind somit teuer erkauft. Sie geht vor allem auf Kosten der Bevölkerungsgruppe der Kinder. Die These, „daß der gesellschaftliche Entwurf der Kategorie Kinder einen relevanten ökonomischen Anteil besitzt und schon immer besaß" (Bühler-Niederberger, 1996, S. 99), bestätigt sich hier hinsichtlich einer sozialinvestiven Strategie. So stellt auch die ehemalige Familienministerin Renate Schmidt (2013, S. 54) kritisch fest:

> „Sie [die Kinder; Anm. D. März] sind Mittel, um das Wirtschaftswachstum zu erhöhen, um Mecklenburg-Vorpommern wieder zu bevölkern, die Rentenfinanzen zu stabilisieren oder um künftige Alte zu pflegen".

Zusammenschau: Strukturelle Rücksichtslosigkeit trifft Unsichtbarkeit

Es ließ sich aufzeigen, in welchem engen Konstruktions- und Ordnungsverhältnis Kindheit und Wohlfahrtsstaat zueinander stehen und wie zentral dabei die Schnittpunkte zur modernen liberalisierten Ökonomie (Markt) zu ziehen sind. Außerdem ließ sich darstellen, wie sich der Blickwinkel des (armen) Kindes jeweils aus seinem abhängigen bzw. abgeleiteten Status zur Gruppe der Erwachsenen bemisst, wodurch sich das wohlfahrtsstaatliche System als ausgesprochen erwachsenenzentriert darstellt (vgl. Kränzl-Nagl/Mierendorff & Olk, 2003, S. 13).

Daraus ergeben sich soziale Ungleichheitsstrukturen, in denen vor allem armutsgefährdete und benachteiligte Kinder aus einer kindzentrierten Sichtweise unsichtbar bleiben. Diese wiederum verläuft quer zu den allgemeinen Mustern sozialinvestiver Kindheit. Arme Kinder gehören insgesamt mit zu den größten Verlierern des wohlfahrtsstaatlichen Transformierungsprozesses einer aktivierenden und sozialinvestiven Strategie. Diese strukturelle Rücksichtslosigkeit gegenüber besagter Bevölkerungsgruppe ist demnach eine Konsequenz der Modernisierungsleistung westlicher Gesellschaften in ihrer liberalen Ausprägung. So zeigt sich die Zunahme sozialer Risiken und der damit verbundenen Anpassung wohlfahrtsstaatlicher Strategien nicht nur als Ökonomisierung aller Lebensbereiche der Gesellschaft, sondern ist bis in die Kinder-, Klassen- und Studierzimmer hinein zu beobachten und lässt sich als zeitdiagnostischer Befund einer **Ökonomisierung sozialinvestiver Kindheit** beschreiben.

> Und zwar in der Gestalt, „daß die Grenze zwischen Markt und Familie (Kinder eingeschlossen) durchlässiger geworden ist und, darüber vermittelt, auch Kindheit stärker durch die Prinzipien und Logiken des Marktes strukturiert wird". (Joos, 2003, S. 125)

Eines der Hauptcharakteristika des Marktes besteht auf einer Leistungs- und Effizienzsteigerung, die sich auf die einzelnen gesellschaftlichen Teilsysteme überträgt und die Entstehung eigensinniger Rationalitäten befördert, die dafür sorgen, dass zwangsläufig bestimmte Teilsysteme und damit auch Bevölkerungsgruppen vernachlässigt werden (vgl. Kaufmann, 1980 & 2008, S. 94).

Die strukturelle Benachteiligung von Kindern ist somit auf das vorherrschende und alles dominierende Teilsystem der Ökonomie zurückzuführen, welches sich auf alle anderen Teilsysteme auswirkt, wie die sozialinvestiven Strukturmuster einer Defamilialisierung, Scholarisierung und Pädagogisierung und Tendenzen einer Rekommodifizierung von Kindheiten herausarbeiten konnten.

Das Problem der ungleich verteilten Wahrnehmung von Kindern ist dabei tief in den Strukturen des Sozialinvestitionsstaates und der Gesellschaft verankert. Und dies vermag auch der Fortschritt der neueren Kindheitsforschung nicht aufzulösen. Aus diesem Blickwinkel werden Kinder als ökonomisch unproduktive und arbeitsmarktferne Bevölkerungsgruppe sichtbar. Dies ist umso stärker der Fall, da das konservative deutsche Wohlfahrtsregime eher am Erwerbsarbeitsverhältnis anknüpft, wohingegen sich bspw. die skandinavischen Sozialsysteme stärker am Bürgerrechtsstatus orientieren (vgl. Kränz-Nagl/Mierendorff & Olk, 2003, S. 14).

Erschwerend kommt hinzu, dass Kinderarmut in doppelter Hinsicht als arm in Erscheinung tritt, da ihre Perspektive in allen zentralen (im)materiellen Lebensbereichen vom erwachsenen Erwerbsbürger her gedacht wird. Dies ist durchaus ein Dilemma, mit dem sich auch die vorliegende Krisen- und Defizitdiagnose konfrontiert sieht. Denn auch diese Arbeit musste eingangs festhalten, dass über Kinderarmut zu sprechen, auch immer bedeutet, über die Armut von Erwachsenen zu sprechen.

Beide – die Armut von Kindern und die ihrer Eltern – stehen in einem relationalen Verhältnis zueinander. Der Wohlfahrtsstaat betrachtet das arme Kind jedoch zuvörderst in seiner Abhängigkeit zu seinen Eltern. Dies trifft natürlich zu.

> „Aber es trifft ebenso zu, dass die Mitglieder einer jeweiligen Gesellschaft (…) ihrerseits von der Existenz von Kindern abhängig ist". (Olk, 2007, S. 55)

Bevölkerungsgruppen und Generationen stehen somit in einem wechselseitigen Abhängigkeitsverhältnis – sowohl strukturell und kulturell als auch normativ (vgl. Zeiher, 1996, S. 8). Allerdings wird Kinderarmut erst durch die Armut der Familie sichtbar. Kinder dürfen dabei jedoch nicht hinter ihren Familien und im wohlfahrtsstaatlich toten Winkel verschwinden. Dennoch wird in der deutschen Kinderarmutsdebatte das Phänomen auf die materielle Lage der Familie verengt heruntergebrochen und auf die Bedingungen von Kindheit verzichtet (Honig & Ostner, 1998, S. 255ff.).

Kinderarmut verschlimmert sich dadurch zusätzlich aufgrund ihrer mangelhaften gesellschaftlichen Wahrnehmung und strukturellen Unsichtbarkeit. In der familialen Binnenwahrnehmung wird die Bevölkerungsgruppe der Kinder vom sozialinvestiven Wohlfahrtsstaat als Appendix der Armutslage ihrer Eltern betrachtet, wodurch sich das Armutsbild von Kindern in einer Außenwahrnehmung noch einmal verschlimmert. In dieser Außenperspektive verschwinden sie vom wohlfahrtsstaatlichen Radar, was zu ihrer Randständigkeit in allen gesellschaftlichen Teilbereichen führt. Der Sozialinvestitionsstaat bleibt nämlich die Antwort schuldig,

> „was aus denen wird, die nicht aktivierbar sind oder deren Aktivierung mit zu hohen gesellschaftlichen Kosten verbunden ist". (Hanesch, 2015, S. 490)

Seither finden immer wieder artverwandte Argumentationsdispositive Verwendung, um das System struktureller Defizite zu stützen – und das unter der Annahme, nach dem besten Gewissen und Interessen der Kinder zu handeln.

In diesem Zusammenhang konnte Doris Bühler-Niederberger (2003) die Rechenregeln über den ökonomischen Wert (Zukunftsnutzen) und die emotionalen Anforderungen an das Kind in der öffentlich geführten Debatte zur steuerlichen Freistellung des Existenzminimums und einer Neuregelung des Familienlastenausgleichs herausarbeiten. Demnach hätten den Kindern und Eltern zwar eine finanzielle Aufwertung im Zuge des höchstrichterlichen Urteils zugestanden. Jedoch konnten sich die politischen und zivilgesellschaftlichen Akteure auf keine gemeinsame Position verständigen. Mit dem Verweis auf den emotionalen Wert des Kindes in politischen Statements, wie dem des damaligen Arbeitsministers Norbert Blüm (1994), der in keiner Gesellschaft leben wolle, „in der jedes Kind beim Staat abgerechnet wird", konnte der Diskurs mit einem moralisch-emotionalen Impetus über den Wert des Kindes gesteuert werden. So führten alle politischen Forderungen der Akteure mit ihren unterschiedlichen Interessen „weder materiell (…) noch rhetorisch zu einer Aufwertung der Kinder" (Bühler-Niederberger, 2003, S. 193).

Insofern erscheint die Erkenntnis, nach der die Emotionen der Mehrheit berührt werden müssen, um die Interessen einer Minderheit durchzusetzen", zumindest in diesem Fall als nicht zutreffend (vgl. Herrmann, 2012, S. 11). Denn

> „wer den wahren Wert der Kinder schätzt, (…) hält sich mit Nutzenkalkülen zurück. (…) Auf der Basis der einmal durchgesetzten emotionalen Höchstbewertung der Kinder kann man also ihre Höherbewertung in ökonomischer Hinsicht abwehren". (Bühler Niederberger, 2003, S. 205)

Oder wie Helga Zeiher (1996, S. 18) es treffend beschrieb: „Ein romantisch verklärtes Bild vom Kind wurde ideologisch gegen das Bild einer prinzipiell kinderfeindlichen Welt gehalten". Was für Doris Bühler-Niederberger die Rechenregeln über den ökonomischen Wert der Bevölkerungsgruppe armer Kinder, sind für Joachim Speicher „Neutralisierungstechniken" der politischen Klasse in verteilungspolitischen Diskursen:

> Man erfindet in der Bewertung der ungleichen Verteilung – auch in Regelsatzdebatten – Neutralisierungstechniken, mit denen zunächst einmal versucht wird seine eigene kognitive Dissonanz auszugleichen. Und das Verrückte ist, es gelingt mir meistens auch, wenn ich Vorträge halte, auch bei durchaus kritischem Publikum – kritisch im Sinne, was will der Verband eigentlich und wieso Regelsätze erhöhen –, wenn man die Einzelpositionen der Regelbedarfe auflistet. Und spätestens auf den

Betrag von 1,54 Euro pro Monat für Bildung[209] kommt. Da funktionieren dann diese Techniken nicht mehr. Das Interessante an der Reaktion ist dann nicht, dass man dann Zustimmung und Applaus bekommt, dass man eine Regelsatzerhöhung fordert. Sondern, dass dann geschwiegen wird. (Interview Joachim Speicher, 2015)

Diese Einschätzung eines sozialverbandlichen Praktikers deckt sich dabei mit einer zehnjährigen Langzeitstudie unter der Leitung des Bielefelder Soziologen Wilhelm Heitmeyer, der zwölf Elemente zur „Ideologie der Ungleichwertigkeit" (2008) herausgearbeitet hat. Alle Elemente haben im Kern eine Abwertung bestimmter Adressatengruppen zum Ausgangspunkt – insbesondere der „Arbeitslose" und „Arme" gilt mittlerweile als stabiles Feindbild (Heitmeyer, 2012, S. 33).

7.2.3 Sozialinvestive Kindheit, Staatsbürgerstatus und Armut

Nach dieser wohlfahrtsstaatssoziologischen Analyse stellt sich die Frage, wie sich die beschriebenen Schlussfolgerungen auf den Status der Bevölkerungsgruppe der Kinder als Sozialbürger auswirken? Können sie als Außenseiter gelten oder dem Individualitätsanspruch nach als gleichwertige Mitglieder der Gesellschaft? Wo sind Widersprüche, Verschränkungen und Verwerfungen auszumachen?

Diese Fragen sind essenziell, da die meisten redistributiven Argumentationen einer Politik für Kinder bereits daran scheitern, dass Kinder *de facto* nicht als vollwertige Mitglieder der Gesellschaft angesehen oder emotionale Maßstäbe von Kindheit herangezogen werden (vgl. Niederberger, 2003). Um sich diesen Fragen zu nähern, bieten sich analytische Überlegungen zum Staatsbürgerstatus (Citizenship) der Bevölkerungsgruppe der Kinder an, die untrennbar mit der Arbeit von Thomas H. Marshall „Staatsbürgerrechte und soziale Klassen" (Marshall, dt. 1992; erstmals 1950) verbunden sind. Hintergrund Marshalls waren die gesellschaftlichen Verhältnisse in England nach dem Zweiten Weltkrieg und die Herausbildung von Staatsbürgerrechten, die in einem engen Verhältnis zur Entstehung des Wohlfahrtsstaates stehen.[210]

---

209 Anmerkung D. März: Die 1,54 Euro beziehen sich auf den für das Jahr 2016 gewährten Regelbedarf für Bildung eines Erwachsenen. Für Kinder von 0–5 Jahre beträgt er 1,61 Euro, von 6–13 Jahre 1,30 Euro und für Kinder von 14–17 Jahre 0,32 Euro.

210 Neben Marshall haben sich insbesondere auch Talcott Parsons und Emile Durkheim intensiv mit der klassischen Soziologie der Staatsbürgerschaft beschäftigt (vgl. Mackert, 2006, S. 27f.). Für die vorliegende Analyse des Bürgerrechtsstatus der Kinder im sozialinvestiven Wohlfahrtsstaat wird allerdings die Arbeit von Marshall Eingang finden, da für ihn die Verknüpfung von Staatsbürgerstatus und Wohlfahrtsstaat am stärksten im Fokus steht.

Mit der Jahrtausendwende wurde das Verhältnis von Staatsbürgerstatus und Wohlfahrtsstaat wieder allgemein stärker in den Blick genommen und rezipiert (exempl. Gerhards & Lengfeld, 2015; Wagner, 2013 & 2015; Müller-Jentsch, 2008; Dingeldey, 2010; Clasen/Oorschot & Halvorsen 2002; Mackert & Müller, 2000).

Sehen marxistisch orientierte Positionen in Staatsbürgerrechten, die durch die Institutionen des Nationalstaates garantiert und sicher gestellt werden, vorrangig ein „Instrument (wohlfahrts)staatlich moderierter Klassenpolitik", so sind feministisch geprägte Autoren in der Argumentation hinsichtlich ihres Kernanliegens der Analyse von Geschlechterverhältnissen ähnlich ausgerichtet (vgl. Wagner, 2015, S. 76; s. a. Cockburn, 1998). Beispielsweise sind durch die sichtbar gewordenen Migrationsbewegungen der jüngeren Zeit „neue Klassenstrukturen" zwischen Bürgern und Ausländern zu beobachten[211] (vgl. Wagner, 2015; Zinterer, 2007).

Den Zugang zum Bürger(rechts)status der Bevölkerungsgruppe der Kinder im Sozialinvestitionsstaat stellen für den deutschsprachigen Wissenschaftsraum im Besonderen die Arbeiten von Thomas Olk (2007/2009 & 2009a) her.[212] Er ging in seinem Beitrag „zur Relevanz des Konzeptes des Sozialinvestitionsstaates für den Bürgerstatus (*Citizenship*) von Kindern" (2007) auf die Suche nach den Voraussetzungen, Verwebungen und Veränderungen des Wohlfahrtsstaates, die für den Bürgerrechtsstatus relevant erscheinen. Denn es kann davon ausgegangen werden, dass sich verändernde sozialinvestive Kindheitsmuster auf die Position und den Status von Kindern innerhalb der Wohlfahrtsstatik auswirken, wodurch ein weiterer Aspekt sozialer Ungleichheit und einer Unsichtbarkeit von Kindheit in Armut aufgedeckt wird.

Als „Evergreen" sozialstaatlicher Krisen- und Defizitanalysen erscheint die regelmäßige Hinwendung zum Themenkomplex der Staatsbürgerrechte knapp zehn Jahre nach Olks Einschätzung zu seiner Meinung nach inferioren Bürgerrechtsstatus der Kinder im Sozialinvestitionsstaat sinnvoll zu sein und abermals die Bevölkerungsgruppe der Kinder in den Blick zu nehmen. Hier werden bisherige Schlussfolgerungen hinterfragt und die mit der sozialinvestiven Strategie verbundene Hoffnung eines aufgewerteten Bürgerrechtsstatus des Kindes erneut überprüft. Um sich diesem Themenkomplex nähern zu können, wurden im vorherigen Abschnitt die Grundlagen ge-

211 Hiermit gemeint sind bspw. die schlechteren Repräsentationschancen von Migranten (bspw. durch die Verwehrung des Wahlrechts oder anderer sozialstaatlicher Leistungen, die eng mit der Staatsbürgerschaft gekoppelt sind).

212 Mir ist keine weitere Arbeit bekannt, die den Bürgerrechtsstatus von Kindern im deutschen Sozialinvestitionsstaat analysiert.

schaffen. Bevor wir uns diesem jedoch zuwenden, werden einige kinderethische Vorüberlegungen aufschlussreich sein.

Eine kinderethische Hinführung zum kindlichen Bürgerrechtsstatus

Neben dem Bürgerrechtsstatus beschäftigt sich die wissenschaftlich geführte kinderethische-rechtsphilosophische Debatte spätestens seit Neil MacCormicks Arbeit „*Children's Rights: A Test-Case for Theories of Right*" (1976) mit der Frage, „ob Kinder Rechte haben können". Die Frage nach dem Bürgerrechtsstatus der Bevölkerungsgruppe der Kinder ist dabei anschlussfähig. Eine seit Jahrzehnten geführte Auseinandersetzung zwischen Wahl- bzw. Willenstheorie einerseits und Interessentheorie andererseits ist für das Thema „Kinder als Träger von Rechten" von zentraler Bedeutung.

Im Mittelpunkt der Wahl- bzw. Willenstheorie steht die zentrale Funktion des Rechts auf eine freie Wahl, also ob ein Rechtsträger sein Recht in Anspruch nehmen kann. Es wird letztlich gefolgert, dass Kinder aufgrund ihrer noch nicht ausgeprägten (geistigen) Fähigkeiten den Wahlakt einer Rechtsmöglichkeit nicht ausüben können.

Die Interessentheorie wiederum stellt den Schutz der Interessen eines Rechtsträgers in den Mittelpunkt. Beispielsweise ist das Interesse junger Kinder, gepflegt und ernährt zu werden, von existenzieller Wichtigkeit; ganz gleich, ob das Kind zur Wahrnehmung dieses Interesses durch einen wie in der Wahltheorie geforderten „Akt des Wählens" sein Recht einfordert oder nicht (vgl. Schickhardt, 2012, S. 107ff.). Aus rechtsphilosophischem Blickwinkel ist die Interessentheorie um ein vielfaches überzeugender, da sie auch junge Kinder zu Rechtsträgern erklärt, wobei die Wahl- bzw. Willenstheorie von vornherein jungen Kindern ihre Inanspruchnahme von Rechten aufgrund ihrer defizitären geistigen Grundlagen abspricht.

Neben rechtsphilosophischen Analysen zeigt sich der Ausschluss von Kindern ebenfalls bei den bekanntesten Sozialphilosophen: Auch wenn ein Jürgen Habermas wenig konkret wird, so berücksichtigt seine Diskursethik und sein Repräsentationsverständnis nicht notwendigerweise sein zentrales Prinzip der Gleichheit im Hinblick auf die Bevölkerungsgruppe der Kinder. Und das, obwohl sich sein deliberatives Diskursmodell hinsichtlich der Rationalität von politischen Ergebnissen allen Interessen verpflichtet fühlt, auch jenen benachteiligter Gruppen, deren Chance auf Artikulation und Repräsentation es zu gewährleisten gilt (vgl. Schmalz-Bruns, 1995; Schmalz-Bruns & Gebhardt, 1994). Auf den Status von Kindern geht er in seinem Werk nicht ein. Dabei ist der habermassche „Rationalitätsidealismus durch eine ignorante Haltung gegenüber Unterschichteninteressen geprägt" (Linden, 2014, S. 358), wodurch auch der Ausschluss der Bevölkerungsgruppe armer Kinder abgeleitet werden kann, da sie nach Habermaschen Rationalitätsverständnis nicht diskursfähig sind. „Das Problem der angemessenen Beteiligung der Unterschichten an der zivilgesellschaftlichen Einflussnahme geht er nicht an" (ebd, S. 360).

Wird der moralische Status der Bevölkerungsgruppe der Kinder bei anderen (Sozial-)Philosophen wie Rawls, Kant und Locke beleuchtet, so machen auch sie den Status von den geistigen Fähigkeiten eines Individuums abhängig, wenngleich John Rawls Theorie der Gerechtigkeit die einzige ist, die Kinder als vollwertige Mitglieder einer gerechten Gesellschaft anerkennt (Olk, 2009a, S. 149). Die Konsequenz ist absehbar: Werden Kindern relevante Fähigkeiten abgesprochen, so sind sie auch aus dem Wirkungskreis der Moral ausgeschlossen – mit allen Auswirkungen auf ihren gesellschaftlichen Status (vgl. Kap. 8.2.2; Schickhardt, 2012, S. 107–160; zu Rawls s. a. Knoll, 2012, S. 51ff.).

Grundsätzlich scheint es jedoch schwierig, aus der wissenschaftlichen Literatur heraus eine rechts- und moralphilosophische Verortung der Bevölkerungsgruppe der Kinder vorzunehmen. Und wenn doch, sind sie mit Vorsicht und Selbstzweifel begründet, wobei die Rechtfertigung der Argumentation immer auf ein paternalistisches, erwachsenenzentriertes und in die Zukunft gerichtetes Handeln hinausläuft (vgl. siehe bspw. Liebel, 2014a).

Kinder – Bürger(rechts)status – Sozialinvestitionsstaat

Wie bereits mehrmals ausgeführt, hat der Sozialinvestitionsstaat ein ureigenes Interesse, auf die Lebensspanne Kindheit einzuwirken. Grundsätzlich kommt im Wohlfahrtsstaat die „Übernahme einer legalen und damit formalen und ausdrücklichen Verantwortung einer Gesellschaft für das Wohlergehen ihrer Mitglieder in grundlegenden Belangen" zum Ausdruck (Girvetz, 1968, S. 512; zit. n. e. Übers. von Kaufmann, 1997, S. 21). Dabei ist „gerade der deutsche Sozialstaat (...) von Beginn an in besonderem Maße Taktgeber des Lebenslaufs" (Leibfried et al., 1995, S. 7). Vor allem für die Rahmenbedingungen, die Stellung und den Status von Kindern ist der „Sozialstaat als kulturell fundierter Prozess"[213] und zentraler Akteur mitverantwortlich.

Dafür benötigt er jedoch einen direkten Zugang zur Bevölkerungsgruppe der Kinder, den sich das konservative deutsche Wohlfahrtsregime aufgrund seines jahrzehntelangen familienpolitischen Bestrebens einer stärkeren Familialisierung und Privatisierung von Kindheit erst einmal verschaffen muss, da die Lebensspanne der Kindheit zuvörderst über die Eltern beeinflusst wird.

213 Franz-Xaver Kaufmann in seinem Eröffnungsvortrag anlässlich der Jahrestagung 2013, „Glaube an Gerechtigkeit? Leitbilder in der Sozialpolitik" in Köln.

> „Dieser Weg ist versperrt, weil die Einführung sozialinvestiver Politik zu einem erheblichen Anteil auf der Diagnose des „Familienversagens" beruht". (Olk, 2007, S. 49).

Wie im letzten Abschnitt dargestellt, ist die neue Einflussnahme durchaus basal. Denn für die Politik ergeben sich einige Probleme: Kindheit steht zwar im unmittelbaren Fokus wohlfahrtsstaatlicher Regulationsmechanismen, sie kann jedoch als soziales und normatives Konstrukt nicht direkt und unmittelbar vom wohlfahrtsstaatlichen Steuerungsmodus erfasst werden. Um dennoch einen sozialinvestiven Einfluss auf die „Kolonialisierung" von Kindheit zu gewährleisten, versucht(e) der Wohlfahrtsstaat auf einzelne Strukturmuster sozialinvestiver Kindheit einzuwirken. Im Zuge aktivierender und sozialinvestiver Maßnahmen des „Förderns und Forderns" unterlag dabei nicht nur die mit dem Staatsbürgerstatus „verknüpfte Gleichrangigkeit von bürgerlichen, politischen und sozialen Rechten" (Mirbach, 1995, S. 170) von Erwachsenheit empfindlichen Veränderungen. Vor allem ist der Bürger(rechts)status von Kindern betroffen.

Denn die Neuausrichtung des Wohlfahrtsstaates veränderte die Arithmetik zwischen Wohlfahrtsstaatlichkeit und Demokratie. Oder zugespitzter: Den kritischen Zusammenhang im ungleichheitsbegründenden Kräftefeld zwischen den beiden Repräsentanten eines nach kapitalistischen Mustern organisierten Wirtschaftssystems (Markt), das zwangsläufig Ungleichheiten (re)produziert und dem politischen System (Sozialstaat) mit seiner wohlfahrtsstaatlichen Ausrichtung, zuvor entstandene Ungleichheiten möglichst abzumildern (vgl. Wagner, 2015).

Aus kindheitssoziologischer Perspektive ist daher die Frage nach dem Bürger(rechts)status von grundsätzlicher Bedeutung, da scheinbar ein direkter Zusammenhang zwischen ihm und der Ausgestaltung sozialer Ungleichheit besteht. Nach der von seinem Begründer Thomas Marshall (erstmals 1950) verbreiteten Vorstellung von Staatsbürgerrechten, verleihen diese dem Inhaber

> „einen Status, mit dem all jene ausgestattet sind, die volle Mitglieder einer Gemeinschaft sind. Alle, die diesen Status innehaben, sind hinsichtlich der Rechte und Pflichten, mit denen der Status verknüpft ist, gleich. Es gibt kein allgemeines Prinzip, das bestimmt, was dies für Rechte und Pflichten sein werden. Die Gesellschaft aber, in denen sich die Institutionen der Staatsbürgerrechte zu entfalten beginnen, erzeugen die Vorstellung eines idealen Staatsbürgerstatus (…)". (Marshall, 1992, S. 53)

Dabei unterscheidet Marshall zwischen zivilen (bürgerlichen), politischen und sozialen Bürgerrechten, die er als drei Elemente des Staatbürgerstatus begreift (ebd., S. 40).

Sein erstes Element **ziviler** Bürgerrechte umfasst alle Rechte, die zur Sicherung individueller Freiheit dienen. Dazu gehören bspw. die Redefreiheit, die Freiheit auf Eigentum und das Recht Verträge abzuschließen, aber auch das Recht auf ein faires juristisches Verfahren nach dem Rechtsstaatsprinzip (vgl. Marshall, 1992, S. 40).

Das zweite Element **politischer** Bürgerrechte bezeichnet „das Recht auf die Teilnahme am Gebrauch politischer Macht" (ebd.). Hiermit meint Marshall vor allem das Wahlrecht und die Wählbarkeit, das zu den politischen Grundrechten zählt und sich durch politische Partizipation positiv ausdrückt.

Sein drittes Element **sozialer** Bürgerrechte meint vor allem das „Recht auf ein Mindestmaß an wirtschaftlicher Wohlfahrt und Sicherheit, über das Recht an einem vollen Anteil am gesellschaftlichen Erbe, bis zum Recht auf ein zivilisiertes Wesen entsprechend der gesellschaftlich vorherrschenden Standards" (ebd.). Hierunter versteht Marshall vor allem die sozialen Dienste und das Erziehungs- und Bildungswesen.

Sind die Rechtsformen ziviler und politischer Bürgerrechte, die sich historisch im 18. und 19. Jahrhundert herausgebildet haben, eng mit den Institutionen der Gerichte und Parlamente verbunden, so sind vor allem die sozialen Bürgerrechte mit der Institutionalisierung des Wohlfahrtsstaates im 20. Jahrhundert verwoben (vgl. Mackert, 2006, S. 33). Marshalls „vorrangiges Anliegen" ist nun, die Staatsbürgerrechte im Kontext des sich herausbildenden Wohlfahrtsstaates zu analysieren. Sein „spezielles Interesse gilt ihrem Einfluss auf soziale Ungleichheit" (ebd.).

Grundlegende These ist für ihn, dass sich Staatsbürgerstatus und die Ungleichheit sozialer Klassen ergänzen, „und das in einem Maße, daß der Staatsbürgerstatus in gewisser Hinsicht selbst zum Architekten legitimer sozialer Ungleichheit geworden ist" (ebd., S. 39).

Wird diese Annahme als gegenwärtiger Bezugspunkt einer vordergründig sozialinvestiven Strategie übertragen, scheinen vor allem die Dimensionen der Defamilialisierung, Scholarisierung und Pädagogisierung für den Schutzraum Kindheit im Sinne einer umfassenden und schon frühen Institutionenkindheit zentral zu sein. Aus dem Blickwinkel sozialer Bürgerrechte wird die Bevölkerungsgruppe der Kinder an dieser Stelle nämlich wieder sichtbar.

> „Wenn Kinder in wachsendem Maße zu Klienten öffentlicher Institutionen der Kleinkindbetreuung und von Schulen gemacht werden, erhalten sie in gewisser Weise einen Status als Sozialbürger und damit auch eine vermehrte Sichtbarkeit". (Olk, 2007, S. 50)

Die sozialinvestive Strategie scheint auf den ersten Blick also den Status der Bevölkerungsgruppe der Kinder als Sozialbürger erst einmal aufzuwerten, avancieren sie doch in einer zunehmenden Wissensgesellschaft als „*Effective Citizens*" zur vermeintlich zentralen Zielgruppe sozialinvestiven Handelns (vgl. Olk & Hübenthal, 2011, S. 158). Auch für Marshall ist es historisch betrachtet elementar, dass der Wohlfahrtsstaat mit seiner Dekommodifizierung und Scholarisierung gegenüber Kindern „einen direkten Einfluss auf den Staatsbürgerstatus" dieser Klientel ausübt (Marshall, 1992, S. 51). Denn die Ausgestaltung wohlfahrtsstaatlicher und/oder sozialinvestiver Kindheit betrifft im Kern auch ihren Bürger(rechts)status. Oder, um es mit den Worten Marshalls zu beschreiben:

> „Wenn der Staat allen Kindern eine Erziehung sicherstellen will, dann hat er dabei ausdrücklich die Voraussetzungen und das Wesen des Staatsbürgerstatus im Blick". (1992, S. 51)

Somit ist für ihn auch Bildung (Scholarisierung) ein staatsbürgerliches „genuines soziales Recht", mit dem erklärten wohlfahrtsstaatlichen Ziel der „Formung des **zukünftigen** Erwachsenen" (ebd.; Herv. D. März).

Bereits hier wird deutlich, dass der wohlfahrtsstaatliche und gesamtgesellschaftliche Wert der Bevölkerungsgruppe der Kinder von ihrer „Zukünftigkeit" her begründet wird. Ein Kriterium, welches uns immer wieder begegnet und auch in den frühen Arbeiten Marshalls zu finden ist. Mit dem auf die Zukunft projizierten Bürgerrechtsstatus der Kinder stellt sich jedoch ein grundlegendes Defizit einer Entbürgerlichung dieser Gruppe in der Gegenwart dar, die sich vordergründig zunächst aus der subkutanen Vorenthaltung bestimmter Bürgerrechte ergibt, jedoch tiefergehend und fortschreitend zu einer Verschärfung wohlfahrtsstaatlicher Unsichtbarkeit führt. Denn es erscheint fraglich, wie die *de jure* oder *de facto* existierende Schlechterstellung von Kindern, die als völlig unproblematisch angesehen wird, im Bereich ziviler, politischer und sozialer Bürgerrechte auch im Sozialinvestitionsstaat zu erklären sind, denn davon sind ihre soziale Positionierung im wohlfahrtsstaatlichen Gefüge unmittelbar betroffen.

Dies zeigt sich eindrucksvoll in der Vorenthaltung der vollen Staatsbürgerrechte („Pseudorechte") (Thèry, 1994) für die Bevölkerungsgruppe der Kinder. Sie sind weiterhin auf die Gruppe der Erwachsenen beschränkt. In dieser Folge tauchen Kinder nicht einmal als eigenständige Bevölkerungsgruppe oder als explizite Zielgruppe wohlfahrtsstaatlicher Zuwendung auf, die ferner kaum eigene Anspruchsrechte auf bspw. sozialstaatliche Leistungen haben (sozialer Bürgerrechtsstatus) (vgl. Wintersberger, 1994; s. a. Olk, 2009, S. 136).

Die gängige Argumentationsgrundlage ist zumeist der Verweis auf den Status des „Noch-nicht-Erwachsenen", der bei noch nicht voll ausgebildeten Fähigkeiten, die zur Teilhabe am Erwachsenenleben jedoch notwendig seien, den Ausschluss von den vollen Staatsbürgerrechten rechtfertigten (vgl. Kränzl-Nagl et al., 2003, S. 119). Diese naturgegebene Inkompetenz des Kindes erlaube die volle staatsbürgerrechtliche Teilhabe „erst nach einer Phase der Vorbereitung in einem dafür vorgesehenen gesellschaftlichen Schonraum" – nämlich dem der Kindheit (Bühler-Niederberger, 2010, S. 437).

Daher sind die vollen Bürgerrechte nur den Erwachsenen vorbehalten, da die zentralen Kriterien „Reife" und „Kompetenz", welche vorausgesetzt werden, um autonom und selbstbestimmt seinen freien Willen zu bekunden, nur im Erwachsenen voll ausgebildet sind. Es zeigt sich, dass das Kind, trotz der eingangs skizzierten akademisch geführten rechtsphilosophischen Debatte, im Alltag nicht mit dieser Fähigkeit ausgestattet wird und eine Zuerkennung des vollständigen Bürgerstatus somit nicht zulässig erscheint.

Kinder sind in ihren vielfältigen Interaktionen von Erwachsenen abhängig und „strukturell von allen entscheidenden Lebensbereichen der Moderne ausgeschlossen, mit Ausnahme derjenigen Einrichtungen, die speziell für sie geschaffen werden" (Kaufmann, 1980, S. 767). Kaufmann wies dabei auf ein anthropologisches „Axiom" kindlicher Entwicklung (Entwicklungstatsache) hin. Die anthropologische Tatsache stehe dabei in einem engen und wechselseitigen Verhältnis mit den vorherrschenden gesellschaftlichen Wahrnehmungen bei der Verarbeitung und Einbindung von Kindern im Spannungsfeld von Wissenschaft, Politik, Wirtschaft, Recht und Medien, die wiederum auf den gesellschaftlichen Status von Kindern zurückwirke.

Der marginale Status und die Abhängigkeit von Kindern werde also durch die Vorstellung legitimiert, dass Kinder aus biologischen und psychologischen Gründen in gewisser Weise „unfertig" seien und funktionale Defizite aufweisen. Kinder würden somit in eine Welt der Abhängigkeit geworfen und festgehalten, weil die Gesellschaft ein Interesse an dieser gesellschaftlichen Abhängigkeitskonstruktion und den dadurch entstehenden Machtregimen habe (vgl. Olk, 2007).

Dabei hat sich die neuere Kindheitsforschung von der Konzeptualisierung distanziert, Kindheit nur als Vorstadium zum Stadium des Erwachsenseins zu verstehen und ausschließlich aus dem Blickwinkel des späteren Erwachsenen zu untersuchen. Zwar gebe es eine anthropologisch vorgegebene Pflegebedürftigkeit von Kindern (vgl. Sünker, 1993, S. 54). Daneben stehe jedoch die Vorstellung des Kindes als Akteur, als eine zentrale theoretische Kategorie (Kap. 5.1).

Abseits der wissenschaftlichen Hemisphäre kann in allen anderen gesellschaftlichen Teilsystemen weiterhin davon ausgegangen werden, dass Kinder nach wie vor als „Entwicklungstatsache" gelabelt und demnach behandelt werden, woraus der Zustand einer Entbürgerlichung erwächst. Kinder sind eine „abgegrenzte Bevölkerungsgruppe", sog. „Nicht-Bürger", denen weder die vollen sozialen und politischen noch zivilen Bürgerrechte zuerkannt werden. Ihre Position wird in Differenz zu der der Erwachsenen beschrieben. In dieser Lesart

„repräsentieren Kinder alle diejenigen Eigenschaften, die einem `Nicht-Bürger` zukommen: Sie sind irrational, unfähig, unterentwickelt oder abhängig und sie werden in der Regel im dominanten Diskurs beschrieben, als das was sie nicht sind, also als nicht-erwachsene, nicht-verantwortliche, nicht-rationale oder nicht-autonome Personen. Dies bedeutet, dass ihre ‚Andersheit' negativ bewertet wird und stets als ein Problem sowohl für sie selbst als auch für andere gesehen wird". (Cockburn, 1998, S. 107; zit. n. d. Übers. von Olk, 2007, S. 51; s. a. Qvortrup, 1996, S. 59)

Diese Vorstellung des „defizitären" und „unfertigen" Kindes ist jedoch nicht erst mit den Bemühungen der jüngeren Kindheitsforschung aufgedeckt worden. Bereits Doris Bühler-Niederberger (1996, S. 98) zitierte aus dem in vielfacher Auflage erschienen Standardsammelband „Jugend in der modernen Gesellschaft" (erstmals 1965) den bekannten israelischen (Jugend-)Soziologen Samuel Eisenstadt, der darauf hinwies, dass „der Erwachsene (...) als erfahrener, weiser und besser beschrieben" werde (1965, S. 53). Alle diese Begrifflichkeiten beinhalten „die Vorstellung einer Differenz zum Erwachsenen". Um diese Differenz halbwegs aufzulösen, erfordere es „das Eingeständnis von und den Umgang mit Ambivalenzen" so Kurt Lüscher (2003, S. 342f.).

Auf den Bürgerrechtsstatus der Bevölkerungsgruppe der Kinder übertragen führen beide Sichtweisen – hier das anthropologische Axiom kindlicher Entwicklung, da der Blickwinkel des Kindes in die Zukunft gerichtet – zu einem sich ständig (re)produzierenden und verstärkenden Ausschluss kindlicher Interessen in der Gegenwart, wodurch auch die Anerkennung einer kindlichen *Citizenship* zwangsläufig Defizite aufweisen muss.

Bereits der soziologische Klassiker Georg Simmel beschrieb in seiner Untersuchung über die Formen der Vergesellschaftung das Verhältnis zwischen Armut und Staatsbürger, die er als politische Statusfrage verstand. Einerseits besteht bei ihm die Zugehörigkeit des „Armen" als Staatsbürger in seiner durch den Staat gewährleisteten Unterstützung. Andererseits verliert er seinen Staatsbürgerstatus aus der Tatsache heraus, dass er „zwar Gegenstand einer Pflicht [ist], aber nicht Träger (...) [eines] korrespondierenden Rechtes", wodurch er „den Gesamtabsichten des Staates als ein rechtsloses Objekt und zu formender Stoff gegenübergestellt" wird (Simmel, 1992, S. 520 & 522; Bareis & Wagner, 2015, S. 13).

Auf den Staatsbürgerstatus der Bevölkerungsgruppe der Kinder im Sozialinvestitionsstaat übertragen, zeigt sich das Bild des Kindes als Objekt und als ein zu „formender Stoff", wodurch sie für die Dauer ihrer sozialinvestiven Inobhutnahme einen Teil ihrer staatsbürgerlichen Rechte einbüßen.

Natürlich ist es „überspitzt" zu behaupten, Kinder hätten keinen Bürgerrechtsstatus. Auch für Kinder gelten die Grundrechte des Grundgesetzes gleichermaßen wie für Erwachsene. Wiederholt hat auch das Bundesverfassungsgericht

„die Stellung des Kindes und des Jugendlichen als Grundrechtsträger und seinen eigenen nicht vom Elternrecht abgeleiteten Anspruch auf den Schutz des Staates hervorgehoben sowie seine Individualität als Grundrechtsträger betont". (Borsche, 2003, S. 408)

Allerdings werden Kinder zumindest in diesem als Objekte[214] erwähnt, wodurch sie laut gängiger Meinung keine verfassungsrechtliche Stellung haben. Hier wird ein Spannungsverhältnis zwischen dem Status von Kindern und Erwachsenen hinsichtlich der jeweiligen Rechtsposition deutlich (vgl. ebd.).

Kinder sind somit vom „guten Willen der Erwachsenen abhängig" (Cockburn, 1998, S. 101, Übers. von D. März), wie das Beispiel der immer wiederkehrenden Debatte um die Aufnahme von Kinderrechten in das Grundgesetz deutlich macht.[215] Christina Weilner stellt dazu in ihrer rechtswissenschaftlichen Dissertation fest, in der sie verfassungsmethodische und verfassungssystematische Aspekte der Ergänzung des Grundgesetzes um ein Kindergrundrecht analysiert, dass trotz ihres Abratens der Aufnahme eines Kindergrundrechts in den Verfassungstext[216]

„eine solche Bestimmung eine ‚appellative' Schärfung des Bewusstseins in der Gesellschaft für die Belange von Kindern bewirken [könnte], wäre davon zumindest ein entsprechender Impuls für die Ausrichtung des Finanz- und Rechtsstaates zu erwarten". (Weilner, 2014, S. 180)

So zeigt sich am Beispiel der Initiative „Kinderrechte in das Grundgesetz" die strukturelle Unsichtbarkeit von Kindern im politischen System. Denn im Grundgesetz kommen Kinder bislang nicht als Personen mit eigenen Rechten vor, wie Renate Schmidt kritisiert:

„Das Ziel endlich Kindergrundrechte in die Verfassung zu bringen ist kläglich gescheitert. Immer mit den selben hanebüchenen Argumenten: Kinder sind Menschen und die Grundrechte der Menschen in unserer Verfassung gelten auch für unsere Kinder. Das ist sicherlich wahr. Aber für Frauen hat man sich ja auch die Mühe gemacht (…), dass sie zusätzliche Rechte bekommen, weil man gesehen hat, dass sie benachteiligt sind. Und man sieht nicht, dass Kinder benachteiligt sind und ist deshalb nicht bereit Sonderrechte in der Verfassung aufzunehmen". (Interview Renate Schmidt, 2015)

214 Vgl. Grundgesetzsartikel 6.

215 Daraus speist sich u. a. auch die seit Langem geführte Debatte um die Aufnahme von Kinderrechten in das Grundgesetz, deren Nichtumsetzung bereits zweimal durch den UN-Ausschuss für die Rechte des Kindes angemahnt wurde.

216 Entgegen dieser Schlussfolgerung kommt selbst der 14. Kinder- und Jugendbericht des Familienministeriums zu der Erkenntnis, die Kinderrechte im Grundgesetz zu verankern, um einer „strukturellen Rücksichtslosigkeit" entgegenzuwirken (BMFSFJ, 2013, S. 51).

Kinder sind nach wie vor Objekte der Fürsorge der Eltern, einzig ein Bestandteil der Familie, deren besondere Bedürfnisse verfassungsrechtlich nicht verbrieft sind (vgl. Schmidt, 2013, S. 48ff.).[217] Für den dänischen Kindheitsforscher Jens Qvortrup entspricht der Status der Bevölkerungsgruppe der Kinder in der Gesetzgebung

> „dem jener erwachsenen Menschen, die ihre Mündigkeit wegen Schwachsinn, Alkoholismus, Drogenabhängigkeit usw. verloren haben". (1996, S. 59)

Aus diesem Gesamtkomplex abgeleiteten Schlussfolgerungen, einer bereits bei Marshall identifizierten auf die Zukunft bemessenen wohlfahrtsstaatlichen „Amortisierung" der Bevölkerungsgruppe der Kinder, die in der Gegenwart nur Kosten und in der Zukunft potentiellen Nutzen darstellen, sind frappierend. Denn der Staatsbürgerstatus von Kindern und ihre

> „Partizipation an Bürgerrechten ist, entgegen dem mit diesem Status verbundenen universalistischen Anspruch bürgerlicher Gleichheit, unter den Gesellschaftsmitgliedern mitunter sehr ungleich verteilt". (Wagner, 2015, S. 77)

Kinder sind im Sinne ziviler, politischer und sozialer Bürgerrechte mit wenigen Ausnahmen[218] keine Subjekte und können demnach im Bereich ziviler Bürgerrechte kein Eigentum erwerben. Ferner besitzen sie (Stichwort politische Rechte) über lange Jahre hinweg kein politisches Wahlrecht. Außerdem wird ihnen im Kontext sozialer Bürgerrechte nur ein indirekter Zugang zu sozialstaatlichen Leistungen gewährt, wodurch diese die einzige Bevölkerungsgruppe in der modernen Gesellschaft ist, die keinen rechtlich gesicherten Anspruch auf die vorhandenen politischen und gesellschaftlichen Ressourcen geltend machen kann (vgl. Olk, 2007, S. 50).

Es tritt deutlich zutage, dass der Sozialinvestitionsstaat nicht in der Lage ist, dem inferioren Bürgerstatus der Bevölkerungsgruppe der Kinder positive Impulse seiner Beseitigung entgegenzusetzen. Vielmehr stellen sich die skizzierten Schlussfolgerungen als neue Dramatik dar. Denn es scheint so, als trüge die Transformation des Wohlfahrtsstaates eher noch zu einer Verfestigung des inferioren Bürger(rechts)status von Kindern bei. Vor allem für arme Kinder hat dies Konsequenzen, da sie im Zusammenhang eines Auf-

---

217 Zahlreiche Veröffentlichungen liegen zu diesem Thema vor (exempl. Friedrich-Ebert-Stiftung, 2008).

218 Bspw. das Verhältnis zwischen Kindern und Eltern nach § 1626 AbS. 2 Bürgerliches Gesetzbuch (BGB) und seiner Berücksichtigung der wachsenden Fähigkeiten „zu selbstständigem verantwortungsbewußten Handeln", welches auch für alle Angebote der Kinder- und Jugendhilfe gilt (vgl. Borsche, 2003, S. 398).

wachsens in (im)materieller Knappheit von Lebenschancen doppelt benachteiligt werden: Einerseits durch die bestehende Ungleichbehandlung in Form ihres Staatsbürgerstatus – der jedoch die gesamte Bevölkerungsgruppe der Kinder betrifft. Und andererseits in ihrem Status der Armut, der es ihnen nicht gestattet, in gleichem Maße am gesellschaftlichen Leben teilhaben zu können wie gesellschaftlich besser gestellte Gruppen.

Im Mittelpunkt der sozialinvestiven Strategie steht also mitnichten das Wohl der Kinder im Hier und Jetzt; und auch keine Aufwertung einer kindlichen *Citizenship*. Sein Leitmotiv stellt vielmehr die Rolle der Kinder als „Arbeitsbürger der Zukunft" dar, wodurch der Fokus nicht auf die Bevölkerungsgruppe der Kinder gerichtet ist, sondern auf die bestimmter Erwachsenen als „Arbeitsbürger der Gegenwart" (vgl. Olk, 2007, S. 52). Diese Schlussfolgerung zog auch schon Thomas Marshall in seiner Analyse – zumindest für den Bereich der Bildung:

> „Wie wir aber alle wissen, ist Bildung heutzutage mit der Erwerbstätigkeit verknüpft (...)". (Marshall, 1992, S. 78)

Der ausnahmslos in die Zukunft gerichtete Blickwinkel von Kindheit hat sich im Wohlfahrtsstaat aktivierender und sozialinvestiver Ausrichtung noch verstärkt und ist auf den gesamten Schutzraum Kindheit ausgedehnt worden. Solange Kinder vornehmlich als Arbeitsbürger der Zukunft wahrgenommen und ehemals vorherrschende Leitbilder „guter" Kindheit durch solche einer ökonomisch effizienten Kindheit ersetzt werden – wodurch „Erwerbstätigkeit" als alles entscheidender Fixpunkt steht – wird auch der Status und die Wahrnehmung von Kindheit der

> „Erwachsenheit untergeordnet und die Gesellschaft kann sich selbst ausschließlich als Erwachsenengesellschaft begreifen und von Erwachseneninteressen ausgehend organisieren." (Zeiher, 1996, S. 11; vgl. Olk & Hübenthal, 2011, S. 158)

Auch der dänische Kindheitsforscher Jens Ovortrup stellt die beiden Pole zwischen Sentimentalisierung und struktureller Gleichgültigkeit bzw. Rücksichtslosigkeit dar, in denen Kinder vom Wohlfahrtsstaat und der Gesellschaft wahrgenommen werden. Für ihn finden ökonomische und politische Entwicklungen im toten Winkel kindlicher Wahrnehmung statt, ohne die Interessen der Bevölkerungsgruppe der Kinder ausreichend zu berücksichtigen. Dies geschehe laut Qvortrup nicht „mit böser Absicht" oder gar aufgrund „besonderer Feindseligkeiten" gegenüber Kindern, sondern vielmehr aufgrund eines säkularen Trends, der „zwischen ‚fürsorglicher Belagerung' und ökonomischen Interessen" hin und her pendle und in deren Folge die Lebenswelten der Erwachsenen mit denen der Kinder kollidierten, wodurch

Kinder trotz (oder gerade wegen) sozialinvestiver Bemühungen kaum wahrgenommen würden (Qvortrup, 1996; s. a. vgl. Qvortrup, 1993, S. 11; Qvortrup, 2012).

> „Lässt also die ganz besondere Bedürftigkeit der Kinder die Teilhabe an Gesellschaft nicht mehr zu, erhebt sie sich auf der anderen Seite zu ihrem kostbarsten Gut: Sie macht die Kinder ‚unnütz, aber liebenswert' (…), teuer, aber kostbar. Das jedenfalls ist der Tenor öffentlicher Diskurse und die implizierte Logik im allmählichen Umbau gesellschaftlicher Institutionen, den sie begleiten." (Bühler-Niederberger, 2005, S. 11)

Eine weitere zentrale Gefahr besteht im ausschließlich symbolischen Status der Bevölkerungsgruppe der Kinder im Sozialinvestitionsstaat. War der alte vorsorgende Wohlfahrtsstaat um eine annähernde Gleichheit materieller Lebensverhältnisse bemüht, so wird dieses Leitbild im Sozialinvestitionsstaat durch das der Chancengleichheit der sozialen Teilhabemöglichkeiten auf dem Arbeitsmarkt und der Bildung ersetzt.[219] Wenn jedoch soziale Ungleichheit in Form materieller Verteilungskämpfe hinter dem Leitbild der Chancengleichheit verschwindet, so werden vor allem auch die Anliegen und Interessen armer Kinder im Verteilungsgefüge selbst unsichtbar wie Thomas Olk in Anlehnung an den italienischen Wohlfahrtsstaatsforscher Giovanni Sgritta herausarbeitet (vgl. Olk, 2007, S. 52).

Dabei besteht gerade an dieser Stelle ein zentraler Zusammenhang zwischen der frühen Arbeit Marshalls (1992, S. 80f.) und dem Kerngedanken des modernen Sozialinvestitionsstaates, für den die Chancengleichheit zentral wird. Denn für Marshall sollten soziale Ungleichheiten unter der Bedingung garantierter Chancengleichheit fortbestehen können. Die unmittelbare Folge einer solchen Strategie sei keine materielle Umverteilung von oben nach unten, sondern über die Bereitstellung gleicher Chancen das Verhalten der Betroffenen positiv zu beeinflussen, so dass Armut nicht mehr von Generation zu Generation weitervererbt werde. Dabei stellt sich aber die berechtigte Frage, ob die Garantie von Chancengleichheit überhaupt taugt, soziale Ungleichheit wirksam zu beseitigen (vgl. Wagner, 2015, S. 83).

Die politischen und zivilgesellschaftlichen Architekten des wohlfahrtsstaatlichen Umbaus haben indes eine ganz eigene Haltung zur sozialen Ungleichheit und materiellen Benachteiligung. Sie sehen in Armut

---

219 Im Gegensatz zur Gleichheit der materiellen Lebensverhältnisse im „alten" fürsorgenden Wohlfahrtsstaat, der dieses zuvörderst durch eine Einkommensumverteilung erreichen wollte (vgl. Dingeldey, 2006).

> „not the lack of resources or their unequal distribution, but the inadequacy of the individual as regards the material, social and cultural environment (…)." (Sgritta, 1997, S. 400f.)

Auch hier zeigt sich erneut der Rückgriff auf die Schuldfrage von Armut, die nicht vordergründig der Solidarität und dem Verantwortungsbereich einer Gesellschaft obliegt, sondern individuelles Problem des Betroffenen ist (auch das des armen Kindes), da die bereitgestellten Ressourcen von Seiten des Sozialstaats nicht optimal genutzt werden und man derzeit auch in der deutschen Armutsdebatte eine Wiederauferstehung des Kampfes zwischen Gegnern und Befürwortern dieser Sichtweise erfährt (exempl. Schneider, 2015a; s. a. Kap. 8).

So steht die Schuldfrage von Armut in einem engen Verhältnis zu den gegenüber armen Familien in Öffentlichkeit und Politik hartnäckig bedienten Vorurteilen und Stigmatisierungen, die Marion von zur Gathen als „Abwehrhandlung" beschreibt:

> „Wenn ich nichts tun kann und auch nichts tun will, dann suche ich nach etwas, was erklärt, dass ich nichts tue. Ohne, dass ich nach außen hin mein politisches Bild und mein Gesicht verliere." (Interview Marion von zur Gathen & Christian Woltering, 2015)

Dieses Mißtrauen gegenüber armen Eltern ist für Barbara König ein großer Missstand und „kaum auszurotten. Das findet man überall. Das findet man auch in eher linken Gruppierungen. Das findet man sogar in linkeren Parteien. Sei es die SPD, seien es die Grünen oder die Linkspartei. Das findet man auch in linkeren Wohlfahrtsverbänden. Und das findet man natürlich erst recht in konservativeren Kreisen und Parteien" (Interview Barbara König, 2015).

Der daraus resultierende inferiore Status und die mangelnde Sichtbarkeit der Bevölkerungsgruppe der Kinder erscheint dabei jedoch als unproblematisches Abfallprodukt – allerdings mit langer Halbwertszeit, wie die lebenslangen Auswirkungen von Kinderarmut deutlich machen.

Im Vergleich zu anderen sozialen Merkmalen ist das des Alters – als Abgrenzung von der Phase der Kindheit zum Erwachsenensein – nicht unveränderbar, sondern dem fortschreitenden Älterwerden unterworfen, wodurch Kinder nur auf Zeit keine vollständigen Bürgerrechte zugesprochen werden, denn Kindheit stellt nur ein „Durchgangsstadium" (Sgritta, 1997) dar, demzufolge sich auch dem Staatsbürgerstatus betreffende Gerechtigkeitsfragen zwischen Kindern und Erwachsenen erübrigten (Olk, 2007, S. 52 & 2009, S. 136f.). Demnach muss jedes Kind nur lange genug „ausharren", bis ihm der volle Bürgerrechtsstaus zu Teil wird. Innerhalb dieser kindlichen Entwicklungsperspektive wird Kindheit als eine „gesellschaftliche Aufstiegsphase" verstanden.

> „Weil alle Menschen in ihrem Lebensverlauf zunächst Kinder sind, gilt ein Gleichberechtigungsanspruch, wie er für die Frauen und für die Angehörigen unterprivilegierter sozialer Klassen erhoben wird, für die Bevölkerungsgruppe der Kinder nicht als angemessen". (Zeiher, 1996, S. 19)

Dieser Blickwinkel kann natürlich nicht einleuchten: Wird konstatiert, dass eine Gesellschaft einem fortlaufenden sozialen Wandel und der Status einer Bevölkerungsgruppe stets einem Aushandlungsprozess unterliegt, findet jede Generation tendenziell andere ökonomische und soziale Bedingungen vor (vgl. Olk, 2009a, S. 137). Beispielsweise durch demografische Veränderungen und Phasen ökonomischen wie wirtschaftlichen Auf- und Abschwungs oder starke Geburtenjahrgänge (Babyboomer-Generation) bzw. Geburtenrückgang und die damit verbundene Alterung der Gesellschaft. Die Argumentation eines Durchgangsstadiums kann demnach nicht überzeugen.

Für den Bürgerstatus des Kindes hat dies jedoch fatale Auswirkungen, da der Bevölkerungsgruppe der Kinder kein eigenständiger Wert zugedacht wird. Der kindliche Wert und die Rolle des Kindes stehen vielmehr in engem Verhältnis mit dem Wert des Erwachsenen – nämlich dem der produktiven Rolle des (späteren) Erwerbstätigen. Und dieser Aspekt steht wieder in enger Verbindung mit den Anforderungen des Einzelnen an den Sozialinvestitionsstaat. Denn in diesem wird die letztliche Inklusion als Erwerbsbürger zum wichtigsten Bezugspunkt und Bewertungsmaßstab gesellschaftlich-politischen Handelns.

Somit wird „im Sozialinvestitionsstaat das beteiligungsorientierte Citizenship-Modell der UN-Kinderrechtskonvention durch das produktivistische Modell von Kindern als *„citizen workers of the future"*, oder *„citizen-worker-in-becoming"* verdrängt (Lister, 2004, S. 171ff.; s. a. Olk, 2007, S. 51ff.).

> „The child as cipher for future economic prosperity and forward-looking modernization overshadows the child as child-citizen". (Lister, 2004, S. 171)

Die Bevölkerungsgruppe der Kinder, insbesondere die der armen Kinder, verschwindet somit hinter den Interessen eines transformierten Wohlfahrtsstaates, der seine unterstützungswürdigen Klientel in privilegierte und deprivilegierte unterscheidet, wobei erstere vergleichsweise stärker in den sozialinvestiven Blick genommen wird. Für den Bürgerrechtsstatus der Bevölkerungsgruppe der Kinder ergibt sich somit ein „hybrides" Citizenship-Modell – ein *„second class social citizenship"* (Dingeldey, 2010). In diesem sind Kinder von Beginn an angehalten, sich in den Dienst eines „aktiven, selbstgesteuerten und partizipierenden Selbst-Lerners" zu übergeben (Olk & Hübenthal, 2011, S. 165).

8. Repräsentations- und verbändesoziologische Erklärungsmuster: Kinderarmut als Repräsentationskrise

8.1 Die Arena kindlichen Interessengruppenhandelns

Mit den beschriebenen Wegmarken einer Transformation des Wohlfahrtsstaates und belastbaren Indizien einer voranschreitenden Ökonomisierung sozialinvestiver Kindheit sowie den damit verbundenen Auswirkungen und Gefahren auf Kindheit in Armut geht eine weitere Beobachtung einher, die in den Blick genommen werden muss und sich im ungleichheitsbegründenden Kräftefeld als periphere Kraft der Repräsentation kindlicher Interessen durch Interessengruppen darstellt: Es lässt sich beobachten, dass der wohlfahrtsstaatliche Wandel Auswirkungen auf die Repräsentation und das Interessengruppenhandeln von Kindheit in Armut hat(te).

Grundsätzlich muss es dort, wo sich der Wohlfahrtsstaat hinsichtlich seiner Muster so grundlegend wandelt, zwangsläufig auch zu einer Veränderung in der Struktur des Interessengruppenhandelns kommen (vgl. v. Winter, 2004, S. 763).[220]

> „Insofern sind Verbände bis zu einem gewissen Grad Spielball veränderter systemischer Rahmenbedingungen". (Straßner, 2010, S. 32)

Die Unsichtbarkeitsmetapher wird aus diesem Blickwinkel als Repräsentationskrise eingefangen. Wobei die These der Krisenhaftigkeit mit einer be-

220 Ob beide Beobachtungen in einem unmittelbaren (mono)kausalen Zusammenhang stehen, kann in dieser Arbeit nicht beantwortet werden. Sicherlich spielen auch zahlreiche andere Erklärungsmuster eine Rolle: Zum Beispiel der Fortschritt in der Kommunikationstechnologie (digitaler Wandel), eine zunehmende Europäisierung des Interessengruppenhandelns oder aber „Degenerationseffekte" etablierter Interessengruppen (bspw. Gewerkschaften).

merkenswerten Pluralisierung der Organisationslandschaft und Professionalisierung des sozialen Interessengruppenhandelns einhergeht. Ergebnis dieses professionalisierenden Strukturwandels ist die gezieltere Ansprache von Teilöffentlichkeiten, Zunahme wissenschaftlicher Analysen, Methoden der Public Relations sowie Monitoring, Analyse und Beeinflussung des politischen Entscheidungsprozesses.

Verstärkte Professionalisierungstendenzen in der Arena kinder- und familienpolitischen Interessengruppenhandelns sowie eine steigende Komplexität politischen Entscheidens „sprechen für die Notwendigkeit und Optimierung strategischer Planungen, um der immer komplexeren Steuerung politischer Entscheidungsprozesse gerecht werden zu können" (März & Pütz, 2015, S. 28). Im Falle armutspolitischer Analysen hat der institutionssoziologische Zugang (Kap. 6) die ausdifferenzierte, fragmentierte und pluralistische Akteursstruktur „unterschiedlicher Interessenrelationen", die besondere Bedeutung individueller Stakeholder und insbesondere zu berücksichtigende Zeitumstände herausarbeiten können (vgl. Bandelow/Kundolf & Lindloff, 2014, S. 29).

Vor allem haben sich die Abläufe und Muster dieser Arena verändert – speziell die Art und Weise, wie Entscheidungen und Beteiligungsformen entstehen und wer mitreden darf. Es sind mehr Akteure, mehr „philantropisch [sic!] motivierte Eliten", beteiligt als früher (vgl. Sebaldt & Straßner, 2004, S. 293). Und diese „Pluralisierung der Organisationslandschaft" im Bereich schwacher Interessen stellt den Einfluss etablierter Interessengruppen in Frage (vgl. v. Winter, 2004, S. 764).

Denn eines sei an dieser Stelle nochmals hervorzuheben: Der Bereich des kindlichen Interessengruppenhandelns ist nicht nur durch eine stetige numerische Ausweitung und stark ausdifferenzierte sowie fragmentierte Interessengruppenarena, sondern vor allem von einer relativ unüberschaubaren Interessendispersität geprägt, die sich durch „verschiedene Statuspositionen" der Akteure kennzeichnet (vgl. v. Winter, 2000, S. 538f.). Auch Dachorganisationen haben es schwerer, innerverbandlich divergierende Interessen miteinander in Einklang zu bringen und zu einem strategischen Powerplay zu vereinen. Daneben erscheint für die Repräsentation von Kindheit in Armut eine weitere Interessenrelation zentral, die in der Literatur als „Interdependenz von Interessen" bezeichnet wird. Diese

> „liegt dann vor, wenn die Verbesserung der eigenen Interessenposition an die Förderung eines bestimmten anderen Interesses gekoppelt ist". (ebd., S. 526)

Vor allem im Zeitalter einer zunehmenden Ökonomisierung sozialen Interessengruppenhandelns kommt diesem Aspekt eine tragende Rolle zu, wie das Narrativ des ökonomischen Charmes der Familie nahelegt, in dem familienpolitische Forderungen verstärkt ihren ökonomischen Mehrwert nachweisen müssen, um im politischen System wahrgenommen zu werden.

Im Zuge der Transformierung des Sozialstaates ist im Bereich schwacher Interessen nicht nur eine Pluralisierung der Organisationslandschaft und Professionalisierung von Interessengruppen beobachtbar, sondern auch eine Ausdifferenzierung politischer Regelungssysteme und Institutionen (vgl. Sebaldt, 2006, S. 13). Diese Diagnose ist für die Vertretung kindlicher Interessen ein durchaus zweischneidiges Schwert: Während sich zahlreiche Politikfelder hinsichtlich ihrer Akteurskonstellationen – trotz fundamentaler Anpassungen im politischen Parteiensystem – kaum veränderten, hat sich gerade im Bereich der Familienpolitik ein Wandel vollzogen. Seit einigen Jahren ist in der Familienpolitik eine steigende Nachfrage an Evidenzbasierung und Politikberatung familienpolitischer Themen zu beobachten (vgl. Huber, 2009; Lindner, 2012; Czerwick, 2011).

War das familienpolitische Ressort einst ein stark „weltanschaulich normativer" Bereich der Politik, in dem es um „konträre Leitbilder" entlang parteipolitischer Linien ging, hat sich dieser mittlerweile hinsichtlich seiner politischen Gestaltungskraft gegenüber wissenschaftlichen Forschungsergebnissen einen Spalt weit geöffnet. Dies gereicht vor allem Interessengruppen mit ihrem Fach und Spezialwissen sozialpolitischer Themen zum Vorteil, könnte jedoch gleichzeitig auch den Druck auf sie erhöhen, da der familien- und sozialpolitische Willensbildungsprozess nach wie vor vergleichsweise weniger auf Problemlösung, als vielmehr auf Aushandlung zwischen Stakeholdern mit divergierenden Interessen und Mentalitäten beruht (vgl. Rüb, 2009, S. 350; Gerlach, 2009, S. 90; Huber, 2009, S. 11). Auch wenn Expertenwissen als eine zentrale Ressource sozialanwaltlichen Interessengruppenhandelns wichtig sein mag, so kann sich dieses im politischen Prozess nur dann auszahlen, wenn solcherlei Potentiale auch mit den notwendigen „Macht- und Einflussressourcen" unterfüttert werden können (vgl. v. Winter, 2004, S. 769).

8.1.1 Professionalisierung trifft auf Dethematisierung

Unter den bisher herausgearbeiteten Vorzeichen zeichnet sich für die Arena kindlichen Interessengruppenhandelns eine schwer bespielbare politische Arena ab, die mitunter eine Vielzahl unterschiedlicher Stakeholder berücksichtigen muss. Bereits an anderer Stelle wurden die voraussetzungsreichen Implikationen der familienpolitischen Arena herausgearbeitet, die jedoch nochmals einer für das sozialverbandliche Interessengruppenhandeln von Kindheit in Armut spezifischen Feinjustierung bedarf.

Mit dem Anspruch einer Repräsentation kindlicher Interessenlagen im politischen System – sei es von Seiten politischer Akteure oder Interessengruppen – ist für die Durchsetzbarkeit kindlicher Interessen eine arenaspezifische, mehrdimensionale Orientierung unabdingbar (vgl. v. Winter, 2007, S. 233). Diese Arena wird aufgrund ihrer Voraussetzungen als veränderbares „soziales System" sichtbar, das im Bereich kindlicher Interessen zu einer „Verinselung" sozialpolitischer Interessen führt. Hier formieren sich unterschiedlichste Organisationen in der familienpolitischen Arena mit zum Teil einander diametral zuwiderlaufenden Interessen. Daraus resultieren in den jeweiligen spezifischen Politikfeldarenen Akteurskonstellationen, die von einer „Artenvielfalt" (halb)staatlicher, verbandlicher und gesellschaftlicher Akteure geprägt sind und die für einen signifikanten Komplexitätsanstieg des Interessengruppenhandelns stehen (vgl. v. Winter & Willems, 2009, S. 18). Divergierende Interessen, Werte, familienpolitische Mentalitäten und Ideologien, aber auch parteiinterne Verpflichtungen und Loyalitäten müssen beachtet werden, um den eigenen sozialverbandlichen Interessen die nötige Aufmerksamkeit und Responsivität zukommen zu lassen.

Kindbezogene Politiken sind somit hochgradig fragmentiert und Anliegen der Bevölkerungsgruppe der (armen) Kinder über zahlreiche Ressorts und Verwaltungsebenen verteilt: Finanzministerium, Familienministerium, Bildungsministerium, Gesundheitsministerium, Justiz- und Arbeitsministerium gehören wohl zu den wichtigsten Ressorts, in denen kindliche Anliegen unmittelbar betroffen sind (vgl. Wilk & Wintersberger, 1996, S. 329; v. Winter, 1992, S. 401).[221]

Interessen von Kindheit in Armut werden somit in Arenen ausgehandelt, die durch ein „differenziertes Beziehungsgefüge" wohlfahrtsstaatlicher Institutionen, Parteien, Interessengruppen, selbstverwalteten Gebietskörperschaften und auch immer wieder durch die Sonderrolle des Bundesverfassungsgerichts (vgl. Gerlach, 2009, S. 98ff.) geprägt sind und sich in ihrer Gesamtheit als redistributive „interorganisatorische" Arena beschreiben lässt (v. Winter, 2000, S. 532). Eine solche Arena zeichnet

> „sich zwar durch eine mehr oder minder große Reichweite und Offenheit aus, sie (…) [ist] aber immer durch eine Grenze nach außen und eine bestimmte Machtverteilung im Inneren definiert". (ebd.)

---

221 Thomas von Winter stellt in einem Aufsatz die Unübersichtlichkeit der Akteure in der Arena der Sozialpolitik dar. „So reicht das Spektrum der sozialpolitischen Organisationen von den Verbänden der Betroffenen (…) bis zu den Gewerkschaften und Arbeitgeberverbänden, es umfasst Kirchen und Wohlfahrtsverbände ebenso wie Berufsverbände von Sozialarbeitern und Ärzten" (v. Winter, 2000, S. 523). An dieser Auflistung zeigt sich bereits die Unübersichtlichkeit und Interessendispersität, denen sich eine Lobby für Kinder ausgesetzt sieht.

Grundsätzlich sind redistributive Politikarenen nicht nur durch vielfältige Konflikte zu charakterisierende Arenen, sondern haben auch einen vergleichsweise hohen Wirkungsgrad in andere Politikfelder hinein, was letztlich zu einem „Konfliktantagonismus" führen kann. Aus dieser Konfliktintensität entsteht eine spezifische Arena, für die neben der Problemverarbeitung auch die Konflikthaftigkeit des Politikfeldes zur Durchsetzung oder Verhinderung von Interessengruppenhandeln ausschlaggebend ist (vgl. Schneider & Janning, 2006, S. 23 & 68).

> „Anstatt mit stabilen Konfliktlinien haben wir es also mit transitorischen Statuspositionen, d. h. mit einem potentiellen Rollenwechsel, mit Risiken und inneren Widersprüchen zu tun". (v. Winter, 2000, S. 525)

Unter diesen schwierigen Vorzeichen erscheint der identifizierte interessengruppenspezifische Professionalisierungsprozess schwacher Interessen als durchaus bemerkenswert, stellt sich im Kontext der bisherigen Ergebnisse einer weitestgehenden Unsichtbarkeit von Kindheit in Armut und kindlicher Interessen doch die Frage nach den zentralen Zusammenhängen grundsätzlicher Professionalisierungstendenzen sozialverbandlicher Interessengruppen und den sehr voraussetzungsvoll erscheinenden Implikationen einer Repräsentation von Kinderarmut.

Kindliches Interessengruppenhandeln steht auch immer auf dem Boden „realer gesellschaftlicher Ressourcenverteilung, von dem weder die einzelnen Akteure noch das System als Ganzes absehen können" (Nolte, 2004, S. 306). Daraus ergibt sich ein Rahmen, in dem Interessgengruppenhandeln aufs engste „mit den Strukturen sozialer Ungleichheit und sozialer Schichtung verbunden" ist, woraus sich wiederum „scharfe Konflikte und Spannungslinien" (ebd.) ergeben, wie die bisherigen Ergebnisse dieser Krisen- und Defizitanalyse aufzeigen konnten, von der womöglich aber auch gewinnbringende Potentiale für das Interessengruppenhandeln abzuleiten sein werden.

Bevor wir uns der Frage nach dem Verhältnis einer sich ausdifferenzierenden Akteurslandschaft, zunehmenden Professionalisierungstendenzen sozialverbandlicher Interessengruppen und den sehr voraussetzungsvoll erscheinenden Implikationen einer Repräsentation von Kinderarmut zuwenden, muss eines bereits vorweg genommen werden: Mehr Akteure in der Arena kindlichen Interessengruppenhandelns sind nicht gleichbedeutend mit mehr Macht- und Einflussressourcen.

Man muss der in den Sozialwissenschaften populären These einer Ökonomisierung des Sozialen, die in einem engen Zusammenhang mit der Beantwortung obiger Frage steht, im Allgemeinen und der hier vertretenen Beobachtung einer Ökonomisierung sozialinvestiver Kindheit im Besonderen nicht einmal folgen, um dennoch einzusehen, dass vor allem diejenigen

Interessen politisch stärker repräsentiert werden, die „einen potenziellen Beitrag zum ökonomischen Gesamtnutzen geltend machen können – also die Aktivierbaren“ (Linden, 2009, S. 51).

Sobald es um eine Analyse des kindlichen Interessengruppenhandelns geht, muss die Kategorie der Repräsentation kindlicher Interessen ins Blickfeld rücken. Vor allem für das Thema (Kinder-)Armut gilt dies als voraussetzungsreicher Aspekt des Sichtbarmachens möglicher Defizit- und Krisenerscheinungen des kindlichen Interessengruppenhandelns (vgl. Stratmann, 2015).[222]

Erstens haben sich die Akteure in der für kindliche Interessen verantwortlich zeichnenden Arena ausdifferenziert. Diese Entwicklung steht unter anderem in einem engen Zusammenhang mit fundamentalen Veränderungen und Anpassungen des generativen Verhaltens, familialer Lebensformen und familialer Arbeitsteilung – kurz: mit dem sozialen Wandel und dem Wandel der Familie insgesamt, die zu einem unübersichtlichen Anstieg divergierender Interessen führten. Dies ist für die Repräsentation der Familie und ihrer Mitglieder durch sozial- und familienpolitische Advokaten elementar, da sich im Zuge dieses Wandels auch die „Struktur ihrer Adressaten deutlich verändert hat“ (Wunderlich, 2014, S. 21). Das macht das Herausbilden eines „Vertretungsmonopols“ schwierig, da aufgrund der beschriebenen Diversifizierung zahlreiche Interessengruppen um Macht- und Einflussressourcen miteinander konkurrieren (vgl. Gerlach, 2009, S. 104).

Zweitens sind Tendenzen einer Vermarktlichung der Repräsentation schwacher Interessen auszumachen, die symptomatisch für eine Krise der Repräsentation von Kindheit in Armut und einer Ökonomisierung sozialinvestiver Kindheit steht. Grundsätzlich zeigt sich nämlich die sukzessive Abkehr und Distanzierung von einer Repräsentation schwacher Interessen, die im Kontext eines marktförmig gewordenen Handelns politischer und advokatorischer Akteure zu interpretieren ist.

> „Zu konstatieren ist die schleichende Umdeutung des Verantwortlichkeitsprinzips zu einer rein gesamtökonomisch und weniger gruppenspezifisch wahrzunehmenden Funktion politischer Stellvertretung“. (Linden & Thaa, 2009, S. 11)

Zunehmende Professionalisierung von Seiten sozialverbandlichen Interessengruppenhandelns ist zwar eine notwendige Antwort auf die Vermarktlichung- und Ökonomisierung des Sozialen, jedoch nicht gleichbedeutend

222 Darüber hinaus sind auch die familialen Lebensverhältnisse so sehr individualisiert, dass man dem fatalen Eindruck erliegen könnte, Familieninteressen seien gar nicht mehr zu organisieren. Derartige Argumentationslinien tragen jedoch zur weiteren Schwächung bei (vgl. Mayer, 2000, S. 512).

mit einer wesentlichen Zunahme von Macht- und Einflussressourcen und hat bisher keinen Beitrag zu einer „einflussreicheren" Repräsentation kindlicher Interessen von Seiten der Interessengruppen geführt.[223]

Könnte es daran liegen, dass sich mit dem wirtschaftsliberalen Wandel des Wohlfahrtsstaates

> „selbst die Advokatoren schwacher Interessen (...) häufig gezwungen [sehen], auf ökonomische Argumente zurückzugreifen, um die Anliegen ihrer Klientel zu rechtfertigen"? (Linden & Thaa, 2009, S. 11)

Dies könnte durchaus mit den beschriebenen Wandlungstendenzen einer nachhaltigen Familienpolitik korrelieren. Haben sich doch auch die Beziehungen zwischen den Advokaten der Interessen sozial Benachteiligter und politischen Parteien zunehmend entkoppelt. Sie sind loser und die Einflusskanäle fragiler geworden

> „und schwächten nicht nur die patriarchalen Strukturen zwischen den Organisationen und ihrer Klientel, sondern erschwerten auch den direkten Einfluss der Sozialverbände auf die Politik. Die Einbringung schwacher Interessen muss also vergleichsweise häufiger und in verstärkter Konkurrenz zu anderen Akteuren bzw. Interessen erstritten werden". (Linden, 2009, S. 50f.)

Diese Verschiebung der Macht- und Einflussverhältnisse zwischen dem politischen System und organisierten Interessen ist in vielen familien- und sozialpolitischen Arenen wahrnehmbar und zu einem Großteil auch darauf zurückzuführen, dass sich die politische Klasse zunehmend über „Karrierepolitiker" rekrutiert, die häufig mit „mangelhafter" Sachkompetenz aufwarten.[224] Dies könnte vor allem Verbänden mit ihrem Fachwissen und ihrer

---

223 So musste hinsichtlich des Themas Armut (speziell Hartz IV) bspw. der zweite Schattenbericht der Nationalen Armutskonferenz einräumen, dass es dem diesbezüglichen „unermüdlichen" Interessengruppenhandeln bisher nicht gelungen sei, „Veränderungen grundsätzlicher Art herbeizuführen" (Nationale Armutskonferenz, 2015, S. 2).

224 Und so fühlen sich auch all jene schwachen Interessen armer und abgehängter Bevölkerungsgruppen „kulturell, stilistisch und sprachlich nicht mehr von den (...) [etablierten Parteien und deren Politikern] repräsentiert" (Walter, 2009, S. 77). Denn auch im Politikbetrieb gilt für Aufsteiger, die sich trotz aller Widerstände nach oben kämpften, dass derjenige, der aufsteigen will, sich von seiner Herkunft trennen muss. Franz Walter (2010) beschreibt dieses Phänomen am Beispiel der Sozialdemokratie eindrucksvoll und mit der nötigen Schärfe (S. 18–30): „Die Agenda 2010 trat an ihre Stelle, der schneidige Appell, doch selbst Verantwortung zu übernehmen, die Initiative zu ergreifen, jede Arbeit zu akzeptieren. Ihre Vorkämpfer von früher besorgten sich üppig alimentierte Beraterverträge bei Großkonzernen; sie, die Ausgeschlossenen dagegen, sollten sich mit Ein-Euro-Jobs bescheiden. Dreißig Jahre zuvor hatten sie noch zusammengehört, die Emporkömmlinge

„rationalen“ Herangehensweise an politische Themen zum Vorteil gereichen. Denn neben Informationen werden vor allem auch „Deutungsweisen“ und „Argumentationsfiguren“ in den Diskurs eingespeist, die wiederum zu einer höheren Politiker-Compliance führen könnten (vgl. Patzelt, 2014).

So kann das Narrativ einer nachhaltigen Familienpolitik, die als Wachstumspolitik gedeutet wird, aus Sicht der Praktiker durchaus eine Chance darstellen. So betont bspw. Barbara König, dass eine solche familienpolitische Ausrichtung

> „am Ende des Tages eigentlich gar keine so furchtbar negativen Auswirkungen hat. Ich glaube auch, dass wir als Lobbyisten pragmatisch damit umgehen müssen. Dass inzwischen im gesamten Sozialbereich – das ist nicht nur die Kinder- und Jugendhilfe; das gilt genauso für das Elterngeld und genauso für bildungspolitische Maßnahmen – immer mehr nach ökonomischen Kennziffern und Erfolgen und Nachhaltigkeit und Rückflüssen gefragt wird. Das ist sicherlich aus dem Neoliberalismus gespeist. Ich sehe das relativ leidenschaftslos. Das sind Diskussionen, die kann man versuchen zu verändern. Ich finde aber, dass wir als Lobbyisten diesen Ansatz nutzen können. Ich sehe das eher pragmatisch. Vor allem den Spieß umzudrehen und dem Staat aufzuzeigen, was es kostet, wenn man Kinderarmut nicht frühzeitig präventiv bekämpft. Ich glaube, wir Lobbyisten könnten das sehr wohl nutzen. Und ich glaube auch, dass manche Lobbyisten das noch zu wenig nutzen. Es ist natürlich auch sehr schwierig ausrechenbar in unserem Feld. In Produktion und Industrie ist dies viel leichter auszurechnen als im sozialen Bereich“. (Interview Barbara König, 2015)

Die Kehrseite der Medaille ist wiederum in dem kaum zu verleugnenden veritablen Repräsentations- und Partizipationsdefizit etablierter Parteien[225] zu suchen.

Die hier beschriebenen Wegmarken haben insgesamt negative Folgen für die Professionalisierung und Ausdifferenzierung des Interessengruppenhandelns für Kindheit in Armut, wodurch eine Repräsentation, trotz ihres

---

und die Zurückgelassen des alten sozialdemokratischen Milieus“ (ebd., S. 30) (s. a Maurer, 2015).
Joachim Speicher bemerkte dazu im Experteninterview Folgendes: „Das hat auch ein wenig damit zu tun, aus welchen Sozialisationen unsere Politiker stammen. Mit welchen Blickrichtungen und Wahrnehmungen sie auf soziale Probleme schauen. Wie hoch ist bspw. der Anteil der jungen nachfolgenden Generationen bei den Bundestagsabgeordneten, die noch aus Arbeiterfamilien oder aus einkommensschwachen Verhältnissen kommen. Die gibt es gar nicht. Wir haben also auch zunehmend die Entwicklung von parallelen Welten der politischen Klasse. (…) Und in allen Gesprächen, die wir mit Sozialpolitikern auch auf der Bundesebene führen, haben wir den Eindruck, ich sage es mal ganz einfach – die wissen wirklich nicht, wie die Realitäten sind.“ (Interview Joachim Speicher, 2015).

225 Zur intensiveren Auseinandersetzung sei exempl. auf Frank Decker (2005) und Uwe Jun (2011) verwiesen.

„moralischen“ und „ethischen“ Charakters, starken Erosionsprozessen ausgesetzt ist, die letztlich zu einer krisenhaften kritischen Masse anwachsen (vgl. v. Winter & Willems, 2000, S. 10).

8.1.2 Kampf um die armutspolitische Deutungshoheit

Die zuvor präsentierte Argumentation speist sich im Kern aus dem Wandel politisch „marktförmig“ gewordener Akteure. „Sie sehen sich selbst weniger als sozial verankerte Vertreter gesellschaftlicher Gruppen denn als Wettbewerber“ (Linden & Thaa, 2009, S. 10), die ihren Gegnern der sozialverbandlichen Interessengruppen im Armutsdiskurs mit scharfer Munition begegnen und mit ihnen um die öffentliche Deutungshoheit ringen.

In der ersten Jahreshälfte 2015 war diesbezüglich eine sehr interessante Debatte in der Öffentlichkeit zu beobachten (vgl. Schneider, 2015a).[226] Pünktlich im Dezember stellt der Paritätische Wohlfahrtsverband seinen seit 2011 alljährlich erscheinenden Armutsbericht auf der Bundespressekonferenz vor. Dabei wurde der Bericht 2014 wegen der Umstellung der Datenermittlung und -auswertung des Zensus 2011 erst etwas später veröffentlicht (vgl. Armutsbericht, 2014). Unter dem Titel „Die zerklüftete Republik“ zeichnet der Paritätische ein „ernüchterndes“ Bild bundesdeutscher Armutsentwicklung, in der sich die Armutsschere immer weiter öffnet. Dabei steht der Bericht inhaltlich meist antipodisch zu den armutspolitischen Einschätzungen und Diagnosen der Bundesregierung, stellt ein einflussreiches und öffentlichkeitswirksames Gegengewicht dar und spricht ebenfalls für die Professionalisierung des Interessengruppenhandelns schwacher Interessen.

Wurde der Armutsbericht in den Jahren zuvor öffentlich zumeist als eindringliche Warnung aufgegriffen und den Anwälten der Armen mit journalistischer Feder mehrheitlich zur Seite gestanden, so zeigte sich dieses Mal nur vereinzelt medial wohlwollender Beistand. Diese für den politischen Beobachter schon für einige Verwunderung sorgende Tatsache wurde aller-

---

226 Siehe auch den interessanten Beitrag von Bernhard Schäfers „zum öffentlichen Stellenwert von Armut im sozialen Wandel der Bundesrepublik Deutschland“ (1992, S. 104), der heute akuteller den je ist: „Immer mehr Institutionen und Organisationen, staatliche und private, kirchliche und gewerkschaftliche, bemächtigten sich im raschen sozialen und kulturellen Wandel der Armutsfragen (Tabuisierungen eingeschlossen); entsprechend indifferent war und ist ihr Stellenwert in der öffentlichen Meinung. Das resultiert nicht zuletzt aus den gesellschaftlichen Lebensbedingungen, d. h. die eigene Sozialerfahrung und der gesellschaftliche Gesamtzusammenhang klaffen immer weiter auseinander. Das gilt auch für die Differenz von Armutserfahrung und dem tatsächlich gegebenen Ausmaß der Armut“.

dings kurz darauf durch einen ungewöhnlich scharf geführten öffentlichen Streit darüber revidiert, was und wer in Deutschland als „arm(utsgefährdet)" bezeichnet werden dürfe. Einige exemplarische Beispiele ausgewählter Printmedien illustrieren dies eindrucksvoll: So war die Rede von „Zahlentricksserei" und von nervtötenden „Armutslobbyisten". Reiche würden verteufelt und Bedürftige erfunden (vgl. Dönch, 2015). In der Wochenzeitung Die Zeit sprach Kolja Rudzio[227] (vgl. 2015, S. 31) gar wiederholt von einem „Armutsschwindel" und für die Neue Züricher stand fest, dass sich Deutschland künstlich arm rechne. Und dies, obwohl alle Armutsstudien deutlich hervorheben, dass vor allem die Bevölkerungsgruppe der Kinder am stärksten von Armut und sozialer Ungleichheit betroffen ist. Warum gerade der Paritätische Gesamtverband, bekannt als Schwergewicht im Bereich der Repräsentation schwacher Interessen, Ziel einer politisch und medialen „Schmutzkampagne" wurde, passt in die politische und öffentliche Stimmungslage zum Thema Armut.

Dabei werden die Daten des Paritätischen Armutsberichts auf Grundlage der offiziellen Armutszahlen des Statistischen Bundesamtes erhoben, also einer deutschen Bundesbehörde, die dem Geschäftsbereich des Innenministeriums unterliegt. An diesen Beispielen zeigt sich, mit was für zum Teil diskreditierenden Begriffen öffentlich operiert wird, um die Deutungshoheit des Diskurses zu erlangen und die Glaubwürdigkeit der Anwälte der Armen zu beschädigen. Als „Lobbyismus durch Sprache" beschreibt der Sozialwissenschaftler Andreas Kolbe diese wirkungsvolle Waffe. Diese meint

> „Bewusstseinsbildung und Bewusstseinsveränderung mit dem Ziel, Deutungshoheit im öffentlichen politischen Diskurs zu gewinnen". (Kolbe, 2012, S. 22.)

Arbeits- und Sozialministerin Andrea Nahles nutzte diesen Zeitpunkt, in dem nicht die Politik in mediale Beugehaft genommen wurde, sondern ein zivilgesellschaftlicher Akteur, der im Gegensatz zur Politik für ein öffentliches Verständnis der sich auf hohen Niveau verfestigenden Armut eintritt. Nahles stellte kurzerhand die gängige Definition von relativer Armut in Frage.[228] Ihrer Meinung nach ist die Annahme, dass jemand arm sei, der über

227 Kolja Rudzio ist in der Zeit als armutskritischer Journalist seit Jahren bekannt. Bereits 2011 fiel er mit der Meinung auf, dass es in Deutschland gar nicht so viele arme Kinder gäbe (vgl. Rudzio, 2011).

228 Noch einmal zur Erinnerung (vgl. Kap. 5.4): Es stellt sich die Frage, wie Armut innerhalb des Ressourcenansatzes genau bestimmt wird. Eine gängige Praxis ist die in Relation gesetzte Betrachtung des Einkommens von Personen mit dem durchschnittlichen Einkommen innerhalb einer Gesellschaft (relative Einkommensarmut). Eine Person wird dann als relativ arm eingestuft, wenn der Anteil ihres Einkommens (Haushaltsnettoein-

weniger als 60 % des mittleren Einkommens verfüge, nicht mehr zeitgemäß. Vielmehr müsse zwischen „wirklichen“ und „nicht wirklichen“ Bedürftigen unterschieden werden (vgl. Berliner Zeitung, 2015). Dabei steht dieser Versuch in einer beinahe dreißigjährigen Tradition armutspolitischen Leugnens und Abtauchens:

> Gerade „die Definition ist die Voraussetzung einer jeglichen Verständigung, und wer sich auf eine gemeinsame Definition einlässt, setzt sich bereits mit dem Phänomen auseinander und macht das Gegenüber sprachfähig“. (Schneider, 2010, S. 13f.)

Sollte sich dieser „Taschenspielertrick“ einer Umetikettierung und Neubewertung des relativen Armutsbegriffs tatsächlich durchsetzen, würde in der statistischen Berichterstattung Armut womöglich wieder zu einem Randphänomen verkommen, sich die reale Wirklichkeit sozialer Ungleichheit jedoch parallel massiv verschlimmern, da es die Betroffenen zur Unsichtbarkeit sozialpolitischen Handelns verdammen würde.

Auf einer Regierungspressekonferenz zur Fertigstellung des 5. Armuts- und Reichtumsberichtes gab es bereits einen Vorgeschmack, wie eine mögliche Umetikettierung der Zukunft aussehen könnte: So stellte ein Sprecher des Bundesministeriums für Arbeit und Soziales für den Bericht dar, dass „ein besonderes Augenmerk auf die Frage gelegt werden [soll]: Was ist eigentlich Reichtum? Wie wirkt sich dies aus? Wie reproduziert sich Reichtum usw.?“ (Bundesregierung, 2016).

---

kommen) unter dem des durchschnittlichen äquivalenzgewichteten Nettoeinkommens in der Bundesrepublik Deutschland liegt (vgl. Klocke, 2008, S. 188). In der Literatur finden sich hierzu unterschiedliche Armutsgrenzen. Lange Zeit wurde die Armuts(risiko)grenze von der Europäischen Union (EU) und der Organisation für wirtschaftliche Zusammenarbeit und Entwicklung in Europa (OECD) bei 50 % („mittlere Einkommensarmut“) oder auch 40 % („strenge Armut“) des arithmetischen Mittels verortet („alte“ OECD-Skala). Im Jahr 2001 wurde auf dem EU-Gipfel im belgischen Laeken das System der Armutsmessung der „alten“ durch die der „neuen“ OECD-Skala ersetzt. Neben der Heraufsetzung der Armutsschwelle von 50 auf 60 % des Nettoäquivalenzeinkommens eines jeweiligen Landes wurde das arithmetische Mittel als Durchschnittsmaß durch die Verwendung des Medians ersetzt. Insbesondere in der Armutsberichterstattung der Regierung, in fachpolitischen Diskussionen sowie in vielen wissenschaftlichen Studien wird die „neue“ Skala verwendet (vgl. Bundesjugendkuratorium, 2009, S. 8). Somit wird die Festsetzung von Bedarfs- oder Personengewichten zu bestimmten Äquivalenzskalen für die Bestimmung der „relativen Einkommensarmut“ letztlich von politisch-normativen Bewertungen bestimmt (vgl. Lutz, 2010, S. 15). Von der Gewichtung ist außerdem das Ausmaß der Armutsquote abhängig. Die „alte“ wie auch die „neue“ OECD-Skala führen zu einem vergleichsweise zurückhaltenden und „konservativen“ Abbild der Realität über das bestehende Armutspotenzial einer Gesellschaft und weisen eine niedrigere Armutsquote auf.

So wichtig es auch sein mag, mehr valide Daten über Reichtum zu ermitteln – denn hier besteht derzeit ein blinder Fleck (vgl. Druyen/Lauterbach & Grundmann, 2009)[229], der *notabene* vor allem durch eine Vermögenssteuer behoben werden könnte – besteht dennoch die Gefahr, dass Armut zu sehr aus dem Blickfeld gerät und der Armutsbegriff *en passant* „klein geraspelt" (Ulrich Schneider) wird (s. a. Sell, 2015, S. 96ff.). Von dem einen mehr (Reichtum) und von dem anderen weniger (Armut) zu sprechen, darf hingegen nicht durchgehen. Denn einer weiteren Verharmlosung und Verdrängung des Armutsproblems würde mit einer solchen Umetikettierung Vorschub geleistet (vgl. Butterwegge, 2015). Doch sie deuten hierzulande auf die Großwetterlage des Armutsdiskurses hin. So sind

> „Veränderungen von Thematisierungsformen (…) immer auch Barometer gesellschaftlicher Veränderungen". (Schäfer, 2013, S. 16)

Rückblickend betrachtet, hat sich in den regelmäßig wiederkehrenden Armutsdiskursen zwar die Figurationsästhetik regelmäßig leicht verändert, jedoch nicht die Ausgangsfiguration von Armut als bekämpfte Armut und zu vernachlässigende Restgröße allgemeiner gesellschaftlicher Risiken.

Im obstinaten Chor wirtschaftsliberaler Kommentatoren ging dann auch der Beistand von Heribert Prantl (2015) beinahe schon unter. Er sprach für das Gros deutscher Armutsforscher und Sozialverbände, indem er vor der verloren gegangenen Anerkennung der Bedürftigen warnte. Für ihn dürfe die Debatte über Armut nicht einfach aufhören, nur weil die politische Elite ihrer überdrüssig sei, nur weil die vielfältigen Armutsgesichter in einem reichen Land wie Deutschland nicht ihren ästhetischen Vorstellungen entsprächen. Womöglich, so Prantl sei es aber auch so,

> „dass der Armutsbericht eine gefährliche Sache für die herrschende Politik ist. Er stellt nämlich die Glaubwürdigkeit der vielen Erfolgsmeldungen in Frage. Die schwarze Null. Geringe Arbeitslosenzahlen. Hohes Steueraufkommen. Alles so gut wie nie". (Prantl, 2015a, S. 13)[230]

---

229 Siehe auch das zum Zeitpunkt der Veröffentlichung dieser Arbeit unveröffentlichte Gutachten von Wolfgang Lauterbach zum 5. Reichtums- und Armutsbericht „Reichtum in Deutschland".

230 Die geführte Mediendebatte ist insofern sehr interessant, als beinahe alle großen Printmedien negativ über die „Armutslobbyisten" berichteten. Dabei konnte eine quantitative Inhaltsanalyse von Schröder & Vietze (2015) zeigen, „dass die Printmedien Die Zeit, Der Spiegel und die Frankfurter Allgemeine Zeitung seit Ende der 1940er Jahre in synchroner Art und Weise über soziale Ungleichheit, Armut und soziale Gerechtigkeit berichten. Zwar geschehe dies je nach Presseorgan in unterschiedlichem Umfang, doch die Bericht-

Anhand dieser Chronik zeigt sich noch eine weitere Dimension des geführten Armutsdiskurses: Nämlich die der Differenz. Nicht jeder Akteur scheint das Gleiche zu meinen, wenn er von Armut(-sgefährdung) spricht (vgl. Hübenthal, 2016). Und dies zeitigt wiederum Auswirkungen auf die Konstruktion und Dimensionen von Kindheit und Armut.

Doch allem Widerstreit, jeder Kritik und Replik über die unterschiedlichen Wahrnehmung von (Kinder-)Armut in der Armutsdebatte zum Trotz: Egal ob 1,7 Mio. Kinder in der einen oder 2,7 Mio. Kinder in der anderen Studie; unbestreitbar ist, dass es, egal auf welcher statistischen Grundlage beruhend, zu viele Kinder sind, die in Armut oder in armutsgefährdeten Lebenslagen aufwachsen. Damit ist auch eine Anklage verbunden. Denn womöglich sollte in der Armutsdebatte häufiger an Georg Simmel erinnert werden, der die Hilfsbedürftigkeit als Kern der Armut auffasste (zit. nach Hradil, 2010 & 2014).

Das Gefährliche an diesen medialen Nebenkriegsschauplätzen liegt nämlich auf der Hand. Durch das ständige Insistieren und Perpetuieren aller Akteure in der Armutsdefinitionsdebatte wird ein Diskurs in Gang gesetzt, der durch die mitwirkenden Akteure immer weiter befeuert und aufrechterhalten wird. Die Argumentationskette scheint dabei von vielen Akteuren nach ähnlichem Strickmuster aufgezogen: Das Phänomen der Armut existiere nicht in Deutschland. Es passiere vor allem nicht jetzt und sei ein überwundenes Phänomen. Wenn überhaupt, bestehe Armut nur aus Einzelfällen. Und wenn gar nichts mehr hilft, wird zur Bagatellisierung übergegangen. Kurzum: Armut sei doch nicht so schlimm! Der Soziologe Stefan Selke bezeichnet dies auch als „hypnotische Redundanz“: „In einem sich ewig wiederholenden Ritual werden die ewig gleichen Empörungsvokabeln verteilt, ohne dass damit eine Chance auf konkrete Veränderungen verbunden wäre“ (Selke, 2016).

Die gesellschaftliche und politische Wahrnehmung der Differenz in Fragen der Armutsdefinition besteht allerdings nicht nur zwischen dem politischen System und sozialanwaltlichen Interessengruppen. Grenzlinien sind ebenfalls sehr deutlich zwischen den Interessengruppen und Kollegialverbänden untereinander festzustellen. Vor allem zwischen jenen, die sich die

---

erstattung unterläge gemeinsamen Schwankungen, welche auf einen presseübergreifenden Diskurs zu sozialer Ungleichheit hindeuteten. Dies ließe sich damit erklären, dass die gemeinsame Berichterstattung mit der Entwicklung der tatsächlichen sozialen Ungleichheit einhergehe.

Diese Ergebnisse widersprechen der Sichtweise, dass öffentliche Debatten über soziale Probleme von tatsächlichen sozialen Entwicklungen abgekoppelt sind und unterstützen Forschungsbemühungen, die einen Zusammenhang zwischen Realindikatoren und Medienberichterstattung beobachten.

Repräsentation schwacher Interessen auf die Verbandsfahnen geschrieben haben.

So urteilte der Wirtschaftswissenschaftler und Generalsekretär der Caritas Georg Cremer in einem ausführlichen Artikel in der Frankfurter Allgemeinen Zeitung, der Armutsbericht des Paritätischen unterläge einer „irreführenden Armutspolemik" und sei „schlicht unseriös" (Cremer, 2015). Solcherlei öffentliche Angriffe aus den Reihen anderer sozialanwaltlicher Interessengruppen schwächt natürlich die Position der Anwälte der Armen im Kampf um die armutspolitische Deutungshoheit massiv.[231]

An dieser Stelle werden die zwei Seiten einer Medaille der zu konstatierenden Professionalisierungsthese und die der Krise des kindlichen Interessengruppenhandelns sichtbar: Auf der einen Seite die Notwendigkeit zur Optimierung strategischer Planungen, um sich den Veränderungen in der sozial- und familienpolitischen Arena anzupassen und nicht den Anschluss zu verlieren. Und auf der anderen Seite die mit einer „Vermarktlichung der Sozialpolitik" einhergehenden Konsequenzen des sozialpolitischen Interessengruppenhandelns, wodurch sich einerseits die direkte politische Einflussnahme erschwert und es andererseits einzelnen Interessengruppen erleichtert, „sich von den Interessen der betroffenen Menschen [womöglich] zu distanzieren" (Linden & Thaa, 2009, S. 12).

Für Kindheit in Armut ist dieser Aspekt besonders schwerwiegend: Denn

> „dass es derzeit nicht einmal gelingt, einen breiten Konsens darüber herzustellen, welche Grundausstattung eine Gesellschaft jedem Kind ermöglichen soll – an Bildung, an materieller Sicherheit, an Möglichkeiten, sich mit anderen in der Gesellschaft zu entfalten – das ist eine Katastrophe". (Interview Joachim Speicher, 2015)

Natürlich definieren auch Interessengruppen ihre Interessenlagen selbstständig, auf Basis ihres innerverbandlichen Wertekompasses und den verbandlich geprägten Armutsbildern.

> „Auch die Wohlfahrtsverbände haben ihre ideologische Heimat. Ob das hinderlich ist, das weiß ich gar nicht. Es ist einfach so. Und es ist auch ein Wettstreit um politische Ziele und Ideen. Es kann auch förderlich sein, nämlich die eigene Position zu schärfen". (Interview Barbara König, 2015)

231 Der öffentliche Auftritt des Hauptgeschäftsführers vom Paritätischen Ulrich Schneider bei Maybrit Illner in der Sendung vom 28.05.2015 zum Thema „Viel Arbeit, wenig Geld – Wohlstand ausgeschlossen?" zeigte eindrucksvoll, wie groß der Flurschaden war/ist, den Cremer mit seinem Artikel hinterlassen hat. Cremers Meinungsartikel, auf den der Wirtschaftsforscher Michael Hüther während der Sendung Bezug nahm, ist Munition für all diejenigen, die die Deutungshoheit des Armutsdiskurses im Sinne von „Armut würde künstlich hochgerechnet" für sich beanspruchen.

Interessen und Werte einer Interessengruppe müssen jedoch auch immer unter Berücksichtigung ihrer Umwelt und somit im Kontext sich verändernder wohlfahrtsstaatlicher Strukturen interpretiert werden. Mit zunehmendem Wandel des Wohlfahrtsstaates und seiner Institutionen definieren Interessengruppen Verbandswerte und Interessen auch immer unter Einbeziehung einer zunehmenden „Vermarktlichung und Konsensualisierung" (Linden & Thaa, 2009, S. 10) schwacher Interessen. „Sie tun dies (…) in einem bereits vorgegebenen strukturellen Rahmen, der Optionen einschränkt oder auch erst eröffnet" (v. Winter, 2000, S. 524). Von diesen Implikationen kann sich auch ein Sozialanwalt schwacher Interessen nicht vollends frei machen. Die Gefahr einer „nicht-authentischen" Repräsentation ist jedoch allgegenwärtig, wie der „Meinungsartikel" des Generalsekretärs der Caritas verdeutlicht (vgl. v. Winter, 1997, S. 268; Liebel & Masing, 2013).[232]

So wichtig die Arbeit der Sozialverbände als Anwälte der Armen auch sein mag, die mit sehr viel ehren- und hauptamtlichem Engagement gegen zahlreiche Widerstände ankämpfen, so müssen sie sich auch der angedeuteten Kritik stellen. Häufig scheinen sich Sichtweisen und Forderungen einzelner hochrangiger Sozialverbandsvertreter den sozialinvestiven Kernideen bereits so weit angenähert und den systemischen Imperativen des Sozialinvestitionsstaates angepasst zu haben, dass den negativen Folgen des Wandels des Wohlfahrtsstaates ein Stück weit zugearbeitet wird (Rudolph, 2011, S. 99).

Das Paradoxe daran ist: All dies geschieht aus der Motivation und Überzeugung heraus, eine weitere Ökonomisierung des Sozialen und die einer sozialinvestiven Kindheit verhindern zu wollen. Das aktivierende und sozialinvestive Narrativ wird somit nicht nur durch politische Stakeholder, sondern auch durch zivilgesellschaftliche Akteure (re)produziert. Für Pierre Bourdieu wäre diese Vermutung nicht weiter verwunderlich. Er würde Interessengruppen in seiner eigenen Terminologie auch treffend als „Ausgeburten" ihres eigenen Feldes beschreiben, die der Logik ihrer zugehörigen Arena folgen (vgl. Bourdieu & Wacquant, 1996, S. 138).

Es ist daher erfreulich, dass es unter den sozialen Interessenvertretern auch „Leuchttürme" wie den Paritätischen gibt, der mit dem Armutsbericht (2016), ähnlich wie schon beim ersten Bericht von 1989, ein stärkeres „Powerplay" anstrebte und die Studie in Kooperation mit anderen sozialen Interessengruppen neu ausrichtete und umfangreicher ausgestaltete. Dies ist ein Schritt in die richtige Richtung, die Kapazitäten einzelner armutspoliti-

232 Thomas von Winter beschreibt ein Spannungsverhältnis der „Anwälte der Armen" zwischen der Anwaltsfunktion und eigenen Bestandsinteressen einer sozialverbandlichen Interessengruppe (v. Winter, 1997, S. 268).

scher Interessengruppen und Kollegialverbände zu bündeln und somit womöglich Synergieeffekte im Kampf gegen Armut zu nutzen.

Denn bisherige Versuche punktueller Zusammenschlüsse von Interessengruppen, um „schlagkräftigere" Allianzen gegen Armut zu schmieden, sind bis in die Gegenwart höchstens für ein interessiertes Fachpublikum öffentlich in Erscheinung getreten, wie die im Jahre 1991 gegründete Nationale Armutskonferenz (NAK) beispielhaft zeigt (vgl. v. Winter, 2000, S. 523).

> „Die NAK als Zusammenschluss ist ein völlig macht- und zahnloser Tiger. Nicht einmal ein Tiger. Aber auf jeden Fall macht- und zahnlos. Da steht überhaupt gar keine Druckmöglichkeit dahinter. Wenn, dann ein bisschen die Öffentlichkeit",

konstatiert Joachim Speicher, selbst ehemaliger Sprecher der Nationalen Armutskonferenz (2013–2015) (Interview Joachim Speicher, 2015). Was auch daran liegen mag, dass die NAK kaum mit den notwendigen materiellen und personellen Ressourcen ausgestattet wurde

> „und der Einfluß auf die innerverbandlichen Diskussionen, aber auch der Bekanntheitsgrad sowie die Öffentlichkeitswirkung der NAK relativ begrenzt [bleibt]. Infolgedessen (...) [ist] die Armutspolitik der NAK letztlich wirkungsloser als die der einzelnen Wohlfahrtsverbände". (Pabst, 1997, S. 59)

Die strategische Entscheidung der verantwortlichen Herausgeber des Armutsberichtes, von einer reinen Darstellung und Aneinanderreihung von Zahlen und Statistiken abzurücken und „Analysen und politische Kommentare zu jenen Gruppen von Menschen, die der Mikrozensus als besonders armutsgefährdet ausweist" (Schneider, 2016, Vorwort), in den Mittelpunkt zu stellen, steht dabei auch in einem klaren Zusammenhang mit den skizzierten sozialverbandlichen Professionalisierungstendenzen – und womöglich mit der durch andere Interessengruppen geäußerten Kritik.

Es ist anzunehmen, dass sich sozialanwaltliches Interessengruppenhandeln in Zeiten der Ökonomisierung des Sozialen und der Ökonomisierung sozialinvestiver Kindheit nicht ausschließlich „eklektizistisch-isolierter" Lobbyingstrategien bedienen kann (vgl. Lindner, 2012, S. 18; März & Pütz, 2015, S. 32). So unterstrich Christian Woltering im Expertengespräch, dass es für plurale (Dach-)Verbände sicher schwer sei eine gemeinsame Position zu finden. Vor allem für Verbände, die ein „Sammelbecken von verschiedenen Vorstellungen, Identifikationen und Philosophien" seien (vgl. Interview Marion von zur Gathen & Christian Woltering, 2015)

Der Armutsbericht, dem ursprünglich nach der Veröffentlichung des ersten Berichtes 1989 kein zweiter folgen sollte (vgl. Pabst, 1997, S. 60), kann als gutes Beispiel angeführt werden, dass unter großen Anstrengungen daran gearbeitet wird, dem Thema (Kinder-)Armut in der Öffentlichkeit nachhaltig Aufmerksamkeit Teil werden zu lassen. Diese Form der „Öffentlichkeitsarbeit" bietet genügend Freiräume für die öffentlichkeitswirksame Aufbereitung komplexer Sachfragen und kann somit als finanzielle und zeitlich effiziente Alternative zu persönlich geführten Gesprächen angesehen werden, die nach nur einmaliger Anfertigung zahlreiche Empfänger gleichzeitig erreichen kann (vgl. Sebaldt & Straßner, 2004, S. 171).

Dabei zeigt die internationale empirische Verbändeforschung im Bereich „schwacher Interessen" durchaus die bevorzugte Form dieser indirekten Einflussnahme wissenschaftlicher Stellungnahmen via öffentlicher Kanäle, wohingegen erwerbsbezogene Interessengruppen aufgrund ihres ungleich größeren Einflusspotentials zu direkteren Formen der Einflussnahme tendieren. Es lässt sich folgendes feststellen: Je geringer die verbandlichen Einflussmöglichkeiten auf politischer Ebene, desto größer und intensiver ist die Öffentlichkeitsarbeit eines Verbandes ausgestaltet (vgl. Hackenbroch, 2001, S. 7f.). Die nur geringfügig vorhandenen empirischen Studien aus Deutschland beschreiben ähnliche Befunde (vgl. Willems & v. Winter, 2007, S. 35f.; Wehrmann, 2007, S. 45f.).

Mit zunehmender Ausbreitung und Relevanz der Massenmedien für die politische Entscheidungsfindung rückte, angeführt durch das Positivimage des Armutsberichtes Anfang der neunziger Jahre, die massenmediale Verbändekommunikation in den Mittelpunkt der Betrachtung. Diese Form der Interessenvertretung zeigt sich vor allem in einer steigenden Professionalisierung und Intensivierung sozialverbandlicher Öffentlichkeitsarbeit. Dies ist insofern von großer Bedeutung, als das Ringen um die armutspolitische Deutungshoheit im öffentlichen Raum ausgetragen wird (vgl. Selke, 2015, S. 247). Dabei wird in der Verbändeforschung davon ausgegangen, dass die verbandliche Interessenvertretung in Zeiten der „Mediendemokratie" ohne „attraktive Leitbegriffe" kaum mehr adäquat in den politischen Prozess transformiert werden kann (vgl. Huber, 2009, S. 1).

Ein Schneeflockenthema – wie das der (Kinder-)Armut – öffentlich aufrechtzuerhalten, kostet allerdings viel Zeit und auch Ressourcen. Dies sind allesamt Kapazitäten, die Sozialverbände, im Gegensatz zu finanzstarken Interessengruppen im Wirtschafts- und Arbeitsbereich, nicht über einen langen Zeitraum entsprechend umfangreich aufzubringen im Stande sind. Denn aufgrund der Tendenz einer Marginalisierung armutsrelevanter Themen in der medialen und öffentlichen Armutsberichterstattung kann dieser von Seiten der Verbände laut Richard Stang (2008, S. 585) nur mit einer „Strategie der verstärkten Öffentlichkeitsarbeit" begegnet werden. Dies liegt vor allem auch an dem Umstand, dass auf dem Felde der armutspolitischen Interessenvertretung das Problem besteht, erst

„den Nachweis antreten zu müssen, daß die Bedürfnisse und Interessen, die gefordert werden sollen, überhaupt existieren. (...) Die Ansprüche dieser Gruppierungen lassen sich nämlich nur dann interessenpolitisch umsetzen, wenn ihre Versorgungsdefizite bekannt sind und die Öffentlichkeit in ihrer defizitären Lebenslage auch den Armutsbestand erfüllt sieht". (v. Winter, 1997, S. 275)

Wird dieses Szenario allerdings konsequent zu Ende gedacht, entsteht eine mediale Aufrüstungsspirale – quasi ein *„perpetuum mobile"* sozialverbandlicher Öffentlichkeitsstrategien, um in armutspolitischer Hinsicht nicht vollkommen einer medialen Unsichtbarkeit zu erliegen. Eine solche „Materialschlacht" können Sozialverbände aus heutiger Sicht langfristig nur verlieren, die versuchen, kindliche Interessen in den Prozess politischer und öffentlicher Aufmerksamkeit einzuspeisen, da sie über einen im Vergleich zu anderen Institutionen und finanzstarken Interessengruppen geringeren Etat der Öffentlichkeitsarbeit verfügen.

8.2 Überlegungen zur Repräsentation kindlicher Interessen

Im Zusammenwirken der drei identifizierten Faktorenkomplexe, die seit Mitte der Nullerjahre verstärkt zu beobachten sind, wurden aus empirischer Sicht die Schwierigkeiten dargestellt, mit denen sich eine sozialverbandliche Interessengruppe bei der Repräsentation kindlicher Interessen konfrontiert sieht. **Erstens** konnte die Konfliktträchtigkeit der Arena kindlicher Interessen aufgezeigt werden, die sich als komplexes Interessengefüge darstellt, **zweitens** die verstärkten Bemühungen um Professionalisierung des Interessengruppenhandelns als Antwort auf eine zunehmende Vermarktlichung und Ökonomisierung der Repräsentation schwacher Interessen und **drittens** der sich verschärfende Kampf um die armutspolitische Deutungshoheit bei der Frage, „was und wer als arm zu gelten habe".

Werden jetzt noch die voraussetzungsvoll erscheinenden interessentheoretischen Rahmenbedingungen einer Repräsentation der Bevölkerungsgruppe der (armen) Kinder mitberücksichtigt, zeigt sich das ganze Ausmaß der Metapher der Unsichtbarkeit.

„Grundsätzlich bedeutet Repräsentation, dass etwas Abwesendes zur Präsenz gebracht, etwas Unsichtbares sichtbar gemacht wird". (Göhler, 2007, S. 111)

Repräsentation stellt eine „Brückenfunktion" zwischen Repräsentierten und Repräsentanten her (vgl. Speth, 1997, S. 451). Doch gerade bei der Frage nach der Repräsentation von Kindheit in Armut besteht in der Politischen Soziologie und der Interessengruppenforschung ein blinder Fleck. Die Frage nach Beteiligungschancen, Partizipationsmöglichkeiten und der Zugangsgerechtigkeit von Kindern in das politische System stellt sich zumeist nicht.

Beschreiben von Winter und Willems den empirischen Forschungsstand nichterwerbsbezogener Interessen als einen „Flickenteppich, der unterschiedlich wertvolle Einzelteile, dicke und dünne Stellen (…) enthält" (v. Winter & Willems, 2000, S. 11f.), so stellt sich der Bereich des kindlichen Interessengruppenhandelns als Loch im Flickenwust schwacher Interessen dar. Kann es womöglich am Blickwinkel des Kindes als abhängiges Anhängsel des Erwachsenen liegen, der in dieser Arbeit immer wieder als ein Erklärungsmuster identifiziert wurde, wodurch sich arme Kinder im Bereich der Repräsentation schwacher Interessen einer ausgesprochenen Erwachsenenzentriertheit gegenübersehen?

Dieser Eindruck läge durchaus nah. Denn an anderer Stelle verweisen beide Autoren auf einen ausgesprochen vielfältigen Fundus zahlreicher Studien zu ressourcenschwachen Gruppen, die seit den 1980er Jahren und im Zuge der *advocacy explosion* viele Bereiche nichterwerbsbezogener Interessen abdecken (vertiefend Wolski-Prenger, 1989, 1992, 1993, 1996, 1997; Heinelt & Macke, 1986; Paasch, 1984; Gallas, 1994; Rein & Scherer, 1993).[233]

Auch im Bereich der Selbstorganisation und Interessenartikulation Erwerbsloser und Armer wurden infolge der sukzessiven Zunahme der Arbeitslosigkeit seit den 1970er Jahren und der neuen sozialen Bewegungen ab den 1980er Jahren zahlreiche Forschungsbemühungen unternommen (exempl. Kronauer/Vogel & Gerlach, 1993; Jahoda, 1983; Wolf, 1990 & 1991).

Und obwohl Deutschland zu den westlichen Gesellschaften mit dem höchsten Organisationsgrad gesellschaftlichen Engagements gehört, stellt sich die Frage nach der politischen Repräsentation von Kindheit in Armut meist nicht (vgl. Weßels, 2000, S. 7). Gerade Kinder aus vielfältigen Unterversorgungslagen, die sich ihre missliche Lage nicht selbst ausgesucht haben sollten im Sinne nachhaltiger Orientierung angemessen repräsentiert werden, da sie durch die Armut ihrer Eltern deren Lebenssituation teilen müssen und somit ebenfalls häufig am Rande der Gesellschaft stehen (vgl. Kamensky, 2000, S. 100).

Bereits Alexis de Tocqueville (1967) beschrieb in seiner Analyse der amerikanischen Demokratie, dass organisierte gesellschaftliche Interessen zum „sozialen Kapital" einer freiheitlich verfassten Gesellschaft gehören (vgl. Sternberger/Gablentz & Landshut, 1967, XXVIII; Sebald, 2004, S. 16; Zimmer & Speth, 2009). Für eine Demokratie, deren kollektive Selbstbestimmung als normativer Grundpfeiler erachtet werden kann, ist die Repräsentation

233 Literaturaufzählung zit. n. von Winter & Willems (2000, S. 12).

möglichst aller gesellschaftlicher Interessen für die Funktionsfähigkeit eines politischen Systems unerlässlich (sicher ein eher normativ-funktionalistisches Argument) (vgl. Sebaldt & Strassner, 2004, S. 15; v. Winter, 1999, S. 260).

Haben erwachsene Personen grundsätzlich die Möglichkeit sich zusammenzufinden und zu organisieren, um auf bestimmte Forderungen, gesellschaftliche Notlagen und Ungerechtigkeiten hinzuweisen, bleibt Kindern die Möglichkeit verwehrt, ihre Interessenlage an das politische System heranzutragen, zu artikulieren und entsprechend zu partizipieren.[234] Sie sind bereits rechtlich von einer Mitgliedschaft ausgeschlossen, da meist eine volle Geschäftsfähigkeit vorausgesetzt wird.[235] Ursprünglich als Schutzmaßnahmen für Kinder und Jugendliche eingeführt, haben sie hinsichtlich ihres Repräsentationsstatus desintegrative Folgen.

Im Vorwort des ersten vom Paritätischen und DGB publizierten gesamtdeutschen Armutsberichts hieß es daher auch: „Armut ist stumm, tabuisiert und wehrlos“ (Hanesch et al., 1994, S. 14). Dies macht sich vor allem dadurch bemerkbar, dass sich in Armut lebende Personen – insbesondere Kinder als eigene Bevölkerungsgruppe – nur schwach zu Wort melden können. Von daher muss die Interessenvertretung und Repräsentation dieser Bevölkerungsgruppe durch advokatorisches Interessengruppenhandeln gewährleistet werden. Die Bevölkerungsgruppe armer Kinder hat nur die Möglichkeit, darauf zu setzen und zu vertrauen, dass Advokaten („moralische Unternehmer“) ihre Interessenlage aufgreifen und in manifeste Interessen umwandeln (vgl. v. Winter, 1997, S. 125).

Diesbezüglich hat Manfred Liebel immer wieder auf einige Grundfragen der Kinderinteressenvertretung hingewiesen. Im Bereich der advokatorischen Interessenvertretung müssen Fragen nach den Akteuren, nach deren Zielen, über die Reichweite der Kinderinteressenvertretung und bezüglich der Handlungsebenen und institutionellen Kontexte gestellt werden (vgl. Liebel & Masing, 2013).

8.2.1 Kinderarmut im Spiegel sozialanwaltlicher Repräsentation

Ein zentrales Charakteristikum advokatorischen Interessengruppenhandelns zeigt sich in der Verwendung und Verteilung der erzeugten Kollektivgüter,

---

234 Ausnahmen stellen Partizipationsprojekte im kommunalpolitischen Raum dar. Beispielsweise durch Kinderparlamente, die sich allerdings lediglich als symbolische Politik darstellen. „Sie strahlen weder auf die nicht im Parlament vertretenen Kinder noch auf die Kommunalpolitik als Ganzes aus“ (Stork, 2007, S. 81).

235 Im Sinne des Bürgerlichen Gesetzbuches (BGB) sind Kinder bis zum vollendeten 7. Lebensjahr geschäftsunfähig und bis zum vollendeten 18. Lebensjahr beschränkt geschäftsfähig.

die vorrangig den repräsentierten Gruppen zugutekommen sollen (vgl. Prätorius, 1984, S. 88; s. a. Willems, 1998, S. 45f.). Zwar gehört der Gedanke, dass schwache Interessen auch durch andere Personen und Organisationen (Advokaten) als von den Betroffenen selbst repräsentiert werden können, in der Interessengruppenforschung seit Langem zum *state of the art*. Dabei sind „die Motive der Advokaten sowie die Mechanismen einer stellvertretenden Interessenrepräsentation (…) jedoch erst ansatzweise erforscht" (v. Winter & Willems, 2000, S. 12).

Innerhalb der angloamerikanischen Diskussion werden für den Erfolg advokatorischen Interessengruppenhandelns die besonderen Spezifika des kollektiven Handelns herangezogen. Maßgeblich sind demnach die Quantität und Qualität der „Ressourcenmobilisierung" sowie „Einflussgewinnung", wodurch die advokatorische Repräsentation der exogenen Bevölkerungsgruppe der (armen) Kinder als Sonderfall oder spezifischer Typus des kollektiven Handelns endogener Gruppen[236] besprochen wird. In Deutschland zeichnen vor allem Großorganisationen (Wohlfahrts- und Sozialverbände) für die advokatorische Repräsentation kindlicher Interessen verantwortlich. Im deutschen Wissenschaftsdiskurs stehen daher primär „Fragen nach den Motiven advokatorischer Organisationen sowie nach der Art und Weise der Rezeption und Verarbeitung von Interessen randständiger Gruppierungen" im Mittelpunkt (ebd., S. 24).

Stellten von Winter und Willems im Bereich der schwachen Interessen eine deutliche Zunahme der Organisations- und Mobilisierungsmuster fest, so wird von anderen Autoren ebenfalls eine zunehmende Stärkung advokatorischer Interessenvertretung durch philanthropische Eliten beobachtet (vgl. Sebaldt, 2004, S. 13f.). Für die zur Selbstorganisation unfähigen Klientelen einiger Gruppeninteressen mag dies zutreffen. Es zeigt sich jedoch im wei-

236 Dies mag erst einmal verwundern, wird allerdings im weiteren Verlauf erläutert.
Zur Erinnerung exogener und endogener Gruppen siehe genauer Kap. 4.4. Eine Unterscheidung zwischen exogenen und endogenen Gruppen verdeutlicht die Abhängigkeit einer Gruppe von ihren gruppenspezifischen Eigenschaften. Erstere sind von soziodemografischen Merkmalen abhängig, wobei sich letztere durch die gemeinsame Überzeugungskraft einem Interesse gegenüber beschreiben lassen. Übertragen auf den Themenkomplex schwacher Interessen zeigt sich, dass exogene Gruppen auf keinen Erwerbsstatus zurückzuführen sind und demnach durch ihren sozialen Status (als Randgruppe) einerseits und hinsichtlich demographischer Merkmale bestimmter Bevölkerungsgruppen (Kinder, Frauen) andererseits zu unterscheiden sind. Die Bevölkerungsgruppe der Armen weist diesbezüglich ein zweifaches Benachteiligungsproblem auf. Für sie gelten nachweislich hohe Defizite im Verteilungssystem (im)materieller Lebenschancen und Ressourcen. Ihnen fehlt nicht nur die finanzielle Ausstattung, um sich kollektiv zu organisieren, sondern auch motivationale Ressourcen, da ihnen eine gemeinsame Gruppenidentität und Interessenbewusstsein nicht bekannt sind.

teren Verlauf, dass für die gesellschaftlich und politisch marginalisierten Interessen von Kindheit in Armut noch andere Voraussetzungen ihrer Interessenrepräsentation maßgeblich erscheinen.

Denn die Bevölkerungsgruppe der (armen) Kinder hat aufgrund ihres gesellschaftlichen und verfassungsstaatlichen Staatsbürgerstatus keinerlei Organisations-, Mobilisierungs-, Konflikt- und Durchsetzungsfähigkeit, weshalb sie auf endogene Gruppen zur Interessenrepräsentation angewiesen ist.

Nun sind die Voraussetzungen aufgrund des endogenen Status kindlicher Interessen nach der Literaturlage erst einmal positiv zu bewerten. Denn endogene Gruppen verfügen meist über die nötigen Ressourcen, die für eine erfolgreiche Organisation, Durchsetzung und Responsivität ihrer Interessen vorausgesetzt werden und haben somit grundsätzlich Chancen zur politischen Wahrnehmung und Umsetzung (vgl. v. Winter & Willems, 2000, S. 15).

Das wird an der gestiegenen Zahl von Interessengruppen deutlich, die kindliche Interessen als Teilmenge familienpolitischer Interessen vertreten. Dieser erst einmal als positiv zu bewertende Umstand erscheint jedoch problematisch, wenn davon automatisch auf eine gewachsene Organisationsfähigkeit der Interessen von Kindheit in Armut geschlossen wird (vgl. Sebaldt, 1997, S. 165). Allein die öffentliche Liste über die im Bundestag registrierten Interessengruppen (Lobbyliste) weist im Bereich derjenigen Interessengruppen, die (wenn teils auch nur als Schnittmenge) kindliche Interessen vertreten, eine wachsende Anzahl auf und ist mit mittlerweile dutzenden Registrierungen repräsentiert.

Wenn man sich vergegenwärtigt, dass im Lobbyregister ausschließlich überregionale Interessengruppen aufgenommen werden, die somit überhaupt erst die Möglichkeit bekommen, an parlamentarischen Anhörungen teilzunehmen, so zeigt sich, wie viele unterschiedliche Interessen im Bereich der kindlichen Interessenvertretung allein im Bundestag ihre Daseinsberechtigung entfalten wollen, was letztlich eine „Vervielfältigung politischer Beteiligungsansprüche“[237] zur Folge hat (v. Winter & Willems, 2009, S. 12). Dabei spiegelt die Einladung zu einer Anhörung gleichzeitig auch das politische Gewicht und Ansehen einer Interessengruppe wider (vgl. v. Beyme, 1997, S. 213; Sebaldt, 2002, S. 291; v. Winter & v. Blumenthal, 2014, S. 8). Daneben existieren noch hunderte Stiftungen sowie lokale- und regionale Vereinigungen, die sich um die Belange von Kindern kümmern.

Auf der Ebene des Interessengruppenhandelns kann jedoch trotz der „Vervielfältigung politischer Beteiligungsansprüche“ ein defizitäres Bild zur Repräsentation von Kindheit in Armut gezeichnet werden. Bereits hier zeigt

237 Siehe auch die in der Arbeitsgemeinschaft für Familienorganisationen (AGF) erfassten familienpolitischen Verbände.

sich der Ausschluss kindlicher Interessen, „die allgemein und nicht an Statusgruppen gebunden sind; die konfliktunfähig, weil [Kinder als „marktpassive" Gruppe] ohne funktionelle Bedeutung für den Verwertungsprozess von Kapital und Arbeitskraft sind"[238] (Offe, 2003, S. 24 (erstmals 1969); s. a. vgl. Reutter & Rütters, 2007, S. 122; Linden & Thaa, 2009).

Der Aspekt der Exklusion aus dem Leistungsverwertungsprozess, der sich in einer schwachen Konfliktfähigkeit ausdrückt, erscheint neben der mangelnden Organisationsfähigkeit als weiterer Hinweis, dass gerade die Interessen der Bevölkerungsgruppe (armer) Kinder zu den am schwächsten repräsentierten zu zählen sind. Denn

> „diejenigen, die nur am Rand oder gar außerhalb des Erwerbslebens stehen, sind mit verminderter Durchsetzungskraft ausgestattet. Anders als Arbeitgeber und Gewerkschaften können daher Behinderte, Kinder, Hausfrauen und eben auch alte Menschen kaum überzeugend mit der Verweigerung solcher Leistungen drohen. Ihre Bedürfnisse werden deshalb im politischen Prozeß nicht ausreichend beachtet; sie bleiben hinter anderen Lebensbereichen zurück". (Schölkopf, 2000, S. 115)

Die exogene Bevölkerungsgruppe der armen Kinder ist somit auf die Artikulations-, Organisations-, Konflikt- und Durchsetzungsfähigkeit der endogenen Gruppe von verbandlich organisierten Advokaten angewiesen, die sich die Repräsentation von Kindheit in Armut zur Aufgabe gemacht haben, wobei ein „permanenter Transfer von außen [erforderlich ist], um die Bestands- und Handlungsfähigkeit solcher Organisationen dauerhaft zu sichern" (Reutters & Rütters, 2007, S. 132).

Kindliche Interessen gehören somit zu den endogen repräsentierten Interessen. Dies mag angesichts der im Theorieteil beschriebenen Einteilung in endogene und exogene Gruppen verwundern. Denn die Gruppe armer Kinder wird aufgrund ihres nicht vorhandenen Erwerbstatus und ihrer spezifischen Sozialmerkmale als exogene Gruppe klassifiziert. Dies zu verdeutlichen erweist sich exemplarisch an folgendem Beispiel: Die circa 50.000 Einzelmitglieder des Deutschen Kinderschutzbundes (Stand: Juli 2015) gehören in der Mehrzahl nicht zu der exogenen Gruppe, die sie zu repräsentieren gedenken.[239] Sie sind in ihrer Mehrzahl weder die Bevölkerungsgruppe

---

238 Obwohl Offe natürlich nicht von der Bevölkerungsgruppe der Kinder ausging, kann sein Zitat, das auf erwerbsunfähige Gruppen bezogen war, ebenfalls auf die Gruppe der (armen) Kinder übertragen werden.

239 Grundsätzlich wurde bereits zu Beginn der Bewegungs- und Partizipationsforschung der 1970er und 1980er Jahre nachgewiesen, dass sich die Beteiligung (ob in Parteien, Großorganisationen, Verbänden) durch eine hohe Bildungs- und Einkommensungleichheit auszeichnet (vgl. Klatt, 2012, S. 7).

der armen Kinder noch sind die meisten Mitglieder selbst als randständige (arme) Bevölkerungsgruppe zu bestimmen.[240]

Paul Nolte beschrieb daher auch den Typus freiwilligen Engagements als historisch grundsätzliches „Projekt der Mittelklassen", vornehmlich der „postbildungsbürgerlichen Mittelklasse" (2004, S. 322), da sie über die notwendige finanzielle Ausstattung verfügen, sich zu organisieren und die motivationalen Voraussetzungen mitbringen sich für andere Gruppen einzusetzen. Demzufolge haben wir es bei der Repräsentation armer Kinder mit einer hybriden Form der *public interest groups* zu tun[241]; nämlich mit einer advokatorisch repräsentierten Gruppierung.

Diese Feststellung ist insofern wesentlich, als die Qualität advokatorischer Repräsentation voraussetzungsreich erscheint, da die Interessen der Mitglieder als nichtrepräsentierte Bevölkerungsgruppe grundsätzlich in einem Spannungsverhältnis zu der zu repräsentierenden Gruppe stehen und am multifunktionalen Charakter der meisten Interessengruppen deutlich wird. Denn Interessengruppen übernehmen unterschiedlich stark akzentuiert eine assoziative, interessenpolitische und betriebswirtschaftliche Funktion. Die assoziative Funktion meint den freiwilligen Zusammenschluss von Bürgern, um gemeinsam gesellschaftliche Anliegen zu gestalten (Sozialintegration). Interessenpolitisch wiederum vertreten Interessengruppen einerseits die Interessen ihrer Mitglieder und andererseits die ihrer identifizierten Zielgruppe (Interessenvertretung). Und zu guter Letzt werden in den Einrichtungen der jeweiligen Interessengruppe soziale Dienstleistungen erbracht, die nach betriebswirtschaftlichen Erwägungen umgesetzt werden und im Kontext der Ökonomisierung des Sozialen durchaus Gefahren zeitigen, da sich verstärkt an marktrelevanten Kriterien orientiert werden muss

---

240 Siehe zur Vertiefung bspw. die Studie von Johanna Klatt und Franz Walter „Entbehrliche der Bürgergesellschaft? Sozial Benachteiligte und Engagement" (vgl. Klatt & Walter, 2011). Die Feststellung, dass moralische Forderungen vor allem von einkommensprivilegierteren Bevölkerungsgruppen unterstützt werden, bedeutet im Umkehrschluss nicht, dass einkommensschwache und randständige Gruppen diese Forderungen nicht teilen würden. Hier kann wieder auf die Ergebnisse der Studie „Sozial Benachteiligte und Engagement" verwiesen werden. Erschwerend kommt hinzu, dass die Mitglieder- und Werbestrategien der advokatorischen Interessengruppen auf diesen Effekt verstärkend hinwirken, indem sie gerade versuchen, beitragsstarke Mitglieder anzuwerben (vgl. Willems, 2000, S. 67).

241 „Public Interest Groups zeichnen sich dadurch aus, dass sie das Allgemeinwohl im Auge haben und Interessen vertreten, die nicht ausschließlich den Mitgliedern der Gruppe oder ihrer besonderen Klientel zugute kommen" (Speth, 2005, S. 209). Irene Gerlach verwies darauf, dass bspw. mit der „massiven Abnahme von Geburten" der Charakter von Kinder- und Familieninteressen ein anderer geworden ist. Ihrer Meinung nach können solcherlei Interessen nicht mehr als Allgemeininteressen eingeordnet werden. Vielmehr wiesen sie einen „Charakter von Sonderinteressen" auf (vgl. Gerlach, 2009, S. 98).

(Dienstleistungserstellung) (vgl. Backhaus-Maul et al., 2015, S. 583ff.; Zimmer & Speth, 2009, S. 270f.; Zimmer & Paulsen, 2010, S. 41).

So gab es bspw. im Vorfeld um die Frage nach einer eigenen Armutsberichterstattung durch den Paritätischen innerverbandlich eine „heftig" geführte Debatte zwischen Vertretern, die den Dachverband in seiner sozialanwaltlichen Funktion stärker ausgerichtet sehen wollten und Akteuren, die den Verband eher als betriebswirtschaftlich organisierten Dienstleistungsverband verstanden (vgl. Pabst, 1997, S. 53). Auch in anderen Interessengruppen muss sich die Verbandsleitung immer wieder den kritischen Diskussionen hinsichtlich der Ausrichtung ihres anwaltlichen Lobbyings für Kinder stellen. So vielfältig und befruchtend eine heterogene und bunte Mitgliederstruktur eines (Dach-)Verbandes auch sein mag, hat dies hinderliche Folgen für ein professionell armutspolitisches Lobbying.

So wird innerhalb der beschriebenen assoziativen, interessenpolitischen und betriebswirtschaftlichen Funktion ein Spannungsverhältnis deutlich. Denn in der Außenperspektive muss eine Interessengruppe nicht nur divergierende Interessen innerhalb der sozial- und familienpolitischen Arena berücksichtigen, sondern in der Binnenperspektive auch die unterschiedlichen Interessen der eigenen Interessengruppe in komplexen Aushandlungsprozessen miteinander in Einklang bringen (vgl. ebd.). Die Gefahren einer „Instrumentalisierung der Betroffeneninteressen" müssen somit grundsätzlich immer berücksichtigt werden (vgl. v. Winter, 1997, S. 268; Liebel & Masing, 2013).

Darüber hinaus muss Repräsentation aus einer soziologischen Perspektive auch immer aus einer Machtbeziehung heraus gedacht werden:

> „Der Repräsentant gewinnt Macht über die Gruppe, indem er die Gruppe repräsentiert. Er wird zu deren Stimme und kann damit die Identität [und auch die Interessen und Anliegen] der Gruppe formen". (Speth, 1997, S. 472)

Denn „nichts ist unzutreffender, als die immer wieder gehörte Aussage, die Kinder hätten keine Lobby, keine Anwälte. Sie haben Anwälte und eine Lobby – aber auch diese haben ihre Interessen und Anliegen (…)" (Bühler-Niederberger, 2003, S. 206).

8.2.2 Das Verhältnis von Interesse und Moral

Ein weiterer Aspekt wird im Verhältnis von Interesse und Moral deutlich, da die Motivation einer advokatorischen Repräsentation allenfalls aus einer moralischen Befriedigung der Nutzenmaximierung gegenüber Dritten (in dem Fall armer Kinder) gezogen werden kann (vgl. v. Winter & Willems, 2000, S. 16)[242]

Eine Unterscheidung zwischen „Interesse“ und „Moral“ ist dabei insofern zentral und aufschlussreich, als das sich die Repräsentation moralischer Interessen einer Reihe von Schwierigkeiten gegenübersieht (vgl. Willems, 2000, S. 66f.). Denn im Gegensatz zu „Interessen“ werden „moralischen Forderungen“ geringere Chancen der individuellen und kollektiven Handlungswirksamkeit im politischen System zugesprochen.

> „Interesse als kalkulierende und selbstbezogene Handlungsorientierung kann demnach definiert werden als das Bestreben, die eigene Position in einer gegebenen sozialen Struktur (materiell oder mit Blick auf Macht, Reputation, etc.) zu verbessern oder Verschlechterungen abzuwehren“. (Willems, 2003, S. 70; s. a. Willems, 1998, S. 21; v. Winter, 1992, S. 404ff.)

Moral wiederum kann definiert werden „als das an Prinzipien orientierte Bestreben, Interessen anderer zu wahren, zu berücksichtigen oder ihnen Geltung zu verschaffen“ (Willems, 2003, S. 70).

Ulrich Willems wies in dieser Debatte darauf hin, dass advokatorische Interessen „interessenfrei“ sind, da „die Vertretung solcher Forderungen (…) ihren Fürsprechern keine selektiven materiellen Vorteile verschafft“, obwohl auch sie ein Kollektivgut anstreben (Willems, 1998, S. 45f.; s. a. Greven, 1995 & 2000, S. 64; v. Winter, 2000, S. 525). Die advokatorische Repräsentation armer Kinder im verteilungspolitischen Gefüge orientiert sich nach Willems Lesart an der „Zustimmung bzw. Anerkennung aller fordernde[n] politische[n] Lösung[en] von Problemen dieser Gruppe(n)“, die demnach als **„moralische Forderungen“** begriffen werden müssen (Willems, 1998, S. 45).

Um der analytischen Differenz zwischen Interesse und Moral gerecht zu werden, schlägt Ulrich Willems nun vor, den Interessenbegriff als „*Terminus technicus*“ ausschließlich auf die Forderungen anzuwenden, „die auf die Verbesserung der eigenen, durchaus nicht nur materiellen Position in einer gesellschaftlichen Struktur zielen und dies mit rationalen Mitteln zu erreichen trachten“ (Willems, 2000, S. 66). Für alle anderen Forderungen, die unter kein Kriterium selektiver und materieller Vorteilsnahme fallen, bietet sich der Typus der moralischen Forderung an, da sie der Vermutung folgen, „daß es wohl weniger individuelle Interessen als vielmehr – auch wenn sich beim gegenwärtigen Stand des Wissens über die Motive nur spekulieren läßt –

242 Natürlich können auch allgemeine Interessen einen advokatorischen Charakter aufweisen, da sie in bestimmten Fällen an ethisch-moralische Prinzipien gekoppelt sein kann.

Mitleid, Altruismus, politische oder ethisch-moralische Prinzipien sind, die ihre Unterstützung motivieren" (ebd.).

Im Vergleich zum Interesse stellt die Moral allenfalls einen sozialen Mechanismus zur Artikulation von bestimmten Interessen dar, wodurch die Selbstbindung der Advokaten moralischer Forderungen stark variieren kann (vgl. Willems, 1998, S. 38).[243] Daraus folgt ein bunter Mix verschiedener Mitgliedertypen einer Interessengruppe. Dies führt wiederum zu erschwerten Voraussetzungen hinsichtlich Rekrutierung und Bindung von Mitgliedern und kann ein divergierendes Meinungsspektrum widersprüchlicher Interessenlagen innerhalb einer Interessengruppe zur Folge haben (vgl. Greven, 2000, S. 68f.). Empirisch lässt sich das sehr deutlich an der Interessendisparität innerhalb eines sozialpolitischen (Dach-)Verbandes erkennen. Trotzdem unterliegen auch moralische Forderungen den gleichen Artikulationsmechanismen im politischen Prozess wie partikulare Interessen.[244] Dieser Umstand resultiert aus einer politiktheoretischen Konzeption der politischen Gesellschaft, mit der vier Modernisierungsprozesse im Zusammenhang stehen:

Erstens die Entwicklung eines modernen Wohlfahrtsstaates – dabei produzieren die „regulativen, distributiven, redistributiven und sozialregulativen" Einwirkungen des Wohlfahrtsstaates neben den bestehenden Interessen in der Gesellschaft wiederum selbst neue Interessen (vgl. Willems, 1998, S. 105).

Zweitens eine Politisierung der Gesellschaft in allen Lebensbereichen – diese wurde durch eine Etablierung wohlfahrtsstaatlicher Regelungssysteme ermöglicht.

---

243 Eine ausführliche Beweisführung kann und soll diese Arbeit nicht leisten. Siehe hierzu Ulrich Willems, 1998 (hier vor allem S. 38 bis 48). Willems beruft sich bei seiner Beweisführung auf eine Arbeit von Ota Šik, der bereits 1972 in „Der dritte Weg" auf die moralische und politische Interessenreflexion einging.

244 Hierzu stellt Willems nach seiner Schrift „Entwicklung, Interesse, Moral" (1998) in einem späteren Beitrag mit dem Abschnitt zur Frage nach der Moral im politischen Prozess fest, dass moralische Forderungen untereinander sowie in Abgrenzung zu Interessen „durch ein Moment der Partikularität gekennzeichnet" sind (Willems, 2003, S. 72). Für den politischen Prozess folgt daraus, dass Moral wie ein „besonderes Interesse" oder als „partikulare Forderung" behandelt wird und „mittels Macht und Kompromiss" durchgesetzt werden sollte (ebd.). Allerdings stellt sich dies für den Bereich schwacher Interessen als schwierig dar. Einerseits sollte es diesbezüglichen Interessengruppen schwer fallen, als „intermediäre Organisation" zwischen Gesellschaft und politischen System fungierend moralische Forderungen gleichwertig wie „besondere Interessen" zu artikulieren und diese innerhalb des politischen Systems mit Compliance auszustatten, damit sie auf der Agenda politischen Handelns erscheinen. Andererseits ist für Interessengruppen die Ressource der „Macht" ein sehr knappes Gut.

Drittens eine vor dem Hintergrund der kapitalistischen Ökonomie etablierte Rationalisierung des Interessengruppenhandelns, wodurch „Handeln aus Interesse", also ein rationaler und selbstbezogener Handlungsmodus, zum vorherrschenden Handlungstyp bürgerlicher Gesellschaften avanciert.

Und **viertens** der Prozess einer zunehmenden Säkularisierung, in dem sich bestimmte Konfliktlinien zunehmend auflösten (bspw. Staat und Kirche) (vgl. ebd., S. 64ff.).

Alle vier Modernisierungsprozesse befördern in der Moderne

> „ein[en] Prozeß der Neutralisierung (...); zum Opfer fallen ihm zunächst die Theologie, später die Metaphysik, schließlich – heute aber längst besiegelt – sogar die Moral. Gegen letztere indifferent geworden, gilt die moderne Politik [und mit ihr auch das Interessengruppenhandeln] als moralisch neutral, als [weitestgehend] entmoralisiert". (Höffe, 1991, S. 302)[245]

Ein weiteres bereits kurz skizziertes Problem moralischer Forderungen liegt in der schwierigen Identifizierung potentieller Mitglieder, denn potentielle Unterstützer lassen sich nicht durch sozioökonomische oder soziodemografische Merkmale bestimmen. Aus diesen Schwierigkeiten erwächst letztlich auch ein mangelhaftes Drohpotential. Für Michael Greven ist diesbezüglich eine Homogenität potentieller Advokaten

> „weder in der Hinsicht zu erwarten, daß sie eine spezielle Funktion im System gesellschaftlicher Arbeitsteilung ausüben, deren Blockierung angedroht werden könnte, noch dahingehend, daß aufgrund gemeinsamer und bedeutsamer Interessenlagen wahlpolitisch ein größeres Kontingent an Wähler- und Wählerinnenstimmen in die Waagschale parteipolitischer Kalkulationen geworfen werden könnte". (Greven, 2000, S. 69)

Somit hat die advokatorische Interessenvertretung armer Kinder kaum hinreichendes Sanktions- und Drohpotential. Sie sind nicht in der Lage, systemrelevante Leistungen zu verweigern. Wie schon in den anderen Abschnitten deutlich wurde, besteht der „moralische" Nutzen der Bevölkerungsgruppe der Kinder allenfalls in der Zukunft, als Erwerbsbürger. So sind wohlfahrtspolitische Maßnahmen unter Berücksichtigung der Nachhaltigkeit auf die Zukunft gerichtet und blenden gegenwärtige Interessen weitestgehend aus, was eine Repräsentation von Kindheit in Armut im Hier und Jetzt er-

---

245 Dies klingt so, als hätte es in der Politik zu einem anderen Zeitpunkt irgendwo und irgendwie Moral gegeben. Höffe (1991, S. 302) betont indes auch, dass in der Politik durchaus Interessen und Werte mit moralischer Dignität bestehen. Man denke bspw. an die „Allgemeine Erklärung der Menschenrechte", oder die der Kinderrechtskonvention. Die praktische Umsetzung hingegen steht wieder auf einem anderen Blatt Papier.

heblich erschwert. Darüber hinaus stellt sich die Zukunft „in Verhandlungspositionen als der am leichtesten ausgrenzbare Akteur dar" (Gerlach, 2009, S. 107).

Die Durchsetzung moralischer Forderungen erscheint laut Greven gering, „weil die meisten dieser Politikarenen durch institutionelle und prozessuale Konflikt- und Verhandlungsmuster zwischen etablierten Akteuren mit der Tendenz zur sozialen Schließung strukturiert sind" (Greven, 2000, S. 69).

Somit ist eine Schlussfolgerung, die sich aus den vier Modernisierungsprozessen ergibt, dass „moralische Forderungen" im Vergleich zu „Interessen" eine subalterne Rolle einnehmen.

Während an anderer Stelle bereits auf die Offe'schen Kriterien der Organisations- und Konfliktfähigkeit (vgl. Kap. 4.4) eines Interesses eingegangen wurde, erachtet Frank Nullmeier die argumentative Darstellung schwacher Interessen in der Öffentlichkeit als einen Schlüsselfaktor für deren Wahrnehmung und Durchsetzbarkeit, wodurch argumentative Strategien zu essentiellen Erfolgsfaktoren avancieren. Und obwohl Nullmeier eine Verbesserung und Professionalisierung der „Produktion und Verbreitung von Argumentationen" advokatorisch repräsentierter Interessen konstatiert, müsse diese Entwicklung aufgrund einer immer weiter zunehmenden „Reökonomisierung des öffentlichen Diskurses" relativiert werden, da sie sich auf einige wenige durchökonomisierte Argumentationsmuster reduziere. Dementsprechend können argumentative Rechtfertigungsstrategien nur so stark bzw. schwach sein, wie es um die Organisations- und Konfliktfähigkeit der moralischen Forderung bestellt ist (vgl. Nullmeier, 2000, S. 95; s. a. Clement et al. 2010, S. 14).

Neben der Organisations- und Konfliktfähigkeit muss allerdings auch nach der qualitativen Ausgestaltung der Argumentations- und Rechtfertigungsfähigkeit[246] moralischer Forderungen gefragt werden, worauf Nullmeier (vgl. 2000) bereits in früheren Beiträgen hinwies. Zwei mögliche Strategien können an dieser Stelle genannt werden:

Die erste versucht eine Forderung so umzuformulieren (Framing)[247], dass sie die Interessen der um Zustimmung ersuchten Akteure betrifft. Im Bereich der Familienpolitik findet sich dies in Schlagwörtern wie „nachhaltige Familienpolitik ist Wachstumspolitik" wieder, wodurch politische und zivil-

246 Die Argumentations- und Rechtfertigungsfähigkeit bezieht Nullmeier auf die symbolisch-sprachliche Ebene (vgl. Nullmeier, 2000).

247 Hier ein Beispiel zum Framing: Als Jürgen Habermas im Jahre 2001 die Verleihung des Friedenspreises des deutschen Buchhandelns verliehen bekam, forderte er in seiner Dankesrede die Kirche auf, ihre religiösen Überzeugungen in eine säkulare Sprache zu übersetzen und umzuformulieren, um sich somit Gehör zu verschaffen (vgl. Horster, 2011, S. 29).

gesellschaftliche Akteure in Form einer breiten Bündnispartnerschaft aus Wissenschaft und Zivilgesellschaft gewonnen wurden. Im Gegensatz zur Durchsetzung von Hartz IV, schaffte es das Leitbild einer nachhaltigen Familienpolitik ein zukunftsgerichtetes familienpolitisches Narrativ zwischen Zivilgesellschaft und Sozialpartnern zu etablieren.

Eine zweite Strategie ist der Verweis auf allgemein geteilte und für alle geltende Normen und Werte. Von einem Konsens gemeinsamer Normen und Werte (moralische Begründungen) ist allerdings kaum auszugehen, da auf der Ebene konkreter Lösungsvorschläge und Handlungsprogramme „interessen- und wertmäßige Differenzen zu Tage treten" (Greven, 2000, S. 73), angesichts deren es „unmöglich" erscheint, genügend Macht- und Einflussressourcen für eine kindzentrierte multidimensionale (Kinder-)Armutspolitik im politischen Umsetzungsprozess geltend zu machen (vgl. Gerlach, 2009, S. 105f.).

In diesen vorangestellten Überlegungen wird Moral allenfalls als Kit gemeinsamer Interessen betrachtet. Im Kontext dieser (polit)ökonomischen Argumentation umgibt die Moral als sozialer Mechanismus jedoch eine systematische Begrenzung. Sie besitzt nur so lange Gültigkeit, wie auch das zu vertretende Interesse reicht (vgl. Willems, 1998, S. 38).

In der bisherigen Analyse konnten daher auch alle Zugangspunkte eine Unsichtbarkeit von Kindheit in Armut dekonstruieren, die als neoliberale Landnahme aller gesellschaftlichen Lebensbereiche in Erscheinung tritt, unvermeidlich zu einer Ökonomisierung sozialinvestiver Kindheit führen muss und negative Auswirkungen auf deren Interessengruppenhandeln zeitigt. Das Wirtschafts-, Kapital- und Erwerbssystem (Markt) bildet dabei für den Wohlfahrtsstaat den zentralen „Fluchtpunkt" einer politischen Repräsentation von Kindheit in Armut, wodurch der produktive Wert der Bevölkerungsgruppe der (armen) Kinder ausschließlich als spätere Erwerbsbürger bemessen wird und die Repräsentation ihrer Interessen in der Gegenwart faktisch ausblendet, was zur Folge hat, dass advokatorisches Interessengruppenhandeln kaum im Stande ist genügend Macht- und Einflusspotentiale geltend zu machen.

Werden diese Schlussfolgerungen auf die Repräsentation von Kindheit und Armut übertragen, so zeigt sich, dass im Bereich moralischer Forderungen nur solche allgemeinen Interessen von Gruppen erfolgreich ausgedrückt werden können, die auch die ökonomischen Verhältnisse und von der Bevölkerung geteilten sozialstaatlichen Vorstellungen widerspiegeln. Eine aktuelle Studie der Friedrich-Ebert-Stiftung zu den Einstellungen wohlfahrtsstaatlicher Reformpolitik macht im Bereich redistributiver Verteilung von Sozialtransfers deutlich, dass die Einstellung der Bevölkerung derzeit keine Hinweise wohlfahrtsstaatlichen Handelns gibt, die Bereiche Kindergeld, Arbeitslosengeld und Hartz IV finanziell besser auszustatten, was die Forderungen nach einer stärkeren Sozialtransferpolitik im Bereich materiell benachteiligter Bevölkerungsgruppen von Seiten advokatorischen Interessengruppenhandelns nochmals erschwert (vgl. Heinrich/Jochem & Siegel, 2016, S. 23ff.).[248]

Demnach ist es von den ökonomischen Verhältnissen abhängig, welche Interessen von der Gesellschaft als notwendig und nicht störende Interessen erachtet „und welche Interessendurchsetzungen als gemeinschaftsgefährdend oder asozial verstanden werden" (Šik, 1977, S. 121). Dies liegt vor allem darin begründet, dass Moral als knappes Gut angesehen wird, wodurch mit steigenden Opportunitätskosten moralisches Handeln sinkt. Von hohen Opportunitätskosten muss hingegen ausgegangen werden, da „andere Akteure das moralische Handeln Einzelner ausbeuten und übermäßige Vorteile erlangen können, während moralisch handelnde Akteure möglicherweise sogar Verluste erleiden" (Willems, 1998, S. 40).

Daneben entscheidet auch „der soziale Kontext darüber, welche moralischen Argumente erfolgreich vorgebracht werden können und damit individuelles Handeln beeinflussen" (Schröder, 2011, S. 212f.) – wie der Kampf um die armutspolitische Deutungshoheit verdeutlicht.

Daher sind jegliche Versuche, die Verteilung (im)materieller Leistungen zu verbessern, die als ein ökonomisch abweichendes Interesse wahrgenommen werden, aus dem Blickwinkel moralischer Forderungen zum Scheitern verurteilt. Für die praktische Umsetzung sozialverbandlichen Interessengruppenhandelns bedeutet die analytische Differenz zwischen Interesse und Moral, dass letztere nur sehr schwer gesamtgesellschaftliche Wirksamkeit entfalten kann (vgl. Willems, 1998, S. 40).

In diesem Zusammenhang konnte Doris Bühler-Niederberger in einer Arbeit die Rechenregeln über den ökonomischen Wert (Zukunftsnutzen) und die emotionalen Anforderungen an das Kind in der öffentlich geführten Debatte am Beispiel des Trümmerfrauenurteils (1992) herausarbeiten. Demnach stünden den Kindern und Eltern zwar eine finanzielle Aufwertung zu, dessen ungeachtet konnten sich die politischen und zivilgesellschaftlichen Akteure auf keine gemeinsame Rhetorik verständigen. Mit dem Verweis auf den emotionalen Wert des Kindes konnte der politische Diskurs mit einem moralisch-emotionalen Impetus über den Wert und den Interessen des (armen) Kindes gesteuert werden (vgl. Bühler Niederberger, 2003).[249] Ota Šik beschrieb bereits 1977 (erstmals 1972) pointiert und auf die-

248 Große Mehrheiten findet man hingegen im Bereich des Ausbaus der Betreuungs- und Infrastruktur, die damit durchaus in Kontinuität zu den herausgearbeiteten Scholarisierungs- und Defamilialisierungstendenzen zu interpretieren sind (vgl. speziell Kap. 5.4 & 7.2).

249 Hier ein weiteres Beispiel durch Wolfgang Schäuble hinsichtlich der Ablehnung weiterer Transfererhöhungen: „Wir sollten über Familie und Kinder nicht nur unter ökonomischen Aspekten sprechen. Geld ist wichtig. (…) Aber Geld allein ist nicht alles. Wir hören

sen Komplex übertragbar, dass „der Appell an die „gesellschaftliche Moral“ (...) noch weiterhin als das Mittel angesehen [wird], durch das unerwünschte[n] Interessen (...)“ ihre Legitimationsgrundlage entzogen wird (ebd., S. 118).

Die Bevölkerungsgruppe der Kinder im Allgemeinen und die der armen Kinder im Besonderen sind somit innerhalb des Interessengruppenhandelns benachteiligt. Denn im Unterschied zu anderen endogenen und exogenen Gruppen lassen sich die Interessen armer Kinder kaum organisieren. Und obwohl es in den letzten Jahrzehnten zu einer Zunahme der Organisationsfähigkeit kindlicher Interessen kam, wie das Bestehen zahlreicher Interessengruppen nahe legt, und es seit den 1990er Jahren im Zuge der These der „Infantilisierung der Armut“ intensive Bemühungen gibt, Kinderarmut von Seiten des Interessengruppenhandelns zu bekämpfen, scheinen die Interessen armer Kinder Opfer eines latenten Verdrängungsmechanismus zu sein. Dieser führt dazu, dass das Thema Kindheit in Armut von bestimmten Akteuren in der Verteilungsarena (im)materieller Lebenschancen im Zustand der Latenz gehalten wird. Dieser übernimmt die Funktion, Strukturen von Kräfte- und Machtkonstellationen weitestgehend unsichtbar zu halten, um dem Thema nicht die dafür notwendige Aufmerksamkeit zur Problemlösung entgegen bringen zu müssen. Für das Verhältnis von kindlichem Interessengruppenhandeln und Wohlfahrtsstaat wird somit deutlich, dass

> „die Grenzen des Wohlfahrtsstaates wesentlich Mentalitätsgrenzen, d. h. Grenzen der Zumutbarkeit von Verteilung und Umverteilungen [sind]. (...) Kennzeichnend (...) [dafür] ist eine große Skepsis gegenüber jeglicher „Moralisierung“ der sozialpolitischen Agenda, mag sie im Postulat objektiv-kollektiver Interessen oder in der Annahme normativer Verpflichtungen auftreten“. (Mirbach, 1995, S. 171)

Genau diese im Zusammenhang mit der Krise des Wohlfahrtsstaates formulierten Gedanken erscheinen hinsichtlich der Repräsentation von Kindheit und Armut problematisch, „weil das darin aufschneidende eingeschränkte Verständnis sozialer Ausgrenzung einen reduzierten Begriff (demokratischer) Teilhabe und [Repräsentation] impliziert“ (ebd.).

---

ja andauernd davon, daß Kinder eine wirtschaftliche Belastung sind, gar ein Armutsrisiko darstellen, daß durch sie der Lebensstandard eingeschränkt wird und Familien schlechter dastehen als kinderlose Paare. Es geht mir nicht darum, das alles abzustreiten oder abzutun. Vielmehr geht es mir darum, daß dies allenfalls die halbe Wahrheit ist. Denn Kinder zu haben – das sollten wir als Gesellschaft wieder begreifen lernen – ist etwas Schönes. Sie bedeuten Reichtum; sie machen Freude. Elternarbeit ist nicht nur Last, sondern auch eine Lust“ (Schäuble, 1999, S. 18; zit. n. Reichwein, 2012, S. 342).

9. Zusammenfassung: Die beste Zukunft ist eine gute Gegenwart

Die vorgelegte Krisen- und Defizitanalyse widmete sich der Identifizierung von Kräfte- und Machtkonfigurationen, die Einfluss auf die gesellschaftliche (Un-)Sichtbarkeit armer Kinder im Verteilungssystem (im)materieller Lebenschancen und seiner relevanten Institutionen ausüben. Zentraler Ausgangspunkt war die Annahme (Metathese) einer strukturellen Latenz (Unsichtbarkeit), der sich Kindheit in Armut in allen gesellschaftlichen Teilbereichen ausgesetzt sieht.

Davon abgeleitet ließen sich zwei zentrale Beobachtungen herausarbeiten: Einerseits lässt sich ein Wandel wohlfahrtsstaatlicher Strukturzusammenhänge feststellen, der zum zeitdiagnostischen Befund einer Ökonomisierung sozialinvestiver Muster bis in die Kinderzimmer hinein führt und negative Auswirkungen auf die Konstruktion von Kindheit in Armut hat; andererseits ist eine Krise des kindlichen Interessengruppenhandelns zu beobachten. Entlang der drei Schnittfelder Kinderarmut, Wohlfahrtsstaat und Interessengruppenhandeln wurden diejenigen Zugangspunkte sichtbar gemacht, die maßgeblich am Prozess sozialer Ungleichheit und eines Unsichtbarmachens von Kindheit in Armut beteiligt sind.

Vom theoretischen Konzept des ungleichheitsbegründenden Kräftefeldes der Zentrum-Peripherie-Metapher ausgehend, wurden jene Repräsentanten identifiziert, die Kindheit in Armut in ihrer Mehrdimensionalität im Kontext der Differenzierung, Positionierung und Polarisierung in unserer sozialstrukturell tief gespaltenen Gesellschaft befördern und sich aufgrund struktureller Ursachen entlang der Ausgestaltung des Wohlfahrtsstaates, des Marktes (Wirtschafts-, Kapital- und Erwerbssystem) und der Institution der Familie (re)produzieren (Kap. 3).

Wichtig erschien dabei die Loslösung von einem rein armutswissenschaftlichen Zugang und einer exklusiven Darstellung von Kinderarmut. Vielmehr wurde zum aktuell sozial- und populärwissenschaftlich vorherrschenden Thema der sozialen Ungleichheit und Verteilungsgerechtigkeit (im)materieller Lebenschancen vorgedrungen. Nicht zuletzt der aktuell geführte Armutsdiskurs zeigt eindrucksvoll, dass es derzeit noch schwer erscheint, das politische System samt seiner Akteure im Hinblick auf eine konsequente Bearbeitung von Armut und Benachteiligung zu sensibilisieren. Über den Zugang sozialer Ungleichheit ergeben sich jedoch durchaus Gelegenheitsfenster, den Diskurs positiv anzuregen (vgl. Sell, 2016).

Mit der Metapher der Unsichtbarkeit wurde ein sozialwissenschaftlicher „Code" etabliert, der tiefergehende Strukturmerkmale sozialer Ungleichheit sichtbar machte und dem sich Kindheit in Armut ausgesetzt sieht. Ein zentrales Ergebnis war, dass Forderungen zur Bekämpfung von Kinderarmut in der Verteilungsarena (im)materieller Lebenschancen im Zustand der Latenz gehalten wird. Diese führt zwangsläufig zur (Un-)Sichtbarkeit kindlicher Interessenlagen und übernimmt die Funktion eines Verdrängungsmechanismus, um dem Thema nicht die dafür notwendige Aufmerksamkeit zur Problemlösung entgegenbringen zu müssen. Dabei besteht allerdings eine Dialektik von Kindheit und Armut, die zwischen den beiden Polen der Unsichtbarkeit und Sichtbarkeit oszilliert. Folglich bewegt sich das Thema im öffentlichen Widerspruch zwischen gezielter öffentlicher Dethematisierung und sporadischer politischer Indienstnahme, zwischen öffentlicher Anteilnahme und politischer Entfremdung und zwischen öffentlicher Solidarisierung sowie politischer Handlungsarmut.

9.1 Kindheits- und armutssoziologische Zusammenschau

Der kindheitssoziologische Zugang näherte sich der Frage nach der Relevanz von Kindheits- und Armutsforschung, um spezifische Entwicklungs- und Vergesellschaftungsprozesse moderner Kindheits- und Armutsmuster nachzuzeichnen. Der analytische Ausgangspunkt waren Handlungszusammenhänge, die Kinderarmut als soziale Lebenslage betrachteten. Dies erschien äußerst relevant: Denn Kindheit in Armut trat als ein „Aspekt gesellschaftlicher Modernisierungsprozesse" (Honig & Ostner, 1998) in Erscheinung, wodurch sich der vertraute Blick auf den Untersuchungsgegenstand auflöste.

Vor allem die neuere Kindheitsforschung hat großen Anteil an der heutigen sozialwissenschaftlichen Sichtweise auf Kinder in unserer Gesellschaft. Ihre wissenschaftlichen Erkenntnisse ermöglichten es der Kinderarmutsdisziplin, spätestens mithilfe der These zur „Infantilisierung der Armut" (Hauser, 1989) zusehends Einblicke in die Ungleichheit und Armut von Kindheiten in Deutschland zu erhalten. Sowohl die Vielschichtigkeit der Kinderarmut als auch die Hinwendung zu einer kindzentrierten Sichtweise des Kinderarmutsdiskurses wurden in zahlreichen wissenschaftlichen Publikationen in den Blick genommen und verbannten die lange Zeit vorherrschende Erwachsenenzentriertheit und den in der Armutsforschung vorherrschenden „Kampf mit Zahlen" (Leibfried & Voges, 1992, S. 22) zumindest für den Moment aus den universitären Denkfabriken.

Mit dem Einsetzen einer kindzentrierten Sichtweise knüpfte die neuere sozialwissenschaftliche Kindheitsforschung nicht mehr nur an den kindlichen Entwicklungs-, sondern an den Vergesellschaftungsprozessen an (vgl. Honig & Ostner, 1998, S. 256). Kindheit begann von da an als ein institutionalisiertes Konstrukt betrachtet zu werden. Aus diesem Blickwinkel trat Kinderarmut als „Aspekt gesellschaftlicher Modernisierungsprozesse" (ebd.) zum Vorschein und es zeigte sich eine Verknüpfung zwischen Kindheit, Armut und Wohlfahrtsstaat. Letztgenannter übernimmt bereits in den Kinderzimmern die Rolle eines „Taktgeber[s] des Lebenslaufs" (Leibfried et al., 1995, S. 7) und ist vor allem für die Rahmenbedingungen von Kindheit in Armut „als kulturell fundierter Prozess" (Kaufmann, 2013) und als Akteur zentral.

Haben sich andere und später in den Blick genommene Zugangspunkte stärker der sozialen Ungleichheit im Verteilungssystem (im)materieller Lebenschancen von Kindheit in Armut zugewandt, so ging es in diesem Abschnitt vordergründig um Beschreibungen und Deutungen von Kinderarmut. Der Unterschied zu den im Anschluss zu zeigenden wohlfahrtsstaatssoziologischen Ungleichheitsmechanismen stellte sich im Verhältnis zwischen sozialer Ungleichheits- und Armutsforschung dar. Zwar beziehen sich beide auf das Phänomen der Armut, jedoch wird im Bereich der Sozialstrukturanalysen Armut mittels des Zugangs der sozialen Ungleichheit zu erklären versucht (vgl. Dietz, 1997, S. 58f.).

Soziale Ungleichheitstheorien sollen demnach den dauerhaft ungleichen Zugang zu und die Verteilung von (im)materiellen Ressourcen und Lebenschancen in einer Gesellschaft erklären und die Teilhabechancen von Menschen bestimmen. Dies erschien für diese Arbeit überaus relevant, da die Mechanismen und Prozesse zur Aufrechterhaltung sozialer Ungleichheiten unsichtbar blieben, wenn man sich ausschließlich der Erforschung von Armut zugewandt hätte. Die anschließend präsentierten Kontinuitäten und Verfestigungen von Kindheit in Armut sind an die etablierte deutsche Kinderarmutsforschung anschlussfähig. Es erwies sich auch hier, dass Armut große Auswirkungen auf die Sozialisation und Entwicklungschancen von Kindern hat. Hierbei besteht ein eindeutiger Zusammenhang zwischen materieller Armut und der Lebenslage (Kap. 5.4).

9.2 Institutionssoziologische Zusammenschau

Der institutionssoziologische Zugang bewegte sich überwiegend im politikfeldanalytischen Bereich der Methode historischer Erklärungen und betrachtete Kindheit in Armut als institutionalisierte Unsichtbarkeit. Es wurde davon ausgegangen, dass Akteure in den Arenen kindlichen Interessengruppenhandelns „im Rahmen institutioneller Kontexte handeln" (Lessenich,

2012a, S. 82). Dafür bedurfte es einer Identifizierung derjenigen Arena, innerhalb deren die Artikulation, Integration und Partizipation spezifischer Interessenlagen von Kindheit in Armut angelegt ist.

In Anlehnung an Bernhard Kreckels Zentrum–Peripherie–Metapher und die Adaption des politischen Feldes von Pierre Bourdieu auf den Arenabegriff ließ sich die Familienpolitik als zentrale Arena identifizieren. Denn wie im ungleichheitsbegründenden Kräftefeld konzentrieren sich auch in dieser Arena im Bereich des Zentrums diejenigen Kräfte und Mächte, die im besonderen Maße die Deutungshoheit im Verteilungs- und Legitimierungskampf besitzen und an der (Re-)Produktion von sozialer Ungleichheit unmittelbar beteiligt sind (Kap. 6.1 & 6.2).

Warum die Darstellung der Arena deutscher Familienpolitik dabei so wichtig erschien, zeigte sich an einer wichtigen Bedingungsperspektive: Es galt Strukturen und Prozesse institutioneller Pfadabhängigkeiten und die damit einhergehende politische Problemverarbeitung in den Blick zu nehmen, wodurch die politischen und zivilgesellschaftlichen Herausforderungen verdeutlicht werden konnten, denen sich Kindheit in Armut gegenübersieht. Für ein möglichst reales Abbild innerhalb der Arena erschien eine politikfeldspezifische und mehrdimensionale Orientierung der Interessenwahrnehmung angebracht, die bei der Beschreibung der Arena eine Vielzahl an unterschiedlichen Akteuren bestimmte und als veränderbares soziales System sichtbar wurde. Dieses System erscheint als heterogene und mannigfaltige Arena und ist durch eine ausdifferenzierte, fragmentierte und pluralistische Akteursstruktur gekennzeichnet. Dabei sind redistributive Politikarenen wie die der Sozial- und Familienpolitik grundsätzlich nicht nur durch vielfältige Konflikte zu charakterisierende Arenen, sondern haben auch einen vergleichsweise hohen Wirkungsgrad, da wichtige strukturelle Entscheidungen nicht nur den Bereich der eigenen Arena betreffen, die letztlich zu einem Konfliktantagonismus zwischen den Stakeholdern führt. Solche Zielkonflikte sind in der Familienpolitik in besonderem Maße angelegt (Kap. 6.2).

Aus einer historischen Erklärung heraus ist das Familienministerium seit seiner Gründung durch einen stetigen Wandlungsprozess hinsichtlich seiner Motive und bestehender Akteurskonstellationen geprägt (vgl. Gerlach, 2009, S. 90). Für den Zeitraum der ersten Nachkriegsjahre konnte die Familienpolitik als eine familienpolitische Arena beschrieben werden, in der sich der Staat als ordnungspolitische Instanz nicht sonderlich hervortat. Vielmehr galt ein wesentlich stärkeres Augenmerk der Priorisierung anderer sozialpolitischer Politikfelder, in denen familienpolitische Themen *en passant* mitgestaltet wurden. Der sich bis in die Gegenwart darstellende Querschnittscharakter deutscher Familienpolitik – man bedenke ihre thematische Verwandtschaft mit zahlreichen anderen Arenen der Arbeitsmarkt-, Frauen-, Bildungs-, Sozial- und Bevölkerungspolitik – erfährt in diesem frühbundesrepublikanischen Konstruktionsprozess seinen unmittelbaren Ausgangspunkt (Kap. 6.3).

Erst mit der Gründung des Familienministeriums begann eine Phase der vorsichtigen Konsolidierung. Doch auch in dieser Phase wurden die schon sehr frühen Weichenstellungen sichtbar, deren Auswirkungen in einer vergleichsweise hohen Einfluss- und Kompetenzverschiebung in andere Politikarenen hinein zu beobachten waren und zwangsläufig zu einer großen Abhängigkeit von wirtschaftlichen und finanzpolitischen Vorgaben führten. Diese Beschränkungen haben gleichzeitig auch den Stellenwert und Status deutscher Familienpolitik über politische Dekaden hinaus festgeschrieben und tragen bis in die Gegenwart hinein zu einer vergleichsweise schwächeren Macht- und Verhandlungsposition bei.

Die 1970er und 1980er Jahre wiederum waren Zeiten des familienpolitischen Aufbruchs – aber auch der Diskontinuität. So fand mit der ersten sozial-liberalen Regierung 1969 ein Wandel in der Familienpolitik statt, wie die Kindergeldreform von 1975 und die Abschaffung der steuerlichen Freibeträge für Familien dokumentierten, die jedoch unter der christlich-libealen Kanzlerschaft zu einem „*rollback*" hin zum alten System führte.

Die familienpolitische Phase bis in die späten 1990er Jahre wird als Geißlersche Familienpolitik beschrieben, in deren Mittelpunkt die Wahlfreiheit zwischen Kindererziehung und Erwerbsarbeit stand. Vor allem aber enttäuschte die christlich-liberale Koalition die Hoffnungen zahlreicher Familienverbände, durch empfindliche Kürzungen im Familienbereich. Unter der rot-grünen Regierung (1998–2005) fand dann spätestens ab 2002 eine Aufwertung der Familienpolitik statt, die unter dem Begriff einer nachhaltigen Familienpolitik ein zentraler Stellenwert zuteil wurde.

Ein zentrales Ergebnis dieses Zugangspunktes zum Thema waren die vergleichsweise schwach einzustufenden Akteure in der bundesrepublikanischen Familienpolitik. Bereits bei der Gründung des Ressorts im Jahre 1953 besaß es im Vergleich zu anderen Ministerien nachrangige Priorität. Das Familienministerium verfügte seinerzeit über keinen eigenen Apparat, sondern bestand lediglich aus einer Leitungsstruktur. Zwar wird die Familie nach dem Grundgesetz unter den „besonderen Schutz der staatlichen Ordnung" (Artikel 6) gestellt, und das darin beschriebene Sozialstaatsgebot kann als Grundlage familienpolitischen Handelns herangezogen werden (vgl. Münch, 2012, S. 229). Dennoch vertraut das Grundgesetz dem Bund keine besondere familienpolitische Kompetenz an, wodurch dem Ministerium bei seiner Gründung auch jedwede Gesetzgebungskompetenz abgesprochen wurde (vgl. Kaufmann, 2000, S. 40). Und obwohl über die politischen Dekaden hinweg zahlreiche Zuständigkeiten hinzu kamen (bspw. Jugend-, Gesundheit- und Frauenpolitik), spielt das Ministerium trotz seiner seit der Jahrtausendwende erfahrenen Aufwertung spätestens seit der globalen Finanz- und Wirtschaftskrise ab 2009 wieder eine nachrangige Rolle – die bis in die Gegenwart hinein mit vergleichsweise signifikanten Bedeutungsverlusten verbunden ist.

Dies gilt nicht nur für verteilungspolitische Familienleistungen, die letztlich dem einflussreichen Ressort des Bundesfinanzministeriums unterworfen sind, sondern auch für den Bereich des Bildungswesens und Schulrechts, die als einige der wenigen primären Zuständigkeiten dem Kompetenzbereich der Länder obliegen und die vertikale Querschnittsaufgabe im politischen Mehrebenensystem des deutschen Föderalismus verdeutlichten (vgl. Dienel, 2008, S. 121; Kaufmann, 2008, S. 89; Wunderlich, 2014, S. 13). Somit scheint die bundesrepublikanische Familienpolitik schlicht nicht in der Lage zu sein, originär die Familie betreffende wichtige Gesetzgebungsverfahren federführend zu steuern.

In einer familienpolitischen Gesamtschau lässt sich schlussfolgern, dass sich die Arena der Familienpolitik einer Gemengelage gegenübersieht, die dazu führt, dass „es bisher nicht gelungen [ist], wesentliche Umverteilungen im Sozialbudget zugunsten von Familien und Kindern zu erreichen" (Kaufmann, 2008, S. 87). Somit begünstigt und reproduziert deutsche Familienpolitik strukturelle Rücksichtslosigkeiten gegenüber Familien und Kindern, und der familienpolitischen Arena können selbst strukturelle Schwächen zugesprochen werden, wodurch sich ein Widerspruch zwischen Sachrationalität und Systemrationalität ergibt, wenn es um Fragen von Kindheit in Armut geht (vgl. Merk, 2009, S. 526f.).

9.3 Wohlfahrtssoziologische Zusammenschau

Zahlreiche wissenschaftliche Arbeiten haben in den letzten 18 Jahren den Wandel des Wohlfahrtsstaates unterschiedlich akzentuiert in den Blick genommen. Bis heute hat dieses Forschungsfeld nichts an seiner Aktualität eingebüßt. Vorausschauend hat einer der geistigen Väter dieses wohlfahrtsstaatlichen Transformierungsprozesses Anthony Giddens mit seiner Feststellung recht behalten:

> „Der dritte Weg wird die politische Position sein, mit der sich andere auseinandersetzen müssen". (Giddens, 2001, S. 8).

Diese Aufforderung war zentrales Anliegen dieser Krisen- und Defizitanalyse. Alle vorherigen Ausführungen liefen ineinander und verschmolzen in diesem Abschnitt, der Kindheit in Armut als sozialinvestive Ökonomisierung dekonstruierte:

Erstens wurde der Wandel wohlfahrtsstaatlicher Strukturmuster beleuchtet. Zentrales Leitbild ist das des aktivierenden Sozialstaates, das eng mit dem eines sozialinvestiven Steuerungsmodells verknüpft ist. Während ersteres vor allem auf die Arbeitsmarktpolitik und sozialen Sicherungssysteme einwirkte, ist letzteres zentraler Bestandteil einer neuausgerichteten Bildungs- und Familienpolitik. Diese Stellenwertverschiebung jedoch allein einer zu konstatierenden wohlfahrtsstaatlichen Sorge gegenüber Kindheit in Armut zuzuschreiben, ist empirisch wie konzeptionell zu kurz gedacht. Vielmehr galt es, den gesamten Wohlfahrtsstaat neu auszurichten. Der Bereich der Bildungs- und Familienpolitik fungierte dabei als zentraler Baustein einer sozialinvestiven Steuerungsstrategie des Wohlfahrtsstaates.

Ein Ergebnis war die im Mittelpunkt des Sozialinvestitionsstaates stehende Überzeugung, Sozialausgaben auf ökonomische Gewinnerwartungen und einen wirtschaftlichen Nutzen hin auszurichten, ohne parallel eine signifikante Ausweitung finanzieller Leistungen für in Armut lebende Familien und ihre Kinder vorzusehen. Daraus abgeleitet ergab sich die einfache Formel: Investitionen in menschliches Kapital statt direkter Sozialtransfers (vgl. Giddens, 1999, S. 137) sowie eine Abkehr „von klassischen Vorstellungen der Verteilungsgerechtigkeit“ hin zum Ideal der „Beteiligungs- bzw. Teilhabegerechtigkeit“ (Lessenich, 2012a, S. 126), wodurch der Ansatz eines Ausbaus finanzieller Leistungen armer Bevölkerungsgruppen in den Hintergrund geriet. Dabei konnte die eindeutige Hinwendung bestimmter Zielgruppen der derzeit vorherrschenden gesellschaftlichen und wohlfahrtspolitischen Wahrnehmung gegenüber Familien verdeutlicht werden.

Es sind gerade die Bedürfnisse der erwerbstätigen hochqualifizierten Mütter und Väter, die in den Fokus familienpolitischer Aufmerksamkeit gerückt sind (Kap. 7.1.2). Im Mittelpunkt steht dabei die Partizipation am Arbeitsmarktgeschehen. Ziel ist eine Familienpolitik in Übereinstimmung mit familien- und wirtschaftspolitischen Inhalten. Zentral ist die Inklusion der sozialbürgerlichen Mitte am Arbeitsmarktgeschehen, die als „Richtschnur gesellschaftlicher Erwartungen“ angesehen wird (Lessenich, 2009, S. 286). Im wohlfahrtsstaatlichen Fokus sozialinvestiver Aufmerksamkeit steht nicht mehr die Arbeiter-, sondern die Mittelklasse.

Die Entgrenzung der Familienpolitik im Zuge ihrer Öffnung zur Wirtschaftspolitik galt als wesentliche Zielmarke und wurde unter dem Motto „nachhaltige Familienpolitik ist Wachstumspolitik“ politisch und zivilgesellschaftlich salonfähig. Die Erwerbstätigkeit der Mutter gilt als Norm. Allerdings erfolgt diese weniger aus geschlechteregalitären Motiven, sondern ist in eine europaweite Ökonomisierungswelle des sozialen Sektors und der Ausschöpfung des weiblichen Humankapitals im Teilzeitbereich und Niedriglohnsektor eingebettet (prekäre Beschäftigungsverhältnisse) (vgl. Ostner, 2006, S. 195). Im Zentrum sozialinvestiver Steuerungsmotive steht dabei die wohlfahrtsstaatliche „Landnahme“ der Familie (Kap. 7.1).

Zweitens wurden das Verhältnis von Kindheit und Armut im Wohlfahrtsstaat herausgearbeitet sowie die damit einhergehenden Veränderungen der Strukturmuster sozialinvestiver Kindheit, die anschließend in der Frage nach der Qualität des Bürgerrechtsstatus von (armen) Kindern innerhalb dieses neuen wohlfahrtsstaatlichen Arrangement mündeten. So begrüßenswert eine sozialinvestive, kindzentrierte Strategie auf den ersten Blick auch sein mag, so konnte ich deutliche Defizite dieser wohlfahrtsstaatlichen Neuausrichtung aufdecken. Anhand der Strukturmuster sozialinvestiver Kindheit zeigten sich Tendenzen einer zunehmenden Defamilialisierung, einer verstärkten Inobhutnahme von Kindern in wohlfahrtsstaatlichen Institutionen (Scholarisierung und Pädagogisierung) und belastbare Indizien einer (Re-)Kommodifizierung von Kindheit, die allesamt eindeutige Gefahren für Kindheit in Armut nach sich ziehen.

In *grosso modo* ließen sich offenkundige Belastungsmomente einer „Ver(wohlfahrts)marktlichung" (Lessenich, 2012a, S. 123) sichtbar machen, in deren Mittelpunkt wohlfahrtsstaatliche – und somit institutionelle – Bestrebungen stehen, die zum zeitdiagnostischen Befund einer Ökonomisierung sozialinvestiver Kindheit führen – Neoliberalismus als sozialinvestive Charakterschule.

So sichtbar die Bevölkerungsgruppe der Kinder an dieser Stelle für den Wohlfahrtsstaat wurde, konnte dieser Zugangspunkt zum Thema den alles beherrschenden Blick einfangen, der einer sozialinvestiven Strategie zugrunde liegt. Denn die Losung dieser Strategie ist ausschließlich auf die zukünftige Rolle der Kinder als Erwerbsarbeiter ausgerichtet.

Somit schafft eine sozialinvestive Strategie Gewinner und sie schafft Verlierer! Das mag nicht weiter überraschen. Überraschend war jedoch, dass eine vordergründige soziale Investitionsstrategie (*child-centered social investment strategy*) (Esping-Andersen) insbesondere der Bevölkerungsgruppe armer Kinder im Hier und Jetzt wenig anzubieten hat, weil sie sich primär die Weltanschauung des erwerbstätigen Erwachsenen zu eigen macht.

Man kann es auch mithilfe der Zentrums-Peripherie-Metapher auszudrücken versuchen: Alle skizzierten Diagnosen zeitigen eine Zentrifugalkraft, die Kindheit in Armut aus dem Sichtfeld der zwei zentralen Repräsentanten (Wohlfahrts-)Staat und Markt (Wirtschafts-, Kapital- und Erwerbssystem) immer stärker vom Kräftedreieck nach außen drängt und allmählich von einem kindzentrierten Wohlfahrtsstaatsblickwinkel verschwinden lässt. Einen kindzentrierten wohlfahrtsstaatlichen Bezugspunkt gab es wohlgemerkt auch vor dem Umbau des Sozialstaates nicht. Dennoch nahmen die Zentrifugalkräfte mit der Etablierung neuer marktkonformer wohlfahrtsstaatlicher Steuerungskonzepte in den knapp letzten zwanzig Jahren noch einmal um ein Vielfaches zu.

Es scheint, als verhielte sich das Kräftedreieck im Zentrum mit seinen zwei mächtigen Repräsentanten des Wohlfahrtsstaates und des Marktes (Wirtschafts-, Kapital- und Erwerbssystem) wie ein Bermuda-Dreieck: In diesem verschwindet Kindheit in Armut vom politischen Radar genauso schnell, wie sie grundsätzlich auch wieder auftauchen kann. Die Versorgungsinstitution der Familie als dritter Repräsentant des Kräftedreiecks steht dem Geschehen einfluss- und hilflos gegenüber. Dies führt in letzter Konsequenz zu der bestehenden ökonomischen, institutionellen und sozialen Unsichtbarkeit von Kindheit in Armut.

Die metaphorische Figur der Unsichtbarkeit reichte an dieser Stelle jedoch nicht aus, um den Ausschluss von Kindheit in Armut in all ihrer Differenz erschöpfend darzustellen. Es muss ebenfalls konstatiert werden, dass für die Verteidiger und Befürworter einer „*child centered strategy*" Kindheit in Armut für den Wohlfahrtsstaat an dieser Stelle ja erstmal eindeutig sichtbar wird, da die Investition in Kinder die größten Gewinnpotentiale für die Zukunft versprechen. Gleichwohl ist diese kindzentrierte Strategie ausnahmslos zukunftsgerichtet und demnach ein wohlfahrtsstaatlicher und sozialpolitischer Konstruktionsfehler – *abyssus abyssum invocat.*

Denn der zentrale Kern dieser Botschaft lautet: „Investitionen in menschliches Kapital, statt direkter Zahlungen" (Giddens, 1999, S. 137). Der Wohlfahrtsstaat ist dabei zentral, wenn es bspw. um die Frage nach dem Zusammenhang von Armut und Bildung geht. Gerade in Zeiten seines Wandels hin zu einem Sozialinvestitionsstaat und des Trends zu einer Ökonomisierung der Bildung, unter gleichzeitigem Privatisierungsdrang der Bildungspolitik, steht diese nämlich vornehmlich denjenigen umgänglich zur Verfügung, die auch die notwendigen materiellen Mittel aufbringen können. Innerhalb dieser sozialinvestiven Konzeption kommt der Bildung eine Schlüsselfunktion zu (Kap. 5.4). Sie wird quasi als Patentrezept präsentiert, um Armut zu vermeiden und Arbeitslosigkeit vorzubeugen. Durch diesen ausschließlich zukunftsgerichteten und konzeptionell einseitigen Fokus wird Kindheit in Armut im Hier und Jetzt wieder unsichtbar. Denn die Frage nach heute in Armut lebende Kinder gerät in den Hintergrund. Die Kinder sollen sich durch die bereitgestellten Mittel einer angeblich auf Chancengleichheit beruhenden sozialinvestiven Strategie bildungsrelevanter Ressourcen unter dem Motto „Bildung für alle" am eigenen Schopf aus dem Armutsstrudel ziehen, um in der Zukunft einen wohlfahrtsstaatlichen und gesamtgesellschaftlichen Nutzen zu generieren.

Und wer sich selbst hilft, der braucht schließlich auch keine Repräsentation seiner Interessen (vgl. Münch, 2015, S. 69). Mit dem wirtschaftsliberalen Umbau des Sozialstaates im Namen der Sorge um das (arme) Kind umgibt sich der Sozialinvestitionsstaat

> „mit einer Aura höherer Moralität, die das harte und ‚kalte' sozialstaatliche Ökonomisierungsprogramm aus Vermarktlichung und Kommodifizierung (inklusive Defamilialisierung) gesellschaftlich in einem weichen, warmen Licht erscheinen lässt". (Lessenich, 2012a, S. 124)

In der Folge bleiben arme Kinder als schwächste Bevölkerungsgruppe weitestgehend unsichtbar, da sie aus sozialinvestiver Logik den Interessen anderer dienen (vgl. Hendrick, 2014, S. 456; s. a. Qvortrup, 1996).

Im Zusammenwirken der beschriebenen Faktorenkomplexe ließen sich – übertragen auf das ungleichheitsbegründende Kräftedreieck – Verschiebungen identifizieren, die in der Gesamtschau zur Entstehung sich verfestigender Strukturmuster von Kindheit in Armut geführt haben. Mit Blick auf die in diesem Abschnitt dokumentierten empirischen Entwicklungen ließe sich in Anlehnung an die Dimensionen wohlfahrtsstaatlicher Kindheitsmuster (Kap. 7.2.1) innerhalb des Kräftedreieckes erstens eine Schwächung der Institution der Familie vermuten. Die beschriebenen Entwicklungen einer Defamilialisierung gelten als stichhaltige Indizien für diese Schlussfolgerung. Zweitens ließ sich außerdem darstellen, dass die Inklusion in den Arbeitsmarkt die Verhandlungsposition eines „neoliberalen" Wohlfahrtsstaates und des Marktes stärkte und umgekehrt die Position des Einzelnen und die der Institution der Familie zunehmend schwächten. Seitdem erkennt man im aktivierenden und sozialinvestiven Wohlfahrtsstaat „eine Kräfteallianz, bei der Internationalisierung, Marktöffnung und Deregulierung groß geschrieben sind, Verteilungsfragen hingegen klein" (Kreckel, 2004, S. 315).

9.4 Repräsentationssoziologische Zusammenschau

Mit den beschriebenen Wegmarken einer Ökonomisierung sozialinvestiver Kindheit ging eine weitere Beobachtung einher, die abschließend in den Blick genommen wurde und sich im ungleichheitsbegründenden Kräftefeld als periphere Kraft der Repräsentation durch Interessengruppen darstellte. Denn der wohlfahrtsstaatliche Wandel hatte ebenfalls Auswirkungen auf die Repräsentation und das Interessengruppenhandeln von Kindheit in Armut. Diese wurde aus dem Blickwinkel der Repräsentationskrise analysiert, wobei die Krisenhaftigkeit mit einer bemerkenswerten Pluralisierung der Organisationslandschaft und Professionalisierung des sozialen Interessengruppenhandelns einhergeht. Insgesamt zeigte sich für diesen Zugang die Unsichtbarkeit und Repräsentationsarmut der Bevölkerungsgruppe armer Kinder in der Arena advokatorischen Interessengruppenhandelns, die durch strukturelle und systematische Defizite gekennzeichnet ist.

Es trat deutlich ein veritables Repräsentationsdefizit zu Tage: Einerseits wurde die mangelhafte Repräsentation partikularer Interessen der Bevölkerungsgruppe der (armen) Kinder herausgestellt, die sich allenfalls als moralische Forderungen identifizieren ließen, und demnach anderen Voraussetzungen der Artikulation und Durchsetzbarkeit unterliegen, andererseits die Tatsache einer vom politischen System ausgehenden Nichtberücksichtigung gemeinwohlverträglicher Beweggründe Kinderarmut nachhaltig zu bekämpfen.

Es ist nicht zu leugnen, dass der systemische Ausschluss der Interessen in Armutslagen aufwachsender Kinder aus gesamtgesellschaftlichen Gesichtspunkten insbesondere von Seiten des politischen Systems zu einem massiven Versagen der Arena der Repräsentation von Kindheit in Armut führt. Aber auch die Advokaten der Bevölkerungsgruppe armer Kinder sind nicht gänzlich befreit. Leider gibt es nur wenige Navigatoren, die in der politischen Arena dafür Sorge tragen (könnten), die (im)materiellen Interessen der Bevölkerungsgruppe armer Kinder „erstens zu definieren und zweitens repräsentativ dafür zu stehen und drittens deshalb qualitativ ernst genommen" zu werden (Mayer, 2000, S. 512).

Vergleichsweise ressourcenstarke Akteure, die ihre öffentlich moralische Autorität geltend machen könnten, tun dies vergleichsweise begrenzter. Insofern trägt ein „schwaches" Interessengruppenhandeln ebenfalls zu einer „Schwächung der Familienpolitik" (ebd., S. 514) und zu einer verstärkten Unsichtbarkeit von Kindheit in Armut bei. Unter repräsentationstheoretischen Gesichtspunkten sind die Interessen der Bevölkerungsgruppe armer Kinder insofern klar als schwache Interessen zu beschreiben. Dafür sprachen vor allem zwei Überlegungen: Zwar gehört der Gedanke, dass schwache Interessen auch durch andere Personen und Organisationen als von den Betroffenen selbst repräsentiert werden können, in der Interessengruppenforschung zum Grundrepertoire repräsentationstheoretischen Wissens. Jedoch scheinen der advokatorische Charakter und die damit einhergehenden dargestellten Defizite auf unterschiedlichen Ebenen wichtige Aspekte zu sein, die das Interessengruppenhandeln von Kindheit in Armut als Schwächste unter den Schwachen identifizieren lassen. Es erwies sich daher recht deutlich, wie es um die Repräsentationschancen der Interessen armer Kinder und auch deren Familien gegenüber anderen Interessen im Verteilungskampf bestellt ist.

Theodor Eschenburg konstatierte in den 1950er-Jahren die „Herrschaft der Verbände". Diesen Zustand konnte die politikwissenschaftliche Forschung jedoch eindeutig allenfalls als Momentaufnahme widerlegen. Viele empirische Beobachtungen haben Eschenburgs These seither widerlegen können.[250]

Gänzlich überholt ist Eschenburgs Position indes nicht: Wird nicht der Einfluss von Interessengruppen gegenüber dem politischen System, sondern im Vergleich von Interessengruppen untereinander betrachtet, so wird die Gefahr einer grundsätzlichen Marginalisierung und Unsichtbarkeit (armer) kindlicher Interessen im Repräsentationsgefüge nochmals hervorgehoben. Denn der Einfluss starker (ökonomischer) Interessengruppen ist im Vergleich zu dem schwacher Interessen weitaus wirkmächtiger. Und auch im Bereich der Repräsentation schwacher Interessen nimmt die Repräsentation von Kindheit in Armut nochmals eine nachgelagerte Stellung ein, wodurch die Gefahr einer Herrschaft bestimmter Interessen besteht. Denn durch die Exklusion des einen Interesses (oder Interessengruppe) bei gleichzeitiger Inklusion des anderen Interesses (oder Interessengruppe) in den politischen Entscheidungsfindungsprozess verteilt der Staat gleichzeitig auch die Repräsentationschancen der jeweils Betroffenen.

> „Diese Gefahr ist umso höher einzuschätzen, je stärker die Chancen der Bürger, an den materiellen und immateriellen Gütern der Gesellschaft teilzuhaben, vom Grad ihrer Artikulationsfähigkeit und damit letztlich vom Grad ihrer Organisationsfähigkeit abhängt". (Geißler, 1976, S. 17)

Der Wohlfahrtsstaat hat nun dafür Sorge zu tragen, dass diejenigen Interessen „in der Gesellschaft im Wettstreit um die verteilbaren materiellen und immateriellen Güter (...) nicht an die Wand gedrückt und existenziell gefährdet werden" (ebd., S. 17f.). Denn nach Theodor Eschenburg gilt auch: „Was nicht organisiert ist, ist ungeschützt" (zit. n. Mayer, 2000, S. 515). Die Unsichtbarkeit armer Kinder im Bereich der Repräsentation ihrer Interessen in das politische System hinein, stellte sich diesbezüglich als (Re-)Produktion struktureller und systematischer Prozesse der Latenz dar, die *cui bono* einem übergreifendem „Interesse an der Aufrechterhaltung der kompensatorischen Verteilerfassade" (Habermas, 1969, S. 86) im Verteilungssystem (im)materieller Lebenschancen und ihrer relevanten Institutionen dienlich ist.

---

250 Der politische Wirkungsradius von Interessengruppen ist beschränkt. Siehe allein schon die Position sozialer Interessengruppen innerhalb des Kräftedreiecks. Sie sind nur wenige von vielen politischen Akteursgruppen. Die Stärke von Interessengruppen hängt auch von der „politischen Großwetterlage" ab (zur Beweisführung siehe exempl. Schmidt, 2011).

10. Die Ratlosigkeit eines Soziologen

Aus der „gesunden Wut eines Soziologen“ (Bourdieu, 1997) folgt eine nur schwer zu akzeptierende Ratlosigkeit. Denn die vorgelegte Krisen- und Defizitanalyse verdeutlicht die Herausforderungen, denen sich Kindheit in Armut gegenübersieht. Die Krisen und Defizite, welche in eine strukturelle Unsichtbarkeit münden, sind gewaltig, unübersichtlich und ambivalent.

Die Gruppe armer und benachteiligter Kinder müsste schlimmstenfalls womöglich erst darauf setzen, dass sich die soziale Ungleichheit in einem reichen Land wie Deutschland noch weiter verschärft und letztlich Gefahr liefe zu einer Klassenfrage zu werden. Weitere Teile der Bevölkerung betreffende Armut würde möglicherweise dann dazu führen, dass sich ein Schneeflockenthema wie jenes der Kinderarmut im öffentlichen Diskurs nicht sofort wieder bei Berührung aufzulösen droht.

Daher darf eine attestierte tendenzielle Ratlosigkeit kein Aufruf zur Tatenlosigkeit sein. Zahlreiche Akteure versuchen über das Thema Kinderarmut die Öffentlichkeit und das politische System zu sensibilisieren und zum Handeln zu bewegen. Somit bedarf es auch weiterhin einer kritischen und öffentlichen Soziologie, um das Unsichtbare sichtbar zu machen. Armut darf jedoch nicht nur „erkannt“ werden. Erst durch den Akt einer „Politik der Anerkennung“ (Taylor, 2009; Honneth, 2012) wird zum Ausdruck gebracht, dass das Phänomen der Kinderarmut aus der Subjektperspektive auch zu gesamtgesellschaftlicher Geltung gelangt. Gerade für den derzeit bestehenden Armutsdiskurs sollte man sich daher auf eine gesamtgesellschaftliche Werte berücksichtigende „Politik der Differenz“ (ebd.) verständigen, die als Grundlage eines öffentlichen Diskurses zu den Themen Armut, Ungleichheit und Umverteilung dienen und infolgedessen erst zu einer Anerkennung von Armut in einem reichen Land wie Deutschland führen kann (siehe hierzu Fraser & Honneth, 2003).

Auch wenn nicht jeder Akteur in der Armuts-Arena das Gleiche mit Kindheit in Armut verbindet, muss ein Grundkonsens geschaffen werden, der vom Kind aus gedacht wird. Erst von dieser grundlegenden Verständigung aus lassen sich konkrete, dem Armutsphänomen entgegentretende, wirkmächtige politische Maßnahmen auf den Weg bringen. Woraus allerdings der mit scharfer rhetorischer Klinge geführte Armutsdiskurs seine Kraft zu einem der gesellschaftlichen Realität Rechnung tragenden Verständnis des Armutsphänomens schöpfen soll, ist eine Frage, die ein zu hohes Maß an „Prophetie“ abverlangt, als dass sie hier abschließend beantwortet werden könnte. Die Überlegungen zum Verhältnis von Interesse und Moral (Kap. 8.2.2) als Voraussetzung für die Handlungswirksamkeit der Interessenlagen von Kindheit in Armut machten die Schwierigkeiten eines Grundkonsenses deutlich. Demnach haben moralische Forderungen nur eine begrenzte Wirksamkeit, wodurch sie infolge einer bestehenden Interessendispersität der familienpolitischen Arena nur sehr schwer gesamtgesellschaftliche Wirksamkeit entfalten können. Jegliche Versuche, die Verteilung wohlfahrtsstaatlicher (im)materieller Leistungen von Kindheit in Armut durch einen Verweis auf ihre moralische Dignität zu verbessern, drohen schon im Ansatz zu scheitern, solange sie als ökonomisch abweichendes Interesse wahrgenommen werden.

Für die Zukunft ergeben sich somit einige Forschungsperspektiven: Auch wenn die Schlussfolgerungen dieser Arbeit ein düsteres Bild zeichnen, müssen in Zukunft weitere Forschungsbemühungen an den Schnittstellen von sozialer Ungleichheits-, Kindheits- und Wohlfahrtsstaatsforschung unternommen werden. Es muss auch weiterhin der Frage nachgegangen werden, in welchem Ausmaß die Steuerungslogik des Sozialinvestitionsstaates zu einer Verstärkung/Verringerung von Bildungs- und materieller Ungleichheit führt und/oder beiträgt (vgl. Busemeyer et al., 2013).

Weitere Forschungsanstrengungen sollten ebenfalls in vergleichenden Analysen liegen: Interessant bleibt der Blick auf unsere europäischen Nachbarstaaten, in denen wirtschaftliche und gesellschaftliche Krisenerscheinungen stärker durchschlagen und wo in Zukunft mit noch größeren Wohlstandverlusten zu rechnen sein wird. Die Einflussnahme des Staates auf Kindheit könnte Rückschlüsse auf den deutschen Wohlfahrtsstaat und die Konstruktion sozialinvestiver Kindheit erlauben.

Ein weiterer Forschungsaspekt stellt sich in der Frage, welche Auswirkungen der Aufstieg neoliberaler Wirtschaftsgesellschaften auf die immer stärker zunehmende neoliberale „Armutsbekämpfungspolitik“ hat, die unter Begriffen wie „Nachhaltigkeit“, „Wettbewerbsfähigkeit“, „Humankapitalinvestition“ und „ökonomischer Charme der Familie“ Einzug in den Sozialstaat gehalten haben. Auch in dieser Arbeit wurde dem Widerspruch zwischen defizitären Wissen und mangelnder Haltung politischer Akteure gegenüber Armutsfragen begegnet, die „ehrlich“ überzeugt zu sein scheinen, Armut in Deutschland nachhaltig zu bekämpfen (vgl. Bareis & Wagner, 2015).

Darüber hinaus könnte es im Anschluss an diese Arbeit sinnvoll sein, die Grauzonen und Übergangsphasen näher zu beleuchten, denen Kindheit in Armut an den gesellschaftlichen Schnittstellen von Unsichtbarkeit und Sichtbarkeit ausgesetzt ist – also exakt jene lebensweltliche Erfahrungsbereiche, welche sich als Übergange, als erschöpfte, fragile, verwundbare, langsam erodierende und sozial unsichere Zonen und Positionen von Kindheit in Armut beschreiben lassen. Um diesen Nahbereich erfassen zu können, bedarf es weit mehr als sozialstruktureller Metaphern und sozialwissenschaftlicher Codes.

So weist bspw. Berthold Vogel (2008, S. 294) darauf hin, dass „wohletablierte Kategorienpaare sozialstruktureller Gliederung und Ordnung“ für ein „erweitertes Verständnis“ gesellschaftlicher Krisenerscheinungen unabdingbar und produktiv seien. Darunter fallen Begriffspaare wie Exklusion und Inklusion, Innen und Außen, Zentrum und Peripherie, aber auch Sichtbarkeit und Unsichtbarkeit. Alle haben gemein, dass sie als Metapher des sozialen Wandels einen Beitrag zum vertiefenden Verständnis von Armut und sozialer Ungleichheit liefern. Allerdings besteht die Gefahr, den Blick, so wichtig er auch ist, zu starr auf die sozialen Randlagen zu beschränken, weshalb die Grauzonen, die sich an den Grenzen und Übergängen befinden, häufig unsichtbar bleiben (vgl. ebd., S. 294f.).

Aus Sicht der Lobbyismus- und Verbändeforschung wiederum wäre es angebracht, das strategische Interessengruppenhandeln und die Kampagnenfähigkeit derjenigen Interessengruppen näher zu analysieren, die sich den Interessen von Kindheit in Armut im Verteilungssystem (im)materieller Lebenschancen angenommen haben. Denn trotz zahlreicher Professionalisierungstendenzen erscheint die strategische Planung sozialverbandlichen Interessengruppenhandelns im Vergleich zu anderen Interessen weiterhin ausbaufähig. Vor allem die Erkenntnis zur „Notwendigkeit und Optimierung strategischer Planungen“, die mit einem professionellen Interessengruppenhandeln Hand in Hand geht, macht deutlich, dass sich auch der Bereich advokatorischen Interessengruppenhandelns schwacher Interessen „der immer komplexeren Steuerung politischer Entscheidungsprozesse“ anzupassen versucht (März & Pütz, 2015, S. 28). Idealtypisch erscheint uns das Instrument der sog. „Arena-Analyse“ als ein geeigneter Zugang, um diesen Anforderungen gerecht zu werden. „Erst die Arena-Analyse ermöglicht die kritische Bewertung der Vorgehensweise der Stakeholder und identifiziert aufzeigbare Handlungsalternativen. Genauer: Sie erlaubt zum einen die Identifikation der ‚Befürworter‘ und ‚Gegner‘ eines Politikfeldes und bestimmt zum anderen die Interessenlage der Stakeholder (…), sowie die der relevanten Zeitachse. Ergo, zu welchem Zeitpunkt es strategisch sinnvoll erscheint mit einem bestimmten Interesse auf den Politikzyklus einzuwirken. Idealerweise resultiert aus der Arena-Analyse eine erfolgversprechendere Strategieauswahl (…)“ (ebd., S. 33).[251]

---

251 Siehe ebenfalls diesen Beitrag für weiterführende Literaturangaben zur Arena-Analyse. Eine permanente Arena-Analyse erfordert zwar „gezielt vorbereitende Arbeit als „Heim-

Grundsätzlich wäre es jedoch an der Zeit, darüber nachzudenken, wie man das Kind als stabile Komponente in den Mittelpunkt stellt. Denn „was würde passieren, wenn Kinder offiziell zum Kernpunkt einer öffentlichen Politik gemacht würden, mit dem Hauptziel, die Lebensbedingungen dieser jungen Generation [im Hier und Jetzt] zu verbessern" (Qvortrup, 1993, S. 19), und nicht primär im Hinblick auf ihre gesellschaftliche Amortisierung in der **Zukunft**. Denn das Verhältnis zur Zukunft ist grundsätzlich immer ein Unsicheres. Solange jedoch der öffentliche, wissenschaftliche und politische Diskurs von demographischen und ökonomischen „Krisenerscheinungen" und Nebenkriegsschauplätzen geprägt ist, wird sich an der Unsichtbarkeit von Kindheit in Armut nichts ändern (vgl. Butterwegge, 2006). Insofern sind gesellschaftliche Diskurse, die das Ausmaß sozialer Ungleichheit verschleiern, häufig bewusst geworfene Nebelkerzen und „ein großes Ablenkungsmanöver (...) von der Verteilungsdebatte" (Interview Barbara König, 2015).

Abschließend skizziere ich einige Überlegungen, die ich als grundlegende Voraussetzungen für eine zukünftige multidimensionale (Kinder-)Armutspolitik erachte. Um dem Verhältnis von Kindheit in Armut und sozialem Strukturgefüge öffentlich und politisch Ausdruck verleihen zu können, benötigt es auf allen Ebenen neue Ausdrucksweisen, da bisher gängige Narrative scheinbar nicht mehr funktionieren oder gar missbraucht werden.

Erstens ist die Ebene der Sozialwissenschaften aufgerufen, sich der „kommunikativen Inkompetenz für öffentliche und praktische Belange und Fragen" (Beck, 2005, S. 345) zu stellen, um der „ursprüngliche[n] Haltung der moralischen Empörung und des sozialen Engagements" eines Soziologen mehr Ausdruck zu verleihen (Bude, 2005, S. 377). Der Soziologie kann nur noch mehr Mut zu einem stärkeren öffentlich-soziologischen Engagement gewünscht werden, das sich als Brückenkopf zwischen Wissenschaft und Gesamtgesellschaft versteht – quasi eine **Brückensoziologie**.

Ein „öffentlicher Raum braucht öffentliche Soziologie" (Bescherer & Wetzel, 2016). Daher sollten auch die Sozialwissenschaften gesellschaftliche Funktionen der Wissensaggregation und -artikulation verstärkter ausüben und in die Gesellschaft und das politische System hineintragen. Um ihren „öffentlichen Auftrag" (Streeck, 2012) – den die Soziologie hat – zu erfüllen, muss sie sich allerdings erst einmal über ihr dafür notwendiges Wissenschaftsver-

---

arbeit" (Arena-Beschreibung, Arena-Volatilität, Arena-Aktionsplanung, Arena-Imponderabilien) und ist somit zu Beginn ressourcenintensiver und eine nicht zu vernachlässigende Größe. Dennoch sind die Totalkosten insgesamt deutlich niedriger" (März & Pütz, 2015, S. 30).

ständnis zwischen wissenschaftlicher Professionalität und öffentlicher Professionalisierung verständigen.

Aus dieser Überlegung erwächst eine zweite Forderung: Die Ebene des politischen Systems muss den gesellschaftlichen Mehrwert und die Notwendigkeit sozialwissenschaftlicher Expertise stärker berücksichtigen und anerkennen. Denn trotz steigender Nachfrage an Evidenzbasierung und Politikberatung ist das politische System verstärkt „soziologieblind und -taub geworden" (Beck, 2005, S. 345). Je nach Gusto und entlang tiefer parteipolitischer und armutsideologischer Frontlinien werden sozialwissenschaftliche Forschungsergebnisse allzu oft zwischen gezielter Dethematisierung und sporadischer politischer Indienstnahme „missbraucht". Um der mangelnden gesellschaftlichen Wahrnehmung und der Unsichtbarkeit von Kindheit in Armut im kollektiven Bewusstsein aller gesellschaftlichen Teilbereiche entgegentreten zu können, bedarf es daher einer ernsthafteren Verknüpfung und Synergie sozialwissenschaftlichen Theoriewissens auf der einen Seite und praxiserprobten Erfahrungswissens politischer Akteure auf der anderen Seite.

Drittens wird dem sozialen Interessengruppenhandeln eine entscheidende Rolle zukommen, die Voraussetzungen für eine multidimensionale (Kinder-)Armutspolitik zu begründen. Sicherlich finden sie eine komplexe, unübersichtliche und schwer bespielbare armutspolitische Arena vor. Auch zeigt der aktuell geführte Armutsdiskurs, wie es um die Frage eines Grundkonsenses innerhalb des Interessengruppenhandelns bestellt ist. Die Gräben verlaufen nicht nur entlang parteipolitischer Armutsideologien, sondern ebenso zwischen sozialen Interessengruppen. Durch diese verbandsideologischen Dissonanzen besteht die Gefahr, dass die Bemühungen sozialverbandlicher Anwaltschaft von Kindheit in Armut im armutspolitischen Klangkörper zu einer Kakophonie der Interessenartikulation und -durchsetzung verkümmern, die sich letztlich auf ein Hintergrundrauschen zivilgesellschaftlicher und sozialanwaltlicher Bemühungen reduziert.

Erst wenn es die Ebene der sozialverbandlichen Anwaltschaft schafft, sich auf einen Grundkonsens über die Grundausstattung (im)materieller Lebenschancen von Bildung, Teilhabe und materieller Sicherheit zu verständigen und diesen über wirkmächtige zivilgesellschaftliche Bündnisse ins Werk zu setzen, wird sie genügend Drohpotential und zivilgesellschaftlichen Handlungsdruck entfalten können. Das Zusammenspiel dieser drei Handlungsempfehlungen von Wissenschaft, politischem System und sozialverbandlichem Interessengruppenhandeln würde dem Armutsdiskurs die Verständigung auf einen armutspolitischen Grundkonsens ermöglichen und gleichzeitig (so die Hoffnung) eine breite öffentliche Zustimmung in Gang setzen.

Angesichts der Hürden auf dem Weg zu einer multidimensionalen (Kinder-)Armutspolitik, die das soziale Interessengruppenhandeln zu überwinden hat, sei auf einen der „Klassiker“ der Soziologie verwiesen. Bereits zu Beginn des 20. Jahrhunderts stellte Max Weber in seinem Vortrag „Politik als Beruf“ hoffnungsvoll fest:

> „Die Politik bedeutet ein starkes langsames Bohren von harten Brettern mit Leidenschaft und Augenmaß zugleich. Es ist ja durchaus richtig, und alle geschichtliche Erfahrung bestätigt es, daß man das Mögliche nicht erreichte, wenn nicht immer wieder in der Welt nach dem Unmöglichen gegriffen worden wäre“. (Weber, 1921, S. 450)

Quellen- und Literaturverzeichnis

Achinger, Hans; Höffner, Joseph; Muthesius, Hans (1955): Neuordnung der sozialen Leistungen. Denkschrift auf Anregung des Herrn Bundeskanzlers. Köln.

Achinger, Hans (1959): Soziologie und Sozialreform. In: Verhandlungen des 14. Deutschen Soziologentages vom 20.–24.5.1959 in Berlin. Stuttgart: Enke, S. 39–52.

Adorno, Theodor W. (1965): Soziologie und empirische Forschung. In: Topitsch, Ernst (Hrsg.): Logik der Sozialwissenschaften. Köln – Berlin: Kiepenheuer & Witsch, S. 511–525.

Ahrens, Regina (2010): Sustainability in German Family Policy and Politics. In: German Policy Studies. Vol. 6, No. 3, S. 195–229.

Ahrens, Regina (2012): Nachhaltigkeit in der deutschen Familienpolitik: Grundlagen – Analysen – Konzeptualisierung. Wiesbaden: Springer VS.

Alanen, Leena (1994): Zur Theorie der Kindheit. Die „Kinderfrage" in den Sozialwissenschaften. In: Sozialwissenschaftliche Literatur Rundschau. Jg.17, Nr. 28, S. 93–112.

Alanen, Leena (1997): Soziologie der Kindheit als Projekt: Perspektiven für die Forschung. In: Zeitschrift für Sozialisationsforschung und Erziehungssoziologie. Jg. 17, Heft 2, S. 162–177.

Alber, Jens (1989): Der Sozialstaat in der Bundesrepublik 1950 – 1983. Frankfurt a. M.: Campus.

Albers, Willi (1981): Probleme der westdeutschen Familienpolitik. In: Schweitzer, Rosemarie von (Hrsg.): Leitbilder für Familie und Familienpolitik. Festgabe für Helga Schmucker. Duncker und Humblot/Berlin, S. 41–61.

Alemann, Ulrich von; Forndran, Erhard (1983): Einleitung. In: DieS. (Hrsg.): Interessenvermittlung und Politik. Interesse als Grundbegriff sozialwissenschaftlicher Lehre und Analyse. Opladen: Westdeutscher Verlag, S. 7–10.

Alemann, Ulrich von (1985): Der Wandel organisierter Interessen in der Bundesrepublik: Erosion oder Transformation? In: Aus Politik und Zeitgeschichte. Band 49, S. 3–21.

Alemann, Ulrich von (1989): Organisierte Interessen in der Bundesrepublik. Opladen: Leske + Budrich.

Allert, Tilman (1998): Die Familie. Fallstudien zur Unverwüstlichkeit einer Lebensform. Berlin: De Gruyter.

Allmendinger, Jutta; Leibfried, Stephan (2003): Bildungsarmut. In: Aus Politik und Zeitgeschichte. Band 21–22, S. 12–18.

Allmendinger, Jutta (2015): Mehr Bildung, größere Gleichheit: Bildung ist mehr als eine Magd der Wirtschaft. In: Mau, Steffen; Schöneck, Nadine M. (Hrsg.): (Un-)Gerechte (Un-)Gleichheiten. Berlin: Suhrkamp, S. 74–82.

Andrä, Helgard (2000): Begleiterscheinung und psychosoziale Folgen von Kinderarmut. In: Butterwegge, Christoph (Hrsg.): Kinderarmut in Deutschland. Ursachen, Erscheinungsformen und Gegenmaßnahmen. 2. Aufl. Frankfurt a. M.: Campus, S. 270–285.

Andresen, Sabine; Diehm, Isabell (Hrsg.) (2006): Kinder, Kindheiten, Konstruktionen. Erziehungswissenschaftliche Perspektiven und sozialpädagogische Verortungen. Wiesbaden: Springer VS.

Andresen, Sabine; Hurrelmann, Klaus (2010): Kindheit. Weinheim: Beltz.

Ariès, Philippe (1978): Geschichte der Kindheit. München: Hanser.

Armutsbericht (2014): Die zerklüftete Republik. Bericht zur regionalen Armutsentwicklung in Deutschland 2014. Herausgegeben vom Paritätischen Wohlfahrtsverband Deutschland.

Armutsbericht (2016): Zeit zu handeln. Bericht zur Armutsentwicklung in Deutschland 2016. Herausgegeben vom Paritätischen Wohlfahrtsverband Deutschland.

Asmus, Antje; Pabst, Franziska (2016): Armut Alleinerziehender. In: Paritätischer Armutsbericht (Hrsg.): Zeit zu handeln. Bericht zur Armutsentwicklung in Deutschland 2016, S. 27–33.

Atzmüller, Roland (2015): Die Krise der „Mitte". Überlegungen zu den neuen Mittelklassen im Anschluss an Nicos PoulantzaS. In: Martin, Dirk; Martin, Susanne; Wissel, Jens (Hrsg.): Perspektiven und Konstellationen kritischer Theorie. Münster: Westfälisches Dampfboot, S. 184–205.

Baader, Meike S.; Eßer, Florian; Schröer, Wolfgang (2014) (Hrsg.): Kindheiten in der Moderne. Eine Geschichte der Sorge. Frankfurt a. M.: Campus.

Bäcker, Gerhard (2010): Sozialpolitik und soziale Lage in Deutschland. 5. Aufl. Wiesbaden: VS.

Bacher, Johann; Hirtenlehner, Helmut; Kupfer, Antonia (2010): Politische und soziale Folgen von Bildungsarmut. In: Quenzel, Gudrun; Hurrelmann, Klaus (Hrsg.): Bildungsverlierer. Neue Ungleichheiten. Wiesbaden: VS, S. 475–496.

Backhaus-Maul, Holger; Speck, Karsten; Hörnlein, Miriam; Krohn, Maud (2015): Engagement in der Freien Wohlfahrtspflege. Empirische Befunde aus der Terra incognita eines Spitzenverbandes. Wiesbaden: VS Verlag für Sozialwissenschaften.

Baier, Horst (1977): Herrschaft im Sozialstaat. Auf der Suche nach einem soziologischen Paradigma der Sozialpolitik. In: Ferber, Christian von; Kaufmann, Franz-Xaver (Hrsg.): Soziologie und Sozialpolitik (Sonderheft 19 der KZfSS). Opladen: Westdeutscher Verlag, S. 128–142.

Baethge-Kinsky, Volker; Bartelheimer, Peter; Wagner, Alexandra (2010): Die „Hartz-Gesetze", ihre wissenschaftliche Evaluation und deren Verarbeitung: Schlussbericht des Transferprojekts "Monitor Arbeitsmarktpolitik". Göttingen: Online abrufbar unter: http://www.ssoar.info/ssoar/bitstream/handle/document/32749/ssoar-2010-baethge-kinsky_et_al-Die_Hartz-Gesetze,_ihre_wissenschaftliche_Evaluation_und_deren_Verarbeitung?sequence=1 [Zugriff am 15.02.2016].

Balog, Andreas (1989): Rekonstruktion von Handlungen. Alltagsintuition und soziologische Begriffsbildung (Studien zur Sozialwissenschaft, Band. 77). Opladen.

Bandelow, Nils C.; Kundolf, Stefan; Lindloff, Kristin (2014): Agenda Setting für eine nachhaltige EU-Verkehrspolitik. Akteurskonstellationen, Machtverhältnisse und Erfolgsstrategien. Berlin: ed. Sigma.

Bauer, Matthias (2007): Sehnsucht nach Nähe – Zum Problem der Repräsentation und Partizipation in der deutschen Mitgliederpartei. Online abrufbar unter: http://www.hss.de/fileadmin/migration/downloads/070704_Nachwuchsfoerderpreis_Bauer.pdf [Zugriff am 23.03.2015].

Baumann, Helge; Seils, Eric (2014): Wie „relativ" ist Kinderarmut? WSI Report der Hans-Böckler-Stiftung vom 11. Januar 2014. Online abrufbar unter: http://www.boeckler.de/pdf/p_wsi_report_11_2014 [Zugriff am 02.02.2015].

Bareis, Ellen; Wagner, Thomas (2015): Einleitung – Politik mit der Armut. Europäische Sozialpolitik und Wohlfahrtsproduktion „von unten". In: Dies. (Hrsg.): Politik mit der Armut. Europäische Sozialpolitik und Wohlfahrtsproduktion „von unten". Münster: Westfälisches Dampfboot, S. 7–42.

Barlösius, Eva (1998): Abschied von der Mitte. Anmerkungen zur sozialen Ungleichheit. In: Schmidt, Susanne; Hawel, Marcus (Hrsg.): Vom Nutzen der Kritik. Perspektiven der Studierenden und ihrer Proteste. Hannover: Offizin, S. 105–119.

Barlösius, Eva (2004): Kämpfe um soziale Ungleichheit. Machttheoretische Perspektiven. Wiesbaden: VS Verlag für Sozialwissenschaften.

Bärsch, Walter (1983): Gewalt gegen Kinder – ein zentrales Aufgabenfeld des Deutschen KinderschutzbundeS. In: Deutscher Kinderschutzbund (Hrsg.): Schützt Kinder vor Gewalt. Vom reaktiven zum aktiven Kinderschutz. Weinheim: Beltz, S. 11–21.

Barr, Nicholas (2004): The economics of the welfare state. Oxford: Oxford Univ. Press.

Bartelheimer, Peter; Kädtler, Jürgen (2012): Produktion und Teilhabe – Konzepte und Profil sozioökonomischer Berichterstattung. In: Bundesministerium für Bildung und Forschung (Hrsg.): Berichterstattung zur soziökonomischen Entwicklung in Deutschland. Wiesbaden: VS Verlag für Sozialwissenschaften, S. 41–85.

Bayer, Michael; Hübenthal, Maksim (2012): Kinderarmut – zur Schwierigkeit der Ausweitung ökonomischer Umverteilung. In: Zeitschrift für Soziologie und Erziehung. Jg. 32, Heft 2, S. 172–188.

Becher, Ursel (2008): Bildung – Ressource zur Bekämpfung von Armut. In: Herz, Birgit; Becher, Ursel; Kurz, Ingrid; Mettlau, Christiane; Treeß, Helga; Werdermann, Margarethe (Hrsg.): Kinderarmut und Bildung. Armutslagen in Hamburg. 1. Aufl. Wiesbaden: VS Verlag für Sozialwissenschaften, S. 41–57.

Beck, Ulrich (1986): Risikogesellschaft. Auf dem Weg in eine andere Moderne. Frankfurt a. M.: Suhrkamp.
Beck, Ulrich (2005): Editorial. In: Soziale Welt. Zeitschrift für sozialwissenschaftliche Forschung und Praxis. Jg. 56, Heft 4, S. 345–346.
Beck, Ulrich (2008): Die Neuvermessung der Ungleichheit unter den Menschen: Soziologische Aufklärung im 21. Jahrhundert. Eröffnungsvortrag zum Soziologentag „Unsichere Zeiten" am 6. Oktober 2008 in Jena. Frankfurt a. M.: Suhrkamp.
Beck-Gernsheim, Elisabeth (2014): Sozialpolitik in der Konkurrenz der Familienformen, Leitbilder und Ansprüche. In: Masuch, Peter; Spellbrink, Wolfgang, Becker, Ulrich; Leibfried, Stephan (Hrsg.): Grundlagen und Herausforderungen des Sozialstaats. Denkschrift 60 Jahre Bundessozialgericht. Eigenheiten und Zukunft von Sozialpolitik und Sozialrecht. Band 1, Berlin: Erich Schmidt Verlag, S. 560–577.
Becker, Winfried (2000): Vom politischen Katholizismus zur Christlichen Demokratie. Die Entwicklung christlicher Parteien in Deutschland. In: Immerfall, Stefan (Hrsg.): Parteien, Kulturen und Konflikte. Beiträge zur multikulturellen Gegenwartsgesellschaft: Festschrift für Alf Mintzel. Wiesbaden: Westdeutscher Verlag, S. 111–138.
Becker, Irene; Hauser, Richard (2003): Anatomie der Einkommensverteilung. Ergebnisse der Einkommens- und Verbrauchsstichproben 1969–1998. Berlin: Ed. Sigma.
Becker, Irene; Hauser, Richard (2004): Verteilung der Einkommen 1999–2003. Bericht zur Studie im Auftrag des Bundesministeriums für Gesundheit und Soziale Sicherung. Frankfurt a. M.
Becker, Irene; Hauser, Richard (2005): Dunkelziffer der Armut. Ausmaß und Ursachen der Nicht-Inanspruchnahme zustehender Sozialhilfeleistungen. Forschung aus der Hans-Böckler-Stiftung 64, Berlin.
Becker, Irene (2007): Verdeckte Armut in Deutschland. Ausmaß und Ursachen. Friedrich-Ebert-Stiftung, Fachforum Analysen & Kommentare, No. 2, 2007.
Becker, Irene (2011): Ist die Nicht-Erhöhung der Hartz-IV-Regelsätze für Kinder 2011 verfassungsgerecht? Gutachten aus ökonomischer Sicht für die Hans-Böckler-Stiftung. In: Soziale Sicherheit, Sonderheft September.
Behnken, Imbke; Honig, Michael S. (Hrsg.) (2012): Der Lebensraum des Großstadtkindes. Weinheim und Basel: Beltz Juventa.
Beisenherz, Gerhard H. (2000): Kinderarmut global und lokal: Armut als Exklusionsrisiko. In: Butterwegge, Christoph (Hrsg.): Kinderarmut in Deutschland. Ursachen, Erscheinungsformen und Gegenmaßnahmen. 2. Aufl. Frankfurt a. M.: Campus, S. 78–95.
Beisenherz, Gerhard H. (2002): Kinderarmut in der Wohlfahrtsgesellschaft. Das Kainsmal der Globalisierung. Opladen: Leske und Budrich.
Berliner Zeitung (2015): Wer ist in Deutschland eigentlich arm? Online abrufbar unter: http://www.bz-berlin.de/deutschland/wer-ist-in-deutschland-eigentlich-arm [Zugriff am: 07.04.2015].
Bertram, Hans; Rösler, Wiebke; Ehlert, Nancy (2005): Nachhaltige Familienpolitik. Zukunftssicherung durch einen Dreiklang von Zeitpolitik, finanzieller Transferpolitik und Infrastrukturpolitik. Gutachten im Auftrag des Bundesministeriums für Familie, Senioren, Frauen und Jugend. Berlin.
Bertram, Hans (2006): Nachhaltige Familienpolitik im europäischen Vergleich. In: Berger, Peter A.; Kahlert, Heike (Hrsg.): Der demographische Wandel. Chancen für die Neuordnung der Geschlechterverhältnisse. Frankfurt a. M.: Campus, S. 203–236.
Bertram, Hans (Hrsg.) (2008): Mittelmaß für Kinder. Der UNICEF-Bericht zur Lage der Kinder in Deutschland. Orig.-Ausg. München: Beck.
Bescherer, Peter; Wetzel, Dietmar (2016): Öffentlicher Raum braucht öffentliche Soziologie. In: Soziologie. Jg. 45, Heft 3, S. 255–266.
Bessing, Joachim (2006): Klasse statt Masse. In: Gastbeitrag zum Thema Familienpolitik in der Tageszeitung Die Welt vom 19.04.2006. Online abrufbar unter: http://www.welt.de/print-welt/article211397/Klasse-statt-Masse.html [Zugriff am 01.04.2016].
Betz, Tanja; Olk, Thomas; Rother, Pia (2010): Zwischen Absichtserklärungen und Partizipationswirklichkeit. In: Betz, Tanja; Gaiser, Wolfgang; Pluto, Liane (Hrsg.): Partizipation von Kindern und Jugendlichen. Forschungsergebnisse, Bewertungen, Handlungsmöglichkeiten. Wochenschau, S. 273–287.

Betz, Tanja; Gaiser, Wolfgang; Pluto, Liane (2010): Partizipation von Kindern und Jugendlichen. In: Dies. (Hrsg.): Partizipation von Kindern und Jugendlichen. Forschungsergebnisse, Bewertungen, Handlungsmöglichkeiten. Wochenschau, S. 11–33.

Beyme, Klaus von (1997): Der Gesetzgeber. Der Bundestag als Entscheidungszentrum. Opladen: Westdeutscher Verlag.

Beyme, Klaus von (2001): Funktionenwandel der Parteien in der Entwicklung von der Massenmitgliederpartei zur Partei der Berufspolitiker. In: Gabriel, Oscar W.; Niedermayer, Oskar; Stöss, Richard (Hrsg.): Parteiendemokratie in Deutschland. Bonn, S. 315–339.

Beyers, Jan; Eising, Rainer; Maloney, William (2008): Researching Interest Group Politics in Europe and Elsewhere: Much We Study, Little We Know? In: West European Politics. Vol. 31, Issue 6, S. 1103–1128.

Bildungsbericht (2014): Bildung in Deutschland 2014. Ein indikatorengestützter Bericht mit einer Analyse zur Bildung von Menschen mit Behinderungen. Online abrufbar unter: http://www.bildungsbericht.de/daten2014/bb_2014.pdf [Zugriff am 12.05.2015].

Birg, Herwig (2005): Die demographische Zeitenwende. Der Bevölkerungsrückgang in Deutschland und Europa. 4. Aufl., München: Beck.

Blome, Agnes (2014): Politischer Wettbewerb und rapide Wechsel in der Familienpolitik. In. Rüb, Friebert W. (Hrsg.): Rapide Politikwechsel in der Bundesrepublik. Zeitschrift für Politik. Sonderband 6. Nomos, S. 9–46.

Bleses, Peter; Seeleib-Kaiser, Martin (1999): Zum Wandel wohlfahrtsstaatlicher Sicherung in der BRD. In: Zeitschrift für Soziologie. Jg. 28, Heft 2, S. 114–135.

Blüm, Norbert (1994): „Ohne Kinder keine Rente". In: Die Zeit. Wochenzeitung für Politik Wirtschaft Wissen und Kultur, vom 30.09.1994.

Bode, Ingo (2000): Die Starken und die Schwachen – ein kompliziertes Verhältnis. Erfahrungen aus Interessenvermittlungsprozessen in Frankreich. In: Willems, Ulrich; Winter, Thomas von (Hrsg.) (2000): Politische Repräsentation schwacher Interessen. Opladen: Leske + Budrich, S. 285–313.

Bode, Ingo (2009): Vermarktlichung der Zivilgesellschaft? Die advokatorische Funktion des Sozialsektors im disorganisierten Wohlfahrtskapitalismus. In: Linden, Markus; Thaa, Winfried (Hrsg.): Die Politische Repräsentation von Fremden und Armen. Baden-Baden: Nomos, S. 81–97.

Bode, Ingo (2013): Die Infrastruktur des postindustriellen Wohlfahrtsstaats. Organisation, Wandel, gesellschaftliche Hintergründe. Wiesbaden: VS Verlag für Sozialwissenschaften.

Bogner, Alexander, Littig, Beate; Menz, Wolfgang (Hrsg.) (2005): Das Experteninterview. Theorie, Methode, Anwendung. 2. Aufl. Wiesbaden: VS.

Bogner, Alexander, Littig, Beate; Menz, Wolfgang (Hrsg.) (2014): Interviews mit Experten. Eine praxisorientierte Einführung. Wiesbaden: VS Verlag für Sozialwissenschaften.

Bohnsack, Ralf (1991): Rekonstruktive Sozialforschung. Einführung in Methodologie und Praxis qualitativer Sozialforschung. Opladen: Leske + Budrich.

Bomsdorf, Eckart (2005): Perspektive für eine nachhaltige Familienpolitik. Berlin.

Bonin, Holger; Schnabel, Reinhold; Stichnoth, Holger (2014): Zur Effizienz der ehe- und familienbezogenen Leistungen in Deutschland im Hinblick auf soziale Sicherungs- und Beschäftigungsziele. In: Vierteljahreshefte zur Wirtschaftsforschung. Jg. 83, Heft 1, S. 29–48.

Borchert, Jens; Lessenich, Stefan (2004): „Spätkapitalismus" revisited. Claus Offes Theorie und die adaptive Selbsttransformation der Wohlfahrtsstaatsanalyse. In: Zeitschrift für Sozialreform. Jg. 50, Heft 6, S. 563–583.

Borchert, Jens; Lessenich, Stefan (2004a): „Spätkapitalismus" revisited. Möglichkeiten und Grenzen adaptiver Selbsttransformation der Wohlfahrtsstaatsanalyse. In: Geis, Anna; Strecker, David (Hrsg.): Blockaden staatlicher Politik: Sozialwissenschaftliche Analysen im Anschluss an Claus Offe. Frankfurt a. M.: Campus, S. 83–97.

Borchert, Jens; Lessenich, Stefan (2012): Der Vergleich in den Sozialwissenschaften. In: Dies. (Hrsg.): Der Vergleich in den Sozialwissenschaften. Staat – Kapitalismus – Demokratie. Frankfurt a. M.: Campus Verlag, S. 9–16.

Borchert, Jürgen (2013): Sozialstaatsdämmerung, 1. Aufl. München: Riemann.

Borsche, Sven (2003): Umbrüche in der Interessenpolitik für Kinder. In: Kränzl-Nagl, Renate; Mierendorff, Johanna; Olk, Thomas (Hrsg.): Kindheit im Wohlfahrtsstaat. Gesellschaftliche und politische Herausforderungen. Frankfurt a. M.: Campus Verlag, S. 395–418.
Bourdieu, Pierre (1984): Die feinen Unterschiede. Kritik der gesellschaftlichen Urteilskraft. Frankfurt am Main: Suhrkamp. (orig.: La distinction. Critique sociale du jugement, Paris 1979).
Bourdieu, Pierre; Wacquant, Loïc J. D. (1996): Reflexive Anthropologie. Frankfurt a. M.: Suhrkamp.
Bourdieu, Pierre (1997): „Die gesunde Wut eines Soziologen: Interview mit Louis Romèro“. In: Ders.: Die verborgenen Mechanismen der Macht. Schriften zu Politik & Kultur 1, VSA-Verlag Hamburg, S. 165–174.
Bourdieu, Pierre (2001): Das politische Feld. Zur Kritik der politischen Vernunft. UVK-Verl. Ges.
Bos, Wilfried; C. Stubbe, Tobias; Buddeberg, Magdalena (2010): Einkommensarmut und schulische Kompetenzen. In: Jörg Fischer (Hrsg.): Armut und soziale Ausgrenzung von Kindern und Jugendlichen. Problembestimmungen und Interventionsansätze. Baltmannsweiler: Schneider-Verl. Hohengehren, S. 58–72.
Bothfeld, Silke (2005): Arbeitsmarkt. In: Bothfeld, Silke; Klammer, Ute; Klenner, Christina; Leiber, Sione; Thiel, Anke; Ziegler, Astrid (Hrsg.): WSI Frauen Daten Report 2005. Handbuch zur wirtschaftlichen und sozialen Situation von Frauen. Berlin, S. 109–186.
Brandl, Julia; Klinger, Stephan (2006): Probleme eines Feldzugangs zu Eliten. In: Österreichische Zeitschrift für Soziologie. Jg. 31, Heft 1, S. 44–65.
Brettschneider, Antonio (2007): Die Rückkehr der Schuldfrage. Zur politischen Soziologie der Reziprozität im Deutschen Wohlfahrtsstaat. In: Marten, Carina; Scheuregger, Daniel (Hrsg.): Reziprozität und Wohlfahrtsstaat. Analysepotential und sozialpolitische Relevanz. Opladen & Farmington, S. 111–145.
Brock, Ditmar (1994): Rückkehr der Klassengesellschaft? Die neuen sozialen Gräben in einer materiellen Kultur. In: Beck, Urich; Beck-Gernsheim, Elisabeth (Hrsg.): Riskante Freiheiten. Individualisierung in modernen Gesellschaften. Frankfurt a. M.: Suhrkamp, S. 61–73.
Broichhausen, Klaus (1982): Knigge und Kniffe für die Lobby in Bonn. München: Wirtschaftsverl. Langen/Müller/Herbig.
Bronke, Karl (2011): Die Debatte um eine Kindergrundsicherung. In: Lange, Joachim; Nullmeier, Frank (Hrsg.): Kindergrundsicherung: (K)eine gute Idee? Evangelische Akad. Loccum, S. 15–32.
Bude, Heinz (2005): Kommentar zu Michael Burawoy: Auf der Suche nach einer öffentlichen Soziologie. In: Soziale Welt. Zeitschrift für sozialwissenschaftliche Forschung und Praxis. Jg. 56, Heft 4, S. 375–380.
Bude, Heinz; Willisch, Andreas (2006): Das Problem der Exklusion. In: Ders. (Hrsg.). Das Problem der Exklusion. Ausgegrenzte, Entbehrliche, Überflüssige. Hamburger Edition, S. 7–23.
Bude, Heinz (2011): Bildungspanik. Was unsere Gesellschaft spaltet. München: Hanser.
Bude, Heinz (2014): Gesellschaft der Angst. Hamburg: Hamburger Edition.
Buholzer, Rene (1998): Legislatives Lobbying in der Europäischen Union. Ein Konzept für Interessengruppen. Bern: Paul Haupt.
Bühler-Niederberger, Doris (1996): Teure Kinder – Ökonomie und Emotionen im Wandel der Zeit. In: Zeiher, Helga; Büchner, Peter; Zinnecker, Jürgen (Hrsg.): Kinder als Außenseiter? Umbrüche in der gesellschaftlichen Wahrnehmung von Kindern und Kindheit. Weinheim und München: Juventa, S. 97–116.
Bühler-Niederberger, Doris (2003): Der Wert der Kinder – die Rechenregeln der Politik. In: Kränzl-Nagl, Renate; Mierendorff, Johanna; Olk, Thomas (Hrsg.): Kindheit im Wohlfahrtsstaat. Gesellschaftliche und politische Herausforderungen. Frankfurt a M.: Campus Verlag, S. 183–209.
Bühler-Niederberger, Doris (2005): Einleitung: Der Blick auf das Kind – gilt der Gesellschaft. In: Ders. (Hrsg.): Macht der Unschuld: Das Kind als Chiffre. Wiesbaden: VS Verlag für Sozialwissenschaften, S. 9–22.
Bühler-Niederberger, Doris (2009): Ungleiche Kindheiten – alte und neue Disparitäten. In: Aus Politik und Zeitgeschichte (APUZ). Nr. 17, S. 3–8.
Bühler-Niederberger, Doris; Mierendorff, Johanna (2009): Ungleiche Kindheiten – eine kindheitssoziologische Annäherung. In: Diskurs Kindheits- und Jugendforschung. Jg. 4, Heft 4, S. 449–456.

Bühler-Niederberger, Doris (2010): Soziologie der Kindheit. In: Kneer, Georg; Schroer, Markus (Hrsg.): Handbuch Spezielle Soziologien. Wiesbaden: VS Verlag für Sozialwissenschaften, S. 437–456.

Bühler-Niederberger, Doris; Mierendorff, Johanna; Lange, Andrea (Hrsg.) (2010): Kindheit zwischen fürsorglichem Zugriff und gesellschaftlicher Teilhabe. Wiesbaden: VS Verlag für Sozialwissenschaften.

Bujard, Martin (2011): Geburtenrückgang und Familienpolitik. Ein verschiedene Theorien integrierender Erklärungsansatz und dessen empirische Überprüfung im OECD-Länder-Vergleich 1970–2006. Baden-Baden: Nomos.

Bujard, Martin (2012): Die Kinderzahl von Akademikerinnen. Befunde eines Schätzmodells mit Mikrozensusdaten der Jahre 1982 bis 2011. In: Bevölkerungsforschung Aktuell. Jg. 33, Nr. 5, S. 2–11.

Bujard, Martin (2012a): Talsohle bei Akademikerinnen durchschritten? Kinderzahl und Kinderlosigkeit in Deutschland nach Bildungs- und Berufsgruppen. Expertise für das Bundesministerium für Familie, Senioren, Frauen und Jugend. Online abrufbar unter: http://www.bib-demografie.de/SharedDocs/Publikationen/DE/Working_Paper/2012_4_talsohle_akademikerinnen.pdf;jsessionid=ABE46596286E8B7867AABCAC3887AF5E.2_cid292?__blob=publicationFile&v=8 [Zugriff am 26.08.2015].

Bujard, Martin; Passet, Jasmin (2013): Wirkungen des Elterngeldes auf Einkommen und Fertilität. In: Zeitschrift für Familienforschung. Jg. 25, Heft 2, S. 212–237.

Bujard, Martin (2014): Elterngeld: Wie Agenda-Setting und neue Interessenkoalitionen den familienpolitischen Paradigmenwechsel ermöglichten. Online abrufbar unter: http://regierungsforschung.de/neue-fallstudie-elterngeld-wie-agenda-setting-und-neue-interessenkoalitionen-den-familienpolitischen-paradigmenwechsel-ermoeglichten-von-martin-bujard/ [Zugriff am 14.01.2016].

Bujard, Martin (2014a): Familienpolitische Geldleistungen. In: Dossier Familienpolitik der Bundeszentrale für politische Bildung. Online abrufbar unter: http://www.bpb.de/politik/innenpolitik/familienpolitik/193715/familienpolitische-geldleistungen?p=all [Zugriff am 07.12.2015]

Bujard, Martin (2016): Wirkungen von Familienpolitik auf die Geburtenentwicklung. In: Niephaus, Yasemin; Kreyenfeld, Michaela; Sackmann, Reinhold (Hrsg.): Handbuch Bevölkerungssoziologie. Wiesbaden: VS Verlag für Sozialwissenschaften, S. 619–646.

Bundesjugendkuratorium (BjK) (2001): Zukunftsfähigkeit sichern! Für ein neues Verhältnis von Bildung und Jugendhilfe. Eine Streitschrift des Bundesjugendkuratoriums. In: Münchmeier, Richard; Otto, Hans-Uwe; Rabe-Kleberg, Ursula (Hrsg.): Bildung und Lebenskompetenz. Kinder- und Jugendhilfe vor neuen Aufgaben.

Bundesjugendkuratorium (BjK) (2009): Partizipation von Kindern und Jugendlichen. Zwischen Anspruch und Wirklichkeit. Online abrufbar unter: http://www.bundesjugendkuratorium.de/assets/pdf/press/bjk_2009_2_stellungnahme_partizipation.pdf [Zugriff am 13.05.2015].

Bundesjugendkuratorium (BjK) (Hrsg.) (2009a): Kinderarmut in Deutschland: Eine drängende Handlungsaufforderung an die Politik. Online abrufbar unter: http://www.bundesjugendkuratorium.de/assets/pdf/press/bjk_2009_3_stellungnahme_kinderarmut.pdf [Zugriff am 06.01.2016].

Bund-Länder-Kommission (BLK) (1998). Bildung für eine Nachhaltige Entwicklung. Bonn. Online abrufbar unter: http://www.blk-bonn.de/papers/heft69.pdf [Zugriff am 03.12.2015].

Bund-Länder-Kommission für Bildungsplanung und Forschungsförderung (BLK) (2004): Strategie für Lebenslanges Lernen in der Bundesrepublik Deutschland. Bonn: BLK.

Bundesministerium für Bildung und Forschung (BMBF) (2012): Bildung in Deutschland 2012.

Bundesministerium für Familie, Senioren Frauen und Jugend (BMFSFJ) (1994): Familien und Familienpolitik im geeinten Deutschland – Fünfter Familienbericht. Drucksache 12/7560.

Bundesministerium für Familie, Senioren Frauen und Jugend (BMFSFJ) (1999): Beteiligung von Kindern und Jugendlichen in der Kommune. Ergebnisse einer Bundesweiten Erhebung. Bonn.

Bundesministerium für Familie, Senioren Frauen und Jugend (BMFSFJ) (2002): Elfter Kinder- und Jugendbericht. Bericht über die Lebenssituation junger Menschen und die Leistungen der Kinder- und Jugendhilfe in Deutschland. Online abrufbar unter: http://www.bmfsfj.de/doku/Publikationen/kjb/data/download/11_Jugendbericht_gesamt.pdf [Zugriff am 09.10.2015].

Bundesministeriums für Familie, Senioren, Frauen und Jugend (BMFSFJ) (Hrsg.) (2006): Familie zwischen Flexibilität und Verlässlichkeit. Siebter Familienbericht. Online abrufbar unter: http://www.bmfsfj.de/doku/Publikationen/familienbericht/download/familienbericht_gesamt.pdf [Zugriff am 10.04.2016].

Bundesministerium für Familie, Senioren Frauen und Jugend (BMFSFJ) (2008): Armutsrisiken von Kindern und Jugendlichen in Deutschland. Online abrufbar unter: http://www.bmfsfj.de/RedaktionBMFSFJ/Broschuerenstelle/Pdf-Anlagen/Dossier-Kinderarmut,property=pdf,bereich=bmfsfj,sprache=de,rwb=true.pdf [Zugriff am 13.02.2016].

Bundesministerium für Familie, Senioren Frauen und Jugend (BMFSFJ) (2008a): Ausbau der Kinderbetreuung. Kosten. Nutzen. Finanzierung. Online abrufbar unter: http://www.bmfsfj.de/RedaktionBMFSFJ/Broschuerenstelle/Pdf-Anlagen/Dossier-Ausbau-der-Kinderbetreuung.pdf [Zugriff am 08.04.2016].

Bundesministerium für Familie, Senioren Frauen und Jugend (BMFSFJ) (2012): Ministerin Schröder: „Elterngeld ist ein Erfolgsmodell". Pressemitteilung vom 27.02.2012. Online abrufbar unter: http://www.bmfsfj.de/BMFSFJ/Presse/pressemitteilungen,did=184506.html?view=renderPrint [Zugriff am 04.01.2016].

Bundesministerium für Familie, Senioren Frauen und Jugend (BMFSFJ) (2013): 14. Kinder- und Jugendbericht. Bericht über die Lebenssituation junger Menschen und die Leistungen der Kinder- und Jugendhilfe in Deutschland. Online abrufbar unter: http://www.bmfsfj. de/Redaktion BMFSFJ/Broschuerenstelle/Pdf-Anlagen/14-Kinder-und-Jugendbericht,property=pdf,bereich=bmfsfj,sprache=de,rwb=true.pdf [Zugriff am 09.04.2016].

Bundesministerium für Familie, Senioren Frauen und Jugend (BMFSFJ) (2014): Gesamtevaluation der ehe- und familienbezogenen Maßnahmen und Leistungen in Deutschland. Online abrufbar unter: http://www.bmfsfj.de/RedaktionBMFSFJ/Abteilung2/Pdf-Anlagen/gesamtevaluation-endbericht,property=pdf,bereich=bmfsfj,sprache=de,rwb=true.pdf [Zugriff am 08.04.2016].

Bundesministerium für Familie, Senioren Frauen und Jugend (BMFSFJ) (2015): Qualitätsstandards für Beteiligung von Kindern und Jugendlichen. Online abrufbar unter: http://www.bmfsfj.de/RedaktionBMFSFJ/Broschuerenstelle/Pdf-Anlagen/kindergerechtes-deutschland-brosch_C3_BCre-qualit_C3_A4tsstandards,property=pdf,bereich=bmfsfj,sprache=de,rwb=true.pdf [Zugriff am 08.04.2016].

Bundesministerium für Familie, Senioren Frauen und Jugend (BMFSFJ) (2015a): Das Elterngeld. Online abrufbar unter: http://www.bmfsfj.de/BMFSFJ/Service/rechner,did=76746.html [Zugriff am 30.12.2015].

Bundesverfassungsgericht (2010): Leitsätze zum Urteil des Ersten Senats vom 9. Februar 2010, BvL 1/09, BvL 3/09 und BvL 4/09. Online abrufbar unter: http://www.bverfg.de/entscheidungen/ls20100209_1bvl000109.html [Zugriff am 28.10.2014].

Bundesregierung (1995): Armut in der Bundesrepublik Deutschland. Drucksache 13/3339. Online abrufbar unter: http://dip21.bundestag.de/dip21/btd/13/033/1303339.pdf [Zugriff am 3.02.2016].

Bundesregierung (2001): Lebenslagen in Deutschland. Erster Armuts- und Reichtumsbericht der Bundesregierung. Drucksache 14/5990. Online abrufbar unter: http://dip21.bundestag.de/dip21/btd/14/059/1405990.pdf [Zugriff am 10.04.2016].

Bundesregierung (2005): Lebenslagen in Deutschland. Zweiter Armuts- und Reichtumsbericht der Bundesregierung. Drucksache 15/5015. Online abrufbar unter: http://dip21.bundestag.de/dip21/btd/15/050/1505015.pdf [Zugriff am 09.04.2016].

Bundesregierung (2013): Lebenslagen in Deutschland. Der 4. Armuts- und Reichtumsbericht der Bundesregierung. Berlin. Bundesministerium für Arbeit und Soziales (BMAS) (Hrsg.) Online abrufbar unter: https://www.bmas.de/SharedDocs/Downloads/DE/PDF-Publikationen-DinA4/a334-4-armuts-reichtumsbericht-2013.pdf?__blob=publicationFile [Zugriff am 10.10.2015].

Bundesregierung (2016): Regierungskonferenz vom 25.01.2016. Online abrufbar unter: https://www.bundesregierung.de/Content/DE/Mitschrift/Pressekonferenzen/2016/01/2016-01-25-regpk.html [Zugriff am 23.03.2016].

Bundessozialhilfegesetz (BSHG) (1961): Online abrufbar unter: http://www.gesetze-im-internet.de/bundesrecht/bshg/gesamt.pdf [Zugriff am 11.04.2016].

Burdewick, Ingrid (2003): Jugend – Politik – Anerkennung. Eine qualitative empirische Studie zur politischen Partizipation 11- bis 18-Jähriger. Wiesbaden: VS Verlag für Sozialwissenschaften.
Burkart, Günter (2010): Familiensoziologie. In: Kneer, Georg; Schroer, Markus (Hrsg.): Handbuch Spezielle Soziologien. Wiesbaden: VS Verlag für Sozialwissenschaften, S. 123–145.
Burzan, Nicole (2010): Soziologie sozialer Ungleichheit. In: Kneer, Georg; Schroer, Markus (Hrsg.): Handbuch Spezielle Soziologien. Wiesbaden: VS Verlag für Sozialwissenschaften, S. 525–538.
Burzan, Nicole (2011): Soziale Ungleichheit. Eine Einführung in die zentralen Theorien. 4. Aufl. Wiesbaden: VS Verlag für Sozialwissenschaften.
Busch-Geertsema, Ruhstrat, Ekke-Ulf (1992): Kein Schattendasein für Langzeitarme! Wider die Verharmlosung von Langzeitarmut im Zusammenhang mit der „dynamischen Armutsforschung". In: Nachrichtendienst des Deutschen Vereins für öffentliche und private Fürsorge. Heft 11, S. 366–370.
Büschges, Günter (1981): Einführung in die Organisationssoziologie. Hagen: Fernuniv.
Buse, Michael J.; Nelles Wilfried (1975): Formen und Bedingungen der Partizipation im politisch/administrativen Bereich. In: Alemann, Ulrich von (Hrsg.): Partizipation – Demokratisierung – Mitbestimmung. Opladen: Westdeutscher Verlag, S. 41–111.
Busemeyer, Marius R. (2014): Bildung als Sozialpolitik? Der Sozialinvestitionsstaat im 21. Jahrhundert. In: Masuch, Peter; Spellbrink, Wolfgang, Becker, Ulrich; Leibfried, Stephan (Hrsg.): Grundlagen und Herausforderungen des Sozialstaats. Denkschrift 60 Jahre Bundessozialgericht. Eigenheiten und Zukunft von Sozialpolitik und Sozialrecht. Band 1, Berlin: Erich Schmidt Verlag, S. 631–649.
Butterwegge, Christoph (1996): Zerrbild der Armut. In: Neue PraxiS. Zeitschrift für Sozialarbeit, Sozialpädagogik und Sozialpolitik. Jg. 26, Heft 1, S. 68–75.
Butterwegge, Christoph (1999): Wohlfahrtsstaat im Wandel: Probleme und Perspektiven der Sozialpolitik. Opladen: Leske + Budrich.
Butterwegge, Christoph (2000): Armutsforschung, Kinderarmut und Familienfundamentalismus. In: Butterwegge, Christoph (Hrsg.): Kinderarmut in Deutschland. Ursachen, Erscheinungsformen und Gegenmaßnahmen. 2. Aufl. Frankfurt a. M.: Campus Verlag, S. 21–58.
Butterwegge, Christoph (2001): Wohlfahrtsstaat im Wandel. Probleme und Perspektiven der Sozialpolitik. 3. Aufl., Opladen: Leske + Budrich.
Butterwegge, Christoph; Klundt, Michael (Hrsg.) (2003): Kinderarmut und Generationengerechtigkeit. Familien- und Sozialpolitik im demografischen Wandel. 2. Auflage. Opladen: Leske + Budrich.
Butterwegge, Christoph (2004): Armut und Kindheit. Ein regionaler, nationaler und internationaler Vergleich. 2. Aufl. Wiesbaden: VS Verlag für Sozialwissenschaften.
Butterwegge, Christoph; Holm, Karin; Imholz, Barbara; Klundt, Michael; Michels, Caren; Schulz, Uwe; Wuttke, Gisela; Zander, Margherita; Zeng, Matthias (2004): Armut und Kindheit. Ein regionaler, nationaler und internationaler Vergleich. Wiesbaden: VS Verlag für Sozialwissenschaften.
Butterwegge, Christoph; Klundt, Michael; Zeng, Matthias (2005): Kinderarmut in Ost- und Westdeutschland. 1. Aufl. Wiesbaden: VS Verlag für Sozialwissenschaften.
Butterwegge, Christoph (2006): Demographie als Ideologie? Zur Diskussion über Bevölkerungs- und Sozialpolitik in Deutschland. In: Berger, Peter A.; Kahlert, Heike (Hrsg.): Der demographische Wandel. Chancen für die Neuordnung der Geschlechterverhältnisse. Frankfurt a. M.: Campus Verlag, S. 53–80.
Butterwegge, Christoph (2008): Bildung: keine Wunderwaffe gegen (Kinder-)Armut. In: FORUM für Kinder und Jugendarbeit. Jg. 24, Heft 1, S. 20–22.
Butterwegge, Christoph (2008a): Rechtfertigung, Maßnahmen und Folgen einer neoliberalen (Sozial-)Politik. In: Butterwegge, Christoph; Lösch, Bettina; Ptak, Ralf (Hrsg.): Kritik des Neoliberalismus. 2. Aufl. Wiesbaden: VS Verlag für Sozialwissenschaften, S. 135–219.
Butterwegge, Christoph (2009): Reichtumsförderung statt Armutsbekämpfung. Eine sozialpolitische Bilanz der großen Koalition. In: Blätter für deutsche und internationale Politik, Jg. 54, Heft 9, S. 64–72.
Butterwegge, Christoph (2010): Kinderarmut als gesellschaftspolitische Herausforderung. Vorüberlegungen und Ansatzpunkte zur Armutsbekämpfung. In: Lutz, Ronald; Hammer, Veronika

(Hrsg.): Wege aus der Kinderarmut. Gesellschaftspolitische Rahmenbedingungen und sozialpädagogische Handlungsansätze. Wiesbaden: VS Verlag für Sozialwissenschaften, S. 11–21.

Butterwegge, Christoph (2010a): Kinderarmut und Bildung. In: Quenzel, Gudrun; Hurrelmann, Klaus (Hrsg.): Bildungsverlierer. Neue Ungleichheiten. Wiesbaden: VS Verlag für Sozialwissenschaften, S. 537–555.

Butterwegge, Christoph (2011): Armut in einem reichen Land. Wie das Problem verharmlost und verdrängt wird. 3. Aufl. Frankfurt a. M. [u. a.]: Campus Verlag.

Butterwegge, Christoph (2014): Krise und Zukunft des SozialstaateS. 5. Aufl. Wiesbaden: VS Verlag für Sozialwissenschaften.

Butterwegge, Christoph (2014a): Die politische Repräsentation von Armen und Reichen – ein Problem für die Legitimation der Demokratie? In: Linden, Markus; Thaa, Winfried (Hrsg.): Ungleichheit und politische Repräsentation. Baden-Baden: Nomos, S. 27–52.

Butterwegge, Christoph (2015): Wie Armut in Deutschland verharmlost wird. Online abrufbar unter: http://www.deutschlandradiokultur.de/soziologe-christoph-butterwegge-wie-armut-in-deutschland.1008.de.mhtml?dram%3Aarticle_id=315480 [Zugriff am 07.04.2015].

Butterwegge, Christoph (2015a): Die soziale Spaltung – ein Risiko für die Zivilgesellschaft. Arme beteiligen sich politisch wenig und Reiche wenig sozial. In: Bundesnetzwerk bürgerschaftliches Engagement (BBE): Newsletter Nr. 12 vom 11.06.2015. Online abrufbar unter: http://www.b-b-e.de/fileadmin/inhalte/aktuelles/2015/06/newsletter-12-butterwegge-gastbeitrag.pdf [Zugriff am 13.06.2015].

Butterwegge, Christoph (2016): Armut in einem reichen Land. Wie das Problem verharmlost und verdrängt wird. 4. Aufl., Frankfurt a. M.: Campus Verlag.

Calmbach, Marc; Borgstedt, Silke; Borchard, Inga; Thomas, Peter M.; Flaig, Bethold B. (2016): Wie ticken Jugendliche 2016? Lebenswelten von Jugendlichen im Alter von 14 bis 17 Jahren in Deutschland. Wiesbaden: VS Verlag für Sozialwissenschaften.

Castel, Robert (2000): Die Metamorphosen der sozialen Frage. Eine Chronik der Lohnarbeit. Konstanz: UVK, Univ.-Verlag Konstanz.

Castel, Robert (2005): Die Stärkung des Sozialen Leben im neuen Wohlfahrtsstaat. Hamburg: Hamburger Ed.

Castells, Manuel (2003): Jahrtausendwende. Übersetzt von Reinhart Kößler. Opladen: Leske + Budrich.

Chassé, Karl August (2005): Meine arme Familie. Lebenslagen benachteiligter Kinder im gesellschaftlichen Wandel. In: Ronald Lutz (Hrsg.): Kinderberichte und Kinderpolitik. Aktuelle Lebenslagen von Kindern und Jugendlichen. Oldenburg: Paulo-Freire-Verlag, S. 37–57.

Chassé, Karl August; Zander, Margherita; Rasch, Konstanze (2010): Meine Familie ist arm. Wie Kinder im Grundschulalter Armut erleben und bewältigen. 4. Aufl., Wiesbaden: VS Verlag für Sozialwissenschaften.

Chassé, Karl August (2010): Unterschichten in Deutschland. Materialien zu einer kritischen Debatte. Wiesbaden: VS Verlag für Sozialwissenschaften

Chassé, Karl August (2014): Kindheit und Armut. In: Braches-Chrek, Rita; Röhner, Charlotte; Sünker, Heinz; Hopf, Michael (Hrsg.): Handbuch Frühe Kindheit. Opladen: Barbara Budrich, S. 409–418.

Chatam House (2015): The Royal Institute of International Affairs. Chatam House Rule. Online abrufbar unter: https://www.chathamhouse.org/about/chatham-house-rule [Zugriff am 14.10.2015].

Clasen, Jochen; Oorschot, Wilm van; Halvorsen, Knut (Hrsg.) (2002): Europes new state of welfare: Unemployment, employment policies and citizenship. Bristol: Police Press.

Clasen, Jochen; Clegg, Daniel (2004): Does the Third Way Work? The Left and Labour Market Policy Reform in Britain, France, and Germany. In: Lewis, Jane; Surender, Rebecca (Hrsg.): Welfare State Change. Towards a Third Way. Oxford: Oxford University Press, S. 89–110.

Clement, Ute; Nowak, Jörg; Ruß, Sabine; Scherrer, Christoph (Hrsg.) (2010): Einleitung: Public Governance und schwache Interessen. In: Clement, Ute; Nowak, Jörg; Ruß, Sabine; Scherrer, Christoph (Hrsg.): Public Governance und schwache Interessen. 1. Aufl. Wiesbaden: VS Verlag für Sozialwissenschaften.

Cockburn, Tom (1998): Children and Citizenship in Britain. In: Childhood. Vol. 5, Issue 1, S. 99–117.

Coleman, James S. (1986): Die asymmetrische Gesellschaft. Weinheim: Beltz.
Coleman, James S. (1991): Grundlagen der Sozialtheorie. Band 1: Handlungen und Handlungssysteme. Studienausgabe. München: De Gruyter Oldenbourg.
Cornelissen, Waltraud (2006): Kinderwunsch und Kinderlosigkeit im Modernisierungsprozess. In: Berger, Peter A.; Kahlert, Heike (Hrsg.): Der demographische Wandel. Chancen für die Neuordnung der Geschlechterverhältnisse. Frankfurt a. M.: Campus Verlag, S. 137–163.
Cremer, Georg (2015): Die tief zerklüftete Republik. War die Armut in Deutschland wirklich noch nie so ausgeprägt wie derzeit? Und die regionale Zerrissenheit noch nie so groß? Warum irreführende Armutspolemik niemanden weiterbringt. Online abrufbar unter: http://www.faz.net/aktuell/politik/die-gegenwart/deutschland-die-tief-zerklueftete-republik-13560353.html?printPagedArticle=true#pageIndex_2 [Zugriff am 06.06.2016].
Czerwick, Edwin (2011): Funktionale Politikberatung. Vorüberlegungen zu einer politikwissenschaftlichen Theorie der Politikberatung. In: Zeitschrift für Politikberatung. Vol. 4, Nr. 4, S. 147–156.
Dahrendorf, Ralf (1965): Gesellschaft und Demokratie in Deutschland. München: Piper.
Dahrendorf, Ralf (1967): Pfade aus Utopia. Arbeiten zur Theorie und Methode der Soziologie. München: Piper.
Decker, Frank (2005): Politikverdrossenheit ohne Ende? Zur Krise der deutschen Parteiendemokratie. In: Gesellschaft, Wirtschaft, Politik. Jg. 54, Heft 1, S. 101–125.
Decker, Frank (2011): Parteien und Parteiensysteme in der Bundesrepublik Deutschland. Stuttgart: Kohlhammer.
Der Spiegel (2007): Neid und bräsiger Trotz. In: Der Spiegel, Nr. 46, S. 36–37.
Destatis (2012): Geburtentrends und Familiensituation in Deutschland. Online abrufbar unter: https://www.destatis.de/DE/PresseService/Presse/Pressekonferenzen/2013/Geburten_2012/Begleitheft_Geburten.pdf?__blob=publicationFile [Zugriff am 05.06.2016].
Destatis (2015): Statistisches Bundesamt. Pressemitteilung vom 28. Oktober 2015 - 395/15. Online abrufbar unter: https://www.destatis.de/DE/PresseService/Presse/Pressekonferenzen/2015/Jahrbuch2015/pm_jahrbuch2015_PDF.pdf;jsessionid=529428C33E09EAAAFA414C7ED3A9EB2B.cae1?__blob=publicationFile [Zugriff am 05.11.2015].
Deutschmann, Christoph (1997): Zur Kritik am Wohlfahrtsstaat. In: Müller, Siegfried; Otto, Ulrich (Hrsg.): Armut im Sozialstaat. Gesellschaftliche Analysen und sozialpolitische Konsequenzen. Neuwied: Luchterhand, S. 157–170.
Deutcher Gewerkschaftsbund (DGB) (2015): Hartz-IV-Regelsätze heute weniger wert als vor 11 Jahren. Pressemitteilung vom 23.12.2015. Online abrufbar unter: http://www.dgb.de/themen/++co++965af73e-a975-11e5-822a-52540023ef1a [Zugriff am 05.01.2016].
Diabatè, Sabine; Ruckdeschel, Kerstin; Dorbits, Jürgen; Lux, Linda (2015): Familie XXL: Leitbild Kinderreichtum? In: Schneider, Norbert F.; Diabatè, Sabine; Ruckdeschel, Kerstin (Hrsg.): Familienleitbilder in Deutschland. Opladen: Barbara Budrich, S. 171–190.
Dienel, Christiane (2008): Familienpolitik in alternden Gesellschaften. In: Luber, Eva; Hungerland, Beatrice (Hrsg.): Angewandte Kindheitswissenschaften. Eine Einführung für Studium und Praxis. Weinheim und München: Juventa, S. 110–133.
Dietz, Berthold (1997): Soziologie der Armut. Eine Einführung. Frankfurt a. M.: Campus Verlag.
Dingeldey, Irene (2005): Vom klassischen zum aktivierenden Wohlfahrtsstaat. In: Groh, Kathrin; Weinbach, Christine (Hrsg.): Zur Genealogie des politischen Raums. Wiesbaden: VS Verlag für Sozialwissenschaften, S. 273–308.
Dingeldey, Irene (2006): Aktivierender Wohlfahrtsstaat und sozialpolitische Steuerung. In: Aus Politik und Zeitgeschichte. Band 8–9, S. 3–9.
Dingeldey, Irene (2010): Labour market activation policy in a ‚Bismarckian' welfare state: old and new divisions of social rights and citizenship in Germany. In: Nevile, Ann (Hrsg.): Human Rights and Social Policy. A Comparative Analysis of Values and Citizenship in OECD Countries. Cheltenham: MPG Books Group, S. 65–82.
Dingeldey, Irene (2011): Der aktivierende Wohlfahrtsstaat. Governance der Arbeitsmarktpolitik in Dänemark, Großbritannien und Deutschland. Frankfurt a. M.: Campus Verlag. Schriften des Zentrums für Sozialpolitik.

(DKHW) Deutsches Kinderhilfswerk (2014): Kinderarmut in Deutschland. Eine Studie von infratest dimap im Auftrag des Deutschen Kinderhilfswerkes e. V. Berlin, 14.01.2014.

Dorbritz, Jürgen; Diabatè, Sabine (2015): Leitbild und Kinderlosigkeit. In: Schneider, Norbert F.; Diabatè, Sabine; Ruckdeschel, Kerstin (Hrsg.): Familienleitbilder in Deutschland. Opladen: Barbara Budrich, S. 113–132.

Dönch, Uli (2015): Warum die Armutslobbyisten nur noch nerven. Online abrufbar unter: http://www.focus.de/finanzen/doenchkolumne/reiche-verteufeln-beduerftige-erfinden-warum-die-armuts-lobbyisten-nur-noch-nerven_id_4584787.html [Zugriff am: 07.04.2015].

Dörre, Klaus (2009): Die neue Landnahme. Dynamiken und Grenzen des Finanzmarktkapitalismus. Dynamiken und Grenzen des Finanzmarktkapitalismus. In: Dörre, Klaus; Lessenich, Stephan; Rosa, Hartmut: Soziologie Kapitalismus Kritik. Eine Debatte. Frankfurt a. M.: Suhrkamp, S. 21–86.

Dreier, Wilhelm (1965): Wirtschaftliche und soziale Sicherung von Ehe und Familie. Münster/Regensburg.

Drieschner, Frank (2010): Ein bisschen Wahnsinn. Hamburg vor dem Volksentscheid: Neues und altes Bürgertum streiten über die Bildung der Unterschicht. In: Zeit online vom 08. Juli 2010. Online abrufbar unter: http://pdf.zeit.de/2010/28/Schule-Hamburg.pdf [Zugriff am 31.03.2016].

Druyen, Thomas; Lauterbach, Wolfgang; Grundmann, Matthias (2009): Reichtum und Vermögen: Zur gesellschaftlichen Bedeutung der Reichtums- und Vermögensforschung. Wiesbaden: VS Verlag für Sozialwissenschaften.

Dunleavy, Patrick (1988): Group Identities and Individual Influence: Restructuring the Theory of Interest Groups. In: British Journal of Political Science. Vol. 18, Issue 1, S. 21–49.

Ebert, Thomas (2003): Beutet der Sozialstaat die Familien aus? Darstellung und Kritik einer politisch einflussreichen Ideologie. In: Butterwegge, Christoph; Klundt, Michael (Hrsg.): Kinderarmut und Generationengerechtigkeit. Familien- und Sozialpolitik im demografischen Wandel. Wiesbaden: Springer, S. 99–111.

Eckardt, Sabine (2011): Politiker-Compliance als Zielgröße des Lobbying: Konzeptualisierung, Messung und Determinanten. Wiesbaden: Gabler.

Eckermann, Torsten; Heinzel, Friederike (2015): Kinder als Akteure und Adressaten? – Praxistheoretische Überlegungen zur Konstitution von Akteuren und (Schüler-)Subjekten. In: Zeitschrift für Soziologie der Erziehung und Sozialisation. Jg. 35., Heft 1, S. 23–38.

Eichhorst, Werner; Grienberger-Zingerle, Maria; Konle-Seidl, Regina (2010): Activating Labor Market and Social Policies in Germany: From Status Protection to Basic Income Support. In: German Policy Studies. Vol. 6, No. 1, S. 65–106.

Eichhorst, Werner; Sesselmeier, Werner; Yollu-Tok, Aysel (2009): Die Akzeptanz von Arbeitsmarktreformen am Beispiel von Hartz IV. In: Sesselmeier, Werner; Schulz-Nieswandt, Frank (Hrsg.): Konstruktion von Sozialpolitik im Wandel. Implizite normative Elemente. Berlin: Duncker & Humblot, S. 15–45.

Eisenstadt, Samuel N. (1965): Altersgruppen und Sozialstruktur. In: Friedeburg, Ludwig von (Hrsg.): Jugend in der modernen Gesellschaft. Köln & Berlin: Kiepenheuer & Witsch, S. 49–81.

Ellrich, Lutz (2009): Einleitung. Latenz – Politik – Medialität. In: Ellrich, Lutz; Maye, Harun; Meteling, Arno (Hrsg.): Die Unsichtbarkeit des Politischen. Theorie und Geschichte medialer Latenz. Bielefeld: Transcript, S. 7–12.

Enders-Dragässer, Uta; Sellach, Brigitte (2002): Weibliche Lebenslagen und Armut am Beispiel von allein erziehenden Frauen. In: Hammer, Veronika; Lutz, Ronald (Hrsg.): Weibliche Lebenslagen und soziale Benachteiligungen. Frankfurt a. M.: Campus Verlag, S. 18–44.

Engelbert, Angelika; Kaufmann, Franz-Xaver (2003): Der Wohlfahrtsstaat und seine Kinder. Bedingungen der Produktion von Humanvermögen. In: Kränzl-Nagl, Renate; Mierendorff, Johanna; Olk, Thomas (Hrsg.): Kindheit im Wohlfahrtsstaat. Gesellschaftliche und politische Herausforderungen. Frankfurt a. M.: Campus Verlag, S. 59–94.

Eschenburg, Theodor (1955): Herrschaft der Verbände? Stuttgart: Deutscher Verlag.

Esping-Andersen, Gøsta (1990): The three worlds of welfare capitalism. Cambridge: Politiy Press.

Esping-Andersen, Gøsta (1999): Social Foundations of Postindustrial Economies. Oxford: Oxford University Press.

Esping-Andersen, Gøsta (2002): A Child-Centred Social Investment Strategy. In: Esping-Andersen, Gøsta; Gallie, Duncan; Hemerijck, Anton; Myles, John (Hrsg.): Why We Need a New Welfare State. New York: Oxford University Press, S. 26–67.

Esping-Andersen, Gøsta; Sarasa, Sebastian (2002): The generational conflict reconsidered. In: Journal or European Social Policy, Vol. 12, Issue 1, S. 5–21.

Esping-Andersen, Gøsta (2004): In Kinder investieren: Für die Wissensgesellschaft. In: Steinmeier, Frank W.; Machnig, Matthias (Hrsg.): Made in Germany '21. Innovationen für eine gerechte Zukunft. Hamburg: Hoffmann und Campe, S. 501–514.

Esping-Andersen, Gøsta (2005): Children in the Welfare State. A Social Investment Approach. DemoSoc Working Paper.

Esping-Andersen, Gøsta (2009): The incomplete revolution. Adapting to Women's New Roles. Cambridge: Politiy Press.

Europa 2020 (2010): Online abrufbar unter http://ec.europa.eu/europe2020/index_de.htm [Zugriff am 22.02.2016].

Europäische Kommission (EU) (2000): Memorandum über Lebenslanges Lernen. Brüssel.

Europäische Kommission (EU) (2015): Länderbericht Deutschland 2015 mit eingehender Überprüfung der Vermeidung und Korrektur makroökonomischer Ungleichgewichte.

Europäischer Gerichtshof (EuGH) (2015): Pressemitteilung Nr. 101/15. Online abrufbar unter: http://curia.europa.eu/jcms/upload/docs/application/pdf/2015-09/cp150101de.pdf [Zugriff am 11.04.2016].

Evers, Adalbert (1990): Im intermediären Bereich – Soziale Träger und Projekte zwischen Haushalt, Staat und Markt. In: Journal für Sozialforschung. Jg. 30, Heft 2, S. 189–210.

Evers, Adalbert; Olk, Thomas (Hrsg.) (1996): WohlfahrtspluralismuS. Vom Wohlfahrtsstaat zur Wohlfahrtsgesellschaft. Opladen: Westdeutscher Verlag.

Evers, Adalbert; Heinze, Rolf G. (2008): Sozialpolitik: Gefahren der Ökonomisierung und Chancen der Entgrenzung. In: Dies. (Hrsg.): Sozialpolitik. Ökonomisierung und Entgrenzung. Wiesbaden: VS Verlag für Sozialwissenschaften, S. 9–27.

Eßer, Florian (2014): Agency Revisited. Relationale Perspektiven auf Kindheit und die Handlungsfähigkeit von Kindern. In: Zeitschrift für Soziologie der Erziehung und Sozialisation. Jg. 34, Heft 3, S. 233–246.

Fehmel, Thilo (2007): Vorsorgender Sozialstaat – Zukunft des Sozialstaates? Friedrich-Ebert-Stiftung/WISO direkt. Analysen undKonzepte zur Wirtschafts- und Sozialpolitik.

Ferber, Christian von (1967): Sozialpolitik in der Wohlstandsgesellschaft. Was stimmt da nicht mit der deutschen Sozialpolitik? Hamburg: Christian Wegner Verlag.

Ferrera, Maurizio (2008): The European Welfare State: Golden Achievements, Silver ProspectS. In: West European Politics. Vol. 31, Issue 1–2, S. 82–107.

Flieshardt, Peter; Steffen, Johannes (1986): Renaissance der Familie? – Praktische Tips und kritische Fragen zur „neuen" Steuer- und Sozialpolitik. Hamburg.

Fraser, Nancy; Honneth, Axel (2003): Umverteilung oder Anerkennung? Eine politisch-philosophische Kontroverse. Frankfurt: Suhrkamp.

Fratzscher, Marcel (2016): Verteilungskampf: Warum Deutschland immer ungleicher wird. München: Hanser.

Friedrich Ebert Stiftung (Hrsg.) (2008): Machen wir es den Kindern recht?! Rechtspolitische Impulse für ein kindergerechtes Deutschland. Online abrufbar unter: http://library.fes.de/pdf-files/do/06023.pdf [Zugriff am 11.04.2016].

Friedrichs, Julia (2017): Jedes 5. Kind ist arm. In: DIE ZEIT vom 5. Januar 2/2017.

Fritsch, Phillipe (2001): Einführung zur deutschen Auflage. In: Bourdieu, Pierre (Hrsg.): Das politische Feld. Zur Kritik der politischen Vernunft. UVK-Verl. Ges., S. 7–29.

Fuchs, Stefan (2014): Gesellschaft ohne Kinder. Woran die neue Familienpolitik scheitert. Wiesbaden: VS Verlag für Sozialwissenschaften.

Fuchs-Heinritz, Werner et al. (1994): Lexikon zur Soziologie. 3. Aufl., Opladen: Westdeutscher Verlag.

Gabriel, Sigmar; Nahles Andrea (2015): Die Fragen von morgen. In: Die Süddeutsche. 5. Januar 2015.

Gabriel, Sigmar (2016): Deutschlands Zukunft schreiben. In: Neue Gesellschaft. Frankfurter Hefte. Jg. 63, Heft 1 & 2, S. 63–66.

Gabriel, Sigmar (2016a): Unser Fundament: Gerechtigkeit. Eröffnungsrede auf der Wertekonferenz am 09.05.2016. Online abrufbar unter: https://www.spd.de/aktuelles/detail/news/unser-fundament-gerechtigkeit/9/5/2016/ [Zugriff am 09.05.2016].

Gaiser, Wolfgang; Gille, Martina; de Rijke, Johann (2006): Politische Beteiligung von Jugendlichen und jungen Erwachsenen. In: Hoecker, Beate (Hrsg.): Politische Partizipation zwischen Konvention und Protest. Opladen: Budrich, S. 211–234.

Gallas, Andreas (1994): Politische Interessenvertretung von Arbeitslosen. Eine theoretische und empirische Untersuchung. Köln.

Garfinkel, Harold (1967): Studies in ethnomethodology. Englewood Cliffs NJ: Prentice-Hall.

Gathen, Marion von zur; Liebert, Jana (2016): Auswirkungen von Armut auf die Lebenswirklichkeit und Entwicklung von Kindern und Jugendlichen. In: Paritätischer Armutsbericht (Hrsg.): Zeit zu handeln. Bericht zur Armutsentwicklung in Deutschland 2016, S. 35–41.

Geiger, Andreas (2012): Lobbying – Die Zukunft der juristischen Arbeit? In: PLATOW online. Online abrufbar unter: http://www.platow.de/lobbying--die-zukunft-derjuristischenarbeit/2277718.html (Zugriff am 31. März 2014).

Geißler, Heiner (1976): Die Neue Soziale Frage. Analysen und Dokumente. Freiburg.

Geißler, Rainer (2006): Die Sozialstruktur DeutschlandS. Zur gesellschaftlichen Entwicklung einer Bilanz zur Wiedervereinigung. 4. Aufl. Wiesbaden: VS Verlag für Sozialwissenschaften.

Gerhards, Jürgen; Lengfeld, Holger (2015): European Citizenship and Social Integration in the European Union. Hoboken: Taylor and Francis.

Gerlach, Irene (2004): Familienpolitik. Wiesbaden: VS Verlag für Sozialwissenschaften.

Gerlach, Irene; Hornstein, Walter (2007): Familien-, Jugend und Altenpolitik. In: Bundesministerium für Arbeit und Soziales und Bundesarchiv (Hrsg.): Geschichte der Sozialpolitik in Deutschland seit 1945. Band 11, Baden-Baden: Nomos Verlag, S. 801–860.

Gerlach, Irene (2009): Wandel der Interessenvermittlung in der Familienpolitik. In: Rehder, Britta; Winter, Thomas von; Willems, Ulrich (Hrsg.): Interessenvermittlung in Politikfeldern. Vergleichende Befunde Der Policy- und Verbändeforschung: Wiesbaden: VS Verlag für Sozialwissenschaftn, S. 90–108.

Gerlach, Irene (2009a): Wichtige Stationen bundesdeutscher Familienpolitik. In: Informationen zur politischen Bildung, Heft 301.

Gerlach, Irene (2009b): Familienpolitik: Geschichte und Leitbilder. In: Informationen zur politischen Bildung. Heft 301.

Gerlach, Irene; Heddendorp, Henning (2016): Expertise zum Thema „Kindergrundsicherung". Otto Brenner Stiftung. Online abrufbar unter: http://www.ffp.de/tl_files/dokumente/2016/FFP%20Expertise%20Kindergrundsicherung.pdf [Zugriff am 11.04.2016].

Giddens, Anthony (1999): Der dritte Weg. Die Erneuerung der sozialen Demokratie. Frankfurt a. M.: Suhrkamp.

Giddens, Anthony (2001): Die Frage der sozialen Ungleichheit. Frankfurt a. M.: Suhrkamp.

Giering, Dietrich (2007): Arme Kinder. In: Deutsches Kinderhilfswerk (Hrsg.): Eine Lobby für Kinder. Wien: Wiener Dom-Verl, S. 73–89.

Gintzel, Ullrich (2008): Kinderarmut und kommunale Handlungsoptionen. Opladen, Farmington Hills, MI: Budrich UniPress.

Girvetz, Harry K. (1968): Welfare State. In: Sills, David L. (Hrsg.): International Encyclopedia of the Social Sciences. Band 16, New York: Macmillan, S. 512–521.

Gläser, Jochen; Laudel, Grit (2006): Experteninterviews und qualitative Inhaltsanalyse als Instrument rekonstruierender Untersuchungen. 2., durchgesehene Aufl. Wiesbaden: VS Verlag für Sozialwissenschaften.

Goebel, Jan; Habich, Ronald; Krause, Peter (2008): Einkommen – Verteilung, Armut und Dynamik. In: Statistisches Bundesamt/GESIS-ZUMA/WZB (Hrsg.): Datenreport 2008. Ein Sozialbericht für die Bundesrepublik Deutschland. Bonn, S. 163–172. Online abrufbar unter: https://www.destatis.de/DE/Publikationen/Datenreport/Downloads/Datenreport2008.pdf?__blob=publicationFile [Zugriff am 30.03.2016].

Göhler, Gerhard (2007): Deliberative Demokratie und symbolische Repräsentation. In: Thaa, Winfried (Hrsg.): Inklusion durch Repräsentation. Nomos, S. 109–125.

Greven, Michael Thomas (1984): Der hilflose Sozialstaat und die hilflose Sozialstaatskritik. In: Vorgänge. Zeitschrift für Bürgerrechte und Gesellschaftspolitik. Sozialabbau nach der Wende. Jg. 23, Heft 1, S. 67–75.

Greven, Michael T. (1990): Die politische Gesellschaft als Gegenstand der Politikwissenschaft. Ethik und Sozialwissenschaften. Wiesbaden: VS Verlag für Sozialwissenschaften.

Greven, Michael T.; Willems, Ulrich (1995): Moralische Forderungen in der politischen Gesellschaft. In: Neue Soziale Bewegungen. Jg. 8, Heft, 2, S. 76–90.

Greven, Michael T. (2000): Kontingenz und Dezision. Beiträge zur Analyse der politischen Gesellschaft. Wiesbaden: VS Verlag für Sozialwissenschaften.

Groh-Samberg, Olaf (2009): Armut, soziale Ausgrenzung und Klassenstruktur. Wiesbaden: VS Verlag für Sozialwissenschaften.

Groh-Samberg, Olaf (2014): Die Krise der Mittelschicht und die Erschöpfung utopischer Energien. Essay zu: Cornelia Koppetsch, Die Wiederkehr der Konformität. Streifzüge durch die gefährdete Mitte. In: Soziologische Revue. Jg. 37, Heft 4, S. 379–388.

Groh-Samberg, Olaf (2014a): Wachsende nationale soziale Ungleichheiten im interantionalen Vergleich – Verlässt Deutschland den mittleren Weg? In: Masuch, Peter; Spellbrink, Wolfgang, Becker, Ulrich; Leibfried, Stephan (Hrsg.): Grundlagen und Herausforderungen des Sozialstaats. Denkschrift 60 Jahre Bundessozialgericht. Eigenheiten und Zukunft von Sozialpolitik und Sozialrecht. Band 1, Berlin: Erich Schmidt Verlag, S. 683–707.

Groos, Thomas; Jehles, Nora (2015): Der Einfluss von Armut auf die Entwicklung von Kindern – Ergebnisse der Schuleingangsuntersuchung. Arbeitspapier wissenschaftliche Begleitforschung „Kein Kind zurücklassen!“. Werkstattbericht der Bertelsmann Stiftung.

Gruescu, Sandra; Rürup, Bert (2005): Nachhaltige Familienpolitik. In: Aus Politik und Zeitgeschichte. Band 23–24, S. 3–5.

Grümer, Karl-Wilhelm (1974): Techniken der Datensammlung. Beobachtung. Stuttgart: Teubner.

Gumplowicz, Ludwig (2002): Geschichte der Staatstheorien. Adamant Media Corporation.

Habermas, Jürgen (1969): Technik und Wissenschaft als „Ideologie“. 2. Aufl. Frankfurt a. M.: Suhrkamp.

Habermas, Jürgen (1985): Die Krise des Wohlfahrtsstaates und die Erschöpfung utopischer Energien. In: Ders.: Die Neue Unübersichtlichkeit. Frankfurt a. M., S. 141–163.

Hackenbroch, Rolf (2001): Verbändekommunikation. In: Bentele, Günter (Hrsg.): PR für Verbände und Organisationen. Fallbeispiele aus der Praxis. Neuwied [u. a.]: Luchterhand, S. 3–15.

Hafeneger, Benno (2005): Beteiligung, Partizipation und bürgerschaftliches Engagement. In: Hafeneger, Benno; Jansen, Mechthild M.; Niebling, Torsten (Hrsg.): Kinder- und Jugendpartizipation. Im Spannungsfeld von Interessen und Akteuren. Opladen: Budrich, S. 11–40.

Hall, Peter A. (1993): Policy Paradigms, Social Learning, and the State. The Case of Economic Policymaking in Britain. In: Comparative Politics, Vol. 25, Issue 3, S. 275-296.

Hamburger Institut für Sozialforschung (HIS) (2014): Ungleichheitskonflikte in Europa „Jenseits von Klasse und Nation“. Online abrufbar unter: Kooperationsprojekt/Tagungsreihe. http://www.his-online.de/presse/presseinformationen0/presseinformationen/news/ungleichheitskonflikte-in-europa-jenseits-von-klasse-und-nation/ [Zugriff am 11.04.2016].

Hanesch, Walter; Krause, Peter; Bäcker, Gerhard; Maschke, Michael; Otto, Birgit (1994): Armut in Deutschland – Der Armutsbericht des DGB und des Paritätischen Wohlfahrtsverbandes.

Hanesch, Walter (2000): Armut als Herausforderung für den Sozialstaat. In: Butterwegge, Christoph (Hrsg.): Kinderarmut in Deutschland. Ursachen, Erscheinungsformen und Gegenmaßnahmen. 2. Aufl. Frankfurt a. M.: Campus Verlag, S. 220–243.

Hanesch, Walter (2010): Armutsbekämpfung in Deutschland und die Rolle der Europäischen Union. In: Benz, Benjamin; Boeckh, Jürgen; Mogge-Grotjahn, Hildegard (Hrsg.): Soziale Politik – Soziale Lage – Soziale Arbeit: Festschrift für Ernst-Ulrich Huster. Wiesbaden: VS Verlag für Sozialwissenschaften, S. 169–191.

Hanesch, Walter (Hrsg.) (2011): Die Zukunft der „Sozialen Stadt“. Strategien gegen soziale Spaltung und Armut in den Kommunen. Wiesbaden: VS Verlag für Sozialwissenschaften.

Hanesch, Walter (2012): Deutschland – Ein Modell im Übergang. In: Bispinck, Reinhard; Bosch, Gerhard; Hofemann, Klaus; Naegele (Hrsg.): Sozialpolitik und Sozialstaat. Wiesbaden: Springer VS, S. 21–39.

Hanesch, Walter (2013): Investition in Kinder: Durchbrechung des Benachteiligungskreislaufs. Eine Studie zur Nationalen Politik Deutschland. Zweiter Bericht 2013 EU Netzwerk unabhängiger Experten zur sozialen Eingliederung. Herausgegeben von der Europäischen Kommission. Brüssel.

Hanesch, Walter (2015): Armut und Unterversorgung aus sozialwissenschaftlicher Sicht: Armutskonzepte und Armutsursachen als sozialstaatliche Herausforderung. In: Masuch, Peter; Spellbrink, Wolfgang; Becker, Ulrich; Leibfried, Stephan (Hrsg.): Grundlagen und Herausforderungen des Sozialstaats. Bundessozialgericht und Sozialstaatsforschung. Band 2. Berlin: Erich Schmidt Verlag, S. 465–494.

Hartmann, Michael (2005): Die Geheimnisse des Erfolgs – oder: Wie wird man Elite? In: Bund demokratischer Wissenschaftler/innen. BdWi-Studienheft 3, S. 45–47.

Hardach, Gerd (2006): Der Generationenvertrag: Lebenslauf und Lebenseinkommen in Deutschand in zwei Jahrhunderten. Berlin: Duncker & Humblot.

Haus, Michael (2015): Mittelschicht und Wohlfahrtsstaat – Drei Deutungsmuster und ihre Relevanz für die Zukunft eines wohlfahrtsstaatlichen Grundkonsenses. In: Zeitschrift für Sozialreform. Jg. 61, Heft 2, S. 147–170.

Hauser, Richard; Cremer-Schäfer, Helga; Nouvertné, Udo (1981): Armut, Niedrigeinkommen und Unterversorgung in der Bundesrepublik Deutschland. Bestandsaufnahme und sozialpolitische Perspektiven. Frankfurt a. M. und New York: Campus Verlag.

Hauser, Richard (1989): Entwicklungstendenzen der Armut in der Bundesrepublik Deutschland. In: Döring, Dieter; Hauser, Richard (Hrsg.): Politische Kultur und Sozialpolitik. Frankfurt a. M. und New York: Campus Verlag, S. 117–145.

Hauser, Richard; Neumann, Udo (1992): Armut in der Bundesrepublik Deutschland. Die sozialwissenschaftliche Thematisierung nach dem Zweiten Weltkrieg. In: Leibfried, Stephan; Voges, Wolfgang (Hrsg.): Armut im Modernen Wohlfahrtsstaat. Kölner Zeitschrift für Soziologie und Sozialpsychologie (Sonderhefte). Opladen: Westdeutscher Verlag, S. 237–271.

Hauser, Richard; Becker, Irene (2007): Integrierte Analyse der Einkommens- und Vermögensverteilung.

Heinelt, Hubert; Macke, Carl-Wilhelm (1986): Arbeitsloseninitiativen – eine neue soziale Bewegung? In: Balon, Karl-Heinz; Dehler, Joseph; Hafeneger, Benno (Hrsg.): Arbeitslosigkeit. Wider die Gewöhnung an das Elend. Frankfurt a. M.: Fischer, S. 178–193.

Heinrich, Roberto; Jochem, Sven; Siegel, Nico A. (2016): Die Zukunft des Wohlfahrtsstaates. Einstellungen zur Reformpolitik in Deutschland. Ein Projekt der Friedrich-Ebert-Stiftung in den Jahren 2015 bis 2017. Herausgeber: Abteilung Wirtschafts- und Sozialpolitik.

Heitmeyer, Wilhelm (2008): Ideologie der Ungleichwertigkeit. In: DerS. (Hrsg.): Deutsche Zustände. Folge 6. Frankfurt a. M.: Suhrkamp, S. 36–44.

Heitmeyer, Wilhelm (2012): Gruppenbezogene Menschenfeindlichekit (GMF) in einem entsicherten Jahrzehnt. In: Ders. (Hrsg.): Deutsche Zustände. Folge 10. Frankfurt a. M.: Suhrkamp, S. 15–41.

Heitmeyer, Wilhelm (2015): 10 Jahre Hartz IV und die Folgen für den gesellschaftlichen Zusammenhalt. In: Theorie und Praxis der Sozialen Arbeit. Nr. 2., S. 84–86.

Hendrick, Harry (1994): Child Welfare in England 1872–1989. London: Routledge.

Hendrick, Harry (2003): Child welfare: historical dimensions, contemporary debates. Policy Press.

Hendrick, Harry (2010): Late Modernity's British Childhood: Social Investment and the Disciplinary State. In: Bühler-Niederberger, Doris; Mierendorff, Johanna; Lange, Andrea (Hrsg.): Kindheit zwischen fürsorglichem Zugriff und gesellschaftlicher Teilhabe. Wiesbaden: VS Verlag, S. 43–71.

Hendrick, Harry (2014): Die sozialinvestive Kindheit. In: Baader, Meike S.; Eßer, Florian; Schröer, Wolfgang (Hrsg.): Kindheiten in der Moderne. Eine Geschichte der Sorge. Frankfurt a. M.: Campus Verlag, S. 456–491.

Hengst, Heinz (2002): Ein internationales Phänomen: Die neue soziologische Kindheitsforschung. In: Soziologie. Forum der Deutschen Gesellschaft für Soziologie. Jg. 31, Heft 2, S. 55–77.

Hengst, Heinz; Zeiher, Helga (2005): Von Kinderwissenschaften zu generationalen Analysen. Einleitung. In: Dies. (Hrsg.): Kindheit soziologisch. Wiesbaden: VS Verlag für Sozialwissenschaften, S. 9–23.
Hengst, Heinz; Zeiher, Helga (2005a) (Hrsg.): Kindheit soziologisch. Wiesbaden: VS Verlag für Sozialwissenschaften.
Hengst, Heinz (2013): Kindheit im 21. Jahrhundert. Differenzielle Zeitgenossenschaft. Weinheim und Basel: Beltz Juventa.
Henninger, Annette; Wahl, Angelika von (2010): Das Umspielen von Veto-Spielern. Wie eine konservative Familienministerin den Familialismus des deutschen Wohlfahrtsstaates unterminiert. In: Egle, Christoph; Zohlnhöfer, Reimut (Hrsg.): Die zweite Große Koalition. Eine Bilanz der Regierung Merkel 2005–2009. Wiesbaden: VS Verlag für Sozialwissenschaften, S. 361–379.
Herrmann, Ulrike (2012): Hurra, wir dürfen zahlen. Der Selbstbetrug der Mittelschicht. München: Piper.
Hertz, Rosanna; Imber, Jonathan B. (Hrsg.) (1995): Studying Elites Using Qualitative Methods. Thousand Oaks: Sage.
Hildebrandt, Tina (2016): Ratlos wie nie. In: Die Zeit. Wochenzeitung für Politik Wirtschaft Wissen und Kultur. No. 29, S. 3.
Hillebrandt, Frank (2009): Praxistheorie. In: Kneer, Georg; Schroer, Markus (Hrsg.): Handbuch Soziologische Theorien. Wiesbaden: VS Verlag für Sozialwissenschaften, S. 369–394.
Hilpert, Dagmar (2012): Wohlfahrtsstaat der Mittelschichten? Sozialpolitik und gesellschaftlicher Wandel in der Bundesrepublik. Göttingen: Vandenhoeck & Ruprecht.
Hinrichs, Karl (2010): A Social Insurance State Withers Away. Welfare State Reform in Germany – Or: Attempts to Turn Around in a Cul-de-Sac. In: Bruno Palier (Hrsg.): A Long Goodbye to Bismarck? The Politics of Welfare Reforms in Continental Europe. Amsterdam: Amsterdam University Press, S. 45–72.
Hirschman, Albert O. (1989): Der Begriff des InteresseS. In: DerS. (Hrsg.): Entwicklung, Markt und Moral. Abweichende Betrachtungen. München/Wien: Hanser, S. 132–149 u. 288–289.
Hobsbawm, Eric (1998): Das Zeitalter der Extreme. Weltgeschichte des 20. Jahrhunderts. München: dtv.
Hoecker, Beate (1995): Politische Partizipation von Frauen. Ein einführendes Studienbuch. Opladen: Leske + Budrich.
Hofmann, Bernd (2004): Annäherung an die Volkspartei. Eine typologische und parteiensoziologische Studie. Wiesbaden: VS Verlag für Sozialwissenschaften
Höffe, Otfried (1991): Eine entmoralisierte Moral: Zur Ethik der modernen Politik. In: Politische Vierteljahresschrift. Jg. 32, Heft 2, S. 302–316.
Holmes, Stephen (1990): The Secret History of Self-Interest. In: Mansbridge, Jane (Hrsg.): Beyond Self-Interest. Chicago/London, S. 267–286 u. 337–345.
Holz, Gerda; Skoluda, Susanne (2003): Armut im frühen Grundschulalter. Abschlußbericht der vertiefenden Untersuchung zu Lebenssituationen, Ressourcen und Bewältigungshandeln von Kindern im Auftrag des Bundesverbandes der Arbeiterwohlfahrt.
Holz, Gerda; Puhlmann, Andreas (2005): Alles schon entschieden? Wege und Lebenssituation armer und nicht-armer Kinder zwischen Kindergarten und weiterführender Schule; Zwischenbericht der AWO-ISS-Längsschnittstudie. Orig.-Ausg. Franfurt a. M.: ISS.
Holz, Gerda (2006): Lebenslagen und Chancen von Kindern in Deutschland. In: Aus Politik und Zeitgeschichte. Band 26, S. 3–11.
Holz, Gerda (2012): Kinderarmut und familienbezogene soziale Dienstleistungen. In: Huster, Ernst-Ulrich; Boeckh, Jürgen; Mogge-Grotjahn, Hildegard (Hrsg.): Handbuch Armut und Soziale Ausgrenzung. Wiesbaden: VS Verlag für Sozialwissenschaften, S. 567–590.
Honig, Michael S.; Leu, Hans R.; Nissen, Ursula (1996): Kindheit als Sozialisationsphase und als kulturelles Muster. Zur Strukturierung eines Forschungsfeldes. In: Dies. (Hrsg.): Kinder und Kindheit. Soziokulturelle Muster – sozialisationstheoretische Perspektiven. Weinheim und München: Juventa, S. 9–29.

Honig, Michael S.; Ostner, Ilona (1998): Armut von Kindern? Zur sozialpolitischen Konstruktion von Kindheit. In: Klocke, Andreas; Hurrelmann, Klaus (Hrsg.): Kinder und Jugendliche in Armut. Opladen: Westdeutscher Verlag, S. 251–265.
Honig, Michael S. (1999): Entwurf einer Theorie der Kindheit. Frankfurt a. M.: Suhrkamp.
Honig, Michael S. (2002): Childcare Policies. Einführung in den Themenschwerpunkt. In: Zeitschrift für Soziologie der Erziehung und Sozialisation (ZSE). Jg. 22., Heft 3, S. 227–230.
Honig, Michael S. (Hrsg.) (2009): Ordnungen der Kindheit. Problemstellungen und Perspektiven der Kindheitsforschung. Weinheim und München: Juventa.
Honig, Michael S. (2015): Rezension von: Stamm, Margrit/Edelmann, Doris (Hrsg.): Handbuch frühkindliche Bildungsforschung. Online abrufbar unter: http://www.klinkhardt.de/ewr/978353118474.html [Zugriff am 11.04.2016].
Honneth, Axel (2003): Unsichtbarkeit. Stationen einer Theorie der Intersubjektivität. Suhrkamp.
Honneth, Axel (2012): Kampf um Anerkennung: zur moralischen Grammatik sozialer Konflikte. 7. Aufl. Frankfurt a. M.: Suhrkamp.
Horn, Karen (1998): „Der ausufernde Wohlfahrtsstaat hat die moralische Ordnung zerstört". In: Frankfurter Allgemeine Zeitung vom 01.04.1998. Wirtschaftsressort.
Hörnicke, Claudia (2010): Kinderarmut in deutschen Sozialreportagen. Hamburg: Diplomica-Verl.
Horster, Detlef (2011): Gesellschaftsentwicklung und soziale Gerechtigkeit. In: Beck, Iris; Greving, Heinrich (Hrsg.): Gemeindeorientierte pädagogische Dienstleistungen. Stuttgart: Kohlhammer, S. 15–30.
Hübenthal, Maksim (2009): Kinderarmut in Deutschland. Empirische Befunde, kinderpolitische Akteure und gesellschaftspolitische Handlungsstrategien. Expertise im Auftrag des Deutschen Jugendinstituts. Online abrufbar unter: http://www.dji.de/bibs/21_expertise_huebenthal_kinderarmut_2009.pdf [Zugriff am 26.02.2015].
Hübenthal, Maksim; Ifland, Anna Maria (2011): Risks for children? Recent developments in early childcare policy in Germany. In: Childhood. Vol. 18, Issue 1, S. 114–127.
Hübenthal, Maksim (2016): Soziale Konstruktionen von Kinderarmut. Sinngebungen zwischen Erziehung, Bildung, Geld und Rechten. Weinheim und Basel: Beltz Juventa.
Huber, Claudia K. (2009): Eine Frage der Präsentation? Kommunikationsprozesse und Darstellungsformen in der wissenschaftlichen Politikberatung. Eine Fallstudie im Bereich Familienpolitik. Herausgegeben von der Bertelsmann Stiftung. Gütersloh (01).
Hufnagel, Rainer (2008): Kinderwunsch und Partnerwahl in Deutschland. In: Hauswirtschaft und Wissenschaft. Jg. 56, Heft 1, S. 8–25.
Huinink, Johannes (2002): Polarisierung der Familienentwicklung in europäischen Ländern im Vergleich. In: Schneider, Norbert F.; Matthias-Bleck, Heike (Hrsg.): Elternschaft heute – Gesellschaftliche Rahmenbedingungen und individuelle Gestaltungsaufgaben. Opladen: Leske + Budrich, S. 49–74.
Hungerland, Beatrice; Luber, Eva (2008): Einführung. In: Luber, Eva; Hungerland, Beatrice (Hrsg.): Angewandte Kindheitswissenschaften. Eine Einführung für Studium und Praxis. Weinheim und München: Juventa, S. 9–30.
Hungerland, Beatrice; Kelle, Helga (2014): Kinder als Akteure – Agency und Kindheit. Einführung in den Themenschwerpunkt. In: Zeitschrift für Soziologie der Erziehung und Sozialisation. Jg. 34, Heft 3, S. 227–232.
Hurrelmann, Klaus (1983): Das Modell des produktiv realitätsverarbeitenden Subjekts in der Sozialisationsforschung. In: Zeitschrift für Sozialisationsforschung und Erziehungssoziologie. Jg. 3, Heft 1, S. 91–104.
Hurrelmann, Klaus (1986): Das Modell des produktiv realitätsverarbeitenden Subjekts in der Sozialisationsforschung. In: Ders. (Hrsg.): Lebenslage, Lebenszeit. Weinheim, Basel: Beltz, S. 11–23.
Hurrelmann, Klaus (2004): Lebensphase Jugend. Eine Einführung in die sozialwissenschaftliche Jugendforschung. Weinheim und München: Juventa.
Hurrelmann, Klaus; Andresen, Sabine (2007): Kinder in Deutschland 2007: 1. World Vision Kinderstudie. Frankfurt a. M.: Fischer.
Hurrelmann, Klaus; Andresen, Sabine (2010): Kinder in Deutschland 2010: 2. World Vision Kinderstudie. Frankfurt a. M.: Fischer.

Huster, Ernst-Ulrich; Boeckh, Jürgen; Mogge-Grotjahn, Hildegard (2008): Armut und soziale Ausgrenzung. Ein multidisziplinäres Forschungsfeld. In: Dies. (Hrsg.): Handbuch Armut und Soziale Ausgrenzung. Wiesbaden: VS Verlag für Sozialwissenschaften, S. 13–35.

Hradil, Stefan (2005): Soziale Ungleichheit in Deutschland. 8. Aufl. Wiesbaden: VS Verlag für Sozialwissenschaften.

Hradil, Stefan (2014): Anmerkungen zum Armutsdiskurs. In: Frech, Siegfried; Groh-Samberg, Olaf (Hrsg.): Armut in Wohlstandsgesellschaften. Schwalbach: Wochenschauverlag, S. 19–34.

Hradil, Stefan; Schulze, Alexander; Unger, Rainer (2008): Bildungschancen und Lernbedingungen an Wiesbadener Grundschulen am Übergang zur Sekundarstufe I. Projekt- und Ergebnisbericht zur Vollerhebung der GrundschülerInnen der 4. Klasse im Schuljahr 2006/07.

Illich, Ivan (1973): Entschulung der Gesellschaft. München: Kösel.

Imbusch, Peter (2012): Von Klassen und Schichten zu sozialen Lagen, Milieus und Lebensstilen – Von der Machtversessenheit zur Mechtvergessenheit? In: Ders. (Hrsg.): Macht und Herrschaft. Sozialwissenschaftliche Theorien und Konzepte. Wiesbaden: VS Verlag für Sozialwissenschaften, 2. Akt. und erw. Auflage, S. 399–426.

Jacobi, Juliane (2014): Versorgte und unversorgte Kinder. In: Baader, Meike Sophia; Eßer, Florian; Schröer, Wolfgang (Hrsg.): Kindheiten in der Moderne. Eine Geschichte der Sorge. Frankfurt am Main und New York: Campus Verlag, S. 21–41.

Jahoda, Marie (1983): Wieviel Arbeit braucht der Mensch? Arbeit und Arbeitslosigkeit im 20. Jahrhundert. Weinheim: Beltz.

James, Allison; Prout, Alan (1990): Construction and Reconstructing Childhood. London: Falmer press.

Joos, Magdalena (2003): Der Umbau des Sozialstaates und Konsequenzen für die Konstituierung von Kindheit – diskutiert am Beispiel des Gutscheinmodells für Kindertageseinrichtungen. In: Kränzl-Nagl, Renate; Mierendorff, Johanna; Olk, Thomas (Hrsg.): Kindheit im Wohlfahrtsstaat. Gesellschaftliche und politische Herausforderungen. Frankfurt a. M.: Campus Verlag, S. 121–150.

Joos, Magdalena (2005): Kinderbilder und politische Leitideen in der Sozialberichterstattung. In: Ronald Lutz (Hrsg.): Kinderberichte und Kinderpolitik. Aktuelle Lebenslagen von Kindern und Jugendlichen. Oldenburg: Paulo-Freire-Verlag, S. 121–151.

Jun, Uwe (2011): Die Repräsentationslücke der Volksparteien: Erklärungsansätze für den Bedeutungsverlust und Gegenmaßnahmen. In: Linden, Markus & Thaa, Winfried (Hrsg.), Krise und Reform politischer Repräsentation. Baden-Baden: Nomos, S. 95–123.

Jun, Uwe (2013): Typen und Funktionen von Parteien. In: Niedermayer, Oskar (Hrsg.): Handbuch Parteienforschung. Wiesbaden: VS Verlag für Sozialwissenschaften, S. 119–144.

Jurt, Joseph (1995): Das literarische Feld. Das Konzept Pierre Bourdieus in Theorie und Praxis. Darmstadt: WBG.

Kaase, Max (1997): Vergleichende Politische Partizipationsforschung. In: Berg-Schlosser, Dirk; Müller-Rommel, Ferdinand (Hrsg.): Vergleichende Politikwissenschaft. (3. überarbeitete u. ergänzte Aufl.), Opladen: Leske + Budrich, S. 159–174.

Kaiser, Robert (2014): Qualitative Experteninterviews. Konzeptionelle Grundlagen und praktische Einführung. Wiesbaden: Springer Fachmedien.

Kamensky, Jutta (2000): Kinderarmut: Folgen für die Ernährung. In: Kamensky, Jutta; Heusohn, Lothar; Klemm, Ulrich (Hrsg.): Kindheit und Armut in Deutschland. Beiträge zur Analyse, Prävention und Intervention. Ulm: Klemm & Oelschläger, S. 86–105.

Kampa (2002): Familien im Zentrum. Leitfaden für den Bundestagswahlkampf 2002.

Katz, Richard S.; Mair, Peter (1995): Changing Models of Party Organization and Party Democracy. The Emergence of the Cartel Party. In: Party PoliticS. Jg. 1, Heft 1, S. 5–28.

Kaufmann, Franz-Xaver; Lüscher, Kurt (1979): „Thesen zu einer Sozialpolitik für das Kind. In: Neue Sammlung. Nr. 33, S. 222–233.

Kaufmann, Franz-Xaver (1980): Kinder als Außenseiter der Gesellschaft. In: Merkur. Jg. 34, Heft 8, S. 761–771.

Kaufmann, Franz-Xaver (1983): Warum nicht Bevölkerungspolitik? In: Rupp, Sabine; Schwarz, Karl (Hrsg.): Beiträge aus der bevölkerungswissenschaftlichen Forschung. Festschrift für Hermann Schubnell. Boppard am Rhein: Boldt, S. 35–44.

Kaufmann, Franz-Xaver (1989): Religion und Modernität. Tübingen: Mohr Siebeck.
Kaufmann, Franz-Xaver (1994): Staat und Wohlfahrtsproduktion. In: Derlien, Hans-Ulrich; Gerhardt, Ute; Scharpf, Fritz W. (Hrsg.): Systemrationalität und Partialinteresse. Festschrift für Renate Mayntz. Baden-Baden: Nomos, S. 357–380.
Kaufmann, Franz-Xaver (1995): Zukunft der Familie im vereinten Deutschland. Gesellschaftliche und politische Bedingungen. München: C. H. Beck.
Kaufmann, Franz-Xaver (1997): Herausforderungen des Sozialstaates. Frankfurt a. M.: Suhrkamp.
Kaufmann, Franz-Xaver (2000): Zum Konzept der Familienpolitik. In: Jans, Bernhard; Habisch, Andrè; Stutzer, Erich (Hrsg.): Familienwissenschaftliche und familienpolitische Signale. Grafschaft: Vektor-Verlag, S. 39–49.
Kaufmann, Franz-Xaver (2002): Sozialpolitik und Sozialstaat: Soziologische Analysen. Wiesbaden: Springer VS.
Kaufmann, Franz-Xaver (2003): Varianten des Wohlfahrtsstaates. Der deutsche Sozialstaat im internationalen Vergleich. Frankfurt a. M.: Suhrkamp.
Kaufmann, Franz-Xaver (2004): Herausforderungen des Sozialstaates. Frankfurt a. M.: Suhrkamp.
Kaufmann, Franz-Xaver (2008): Eltern und Kinder in den Spannungsfeldern gefährdeter Sozialstaatlichkeit. In: Rauscher, Anton (Hrsg.): Verspielen wir unsere Zukunft? Die Familienpolitik am Wendepunkt. Köln: J.P. Bachem Verlag, S. 87–108.
Kaufmann, Franz-Xaver; Lessenich, Stephan (2015): „Die Moderne ist das fortgesetze Stolpern von Krise zu Krise“. In: Zeitschrift für Sozialreform. Jg. 61, Heft 2, S. 129–146.
Kenworthy, Lane (2012): Two and a Half Cheers for Education. In: Cramme, Olaf; Diamond, Patrick (Hrsg.): After the Third Way: The Future of Social Democracy in Europe. A Policy Network book. London: Tauris, S. 111–123.
Kersting, Wolfgang (2000): Einleitung. In: Ders. (Hrsg.): Politische Philosophie des Sozialstaates. Weilerswist: Velbrück, S. 17–92.
Kersting, Wolfgang (2004): John Rawls zur Einführung. 2. Aufl., Hamburg: Junius.
Kestler, Thomas (2011): Demokratische Dilemmata: Zum Verhältnis zwischen Repräsentation und Partizipation. In: Zeitschrift für Politikwissenschaft. Jg. 21, Heft 3, S. 391–422.
(KiGGS) Robert Koch Institut (2006): Erste Ergebnisse der KiGGS-Studie zur Gesundheit von Kindern und Jugendlichen in Deutschland.
Kingdon, John (1984): Agendas, Alternatives and Public Policies. Boston: Little, Brown.
Kirchheimer, Otto (1965): Der Wandel des westeuropäischen Parteiensystems. In: Politische Vierteljahresschrift. Jg. 6, Heft 1, S. 20–41.
Klages, Johanna (2006): Kampffeld Repräsentation. In: Grundrisse. Zeitschrift für linke Theorie & Debatte. Heft 18, S. 30–40.
Klatt, Johanna; Walter, Franz (2011): Entbehrliche der Bürgergesellschaft? Sozial Benachteiligte und Engagement. Bielefeld: Transcript.
Klatt, Johanna (2012): Die Macht der Zivilgesellschaft und ihre ungleiche Verteilung. In: Ethik und Gesellschaft. Ökumenische Zeitschrift für Sozialethik. Nr. 2, S. 1–23.
Klein, Michael (1995): Armut als soziales Problem: Armut und Armutsdiskurs in der Bundesrepublik Deutschland. In: Berliner Debatte Initial. Nr. 1, S. 33–48.
Kleinfeld, Ralf; Willems, Ulrich & Zimmer, Annette (2007): Lobbyismus und Verbändeforschung: Eine Einleitung. In: Kleinfeld, Ralf (Hrsg.): Lobbying. Strukturen, Akteure, Strategien. Wiesbaden: VS Verlag für Sozialwissenschaften, S. 7–35.
Klemm, Klaus; Hollenbach-Biele, Nicole (2016): Nachhilfeunterricht in Deutschland: Ausmaß – Wirkung – Kosten. Bertelsmann Stiftung. Online abrufbar unter: https://www.bertelsmann-stiftung.de/fileadmin/files/BSt/Publikationen/GrauePublikationen/Nachhilfeunterricht_in_Deutschland_160127.pdf [Zugang am 05.06.2016].
Klett, David (2012): Die Form des KindeS. Kind, Familie, Gesellschaftsstruktur. Weilerswist: Velbrück.
Klinkhammer, Nicole (2014): Kindheit im Diskurs: Kontinuität und Wandel in der deutschen Bildungs- und Betreuungspolitik. Marburg: Tectum.
Klocke, Andreas (2008): Spezielle Familienprobleme: Armut und Gewalt. In: Schneider, Norbert F. (Hrsg.): Lehrbuch Moderne Familiensoziologie. Theorien, Methoden, empirische Befunde. Opladen, Farmington Hills, Mich: Opladen: Budrich, S. 183–196.

Klundt, Michael; Zeng, Matthias (2002): Kinderarmut und ihre psychosozialen Folgen als Gegenstand der Forschung. In: Zenz, Winfried M.; Bächer, Korinna; Blum-Maurice, Korinna (Hrsg.): Die vergessenen Kinder. Vernachlässigung, Armut und Unterversorgung in Deutschland. Köln: Papy Rossa-Verl., S. 39–53.

Klundt, Michael (2008): Von der sozialen zur Generationengerechtigkeit. Polarisierte Lebenslagen und ihre Deutung in Wissenschaft, Politik und Medien. Wiesbaden: VS Verlag für Sozialwissenschaften.

Knauer, Raingard; Sturzenhecker, Benedikt (2005): Partizipation im Jugendalter. In: Hafeneger, Benno; Jansen, Mechthild M.; Niebling, Torsten (Hrsg.): Kinder- und Jugendpartizipation. Im Spannungsfeld von Interessen und Akteuren. Opladen: Budrich, S. 63–94.

Knaut, Annette (2011): Abgeordnete als Politikvermittler. Zum Wandel von Repräsentation in modernen Demokratien. Baden-Baden: Nomos.

Knoll, Manuel (2012): Ist staatliche Umverteilung gerecht? John Rawls' Begründung des Wohlfahrtsstaates. In: Spieker, Michael (Hrsg.): Der Sozialstaat. Fundamente und Reformdiskurse. Baden-Baden: Nomos, S. 39–63.

Koalitionsvertrag (2013): Deutschlands Zukunft gestalten. Koalitionsvertrag zwischen CDU, CSU und SPD. 18. Legislaturperiode. Online abrufbar unter: https://www.cdu.de/sites/default/files/media/dokumente/koalitionsvertrag.pdf [Zugriff am: 11-04.2016].

Ködelpeter, Thomas; Nitschke, Ulrich (Hrsg.) (2008): Jugendliche planen und gestalten Lebenswelten. Partizipation als Antwort auf den gesellschaftlichen Wandel. Wiesbaden: VS Verlag für Sozialwissenschaften.

Kob, Janpeter (1976): Soziologische Theorie der Erziehung. Stuttgart, Berlin, Köln und Mainz: W. Kohlhammer.

Köhler, Henning (2014): Helmut Kohl. Ein Leben für die Politik. Köln: Quadriga.

Koob, Dirk (2007): Sozialkapital und Normen der Reziprozität. Zur Verwechslung von Handlungsressourcen und strukturellen Ermöglichungsbedingungen. In: Marten, Carina; Scheuregger, Daniel (Hrsg.): Reziprozität und Wohlfahrtsstaat. Analysepotential und sozialpolitische Relevanz. Opladen & Farmington Hills: Barbara Budrich, S. 69–94.

Kohl, Jürgen (1993): Der Wohlfahrtsstaat in vergleichender Perspektive. Anmerkungen zu Esping-Andersen's „The Three Worlds of Welfare Capitalism". In: Zeitschrift für Sozialreform, Jg. 39, Heft 2, S. 67–82.

Kohler-Koch, Beate (Hrsg.) (1998): Regieren in entgrenzten Räumen. PVS-Sonderheft 29. Opladen: Westdeutscher Verlag.

Kolbe, Andreas (2012): Das Arsen der Lobbyisten. In: politik & kommunikation. Ausgabe 01/2012, S. 22–23.

Kommission Sozialpädagogik (Hrsg.) (2011): Bildung des Effective Citizen. Sozialpädagogik auf dem Weg zu einem neuen Sozialentwurf. Weinheim und Basel: Beltz Juventa.

Kompakt-Lexikon (2013): Wirtschaftspolitik. 3.200 Begriffe nachschlagen, verstehen, anwenden. Wiesbaden: Springer Gabler.

Konietzka, Dirk; Böhm, Sebastian; Tatjes, Andrè (2014): Neuere Literatur zur Familiensoziologie. In: Soziologische Revue. Jg. 37, Heft 1, de Gruyter, S. 37–46.

Konietzka, Dirk; Tatjes, Andrè (2016): Der Auszug aus dem Elternhaus. In: Niephaus, Yasemin; Kreyenfeld, Michaela; Sackmann, Reinhold (Hrsg.): Handbuch Bevölkerungssoziologie. Wiesbaden: VS Verlag für Sozialwissenschaften, S. 201–226.

König, Renè (Hrsg.) (1971): Fischer-Lexikon Soziologie. Frankfurt a. M.: Fischer-Taschenbuch-Verl.

König, Barbara (2010): Auf dem Weg in die Kindergrundsicherung?! Warum der Wandel von der Familienförderung zur Kinderförderung möglich und notwendig ist. In: Lutz, Ronald; Hammer, Veronika (Hrsg.): Wege aus der Kinderarmut. Gesellschaftspolitische Rahmenbedingungen und sozialpädagogische Handlungsansätze. Weinheim und München: Juventa, S. 60–75.

Köppl, Peter (2000): Public Affairs Managment. Strategien & Taktiken erfolgreicher Unternehmenskommunikation. Wien.

Köppl, Peter (2001): Die Macht der Argumente. Lobbying als strategisches Interessenmanagement. In: Althaus, M. (Hrsg.): Kampagne! Neue Strategien für Wahlkampf, PR und Lobbying. Münster: LIT-Verlag, S. 215–225.

Köppl, Peter (2005): Arena-Analyse. In: Althaus, Marco; Geffken, Michael; Rawe, Sven (Hrsg.): Handlexikon Public Affairs. Münster: LIT-Verlag, S. 12–16.
Köppl, Peter; Millar, Carla (2014): Perspectives, practices and prospects of public affairs in Central and Eastern Europe: a lobbying future anchored in an institutional context. In: Journal of Public Affairs. Vol. 14, Issue1, S. 4–17.
Korte, Karl R. (2012): Beschleunigte Demokratie: Entscheidungsstress als Regelfall. In: Aus Politik und Zeitgeschichte. Jg. 62, Heft. 7, S. 21–26.
Kott, Kristina; Kuchler, Birgit (2016): Der AROPE-Indikator. In: Datenreport 2016. Ein Sozialbericht für die Bundesrepublik Deutschland. Online abrufbar unter: http://www.bpb.de/nachschlagen/datenreport-2016/226268/der-arope-indikator [Zugriff am 14.06.2016].
Korczak, Janusz (1997): Sämtliche Werke. Gütersloh: Gütersloher Verl.-Haus.
Kraemer, Klaus (1994): Begriffsbestimmung funktionale Macht: In: Fuchs-Heinritz, Werner et al. (Hrsg.): Lexikon zur Soziologie. 3. Aufl., Opladen: Westdeutscher Verlag, S. 411.
Krämer, Walter (2000): Armut in der Bundesrepublik. Zur Theorie und Praxis eines überforderten Begriffs. Frankfurt am Main und New York: Campus Verlag.
Krämer, Walter (2005): Armut – was ist das überhaupt? Oder: Armutsforschung im Spannungsfeld von Wissenschaft und Politik. In: Sedmak, Clemens (Hrsg.): Option für die Armen. Die Entmarginalisierung des Armutsbegriffs in den Wissenschaften. Freiburg im Breisgau/Basel/Wien: Herder, S. 47–58.
Kränzl-Nagl, Renate; Mierendorff, Johanna; Olk, Thomas (Hrsg.) (2003): Kindheit im Wohlfahrtsstaat. Gesellschaftliche und politische Herausforderungen. Frankfurt a. M.: Campus.
Kreckel, Reinhard (1983): Theorien sozialer Ungleichheit im Übergang. In: Ders. (Hrsg.): Soziale Ungleichheiten – Soziale Welt. Sonderband 2. Verlag Otto Schwartz & Co. Jg. 34, Nr. 2, S. 3–12.
Kreckel Reinhard (1992): Politische Soziologie der sozialen Ungleichheit. 1. Aufl., Frankfurt a. M.: Campus Verlag.
Kreckel, Reinhard (1998): Klassentheorie am Ende der Klassengesellschaft. In: Berger, Peter A.; Vester, Michael (Hrsg.): Alte Ungleichheiten Neue Spaltungen. Opladen: Leske + Budrich, S. 31–47.
Kreckel, Reinhard (2004): Politische Soziologie der sozialen Ungleichheit. 3 überab. und erw. Aufl., Frankfurt a. M.: Campus Verlag.
Kreibich, Rolf (1999): Die Zukunft der Gesellschaft – die Zukunft von Chancengleichheit. Rede auf der Potsdamer Konferenz der Gesellschaft Chancengleichheit, am 11.11.1999. Online abrufbar unter: http://www.chancengleichheit.de/texte/2potsdamerk/hauptreferate/Kreibich.htm [Zugriff am 03.12.2015].
Kreft, Dieter (2008): Wörterbuch Soziale Arbeit. Aufgaben, Praxisfelder, Begriffe und Methoden der Sozialarbeit und Sozialpädagogik. 6. Aufl. Weinheim und München: Juventa.
Kronauer, Martin; Vogel, Berthold; Gerlach, Frank (1993): Im Schatten der Arbeitsgesellschaft. Arbeitslose und die Dynamik sozialer Ausgrenzung. Frankfurt am Main: Campus (Eine Studie des Soziologischen Forschungsinstituts Göttingen – SOFI).
Krüger, Anja (2016): Versicherungnehmen lernen. Online abrufbar unter: http://www.xing-news.com/reader/news/articles/275363?link_position=digest&newsletter_id=12998&xng_share_origin=email [Zugriff am 05.05.2016].
KSA (Kinderschutz Aktuell) (2015): 3. Quartal 2015. //vollständig??//
Kuchler, Barbara (2006): Bourdieu und Luhmann über den Wohlfahrtsstaat. Die Autonomie gesellschaftlicher Teilbereiche und die Asymmetrie der Gesellschaftstheorie. In: Zeitschrift für Soziologie. Jg. 35, Heft 1, S. 5–23.
Külp, Bernhard (1981): Zur Diskussion um den Generationenvertrag. In: Schweitzer, Rosemarie von (Hrsg.): Leitbilder für Familie und Familienpolitik. Festgabe für Helga Schmucker. Berlin: Duncker & Humblot, S. 131–144.
Lahusen, Christian; Stark, Carsten (2003): Integration: Vom fördernden und fordernden Wohlfahrtsstaat. In: Lessenich, Stephan (Hrsg.): Wohlfahrtsstaatliche Grundbegriffe. Historische und aktuelle Diskurse. Frankfurt a. M. und New York: Campus Verlag, S. 353–371.
Lamnek, Siegfried (2010): Qualitative Sozialforschung. Lehrbuch, unter Mitarbeit von Claudia Krell. 5. überar. Auflage, Weinheim: Beltz.

Lampert, Heinz (1996): Priorität für die Familie. Plädoyer für eine rationale Familienpolitik. Berlin: Duncker & Humblot.

Lange, Andreas; Lauterbach, Wolfgang (1998): Aufwachsen in materieller Armut und sorgenbelastetem Familienklima. Konsequenzen für den Schulerfolg am Beispiel des Übergangs in die Sekundarstufe I. In: Mansel, Jürgen; Neubauer, Georg (Hrsg.): Armut und soziale Ungleichheit bei Kindern. Wiesbaden: VS Verlag für Sozialwissenschaften, S. 106–128.

Lange, Andreas; Lauterbach, Wolfgang; Becker, Rolf (2003): Armut und Bildungschancen. Auswirkungen von Niedrigeinkommen auf den Schulerfolg am Beispiel des Übergangs von der Grundschule auf weiterführende Schulstufen. In: Butterwegge, Christoph; Klundt, Michael (Hrsg.): Kinderarmut und Generationengerechtigkeit. Familien- und Sozialpolitik im demografischen Wandel. 2. Aufl. Opladen: Opladen: Leske + Budrich, S. 153–170.

Lautmann, Rüdiger (2011): Justiz – die stille Gewalt. Teilnehmende Beobachtung und entscheidungssoziologische Analyse. Wiesbaden: VS Verlag für Sozialwissenschaften.

Lau, Thomas; Wolff, Stephan (1983): Der Einstieg in das Untersuchungsfeld als soziologischer Lernprozess. In: Kölner Zeitschrift für Soziologie und Sozialpsychologie. Jg. 35, Heft 3, S. 417-437.

Lasch, Christopher (1981): Geborgenheit. Die Bedrohung der Familie in der modernen Welt. München: Steinhaus.

Leibfried, Stephan; Voges, Wolfgang (1992): Vom Ende einer Ausgrenzung? – Armut und Soziologie. In: Dies. (Hrsg.): Armut im Modernen Wohlfahrtsstaat. Opladen: Westdeutscher Verlag, S. 9-33.

Leibfried, Stephan (1994): Grenzen deutscher Sozialstaatlichkeit. Vom gemeinsamen Arbeitsmarkt zu erzwungener europäischer Sozialreform. In: Riedmüller, Barbara; Olk, Thomas (Hrsg.): Grenzen des Sozialversicherungsstaates. Opladen: Westdeutscher Verlag, S. 313–323.

Leibfried, Stephan; Leisering, Lutz (1995): Zeit der Armut. Lebensläufe im Sozialstaat. Unter Mitarbeit von Buhr, Petra; Ludwig, Monika, Mädje, Eva; Olk, Thomas; Voges, Wolfgang; Zwick, Michael. Frankfurt a. M.: Suhrkamp (edition suhrkamp 1923, Neue Folge 923).

Leif, Thomas; Speth, Rudolf (2003): Anatomie des Lobbyismus. Einführung in eine unbekannte Sphäre der Macht. In: DieS. (Hrsg.): Die stille Macht. Lobbyismus in Deutschland. 1. Aufl. Opladen: Westdeutscher Verlag, S. 7–32.

Leif, Thomas; Speth, Rudolf (2006): Die fünfte Gewalt. Lobbyismus in Deutschland. Wiesbaden: VS Verlag für Sozialwissenschaften.

Leipert, Christian (Hrsg.) (2003): Demographie und Wohlstand: neuer Stellenwert für Familie in Wirtschaft und Gesellschaft. Opladen: Leske + Budrich.

Leisering, Lutz; Voges, Wolfgang (1992): Erzeugt der Wohlfahrtsstaat seine eigene Klientel? Eine theoretische und empirische Analyse von Armutsprozessen. In: Dies. (Hrsg.): Armut im Modernen Wohlfahrtsstaat. Kölner Zeitschrift für Soziologie und Sozialpsychologie (Sonderhefte). Opladen: Westdeutscher Verlag, S. 446–472.

Leisering, Lutz (1993): Zwischen Verdrängung und Dramatisierung. Zur Wissenssoziologie der Armut in der bundesrepublikanischen Gesellschaft. In: Soziale Welt. Jg. 44, Heft 4, S. 486–511.

Leisering, Lutz (2000): Wohlfahrtsstaatliche Generationen. Zum Wandel sozialer Generationen im Nachkriegsdeutschland. Antrittsvorlesung an der Universität Bielefeld, 3. Mai 2000. Online abrufbar unter. http://www.uni-bielefeld.de/%28en%29/soz/personen/Leisering/pdf/WP_1.pdf [Zugriff am 11.04.2016].

Leisering, Lutz (2001): Wirklich die beste aller Welten? Die soziologische Kritik am Wohlfahrtsstaat. In: Mayer, Karl U. (Hrsg.): Die beste aller Welten? Marktliberalismus und Wohlfahrtsstaat als Konstruktionen sozialer Ordnung. Frankfurt a. M. und New York: Campus Verlag, S. 113–134.

Leitner, Sigrid (2008): Ökonomische Funktionalität der Familienpolitik oder familienpolitische Funktionalisierung der Ökonomie? In: Evers, Adalbert; Heinze, Rolf G. (Hrsg.): Sozialpolitik – Ökonomisierung und Entgrenzung. Wiesbaden: VS Verlag für Sozialwissenschaften, S. 67–82.

Lenhart, Karin (2010): Engagement und Erwerbslosigkeit – Einblicke in ein Dunkelfeld. Friedrich-Ebert-Stiftung.

Lepenies, Wolf (2003): Bildungspathos und Erziehungswirklichkeit. In: Killius, Nelson; Klugel, Jürgen; Reisch, Linda (Hrsg.): Bildung der Zukunft. Frankfurt a. M.: Suhrkamp, S. 13–30.

Lepsius, Rainer M. (1990): Soziale Ungleichheit und Klassenstrukturen in der Bundesrepublik Deutschland. In: Ders.: Interessen, Ideen und Institutionen. Opladen: Westdeutscher Verlag, S. 117–152.

Lepsius, Rainer M. (1990a): Interessen, Ideen und Institutionen. Opladen: Westdeutscher Verlag.

Lessenich, Stephan (1994): „Three Worlds of Welfare Capitalism" – oder vier? Strukturwandel arbeits- und sozialpolitischer Regulierungsmuster in Spanien. In: Politische Vierteljahresschrift. Jg. 35, Heft 2, S. 224–244.

Lessenich, Stephan (1995): Wohlfahrtsstaatliche Regulierung und die Strukturierung von Lebensverläufen. Zur Selektivität sozialpolitischer Interventionen. In: Soziale Welt. Jg. 46, Heft 1, S. 51–69.

Lessenich, Stephan (2003): Einleitung. Wohlfahrtsstaatliche Grundbegriffe – Semantiken des Wohlfahrtsstaates. In: Ders. (Hrsg.): Wohlfahrtsstaatliche Grundbegriffe. Historische und aktuelle Diskurse. Frankfurt a. M. und New York: Campus, S. 9–19.

Lessenich, Stephan (2008): Die Neuerfindung des Sozialen. Der Sozialstaat im flexiblen Kapitalismus. Bielefeld: transcript.

Lessenich, Stephan (2009): Das System im/am Subjekt oder: Wenn drei sich streiten, freut sich die (kritische) Soziologie. In: Dörre, Klaus; Lessenich, Stephan; Rosa, Hartmut: Soziologie Kapitalismus Kritik. Eine Debatte. Frankfurt a. M.: Suhrkamp, S. 280–291.

Lessenich, Stephan (2009a): Mobilität und Kontrolle. Zur Dialektik der Aktivgesellschaft. In: Dörre, Klaus; Lessenich, Stephan; Rosa, Hartmut: Soziologie Kapitalismus Kritik. Eine Debatte. Frankfurt a. M.: Suhrkamp, S. 126–177.

Lessenich, Stephan (2012): „Aktivierender" Sozialstaat: eine politisch-soziologische Zwischenbilanz. In: Bispinck, Reinhard; Bosch, Gerhard; Hofemann, Klaus; Naegele, Gerhard (Hrsg.): Sozialpolitik und Sozialstaat. Wiesbaden: VS Verlag für Sozialwissenschaften, S. 41–53.

Lessenich, Stephan (2012a): Theorien des Sozialstaats zur Einführung. Hamburg: Junius.

Leven, Ingo; Schneekloth, Ulrich (2010): Die Schule: Frühe Vergabe von Lebenschancen. In: Hurrelmann, Klaus; Andresen, Sabine (Hrsg.): Kinder in Deutschland 2010. 2. World Vision Kinderstudie. Originalausgabe. Frankfurt a. M.: Fischer-Taschenbuch-Verl, S. 161–186.

Lewis, Jane (2004): Auf dem Weg zur „Zwei-Erwerbstätigen"-Familie. In: Leitner, Sigrid; Ostner, Ilona; Schratzenstaller, Margit (Hrsg.): Wohlfahrtsstaat und Geschlechterverhältnis im Umbruch. Was kommt nach dem Ernährermodell? Jahrbuch für Europa- und Nordamerika-Studien 7, Wiesbaden, VS Verlag für Sozialwissenschaften, S. 62–84.

Lidy, Klaus (1974): Definition und Messung der Armut. Heidelberg: Univ. Dissertation.

Liebel, Manfred; Masing, Vanessa (2013): Kinderinteressenvertretung in Deutschland. Was Erwachsene tun können, um Kinder bei der Durchsetzung ihrer Rechte zu unterstützen. In: Neue Praxis. Jg. 43, Heft 6, S. 497–519.

Liebel, Manfred (2014): Kinderinteressenvertretung. Überlegungen zu ihrer Notwendigkeit und Legitimität. In: Neue Praxis. Jg. 44, Heft 4, S. 337–353.

Liebel, Manfred (2014a): Rezensionen. In: Diskurs Kindheits- und Jugendforschung. Heft 4, S. 509–511.

Linden, Markus (2007): Wie frustriert sind die Deutschen? Eine international vergleichende Bestandsaufnahme der Redeweisen von der „Politikverdrossenheit". In: Deutschland Archiv. Jg. 40, Nr. 6, S. 977–987.

Linden, Markus (2009): Wer repräsentiert die sozial Schwachen? In: Neue Gesellschaft/Frankfurter Hefte, Jg. 56, Heft 9, S. 49–52.

Linden, Markus; Thaa, Winfried (2009): Einleitung: Eine Krise der Repräsentation von Fremden und Armen? In: Dies. (Hrsg.): Die politische Repräsentation von Fremden und Armen. Baden-Baden: Nomos, S. 8–19.

Linden, Markus; Thaa, Winfried (Hrsg.) (2011): Krise und Reform politischer Repräsentation. Baden-Baden: Nomos.

Linden, Markus (2014): Die politische Repräsentation schwacher Interessen bei Jürgen Habermas. In: Landwehr, Claudia; Schmalz-Bruns, Rainer (Hrsg.): Deliberative Demokratie in der Diskussion. Herausforderungen, Bewährungsprobe, Kritik. Baden-Baden: Nomos, S. 339–367.

Lindner, Werner (2012): Politikberatung und Lobbying für die Kinder- und Jugendarbeit. Hinweise für die praxisbezogene Umsetzung. In: deutsche jugend – Zeitschrift für Jugendarbeit. Jg. 60, Heft 1, S. 18–26.

Lippl, Bodo (2003): Sozialer Wandel, wohlfahrtsstaatliche Arrangements und Gerechtigkeitsäußerungen im internationalen Vergleich: Analysen in postkummunistischen und westlich-kapitalistischen Ländern. Berlin: Dissertation, Humboldt-Univ.

Lissabon Strategie (2000): Schlussfolgerungen des Vorsitzes. Online abrufbar unter: http://www.europarl.europa.eu/brussels/website/media/Lexikon/Pdf/Lissabon_Strategie.pdf [Zugriff am 22.02.2016].

Lister, Ruth (2004): The Third Way`s Social Investment State. In: Lewis, Jane; Surender, Rebecca (Hrsg.): Welfare State Change. Towards a Third Way. Oxford: Oxford University Press, S. 157–181.

Lohmann, Henning (2007): Armut von Erwerbstätigen in europäischen Wohlfahrtsstaaten. Wiesbaden: VS Verlag für Sozialwissenschaften.

Lohner, Harald; Paul, Nina; Presting, Imke (2013): Projekt Zukunft. Was hat Nachhaltigkeit mit uns zu tun? VAS – Verlag für akademische Schriften.

Lorke, Christoph (2013): Von Anstand und Liederlichkeit. Armut und ihre Wahrnehmung in der DDR (1961–1989). In. Zeithistorische Forcshungen/Studies in Contemporary History, Heft 2, S. 199–218.

Lösche, Peter (1995): Parteienverdrossenheit ohne Ende? Polemik gegen das Lamentieren deutscher Politiker, Journalisten, Politikwissenschaftler und Staatsrechtler. In: Zeitschrift für Parlamentsfragen. Vol. 26, No. 1, S. 149–159.

Lüders, Christian (1995): Von der teilnehmenden Beobachtung zur ethnographischen Beschreibung. In: König, Eckard; Zedler Peter (Hrsg.): Bilanz qualitativer Forschung. Band II: Methoden. Weinheim: Deutscher Studienverlag.

Luhmann, Niklas (1981): Politische Theorie im Wohlfahrtsstaat. München: Olzog.

Luhmann, Niklas (2000): Die Politik der Gesellschaft. Frankfurt a. M.: Suhrkamp.

Lüscher, Kurt (1977): Sozialpolitik für das Kind, Soziologie und Sozialpolitik. In: Kölner Zeitschrift für Soziologie und Sozialpsychologie. Vol. 19, S. 591–628.

Lüscher, Kurt (Hrsg.) (1979): Sozialpolitik für das Kind. Stuttgart: Klett-Cotta.

Lüscher, Kurt (1981): Sozialpolitik für das Kind als Gesellschaftspolitik. In: Schweitzer, Rosemarie von (Hrsg.): Leitbilder für Familie und Familienpolitik. Festgabe für Helga Schmucker. Berlin: Duncker & Humblot, S. 89–106.

Lüscher, Kurt (2003): Kinderpolitik: Die Ambivalenzen der Rolle des Kindes gestalten. Entwurf einer Typologie. In: Kränzl-Nagl, Renate; Mierendorff, Johanna; Olk, Thomas (Hrsg.): Kindheit im Wohlfahrtsstaat. Gesellschaftliche und politische Herausforderungen. Frankfurt a. M.: Campus Verlag, S. 333–362.

Lutz, Ronald (Hrsg.) (2005): Kinderberichte und Kinderpolitik. Aktuelle Lebenslagen von Kindern und Jugendlichen. Oldenburg: pfv.

Lutz, Ronald (2010): Kinderarmut. Eine sozialpolitische Herausforderung. Oldenburg: Paulo-Freire-Verl (Erfurter Hefte, 3).

Lutz, Ronald (2012): Soziale Erschöpfung – Erschöpfte Familien. In: Ders. (Hrsg.): Erschöpfte Familien. Unter der Mitarbeit von Corinna Frey. Wiesbaden: VS Verlag für Sozialwissenschaften, S. 11–70.

Lutz, Ronald (2015): Erkennbare Bildungsbenachteiligungen von Kindern aus armen und erschöpften Familien. Fachvortrag am 12. November 2015 auf dem Bundeskongress zum Thema „Kinderarmut bekämpfen“. Veranstaltung vom Deutschen Kinderhilfswerk.

Lynch, Julia (2006): Age in the Welfare State. The Origins of Social Spending on Pesnioners, Workers, and Children. Cambridge: University Press.

Machnig, Matthias (2002): „Kulturkampf aus der Kreidekiste“. In: Berliner Republik. Heft 2.

Machnig, Matthias (2004): Made in Germany '21. Plädoyer für eine neue Innovationskultur. In: Steinmeier, Frank W.; Machnig, Matthias (Hrsg.): Made in Germany '21. Hamburg: Hoffmann und Campe, S. 27–41.

MacCormick, Neil (1976): Children's Rights: A Test-Case for Theories of Right. In: Archiv für Rechts- und Sozialphilosophie. Jg. 63, Heft 3, S. 305–317.

Mackenroth, Gerhard (1952): Die Reform der Sozialpolitik durch einen deutschen Sozialplan. In: Albrecht, Gerhard (Hrsg.): Verhandlungen auf der Sondertagung in Berlin des Vereins für Sozialpolitik – Gesellschaft für Wirtschafts- und Sozialwissenschaften. Berlin: Ducker & Humblot, S. 39–76.

Mackert, Jürgen (2006): Staatsbürgerschaft. Eine Einführung. Wiesbaden: VS Verlag für Sozialwissenschaften.

Mackert, Jürgen; Müller, Hans-Peter (Hrsg.) (2000): Citizenship – Soziologie der Staatsbürgerschaft. Opladen: Westdeutscher Verlag.

Marten, Carina; Scheuregger, Daniel (2007): Einleitung: Reziprozität und Wohlfahrtsstaat. In: Ders. (Hrsg.): Reziprozität und Wohlfahrtsstaat. Analysepotential und sozialpolitische Relevanz. Opladen & Farmington Hills: Barbara Budrich, S. 9–18.

Martens, Rudolf (2010): Kinder- und Jugendarmut in Deutschland. In: Fischer, Jörg (Hrsg.): Armut und soziale Ausgrenzung von Kindern und Jugendlichen. Problembestimmungen und Interventionsansätze. Baltmannsweiler: Schneider-Verl. Hohengehren, S. 95–114.

Martens, Rudolf (2011): Verwirrung um Ausmaß der Kinderarmut – Welche Zahlen stimmen? In: Soziale Sicherheit. Jg. 60, Heft 6–7, S. 221–223.

Marshall, Thomas H. (1950): Citizenship and Social Class and Other Essays. Cambridge: Cambridge University Press.

Marshall, Thomas H. (1992): Bürgerrechte und soziale Klassen. Zur Soziologie des Wohlfahrtsstaates. Frankfurt a. M. und New York: Campus Verlag.

März, Daniel (2012): Kinderarmut in Deutschland. Der Deutsche Kinderschutzbund im politschen System der Bundesrepublik Deutschland. Unveröffentlichte Magisterarbeit.

März, Daniel; Pütz, Johannes (2014): Wer steuert wen? Interessenvertreter beeinflussen die Politik – und das ist auch gut so. In: politik & kommunikation. Ausgabe 06/2014, S. 64–65.

März, Daniel, Pütz, Johannes (2015): ‚Vom Lobbyismus zum Public Affairs Management' – Professionalisierungstendenzen in der Arena politischer Interessenvertretung. In: Zeitschrift für Politikberatung. Vol. 7, Nr. 1–2, S 28–39.

Marx, Karl; Engels, Friedrich (1999) [1848]: Das kommunistische Manifest. Eine moderne Edition. Hamburg: Argument-Verlag.

Marx, Karl (1970) (1867): Das Kapital, Bd. 1, Berlin-Ost.

Massing, Peter (1996): Interessensgruppen. In: Nohlen, Dieter (Hrsg.): Wörterbuch Staat und Politik. München: Piper, S. 289–290.

Masuch, Peter; Spellbrink, Wolfgang, Becker, Ulrich; Leibfried, Stephan (Hrsg.) (2014): Grundlagen und Herausforderungen des Sozialstaats. Denkschrift 60 Jahre Bundessozialgericht. Eigenheiten und Zukunft von Sozialpolitik und Sozialrecht, Band 1. Berlin: Erich Schmidt Verlag.

Mätzke, Margitta; Ostner, Ilona (2010): The Role of Old Ideas in the New German Family Policy Agenda. In: German Policy Studies. Vol. 6, No. 3, S. 119–162.

Mau, Steffen (2014): Migration und Wohlfahrtsstaat: Kontroversen um Inklusion und Exklusion. In: Masuch, Peter; Spellbrink, Wolfgang, Becker, Ulrich; Leibfried, Stephan (Hrsg.): Grundlagen und Herausforderungen des Sozialstaats. Denkschrift 60 Jahre Bundessozialgericht. Eigenheiten und Zukunft von Sozialpolitik und Sozialrecht, Band 1, Berlin: Erich Schmidt Verlag, S. 651–665.

Maurer, Marco (2015): Du bleibst was du bist: Warum bei uns immer noch die soziale Herkunft entscheidet. München: Droemer.

Maye, Harun; Meteling, Arno (2009): Mediale Latenz und politische Form. Positionen und Konzepte. In: Ellrich, Lutz; Maye, Harun; Meteling, Arno (Hrsg.): Die Unsichtbarkeit des Politischen. Theorie und Geschichte medialer Latenz. Bielefeld: Transcript, S. 13–151.

Mayer, Tilman (1999): Die demographische Krise: eine integrative Theorie der Bevölkerungsentwicklung. Habilitationsschrift. Frankfurt a. M.: Campus Verlag.

Mayer, Tilman (2000): Organisationsschwache Interessen. In: Jans, Bernhard; Habisch, Andrè; Stutzer, Erich (Hrsg.): Familienwissenschaftliche und familienpolitische Signale. Grafschaft: Vektor-Verlag, S. 509–516.

Mayer, Tilman; Rösler, Wiebke (2013): Der „Paradigmenwechsel" zur Einführung des Elterngeldes und seine Fehlkonstruktionen. In: Zeitschrift für Familienforschung. Jg. 25, Heft 2, S. 173–192.

Mayring, Phillip (2002): Einführung in die qualitative Sozialforschung. 5. Aufl. Wiesbaden: Beltz.

McCarthy, John D.; Zald, Mayer N. (1977): Resource Mobilization and Social Movements: A Partial Theory. In: American Journal of Sociology. Vol. 82, No. 6, S. 1212–1241.

Meier-Gräwe, Uta (2008): Jedes Kind zählt – Armutsprävention als strategisch unterschätzte Zukunftsaufgabe in Deutschland. In: Herz, Birgit (Hrsg.): Kinderarmut und Bildung. Armutslagen in Hamburg. 1. Aufl. Wiesbaden: VS Verlag für Sozialwissenschaften, S. 59–75.

Meier, Dominik (2014): Interest representation in Germany. In: Journal of Public Affairs. Vol. 14, No. 1, S. 22–30.

Merk, Kurt-Peter (2009): Das Wahlrecht von Geburt an und seine politische Bedeutung. In: Diskurs Kindheits- und Jugendforschung. Jg. 4, Heft 4, S. 525–538.

Merkle, Hans (2003): Lobbying. Das Praxishandbuch für Unternehmen. Darmstadt: Primus-Verlag.

Merkel, Angela (2006): Rede von Bundeskanzlerin Angela Merkel beim Arbeitgebertag am 07.11.2006. Online abrufbar unter: http://adrien.barbaresi.eu/corpora/speeches/BR/t/1042.html [Zugriff am 05.06.2016].

Merkel, Angela (2008): Rede von Bundeskanzlerin Dr. Angela Merkel auf der Festveranstaltung „60 Jahre Soziale Marktwirtschaft" am 12. Juni 2008 in Berlin. Online abrufbar unter: https://www.bundesregierung.de/Content/DE/Bulletin/2008/06/Anlagen/64-1-bkin.pdf;jsessionid=1785D28BD8649F123A2F32E528B21B00.s5t2?__blob=publicationFile&v=1 [Zugriff am 28.05.2016].

Merkel, Wolfgang (2015): Das Problem der Demokratie ist nicht die Krise, sondern der Triumph des Kapitalismus. Mehr substanzielle, weniger symbolische Politik tut Not. In: Neue Gesellschaft. Frankfurter Hefte. Jg. 62, Heft 6, S. 16–20.

Merkel, Wolfgang (2016): Ungleichheit als Krankheit der Demokratie. In: Neue Gesellschaft. Frankfurter Hefte. Jg. 63, Heft 6, S. 14–19.

Merten, Roland (1998): Armut als Herausforderung an die Kinder- und Jugendhilfepolitik. In: Klocke, Andreas; Hurrelmann, Klaus (Hrsg.): Kinder und Jugendliche in Armut. Opladen: Westdeutscher Verlag, S. 266–287.

Merz, Friedrich (2002): Rede vor dem Bundestag vom 18.4.2002. Plenarprotokoll 14/230.

Meuser, Michael; Nagel, Ulrike (2009): Das Experteninterview – konzeptionelle Grundlagen und methodische Anlage. In: Pickel, Susanne; Pickel, Gert; Detlef, Jahn; Lauth, Hans-Joachim (Hrsg.): Methoden der vergleichenden Politik- und Sozialwissenschaft. Neue Entwicklungen und Anwendungen. Wiesbaden: VS Verlag für Sozialwissenschaften, S. 465–479.

Michalowitz, Irina (2004): EU Lobbying – Principals, Agents, Targets. Strategic interest intermediation in EU policy-making. Münster: LIT Verlag.

Michalowitz, Irina (2007): Lobbying in der EU. Wien: Facultas.

Mierendorff, Johanna; Olk, Thomas (2003): Kinderwohlfahrtspolitik in Deutschland. In: Kränzl-Nagl, Renate; Mierendorff, Johanna; Olk, Thomas (Hrsg.): Kindheit im Wohlfahrtsstaat. Gesellschaftliche und politische Herausforderungen. Frankfurt a. M.: Campus Verlag, S. 419–464.

Mierendorff, Johanna; Olk, Thomas (2010): Gesellschaftstheoretische Ansätze. In: Krüger, Heinz-Hermann; Grunert, Cathleen (Hrsg.): Handbuch Kindheits- und Jugendforschung. 2., aktualisierte und erweiterte Fassung. Wiesbaden: VS Verlag für Sozialwissenschaften, S. 125–152.

Mierendorff, Johanna (2008): Kindheit und Wohlfahrtsstaat. In: Luber, Eva; Hungerland, Beatrice (Hrsg.): Angewandte Kindheitswissenschaften – Eine Einführung für Studium und Praxis. Weinheim und München: Juventa, S. 199–217.

Mierendorff, Johanna (2010): Kindheit und Wohlfahrtsstaat: Entstehung, Wandel und Kontinuität des Musters moderner Kindheit. Weinheim und München: Juventa.

Mierendorff, Johanna (2011): Arme Kinder. Kritische Anmerkungen aus wohlfahrtsstaats-theoretischer Perspektive. In: Wittmann, Svendy; Rauschenbach, Thomas; Leu, Hans R. (Hrsg.): Kinder in Deutschland. Weinheim und Basel: Beltz Juventa, S. 124–137.

Mierendorf, Johanna (2014): Die wohlfahrtsstaatliche Kindheit. In: Baader, Meike S.; Eßer, Florian; Schröer, Wolfgang (Hrsg.): Kindheiten in der Moderne. Eine Geschichte der Sorge. Frankfurt a. M.: Campus Verlag, S. 257–283.

Ministerium für Arbeit, Soziales Frauen und Familie Landes Brandenburg (MASGF) (2004): Einschüler in Brandenburg, Soziale Lage und Gesundheit 1999. Online abrufbar unter: http://www.kinderumweltgesundheit.de/index2/pdf/gbe/6044_1.pdf [Zugriff am 11.04.2016].

Mirbach, Thomas (1995): Die Krise des Sozialstaats. In: Jäger, Thomas; Hoffmann, Dieter (Hrsg.): Demokratie in der Krise? Zukunft der Demokratie. Opladen: Leske + Budrich, S. 169–190.

Moser, Sonja (2010): Beteiligt sein. Partizipation aus der Sicht von Jugendlichen. Wiesbaden: VS Verlag für Sozialwissenschaften.

Muchow, Martha; Muchow, Hans H. (1935): Der Lebensraum des Großstadtkindes. Neuausgabe mit biografischem Kalender und Bibliografie. Herausgegeben und eingeleitet von Jürgen Zinnecker (1998). Weinheim und München: Juventa.

Müller, Hans-Peter; Schmid, Michael (Hrsg.) (2003): Hauptwerke der Ungleichheitsforschung. Opladen: Westdeutscher Verlag.

Müller-Jentsch, Walther (2008): Arbeit und BürgerstatuS. Studien zur sozialen und industriellen Demokratie. Wiesbaden: VS Verlag für Sozialwissenschaften.

Münder, Johannes (2011): Ist die Nicht-Erhöhung der Hartz IV-Regelsätze für Kinder 2011 verfassungsgerecht? Gutachten aus juristischer Sicht für die Hans-Böckler-Stiftung. In: Soziale Sicherheit, Sonderheft September.

Münch, Richard (1976): Legitimität und politische Macht. Opladen: Westdeutscher Verlag.

Münch, Richard (2015): Mehr Bildung, größere Ungleichheit. Ein Dilemma der Aktivierungspolitik. In: Mau, Steffen; Schöneck, Nadine M. (Hrsg.): (Un-)Gerechete (Un-)Gleichheiten. Frankfurt a. M.: Suhrkamp, S. 65–73.

Münch, Ursula (2001): Familien-, Jugend- und Altenpolitik. In: Bundesministerium für Arbeit und Soziales und Bundesarchiv (Hrsg.): Geschichte der Sozialpolitik in Deutschland seit 1945, Band 2/1. Baden-Baden: Nomos, S. 643–696.

Münch, Ursula (2005): Familien-, Jugend- und Altenpolitik. In: Bundesministerium für Arbeit und Soziales und Bundesarchiv (Hrsg.): Geschichte der Sozialpolitik in Deutschland seit 1945, Band 3. Baden-Baden: Nomos, S. 597–653.

Münch, Ursula (2006): Familien-, Jugend- und Altenpolitik. In: Bundesministerium für Arbeit und Soziales und Bundesarchiv (Hrsg.): Geschichte der Sozialpolitik in Deutschland seit 1945, Band 5. Baden-Baden: Nomos, S. 633–708.

Münch, Ursula (2007): Familien-, Jugend- und Altenpolitik. In: Bundesministerium für Arbeit und Soziales und Bundesarchiv (Hrsg.): Geschichte der Sozialpolitik in Deutschland seit 1945, Band 4. Baden-Baden: Nomos, S. 549–609.

Münch, Ursula (2008): Familien-, Jugend- und Altenpolitik. In: Bundesministerium für Arbeit und Soziales und Bundesarchiv (Hrsg.): Geschichte der Sozialpolitik in Deutschland seit 1945, Band 6. Baden-Baden: Nomos, S. 637–692.

Münch, Ursula (2012): Familienpolitik zwischen Sozialstaatlichkeit und Ökonomisierung. In: Spieker, Michael (Hrsg.): Der Sozialstaat. Fundamente und Reformdiskurse. Baden-Baden Nomos, S. 229–250.

Münkler, Herfried (2000): Werte, Status, Leistung. Über die Probleme der Sozialwissenschaften mit der Definition von Eliten. In: Kursbuch 136. Berlin: Rohwolt, S. 76–88.

Nachtwey, Oliver (2016): Die Abstiegsgesellschaft. Über das Aufbegehren in der regressiven Moderne. Frankfurt a. M.: Suhrkamp.

Nassehi, Armin (2006): Die paradoxe Einheit von Inklusion und Exklusion. Ein systemtheoretischer Blick auf die Phänomene. In: Bude, Heinz; Willisch, Andreas (Hrsg.): Das Problem der Exklusion. Ausgegrenzte, Entbehrliche, Überflüssige. Hamburg: Hamburger Edition, S. 46–69.

Nationale Armutskonferenz (2015): Zehn Jahre Hartz IV – zehn verlorene Jahre. Armut in Deutschland. Schattenbericht der Nationalen Armutskonferenz. Online abrufbar unter: http://nationalearmutskonferenz.de/data/Schattenbericht_2015_web.pdf [Zugriff am 13.03.2016].

Natter, Ehrenfried; Riedlsperger, Alois (1988): Einführung. Wirksam beteiligen statt lautlos ausgrenzen. In: Dies. (Hrsg.): Zweidrittelgesellschaft. Spalten, splittern – oder solidarisieren? Wien/Zürich: Europaverlag, S. 7–21.

Nauck, Bernhard (1993): Sozialstrukturelle Differenzierung der Lebensbedingungen von Kindern. In West- und Ostdeutschland. In: Markefka, Manfred & Nauck, Bernhard (Hrsg.): Handbuch der Kindheitsforschung. Neuwied/Kriftel/Berlin: Luchterhand, S. 143–163.

Nave-Herz, Rosemarie (2013): Ehe- und Familiensoziologie. Eine Einführung in Geschichte, theoretische Ansätze und empirische Befunde. 3. Aufl. Weinheim und Basel: Beltz Juventa.

Naßmacher, Hiltrud (2002): Politikwissenschaft. 4. Auflage. München: Oldenbourg.

Neubert, Stefan; Reich, Kersten (2000): Die konstruktivistische Erweiterung der Diskurstheorie: Eine Einführung in die interaktionistisch-konstruktive Sicht von Diskursen. In: Burckhart, Holger et al. (Hrsg.): Die Idee des DiskurseS. Interdisziplinäre Annäherungen. Markt Schwaben: Eusl., S. 43–74.

Neumann, Udo (1999): Struktur und Dynamik von Armut. Eine empirische Untersuchung für die Bundesrepublik Deutschland. Freiburg im Breisgau: Lambertus.

Neundörfer, Ludwig (1969): Die Vergessenen. Notstände, die von der Sozialgesetzgebung nicht gedeckt sind. In: Blind, Adolf; Ferber, v. Christian; Krupp, Hans-Jürgen (Hrsg.): Sozialpolitik und persönliche Existenz. Festgabe für Hans Achinger anläßlich seines 70. Geburtstages am 5. Oktober 1969. Berlin: Duncker & Humblot, S. 201–214.

Neumeister, Heddy (1953): Ein Familientag. In: Frankfurter Allgemeine Zeitung (FAZ). 22.10.1953.

Niedermayer, Oskar (2005): Bürger und Politik. Politische Orientierungen und Verhaltensweisen der Deutschen. Wiesbaden: VS Verlag für Sozialwissenschaften.

Niejahr, Elisabeth (2001): Politik gegen Bares; Dosenpfand, Tabaksteuer, Arzneirabatt - Kanzler Schröder macht den Kuhhandel zur Methode. In: Die Zeit. Wochenzeitung für Politik Wirtschaft Wissen und Kultur, vom 08. November 2001.

Noll, Heinz-Herbert; Habich, Roland (1990): Individuelle Wohlfahrt: vertikale Ungleichheit oder horizontale Disparitäten? In: Berger, Peter A.; Hradil, Stefan (Hrsg.): Lebenslagen, Lebensläufe, Lebensstile, Soziale Welt - Sonderband 7. Göttingen: Otto Schwartz, S. 153–188.

Nolte, Paul (2004): Zivilgesellschaft und soziale Ungleichheit. Konzeptionelle Überlegungen zur deutschen Gesellschaftsgeschichte. In: Jessen, Ralph; Reichhardt, Sven; Klein, Ansgar (Hrsg.): Zivilgesellschaft als Geschichte. Studien zum 19. und 20. Jahrhundert. Wiesbaden: VS Verlag für Sozialwissenschaften, S. 305–326.

Nullmeier, Frank (2000): Argumentationsmacht und Rechtfertigungsfähigkeit schwacher Interessen. In: Winter, Thomas von; Willems, Ulrich (Hrsg.): Politische Repräsentation schwacher Interessen. Wiesbaden: VS Verlag für Sozialwissenschaften, S. 93–109.

Nullmeier, Frank (2000a): Politische Theorie des Sozialstaats. Frankfurt am Main und New York: Campus Verlag.

Nullmeier, Frank (2011): Politisch-strategische Überlegungen zur Kindergrundsicherung. In: Lange, Joachim; Nullmeier, Frank (Hrsg.): Kindergrundsicherung: (K)eine gute Idee? Loccum: Evangelische Akad., S. 119–129.

Oberreuter, Heinrich (Hrsg.) (2013): Macht und Ohnmacht der Parlamente. Baden-Baden: Nomos.

OECD (1999): A Caring World: The New Social Policy Agenda. Paris.

OECD (2001): Balancing Work and Family Life: Helping Parents into Paid Employment. In: OECD (Hrsg.): Employment Outlook. Paris, S. 129–166.

OECD (2008): Growing Unequal. Income Distribution and poverty in OECD CountrieS. Paris.

OECD (2014): Ländernotiz Deutschland: Bildung auf einen Blick 2014. Online abrufbar unter: http://www.oecd.org/berlin/publikationen/bildung-auf-einen-blick-2014-deutschland.pdf [Zugriff am 28.05.2016].

OECD (2015): In It Together. Why Less Inequality Benefits All. OECD Publishing, Paris.

Oertzen, Peter von (2014): Klasse und Milieu als Bedingungen gesellschaftlich-politischen Handelns. In: Bremer, Helmut; Lange-Vester, Andrea (Hrsg.): Soziale Milieus und Wandel der Sozialstruktur. Die gesellschaftlichen Herausforderungen und die Strategien der sozialen Gruppen. Wiesbaden: VS Verlag für Sozialwissenschaften, 2. Auflage.

Offe, Claus (1972): Politische Herrschaft und Klassenstrukturen. Zur Analyse spätkapitalistischer Gesellschaftssysteme. In: Kress, Gisela; Senghaas, Dieter (Hrsg.): Politikwissenschaft. Eine Einführung in ihre Probleme. Frankfurt a. M.: Fischer-Taschenbuch-Verl., S. 135–164.

Offe, Claus (1984): Zu einigen Widersprüchen des modernen Sozialstaates. In: Offe, Claus (Hrsg.): „Arbeitsgesellschaft“: Strukturprobleme und Zukunftsperspektiven. Frankfurt am Main und New York: Campus Verlag, S. 323–339.

Offe, Claus (1993): Zur Typologie von sozialpolitischen „Regimes“. In: Zeitschrift für Sozialreform. Jg. 39, S. 83–86.

Offe, Claus (1995): Schock, Fehlkonstrukt oder Droge? Über drei Lesarten der Sozialstaatskrise. In: Fricke, Werner (Hrsg.): Zukunft des SozialstaatS. Jahrbuch Arbeit und Technik 1995. Bonn: Dietz, S. 31–41.

Offe, Claus (2003): Herausforderungen der Demokratie. Zur Integrations- und Leistungsfähigkeit politischer Institutionen. Frankfurt a. M.: Campus Verlag.

Òhidy, Andrea (2009): Lebenslanges Lernen und die europäische Bildungspolitik. Adaption des Lifelong Learning-Konzepts der Europäischen Union in Deutschland und Ungarn. Wiesbaden: VS Verlag für Sozialwissenschaften.

Olk, Thomas; Rentzsch, Doris (1994): Zur Transformation von Armut in den neuen Bundesländern. In: Riedmüller, Barbara; Olk, Thomas (Hrsg.): Grenzen des Sozialversicherungsstaates. Opladen: Westdeutscher Verlag, S. 248–274.

Olk, Thomas (2007): Kinder im „Sozialinvestitionsstaat“. In: Zeitschrift für Soziologie der Erziehung und Sozialisation. Jg. 27, Heft 1, S. 43–57.

Olk, Thomas (2008): Soziale Arbeit und Sozialpolitik – Notizen zu einem ambivalenten Verhältnis. In: Bielfelder Arbeitsgruppe 8 (Hrsg.): Soziale Arbeit in Gesellschaft. Wiesbaden: VS Verlag für Sozialwissenschaften, S. 287–298

Olk, Thomas (2009): Kinderarmut – Bundesjugendkuratorium zeigt politische Handlungsbedarfe auf. In: Forum Jugendhilfe. Heft 04, S. 14–17.

Olk, Thomas (2009a): Ungleichheit und Gerechtigkeit im Generationenverhältnis. Sind Kindheit und Kinder die Verlierer der Sozialstaatsreform? In: Honig, Michael S. (Hrsg.): Ordnungen der Kindheit. Problemstellungen und perspektiven der Kindheitsforschung. Weinheim und München: Juventa: S. 127–153.

Olk, Thomas (2010): In Kinder investieren? Politik für Kinder und Familien in Deutschland und Norwegen. In: Dahme, Heinz-Jürgen; Wohlfahrt, Norbert (Hrsg.): Systemanalyse als politische Reformstrategie. Festschrift für Dieter Grunow. Wiesbaden: VS Verlag für Sozialwissenschaften, S. 291–306.

Olk, Thomas; Hübenthal, Maksim (2011): Kinder als Effective Citizens? Zur Reform der frühkindlichen Bildung, Betreuung und Erziehung im investierenden Sozialstaat. In: Kommission Sozialpädagogik (Hrsg.): Bildung des Effective Citizen. Sozialpädagogik auf dem Weg zu einem neuen Sozialentwurf. Weinheim und Basel: Beltz Juventa, S. 157–167.

Olson, Mancur (1992): Die Logik des kollektiven Handelns. Kollektivgüter und die Theorie der Gruppen. 3 durchges. Aufl. Tübingen: Mohr.

Opielka, Michael (2007): Kultur versus Religion? Soziologische Analysen zu modernen Wertkonflikten. Bielefeld: transcript.

Ostner, Ilona (2002): Am Kind vorbei – Ideen und Interessen in der jüngeren Familienpolitik. In: Zeitschrift für Soziologie der Erziehung und Sozialisation. Jg. 22, Heft 3, S. 249–266.

Ostner, Ilona (2003): Kinderarmut – eine aktuelle Debatte soziologisch betrachtet. In: Kränzl-Nagl, Renate; Mierendorff, Johanna; Olk, Thomas (Hrsg.): Kindheit im Wohlfahrtsstaat. Gesellschaftliche und politische Herausforderungen. Frankfurt a. M.: Campus Verlag, S. 299–329.

Ostner, Ilona (2006): Paradigmenwechsel in der (west)deutschen Familienpolitik. In: Berger, Peter A.; Kahlert, Heike (Hrsg.): Der demographische Wandel – Chancen für die Neuordnung der Geschlechterverhältnisse. Frankfurt a. M.: Campus Verlag, S. 165–199.

Ostner, Ilona (2007): Pflichten von Eltern und Kindern im Wohlfahrtsstaat – Aktuelle Trends und vergleichende Perspektiven. In: Marten, Carina; Scheuregger, Daniel (Hrsg.): Reziprozität und Wohlfahrtsstaat. Analysepotential und sozialpolitische Relevanz. Opladen: Budrich, S. 225–242.

Ostner, Ilona (2008): Ökonomisierung der Lebenswelt durch aktivierende Familienpolitik. In: Evers, Adalbert; Heinze, Rolf G. (Hrsg.): Sozialpolitik – Ökonomisierung und Entgrenzung. Wiesbaden: VS Verlag für Sozialwissenschaften, S. 49–66.

Ostner, Ilona (2014): Grenzen der Individualisierung. Neuere Entwicklungen in der sozialen Sicherung von Frauen. In: Masuch, Peter; Spellbrink, Wolfgang, Becker, Ulrich; Leibfried, Stephan (Hrsg.): Grundlagen und Herausforderungen des SozialstaatS. Denkschrift 60 Jahre Bundessozialgericht. Eigenheiten und Zukunft von Sozialpolitik und Sozialrecht. Band 1, Berlin: Erich Schmidt Verlag, S. 597–614.

Ott, Notburga; Schürmann, Heinrich; Werding, Martin (2014): Schnittstellenprobleme in Familienpolitik und Familienrecht. In: Vierteljahreshefte zur Wirtschaftsforschung. Jg. 83., S. 13–28.

Paasch, Rolf (1984): Arbeitsloseninitiative im umgebauten Sozialstaat: Zwischen Basisprotest und politischer Integration. In: Vorgänge. Jg. 23, Heft 4, S. 75–83.

Pabst, Stefan (1997): Sozialanwaltliche Interessenvermittlung. Die Armutsberichterstattung der Wohlfahrtsverbände. In: Forschungsjournal Neue Soziale Bewegungen. Jg. 10, Heft 2, S. 51–62.

Palentien, Christian; Hauring, Marius; Rohlfs, Carsten (2008): Armutsbedingte Bildungsdisparitäten in der nachwachsenden Kinder- und Jugendgeneration. In: Kock, Renate (Hrsg.): Lasst uns leben – lebt mit uns! Pädagogik der sozial Ausgeschlossenen. Frankfurt a. M.: Lang, S. 145–164.

Panorama (2010): Kampf um Schulreform: Eliten wollen unter sich bleiben. Sendung vom 18.02.2010. Online abrufbar unter: http://daserste.ndr.de/panorama/pdffdp116.pdf [Zugriff am 11.05.2016].

Paritätischer (2014): Expertise zur Fortschreibung der Regelsätze zum 1. Januar 2015. Online abrufbar unter: http://www.landesarmutskonferenz-niedersachsen.de/wp-content/uploads/2015/01/Hartz-IV-Expertise-Parita%CC%88tischer.pdf [Zugriff am 11.04.2016].

Parteikonnvent (2016): Anträge zum Parteikonvent 2016. Online abrufbar unter: https://www.spd.de/fileadmin/Dokumente/Beschluesse/Parteikonvent/Antragsbuch_zum_Parteikonvent_5.Juni2016_u__berwiesene_Antra__ge.pdf [Zugriff am 05.06.2016].

Patzelt, Werner J. (2013): Konstruktion und Dekonstruktion von Parlamentsmacht. In: Oberreuter, Heinrich (Hrsg.): Macht und Ohnmacht der Parlamente. Baden-Baden: Nomos, S. 33–58.

Patzelt, Werner J. (2014): Interessengruppen und Parlamente – Grundsätzliches und Forschungsaufgaben. In: Winter, Thomas von; Blumenthal, Julia von (Hrsg.): Interessengruppen und Parlamente. Wiesbaden: VS Verlag für Sozialwissenschaften, S. 15–44.

Pétonnet, Colette (1982): Espace Habites. Ethnologie des Banlieues. Paris: Galilee.

Piketty, Thomas (2015): Das Kapital im 21. Jahrhundert. München: C.H. Beck.

Pickett, Kate; Wilkinson, Richard (2010): Gleichheit ist Glück: Warum gerechte Gesellschaften für .alle besser sind. Berlin: Tolkemitt.

Platon (1998): Sämtliche Werke, 1. Auflage 1940, Band 2, Digitale Bibliothek, Band 2: Philosophie. Berlin: Directmedia.

Prantl, Heribert (2015): Wer in Deutschland arm ist. Ein Kommentar. Online abrufbar unter: http://www.sueddeutsche.de/wirtschaft/debatte-um-armut-wer-in-deutschland-arm-ist-1.2419798 [Zugriff am 07.04.2015].

Prantl, Heribert (2015a): Kritischer Impuls zu Werten und Wohlfahrt. Online abrufbar unter: http://www.werte.paritaet.org/mediathek/video-prantl/?layout=mqevbfokpamya [Zugriff am 11.04.2016].

Prätorius, Rainer (1984): Soziologie der politischen Organisationen. Darmstadt.

Propach, Ulrike; Fuderholz, Jens (2012): Verbändestudie 2012. Die 10 Trends der Verbandskommunikation. Fürth: Hirschen.

Przyborski, Aglaja; Wohlrab-Sahr, Monika (2014): Forschungsdesigns für die qualitative Sozialforschung. In: Baur, Nina; Blasius, Jörg (Hrsg.): Handbuch Methoden der empirischen Sozialforschung. Wiesbaden: VS Verlag für Sozialwissenschaften.

Quenzel, Gudrun; Hurrelmann, Klaus (2010): Bildungsverlierer: Neue soziale Ungleichheiten in der Wissensgesellschaft. In: DieS. (Hrsg.): Bildungsverlierer. Neue Ungleichheiten. Wiesbaden: VS Verlag für Sozialwissenschaften, S. 11–33.

Qvortrup, Jens (1993): Kind – Kinder – Kindheit. Ein Plädoyer für eine Kindheitspolitik. In: Neubauer, Georg; Sünker, Heinz (Hrsg.): Kindheitspolitik international – Problemfelder und Strategien. Opladen: Leske + Budrich, S. 9–24.

Quvortup, Jens (1995): Childhood in Europe: a new Field of Social Research. In: Chisholm, Lynne et al. (Hrsg.): Growing up in Europe. Berlin und New York: de Gruyter, S. 7–19.

Qvortrup, Jens (1996): Zwischen „fürsorglicher Belastung" und ökonomischen Interessen. Zur Wahrnehmung von Kindern und Kindheit in den nordischen Ländern. In: Zeiher, Helga; Büchner, Peter; Zinnecker, Jürgen (Hrsg.): Kinder als Außenseiter? Umbrüche in der gesellschaftlichen Wahrnehmung von Kindern und Kindheit. Weinheim und München: Juventa, S. 57–75.

Qvortrup, Jens (2000): Kolonisiert und verkannt: Schularbeit. In: Hengst, Heinz; Zeiher, Helga (Hrsg.): Die Arbeit der Kinder. Kindheitskonzept und Arbeitsteilung zwischen den Generationen. Weinheim und München: Juventa, S. 23–43.

Qvortrup, Jens (2003): Kindheit im marktwirtschaftlich organisierten Wohlfahrtsstaat. In: Kränzl-Nagl, Renate; Mierendorff, Johanna; Olk, Thomas (Hrsg.): Kindheit im Wohlfahrtsstaat. Gesellschaftliche und politische Herausforderungen. Frankfurt a. M.: Campus Verlag, S. 95–119.

Qvortrup, Jens (2009): Childhood as a Structural Form. In: Qvortrup, Jens; Corsaro, W.; Honig, Michael S. (Hrsg.): The Palgrave Handbook of Childhood StudieS. Basingstroke: Palgrave, S. 21–33.

Quvortup, Jens (2012): Kindheit und Politik. In: Neue Praxis. Zeitschrift für Sozialarbeit, Sozialpädagogik und Sozialpolitik. Jg. 42, Heft 1, S. 14–27.

Rammstedt, Otthein (1994): Begriffsbestimmung Bürgertum. In: Fuchs H., Werner et al. (Hrsg.): Lexikon zur Soziologie. 3. Aufl. Opladen: Westdeutscher Verlag, S. 112.

Raschke, Peter (1978): Vereine und Verbände. Zur Organisation von Interessen in der Bundesrepublik Deutschland. Untersuchungen und Materialien zu den Bedingungen und Formen politischer Teilnahme. Herausgegeben von Ellwein, Thomas; Zoll, Ralf. München: Juventa.

Raupp, Juliane (2010): Verbandskommunikation aus der Perspektive der Agenturtheorie und der Netzwerkforschung. Wiesbaden: VS Verlag für Sozialwissenschaften.

Reichwein, Eva (2012): Kinderarmut in der Bundesrepublik Deutschland. Lebenslagen, gesell-schaftliche Wahrnehmung und Sozialpolitik. 1. Aufl. Wiesbaden: VS Verlag für Sozialwissenschaften.

Rein, Harald; Scherer, Wolfgang (1993): Erwerbslosigkeit und politischer Protest. Frankfurt a. M.: Lang.

Reuter, Julia (2002): Ordnungen des Anderen. Zum Problem des Eigenen in der Soziologie des Fremden. Bielefeld: transcript.

Reuter, Julia (2012): Postkoloniale Soziologie. Andere Modernitäten, verortetes Wissen, kulturelle Identifizierung. In: Reuter, Julia; Karentzos, Alexandra (Hrsg.): Schlüsselwerke der Postcolonial Studies. Wiesbaden: VS Verlag für Sozialwissenschaften, S. 297–314.

Reutter, Werner; Rütters, Peter (2007): Mobilisierung und Organisation von Interessen. In: Winter, Thomas von; Willems, Ulrich (Hrsg.): Interessenverbände in Deutschland. Wiesbaden: VS Verlag für Sozialwissenschaften, S. 119–138.

Reutter, Werner (2012): Deutschland. Verbände zwischen Pluralismus, Korporatismus und Lobbyismus. In: Ders. (Hrsg.): Verbände und Interessengruppen in den Ländern der Europäischen Union. 2., aktualisierte und erw. Aufl. Wiesbaden: VS Verlag für Sozialwissenschaften, S. 129–164.

Richter, Antje (2000): Wie erleben und bewältigen Kinder Armut. Aachen: Shaker.

Ristau, Malte (ohne Jahr): Vom Charme nachhaltiger Familienpolitik für Deutschlands erfolgreiches Altern. Online abrufbar unter: web.ev-akademie-tutzing.de/cms/get_it.php?ID=382 [Zugriff am 11.04.2016].

Ristau, Malte (2005): Der ökonomische Charme der Familie. In: Aus Politik und Zeitgeschichte. Band 23–24, S. 16–22.

Ristau, Malte (2014): Vom Gedöns zum Top Act und retour. In: politik & kommunikation. Nr. 108. Online abrufbar unter: http://www.politik-kommunikation.de/ressorts/artikel/vom-gedoens-zum-top-act-und-retour-15485 (Zugriff am 17.11.2015).

Rölli-Alkemper, Lukas (2000): Familienwissenschaftliche Forschung – politikrelevant? Max Wingen – ein Berufsleben an der Nahtstelle von Wissenschaft und Praxis der Familien-politik. In: Jans, Bernhard; Habisch, Andrè; Stutzer, Erich (Hrsg.): Familienwissenschaftliche und familienpolitische Signale. Grafschaft: Vektor-Verlag, S. 19–38.

Room, Graham; Henningsen, Bernd (1990): Neue Armut in der Europäischen Gemeinschaft. Frankfurt a. M.: Campus Verlag.

Rosenschon, Astrid (2006): Finanzpolitische Maßnahmen zugunsten von Familien – Eine Bestandsaufnahme für Deutschland. Online abrufbar unter: https://www.ifw-kiel.de/ifw_members/publications/finanzpolitische-masnahmen-zugunsten-von-familien-eine-bestandsaufnahme-fur-deutschland/kap1273.pdf [Zugriff am 11.04.2016].

Rosner, Siegfried (1990): Normalitätsprofile sozialstaatlicher Inanspruchnahme: Sozialleistungsbezug und gesellschaftliche Ausgrenzung. In: Soziale Welt. Jg. 41, Heft 3, S. 299–321.

Rousseau, Jean Jacques (1977): Abhandlung über die Politische Ökonomie. In: Ders.: Politische Schriften. Paderborn: Schöningh.
Rüb, Friedbert W. (2009): Multiple Streams Ansatz: Grundlagen, Probleme und Kritik. In: Schubert, Klaus; Bandelow, Nils (Hrsg.): Lehrbuch der Politikfeldanalyse 2.0. 2. Aufl. Berlin: De Gruyter, S. 348–376.
Rüb, Friedbert W. (2014): Rapide Politikwechsel in der Bundesrepublik. Eine konzeptionelle Annäherung an ein unerforschtes Phänomen. In. Ders. (Hrsg.): Rapide Politikwechsel in der Bundesrepublik. Zeitschrift für Politik. Sonderband 6. Baden-Baden: Nomos, S. 9–46.
Rucht, Dieter (1993): Parteien, Verbände und Bewegungen als Systeme politischer Interessenvermittlung. In: Niedermayer, Oskar; Stöss, Richard (Hrsg.): Stand und Perspektiven der Parteienforschung in Deutschland. Opladen: Westdeutscher Verlag, S. 251–275.
Rudolph, Helmut (2011): Ökonomische Auswirkungen: Verteilung und Beschäftigung - Nebenwirkungen der Vorschläge einer Kindergrundsicherung. In: Lange, Joachim; Nullmeier, Frank (Hrsg.): Kindergrundsicherung: (K)eine gute Idee? Evangelische Akad. Loccum, S. 91–107.
Rudzio, Kolja (2011): Der Armuts-Irrtum. Es gibt in Deutschland offenbar viel weniger arme Kinder als bisher gedacht – Forscher wollten das für sich behalten. In: Die Zeit. Wochenzeitung für Politik Wirtschaft Wissen und Kultur, vom 12.5.2011, S. 27.
Rudzio, Kolja (2015): Armutsschwindel. Gab es noch nie so viel Elend? In: Die Zeit. Wochenzeitung für Politik Wirtschaft Wissen und Kultur, vom 26.02.1015, S. 31.
Rueda, David (2005): Insider-Outsider Politics in Industrialized Democracies: The Challenge to Social Democratic Parties. In: American Political Science Review. Volume 99, No. 1, S. 61–74.
Rügemer, Werner (2011): Arbeits-Unrecht: Die Lage von Beschäftigten und Arbeitslosen in der neoliberal orientierten Gesellschaft. In: Hentges, Gudrun; Lösch, Bettina (Hrsg.): Die Vermessung der sozialen Welt. Neoliberalismus – extreme Rechte – Migration im Fokus der Debatte. Wiesbaden: VS Verlag für Sozialwissenschaften, S. 103–117.
Rüling, Anneli; Kassner, Karsten (2007): Familienpolitik aus der Gleichstellungsperspektive. Ein europäischer Vergleich. Berlin: Friedrich-Ebert-Stiftung (Hrsg.).
Rüling, Anneli (2009): Die ökonomische Wende in der Familienpolitik in Deutschland und Großbritannien. Vortrag an der Fachhochschule Köln vom 26.–27.03.2009.
Rürup, Bert; Gruescu, Sandra (2003): Nachhaltige Familienpolitik im Interesse einer aktiven Bevölkerungsentwicklung. Gutachten im Auftrag des Bundesministeriums für Familie, Senioren, Frauen und Jugend.
Rusconi, Alessandra (2006): Leaving the parental home in Italy and West Germany: opportunities and constraints. Aachen: Shaker.
Schaffhauser, Roman (1997): Öffentlichkeit und soziale Bewegungen. Online abrufbar unter: http://socio.ch/movpar/t_rschaff1.htm [Zugriff am 11.04.2016].
Schächter, Markus (Hrsg.) (2011): Ich kann. Ich darf. Ich will. Chancen und Grenzen sinnvoller Kinderbeteiligung. Baden-Baden, S. 114–152.
Schäfers, Bernhard (1992): Zum öffentlichen Stellenwert von Armut im sozialen Wandel der Bundesrepublik Deutschland. In: Leibfried, Stephan; Voges, Wolfgang (Hrsg.): Armut im Modernen Wohlfahrtsstaat. Kölner Zeitschrift für Soziologie und Sozialpsychologie (Sonderhefte). Opladen: Westdeutscher Verlag, S. 104–123.
Schäfer, Dieter (2004): Unbezahlte Arbeit und Bruttoinlandsprodukt 1992 und 2001. Neuberechnung des Haushalts-Satellitensystems. In: Statistisches Bundesamt (Hrsg.): Auszug aus Wirtschaft und Statistik. September 09/2004, S. 960–978.
Schäfer, Claus (2012): Kindergrundsicherung. In: Bispinck, Reinhard et al. (Hrsg.): Sozialpolitik und Sozialstaat. Wiesbaden: VS Verlag für Sozialwissenschaften, S. 117–134.
Schäfer, Franka (2013) Armut im Diskursgewimmel. Eine kritische Analyse des sozialwissenschaftlichen Diskurses. Wiesbaden: VS Verlag für Sozialwissenschaften.
Schäuble, Wolfgang (1999): Bericht des Parteivorsitzenden. In: CDU (Hrsg.): Kleiner Parteitag der CDU Deutschlands zur Familienpolitik. Protokoll. Berlin, 13. Dezember 1999. Rheinbach 1999, S. 12–20.
Schelsky, Helmut (1957): Die skeptische Generation. Köln: Diederichs.
Schelsky, Helmut (1976): Der selbständige und der betreute Mensch. Stuttgart: Seewald.

Schendelen Van, M. P. C. M. (2010): More Machiavelli in Brussels: The Art of Lobbying the EU. Third, fully updated and revised edition. Amsterdam: University Press.

Schendelen Van, Rinus (M. P. C. M.) (2012): Die Kunst des EU-Lobbyings: erfolgreiches Public Affairs Management im Labyrinth BrüsselS. 1. Aufl. Berlin: Lexxion.

Schendelen Van, Rinus (M. P. C. M.) (2013): The Art of Lobbying the EU; More Machiavelli in Brussels. Third, fully updated and revised edition. Amsterdam: University Press.

Schendelen Van, Rinus (M. P. C. M.) (2014): Politische Parteien und Interessengruppen auf der nationalen Ebene und in der EU: umgekehrte demokratische Verhältnisse? In: Zeitschrift für Parlamentsfragen. Jg. 45, Heft 3, S. 669–692.

Schickhardt, Christoph (2012): Kinderethik. Der moralische Status und die Rechte der Kinder. Münster: Mentis.

Schindler, Stephan K. (1994): Das Subjekt als Kind. Die Erfindung der Kindheit im Roman des 18. Jahrhunderts. Berlin: Schmidt.

Schmalz-Bruns, Rainer; Gebhardt, Jürgen (1994): Was hält heutige Gesellschaften politisch zusammen? In: Dies. (Hrsg.) Demokratie, Verfassung und Nation. Die politische Integration moderner Gesellschaften. Baden-Baden: Nomos, S. 7–32.

Schmalz-Bruns, Rainer (1995): Reflexive Demokratie. Baden-Baden, Nomos.

Schmid, Josef (2014): Wohlfahrtsstaat im Wandel. In: Soziologische Revue. Jg. 37, Heft 4, S. 426–436.

Schmidt, Renate; Mohn, Liz (Hrsg.) (2004): Familie bringt Gewinn. Innovation durch Balance von Familie und Arbeitswelt. Bertelsmann Stiftung.

Schmidt, Renate (2007): Nachhaltige Familienpolitik – für eine Zukunft mit Kindern. In: Flöthmann, Jürgen; Höhn, Charlotte (Hrsg.): Wege zu einer erfolgreichen Familien- und Bevölkerungspolitik. Schriftenreihe der DGD, Norderstedt, S. 13–19.

Schmidt, Renate (2003): Rede der Bundesministerin Familie, Senioren, Frauen und Jugend auf dem Parteitag der Sozialdemokratischen Partei Deutschlands in Bochum am 19.11.2003. Online abrufbar unter: http://presseservice.pressrelations.de/pressemitteilung/rede-der-bundesminis terin-familie-senioren-frauenund-jugend-renate-schmidt-auf-dem-parteitag-der-sozialdemo kratischen-partei-deutschlands-in-bochu-140064.html [Zugriff am 1.04.2016].

Schmidt, Manfred G. (2007): Wirkungen der Sozialpolitik. Abschnitt V. In: Schmidt, Manfred G.; Ostheim, Tobias; Siegel, Nico A.; Zohlnhöfer, Reimut (Hrsg.): Der Wohlfahrtsstaat. Eine Einführung in den historischen und internationalen Vergleich. Wiesbaden: VS Verlag für Sozialwissenschaften, S. 409–429.

Schmidt, Manfred G.; Ostheim, Tobias; Siegel, Nico A.; Zohlnhöfer, Reimut (2007) (Hrsg.): Der Wohlfahrtsstaat. Eine Einführung in den historischen und internationalen Vergleich. Wiesbaden: VS Verlag für Sozialwissenschaften.

Schmidt, Manfred G.; Ostheim, Tobias (2007): Theorien und Methoden. In: Schmidt, Manfred G.; Ostheim, Tobias; Siegel, Nico A.; Zohlnhöfer, Reimut (Hrsg.): Der Wohlfahrtsstaat. Eine Einführung in den historischen und internationalen Vergleich. Wiesbaden: VS Verlag für Sozialwissenschaften, S. 21–95.

Schmidt, Manfred G. (2011): Das politische System Deutschlands. Institutionen, Willensbildung und Politikfelder. 2. überarb., aktualisierte und erweit. Aufl. München: C.H. Beck.

Schmidt, Renate (2013): Lasst unsere Kinder wählen. München: Kösel.

Schmidt, Manfred G. (2014): Rapide Politikwechsel – Ein Kommentar. In: Rüb, Friedbert W. (Hrsg.): Rapide Politikwechsel in der Bundesrepublik. Zeitschrift für Politik. Sonderband 6. Baden-Baden: Nomos, S. 239–250.

Schmucker, Helga (1955): Zur sozialpolitischen Bedeutung des Familieneinkommens. In: Sozialer Fortschritt. Jg. 4, Heft 3, S. 59–64.

Schmucker, Helga (1959): Einfluß der Kinderzahl auf das Lebensniveau der Familien. Empirische Untersuchung an Hand der Ergebnisse der Lohnsteuerstatistik 1955. In: Allgemeines Statistisches Archiv. Jg. 43, Heft. 1, S. 35–55.

Schmucker, Helga; Schubnell, Hermann; Nell-Breuning, Oswald von u. a. (1961): Die ökonomische Lage der Familie in der Bundesrepublik Deutschland. Tatbestände und Zusammenhänge. Stuttgart: Enke.

Schnabel, Ulrich (2015): Die Kraft aus der Krise. In: Die Zeit. Wochenzeitung für Politik Wirtschaft Wissen und Kultur. No. 45, 5. November 2015, S. 37–38.

Schneider, Volker; Janning, Frank (2006): Politikfeldanalyse. Akteure, Diskurse und Netzwerke in der öffentlichen Politik. Wiesbaden: VS Verlag für Sozialwissenschaften.

Schneider, H.; Stange, Waldemar; Roth, W. (2011): Kinder ohne Einfluss? Eine Studie der ZDF-Medienforschung zur Beteiligung von Kindern in Familie, Schule und Wohnort in Deutschland 2009. In: Schächter, Markus (Hrsg.): Ich kann. Ich darf. Ich will. Chancen und Grenzen sinnvoller Kinderbeteiligung. Baden-Baden: Nomos, S. 114–152.

Schneider, Ulrich (2010): Armes Deutschland. Neue Perspektiven für einen anderen Wohlstand. Frankfurt a. M.: Westend-Verlag.

Schneider, Ulrich (2015): Existenzminimumbericht: Paritätischer fordert Kindergelderhöhung um 20 Euro. Pressemitteilung Deutscher Paritätischer Wohlfahrtsverband – Gesamtverband e. V. vom 28.01.2015. Online abrufbar unter: http://www.der-paritaetische.de/nc/pressebereich/artikel/news/existenzminimumbericht-paritaetischer-fordert-kindergelderhoehung-um-20-euro/. (Zugriff am 04.06.2015)

Schneider, Ulrich (2015a): Armut kann man nicht skandalisieren, Armut ist der Skandal! In: Ders. (Hrsg.). Kampf um die Armut. Von echten Nöten und neoliberalen Mythen. Frankfurt a. M.: Westend-Verlag, S. 12–50.

Schneider, Ulrich (2016): Vorwort zum Armutsbericht. In: Paritätischer Armutsbericht (2016): Zeit zu handeln. Bericht zur Armutsentwicklung in Deutschland 2016, S. 1–6.

Schneider, Ulrich; Stilling, Gwendolyn; Woltering, Christian (2016): Zur regionalen Entwicklung der Armut – Ergebnisse nach dem Mikrozensus 2014. In: Paritätischer Armutsbericht (2016): Zeit zu handeln. Bericht zur Armutsentwicklung in Deutschland 2016, S. 8–26.

Scholz, Gerold (1994): Die Konstruktion des KindeS. Über Kinder und Kindheit. Opladen: Westdeutscher Verlag.

Schöllgen, Gregor (2015): Gerhard Schröder: Die Biographie. München: Deutsche Verlags-Anstalt.

Schölkopf, Martin (2000): Politisch repräsentiert oder ausgegrenzt? Pflegebedürftige ältere Menschen und die organisierten Interessen. In: Willems, Ulrich; Winter, Thomas von (Hrsg.): Politische Repräsentation schwacher Interessen. Wiesbaden: VS Verlag für Sozialwissenschaften, S. 113–148.

Schraad-Tischler, Daniel (2015): Social Justice in the EU – Index Report 2015 Social Inclusion Monitor Europe. Bertelsmann-Stiftung.

Schreiber, Wilfried (1955): Existenzsicherheit in der industriellen Gesellschaft. Köln: Bachem.

Schroeder, Joachim (2004): Offene Rechnungen. Benachteiligte Kinder und Jugendliche als Herausforderung für die Schulentwicklung. In: DISKURS. Heft 1, S. 9–17.

Schroeder, Wolfgang; Munimus, Bettina; Rüdt, Diana (2010): Seniorenpolitik im Wandel. Verbände und Gewerkschaften als Interessenvertreter der älteren Generation. Frankfurt a. M.: Campus Verlag.

Schröder, Gerhard (2002): Regierungserklärung am 18.04.2002. Plenarprotokoll 14/230. Online abrufbar unter: http://dip21.bundestag.de/dip21/btp/14/14230.pdf [Zugriff am 12.04.2016].

Schröder, Gerhard (2004): Vorwort von Bundeskanzler Gerhard Schröder: Innovationen für eine gerechte Zukunft. In: Steinmeier, Frank W.; Machnig, Matthias (Hrsg.): Made in Germany 21. Hamburg: Hoffmann und Campe, S. 9–12.

Schröder, Gerhard (2005): Rede von Bundeskanzler Gerhard Schröder auf der Konferenz „Familie – Erfolgsfaktor für die Wirtschaft“ am 13. April 2005 in Berlin. Online abrufbar unter: http://www.bundesregierung.de/Content/DE/Bulletin/2001_2007/2005/04/2005-04-13-rede-von-bundeskanzler-gerhard-schroeder-auf-der-konferenz-familie-erfolgsfaktor-fuer-die.html [Zugriff am 12.12.2015].

Schröder, Kristina (2010): „Elterngeld für Hartz-IV-Empfänger war systemwidrig“. Fernsehinterview mit Marcel Kammermayer vom 07.06.2010. Online abrufbar unter: http://www.sueddeutsche.de/service/familienministerin-im-video-interview-elterngeld-fuer-hartz-iv-empfaenger-war-systemwidrig-1.955107 [Zugriff am 30.12.2015].

Schröder, Martin (2011): Die Macht moralischer Argumente. Wiesbaden: VS Verlaf für Sozialwissenschaften.

Schröder, Martin; Vietze, Florian (2015): Mediendebatten über soziale Ungleichheit, Armut und soziale Gerechtigkeit seit 1946 und wie sie mit Einkommensungleichheit zusammenhängen. In: Zeitschrift für Soziologie. Jg. 44, Heft 1, S. 42–62.

Schubert, Klaus; Klein, Martina (2011): Das Politiklexikon. 5. akt. Aufl. Bonn: Dietz.

Schulte, Bernd (1997): Vergleichende Wohlfahrtsstaatsforschung in Europa. In: Zeitschrift für Sozialreform. Jg. 43, Heft 10, S. 729–748.

Schulz-Nieswandt, Frank (2005): Auf dem Weg zu einem europäischen Familien(politik)leitbild? In: Althammer, Jörg (Hrsg.): Familienpolitik und soziale Sicherung. Springer, S. 171–187.

Schulz-Nieswandt, Frank; Sesselmeier, Werner (2009): Einleitung: Was ist Konstruktion von Sozialpolitik im Wandel? In: Dies. (Hrsg.): Konstruktion von Sozialpolitik im Wandel. Berlin: Duncker & Humblot, S. 7–14.

Schwab, Dieter (1997): Gleichberechtigung und Familienrecht im 20. Jahrhundert. In: Ute, Gerhard (Hrsg.): Frauen in der Geschichte des RechtS. Von der Frühen Neuzeit bis zur Gegenwart. München: C.H. Beck, S. 790–827.

Schwartz, Barry (1981): Vertical classification. A study in structuralism and the sociology of knowledge. Chicago – London: University of Chicago Press.

Schweitzer, Rosemarie von (1979): Kinder und ihre Kosten. In: Lüscher, Kurt (Hrsg.): Sozialpolitik für das Kind. Stuttgart: Klett-Cotta, S. 113–142.

Schweitzer, Rosemarie von (Hrsg.) (1981): Leitbilder für Familie und Familienpolitik. Festgabe für Helga Schmucker zum 80. Geburtstag. Berlin: Duncker & Humblot.

Schwesing, Manuela (2015): Dem Staat sollte jedes Kind gleich viel wert sein. Interview mit dem Handelsblatt vom 5. November 2015. Online abrufbar unter: http://www.bmfsfj.de/BMFSFJ/aktuelles,did=221108.html?view=renderPrint [Zugriff am 16.01.2016]

Sebaldt, Martin (1997): Organisierter Pluralismus. Kräftefeld, Selbstverständnis und politische Arbeit deutscher Interessengruppen. Opladen: Westdeutscher Verlag.

Sebaldt, Martin (2002): Parlamentarische Demokratie und gesellschaftliche Modernisierung. Der Deutsche Bundestag im Gefüge organisierter Interessen seit Mitte der siebziger Jahre. In: Sebaldt, Martin; Oberreuter, Heinrich; Kranenpohl, Uwe (Hrsg.): Der Deutsche Bundestag im Wandel. Ergebnisse neuerer Parlamentarismusforschung. 2. Aufl. Opladen: Westdeutscher Verlag, S. 280–302.

Sebaldt, Martin (2002a): Interessengruppen und Öffentlichkeitsarbeit – eine gestörte Beziehung? Muster und Probleme der „PR“ deutscher Verbände. In: Becker-Sonnenschein, Stephan & Schwarzmeier, Manfred (Hrsg.): Vom schlichten Sein zum schönen Schein? Kommunikationsanforderungen im Spannungsfeld von Public Relations und Politik. Wiesbaden: Westdeutscher Verlag, S. 81–104.

Sebaldt, Martin (2004): Die stille Revolution organisierter Interessenvertretung: Entwicklungs- und Transformationsmuster westlicher Verbandssysteme in komparativer Perspektive. In: Zeitschrift für Politik. Jg. 51, Heft 1, S. 1–28.

Sebaldt, Martin; Straßner, Alexander (2004): Verbände in der Bundesrepublik Deutschland. Eine Einführung. Wiesbaden: VS Verlag für Sozialwissenschaften.

Sebaldt, Martin; Straßner, Alexander (Hrsg.) (2006): Klassiker der Verbändeforschung. 1. Aufl. Wiesbaden: VS Verlag für Sozialwissenschaften.

Sebaldt, Martin (2006): Theorie und Empirie einer Forschungstradition: Das Panorama der klassischen Verbändeforschung. In: Sebaldt, Martin; Straßner, Alexander (Hrsg.) (2006): Klassiker der Verbändeforschung. 1. Aufl. Wiesbaden: VS Verlag für Sozialwissenschaften.

Sebaldt, Martin (2007): Strukturen des Lobbying: Deutschland und die USA im Vergleich. In: Kleinfeld, Ralf; Zimmer, Annette; Willems, Ulrich (Hrsg.): Lobbying. Strukturen. Akteure. Strategien. Wiesbaden: VS Verlag für Sozialwissenschaften, S. 92–123.

Sebaldt, Martin; Straßner, Alexander (2007): Die Europäisierung von Verbandsarbeit. Funktionen, Wandlungsmuster, Konsequenzen. In: Jarren, Ottfried; Lachenmeier, Dominik; Steiner, Adrian (Hrsg.): Entgrenzte Demokratie. Herausforderungen für die politische Interessenvermittlung. Baden-Baden: Nomos, S. 123–144.

Selke, Stefan (2015): Schamland. Die Armut mitten unter uns. Berlin: Ullstein.

Selke, Stafan (2016): Stabile Seitenlage. Online abrufbar unter: http://stefan-selke.tumblr.com/post/138021038929/emp%C3%B6rungskapital [Zugriff am 28.05.2016].

Sell, Stefan (2015): Das ist keine Armut, sondern „nur“ Ungleichheit? Plädoyer für eine „erweiterte Armutsforschung“ durch eine explizit ökonomische Kritik der Ungleichheit. In: Schneider, Ulich (Hrsg.): Kampf um die Armut. Von echten Nöten und neoliberalen Mythen. Frankfurt a. M.: Westend, S. 84–107.

Sen, Amartya (2002): Ökonomie für den Menschen. Wege zu Gerechtigkeit und Solidarität in der Marktwirtschaft. München: Deutscher Taschenbuch Verlag.

Sgritta, Giovanni (1997): Childhood on the Economic and Political Agenda. In: Childhood. Vol. 3, No. 4, S. 375–404.

Shell Jugendstudie (2010): Eine pragmatische Generation behauptet sich. Shell Deutschland Holding (Hrsg.). Frankfurt a. M.: Fischer.

Shell Jugendstudie (2015): Jugend 2015: eine pragmatische Generation im Aufbruch: Shell Deutschland Holding (Hrsg.). Frankfurt a. M.: Fischer.

Siefken, Sven T. (2007): Expertenkommissionen im politischen Prozess: Eine Bilanz zur rot-grünen Bundesregierung 1998–2005. VS Verlag für Sozialwissenschaften.

Siegel, Nico A. (2002): Baustelle Sozialpolitik. Konsolidierung und Rückbau der Sozialpolitik.
Frankfurt am Main und New York: Campus Verlag.

Sik, Ota (1977): Moral als verallgemeinertes Interesse. In: Massing, Peter; Reichel, Peter (Hrsg.): Interesse und Gesellschaft. München: Piper, S. 118–126.

Simmel, Georg (1908): Der Arme. Berlin: Duncker & Humboldt.

Simmel, Georg (1992): Soziologie. Untersuchungen über die Formen der Vergesellschaftung. Gesamtausgabe Band 11. Frankfurt a. M: Suhrkamp.

Smeeding, Timothy M.; Vleminckx, Koen (Hrsg.) (2001): Child Well-being, Child Poverty and Child Policy in Modern Nations: What Do We Know? Bristol: The Policy Press.

Soziologie (2016): Forum der Deutschen Gesellschaft für Soziologie. Heft 1.

SPD-Bundestagsfraktion (2015): Pressemitteilung der SPD-Bundestagsfraktion vom 16.10.2015. Schattenbericht der Nationalen Armutskonferenz: viel erreicht, noch viel zu tun. Online abrufbar unter: http://www.spdfraktion.de/presse/pressemitteilungen/schattenbericht-der-nationalen-armutskonferenz-viel-erreicht-noch-viel-z-0 [Zugriff am 05.11.2015].

Speth, Rudolf (1997): Die symbolische Repräsentation. In: Göhler, Gerhard u. a. (Hrsg.): Institution – Macht – Repräsentation. Wofür politische Institutionen stehen und wie sie wirken. Baden-Baden: Nomos, S. 433–475.

Speth, Rudolf (2005): Public Interest Group. In: Althaus, Marco; Geffken, Michael; Rawe, Sven (Hrsg.): Handlexikon Public AffairS. Public Affairs und Politikmanagement. Band 1. Münster: LIT Verlag, S. 208–211.

Spiegel (2001): Die Pisa-Analyse: Sind deutsche Schüler doof? In: Spiegel online. Online abrufbar unter: http://www.spiegel.de/schulspiegel/die-pisa-analyse-sind-deutsche-schueler-doof-a-172357.html [Zugriff am 04.06.2016].

Stammer, Otto; Weingart, Peter (1972): Politische Soziologie. München.

Stang, Richard (2008): Armut und Öffentlichkeit. In: Ernst-Ulrich Huster (Hrsg.): Handbuch Armut und soziale Ausgrenzung. 1. Aufl. Wiesbaden: VS Verlag für Sozialwissenschaften, S. 577–588.

Stange, Waldemar (2010): Partizipation von Kindern. In: Aus Politik und Zeitgeschichte. Band 38.

Statistische Bundesamt (DESTATIS) (2012): Geburtentrends und Familiensituation in Deutschland. Online abrufbar unter: https://www.destatis.de/DE/Publikationen/Thematisch/Bevoelkerung/HaushalteMikrozensus/Geburtentrends5122203129004.pdf?__blob=publicationFile [Zugriff am 12.04.2016].

Statistische Bundesamt (DESTATIS) (2015): Pressemitteilung vom 28. Oktober 2015. Online abrufbar unter: https://www.destatis.de/DE/PresseService/Presse/Pressemitteilungen/2015/10/PD15_395_p001pdf.pdf?__blob=publicationFile [Zugriff am 06.06.2016].

Steinbrück, Peer (2006): Lobbyisten in die Produktion! In: Frankfurter Allgemeine Zeitung, 12. Januar 2006, S. 6.

Sternberger, Dolf; Gablentz, Otto H. von der; Landshut, Siegfried (1967): Alexis de Tocqueville. Das Zeitalter der Gleichheit. Wiesbaden: VS Verlag für Sozialwissenschaften.
Stolz-Willig, Brigitte (2006): Modernisierung der Familienpolitik – Verdrängung der Kinderarmut. In: Schäfer, Claus; Seifert, Hartmut (Hrsg.): Kein bisschen leise: 60 Jahre WSI. Hamburg: VSA-Verlag, S. 235–252.
Stork, Remi (2007): Kann Heimerziehung demokratisch sein? Eine qualitative Studie zum Partizipationskonzept im Spannungsfeld von Theorie und PraxiS. Weinheim und München: Juventa.
Straßner, Alexander (2006): Theorie und Empirie einer Forschungstradition: Das Panorama der klassischen Verbändeforschung. In: Sebaldt, Martin; Straßner, Alexander (Hrsg.): Klassiker der Verbändeforschung. 1. Aufl. Wiesbaden: VS Verlag für Sozialwissenschaften, S. 9–33.
Straßner, Alexander (2010): Verbände: Funktionen und Strukturen. In: Hoffjann, Olaf; Stahl, Roland (Hrsg.): Handbuch Verbandskommunikation. Wiesbaden: VS Verlag für Sozialwissenschaften, S. 21–38.
Stratmann, Simon (2015): Armutspolitik in Deutschland – Konzepte und Konflikte im Parteienwettbewerb. Opladen: Barbara Budrich.
Streeck, Wolfgang (1998): „Einleitung: Internationale Wirtschaft, nationale Demokratie?“ In: Ders. (Hrsg.): Internationale Wirtschaft, nationale Demokratie. Herausforderungen für die Demokratietheorie. Frankfurt a. M. und New York: Campus Verlag, S. 11–58.
Streeck, Wolfgang (2012): Der öffentliche Auftrag der Soziologie. In: Leviathan. Jg. 40, Heft 1, S. 129–147.
Suggate, Sebastian P.; Schaughency, Elizabeth A.; Reese, Elaine (2012): Children learning to read later catch up to children reading earlier. In: Early Childhood Research Quarterly. Vol. 28, Issue 1, S. 33–48.
Sünker, Heinz (1993): Kinderpolitik und Kinderrechte. Politische Strategien im Kontext der UN-Konvention für die Rechte des Kindes. In: Neubauer, Georg; Sünker, Heinz (Hrsg.): Kindheitspolitik International. Problemfelder und Strategien. Opladen: Leske + Budrich, S. 44–58.
Sünker, Heinz; Swiderek, Thomas (2010): Kinder: Politik und Kinderpolitik. In: Krüger, Heinz H.; Grunert, Cathleen (Hrsg.): Handbuch Kindheits- und Jugendforschung. 2., aktualisierte und erweiterte Fassung. Wiesbaden: VS Verlag für Sozialwissenschaften, S. 789–805.
Tauber, Peter (2015): 10 Fakten zur Familienpolitik. Internetauftritt des Bundestagsabgeordneten Dr. Peter Tauber. Online abrufbar unter: http://www.petertauber.de/politik/wahl-2013/10-fakten-zur-familienpolitik/ [Zugriff am 10.09.2015].
Tarrow, Sidney (1991): Kollektives Handeln und politische Gelegenheitsstruktur. In: Kölner Zeitschrift für Soziologie und Sozialpsychologie. Jg. 43, Heft 4, S. 647–670.
Taylor, Charles (2009): Die Politik der Anerkennung. In: Ders.: Multikulturalismus und die Politik der Anerkennung. Frankfurt a. M.: Suhrkamp, S. 11–66.
Thaa, Winfried (2008): Kritik und Neubewertung politischer Repräsentation: vom Hindernis zur Möglichkeitsbedingung politischer Freiheit. In: Politische Vierteljahresschrift. Jg. 49, Heft 4, S. 618–640.
Thaa, Winfried; Linden, Markus (2014): Inklusion/Exklusion als sozial- und politikwissenschaftliches Analyseinstrument. In: Patrut, Iulia K.; Uerlings, Herbert (Hrsg.): Inklusion/Exklusion und Kultur. Theoretische Perspektiven und Fallstudien von der Antike bis zur Gegenwart. Köln: Böhlau, S. 317–340.
Thèry, Irène (1994): Die Rechte des Kindes – das Wundermittel? In: Steindorff, Caroline (Hrsg.): Vom Kindeswohl zu den Kinderrechten. Neuwied: Kriftel, , S. 76–101.
Tocqueville, Alexis de (1967): Das Zeitalter der Gleichheit. Wiesbaden: VS Verlag für Sozialwissenschaften.
Todd, Emmanuel (2008): Aprés la démocratie. Gallimard.
Trotha, Trutz von: (2010): Soziologie der Politik: Akteure, Konflikte, Prozesse. In: Kneer, Georg; Schroer, Markus (Hrsg.): Handbuch Spezielle Soziologien. Wiesbaden: VS Verlag für Sozialwissenschaften, S. 491–508.
Tsebelis, George (1995): Decision Making in Political Systems. Veto Players in Presidentialism, Multicameralism and Multipartyism. In: British Journal of Political Science. Vol. 25, No. 3, S. 289–325.

Türcke, Christoph (2016): Das Abitur erledigt sich von selbst. Gastbeitrag in der SZ. Online abrufbar unter: http://www.sueddeutsche.de/bildung/bildung-lehrer-raus-1.2855824 [Zugriff am 15.02.2016].

UNICEF (2000): Child Poverty in Rich Nations. Innocenti Research Centre.

UNICEF (2013): Child well-being in rich countries. A comparative overview. Online abrufbar unter: https://www.unicef.de/blob/18784/0adebd56926c7f78b39e1d8249cd6b13/unicef-bericht-2013-originalversion-englisch-data.pdf [Zugriff am 01.5.2015].

Verba, Sidney; Nie, Norman H. (1972): Participation in America. Political Democracy and Social Equality. New York: Harper & Row.

Vester, Michael (2004): Die Gesellschaft als mehrdimensionales Kräftefeld. In: Schwinn, Thomas (Hrsg.): Differenzierung und soziale Ungleichheit. Die zwei Soziologien und ihre Verknüpfung. Frankfurt a. M.: Humanities Online, S. 131–172.

Vester, Michael (2009): Soziale Milieus und die Schieflagen politischer Repräsentation. In: Linden, Markus; Thaa, Winfried (Hrsg.): Die politische Repräsentation von Fremden und Armen. Baden-Baden: Nomos, S. 21–59.

Vogel, Berthold (2008): Der Nachmittag des WohlfahrtsstaatS. Zur politischen Ordnung gesellschaftlicher Ungleichheit. In: Bude, Heinz (Hrsg.): Exklusion. Die Debatte über die Überflüssigen. Frankfurt a. M.: Suhrkamp, S. 285–308.

Vogel, Berthold (2008a): Mittelklassedämmerung. In: Die Gazette. Das politische Kulturmagazin. Nr. 18, S. 18–23.

Online abrufbar unter: http://gazette.de/Archiv2/Gazette18/Vogel.pdf [Zugriff am 02.04.2016].

Vogel, Berthold (2009): Wohlstandskonflikte. Soziale Fragen, die aus der Mitte kommen. Hamburg: Hamburger Edition.

Vogelsang, Kurt (1983): Ein „Kinderbeauftragter" wäre nötig. Unsere Kinder brauchen eine stärkere Lobby. In: Sozialdemokratischer Pressedienst. Jg. 38./130/12. Juli 1983.

Voigtländer, Leiv E. (2015): Armut und Engagement. Zur zivilgesellschaftlichen Partizipation von Menschen in prekären Lebenslagen. Bielefeld: transcript.

Wacquant, Loïc J. D. (2004): Fortgeschrittene Marginalität. Anmerkungen zu Wesen und Bedeutung eines neuen Phänomens. In: Mackert, Jürgen (Hrsg.): Die Theorie sozialer Schließung. Tradition, Analysen, Perspektiven. Wiesbaden: VS Verlag für Sozialwissenschaften, S. 155–175.

Wacquant, Loïc J.D. (2009): Bestrafen der Armen: zur neoliberalen Regierung der sozialen Unsicherheit. Opladen: Budrich.

Wagner, Gerald (2016): Soziale Systeme. Die Gesellschaft als Glücksschmiede. In: Frankfurter Allgemeine. Online abrufbar unter: http://www.faz.net/aktuell/wissen/geist-soziales/soziale-systeme-gesellschaft-als-gluecksschmiede-14182646.html [Zugriff am 25.04.2016].

Wagner, Adolph (1893): Grundlegung der Politischen Ökonomie, Teil I. Grundlagen der Volkswirtschaft. Leipzig: Winter.

Wagner, Thomas (2013): Entbürgerlichung durch Adressierung. Eine Analyse des Verhältnisses Sozialer Arbeit zu den Voraussetzungen politischen Handelns. Wiesbaden: VS Verlag für Sozialwissenschaften.

Wagner, Thomas (2015): Bürgerschaft zwischen Partizipation und sozialer Ausschließung – Zur Bedeutung eines unabgegoltenen AnspruchS. In: Bareis, Ellen; Wagner, Thomas (Hrsg.): Politik mit der Armut. Europäische Sozialpolitik und Wohlfahrtsproduktion von unten. Münster: Westfälisches Dampfboot, S. 74–97.

Walter, Franz (2006): Die Frustrierten des Bürgertums. Online abrufbar unter: http://www.spiegel.de/politik/deutschland/0,1518,418001,00.html. [Zugriff am 23.03.2015].

Walter, Franz (2009): Im Herbst der Volksparteien? Eine kleine Geschichte von Aufstieg und Rückgang politischer Massenintegration. Bielefeld: Transcript.

Walter, Franz (2010): Vorwärts oder abwärts? Zur Transformation der Sozialdemokratie. Frankfurt a. M.: Suhrkamp.

Wanger, Susanne (2015): Traditionelle Erwerbs- und Arbeitszeitmuster sind nach wie vor verbreitet. In: Institut für Arbeitsmarkt- und Berufsforschung (Hrsg.): IAB-Kurzbericht, 04/2015. Online abrufbar unter: http://doku.iab.de/kurzber/2015/kb0415.pdf [Zugriff am 12.07.2016].

Weber, Max (1921): Gesammelte politische Schriften. München: Drei Masken Verlag.

Weber, Max (1972): Wirtschaft und Gesellschaft. (5. Auflage). Tübingen: Mohr.
Weber, Jürgen (1976): Interessengruppen im politischen System der Bundesrepublik Deutschland. Stuttgart: Kohlhammer.
Weber, Jürgen (1981): Die Interessengruppen im politischen System der Bundesrepublik Deutschland. 2., überarb. und erw. Aufl. München: Bayer. Landeszentrale für Polit. Bildungsarbeit.
Weber, Max (1984) (erstmals 1919): Soziologische Grundbegriffe. 6. Aufl. Tübingen: Mohr.
Weber, Max (1920): Gesammelte Aufsätze zur Religionssoziologie. Tübingen: Mohr.
Wehrmann, Iris (2007): Lobbying in Deutschland – Begriff und Trends. In: Kleinfeld, Ralf (Hrsg.): Lobbying. Strukturen, Akteure, Strategien. 1. Aufl. Wiesbaden: VS Verlag für Sozialwissenschaften, S. 36–64.
Weidenfeld, Werner; Turek, Jürgen (2002): Wie Zukunft entsteht. Größere Risiken – weniger Sicherheit – neue Chancen. Gerling Akademie Verlag.
Weilner, Christina (2014): Verfassungsmethodische und verfassungssystematische Aspekte der Ergänzung des Grundgesetzes um ein Kindergrundrecht. Regensburg: Dissertation.
Weßels, Bernhard (2000): Verbände in der demokratischen Gesellschaft. Vortrag anläßlich 10 Jahre Volkshochschul-Verband Mecklenburg-Vorpommern e. V. am 9. November 2000 im Bürgerhaus Güstrow.
Widmaier, Hans P. (1976): Sozialpolitik im Wohlfahrtsstaat. Hamburg: Reinbek.
Wiesner, Reinhard (2003): Die rechtliche Stellung von Kindern im Sozialstaat. In: Kränzl-Nagl, Renate; Mierendorff, Johanna; Olk, Thomas (Hrsg.): Kindheit im Wohlfahrtsstaat. Gesellschaftliche und politische Herausforderungen. Frankfurt a. M. und New York: Campus Verlag, S. 153–182.
Wilensky, Harold L. (1975): The Welfare State and Equality. Structural and Ideological Roots of Public Expenditures. Berkeley: Univ. of California Press.
Wilk, Liselotte; Wintersberger, Helmut (1996): Paradigmenwechsel in Kindheitsforschung und -politik. In: Zeiher, Helga; Büchner, Peter; Zinnecker, Jürgen (Hrsg.): Kinder als Außenseiter? Umbrüche in der gesellschaftlichen Wahrnehmung von Kindern und Kindheit. Weinheim und München: Juventa, S. 29–55.
Wilken, Walter (1990): Lobbyarbeit für Kinder Organisation und Arbeit des Deutschen Kinderschutzbundes. In: Blätter der Wohlfahrtspflege. Jg. 137, Heft 4, S. 107–109.
Wilkinson, Richard G. (2001): Kranke Gesellschaften. Soziales Gleichgewicht und Gesundheit. Wien: Springer.
Willems, Ulrich (1998): Entwicklung, Interesse und Moral. Die Entwicklungspolitik der Evangelischen Kirche in Deutschland. Wiesbaden: VS Verlag für Sozialwissenschaften.
Willems, Ulrich; Winter, Thomas von (Hrsg.) (2000): Politische Repräsentation schwacher Interessen. Opladen: Leske + Budrich.
Willems, Ulrich (2000): Probleme, Bedingungen und Strategien der Organisation moralischer Forderungen. Elemente einer Theorie der Repräsentation allgemeiner sowie advokatorisch verfochtener Interessen. In: Willems, Ulrich; Winter, Thomas von (Hrsg.) (2000): Politische Repräsentation schwacher Interessen. Opladen: Leske + Budrich, S. 61–91.
Willems, Ulrich (2007): Kirchen. In: Winter, Thomas von; Willems, Ulrich (Hrsg.): Interessenverbände in Deutschland. 1. Aufl. Wiesbaden: VS Verlag für Sozialwissenschaften, S. 316–340.
Windhoff-Héritier, Adrienne (1987): Policy-Analyse: Eine Einführung. Frankfurt a. M. und New York: Campus Verlag.
Winter, Thomas von (1992): Die Sozialpolitik als Interessensphäre. In: Politische Vierteljahresschrift. Jg. 33, Heft 3, S. 399–426.
Winter, Thomas von (1995): Interessenverbände im gesellschaftlichen Wandel. In: Jäger, Thomas; Hoffmann, Dieter (Hrsg.): Demokratie in der Krise? Zukunft der Demokratie. Opladen: Leske + Budrich, S. 145–167.
Winter, Thomas von (1997): Sozialpolitische Interessen. Konstituierung, politische Repräsentation und Beteiligung an Entscheidungsprozessen. 1. Aufl. Baden-Baden: Nomos.
Winter, Thomas von (1999): Einbezug sozial schwacher Bevölkerungsgruppen durch verbandliche Interessenvermittlung. In: Berg-Schlosser, Dirk; Giegel, Hans J. (Hrsg.): Perspektiven der De-

mokratie. Probleme und Chancen im Zeitalter der Demokratisierung. Frankfurt a. M. und New York: Campus 1999, S. 260–287.

Winter, Thomas von (2000): Interessenvermittlung und Institutionen. Die Rolle der Verbände in der Sozialpolitik. In: Zeitschrift für Sozialreform. Jg. 46, Heft 6, S. 523–547.

Winter, Thomas von (2000a): Soziale Marginalität und kollektives Handeln. Bausteine einer Theorie schwacher Interessen. In: Willems, Ulrich; Winter, Thomas von (Hrsg.) (2000): Politische Repräsentation schwacher Interessen. Opladen: Leske + Budrich, S. 39–59.

Winter, Thomas von (2003): Vom Korporatismus zum LobbyismuS. In: Forschungsjournal Neue soziale Bewegungen. Jg. 16., Heft 3, S. 37–44.

Winter, Thomas von (2004): Vom Korporatismus zum Lobbyismus. Paradigmenwechsel in Theorie und Analyse der Interessenvermittlung. In: Zeitschrift für Parlamentsfragen. Jg. 35, Heft 4, S. 761–776.

Winter, Thomas von (2007): Asymmetrien der verbandlichen Interessenvertretung. In: Kleinfeld, Ralf (Hrsg.): Lobbying. Strukturen, Akteure, Strategien. 1. Aufl. Wiesbaden: VS Verlag für Sozialwissenschaften, S. 217–239.

Winter, Thomas von; Willems, Ulrich (2007): Interessenverbände als intermediäre Organisationen. Zum Wandel ihrer Strukturen, Funktionen, Strategien und Effekte in einer veränderten Umwelt. In: Dies. (Hrsg.): Interessenverbände in Deutschland. Wiesbaden: VS Verlag für Sozialwissenschaften, S. 13–50.

Winter, Thomas von; Mittendorf, Volker (2008): Einleitung. In: Dies. (Hrsg.): Perspektiven der politischen Soziologie im Wandel von Gesellschaft und Staatlichkeit. Wiesbaden: VS Verlag für Sozialwissenschaften, S. 7–22.

Winter, Thomas von; Willems, Ulrich (2009): Zum Wandel der Interessenvermittlung in Politikfeldern. Zentrale Befunde aus der Verbände- und der Policy- Forschung. In: Britta Rehder; Winter, Thomas von; Willems, Ulrich (Hrsg.): Interessenvermittlung in Politikfeldern. Vergleichende Befunde Der Policy- und Verbändeforschung. Wiesbaden: VS Verlag für Sozialwissenschaften, S. 9–29.

Winter, Thomas von; Blumenthal, Julia von (2014): Interessengruppen und Parlamente: Einleitung. In: Dies. (Hrsg.): Interessengruppen und Parlamente. Wiesbaden: VS Verlag für Sozialwissenschaften, S. 3–13.

Wintersberger, Helmut (1994): Sind Kinder eine Minderheitengruppe? Diskriminierung von Kindern gegenüber Erwachsenen. In: Rauch-Kallat, Maria; Pichler, Johannes W. (Hrsg.): Entwicklungen in den Rechten der Kinder im Hinblick auf das UN-Übereinkommen über die Rechte des Kindes. Schriften zur Rechtspolitik, Band 8. Wien/Köln/Weimar: Böhlau, S. 73–95.

Wintersberger, Helmut; Alanen, Leena; Olk, Thomas; Qvortrup, Jens (2007): Childhood, Generational Order and the Welfare State: Exploring Children`s Social and Economic Welfare. Vol. 1 of COST A19: Chidren's Welfare. Odense: University Press.

Wittmann, Svendy; Rauschenbach, Thomas; Leu, Hans R. (2011): Kinder in Deutschland. Eine Einführung. In: Dies. (Hrsg.): Kinder in Deutschland. Weinheim und Basel: Beltz Juventa, S. 9–24.

Wolf, Hans G. (1990): Arbeitslosenprojekte in der Bundesrepublik Deutschland. Der Beitrag von Arbeitsloseninitiativen, -zentren und -treffs zur Vertretung der politischen Interessen von Arbeitslosen. Diplomarabeit im Fach Verwaltungswissenschaft. Betreut von Gerhard Lehmburch und Wolfgang Fach. Konstanz: Universität Konstanz.

Wolf, Hans G. (1991): Arbeitslosenprojekte und die Logik kollektiven Handelns. In: Forschungsjournal Neue Soziale Bewegungen. Jg. 4, Heft 3, S. 46–59.

Woll, Cornelia (2004): Lobbying in Brüssel: Amerikanische Verhältnisse? Online abrufbar unter: http://www.mpifg.de/pu/ueber_mpifg/mpifg_jb/jb0304/MPIfG_2003-2004(9)_EU-Lobbying.pdf [Zugriff am 12.04.2016].

Wolski-Prenger, Friedhelm (1989): Arbeitslosenprojekte zwischen sozialer Arbeit und sozialer Bewegung. Eine explorative Untersuchung zu einem neuen sozialen Phänomen. Frankfurt a. M.: Lang.

Wolski-Prenger, Friedhelm (1992): Arbeitslosenorganisationen in Deutschland – Entstehung, Vernetzung, Perspektiven. In: Berliner Journal für Soziologie. Band 2, Heft 2, S. 195–214.

Wolski-Prenger, Friedhelm (1993): „Niemandem wird es schlechter gehen…!" Armut, Arbeitslosigkeit und Erwerbslosenbewegung in Deutschland. Köln: Bund-Verlag.

Wolski-Prenger, Friedhelm (Hrsg.) (1996): Arbeitslosenarbeit. Erfahrungen, Konzepte, Ziele. Opladen: Leske + Budrich.

Wolski-Prenger, Friedhelm (1997): Marginalität und Widerstand. Mobilisierungsprobleme der Arbeitslosenbewegung. In: Neue Soziale Bewegungen. Forschungsjournal. Jg. 10, Heft 2, S. 63–69.

Wunderlich, Holger (2014): Familienpolitik vor Ort. Strukturen, Akteure und Interaktionen auf kommunaler Ebene. Wiesbaden: VS Verlag für Sozialwissenschaften.

Würmeling, Franz J. (1961): Die Familie von heute und ihre Erziehungskraft. In: Bulletin, Presse- und Informationsamt der Bundesregierung, Nr. 238, 21. Dezember 1961, S. 2241–2243, und Nr. 239, 22. Dezember 1961, S. 2249–2251.

Zander, Margherita (2007): Kinderarmut aus Kindersicht. In: Deutsches Kinderhilfswerk (Hrsg.): Kinderreport 2007, S. 45–73.

Zander, Margherita (Hrsg.) (2010): Kinderarmut. Einführendes Handbuch für Forschung und soziale Praxis. 2. Aufl. Wiesbaden: VS Verlag für Sozialwissenschaften.

Zeiher, Helga (1996): Von Natur aus Außenseiter oder gesellschaftlich marginalisiert? In: Zeiher, Helga; Büchner, Peter; Zinnecker, Jürgen (Hrsg.): Kinder als Außenseiter? Umbrüche in der gesellschaftlichen Wahrnehmung von Kindern und Kindheit. Weinheim und München: Juventa, S. 7–27.

Zelizer, Viviana A. (1985): Pricing the Priceless Cild. The Changing Social Value of Children. New York: Basic Books.

Zelizer, Viviana A. (2005): Preis und Wert von Kindern. Die Kinderversicherung. In: Bühler-Niederberger, Doris (Hrsg.): Macht der Unschuld: Das Kind als Chiffre. Wiesbaden: VS Verlag für Sozialwissenschaften, S. 123–148.

Zensus 2011 (2015): Haushalte und Familien. Endgültige Ergebnisse. Herausgegeben durch das Statistische Bundesamt.

ZFF (Zukunftsforum Familie) (2015): Fachtagung zum Thema „Wieviel brauchen Kinder? Gleiches Existenzminimum für alle!“ 7. September 2015 im Verlagshaus Der Tagesspiegel, Berlin.

Zimmer, Annette; Speth, Rudolf (2009): Verbändeforschung. In: Kaina, Viktoria; Römmele, Andrea (Hrsg.): Politische Soziologie. Wiesbaden: VS Verlag für Sozialwissenschaften, S. 267–309.

Zimmer, Annette; Paulsen, Friedrich (2010): Verbände als Dienstleister. In: Hoffjahn, Olaf; Stahl, Roland (Hrsg.): Handbuch Verbandskommunikation. Wiesbaden: VS Verlag für Sozialwissenschaften, S. 39–55.

Zimmermann, Gunter E. (2000): Ansätze zur Operationalisierung von Armut und Unterversorgung im Kindes- und Jugendalter. In: Butterwegge, Christoph (Hrsg.): Kinderarmut in Deutschland. Ursachen, Erscheinungsformen und Gegenmaßnahmen. 2. Aufl. Frankfurt a. M.: Campus, S. 59–77.

Zimmermann, Gerno; Boeckh, Jürgen (2012): Politische Repräsentation schwacher sozialer Interessen. In: Huster, Ernst U.; Boeckh, Jürgen; Mogge-Grotjahn, Hildegard (Hrsg.): Handbuch Armut und Soziale Ausgrenzung. Wiesbaden: VS Verlag für Sozialwissenschaften, S. 680–698.

Zinterer, Tanja (2007): Interessenrepräsentation von Migranten: Von der Süssmuth-Kommission zum Integrationsgipfel. In: Thaa, Winfried (Hrsg.): Inklusion durch Repräsentation. Baden-Baden: Nomos, S. 149–166.

Zohlnhöfer, Werner (1990): Sozialstaat oder Wohlfahrtsstaat. In: Gauger, Jörg D.; Weigelt, Klaus (Hrsg.): Soziales Denken in Deutschland zwischen Tradition und Innovation. Bonn: Bouvier, S. 192–238.

Zukunftsforum Familie (ZFF) (2015): Konzeptpapier zur Fachtagung: Was brauchen Kinder? Existenzminimum von Kindern in vielfältigen Familienformen sichern (Arbeitstitel).